Lotz
Zwischen Glauben und Vernunft

STUDIEN ZU
JUDENTUM UND CHRISTENTUM

Herausgegeben von Josef Wohlmuth

2008

Ferdinand Schöningh

Paderborn · München · Wien · Zürich

CARSTEN LOTZ

Zwischen Glauben und Vernunft

Letztbegründungsstrategien in der
Auseinandersetzung mit
Emmanuel Levinas und Jacques Derrida

2008

Ferdinand Schöningh
Paderborn · München · Wien · Zürich

Umschlagabbildung:
El Greco, Heilige Veronika mit Schweißtuch

Bibliografische Information der Deutschen Nationalbibliothek

Die Deutsche Nationalbibliothek verzeichnet diese Publikation in der Deutschen Nationalbibliografie; detaillierte bibliografische Daten sind im Internet über http://dnb.d-nb.de abrufbar.

Einbandgestaltung: Evelyn Ziegler. München

Gedruckt auf umweltfreundlichem, chlorfrei gebleichtem und alterungsbeständigem Papier ⊚ ISO 9706

© 2008 Ferdinand Schöningh, Paderborn
(Verlag Ferdinand Schöningh GmbH & Co. KG, Jühenplatz 1, D-33098 Paderborn)

Internet: www.schoeningh.de

Alle Rechte vorbehalten. Dieses Werk sowie einzelne Teile desselben sind urheberrechtlich geschützt. Jede Verwertung in anderen als den gesetzlich zugelassenen Fällen ist ohne vorherige schriftliche Zustimmung des Verlages nicht zulässig.

Printed in Germany.
Herstellung: Ferdinand Schöningh, Paderborn

ISBN 978-3-506-76433-1

*Ich habe dich beim Namen gerufen.
Du bist mein.*

Inhaltsverzeichnis

Vorwort 9

I. Verortungen
   1. – Il aura obligé 11
   2. Eine andere Topik 20
   3. Kurze Hinweise zu Inhalt und Gliederung 29
   4. Derridas Bestimmung der Religion
      in einer Ellipse von Glauben und Wissen 34

II. Letztbegründungsstrategien im autonomen Subjekt
    1. Thomas Pröpper:
       Freiheit als philosophisches Prinzip der Dogmatik 51
    2. Hansjürgen Verweyen:
       Das Bild-Werden des Cogito 69
    3. Klaus Müller:
       Die Unhintergehbarkeit von Selbstbewusstsein 96
    4. Selbstbewusste Subjektivität oder die Bedürftigkeit
       des Menschen. Markierungen in der Debatte
       zwischen Klaus Müller und Thomas Freyer 136

III. Radikalisierungen philosophischer Rede:
     Emmanuel Levinas und Jacques Derrida
     1. Die Notwendigkeit, Freiheit, Cogito
        und Selbstbewusstsein zu hintergehen 145
     2. Der Tod und die Zeit: Aporien des Diskurses 177
     3. Spuren des Anderen: Innere Grenzen von Subjektivität
        und Philosophie 199
     4. Sprachformen 218

IV. Glauben zu wissen:
    Lehramtliche Grenzen von Glauben und Vernunft
    1. Fides et ratio: Die gegenseitige Verwiesenheit
       von Glauben und Vernunft 249
    2. Dei Filius: Grenzen der natürlichen Gotteserkenntnis . 263

V. Perspektiven biblischer Gottrede
   1. Der Vorüberzug des barmherzigen
      und gerechten Gottes am Sinai 285
   2. Bleibende Ambivalenzen:
      Inner- und nachbiblische Rezeptionen der Gnadenrede 302
   3. Der Rest Israels und das Geheimnis Gottes im Römerbrief 316
   4. Nachträgliche Erkenntnis im Johannesevangelium 327

VI. Statt einer Zusammenfassung:
    Grenzen und Bedingungen theologischer Rede in verdichteter Form
    1. Magnus Striet:
       Univoke Aufhebung des Geheimnisses im Freiheitsbegriff 339
    2. Univozität – Kritik der analogen Rede 355
    3. Karl Rahner: Das Geheimnis der Geheimnisse 366
    4. Skeptizismus und Vernunft:
       Levinas' Reduktion im Gesagten 374
    5. Wie nicht sprechen 381

Literaturverzeichnis 395

Vorwort

Sehr geehrte Leserin, sehr geehrter Leser,

»L'avant-propos, toujours écrit après le livre, n'est pas toujours une redite en termes approximatifs, de l'énoncé rigoureux qui justifie un livre. Il peut exprimer le premier – et l'urgent – commentaire, le premier ›c'est à dire‹ – qui est aussi le premier dédit – des propositions où, actuelle et assemblée, s'absorbe et s'expose, dans le *Dit*, l'inassemblable proximité de l'un – pour – l'autre, signifiant comme *Dire*.«[1]

So beginnt Levinas sein Vorwort zu *Humanisme de l'autre homme*, und mir scheint dieser Satz gültiger als je zuvor. Nicht zufällig beginne ich mein Vorwort mit einer Anrede und einem Zitat, mit diesem Zitat. Das erste *Dédire*, von dem Levinas hier spricht, besteht in einer Entschuldigung für den Umfang dieses Buches. Der Trend zu immer umfangreicheren wissenschaftlichen Veröffentlichungen hat auch vor meiner Arbeit nicht Halt gemacht. Leider führt er häufig nicht zu mehr Klarheit in der Sache.

Im Nachhinein einen Ausweg zu bieten, heißt bereits, eine erste Interpretation, ein erstes »*c'est à dire*« vorzunehmen und vorzuschreiben. Wie durch alle Texte gibt es auch durch meinen verschiedene Wege. Die »Methode« meiner Arbeit habe ich als Topik gekennzeichnet, die ein Gelände aus verschiedenen Perspektiven beschreibt. Sie ergänzen sich, sind aber nicht notwendig voneinander abhängig. Daher die Möglichkeit der Abkürzung: Ein erster Vorschlag wäre die Auswahl der Kapitel I.4, II.2, III.1, IV.1, V.1, VI.5.

Da sich meine Arbeit zwischen Philosophie und Theologie bewegt, bieten sich auch zwei Abkürzungen an, die man explizit »philosophisch« oder »theologisch« nennen könnte. Der philosophische Weg ist für den Philosophen gangbar: I.4, II.3, III, VI.4, VI.5. Den binnentheologischen Weg (I.1, II.1, IV, V, VI.3) möchte ich nicht empfehlen. Teil III bleibt für die Radikalität der verhandelten Fragen maßgeblich. Eine Theologie, die sich ernst nimmt, kommt an ihm nicht vorbei.

Neben dem ersten Kommentar ist das Vorwort ein Ort, um jenen zu danken, ohne die dieses Buch nicht oder nicht in dieser Weise hätte entstehen können: Dorothee Burgmer, Ursula Lantzerath und Thomas Fornet-Ponse haben Ihnen eine Reihe von Fehlern und Ungereimtheiten erspart. Dafür möchte ich ihnen danken. Der Studienstiftung des deutschen Volkes für die Förderung meines Studiums und meiner Dissertation, die mir die Freiheit gab zu denken. Ebenso dem Schöningh-Verlag für die Aufnahme in sein Verlagsprogramm, der Theologischen Fakultät der Universität Tübingen nicht nur für die Annahme dieser Schrift als Dissertation, sondern auch für das geistige Klima, in dem solche Gedanken reifen können. Prof. Dr. Michael Theobald, Prof. Dr. Walter Groß und Dr. Hans-Ulrich Weidemann haben mir bei exege-

---

[1] Emmanuel Lévinas: Humanisme de l'autre homme, Paris 1972, 7.

tischen Fragestellungen sehr geholfen. Besonders bin ich Prof. DDr. Michael Eckert, der auch das Zweitgutachten erstellt hat, und seinem Oberseminar für die offene und kritische Atmosphäre dankbar. Die Diskussionen mit meinen Kommilitonen haben manchen Gedankengang präzisiert und verbessert.

Schließlich möchte ich Prof. Dr. Thomas Freyer und Prof. Dr. Josef Wohlmuth danken. Prof. Freyer hat die Arbeit nicht nur betreut, sondern durch wertvolle Hinweise und beständiges, kritisches Nachfragen ihren und meinen Horizont erweitert. Prof. Wohlmuth hat nicht nur die Aufnahme in die Reihe *Studien zu Judentum und Christentum* angeregt, sondern auch die erste Konzeption der Arbeit kritisch begleitet. Mit fachlichem wie menschlichem Rat ist er mir in den vergangenen Jahren zur Seite gestanden.

Es scheint vermessen, die erste wissenschaftliche Veröffentlichung mit dem Wort »Werk« zu belegen. Wenn aber mit Levinas gilt, dass im Werk derselbe ein anderer wird, so kommt ihr dieser Name zu.

Potsdam, den 14. Oktober 2007,

Carsten Lotz

I. Verortungen

1. – Il aura obligé

» – Il aura obligé. – Er wird verpflichtet haben.«[1] Vor dem Beginn steht ein doppeltes »Müssen«.[2] Eigentlich – und damit meine ich wohl aus Gründen, die sich aus meiner Beschäftigung mit Emmanuel Levinas und Jacques Derrida ergeben – hätte ich diese Arbeit mit dem vierten Kapitel dieses Teils beginnen müssen.[3] Allerdings muss ich mich im Rahmen einer Dissertation einem anderen Müssen beugen. Ungeschriebene Regeln, die sich dem Text von außen auferlegen, schreiben vor, dass in einer Einleitung das Ziel, der Inhalt und die Methode der Arbeit darzulegen sind. Diese Regeln dienen einer gewissen Ökonomie des Lesens. Sie ermöglichen es den Rezipienten, sich durch einen Blick in das Inhaltsverzeichnis sowie eine kursorische Lektüre der ersten und letzten Seiten schnell zu informieren. Von Ferne und ohne zu viel Zeitaufwand wollen Sie wissen, worum es geht. Doch damit beginnen die Schwierigkeiten. Nachdem ich mich mit jenen Texten, die im Fokus meiner Arbeit stehen, beschäftigt habe, bin ich der Überzeugung, dass mir bei einer Lektüre ausschließlich der ersten und letzten Seiten dieser Texte wesentliche Dinge entgangen wären, was weniger mit dem Inhalt zu tun hat, sondern eher mit einer gewissen Art des Lesens, einer gewissen Sorgfältigkeit und Aufmerksamkeit, die sich erst im mühsamen Durchgang erschließt, der einen gewissen Zeitaufwand zur Bedingung hat. Gerade diese Haltung der Aufmerksamkeit, dieser Respekt vor dem anderen Text, der mir eine gewisse Widerständigkeit entgegenbringt, dem ich mit einem gewissen Unverständnis begegne, das sich auch bis zum Ende nicht in Verständnis verwandelt, ist ein wichtiges »Ergebnis« meiner Arbeit.

Immer schon treffen wir Vorentscheidungen. Wir müssen sie treffen, weil wir nicht alles in den Griff bekommen können. Erkenntnis braucht Zeit.[4] Daher werde ich zu Beginn nicht von Derridas Aufsatz sprechen, sondern von Markierungen im theologischen Diskurs, die helfen könnten, meine Arbeit zu verorten. Das sagt sich so einfach, als ob wir in der heutigen Landschaft von Theologie und Philosophie noch von sicheren Orten ausgehen könnten. Lassen es die Signaturen der vergangenen einhundert Jahre, zwei

---

[1] Jacques Derrida: En ce moment même dans cet ouvrage me voici. In: Ders.: Psyché. Inventions de l'autre. Nouvelle édition augmentée. Tome I, Paris 1998, 159–202 (= Derrida: En ce moment même), 159. Dt.: Jacques Derrida: Eben in diesem Moment in diesem Werk findest du mich. In: Michael Mayer, Markus Hentschel (Hg.): Parabel. Lévinas. Zur Möglichkeit einer prophetischen Philosophie, Gießen 1990, 42–83 (= Derrida: Eben in diesem Moment), 43. – Mit diesem Satz beginnt Derridas zweiter großer Artikel zu Emmanuel Levinas' Philosophie.
[2] Zur Vorgängigkeit eines gewissen Müssens vgl. Kapitel VI.5, Seite 383 meiner Arbeit.
[3] Dort lese ich Jacques Derridas Aufsatz *Glaube und Wissen*, um am Anfang gewisse Verortungen in schwer zugänglichen Bereichen nachzuzeichnen.
[4] Zum Verhältnis von Erkenntnis und Zeit vgl. Kapitel III.2, Seite 177 meiner Arbeit.

Weltkriege und zahlreiche regionale Vernichtungskriege, Völkermorde, Terroranschläge, Atombombenabwürfe und der Einsatz von chemischen Kampfstoffen sowie die ungeheuerlichen Geschehnisse der Shoah, die wir mit dem Namen »Auschwitz« verbinden und belegen, noch zu, einen Ort zu benennen, von dem aus sich Theologie und Philosophie treiben ließen, der nicht schon immer von den erwähnten und den unzähligen anderen nicht erwähnten und nicht gedachten Orten heimgesucht und infiziert wäre? Johann Baptist Metz warnt die Theologen vor einem »Verständnis von Theologie als situationsfreier und gedächtnisloser Heilsmetaphysik[.]«[5] Er verlangt, *»keine Theologie mehr zu treiben, die so angelegt ist, dass sie von Auschwitz unberührt bleibt bzw. unberührt bleiben könnte.«*[6]

Wenn dieser hinführende Teil dennoch mit seinem Titel den Anspruch erhebt, etwas zu verorten, so kann es sich nicht ausschließlich um diese Arbeit handeln. Der Plural *Verortungen* könnte dafür eine zaghafte Andeutung sein. Immer schon sind es mehrere Orte, die in Betracht zu ziehen sind, wenn ich meinen Text und mich in Zusammenhänge stellen will, die sich von Ferne als die der theologischen Diskussionen ausmachen ließen. Wenn ich nun behaupte, es sei unmöglich, einen Ort zu finden, dann steht die Frage nach der Möglichkeit der Theologie als solcher im Raum. Wie ist Theologie nach Auschwitz und nach zahllosen anderen Katastrophen – unvergleichbar und je einzig – möglich? (Ist sie möglich?) An und von welchen Orten aus wäre Theologie zu treiben? Wie ist es möglich, im Angesicht der Shoah von Gott zu reden, von dem zu reden, der angeblich einen Sinn verbürgt, wo doch in Auschwitz – und auch da stimme ich mit Metz überein – jeder apriorische Sinnbegriff ad absurdum geführt wurde?[7] (Ist es möglich?)

Meine Überlegungen werden von der Frage nach den Möglichkeiten theologischer Sprache geleitet, die zum einen der Verständlichkeit und der Vernunft verpflichtet ist, da sie verstanden werden will und muss, die aber zum anderen auch dem verpflichtet ist, von dem sie spricht und der sie in einer Weise verpflichtet, die von der Weise, wie andere Wissenschaften von ihrem Gegenstand sprechen, grundlegend verschieden zu sein scheint. Wolfhart Pannenberg diagnostiziert eine Spannung »zwischen dem Autoritätsprinzip im Anspruch auf apostolische Authentizität der Überlieferung, die der Glaube empfängt, und dem Anspruch auf Allgemeingültigkeit seines Inhalts[.]«[8] In

---

[5] Johann Baptist Metz: Gott und Zeit. Theologie und Metaphysik an den Grenzen der Moderne. In: Markus Knapp, Theo Kobusch (Hg.): Religion – Metaphysik(kritik) – Theologie im Kontext der Moderne / Postmoderne, Berlin – New York 2001, 5–19, 5.

[6] Johann Baptist Metz: Christen und Juden nach Auschwitz. Auch eine Betrachtung über das Ende bürgerlicher Religion. In: Ders.: Jenseits bürgerlicher Religion. Reden über die Zukunft des Christentums, München 1980, 29–50 (= Metz: Christen und Juden), 42.

[7] Vgl. Metz: Christen und Juden, 32.

[8] Wolfhart Pannenberg: Die Rationalität der Theologie. In: Michael Kessler, Wolfhart Pannenberg, Hermann Josef Pottmeyer (Hg.): Fides quaerens intellectum. Beiträge zur Fundamentaltheologie, Tübingen – Basel 1992 (= Kessler u.a.: Fides quaerens intellectum), 533–544 (= Pannenberg: Die Rationalität der Theologie), 533. Vgl. dazu: Wolfhart Pannenberg: Systematische Theologie. Bd. 1, Göttingen 1988, 11–72. Dort wird in

diesem Spannungsfeld steht die Theologie nach Max Seckler nicht erst in jüngster Zeit: »Glaubensreflexion und Glaubenserkenntnis sind nicht nur Begleiterscheinungen des christlichen Glaubens, sondern gehören wesentlich – von Anfang an und von Grund auf – zu ihm.«[9] Jedoch ist nach Seckler der Prüfstein der Theologie »weder im Grad der Wissenschaftlichkeit noch in der Art des theologischen Diskurses zu suchen, sondern darin, ob und wie es gelingt, die Wirklichkeit Gottes angemessen zur Sprache zu bringen.«[10] Wer aber will dies garantieren? Und wer entscheidet darüber, ob die Wirklichkeit Gottes angemessen zur Sprache gebracht wird?

Nach Jürgen Werbick kommt der Dogmatik die Funktion einer Glaubenswissenschaft zu, »insofern, als sie über die ›Sachgemäßheit‹ des kirchlichen Redens von Gott und dem Mysterium seiner Selbstmitteilung wacht.«[11] Mit Bezug auf das Erste Vatikanische Konzil fordert Werbick, die Dogmatik müsse die Einheit der Wahrheit ersichtlich werden lassen: »Die Aufgabe, den ›nexus mysteriorum‹ herauszuarbeiten, lässt die Dogmatik zur *spekulativen* Theologie werden.«[12] Welche Sprachgestalt aber hat die »Einheit der Wahrheit«? Und nach welchen Kriterien wird sie in der Dogmatik oder in der Theologie ermittelt? Wie vom Geheimnis sprechen?

Max Seckler unterscheidet neben der einfachen und hymnischen Form der Theo-logie, dem »Gott-Künden«, zwei wissenschaftliche Formen der Theologie: philosophische Theologie und Glaubenswissenschaft. Erstere sei der Autonomie der Vernunft verpflichtet,[13] während Letztere ihr Fundament in der Offenbarung habe. Dennoch gelte auch für sie, dass das Offenbarungs-

---

Kapitel 1 mit dem Titel »Die Wahrheit der christlichen Lehre als Thema der systematischen Theologie« die Wahrheitsproblematik in der Theologie ausführlich erörtert.

[9] Max Seckler: Theologie als Glaubenswissenschaft. In: Walter Kern, Hermann Josef Pottmeyer, Max Seckler (Hg.): Handbuch der Fundamentaltheologie 4. Traktat Theologische Erkenntnislehre. Schlussteil. Reflexion auf Fundamentaltheologie, Freiburg 1988, 179–241, 179. Die Einleitung dieses Artikels wurde in der zweiten Auflage des Handbuches der Fundamentaltheologie verändert, so dass dieser Satz dort im Wortlaut nicht mehr zu finden ist. Vgl.: Max Seckler: Theologie als Glaubenswissenschaft. In: Walter Kern, Hermann Josef Pottmeyer, Max Seckler (Hg.): Handbuch der Fundamentaltheologie 4. Traktat Theologische Erkenntnislehre. Schlussteil. Reflexion auf Fundamentaltheologie, Tübingen – Basel ²2000, 131–184. (= Seckler: Theologie als Glaubenswissenschaft), 179.

[10] Seckler: Theologie als Glaubenswissenschaft, 132.

[11] Jürgen Werbick: Prolegomena. In: Theodor Schneider (Hg.): Handbuch der Dogmatik, Band 1, Düsseldorf 1992, 1–48 (= Werbick: Prolegomena), 42.

[12] Werbick: Prolegomena, 46.

[13] Die Frage der Autonomie der Vernunft stellt sich nach dem dritten Teil dieser Arbeit weitaus komplizierter dar, als dass ich sie hier auf einen Nenner bringen könnte. Mit holzschnittartigen Schlagworten ließe sich eine Autonomie der Vernunft mit dem Verweis auf die Unmöglichkeit des einsamen Seelenlebens und die Zeitlichkeit jeder Rede und Reflexion abweisen. Die Vernunft scheint immer schon unterwandert von dem, was sie nicht in den Griff bekommt und an dem sie sich abarbeitet. Dieses Arbeiten jedoch kann ihr niemand abnehmen, sie hat es für sich selbst durchzuführen und insofern eine Autonomie zu beanspruchen, die sie nur über den Weg der Gewalt eines Performativs erreichen kann, der nicht aus der Vernunft heraus zu rechtfertigen ist und insofern »vor« oder »jenseits« der Vernunft liegt, ohne darum unvernünftig zu sein.

fundament oder die Glaubensbindung den Vernunftgebrauch nicht verfälschen dürfe.[14] »Die *philosophische* Theologie arbeitet *secundum rationem*, die *glaubenswissenschaftliche* Theologie hingegen *secundum revelationem*, aber wie jene, so muss auch diese in ihren Methoden *rational, diskursiv und argumentativ* vorgehen, um als Wissenschaft gelten zu können.«[15] Daher will Seckler einen Unterschied zwischen Glaubenssätzen und glaubenswissenschaftlichen Sätzen ziehen.[16] Doch wie soll ein solcher theoretisch und von außen feststellbar sein? Wann spricht der Theologe als Glaubender, wann als Glaubenswissenschaftler und wann als Philosoph? Wer bestimmt die Grenzen der Diskurse?

Um solche Fragen geht es in meiner Arbeit. Es geht um Möglichkeiten der Unterscheidung und der Zuordnung von so sicher *geglaubten* Größen wie Glauben und Vernunft, wie philosophischem und theologischem Diskurs. Gerade wenn die Grenzen nicht mehr sicher scheinen, lassen sich keine allgemein gültigen Entwürfe mehr schreiben. Es bleibt die exemplarische[17] Behandlung solcher Fragen vor allem in der Auseinandersetzung mit jenen tranzendentalphilosophischen Entwürfen im Rahmen der deutschen katholischen Theologie, die sich mit den Namen Klaus Müller, Thomas Pröpper und Hansjürgen Verweyen verbinden lassen. Bei ihnen ist der Drang nach einer letzten Rechtfertigung des Glaubens in der autonomen Vernunft von einem starken Glauben an die sichere Unterscheidbarkeit von Glauben und Vernunft geprägt. Auch wenn Pröpper und in seinem Gefolge Magnus Striet nach Secklers Zuordnung dem Bereich der Glaubenswissenschaft zuzurechnen wären, während Verweyen und Müller zum Bereich der philosophischen Theologie gehören, ähneln sich ihre Diskurse doch sehr stark. Klaus Müller kennzeichnet seinen eigenen Ansatz und die Ansätze von Thomas Pröpper und Hansjürgen Verweyen als »Letztbegründungsgedanken« in »drei [...] Varianten«[18].

Um den Begriff der »Letztbegründung« hat es nach der ersten Auflage von Verweyens fundamentaltheologischem Grundriss zahlreiche Diskussionen gegeben, so dass Verweyen sich von ihm wegen der entstandenen Missverständnisse in der dritten, vollständig überarbeiteten Auflage von *Gottes letztes Wort* verabschiedet.[19] Auch Pröpper scheint davon Abstand zu nehmen. Er

---

[14] Vgl.: Seckler: Theologie als Glaubenswissenschaft, 136f.
[15] Seckler: Theologie als Glaubenswissenschaft, 147.
[16] Vgl.: Seckler: Theologie als Glaubenswissenschaft, 155.
[17] Die Kategorie des Exemplarischen ist nicht unbelastet. Unterstellt sie doch, es gebe eine benennbare Gemeinsamkeit, von der die Exempel abhängen. Eben jene steht aber in Frage.
[18] Klaus Müller: Begründungslogische Implikationen der christlichen Gottrede. In: Peter Neuner (Hg.): Glaubenswissenschaft? Theologie im Spannungsfeld von Glaube, Rationalität und Öffentlichkeit. QD 195, Freiburg 2002, 33–56 (= Müller: Begründungslogische Implikationen der christlichen Gottrede), 53. Schon hier erscheint es auf den ersten Blick merkwürdig, mehrere Begriffe letztgültigen bzw. unbedingten Sinns oder mehrere unhintergehbare Geltungsgründe nebeneinander gelten lassen zu können.
[19] Vgl.: Hansjürgen Verweyen: Gottes letztes Wort. Grundriß der Fundamentaltheologie. Dritte, vollständig überarbeitete Auflage, Regensburg 2000 (= Verweyen: Gottes letztes Wort), 9.

spricht stattdessen vom »organisierende[n] Zentrum«[20] der Dogmatik, einer »Wesensbestimmung ihres Gegenstandes (eine[m] Begriff ihrer Grundwahrheit)«,[21] einem »Grundbegriff«[22] oder einem »philosophische[n] Prinzip«.[23] Nur Klaus Müller hält dezidiert am Begriff »Letztbegründung« fest, da »er von E. Husserl bis K.-O. Apel seinen wohlbestimmten und (für die wissen Wollenden) unzweideutigen Sinn hat«[24]. Gleichwohl muss man darauf hinweisen, dass Verweyen und Pröpper im Anspruch nichts zurückgenommen haben. Es geht ihnen um den »Aufweis der theologischen Notwendigkeit von hermeneutischem Verstehen und Erster (d.h. auf Letztbegründung verpflichteter) Philosophie[.]«[25] Somit fordern alle drei einen apriorischen Sinnbegriff ein und verorten ihn im transzendentalen Subjekt. Durch einen solchen Begriff wird der Glaube vor der autonom geglaubten Vernunft gerechtfertigt[26].

Zwar findet in der gegenwärtigen theologischen Landschaft eine breite Rezeption erstphilosophischer Gedanken statt,[27] eine grundlegende Auseinandersetzung von verschiedenen Orten her steht jedoch noch aus, auch wenn anfanghaft begonnen wurde, Verweyens Thesen zu diskutieren.[28]

---

[20] Thomas Pröpper: Freiheit als philosophisches Prinzip theologischer Hermeneutik. In: Ders.: Evangelium und freie Vernunft: Konturen einer theologischen Hermeneutik, Freiburg im Breisgau – Basel – Wien 2001, 5–22 (= Pröpper: Evangelium), 11.
[21] Pröpper: Freiheit als philosophisches Prinzip theologischer Hermeneutik, 11.
[22] Pröpper: Freiheit als philosophisches Prinzip theologischer Hermeneutik, 15.
[23] Pröpper: Freiheit als philosophisches Prinzip theologischer Hermeneutik, 15.
[24] Müller: Begründungslogische Implikationen der christlichen Gottrede, 52, FN 52.
[25] Thomas Pröpper: Erstphilosophischer Begriff oder Aufweis letztgültigen Sinnes? Anfragen an Hansjürgen Verweyens »Grundriß der Fundamentaltheologie«. In: Theologische Quartalschrift 174 (1994), 272–287, 275.
[26] Auf die Frage, inwiefern das Postulat der »autonomen Vernunft«, das von Pröpper, Verweyen, Müller und Striet immer wieder vorgebracht wird, letztlich ein Akt des Glaubens ist, der sich nicht mehr vernünftig rechtfertigen kann, werde ich im Verlauf meiner Arbeit häufiger zu sprechen kommen. Erste Hinweise finden sich bereits im vierten Kapitel dieses ersten Teils. Vgl. Seite 34.
[27] Vgl. dazu besonders die von Klaus Müller und Thomas Pröpper im Pustet-Verlag herausgegeben Reihe *ratio fidei. Beiträge zur philosophischen Rechenschaft der Theologie*, die speziell in Frontstellung gegen Denkanstöße von Feuerbach, Nietzsche, Freud und Heidegger sowie gegen »Wortmeldungen [...], die sich ›postmodern‹ nennen« gegründet wurde, wie beide in der Beschreibung der Reihe formulieren. Vgl.: z.B.: Markus Tomberg: Glaubensgewissheit als Freiheitsgeschehen. Eine Relecture des Traktats ›De analysi fidei‹, Regensburg 2002, 311.
[28] Vgl.: Gerhard Larcher, Klaus Müller, Thomas Pröpper (Hg.): Hoffnung, die Gründe nennt. Zu Hansjürgen Verweyens Projekt einer erstphilosophischen Glaubensverantwortung, Regensburg 1996 (= Larcher u.a. (Hg.): Hoffnung, die Gründe nennt). Viele Auseinandersetzungen mit Verweyen finden im Kontext der Debatte um die glaubensbegründende Funktion der Auferstehung und der Ostererscheinungen statt und nehmen kaum bzw. keinen Bezug zur Ausarbeitung eines letztgültigen Sinnbegriffs. Als kleine Auswahl, wo auch weitere Literaturangaben gefunden werden können, seien genannt: Hansjürgen Verweyen: Botschaft eines Toten? Den Glauben rational verantworten, Regensburg 1997; Hans Kessler: Sucht den Lebenden nicht bei den Toten. Die Auferstehung Jesu in biblischer, fundamentaltheologischer und systematischer Sicht, (Düsseldorf 1985) Neuausgabe mit ausführlicher Erörterung der aktuellen Fragen, Würzburg 1995; Hansjürgen Verweyen (Hg.): Osterglaube ohne Auferstehung? Diskussion mit Gerd Lüdemann (QD 155), Freiburg 1995.

Edmund Arens hat sich beispielsweise diesbezüglich mehrmals zu Wort gemeldet.[29] Er bezieht sich dabei auf Jürgen Habermas' Theorie des kommunikativen Handelns bzw. auf Karl-Otto Apels Transzendentalpragmatik und konzipiert in Anschluss daran die Fundamentaltheologie als Theorie der Glaubenspraxis. Mir scheint aber die Auseinandersetzung mit den Positionen, die eine Letztbegründung im autonomen Subjekt suchen, aus der phänomenologischen[30] Perspektive von Jacques Derrida und Emmanuel Levinas besonders bedeutsam und folgenreich zu sein, da es gerade diese Entwürfe sind, die immer wieder in den Fokus der Kritik der Transzendentalphilosophen geraten. Neben Johannes Hoff, der sich in seinem Beitrag *Fundamentaltheologie zwischen Dekonstruktion und erstphilosophischer Reflexion*[31] aus Derrida'scher Perspektive schlaglichtartig mit Verweyens Konzept einer ersten Philosophie auseinandergesetzt hat,[32] hat vor allem Thomas Freyer in einer Debatte mit Klaus Müller Bedenken angemeldet, die Levinas'schen Überlegungen folgen.[33]

Müller bezieht sich in seinem Ansatz zentral auf Dieter Henrich, Pröpper auf Hermann Krings, so dass sich beide in gewisser Weise eng an philosophische Vorgaben eines Autors binden. Verweyen hingegen formuliert eine von Descartes ausgehende und von Anselm sowie Fichte imprägnierte Theorie, die sich jedoch nicht unmittelbar auf einen dieser Philosophen zurückführen ließe. Anstatt detailliert Unterschiede zwischen den Autoren auszuarbeiten, geht meine Arbeit vorrangig anderen Fragen nach: Wo stehen solche Entwürfe, die einen transzendental nicht mehr hintergehbaren Begriff anzielen, heute?[34] Wo stehen sie neben anderen philosophischen Überlegungen der

---

[29] Vgl.: z.B.: Edmund Arens: Lässt sich Glaube letztbegründen? In: Larcher u.a. (Hg.): Hoffnung, die Gründe nennt, 112–126; Ders.: Fundamentale Theologie im Anspruch kommunikativer Rationalität. In: Peter Neuner (Hg.): Glaubenswissenschaft? Theologie im Spannungsfeld von Glauben, Rationalität und Öffentlichkeit. QD 195, Freiburg 2002, 57–75 (= Arens: Fundamentale Theologie).

[30] Was ich hier mit dem Etikett »Phänomenologie« belege, lässt sich so bezeichnen, weil beide Denker in der kritischen Rezeption von Husserl und Heidegger stehen. Vielleicht sollte man zumindest in Bezug auf Derrida und den späten Levinas entgegen der Habermas'schen Überlegungen – »[d]ass es die Phänomenologen noch nicht zu ihrem ›Postismus‹ gebracht haben, macht sie beinahe verdächtig« (Jürgen Habermas: Nachmetaphysisches Denken. Philosophische Aufsätze, Frankfurt am Main ²1997, 11.) – doch eher von »Post-Phänomenologie« sprechen. Derrida wird landläufig allerdings eher unter die Begriffe »Poststrukturalismus« und »Dekonstruktion« eingeordnet.

[31] Johannes Hoff: Fundamentaltheologie zwischen Dekonstruktion und erstphilosophischer Reflexion. Zur Ortsbestimmung theonomer Vernunftautonomie. In: Joachim Valentin, Saskia Wendel (Hg.): Unbedingtes Verstehen?! Fundamentaltheologie zwischen Erstphilosophie und Hermeneutik, Regensburg 2001, 115–129.

[32] Zu Hoffs Derrida-Rezeption vgl auch: Johannes Hoff: Spiritualität und Sprachverlust. Theologie nach Foucault und Derrida, Paderborn 1999. Zur Gegenüberstellung von Hoff und Verweyen vgl.: Walter Schöpsdau: Offenbarung zwischen Sinnforderung und unmöglicher Möglichkeit. Zwei Entwürfe katholischer Fundamentaltheologie. In: Materialien des konfessionskundlichen Instituts Bensheim 52 (2001), 10–13.

[33] Vgl. Kapitel II.4 meiner Arbeit, Seite 136.

[34] »Heute« verortet die Diskussion nicht nur, sondern weist darüber hinaus auf ihre Zeit-

Gegenwart – speziell Levinas und Derrida –, neben lehramtlichen Stellungnahmen, neben theologischen Traditionen und neben biblischen Texten?[35]

Die Frage »wo?« ist eine Frage nach dem Ort, eigentlich schon nach mehreren Orten, da sie von einer Lokalisierbarkeit oder Situierbarkeit ausgeht, die das Konzept einer gewissen Topographie oder Topologie erforderlich macht. So rückt diese Frage meine Überlegungen bei aller Vorsicht und Zurückhaltung, über die noch eigens nachzudenken ist, in die Nähe der Lehre der *Loci theologici*, die sich mit dem Namen Melchior Cano verbindet.[36] Unter den Stichworten »Topische Dialektik des Glaubens« oder »theologische Topik« haben Peter Hünermann und Max Seckler versucht, Canos Denken für neuere Diskussionen wieder fruchtbar zu machen.[37] Dabei scheint mir bei

---

gebundenheit hin. Damit wirft freilich schon die Frage eine Problematik auf, die Pröpper, Verweyen und Müller – was sich in den folgenden Untersuchungen zeigen wird – nicht oder nicht ausreichend sehen. »Heute« meint die Situationen des beginnenden 21. Jahrhunderts, die es fast schon nicht mehr erlauben, von einem einheitlichen, einzigen »Heute« zu sprechen. Man ist geneigt, von mehreren »Heuten« zu reden, um die Ungleichzeitigkeiten unserer Zeiten nicht zu verdecken.

[35] Aus ökonomischen Gründen bleiben im Rahmen meiner Arbeit die Glaubenspraxis und hier besonders die Liturgie ausgeklammert. Damit teilt die Arbeit ein generelles Defizit der dogmatischen Reflexionen unserer Zeit. Immer noch wegweisend für eine Dogmatik, die die Liturgie als Erkenntnisort ernst nimmt: Josef Wohlmuth: Jesu Weg – unser Weg. Kleine mystagogische Christologie, Würzburg 1992. Grundlegende Überlegungen dazu: Thomas Freyer: Sakrament – Transitus – Zeit – Transzendenz. Überlegungen im Vorfeld einer liturgisch-ästhetischen Erschließung und Grundlegung der Sakramente, Würzburg 1995. Zur Auseinandersetzung mit einem Teilaspekt der Pröpper'schen Theologie aus der Perspektive der praktischen Theologie vgl.: Ottmar Fuchs: Unerhörte Klage über den Tod hinaus! Überlegungen zur Eschatologie der Klage. In: Ottmar Fuchs, Bernd Janowski (Hg.): Klage. Jahrbuch für Biblische Theologie, Bd. 16, Neukirchen-Vluyn 2001, 347–379.

[36] Vgl.: Bernhard Körner: Melchior Cano. De locis theologicis. Ein Beitrag zur theologischen Erkenntnislehre, Graz 1994.

[37] Vgl.: Peter Hünermann: Dogmatik – Topische Dialektik des Glaubens. In: Kessler u.a.: Fides quaerens intellectum, 577–592 (= Hünermann: Dogmatik – Topische Dialektik des Glaubens); vgl. dazu auch: Peter Hünermann: Dogmatische Prinzipienlehre. Glaube – Überlieferung – Theologie als Sprach- und Wahrheitsgeschehen, Münster 2003 (= Hünermann: Dogmatische Prinzipienlehre), 252–275; Max Seckler: Die ekklesiologische Bedeutung des Systems der ›loci theologici‹. Erkenntnistheoretische Katholizität und strukturale Weisheit. In: Walter Baier u.a. (Hg.): Weisheit Gottes – Weisheit der Welt. Festschrift für Joseph Kardinal Ratzinger zum 60. Geburtstag. Band I, St. Ottilien 1987, 37–65 (= Seckler: Die ekklesiologische Bedeutung des Systems der ›loci theologici‹.), 44. – Karl Lehmann hat vorgeschlagen, *Dogmengeschichte als Topologie des Glaubens* zu reformulieren. Seine Motivation sind die inneren Aporien herkömmlicher Überlieferungsmodelle. Er geht von der Annahme aus, »die topische Denkweise in erneuerter Gestalt könnte *ein* weiteres Hilfsmittel zur Bewältigung der aufgezeigten Aporien der Theorie der Dogmenentwicklung und der Dogmengeschichtsschreibung sein.« (Karl Lehmann: Dogmengeschichte als Topologie des Glaubens. Programmskizze für einen Neuansatz. In: Werner Löser, Karl Lehmann, Matthias Lutz-Bachmann (Hg.): Dogmengeschichte und katholische Theologie, Würzburg 1985, 513–528 (= Lehmann: Dogmengeschichte als Topologie des Glaubens), 516.) Ob man hier von »Bewältigung« sprechen sollte, erscheint mir fragwürdig. Zumindest würde eine Topik die inneren Aporien nicht mehr vorschnell verdecken.

Seckler bei aller Betonung des Pluralen und des Perspektivischen doch eine totalisierende Sichtweise nicht gänzlich ausgeschlossen. Nach ihm ist vorauszusetzen, »dass die *loci* schlussendlich darin konvergieren, dass sie eben die eine göttliche Offenbarung übereinstimmend bezeugen[.]«[38] Es könne sein, dass dieser Gedanke nur asymptotisch zu erreichen sei, dennoch verkörpere der Systemgedanke Canos »eine tröstliche Idee«, die besage, dass die Einheit nicht von einem *locus* allein erwartet werden müsse, »sondern dass wir sie als Geschenk *struktureller Weisheit*, die aus einem ekklesiologischen Baugesetz resultiert, denken dürfen.«[39] Da aber die Theologie dieses Baugesetz erhebt und darstellt, wird sie doch wieder zur Einheitsinstanz. Sie ist das Gesetz des Gesetzes.

Hünermann führt die Topik letztlich in eine Dialektik über. Die Dogmatik entfalte »jeweils einen kohärenten Reflexionszusammenhang, indem die wichtigsten Entscheidungen in Bezug auf das Glaubensverständnis nach sachlogischen Gesichtspunkten geordnet und in einen Zusammenhang gebracht werden, der es erlaubt, von hier aus neu auftauchende Fragen zu bestimmen.«[40] Einen neuen Gesichtspunkt bekommt der Hünermann'sche Ansatz durch dessen Beitrag zur theologischen Relevanz des Judentums.[41] Er stellt die Frage, »ob [...] die Methodologie der Dogmatik nicht einer Revision zu unterziehen ist.«[42] Die Dogmatik nimmt nach Hünermann in der Theologie eine Sonderstellung ein, da die anderen Disziplinen durch sie ihren Charakter als *theologische* Disziplinen wahren. Es gehe aber weniger um einen notwendigen »Systemzusammenhang« sondern eher um einen »Plausibilitätszusammenhang, ein Verständnis des Glaubens, das geschichtlich vorläufig ist und durch neu auftauchende Sachfragen und Probleme zur Fortschreibung veranlasst wird.«[43] Im Anschluss an Canos Unterscheidung zwischen *loci proprii* und *loci alieni* spricht Hünermann vom Judentum als einem wahrhaften *locus alienus*. »Dieser Topos aber ist wesentlich ein geschichtliches Subjekt, auf das die Kirche folglich, will sie sich überhaupt auf es beziehen, zu hören hat.«[44] Hünermann weist in diesem Zusammenhang auf die faktische Ausblendung befremdlicher Gottesaussagen aus der Hebräischen Bibel, dem christlichen Alten Testament, in der katholischen Dogmatik hin. »Die Frage stellt sich, ob eine Klärung dieser den Glauben und die Glaubensverkündigung zentral betreffenden Probleme ohne ein Gespräch mit der jüdischen Auslegung solcher Texte möglich ist.«[45] Man müsste darüber hinaus fragen,

---

[38] Seckler: Die ekklesiologische Bedeutung des Systems der ›loci theologici‹, 59.
[39] Seckler: Die ekklesiologische Bedeutung des Systems der ›loci theologici‹, 65.
[40] Hünermann: Dogmatik – Topische Dialektik des Glaubens, 589.
[41] Vgl.: Peter Hünermann: Die methodologische Herausforderung der Dogmatik durch die Wiederentdeckung der theologischen Relevanz des Judentums. In: Ders., Thomas Söding (Hg.): Methodische Erneuerung der Theologie. Konsequenz der wiederentdeckten jüdisch-christlichen Gemeinsamkeiten. QD 200, Freiburg 2003, 142–163 (= Hünermann: Die methodologische Herausforderung der Dogmatik).
[42] Hünermann: Die methodologische Herausforderung der Dogmatik, 143.
[43] Hünermann: Die methodologische Herausforderung der Dogmatik, 152.
[44] Hünermann: Die methodologische Herausforderung der Dogmatik, 159.
[45] Hünermann: Die methodologische Herausforderung der Dogmatik, 161.

ob generell eine »Klärung« – was immer das heißen mag – unseres Glaubens ohne ein Gespräch mit der jüdischen Auslegung möglich ist.[46]

Auch Paul Petzel begreift theologische Erkenntnislehre als Topologie.[47] Seine kurze Darstellung der »Aspekte der Topik vor Cano«[48] schließt mit der Bewertung: »Von einem präzis gefassten theoretischen Begriff von Topik lässt sich schwerlich sprechen.«[49] Auch ließen sich Topik und Topologie nur schwer voneinander trennen.[50] Petzel selbst versteht die Topik als »das Bemühen gemäß der ars inveniendi [...], den Plural von loci testimonii allererst wahrzunehmen.«[51] »Topologie meint dann die ausdrücklich theoretische Bearbeitung dieser Kommunikation.«[52] Sie vermittle mit allgemeinen Theorien der Wissenschaften, während die Topik sich durch »eine besondere phänomenologische Sensibilität«[53] auszeichne. Wie später an einem Text von Jacques Derrida deutlich wird, ist aber gerade die Kunst des *invenire* keine rein passiv wahrnehmende Operation, sondern enthält neben dem *Auffinden* bereits Momente des *Erfindens*.[54] Folgt man Petzels Differenzierung, so ist die Topik schon immer auch topo*logisch*, in dem Sinne, dass sie das Begriffsraster des auffindenden Subjekts mit sich führt.

Petzel geht es um eine »Entmetaphorisierung des locus-Begriffs«[55]. Ob eine solche Entmetaphorisierung gleich welcher Art möglich ist, problematisiert ein weiterer Text von Derrida.[56] Petzel will vom konkreten Ort reden, da sich auch das Kerygma der Schrift topographisch artikuliere.[57] In Anleh-

---

[46] Daher gehe ich in meiner Arbeit bruchstückhaft und vorläufig auf eine jüdische Fortschreibung der Frage der Eigenschaften Gottes aus Ex 34,6f im Talmud und der Deutung durch Emmanuel Levinas ein. Vgl. Kapitel V.2, Seite 311. Dort finden sich auch kurze Hinweise zur Rolle der jüdischen Schriftauslegung im christlich-theologischen Diskurs.

[47] Vgl.: Paul Petzel: Was uns an Gott fehlt, wenn uns die Juden fehlen. Eine erkenntnistheologische Studie, Mainz 1994 (= Petzel: Was uns an Gott fehlt, wenn uns die Juden fehlen), 57–136. Ihm geht es vor allem um eine Suche nach den *loci iudaici* als »*Landschaft*, durch die der christlich theologische Erkenntnisgang führt. Verbleibt man im Topographischen, lässt sich die Relation von jüdischen und christlichen loci theologici am ehesten noch mit zwei übereinanderliegenden Karten vergleichen, deren obere christliche auf die jüdische hin transparent ist.« (134) – Auf die wichtigen Fragen, die sich aus einer solchen Betrachtungsweise ergeben, kann ich in diesem Rahmen nicht ausführlich eingehen. Petzels Studie ist meines Erachtens wegweisend, dennoch wäre hier nochmals Vorsicht angebracht. Im Bild gesprochen: Wer zeichnet die Karten? Und wer legt den Maßstab fest? Und an welchem Fixpunkt werden sie übereinander ausgerichtet?

[48] Petzel: Was uns an Gott fehlt, wenn uns die Juden fehlen, 62–64.

[49] Petzel: Was uns an Gott fehlt, wenn uns die Juden fehlen, 64.

[50] Petzel weist auf begriffliche Unschärfen bei Seckler und Lehmann hin. Vgl.: Petzel: Was uns an Gott fehlt, wenn uns die Juden fehlen, 59.

[51] Petzel: Was uns an Gott fehlt, wenn uns die Juden fehlen, 84.

[52] Petzel: Was uns an Gott fehlt, wenn uns die Juden fehlen, 85.

[53] Petzel: Was uns an Gott fehlt, wenn uns die Juden fehlen, 85.

[54] Vgl. Kapitel III.3, Seite 208.

[55] Petzel: Was uns an Gott fehlt, wenn uns die Juden fehlen, 86.

[56] Vgl.: Kapitel III.4, Seite 239.

[57] Vgl.: Petzel: Was uns an Gott fehlt, wenn uns die Juden fehlen, 87.

nung an Jüngels Metaphernverständnis, nach dem metaphorische Rede den Verstehenshorizont erweitere,[58] ist für Petzel die Rede von den *loci theologici* »weder eine ›uneigentliche noch vieldeutige, sondern eine besondere Weise eigentlicher Rede‹, sofern sie an eine durchgängige Struktur von Glaubenserfahrung, nämlich deren inkarnatorischen Charakter im Sinne eben auch empirischer Ortshaftigkeit erinnert.«[59] Hinzu kommt nach Petzel, dass die *topoi* selbst in ihrer starken Formalisierung bei Aristoteles mit der Vorstellung einer räumlichen Struktur des Gedächtnisses zusammenhängen, weshalb sich die Erkenntnislehre als Topologie mit den Metz'schen schwachen Kategorien im Dienst einer anamnetischen Vernunft verbinden lasse.[60] Man könnte kurz von Orten der Erinnerung sprechen. Führt eine solche »Entmetaphorisierung« nicht wieder ins Metaphorische zurück? Mit was für einem Raum haben wir es zu tun? Welcher Art sind die Orte, die wir aufsuchen, wenn wir uns erinnern?

2. Eine andere Topik

Jacques Derrida nennt das sich von Levinas her auflegende Müssen »eine Dislokation ohne Namen.«[1] Man muss anders sprechen, anders als alle Orte oder Begriffe es erlauben. Man muss das Denken anders denken. Diese Dislokation, die die sicher geglaubten Stätten verunsichert, findet statt »unter der Bedingung einer anderen Topik.«[2] Keine Topik freilich, die an sicher geglaubten Orten ihre Argumente finden könnte, sondern eher eine Topik, die den Diskurs über sich hinaus trägt. Wenn ich daher hier vorläufig den Begriff einer »textuellen, konkreten Topik« als Bezeichnung der »Methode« meiner Arbeit vorschlage, so versucht er jener anderen Topik einen Namen zu geben.

---

[58] Vgl.: Eberhard Jüngel: Metaphorische Wahrheit. Erwägungen zur theologischen Relevanz der Metapher als Beitrag zur Hermeneutik einer narrativen Theologie. In: Paul Ricœur, Eberhard Jüngel (Hg.): Metapher. Sonderheft Evangelische Theologie, München 1974, 71–122 (= Jüngel: Metaphorische Wahrheit), 119.

[59] Petzel: Was uns an Gott fehlt, wenn uns die Juden fehlen, 94. – Jüngel geht es neben Fällen, in denen die Metapher notwendig erscheine, um Wirklichkeit überhaupt zur Sprache zu bringen, auch um »die Anrede-Dimension der Sprache« (Jüngel: Metaphorische Wahrheit, 100.), die in Form der Metapher als »*ansprechender* Sprache« (Ebd., 101.) besser zur Geltung komme. Aber handelt es sich nicht bei der Wendung »*ansprechende* Sprache« um eine Metapher? Wie ist das Verhältnis zwischen ansprechender Sprache und einem mich ansprechenden Menschen genauer zu fassen? Ich kann einen Text ansprechend schreiben, so dass er möglicher Weise anspricht, und ich kann Sie ansprechen: Sie, jetzt, hier. Diese Adresse an den anderen – an Sie – scheint mir nicht verrechenbar mit dem zu sein, was man landläufig Metapher nennt.

[60] Vgl.: Petzel: Was uns an Gott fehlt, wenn uns die Juden fehlen, 94. Vgl. zur Rede von der anamnetischen Vernunft z.B.: Johann Baptist Metz: Anamnetische Vernunft. Anmerkungen eines Theologen zur Krise der Geisteswissenschaften. In: Axel Honneth u.a. (Hg.): Zwischenbetrachtungen. Im Prozess der Aufklärung. Jürgen Habermas zum 60. Geburtstag, Frankfurt 1989, 733–737.

[1] Derrida: En ce moment même, 186; dt. 65. Übersetzung korrigiert, CL.

[2] Derrida: En ce moment même, 186; dt. 65.

Er versucht, im Nachhinein zusammenzufassen und einzuordnen, wohin mich mein Arbeiten geführt hat, von dem ich zu Beginn nur wusste, dass ich es würde angehen müssen.

Am Anfang stand ein gewisses Unbehagen und Unverständnis gegenüber erstphilosophischen Entwürfen: Nicht nur, was die formalisierende und immunisierende Begrifflichkeit betrifft, sondern auch was die theologische Massivität angeht, mit der in diesen Texten vorgegangen wird. Die philosophischen Autoren, die mir in meinem Studium begegnet sind,[3] sprachen behutsamer, vorsichtiger und weniger triumphal. Auch meine theologischen Lehrer pflegten einen solchen Stil.[4] Mir war recht bald klar, dass es mit Emmanuel Levinas und Jacques Derrida keinen Gegenentwurf im klassischen Sinne würde geben können. Ihre Texte trieben die Arbeit beständig über sich selbst hinaus. Sobald ich einen ihrer Texte wieder zur Hand nahm, kam mir mein bisheriger Text zu knapp, zu vereinfachend und zu allgemein vor – auch jetzt noch. Daher habe ich mich bewusst gegen eine systematische Darstellung ihres jeweiligen Werkes entschieden. Stattdessen konzentriere ich mich auf einzelne Texte, teilweise einzelne Abschnitte von Texten. Sie sind mir gewissermaßen die aufzusuchenden oder die sich aufdrängenden Orte.

Hier findet eine andere metaphorische Verschiebung statt, von der ich nicht weiß, ob ich sie noch metaphorisch nennen soll. Denn Ort ist hier durchaus sehr konkret verstanden, da der einzige Ort, an dem ein Text mir begegnen kann, ein anderer Text ist. Eine gewisse Systematisierung bleibt dabei nicht aus. Schon das Heraussuchen der Texte, die Anordnung, die Bezüge fügen sie in einen neuen Zusammenhang ein. Der Zusammenhang, für den ich hier verantwortlich zeichne, hat den Anspruch, für eine andere Lektüre, für weitere Orte offen zu bleiben. Diese Offenheit ist durch ausgiebiges Zitieren markiert. So begegnet der fremde Text auch visuell, in seiner Materialität als eigener Text*körper*, der meinen eigenen Überlegungen eine gewisse Sperrigkeit entgegensetzt.[5] Das Zitat in diesem Sinne ist daher nicht nur Beleg meiner »Thesen«, sondern immer auch ein fremder Ort in meinem Text.

---

[3] Mit der Philosophie von Emmanuel Levinas hat mich Bernhard Casper in meinem Grundstudium in Freiburg im Rahmen der Religionsphilosophie bekannt gemacht. Bei Thomas Freyer in Tübingen und Josef Wohlmuth in Bonn habe ich gelernt, die Bedeutung und Tragweite jener philosophischen Anfragen an die katholische Dogmatik wahrzunehmen. Beide haben mir erst bewusst gemacht, was Johann Baptist Metz mit »gedächtnisloser Heilsmetaphysik« meint und wie tief die Theologie gerade heute davon (wieder oder immer noch) infiziert ist.

[4] Die Arbeit habe ich zunächst bei Josef Wohlmuth in Bonn konzipiert, bevor ich zu Thomas Freyer nach Tübingen gewechselt bin. Beide haben mich und meine Arbeitsweise durch ihr Drängen auf handwerklich solide Arbeit, ihr beständiges Nachfragen, ihr Warnen vor vorschnellen Schlüssen, ihr immer neues Aufbrechen meiner Horizonte stark geprägt. Auf ihre je eigene Weise haben sie mich einen Weg gehen lassen, der sich von ihren Wegen in mancher Hinsicht unterscheidet. Dafür bin ich dankbar.

[5] Diese Sperrigkeit zeigt sich auch in seiner Widerständigkeit gegen eine Übersetzung ins Deutsche, sei es aus dem Französischen, dem Lateinischen, dem Hebräischen oder dem Griechischen. Der immer wiederkehrende Bezug auf den sogenannten »Urtext« entstammt daher eben jenem Respekt dem anderen Text gegenüber, der sich einem vorschnellem Heimisch-Werden widersetzt.

Mit Emmanuel Levinas und Jacques Derrida sind zwei Philosophen benannt, die entscheidenden Einfluss auf das Denken in Frankreich nach dem Zweiten Weltkrieg hatten und haben. In ihrer Kritik an Edmund Husserl und Martin Heidegger setzen sie sich auf je eigene Weise mit den wichtigsten Traditionen der europäischen Philosophie auseinander, darunter auch mit jenen transzendentalphilosophischen Positionen, auf die sich Müller, Pröpper und Verweyen zumindest implizit beziehen. Diese Auseinandersetzung findet jedoch – und das wird meines Erachtens in der Rezeption bisher zu wenig beachtet – im Unterschied zu Adorno, Bloch oder Benjamin nicht aus der Perspektive jener Gedankengänge statt, die man vorschnell und von Ferne mit dem Begriff des »kritischen historischen Materialismus« belegen könnte.[6] Levinas und Derrida arbeiten sich zunächst an den sogenannten »idealistischen« Positionen ab. Es gelingt ihnen, quasi aus deren Innerem heraus, ihr Ungenügen oder ihre Widersprüchlichkeit zu zeigen, auf ihre blinden Flecke hinzuweisen und nach einer sprachlichen Ausdrucksform dessen zu suchen, was man ein wenig holzschnittartig »das ungedachte Andere« nennen könnte.

Sie werden im Allgemeinen einer Zeit zugeordnet, die in kulturellen und philosophischen Zusammenhängen gerne als »Postmoderne«, »Poststrukturalismus« oder »Neo-Strukturalismus« gekennzeichnet wird.[7] Thomas Pröpper nimmt zu den Gedanken, die man dieser Zeit zuordnet, dezidiert Stellung:

>»Der Spätmoderne weiß nicht mehr, was er denken soll, weil er alles denken kann. Im pluralistischen Einerlei traut er sich keine Wertungen mehr zu. Sokrates, Goethe, Walt Disney oder Simmel[8]: andersartig, aber gleichwertig; Fragen der Metaphysik oder Sexualität, Fragen der Vollwertkost oder der Gerechtigkeit: andersartig, aber gleichwertig. [...] Neu ist nicht das *Problem* des Relativismus, sondern wie aus der Not eine fröhliche Tugend gemacht und der *definitive* Pluralismus als Freiheitszuwachs gefeiert wird. Die postmodernen Vordenker trauern den universalen Visionen nicht nach, die in der Neuzeit projektiert worden sind. Denn der

---

[6] Wichtige Impulse für die theologische Debatte hat hier ohne Zweifel Johann Baptist Metz geliefert. In jüngerer Zeit erscheint mir René Buchholz' Studie interessant: René Buchholz: Körper – Natur – Geschichte. Materialistische Impulse für eine nachidealistische Theologie, Darmstadt 2001 (= Buchholz: Körper). – Bei aller Umwegigkeit und stark vereinfachender historisierender Darstellung materialistischer Einsprüche macht Buchholz deutlich, dass es keinen einheitlichen Materialismus gibt. Ebensowenig gibt es jedoch, und das scheint mir bei Buchholz nicht ausreichend bedacht, einen einheitlichen Idealismus. Wenn man diese Terminologie beibehalten will, müsste man vielleicht statt einzelner Denker eher einzelne Gedanken als idealistisch oder materialistisch kennzeichnen.

[7] Vgl. zur Problematik von Moderne und Postmoderne exemplarisch: Wolfgang Welsch: Unsere postmoderne Moderne. Weinheim ³1991. Ausführlichere Literaturangaben bei: Thomas Freyer: Emmanuel Levinas und die Moderne. In: Ders., Richard Schenk (Hg.): Emmanuel Levinas – Fragen an die Moderne, Wien 1996, 13–23.

[8] Gerade in dieser Aufzählung werden Schwierigkeiten deutlich, weshalb sich z.B. Derrida mit Wertungen aus der Ferne zurückhält. Wir trauen uns zu zu werten, weil wir zu wissen glauben, wen oder was wir bewerten: Sokrates (den Philosophen oder die literarische Gestalt?), Goethe (den Klassiker oder den Stürmer und Dränger?), Walt Disney (den Produzenten von *Fantasia* oder den Produzenten von *Die Wüste lebt*?), Simmel (Georg oder Johannes Mario?).

Versuch, so der Vorwurf, das Ganze zu denken, sei doch totalitärer Terror gewesen. Also erhält die Vernunft, einst als alle Menschen verbindende Instanz der Wahrheit geachtet, ihren Abschied – zugunsten der (so Wolfgang Welsch) ›transversalen Vernunft‹, die sich flexibel in allen Sprachspielen tummelt[.] [...] Aber selbst Nietzsche, der die Destruktion des Subjekts womöglich schon gründlicher als seine gegenwärtigen Nachfahren betrieb, gelang doch die trockene Gelassenheit nicht, mit der heute der ›Tod des Subjekts‹ konstatiert wird: erst eine Erfindung der späten Neuzeit sei es gewesen, eine Überlebensfiktion der Evolution nur, die nun wieder verschwinde[.]«[9]

Pröppers Polemik ist in ihrer Schärfe keine Ausnahme.[10] Auch Klaus Müller warnt – in diesem Fall im Hinblick auf Johann Baptist Metz – vor »postmodernen« Gedanken:

---

[9] Thomas Pröpper: »Wenn alles gleich gültig ist ...« Subjektwerdung und Gottesgedächtnis. In: Ders.: Evangelium und freie Vernunft: Konturen einer theologischen Hermeneutik, Freiburg – Basel – Wien 2001, 23–39, 34f. Wenn ich hier und anderswo sehr ausführlich zitiert habe bzw. zitieren werde, so hat das Gründe, die denen, die Jacques Derrida in *Limited Inc.* formuliert, nicht unähnlich sind: »Zunächst bereitet es mir Freude, die ich mir nicht nehmen lassen will, selbst wenn man sie als abartig einstuft: Eine gewisse Zitationspraxis [...] bearbeitet, *verändert* immer sogleich, was sie wiederzugeben scheint. [...] Schließlich werde ich ausführlich zitieren, um die Verwirrung, die selektiven Ablehnungen oder Vereinfachungen zu begrenzen, die mir in dieser Debatte [...] eingeführt scheinen.« (Jacques Derrida: Limited Inc., Paris 1990, 82. Eigene Übersetzung. Vgl. die deutsche Übersetzung: Jacques Derrida: Limited Inc., Wien 2001, 69f.) – Derrida bezieht sich hier auf seine Debatte mit John Searle, die später unter anderem in Bezug auf die Auseinandersetzung mit Klaus Müller nochmals thematisiert werden wird. Die Möglichkeit der Wiederholung und Neu-Anwendung dieses Zitats in unserem Kontext zeigt eine strukturelle Ähnlichkeit zu dieser Debatte.

[10] Pröpper nimmt hier Bezug auf einen eigenen Beitrag sowie auf weitere Monografien bzw. Sammelbände. Vgl.: Thomas Pröpper: Meinungsmarkt und Wahrheitsanspruch. In: Christ in der Gegenwart 45 (1993), 325–326; Jürg Altwegg, Aurel Schmidt: Französische Denker der Gegenwart. Zwanzig Porträts, München 1987; Hans Joachim Türk: Postmoderne, Mainz – Stuttgart 1990; Wulff D. Rehfus: Die Vernunft frißt ihre Kinder. Zeitgeist und Zerfall des modernen Weltbilds, Hamburg 1990; Wolfgang Welsch: Unsere postmoderne Moderne, Weinheim ³1991; Ders. (Hg.): Wege aus der Moderne. Schlüsseltexte der Postmoderne-Diskussion, Weinheim 1988. – Bei Altwegg und Schmidt finden sich äußerst knappe, eher feuilletonistische Portraits (Derrida auf sieben Seiten, Lyotard auf acht, Foucault auf zehn), die über einen Überblick aus der Ferne über Kontext und Absichten der jeweiligen Denker kaum hinausgehen und sich meines Erachtens nicht als Referenzrahmen für eine fundierte Kritik eignen. Türks Monographie ist in einem stark apologetischen Ton gehalten. Undifferenziert und ohne Detailbelege – bis auf Lyotard, Vattimo und Rorty findet sich nur Sekundärliteratur – sowie Detailkenntnis werden die verschiedensten Positionen miteinander vermengt. Ein Beispiel: »Nach einem anderen Philosophen, Jacques Derrida, ist das Subjekt nur die Überlebensfiktion der Evolution; jetzt werde es wieder dekonstruiert.« (Türk: Postmoderne, 73.) Dieses Zitat, auf das sich auch Pröpper bezieht, zeigt deutlich, wie wenig der Autor Derridas Gedanken zur Kenntnis genommen hat. Schon der Blick in einige von Derridas Ausführungen zeigt, dass er sich explizit gegen positivistische, evolutionslogische oder andere reduktionistische Theorien wendet. Rehfus' Überlegungen markieren bewusst Extrempositionen und sind geradezu von einem endzeitlichen Gestus geprägt, der manches deutlicher sehen lassen mag, der aber gerade von Derrida in *Apokalypse. Von einem neuerdings erhobenen apokalyptischen Ton in der Philosophie* kritisch beleuchtet wird. (Vgl.: Jacques Derrida: Apokalypse. Von einem neuerdings erhobenen apokalyptischen Ton in der Philosophie, Wien 2000.) – Ausgerechnet der Vorwurf der

»Ausweislich der Attraktivität sogenannter postmoderner Attitüden in den Reihen katholischer Theologinnen und Theologen ist offenkundig nur einer Minderheit klar, dass Sprachspielpluralismus und Fundamentalismus nur die zwei Seiten ein und derselben Medaille sind.«[11]

Sicherlich sind mit »postmodernen Attitüden« auch die Gedanken von Emmanuel Levinas und Jacques Derrida gemeint, so dass meine Arbeit schon jetzt im Verdacht steht, Pluralismus und Fundamentalismus zu fördern.[12] Ich

---

Beliebigkeit – »Fragen der Vollwertkost und Fragen nach der Gerechtigkeit: andersartig, aber gleichwertig« (Rehfus: Die Vernunft frisst ihre Kinder, 114.) – ist bei Derrida nicht angebracht. Bei Welsch, den Pröpper auch als Gewährsmann anführt, ist in einer Fußnote eine Stellungnahme Derridas zu lesen: »Ich glaube nicht, dass man irgendwas Beliebiges sagen darf. Ich bin für die Disziplin.« (Welsch: Unsere postmoderne Moderne, 145, FN 28. Das Gespräch, aus dem dieses Zitat stammt, findet sich in: Florian Rötzer (Hg.): Französische Philosophen im Gespräch, München 1986, 87.) Im Sinne der »Redlichkeit«, die Derrida in seiner Laudatio zu Habermas' Geburtstag einforderte (Vgl. Jacques Derrida: »Unsere Redlichkeit«. Jeder in seinem Land, aber beide in Europa: Die Geschichte einer Freundschaft mit Hindernissen – Jürgen Habermas zum 75. Geburtstag. In: Frankfurter Rundschau, 18.6.2004.) und selbst immer wieder geübt hat, sei angemerkt, dass Derrida in eben diesem Interview davon spricht, er befinde sich »in einer Situation, in der das Verhältnis zwischen der Disziplin und dem Undisziplinierbaren immer offen ist.« (Rötzer: Französische Philosophen im Gespräch, 82.) Das schließt freilich nicht die Option für die Disziplin des Denkens aus, sondern gerade ein.

[11] Müller: Begründungslogische Implikationen der christlichen Gottesrede, 37f. Müller verweist hier auf die »aufschlussreichen Diagnosen« von Hansjürgen Verweyen: Theologie im Zeichen der schwachen Vernunft, Regensburg 2000, 20–29. Verweyen schreibt dort über die gesellschaftliche Situation in den Vereinigten Staaten: »Dieses friedliche Nebeneinander einer Vielzahl von grundsätzlich als gleichwertig anerkannten religiösen Gemeinschaften aber eben in jenem Typus von Philosophie, wie sie von David Hume vertreten wurde und heute in der vor allem von Ludwig Wittgenstein begründeten Sprachphilosophie ihren zeitgemäßen Ausdruck findet. Dieser philosophischen Tradition zufolge gibt es für den Glaubenden keine Legitimationsbasis, über den Umkreis der eigenen Religionsgemeinschaft hinaus Andersdenkenden seine Überzeugungen mit rationalen Argumenten anzusinnen. Erst recht ist er nicht legitimiert, aufgrund seiner religiös-sittlichen gewonnenen Einsichten Kritik an öffentlich-rechtlichen Strukturen anzumelden. Darum ist der religiöse Mensch auf der anderen Seite aber auch immun gegen jede auf das Prinzipielle abzielende Religionskritik. Niemand braucht eine auf den Grund seines Glaubens zielende öffentliche Kritik zu fürchten, weil so etwas gesellschaftlich wie der die Mentalität beherrschenden Philosophie nach nicht vorgesehen ist. Man hat sich auf diese Weise daran gewöhnt, weder dem anderen noch sich selbst kritisch jemals nahe zu treten. Das heißt aber, man ist pluralistisch und fundamentalistisch zugleich – wobei ›Fundamentalismus‹ hier nicht im Sinne einer zur Gewalttätigkeit neigenden apologetischen Haltung zu verstehen ist, sondern einfach als Ausschaltung der Zumutung, seine religiösen Anschauung je kritisch hinterfragen zu sollen.« (25f.).

[12] Darauf deuten mehrere Kommentare der genannten Theologen selbst bzw. aus ihrem Umkreis hin: Klaus Müller ordnet in seinem Beitrag *Das etwas andere Subjekt. Der blinde Fleck der Postmoderne.* (In: ZKTh 120 (1998) 137–163.) Levinas in die Postmoderne ein und stellt den Mangel einer erstphilosophischen Reflexion in dessen Denken fest: »Begründung tut not.« (160). Saskia Wendel bezieht sich in ihrem Aufsatz *Postmoderne Theologie? Zum Verhältnis von christlicher Theologie und postmoderner Philosophie* (In: Klaus Müller (Hg.): Fundamentaltheologie – Fluchtlinien und gegenwärtige Herausforderungen. In konzeptioneller Zusammenarbeit mit Gerhard Larcher,

frage aber: Sind Verweyen und andere nicht auch fundamentalistisch? Zeigt sich nicht in der Forderung nach einem gesicherten Wissen ein Fundamentalismus anderer Art? – Derrida hat sich dazu in einem ZEIT-Interview geäußert:

»Wenn jedes politische Projekt der beruhigende Gegenstand oder die logische oder theoretische Konsequenz eines abgesicherten Wissens wäre – also euphorisch, ohne Paradox, ohne Aporie, ohne Widerspruch, ohne zu entscheidende Unentscheidbarkeit –, dann würde es sich um eine Maschine handeln. Eine Maschine, die ohne uns, ohne Verantwortlichkeit, ohne Entscheidung, letztlich ohne Ethik, Recht oder Politik funktioniert. Es kann keine Entscheidung und keine Verantwortlichkeit geben, ohne dass wir die Aporie oder die Unentscheidbarkeit durchlaufen hätten. [...]

Wenn man sich mit dem Möglichen begnügen würde, würde man Regeln anwenden oder Programme ausführen, würde man vorhersehbare Kausalitäten vorgeben, würde sich ›pragmatisch‹ an das anpassen, was scheinbar bereits im Gang wäre, und man würde infolgedessen in der Politik wie anderswo weder etwas tun noch etwas entscheiden. Es würde niemals wirkliche Verantwortlichkeit übernommen. Vielleicht werden Sie mir sagen, das sei genau das, was längst passiere. Vielleicht ist das so. Aber um dieses selbst zu denken, muss der Bezug zwischen dem Möglichen und dem Unmöglichen, also dem Un-Möglichen, anders gedacht werden. Das versuche ich.«[13]

Lässt sich im Anschluss an Levinas und Derrida ein solches Denken skizzieren, das Räume offen hält, die das Un-Mögliche nicht von vornherein ausschließen – auch und gerade in der Theologie und der Dogmatik? Dabei gilt es, nicht nur gegen die Kritik von Müller und anderen zu zeigen, dass es nicht ein Abgleiten in beliebige Sprachspiele zur Folge hat, wenn die Reflexion nicht beim erkennenden Subjekt stehen bleibt, sondern auch eine Vereinnahmung jener Denker zu verhindern. Weder Jacques Derrida noch Emmanuel Levinas treiben Theologie – schon gar keine christliche. Die Kritik der Philosophie müsste die theologischen Überlegungen mehr herausfordern denn bestätigen.

Die Orte, an denen ein solches theologisches Sprechen zu suchen sein wird, werden keine mit festen Fundamenten sein, sondern eher solche, die sich ihrer eigenen Örtlichkeit nicht sicher sind und daher in der Reflexion immer wieder auf sie zurückkommen müssen. Was die Erkenntnisorte der Theologie betrifft, so ließe sich mein Versuch zu einem theologischen Spre-

---

Regenburg 1998, 193–214.) mehrmals ausdrücklich auf Derrida, und auch Levinas klingt mit der Formulierung »Jenseits des Seins« (210) an. Dabei wirft sie dem postmodernen Denken Einseitigkeit (207), »pauschalierende Kritik« (209) und Fideismus (212) vor. Hansjürgen Verweyen diagnostiziert in seinem Beitrag *Erstphilosophie nach dem »linguistic turn«. Ein Grundproblem heutiger Fundamentaltheologie.* (In: ThPh 75 (2000), 226–235.) ebenfalls einen Mangel in der »Philosophie von Levinas, nämlich eine unzureichende Subjektreflexion.« (228) Auch Pröpper verweist in einer Fußnote zu der oben zitierten Stelle u.a. auf Derrida.

[13] Jacques Derrida: Ich misstraue der Utopie, ich will das Un-Mögliche. Interview mit Jacques Derrida. In: Die Zeit Nr.11 (5.3.1998), 47.

chen in klassischen Termini vielleicht so umschreiben, dass es mir um eine Dogmatik geht, die in sich immer fundamentaltheologisch geprägt sein muss. Karl Rahners Gedanken zu einer Zuordnung von Fundamentaltheologie und Dogmatik im Rahmen der von ihm so genannten fundamentalen Theologie scheinen mir hier immer noch ein Ausgangspunkt zu sein:

>»Man kann – oder muss – die Fundamentaltheologie als selbstständige Disziplin neben oder vor der Dogmatik belassen und anerkennen. Wenn eine Dogmatik sich aber begreift als getragen vom Glauben, der alles umfasst und richtet, aber keinem anderem Richterstuhl sich stellen kann und von der Vernunft nicht umfasst wird (im Sinne einer ihm übergeordneten Instanz), dann ist verständlich, dass die Dogmatik von sich aus und in sich selbst eine Theologie der Fundamentaltheologie entwickeln muss, d.h. von sich aus als Teil ihrer eigenen Aussage sagen muss, dass, wie und in welchem Sinn es eine rationale Begründung des Glaubens von außen und nach außen geben kann und muss. Die Dogmatik führt diese Begründung nicht durch. Aber sie konstituiert autonom die Möglichkeit, den Sinn und die Grenzen einer solchen Begründung. Diese Aufgabe der Dogmatik selbst nennen wir hier fundamentale Theologie, die nicht mit der sogenannten Fundamentaltheologie verwechselt werden darf. Sie hat in gleicher Weise die subjektive wie die objektive Seite dieser Möglichkeit einer Fundamentaltheologie zu bedenken.«[14]

Mit einer solchen Positionierung der Dogmatik wird die Fundamentaltheologie nicht arbeitslos. Vielmehr erkennen nennenswerte fundamentaltheologische Überlegungen an, dass dieses Grenzgebiet nicht der alleinige Raum der Fundamentaltheologie sein kann. Herbert Vorgrimler formuliert: »Die so schwierige Verhältniseinheit von formalem u. materialem Bereich ist darum von beiden Seiten [d.h. von Dogmatik und Fundamentaltheologie] zu klären.«[15] Max Seckler unterscheidet zwischen fundamentaler Theologie als einer Selbsterfassung des christlichen Glaubens in einer Innenperspektive und Apologetik als Vermittlung nach außen.[16] Er hält fest: »Faktisch wird deshalb auch in allen theologischen Disziplinen nicht wenig fundamentale Theologie

---

[14] Karl Rahner: Über den Versuch eines Aufrisses einer Dogmatik. In Ders.: Schriften zur Theologie. Band I, Zürich – Einsiedeln – Köln ⁶1962, 9–48, 27. Vgl. dazu auch den schematischen Aufriss selbst auf den Seiten 29–47. Darin finden sich als Aufgaben für eine fundamentale Theologie neben der Behandlung ontologischer Fragen nach dem Wesen und der Existenz von Theologie, die Wahrheitsfrage und eine Phänomenologie der Religionsformen. Innerhalb dieser Phänomenologie der Religionsformen findet meines Erachtens die Verhältnisbestimmung des Christlichen zu den anderen Religionen und damit an erster Stelle zum Judentum einen Ort, der auf die Wahrheitsfrage und die sogenannten »ontologischen Fragen« nicht ohne Einfluss sein kann. Vgl. auch Karl Rahner: Formale und fundamentale Theologie. In: LThK IV ²1960, 205–206. (Es ist bezeichnend, dass dieses Stichwort in die dritte Auflage des LThK nicht aufgenommen wurde.)
[15] Vgl.: Herbert Vorgrimler: Fundamentaltheologie. In: LThK IV ²1960, 452–460, 453.
[16] Vgl.: Max Seckler: Fundamentaltheologie: Aufgaben und Aufbau, Begriff und Namen. In: Walter Kern, Hermann Josef Pottmeyer, Max Seckler: Handbuch der Fundamentaltheologie. Band 4. Traktat Theologische Erkenntnislehre mit Schlussteil Reflexion auf die Fundamentaltheologie. Zweite, verbesserte und aktualisierte Auflage, Tübingen – Basel 2000 (=Seckler: Fundamentaltheologie), 331–402, hier: 375–400.

gemacht (wie auch Apologetik). Zwar müssen die Funktionen fundamentaler Theologie ihre Identität als solche haben, wenn es sie überhaupt geben können soll. Aber es besteht auch kein sachlicher Zwang, ihre Wahrnehmung exklusiv einem einzigen Fach namens *Fundamentaltheologie* oder nur den Vertretern dieses Faches vorzubehalten[.]«[17]

Hans Waldenfels gebraucht für die Verhältnisbestimmung von Fundamentaltheologie und Dogmatik das Bild eines Hauses, in dessen Inneren die Dogmatik Untersuchungen anstelle, während die Fundamentaltheologie an der Tür stehe, die – folgt man Rahners Gedanken – erst von der Dogmatik her einen Platz im Haus bekommt:

> »Freilich lässt sich kaum leugnen, dass heute oft genug – um im Bild zu bleiben – auch diejenigen, die im Hause sind, nicht wissen, wie sie hineingekommen sind, so dass der Dogmatiker dann mit ihnen wieder ›in der Tür‹ steht. In diesem Sinne kann keine theologische Disziplin auf die fundamentaltheologische *Perspektive* verzichten.«[18]

All diese Überlegungen gehen jedoch davon aus, dass es ein gesichertes Innen und Außen des Hauses gibt, dass sich formaler und materialer Bereich deutlich voneinander unterscheiden lassen. Es scheint mir jedoch – und dies soll im Durchgang durch die Texte auch deutlich werden –, dass diese Unterscheidungen mehr denn je fraglich geworden sind. Sie werden in Frage gestellt von einer vielfältigen Praxis,[19] einer Geschichte dieser Praxis und der mit ihr in Wechselwirkung stehenden Lehren sowie nicht zuletzt durch das Zeugnis der Heiligen Schrift.[20] Jene dürfen nicht als Beglaubigung systematisch gewonnener Erkenntnisse betrachtet werden, vielmehr brechen sie die Überlegungen der Dogmatik von innen her auf. Gerade deshalb muss es eine Arbeitsteilung geben, auch wenn es keine sicher abgrenzbaren Orte mehr gibt. Der Begriff der Grenze selbst ist unsicher geworden. Insofern ist der Theologe nicht mehr Arbeiter auf einem gemeinsamen Bauplatz, »auf dem ein einzelnes Gebäude nach einem schon fertigen und allen bekannten Plan

---

[17] Seckler: Fundamentaltheologie, 381. Vgl. auch: Max Seckler: Das Verhältnis von Fundamentaltheologie und Dogmatik. In: Eberhard Schockenhoff, Peter Walter (Hg.): Dogma und Glaube. FS Walter Kasper, Mainz 1993, 101–129.

[18] Hans Waldenfels: Kontextuelle Fundamentaltheologie. 3., aktualisierte und durchgesehene Auflage, Paderborn – München – Wien – Zürich 2000, 99.

[19] Vgl. zu einer ersten Verhältnisbestimmung der Dogmatik zur praktischen Theologie: Karl Rahner: Die Praktische Theologie im Ganzen der theologischen Disziplinen. In: Ders.: Schriften zur Theologie. Band VIII, Zürich – Einsiedeln – Köln 1967, 133–149.

[20] Daher hat Rahner nicht Unrecht: »Der systematische Theologe kann [...] nicht darauf verzichten, Bibeltheologe zu sein. Er kann die bibeltheologische Arbeit nicht einfach den Exegeten überlassen.« (Karl Rahner: Überlegungen zur Methode der Theologie. In: Schriften zur Theologie. Band IX, Zürich – Einsiedeln – Köln 1970, 79–126 (=Rahner: Überlegungen zur Methode der Theologie), 84.) Vgl. auch Karl Rahner: Exegese und Dogmatik. In: Ders.: Schriften zur Theologie VI, Zürich – Einsiedeln – Köln 1962, 82–111. – Freilich wäre genauer zu klären, wie und unter welchen Vorzeichen eine solche Bibeltheologie stattzufinden hätte. Vgl. dazu auch Teil V meiner Arbeit, Seite 285.

gebaut wird.«²¹ Der Theologe wäre vielleicht höchstens derjenige, der nach den Grenzen dieses Bauplatzes sucht, nach den Bedingungen und Grenzen theologischer Rede.

Nachdem kein Ort benennbar scheint, an dem sich diese Arbeit sicher fühlen könnte, sind umso dringlicher die Dinge zu benennen, die ich in dieser Arbeit nicht leisten kann. Es geht mir nicht um eine Aufarbeitung der Diskussion um die Ansätze der Letztbegründungen.²² Speziell geht es mir auch nicht um die Varianten einer transzendentalpragmatischen Letztbegründung, für die der Name Apel exemplarisch steht. Sie werden nur am Rande eine Rolle spielen, wo sich Pröpper bzw. Krings, Verweyen oder Müller von ihnen abgrenzen.²³ Es erscheint mir wichtiger, diese Ansätze auf ihre unhinterfragten philosophischen Voraussetzungen und ihre argumentativen Unschärfen hin zu beleuchten sowie ihre Konsequenzen für theologisches Sprechen zu untersuchen.

Weiterhin kann ich es im Rahmen dieser Studie nicht leisten, das Gesamt des Derrida'schen oder des Levinas'schen Werks aufzuarbeiten, geschweige denn alle Titel der Sekundärliteratur zur Kenntnis zu nehmen. Meine Auswahl bleibt daher auf gewisse Weise willkürlich, wenn auch nicht unbegründet. Es geht mir bei Derrida und Levinas um die Frage der Vernunft – auch

---

²¹ Rahner: Überlegungen zur Methode der Theologie, 85. – Rahner fordert in diesem Beitrag die transzendentale Methode für die Theologie, da sie in sich notwendig immer schon auch Philosophie sei. Allerdings ist für ihn der letzte Schritt, in dem sich das ganze Wesen der Theologie zeige, eine »reductio in mysterium« (113). Diese reductio steht in der Tat quer zu einer Ermittlung eines erstphilosophischen Begriffs letztgültigen Sinns. Vgl. dazu auch Kapitel VI.3, Seite 366.
²² Nähere Literaturangaben dazu finden sich in den entsprechenden Kapiteln.
²³ Die Grenzlinien werden in folgenden Beiträgen sehr deutlich gezogen: Hermann Krings: Empirie und Apriori. Zum Verhältnis von Transzendentalphilosophie und Sprachpragmatik. In: Ders.: System und Freiheit. Gesammelte Aufsätze. Praktische Philosophie 12, Freiburg – München 1980, 69–98; Karl-Otto Apel: Warum transzendentale Sprachpragmatik? Bemerkungen zu H. Krings »Empirie und Apriori. Zum Verhältnis von Transzendentalphilosophie und Sprachpragmatik«. In: Hans-Michael Baumgartner u.a. (Hg.): Prinzip Freiheit. Eine Auseinandersetzung um Chancen und Grenzen transzendentalphilosophischen Denkens. Zum 65. Geburtstag von Hermann Krings, Freiburg – München 1979 (= Baumgartner (Hg.): Prinzip Freiheit), 13–43 (= Apel: Warum transzendentale Sprachpragmatik?); Eberhard Simons: Transzendentalphilosophie und Sprachpragmatik. Zur Methodik der Auseinandersetzung von Hermann Krings und Karl-Otto Apel. In: Baumgartner (Hg.): Prinzip Freiheit, 44–74; Hermann Krings: Replik. In: Baumgartner (Hg.): Prinzip Freiheit, 345–411 (= Krings: Replik), bes.: 348–378. – Auf den ersten Blick scheinen mir solche Versuche eine vermittelnde Position zwischen den von mir betrachteten Philosophen und einer Letztbegründung im transzendentalen Subjekt darzustellen. Doch fallen auch sie, wenn ich richtig sehe, der Kritik von Jacques Derrida anheim. Als Ansatzpunkt kann hier Derridas Auseinandersetzung mit Austin und Searle genannt werden, die für die Apel'sche Transzendentalpragmatik eine wichtige Rolle spielen. (Vgl.: Apel: Warum transzendentale Sprachpragmatik?, 17f.) Zudem wird der theologische Diskurs zur Zeit von derjenigen transzendentalphilosophischen Richtung dominiert, die ihren Ankerpunkt im Subjekt oder ihm verwandten Strukturen der Freiheit – Hermann Krings nimmt für sich in Anspruch, keine Bewusstseinsphilosophie zu treiben (Vgl.: Krings: Replik, 366f.) – sucht.

schon im Hinblick auf den Menschen, auf das, was man Glauben nennt, auf den anderen, auf ein Ereignis, das man Offenbarung nennen könnte. Es geht mir aber auch um das, was man mit dem Begriff der »Methode« belegt. *Wie* denken beide ihr Denken? Wie bringen sie es zur Sprache? Man wäre vielleicht geneigt, es ihren »Stil« zu nennen, der sich nicht auf eine literarische Eigenart beschränkt, sondern der eine »Haltung« anzeigt, in der sich ein gewisser Respekt äußert.[24] Diese Arbeit ist vor allem von dem Versuch gekennzeichnet, diese »Haltung« einzuüben. Freilich legt mir ihre Form dabei gewisse Grenzen auf.[25]

3. Kurze Hinweise zu Inhalt und Gliederung

Dieses Kapitel zeichnet einen kurzen Überblick über die Arbeit. Dadurch setzt es sich notwendig in eine Distanz zu ihr, die sie einerseits einordnet und berechenbarer macht, andererseits aber auch mit ihr bricht, die ihre eigene »Systematik« bricht: Die einzelnen Kapitel folgen weitgehend einzelnen Texten und versuchen sie zu lesen, auf ihre Voraussetzungen zu befragen, ihre Spuren[1] weiterzutragen in andere Kontexte. Diese Kapitel habe ich einzelnen größeren Teilen zugeordnet, die man von Ferne als klassische *Loci* begreifen könnte, auch wenn sie von sich aus diese Orte immer wieder aus dem heraus, was man ihr Innen zu nennen pflegt, überschreiten.[2] Unter der Überschrift *Verortungen* versucht dieser erste Teil eine vorläufige Orientierung zu geben. Er erhebt eine erste Topik des abzuschreitenden Feldes und skizziert im Anschluss an Jacques Derridas *Glaube und Wissen* grundlegende erkenntnistheoretische Schwierigkeiten in der Verhältnisbestimmung dieser beiden Begriffe. Dabei wird auch die Art und Weise der Lektüre deutlich, die man als »Dekonstruktion« zu bezeichnen geneigt ist.[3]

---

[24] Der Nachruf auf Jacques Derrida in *Le Point* begann mit: »Ce qui restera de Derrida, pour ma génération au moins, c'est un style, une méthode, qui font de la glose, du commentaire, du corps-à-corps avec les textes, la voie royale de la pensée.« (Le blocnotes de Bernard-Henri Lévy. Tombeau pour Jacques Derrida. In: Le Point 14.10.2004, N°1674, 154.)

[25] Als Dissertation muss sie ganz bestimmten Ansprüchen genügen, die sich vor allem in einer Systematisierung der behandelten Themen zeigen. Gleichzeitig versucht sie jedoch, sich gegen abgeschlossene Systeme zu wehren. Sie gerät also notwendigerweise in einen performativen Selbstwiderspruch, um dessen Problematik ich weiß, den ich aber hier nur benennen kann. Diesem Widerspruch ist wohl generell nicht zu entgehen, da jede Verschriftlichung oder Versprachlichung eine Systematisierung mit sich bringt. Als wissenschaftlicher Qualifizierungsarbeit sind dieser Studie zudem gewisse Strategien nicht in dem Maße zugänglich, wie sie zum Beispiel von Levinas und Derrida genutzt werden. Das mag ein Vorteil sein, weil ich dadurch auf einen Weg gezwungen werde, der an unsere Wissenschaftskultur vielleicht eher anschlussfähig ist und der nicht von vornherein der Unwissenschaftlichkeit geziehen wird.

[1] Zum Begriff der Spur vgl. Kapitel III.3, Seite 200.

[2] Daher sind auch die einzelnen Kapitel relativ groß. Eine weitere Untergliederung hätte eine Präzision vorgegeben, die mit einer Topik nicht zu erreichen ist. Die Orte in Gestalt von Texten sind nicht beliebig klein.

Teil II unterzieht die Entwürfe von Thomas Pröpper, Hansjürgen Verweyen und Klaus Müller einer detaillierten Lektüre. Er leuchtet einen Ort zeitgenössischer Theologie aus und bildet den ersten Ankerpunkt im gegenwärtigen Diskurs. Dabei weist er bereits auf die immanenten Grenzen solcher Ansätze hin. Ich bin mir durchaus bewusst, dass Pröpper, Verweyen und Müller nicht behaupten, jemand könne durch vernünftiges Argumentieren zum Glauben gebracht werden.[4] Meine Kritik bezieht sich nicht auf eine solchermaßen falsch verstandene Letztbegründung, gegen die sich Verweyen zu Recht wehrt. Wenn ich von Letztbegründung spreche, spreche ich davon in dem Sinn, in dem auch Verweyen und Müller diesen Ausdruck gebrauchen. Er meint den Ausweis der Vernünftigkeit des Glaubens im Rückgriff auf die autonome Vernunft. Es handelt sich also um die Möglichkeit einer Aufklärung der Wirklichkeit in einem philosophischen Begriffssystem, das in einem unhintergehbaren letzten Begriff im transzendentalen Subjekt fundierbar ist. Diese Möglichkeit steht für mich grundsätzlich in Zweifel und damit ineins auch die Möglichkeit, die Wirklichkeit des Glaubens und der Verwiesenheit des Menschen an Gott vollständig rational einzuholen und von *einem* Standpunkt – *einem* Ort – aus als vernünftig auszuweisen. Damit sollen keine »Reservate des ›reinen Glaubens‹«[5] vor der kritischen Vernunft eingezäunt werden, wie Verweyen argwöhnt, sondern vielmehr sollen die Zäune um die sogenannte kritische Vernunft herum abgebaut, der Glaube an ihre Autonomie, der sich nicht als Glaube zu erkennen gibt, in Frage gestellt werden. Schon in der Darstellung der Ansätze von Thomas Pröpper, Hansjürgen Verweyen und Klaus Müller wird es darum gehen, auf solche Zäune aufmerksam zu machen.

Statt einer Zusammenfassung der Probleme der drei Ansätze – wenn eine solche überhaupt möglich sein sollte und wenn nicht jeder Ansatz bei allen Gemeinsamkeiten seine ihm eigenen Probleme mit sich bringt – will ich anhand der Debatte zwischen Klaus Müller und Thomas Freyer im Hinblick auf das Subjekt oder die menschliche Subjektivität unter anderem eine Fragestellung näher beleuchten, die auch im Rahmen der lehramtlichen Texte in Teil IV eine Rolle spielen wird: Wie verhält sich die unterstellte Autonomie der Vernunft zum Prärogativ der Gnade Gottes?

---

[3] Vgl.: Toni Tholm: Erfahrung und Interpretation. Der Streit zwischen Hermeneutik und Dekonstruktion, Heidelberg 1999, 180f.: »Die Dekonstruktion ist keine philosophische Theorie des Verstehens, sondern eine *Theorie des Lesens*. Im *Vorrang des Lesens* gegenüber dem fragenden Auslegen wird der Anspruch erhoben, Texte in bestimmter Weise zu *lesen*, nicht sie zu verstehen, wie der Hermeneut es will.« – Diese These ist zwar in der Tendenz nicht falsch, berücksichtigt jedoch nicht Derridas Überlegungen, dass jedes Denken einen Sinn und damit ein Verständnis herstellt. Ein Lesen ohne Verstehen kann es vor diesem Hintergrund nicht geben. Der Knackpunkt ist wohl eher die Frage, ob es ein durchgängiges oder letztes universales Verständnis eines Textes geben kann.

[4] Vgl. z.B.: Verweyen: Gottes letztes Wort, 9.

[5] Verweyen: Gottes letztes Wort, 9.

Den Teilen II-V ist gemeinsam, dass sie Grenzen der theologischen Rede beschreiten. Stark vereinfachend gesprochen ließen sich diese Teile den klassischen *Loci* der Philosophie, des Lehramts und der Schrift zuordnen. Die sich in Teil II herauskristallisierenden Problemstellungen und Aporien werden in Teil III mit Texten von Emmanuel Levinas und Jacques Derrida näher beleuchtet und vertieft.[6] Die Bedingungen der Möglichkeit der transzendentalen Diskurse werden auf ihre (ungenannten und unhinterfragten) Bedingungen hin untersucht. Dabei spielen Fragen der Konstitution und der Grenzen von Erkenntnis, der Zeit und des Todes eine wichtige Rolle. Bei Derrida und Levinas hat der/das unverrechenbar andere eine große Bedeutung. Beide sehen jedoch auch die phänomenologische Problematik, dass der andere im philosophischen Diskurs nicht auftaucht, strukturell nicht auftauchen kann.[7] Was bedeutet diese Unmöglichkeit für den philosophischen Diskurs? Wie kann unter solchen Bedingungen der Unmöglichkeit noch gesprochen werden? Nicht zu vernachlässigen ist in diesem Zusammenhang auch die Frage des Subjekts und der im Raum stehende Verdacht, dass mit einem Rückgang noch hinter das transzendentale Subjekt die menschliche Würde und Individualität in Gefahr sei. Verhält es sich nicht eher so, dass gerade das transzendentale Subjekt nicht in der Lage ist, wesentliche anthropologische Grunddaten wie die Frage nach Tod und Leid auszuhalten? Werden Würde und Unverrechenbarkeit des Menschen nicht gerade in der transzendentalen Reflexion nicht gewahrt und können notwendig nicht gewahrt werden? Verliert nicht der Aspekt des Somatischen oder des Widerständigen seinen Stachel?

Teil IV beschäftigt sich unter diesen Vorzeichen erneut mit den vielschichtigen Verhältnisbestimmungen von Glauben und Wissen, Vernunft und Offenbarung, Theologie und Philosophie.[8] Dazu lese ich zwei lehramtliche Dokumente, zunächst die Enzyklika *Fides et ratio*,[9] durch die sich Verweyen und Müller in ihrer Forderung nach einem letztgültigen Sinnbegriff bestärkt

---

[6] Da die einzelnen Kapitel im Vergleich zu den anderen Teilen hier sehr lang sind, habe ich sie nochmals durch Zwischenüberschriften gegliedert, die jedoch nicht im Inhaltsverzeichnis auftauchen.

[7] Nur andeuten kann ich die Bedeutsamkeit dieser Überlegung für das, was man christlich-jüdisches Gespräch nennt. Der *locus alienus* Judentum ist in der Theologie schon immer ein christlich verstandenes Judentum. Das Judentum *als solches* gibt es in christlichen Diskursen strukturell nicht.

[8] Mit der Aufzählung ist keine synonyme Verwendung der Begriffe insinuiert. Sie müssen vielmehr peinlich genau auseinandergehalten werden. Man kann wohl noch nicht einmal sagen, dass man es mit zwei sich gegenüberstehenden Reihen zu tun hätte. Meine Arbeit wird zeigen, dass es z.B. sowohl in der Theologie als auch in der Philosophie Momente des Glaubens und des Wissens gibt.

[9] Die Süddeutsche Zeitung hat sie im November 1998 in ihrer Feuilletonbeilage in die Liste der empfehlenswerten Sachbücher aufgenommen. Für die innertheologische Rezeption vgl. die Literaturhinweise bei Max Seckler: Vernunft und Glaube, Philosophie und Theologie. Der innovative Beitrag der Enzyklika »Fides et Ratio« vom 14. September 1998 zur Theologischen Erkenntnislehre. In: Theologische Quartalsschrift 184 (2004), 77–91 (= Seckler: Vernunft und Glaube), 90f.

sehen. Eine detailliertere Lektüre wird zeigen, dass sich dieses Dokument einer monolinearen Auslegung widersetzt. Vielmehr wird in ihm eine Mehrzahl von Stimmen hörbar. In seiner Suche nach Verhältnisbestimmungen von Glauben und Vernunft greift es immer wieder auf die dogmatische Konstitution *Dei Filius* des Ersten Vaticanums zurück, die nach Hermann-Josef Pottmeyer als erste »wissenschaftstheoretische Bestimmung der Theologie«[10] gilt. Hier werde zum ersten Mal in einem größeren lehramtlichen Dokument das Verhältnis von Glauben und Vernunft bedacht und in den Kontext der Beziehung des Menschen zu Gott gestellt. Bei allen vermeintlichen und tatsächlichen Engführungen, die *Dei Filius* gerade aus der Sicht des Zweiten Vaticanums vorgehalten werden, markiert die Konstitution wichtige Positionen, hinter die man nicht mehr zurückfallen darf. Mir scheint, gerade der Begriff des *nexus mysteriorum* und das Aufgreifen der Analogie könnten aus lehramtlicher Sicht wegweisend für eine systematische Theologie sein.

Gerade die Dogmatiker unter »den Letztbegründern«, speziell Thomas Pröpper und Magnus Striet, legen Wert auf eine aus biblischen Texten gewonnene theologische Prämisse, die die Grundlage ihrer Arbeit bilde.[11] Auch die lehramtlichen Dokumente verweisen für ihre Grenzziehungen und Deutungsvorschläge auf die Bibel. Daher setze ich die Überlegungen von Teil I bis IV und im Vorgriff auch bereits einige aus Teil VI einer Bewährung an biblischen Texten aus.[12] Freilich steht der systematische Zugriff auf biblische Texte stets unter dem Verdacht, sich ihrer bemächtigen zu wollen. Man wählt nicht irgendwelche Texte, sondern »sucht« sich in irgendeiner Art »Belege«. Dennoch habe ich mich bemüht, die widerständigen Dimensionen des biblischen Zeugnisses nicht einzuebnen. Im Gespräch mit verschiedenen Auslegern – auch und gerade mit der historisch-kritischen Exegese – schlage ich eine Art der Lektüre vor, die den systematischen Zugriff zumindest beschränkt und die dogmatischen Überlegungen in gewisser Weise be- und dadurch entgrenzt.

Die konkreten Texte bewegen sich um die Frage des Zugangs des Menschen zu Gott, was nicht nur mit Erkenntnis, sondern auch mit Gnade zu tun

---

[10] Hermann-Josef Pottmeyer: Der Glaube vor dem Anspruch der Wissenschaft. Die Konstitution über den katholischen Glauben »Dei Filius« des Ersten Vatikanischen Konzils und die unveröffentlichten theologischen Voten der vorbereitenden Kommission, Freiburg – Basel – Wien 1968 (= Pottmeyer: Der Glaube vor dem Anspruch der Wissenschaft), 382. Vgl. zur Stellung des Ersten Vaticanums auch: Hermann J. Pottmeyer: Die Konstitution »Dei Filius« des 1. Vatikanischen Konzils zwischen Abwehr und Rezeption der Moderne. In: Günter Rißse, Hans Waldenfels (Hg.): Wege der Theologie – an der Schwelle zum dritten Jahrtausend. Festschrift für Hans Waldenfels zur Vollendung des 65. Lebensjahres, Paderborn 1996, 73–86.

[11] Auch Klaus Müller und Hansjürgen Verweyen gehen von der theologischen Prämisse der Letztgültigkeit der Offenbarung in Jesus Christus aus, was immer das heißen mag. Darauf werde ich in den entsprechenden Kapiteln zurückkommen. Erst die unterstellte Letztgültigkeit nötigt sie zu einem unhintergehbaren Begriff eines letzten Sinns.

[12] Walter Groß und Michael Theobald haben mir wertvolle Hinweise gegeben zum Umgang der Schrift mit dem Verhältnis von Glauben und Vernunft bzw. Gott und Mensch sowie mit ihrem Umgang mit sich selbst als Schrift.

hat. Sie zeugen von dem, was man heute (Selbst-)Offenbarung nennt.[13] In Ex 33–34 wird Moses Begehren, Gottes Herrlichkeit zu sehen, mit »Gnade erweise ich, wem ich Gnade erweisen will, und barmherzig erweise ich mich, wem ich mich barmherzig erweisen will.« (Ex 33,19) nicht nur zunächst abgewiesen, sondern im Anschluss auch grundsätzlich verneint: »Du kannst mein Angesicht nicht sehen, denn nicht sieht mich der Mensch und lebt.« (Ex 33,20) Dennoch zieht Gott an Mose vorüber, und jener darf ihm nachblicken. Aus der sich anschließenden Gottesrede hat die rabbinische Exegese die Namen Gottes und seine beiden grundlegenden Eigenschaften der Gerechtigkeit und Barmherzigkeit abgeleitet. Diese Attribute bilden eine Art *cantus firmus* im Zwölfprophetenbuch und in einer von Levinas ausgelegten Talmud-Stelle zur Frage, welches der Attribute sich bei Gott durchsetzen werde. Dabei pocht die universale Vernunft auf die Gerechtigkeit, während der Gläubige auf die Barmherzigkeit hofft. Paulus greift im Römerbrief just auf jene Abwandlung der Namensformel aus Ex 33,19 zurück, um das Geheimnis Gottes vor der Verstockung Israels zu erläutern. Auch die Frage des messianischen Rests aus dem Micha-Buch, der im Ganzen nicht aufgeht, wird von Paulus für die Israel-Frage in Anschlag gebracht. Im Prolog des Johannes-Evangeliums wird eine Formel aus Ex 33–34 wieder aufgegriffen und in christologischer Deutung weitergeführt. So wird in allen Texten deutlich, dass die Bibel eine Pluralität von Stimmen kennt, ohne dass sie den Anspruch hätte, diese in einem Begriff zu versöhnen. Selbst das Johannes-Evangelium mit seinem stark christologischen Charakter lässt sich nicht auf die Immanenzaussagen des johanneischen Jesus reduzieren. Vielmehr scheint sein »Modell« der Gotteserkenntnis im Nachhinein, das auch schon in Ex 33,23 zu beobachten ist, einer von Derrida und Levinas beschriebenen Struktur der erkenntnistheoretischen Verspätung zu ähneln.

Statt einer Zusammenfassung, die meiner Arbeit ebensowenig gerecht würde wie eine einfache Inhaltsangabe zu Beginn, stellt Teil VI den Versuch dar, nochmals exemplarisch – es geht immer nur exemplarisch – und in dichterer und gedrängterer Form die Problemstellungen der vorangegangenen Teile an anderen Orten, in anderen Texten aufzusuchen. Zu Beginn steht Magnus Striets Kritik der sogenannten »Negativen Theologie«. Der Pröpper-Schüler plädiert vor dem Hintergrund der johanneischen Immanenzaussagen, die die Verborgenheit und Unzugänglichkeit Gottes christologisch aufheben, für eine univoke Gottrede. Der entscheidende Begriff ist dabei der Pröpper'sche Freiheitsbegriff. Gott und Mensch sei univok der Begriff der Freiheit zu prädizieren. Damit stellt sich Striet gegen die breite Tradition der analogen Rede von Gott. Er glaubt nachweisen zu können, dass das Lateranense IV nicht von der Analogie rede und dass Thomas von Aquin theoretisch unterbestimmt bleibe. Diesem Plädoyer für eine univoke Gottesrede

---

[13] Der Offenbarungsbegriff und das damit verbundene Paradigma der Selbstoffenbarung spielt nicht nur im Rahmen des fünften Teils, sondern auch noch einmal im abschließenden sechsten Teil eine nicht unwesentliche Rolle.

stehen die bisher gelesenen Texte mit philosophischen, lehramtlichen und biblischen Hintergründen und Grenzen gegenüber. Weiterhin werfe ich einen genaueren Blick in die von Striet rezipierten Texte. Wie geht er mit diesen Texten um, wohin führen diese Texte noch?

Wenn ich über die einzelnen Kapitel meiner Arbeit hinaus keine materialen theologischen Konsequenzen benennen werde, so liegt das zum einen daran, dass sie sich in einem Feld bewegt, das Rahner der von ihm so bezeichneten fundamentalen Dogmatik zugeordnet hätte. Zum anderen lassen sich solche »Konsequenzen« nach meinen »fundamentalen« Überlegungen nur in einem weiteren konkreten Durchgang durch andere Texte gewinnen, der die Grenzen dieser Arbeit bei weitem überschreiten würde. Das Ende bilden Rahners Bemerkungen zum Geheimnis, der Abschnitt *Skeptizismus und Vernunft* aus Levinas' *Jenseits des Seins* und Derridas *Wie nicht sprechen* als eine Art dreistimmiger »Abschluss« meiner Überlegungen, ohne einen harmonischen Dreiklang zu bilden. Sie weisen auf ein nicht einholbares Geheimnis hin, das auch jene Ereignisse, die wir heute »Offenbarung« nennen, geheimnisvoll erscheinen lässt, und fragen: Wie nicht sprechen vom Geheimnis?

4. Derridas Bestimmung der Religion in einer Ellipse von Glauben und Wissen

Derridas Aufsatz *Glaube und Wissen. Die Religion innerhalb der Grenzen der bloßen Vernunft* ist nicht leicht zugänglich. Er ist keine systematische Abhandlung über die Fragen von Glauben, Wissen, Vernunft und Religion. Vielmehr spricht Derrida selbst davon, er habe »eine quasi-aphoristische Form«[1] gewählt, aus dem ihm zugebilligten Platz von 25 Seiten »52 sehr

---

[1] Vgl.: Jacques Derrida: Foi et Savoir. In: Ders.: Foi et Savoir. Suivi de Le Siècle et le Pardon (entretien avec Michel Wieviorka), Paris 2001, 9–100 (= Derrida: Foi et Savoir), Nr. 35. Dt.: Jacques Derrida: Glaube und Wissen. Die beiden Quellen der »Religion« an den Grenzen der bloßen Vernunft. In: Ders., Gianni Vattimo (Hg.): Die Religion, Frankfurt 2001, 9–106 (= Derrida: Glaube und Wissen), Nr. 35. Der Text ist in 52 nummerierte Abschnitte gegliedert, so dass ich statt der Seitenzahlen auf diese Abschnitte verweise. Leider ist die Übersetzung in vielen Fällen nicht geglückt. Häufig finden sich unmotivierte Umstellungen von Aufzählungen oder eine Vervielfachung von Begriffen, ohne dass darauf hingewiesen würde. Daher benutze ich durchgängig das französische Original und übersetze selbst. Der Verweis auf die Nummern der Abschnitte anstatt der Seitenzahlen erleichtert das Auffinden der Zitate auch in der deutschen »Übersetzung«. – Generell werde ich bei Zitaten in dieser Arbeit zunächst auf die deutsche Übersetzung fremdsprachiger Texte zurückgreifen, sofern es eine solche gibt. In berechtigten Fällen greife ich korrigierend ein. Ist die Übersetzung in meinen Augen insgesamt zu ungenau oder ist keine Übersetzung vorhanden, so übersetze ich selbst. Mir scheint bei allen Schwierigkeiten ein genauer Umgang mit dem *Text* notwendig, gerade weil das *Thema* sich nur schwer genau umreißen lässt. Eine gewisse Vagheit und Unbestimmtheit im Original berechtigen nicht dazu, sie in dem, was man Übersetzung nennt und was eine Nähe zum Original in Anspruch nimmt, die näher kaum sein könnte, gleichsam zu verdoppeln. – Zu dem von Derrida und Vattimo gemeinsam herausgegebenen Sammelband *Die Religion* vgl. auch: Ludwig Nagl (Hg.): Essays zu Jacques Derrida and Gianni Vattimo, Religion, Frankfurt 2001.

ungleiche Folgen gemacht, ebenso viele Krypten, verstreut auf einem nicht identifizierten Feld, auf einem Feld indes, dem man sich schon nähert wie einer Wüste, von der man nicht weiß, ob sie unfruchtbar ist oder nicht, oder wie einem Feld von Ruinen und Minen und Schächten und Grabgewölben und Zenotaphen und verstreuten Samen, das nicht identifiziert werden kann, noch nicht einmal als eine Welt[.]«[2] Vielleicht lässt sich meine Arbeit als ein Versuch einer anderen Topik dieses Feldes begreifen.

Die Beschreibung des Feldes steht nicht am Anfang, den es in einem Feld eigentlich gar nicht geben kann, sondern taucht inmitten des Textes selbst als eine Warnung auf, die man bei der *systematischen* Beschäftigung mit der Frage *der* Religion gerne übersieht. Nichtsdestoweniger lässt sich Derridas Aufsatz grob gliedern: Er zerfällt in drei Teile, deren erster eine Mitschrift des Vortrages ist, den Derrida anlässlich eines Kolloquiums über die Religion auf Capri 1994 hielt. Er ist überschrieben mit *Italiques* und daher auch in kursiven Lettern gesetzt.[3] *Italiques* nimmt Bezug auf Capri, Italien, aber auch auf das Lateinische, in dessen sprachlichen Grenzen sich der Diskurs über *die* Religion nach Derrida von seinem Anfang an bewegt hat und noch bewegt. Der zweite Teil zerfällt in zwei Unterteile und ist mit *Post-Scriptum* überschrieben. Der erste Unterteil trägt den Titel *Cryptes...* und beginnt bezeichnender Weise mit einem Auslassungszeichen »[...]«[4], der zweite Unterteil ist mit *...et grenades* überschrieben und will die letzten fünfzehn Abschnitte wie Granaten begriffen wissen, die in eine Umlaufbahn geschossen werden und zersplittern.[5] Bereits der Titel des Aufsatzes ist für Derrida ein »erster Aphorismus. Er zieht zwei Titel der Überlieferung zusammen«[6]: Kants *Die Religion innerhalb der Grenzen der bloßen Vernunft* und Bergsons *Die beiden Quellen der Moral und der Religion.*[7]

---

[2] Derrida: Foi et savoir, 35. Übersetzung korrigiert, CL. Zum Beleg der Ungenauigkeit der Übersetzung gehe ich hier einmal auf die von mir vorgenommenen Änderungen ein: Das französische *inégal* ist in der deutschen Übersetzung mit den Begriffen »unterschiedlich und ungleich« wiedergegeben, wovon ich »unterschiedlich« gestrichen habe. Wenn man hier neben der Hauptbedeutung »ungleich« eine zweite Übersetzung einführen will, so hätte sich eher »launisch« oder »unbeständig« angeboten. *Identifié* ist einmal in der Negation als »(un-)bestimmt«, das andere mal als »umrissen und identifiziert« sowie »bestimmt« übersetzt. Ich habe mich für den einheitlichen deutschen Begriff »identifiziert« entschieden. In der Reihe, die das Feld näher bestimmt, habe ich mich wieder der französischen parataktischen Aufzählung genähert (»*champ de ruines et de mines et de puits et de caveaux et de cénotaphes et de semences éparses*«), die in der deutschen Übersetzung ohne nachvollziehbaren Grund aufgegeben wurde, wodurch »Ruinen- und Minenfeld« zu einer Art Oberbegriff wird, was vom Französischen her nicht zu rechtfertigen ist. *Caveau* hat die Bedeutung »Grabgewölbe« oder »kleiner Keller«. Die von der deutschen Übersetzung vorgeschlagenen »Aushöhlungen« sind zu ungenau. Zudem bildet die deutsche Übersetzung den falschen Plural »Zenotaphien«, den ich entsprechend korrigiert habe.
[3] Vgl.: Derrida: Foi et savoir, 1–26.
[4] Vgl.: Derrida: Foi et savoir, 27–37.
[5] Vgl.: Derrida: Foi et savoir, 38–52.
[6] Derrida: Foi et savoir, 36.
[7] Henri Bergson: Die beiden Quellen der Moral und der Religion, Frankfurt am Main

»Wir sind verpflichtet, sie aus der Form zu bringen, sie woandershin mitzuschleppen, indem wir, wenn schon nicht ihr Negativ oder ihr Unbewusstes, doch zumindest die Logik dessen entfalten, was man in Unkenntnis ihrer eigentlichen Bedeutung aus ihnen heraus über die Religion sagen könnte.«[8]

Das wird nötig, da beide Texte – obgleich sie von gewissen Zusammenhängen handeln, wie z.B. Kant vom radikal Bösen – vor unserer Zeit geschrieben wurden, die die Frage der Rückkehr des Religiösen hervorbringt.[9] Bergsons Text entstand »am Vorabend von Ereignissen, von denen man weiß, dass man noch nicht weiß, wie man sie denken soll, und bei denen keine Religion, keine religiöse Institution in der Welt unbeteiligt war oder sie *heil, immun, gesund und unbeschädigt* überlebt hat.«[10] Daher kann man die Frage der Religion nicht mehr so denken wie Kant oder Bergson. Die Religion hat sich verändert, und die Frage, wie sie jetzt *ist*, kann von der Frage nach ihrem Wesen nicht getrennt werden.

Die Motive müssen neu beleuchtet oder auch belichtet werden. Dabei ist Derrida bewusst, dass die Frage des Lichts eine doppelte Antwort nach sich zieht: Die Frage nach der Religion steht zwischen dem Licht der Offenbarung und dem Licht der Aufklärung *(des lumières)*,[11] auch wenn man das nicht vorschnell mit Glauben und Wissen wird identifizieren dürfen: »Glaube *(Foi)* und Wissen: die Alternative zwischen Zu-Wissen-Glauben *(croire savoir)* und Zu-Glauben-Wissen *(savoir croire)* ist kein Spiel.«[12] Wenn man nämlich zu wissen glaubte, worüber man spreche, wenn man über *die* Religion

---

1992. – Dass der Haupttitel ein wörtliches Zitat von Hegels *Glaube und Wissen* ist und dass Hegel dort Kants Überlegungen kritisiert, erwähnt Derrida nicht. Vielleicht ist es eine erste Ellipse, die für das »Denken« der Religion eine entscheidende Figur wird.

[8] Derrida: Foi et savoir, 36.

[9] Damit ist zunächst die von vielen Feuilletons in den letzten Jahren beschriebene »Rückkehr des Religiösen« gemeint, die anlässlich so verschiedener Phänomene wie der katholischen Weltjugendtage und des islamistischen Terrorismus immer wieder beschworen wird. Auch Derrida hebt auf diese Bezüge eines allgegenwärtigen »telemediatisierten« Papstes und des islamistischen Terrors ab.

[10] Derrida: Foi et savoir, 36. Dies ist eine der wenigen Bezugnahmen Derridas auf die Geschehnisse der Weltkriege und der Shoah. Auch die wenigen bleiben sehr zurückhaltend und sprechen mit großer Scheu von jenen »Ereignissen, von denen man weiß, dass man noch nicht weiß, wie man sie denken soll«. In seinem Text *Gesetzeskraft* formuliert er eine Konsequenz für den philosophischen Diskurs: »Ich weiß nicht, ob man dieser namenlosen Sache, die man Endlösung nennt, etwas entnehmen kann, was sich als Lehre bezeichnen lässt. Gäbe es aber eine solche Lehre, eine einzigartige Lehre unter den stets einzigartigen Lehren, die man aus einem besonderen Mord, aus allen kollektiven Vernichtungen der Geschichte ziehen könnte (jeder individuelle Mord, jeder Kollektivmord sind ein Singuläres, sie sind also unendlich und unvergleichbar), so wäre die Lehre, die wir heute daraus ziehen könnten (und wenn wir sie ziehen können, müssen wir es auch tun), die, dass wir die mögliche Mitschuld all dieser Diskurse am Schlimmsten (hier geht es um die Endlösung), die mögliche komplizenhafte Verbindung, die zwischen diesen Diskursen und dem Schlimmsten besteht, denken, erkennen, vorstellen, formalisieren, beurteilen müssen.« (Jacques Derrida: Gesetzeskraft. Der *»mystische Grund der Autorität«*, Frankfurt 1991, 124f.)

[11] Vgl.: Derrida: Foi et savoir, 8.

[12] Derrida: Foi et savoir, 35.

spricht, »verstünde man von Anfang an überhaupt nichts.«[13] Dieser Fehler sei typisch, aber er müsse vermieden werden, wenn man die Sache, über die man spreche, nicht aus dem Blick verlieren wolle. Das geschehe, »sobald man glaubt, unter Berufung auf eine Disziplin, ein Wissen oder eine Philosophie sich ihrer zu bemächtigen.«[14] Geschieht nicht genau dies in jedem theologischen Diskurs? Sind die Letztbegründer so gesehen nur die äußerste Variante einer strukturellen Unmöglichkeit theologischer Rede? Wie aber kann man dann *die* Religion denken? Lässt sich die Religion *innerhalb* gewisser Grenzen (und seien es die der bloßen Vernunft) denken und beschreiben? Oder ist das Kant'sche Projekt zum Scheitern verurteilt?

Zunächst scheint sich Derrida durchaus Kant verpflichtet zu fühlen.[15] In einer gewissen Abstraktion – bei aller Vorsicht gegenüber der Abstraktionsfähigkeit[16] – will Derrida die Religion in der Aporie zwischen den beiden Quellen Glauben und Wissen denken.[17] Dabei geht es in doppelter Hinsicht um die Sprache. Es geht zum einen um das Idiom, die Schrift, die das Element jeder Offenbarung und jedes Glaubens bilden. Es ist auf nichts rückführbar und letztlich unübersetzbar, aber dennoch unabtrennbar von gewissen sozialen Bindungen und Zusammenhängen. Zum anderen ist Religion ein lateinischer, ein christlicher, ein westlicher Begriff. »*›Religion‹ denken, das heißt das ›Römische‹ denken.*«[18] Sobald man von *der* Religion spricht, rührt man daher an die Frage des Namens, des Namens Gottes, an die Frage, ob der Eigenname zur Sprache gehört. Der Name ist zwar unübersetzbar, aber er ist wiederholbar, zitierbar, iterierbar.[19] Er ist der Idealisation zugänglich, was die Frage nach seiner Verbindung mit einer gewissen Performativität der Anrufung im Gebet hervorbringt, das nach Aristoteles weder wahr noch falsch ist.[20] Solche Vorbehalte muss man im Blick haben, wenn Derrida im Licht der Aufklärung und der Offenbarung oder Offenbarkeit drei Orte nennt, die »Horizonte« für seine Gedanken bilden sollen.[21] Es sind »die Insel, das Gelobte Land, die Wüste.«[22]

---

[13] Derrida: Foi et savoir, 35.
[14] Derrida: Foi et savoir, 36.
[15] Vgl.: Derrida: Foi et savoir, 12.
[16] Derrida verweist auf Hegel: »Wer denkt abstrakt?«. »Denken? Abstrakt? – Sauve qui peut!« (Georg Wilhelm Friedrich Hegel: Wer denkt abstrakt? In: Ders.: Werkausgabe. Herausgegeben von Eva Moldenhauer und Karl Markus Michel, Band II, Frankfurt 1970, 575. Vgl. auch: Ders.: Vermischte Schriften aus der Berliner Zeit. Sämtliche Werke. Band 20. Dritte Auflage der Jubiläumsausgabe, Stuttgart 1958, 445.
[17] Vgl.: Derrida: Foi et savoir, 2.
[18] Derrida: Foi et savoir, 5.
[19] Vgl. auch Kapitel III.4, Seite 229.
[20] Aristoteles: De interpretatione, 4, 17a I. Vgl.: Derrida: Glaube und Wissen, 7. Das Gebet muss beides sein: wiederholbar und je einzig. (Vgl. dazu: Jacques Derrida: Wie nicht sprechen? Verneinungen, Wien 1989 (= Derrida: Wie nicht sprechen?), 109f.. Frz.: Ders.: Comment ne pas parler? Dénégations. In: Ders. Psyché. Inventions de l'autre II, Paris 2003, 145–200, 199f.
[21] *»(Aber es ginge darum, und das wird schwierig in den zugewiesenen Grenzen, eine gewisse Abwesenheit des Horizonts zu denken oder zu sagen. Paradoxer Weise bedingt die Abwesenheit des Horizonts die Zukunft selbst. Das Aufkommen des Ereignisses muss jeden Erwartungshorizont durchlöchern. Daher die Befürchtung eines Abgrunds an die-*

Mit der Insel ist der Ort der Zusammenkunft gemeint, Capri, und die geographische Herkunft der Teilnehmer (darunter auch Gianni Vattimo und Hans-Georg Gadamer), denen Derrida unterstellt, sie seien alle einmal versucht gewesen, »gleichzeitig durch ein gewisses Dissidententum in Bezug auf die Husserl'sche Phänomenologie als auch durch eine Hermeneutik, deren Lehre so viel der Exegese des religiösen Textes verdankt.«[23] Sie seien keine Experten der Religion (Priester oder Theologen), noch ihre Feinde. Außerdem teilten sie alle eine Neigung zu dem, was man politisch als republikanische Demokratie bezeichnen könnte, was die Philosophie an die Öffentlichkeit binde und sie von jeder äußeren Macht emanzipiere, ihr also als Disziplin in gewisser Weise Autonomie zubilligt. Das bedeute eine Unabhängigkeit von jeder religiösen Autorität, wenn auch nicht von jedem Glauben. Dennoch versuche man zumindest auf »analoge« Weise eine gewisse Epoché zu üben, »*die darin besteht – zu Recht oder zu Unrecht, denn der Einsatz ist hoch – die Religon zu denken oder sie erscheinen zu lassen ›in den Grenzen der bloßen Vernunft‹.*«[24]

---

sen Orten, zum Beispiel einer Wüste in der Wüste, dort, wo man weder kommen sehen kann noch darf, was – vielleicht – *kommen müsste oder könnte. Was* kommen zu lassen *bleibt.)*« (Derrida: Foi et savoir, 9.) Es liegt nicht fern, bei der Abwesenheit des Horizontes an Rahners Unendlichkeit des Horizonts zu denken. (Vgl. Kapitel 6.3, Seite 368.) Wenn die theologische Rede von Gott als einem bleibenden Geheimnis ernst gemeint ist und er in ihr namenlos bleibt, dann müsste seine Nähe im Licht der Vernunft bis zum Verwechseln einer Abwesenheit ähneln. Man müsste mit Levinas von einer Spur, einer Doppelbelichtung oder einem Vorübergegangensein sprechen.
[22] Derrida: Foi et savoir, 9.
[23] Derrida: Foi et savoir, 10. In demselben Abschnitt weist Derrida darauf hin, dass man eigentlich damit hätte beginnen müssen, denen das Wort zu geben, die von vornherein aus dieser Runde ausgeschlossen seien: Frauen und Muslimen.
[24] Derrida: Foi et savoir, 11. – Derrida sieht hier Anknüpfungspunkte an das, was man in der theologischen Tradition die *via negativa* nennt. Er verweist dazu auf zwei seiner Texte: *Comment ne pas parler?* und *Sauf le nom.* (Jacques Derrida: Sauf le nom, Paris 1993. Dt.: Jacques Derrida: Außer dem Namen. In: Ders.: Über den Namen, Wien 1999, 63–121. – Es ist mir nicht möglich, die detaillierten Analysen, die dort den Texten von Meister Eckhart, Pseudodionysios Areopagita und Angelus Silesius gewidmet sind, hier nachzuzeichnen. Eine erste Annäherung bietet: Josef Wohlmuth: »Wie nicht sprechen« – Zum Problem der negativen Theologie bei Jacques Derrida. In: Günter Kruck (Hg.): Gottesglaube – Gotteserfahrung – Gotteserkenntnis. Begründungsformen religiöser Erfahrung in der Gegenwart, Mainz 2003, 131–154 (= Wohlmuth: »Wie nicht sprechen«). Allerdings würde ich die Annäherung von Jacques Derrida und Jean-Luc Marion, die Wohlmuth im Anschluss an John D. Caputo vornimmt, kritischer betrachten. Mir scheint, man kommt hier nicht damit aus, zwei Annäherungen an einen ähnlichen oder gar denselben Sachverhalt festzustellen, die gewisse Motive teilen. Für gravierender halte ich die Frage, *wie* diese Annäherungen vorgehen und wie sie ihr Vorgehen aus sich heraus rechtfertigen. Wenn in der Phänomenologie – und darauf berufen sich in gewisser Hinsicht beide, worauf Wohlmuth zu Recht gegen Horner (Robyn Horner: Rethinking God as Gift. Marion, Derrida, and the Limits of Phenomenology, New York 2001.) hinweist – die Frage der Methode nicht von der Frage der Sache zu trennen ist, dann wäre durch das Vorgehen auch die Sache betroffen. Diese kurzen Hinweise müssen an dieser Stelle ausreichen.

Der zweite Ort ist das Gelobte Land. Es ist die Verbindung zwischen Ort und Geschichte, der für die drei monotheistischen Religionen prägend ist. Die Geschichtlichkeit der Offenbarung ist untrennbar mit der Bibel und dem Koran verbunden. Hier ist Religion Geschichte, sie hat Geschichte und macht Geschichte. »Sicherlich begrenzt der messianische oder eschatologische Horizont diese Geschichtlichkeit, aber nur um sie zuvor eröffnet zu haben.«[25] Davon hat Kant die Vernunftreligion abgehoben. Der reflektierende Glaube kenne keine Offenbarung und unterscheide sich von einem dogmatischen Glauben, der den Unterschied zwischen Glauben und Wissen verkenne.[26] Aber – so fragt Derrida nach kurzen Durchgängen durch Marx, Nietzsche und Heidegger – muss nicht auch Kant auf den Grundsatz des Glaubens rekurrieren? Bleibt auch ihm letzten Endes nichts anderes übrig als zu glauben? »Und genau diese Mechanik, diese maschinelle Rückkehr der Religion, möchte ich hier untersuchen.«[27] Genau jene Struktur findet sich auch im Ersten Vaticanum wieder: Es hat keine Lehrverurteilungen gegen die Vernunft ausgesprochen, sondern gegen den *Glauben* an die Vernunft.[28] Damit bewegte es sich in seinem ureigensten Zuständigkeitsbereich.

Einen dritten Ort versucht Derrida als »Wüste in der Wüste« zu denken, als Bedingung der Möglichkeit der Verbindung mit dem anderen, dem ganz anderen, jener Verbindung, die auch als Religion erscheint. Es geht darum, die Bedingung der Möglichkeit jenes Performativs zu denken, der eine ursprüngliche vertrauensvolle Hinwendung zum anderen bedeutet, die, vor jeder objektiven sozialen Realität, unverrechenbare Individuen aneinander bindet.[29] Derrida fragt nach der Bedingung der Möglichkeit des Levinas'schen *Me voici*. Er fragt nach den Bedingungen des Sagens, das nach Levinas nicht auf ein Gesagtes rückführbar ist.[30] Damit wirft er die Frage nach einer Begründung auf, die in gewisser Weise so auch von den »Letztbegründern« gestellt wird.[31] Freilich unterscheidet sich Derrida im Vorgehen und in der Radikalität

---

[25] Derrida: Foi et savoir, 19.
[26] Vgl.: Immanuel Kant: Die Religion innerhalb der Grenzen der bloßen Vernunft. Herausgegeben von Rudolf Malter, Stuttgart 1996 (= Kant: Die Religion innerhalb der Grenzen der bloßen Vernunft), 67. Vgl.: Derrida: Glaube und Wissen, 15.
[27] Derrida: Foi et savoir, 16.
[28] Vgl.: Pottmeyer: Der Glaube vor dem Anspruch der Wissenschaft, 462. Vgl. dazu auch Kapitel IV.2, Seite 263.
[29] Vgl.: Derrida: Foi et savoir, 20.
[30] Vgl. zu diesen Zusammenhängen auch Seite 220 meiner Arbeit.
[31] Vgl. konkret dazu das Kapitel »Der Ausfall der transzendentalen Rückfrage bei Levinas« bei Georg Schwind: Das Andere und das Unbedingte. Anstöße von Maurice Blondel und Emmanuel Levinas für die gegenwärtige theologische Diskussion, Regensburg 2000, 315–324. Schwind führt aus: »Anstatt also ihre universale Gültigkeit philosophisch aufzuweisen, rekurriert Levinas auf ihre biblische Geltung. Damit ist die Vermittlung des ethischen Grundanliegens von Emmanuel Levinas außerhalb des jüdisch christlichen Traditionszusammenhangs erschwert.« (324) Vgl. auch meine Hinweise in Kapitel I.2, Seite 24 – Wir werden sehen, dass die Voraussetzung der universalen Gültigkeit nicht minder ihren eigenen geschichtlichen Verständnishorizont hat. Die Rede von einem »ethischen Grundanliegen« erscheint mir fraglich. Vgl. zur Frage des Ethischen auch Seite 220 meiner Arbeit.

der Rückfrage. Im Unterschied zu Verweyen und anderen geht er nicht von vornherein von der Möglichkeit eines letzten Sinns aus. Diese Möglichkeit stellt er nochmals in Frage. Was ist ihre Bedingung?

Wenn wir das *Me voici* denken wollen, müssen wir einen Ort denken, an dem es Statt hat, ein Licht, in dem es sichtbar wird. Dieser gemeinsame Ort jedoch ist vor aller Unterscheidung zwischen heilig und profan, vor jeder Intersubjektivität, vor jeder sozialen Bestimmung. Derrida belegt ihn mit zwei historischen Namen, auch wenn der Begriff der Geschichtlichkeit hier unangemessen wird, weil er sich streng genommen erst von hier aus denken ließe: das *Messianische* (eine Messianität ohne Messias) und *chôra*. Das Messianische ist eine »allgemeine Struktur der Erfahrung«, es ist Öffnung auf die Zukunft, auf die Ankunft des anderen als Ankunft der Gerechtigkeit, aber ohne Erwartungshorizont. Der Tod und der andere sind Möglichkeiten, die die Geschichte eröffnen, sie aber zugleich auch unterbrechen.[32] Mit dieser Erwartung verbindet sich ein unbesiegbares Verlangen – das Levinas'sche *désir* im Unterschied zu *besoin* – nach Gerechtigkeit. Es darf per Definition durch nichts gesichert sein, »durch kein Wissen, kein Bewusstsein, keine Vorhersehung, kein Programm«[33] und durch keinen Begriff letztgültigen Sinns:

> »*Diese Gerechtigkeit, die ich vom Recht unterscheide, allein erlaubt, jenseits der ›Messianismen‹ auf eine universalisierbare Kultur der Singularitäten zu hoffen, auf eine Kultur, in der die abstrakte Möglichkeit der unmöglichen Übersetzung sich dennoch ankündigen kann. Sie schreibt sich von vornherein in das Versprechen ein, in den Akt des Glaubens oder in den Appell an den Glauben, der jedem Sprechakt und jeder Hinwendung zum anderen innewohnt. Die universalisierbare Kultur die*ses *Glaubens allein [...] erlaubt einen ›rationalen‹ und universalen Diskurs über das Thema der ›Religion‹.*«[34]

Das universalisierbare Moment zeigt sich nach Derrida auch in einer Analyse der Bedingungen des Gesetzes, die zu dem Paradox führt, dass das Gesetz des Gesetzes ein »performatives« Ereignis – aber eigentlich noch vor der Unterscheidung von Performativ und Konstativ – ist, das sich weder aus dem Gesetz herleiten noch begründen ließe.[35] In diesem »mystischen Fundament der Autorität«, wie es Derrida im Anschluss an Montaigne und Pascal bezeichnet,[36] muss die Vernunft eine Verbindung zwischen dem Glauben und

---

[32] Vgl. genauer Kapitel III.2, Seite 181. Vgl: auch: »Kürzeste Definition von Religion: Unterbrechung.« (Johann Baptist Metz: Hoffnung als Naherwartung – oder: Der Kampf um die verlorene Zeit. Unzeitgemäße Thesen zur Apokalyptik. In: Ders.: Glaube in Geschichte und Gesellschaft. Studien zu einer praktischen Fundamentaltheologie, Mainz ⁵1992, 165–174, 166, These VI.)

[33] Derrida: Foi et savoir, 22.

[34] Derrida: Foi et savoir, 22.

[35] Eine ähnliche Unterscheidung trifft Lyotard für die Levinas'sche Logik. Vgl.: Jean-François Lyotard: Logique de Lévinas. In: François Laruelle (Hg.): Textes pour Emmanuel Lévinas, Paris 1980, 127–150.

[36] Vgl. auch: Jacques Derrida: Gesetzeskraft. Der »*mystische Grund der Autorität*«, Frankfurt 1991; Ders.: Préjugés. Devant la loi. In: Jacques Derrida u.a. (Hg.): La faculté de juger, Paris 1985, 87–139.

dem Grund eines Wissens zulassen. Es ist zum einen der Ort, an dem die Religion quasi automatisch und spontan beginnt, aber auch der Ort, der – wenn man ihn von jeder Theologie abstrahiert –, »ohne den Glauben zu bestreiten, eine universalisierbare Rationalität und die politische Demokratie freisetzt, die davon untrennbar ist.«[37]

»*Der zweite Name wäre Chôra, so wie Platon sie im Timaios bezeichnet, ohne sie sich in einer konsistenten Selbst-Interpretation wieder aneignen zu können.*«[38] Chôra ist die abstrakte Verräumlichung, der Ort selbst, der absolut äußerlich ist. Sie ist weder sinnlich noch intelligibel, sondern von einer dritten Gattung, einem dritten Geschlecht,[39] wobei sie dennoch am Intelligiblen auf aporetische Weise teilnimmt.[40] Timaios nennt sie »Mutter« oder »Amme«, und nach Derrida bringen beinahe »alle Interpreten des *Timaios* [...] an dieser Stelle die Hilfsmittel der Rhetorik zum Einsatz, ohne sich jemals hinsichtlich ihres Sujets Fragen zu stellen. Sie sprechen ohne jede Beunruhigung von Metaphern, von Bildern und von Vergleichen.«[41] Dabei ist doch das rhetorische Hilfsmittel der Metapher oder des Bildes gerade über den Unterschied sinnlich/intelligibel konstruiert,[42] dem sich nach Platon die Chôra verweigert. Das Problem der Rhetorik und der Sprache ist also hier – wie auch bei den Fragen der Religion – kein nebensächliches. Es wird wohl nicht gelingen, »das *richtige Wort* für *chôra* anbieten zu können, [...] [d]ie Tropik und der Anachronismus sind unvermeidlich.«[43] Daher rühren die Schwierigkeiten dieser »anderen Topik« die Qualität des Metaphorischen ab- oder zuzusprechen.

Doch Derrida will auch nicht den *einen* Begriff finden, sondern er zeigt, dass es sich bei Anachronismen, Tropen und Metaphern im wissenschaftlichen Diskurs nicht um vorläufige Ungenauigkeiten, Schwächen oder Zufälle handelt. Sie sind dem Denken eigen. Daher darf man die Form des Timaios auch nicht von dem, was man vordergründig sein Thema nennt, trennen. – Analog gilt das für Derridas Texte. – »Chôra verzeichnet einen abseits gelegenen Platz, den Zwischenraum, der eine dissymmetrische Beziehung wahrt zu allem, was ›in ihr‹, ihr zur Seite oder ihr entgegen ein Paar mit ihr zu bilden scheint.«[44] Daher lässt sie sich auch nicht mehr *einfach* als Ursprung bezeichnen, da Ursprung in der Philosophie immer schon mit Abkünftigkeit gepaart ist. Dieser Paarung widersetzt sich Chôra. Daher ist Platons *Timaios* »durch Rückwendungen nach hinten skandiert.«[45] Man muss alles

---

[37] Derrida: Foi et savoir, 22.
[38] Derrida: Foi et savoir, 23. Derrida verweist hier auf seine Texte *Wie nicht sprechen*, *Chôra* (Jacques Derrida: Chôra, Wien 1990.) und *Sauf le nom*, in denen er die platonische Chôra einer genaueren Lektüre unterzieht.
[39] Vgl.: Platon: Timaios, 52a.
[40] Platon: Timaios, 51b.
[41] Derrida: Chôra, 15.
[42] Vgl. Kapitel III.4, Seite 239.
[43] Derrida: Chôra, 18.
[44] Derrida: Chôra, 68.
[45] Derrida: Chôra, 68.

wiederaufnehmen, immer wieder zurückgehen, auch wenn man nur noch auf wahrscheinliche Behauptungen zurückgreifen kann[46] und damit in gewisser Weise die Philosophie und die Frage nach Wahr und Falsch verlässt.[47] Wir sind *genötigt*, eine dritte Gattung zu entdecken.[48] Und dennoch müssen wir zur Beschreibung von *Chôra* auf Figuren zurückgreifen, die erst nach ihr kommen und daher zwangsläufig inadäquat sind.[49] Chôra steht jenseits der Unterscheidungen, auch jenseits der Unterscheidung von Offenbarkeit und Offenbarung und kann so als ein gemeinsamer »Grund« von religiösem und philosophischem Diskurs gesehen werden.[50] Als »Wüste in der Wüste« gibt sie der unverrechenbaren Einzigkeit statt und verlangt auf diese Weise einen gewissen Respekt, eine Zurückhaltung, eine Achtung oder einen Skrupel, also eine gewisse religiöse Haltung, vor oder nach jeder konkreten Religion. Diese Haltung teilen Religion und aufgeklärter, öffentlicher, demokratischer Diskurs.

Auch wenn Derrida den platonischen Diskurs über Chôra als ein griechisches Paradigma in *Wie nicht sprechen?* einem christlichen, das sich als »negative Theologie« darbietet, voranstellt, will er ihn nicht als »negative Theologie« begreifen, da es keine Referenz auf ein Ereignis oder eine Gabe gebe.[51] Mit dieser Zuordnung versteht er Theologie als Offenbarungstheologie, als Glaubenswissenschaft, und nicht als sogenannte »natürliche Theologie«, wenn man hier Secklers Terminologie anwenden will. Auf jeden Fall scheint sich abzuzeichnen, dass die Bewegungen des Glaubens und des Wissens – oder um noch vorsichtiger zu sprechen: die Bewegungen im Gefolge einer Offenbarung und die Bewegungen ohne Offenbarung – sich nicht im Bereich des einfach Negativen einander nähern, sondern beide, »Negative Theologie« und »Philosophie«, beruhen auf einer ursprünglichen Ansprache: Will man die Einzigkeit der Chôra wahren, so »*muss man sie stets auf dieselbe Weise nennen/rufen.*«[52] Man muss sie nicht immer mit demselben Namen belegen, man muss sie rufen, sich an sie wenden. Daher zwingt Chôra zur Verräumlichung, zur *différance* und »auf diese Weise zu tropischen Um-

---

[46] Vgl.: Platon: Timaios, 48d-e.
[47] Auch Emmanuel Levinas' Vorgehen in *Jenseits des Seins* ließe sich so oder so ähnlich beschreiben.
[48] Vgl.: Platon: Timaios, 48e. Vgl. zu dieser Nötigung FIDES ET RATIO, 42: »[D]ie Vernunft gibt auf dem Höhepunkt ihrer Suche das, was der Glaube vorlegt, als *notwendig* zu.« (Hervorhebung von mir, CL.) – Man darf hier keine kurzen Schlüsse ziehen, aber es scheinen doch Gedanken in der Enzyklika greifbar, die von Derridas Überlegungen – hier zu Platon – nicht allzu weit entfernt sind. (Vgl. zur Enzyklika Kapitel IV.1, Seite 249.) Es handelt sich nicht um eine vernünftige Einsicht in eine propositionale Wahrheit, sondern die Vernunft sieht sich *genötigt*, ein ihr Fremdes gewähren zu lassen: *Invention de l'autre*. Vgl. zu dieser Wendung Kapitel III.3, Seite 208.
[49] Vgl.: Derrida: Chôra, 70.
[50] Es wäre zu klären, inwieweit die »negative Theologie« Meister Eckharts, der eine Gottheit jenseits von Gott nennt, eine theologische Wendung des Diskurses über Chôra ist. Vgl. dazu Derridas Bemerkungen in *Wie nicht sprechen?*, 80–85.
[51] Vgl.: Derrida: Wie nicht sprechen, 71.
[52] Derrida: Wie nicht sprechen, 70. Vgl.: Platon, Timaios 49b.

wegen, die nicht mehr Figuren der Rhetorik sind.«⁵³ Diesen tropischen Umwegen zu folgen wäre vielleicht eine Aufgabe der Dogmatik.

»[...] **Die Religion?**«⁵⁴ So beginnen die *Krypten*.... Erneut – »durch Rückwendungen nach hinten skandiert« – greift Derrida die Frage auf, wie man von der Religion sprechen soll, hier in einer Art inszeniertem Dialog aus mindestens zwei Stimmen: Wenn man authentisch von ihr sprechen wolle, so müsse man mit Zurückhaltung, mit Achtung und Respekt sprechen, da das ihr Wesen sei. Umgekehrt spreche man aber nicht *von* ihr, wenn man *wie* sie spreche. Man müsse also mit ihr brechen, doch das sei ja auch schon immer der Quell eines noch authentischeren Glaubens und einer noch ursprünglicheren Sakralität gewesen.⁵⁵ Wenn man mit ihr bricht, vollzieht man eine Bewegung, die sie selbst immer wieder vollzogen hat und schreibt sich damit erneut in sie ein. Wenn daher der philosophische Diskurs strukturell nicht mit ihr brechen kann, bliebe vielleicht nur noch eins übrig: »Man müsste zeigen, das wird nicht einfach, dass die Religion und die Vernunft dieselbe Quelle haben.«⁵⁶ Diese Quelle ist »die Bürgschaft des Zeugen *(gage testimonial)*«, die jedem Performativ zu Grunde liegt, wobei das Zeugnis nicht leicht und auch nicht leicht ohne Gott zu denken ist:

> »Sobald es Gott zum Zeugen nimmt, kann das Wagnis eines beeideten Versprechens, das am Ursprung jeder Anrede *(adresse)* vorausgesetzt wird [...] Gott nicht nicht bereits quasi mechanisch hervorgebracht haben, wenn man das sagen kann. [...] Man hätte so begonnen, das absolute Erstgeburtsrecht eines Einen rückblickend festzulegen, der/das nicht geboren wird. Denn, indem der Eid Gott zum Zeugen nimmt [...], kann er ihn nicht nicht als bereits da, also ungezeugt und unzeugbar, vor dem Sein selbst, unherstellbar, herstellen, anrufen oder vorladen. [...] Alles beginnt mit der Gegenwart dieser Abwesenheit. [...] Ohne Gott kein absoluter Zeuge. [...] Aber mit Gott, mit einem anwesenden Gott, wird die Existenz eines absoluten Dritten *(terstis, testis)*, wird jede Bezeugung überflüssig, unbedeutend oder zweitrangig.«⁵⁷

Gott erscheint im Versprechen als der bezeugende Dritte, der weiß, dass ich es ernst meine. Er erscheint zwar erst, wenn ich etwas verspreche, aber dann muss er als etwas erscheinen, was vor mir war und was ich nicht hervorgebracht habe, obwohl ich ihn mit meinem Versprechen erscheinen lasse. Es ist nicht nur die Antwort, in der der Ruf Gottes hörbar wird, sondern es ist jedes Sich-Wenden an einen anderen, das davon Zeugnis ablegt, dass die Sprache vor uns begonnen hat.⁵⁸ Insofern ist jeder Diskurs gezwungen, Zeugnis abzulegen – von einer uneinholbaren Verspätung. Daher lassen sich Vernunft und Religion nicht einfach einander gegenüberstellen.

---

⁵³ Derrida: Wie nicht sprechen, 68.
⁵⁴ Derrida: Foi et savoir, 27.
⁵⁵ Vgl.: Derrida: Foi et savoir, 27.
⁵⁶ Derrida: Foi et savoir, 29.
⁵⁷ Derrida: Foi et savoir, 29.
⁵⁸ Vgl.: Derrida: Wie nicht sprechen, 55.

Jedes Wort, das dem anderen antwortet, verpflichtet sowohl dazu, sich vor dem anderen zu verantworten (für das, was man sagt) als auch für den »Prozess« der »performierenden Performativität« der Wissensaneignung zu bürgen. Man wird jedoch bei jeder konkreten Antwort nie unterscheiden können, ob sie sich an den anderen wendet oder ob sie entgegnet, argumentiert und reagiert: »Das kann der Ort und die Verantwortung dessen sein, was man den Glauben *(croyance)*, die Verlässlichkeit oder die Treue, das Treuhänderische, das »Anvertrauen« im allgemeinen, die Instanz des Glaubens *(foi)* nennt.«[59]

Aber wenn wir davon sprechen, sprechen wir Lateinisch. Wir sprechen eine Sprache, die den Ausgangspunkt für das bildet, was Derrida »*Mondialatinisation*« nennt. Es handelt sich dabei weniger um die Idee einer Universalität, sondern um »einen Prozess einer begrenzten, aber rätselhaften Universalisierung«[60], die wesentlich christlicher Natur ist.[61] Es lässt sich keine philosophische Metasprache finden.[62] Daher die berechtigte Frage:

> »**Und wenn *religio* unübersetzbar bliebe?** Keine *religio* ohne *sacramentum*, ohne Bund und Versprechen, in Wahrheit von der Wahrheit Zeugnis abzulegen, das heißt sie zu sagen, die Wahrheit: das heißt [...] keine Religion ohne Versprechen, das Versprechen zu halten, die Wahrheit zu sagen, wenn man verspricht, sie zu sagen, das Versprechen zu halten, die Wahrheit zu sagen – sie bereits gesagt zu haben! – im Akt des Versprechens selbst. [...] Das zu kommende Ereignis hat bereits stattgefunden. Das Versprechen verspricht *sich*, es hat sich *bereits* versprochen, das ist gelobte Treue und daher die Antwort. Die *religio* begänne dort.«[63]

Doch der Begriff der Religion schließt nicht notwendig den Glauben ein. Neben dem Glauben gibt es das Heilige, das Sakrale, die Erfahrung des Heilen. Es ist eine andere Quelle, die zwar häufig mit der des Vertrauens und Glaubens zusammenfließt, die man jedoch nicht darauf reduzieren darf. Man müsste hier, erinnert Derrida, auch Levinas' Unterscheidung zwischen dem Sakralen *(sacré)* und dem Heiligen *(saint)* berücksichtigen.[64] Die Quellen vervielfältigen sich. Jedenfalls wird man dabei im Auge behalten müssen, dass *die* Religion immer etwas Vorgeschriebenes ist: »[M]an wählt sie nicht frei, in einem Akt des reinen, abstrakten und autonomen Willens. Sie enthält ohne Zweifel Freiheit, Wille und Verantwortung, aber, versuchen wir das zu denken, Wille und Freiheit *ohne Autonomie*.«[65]

---

[59] Derrida: Foi et savoir, 29.
[60] Derrida: Foi et savoir, 30.
[61] Ein Christ – wie ein Jude oder ein Moslem auch – würde sich nach Derrida sogar dadurch auszeichnen, dass er die Grenzen der Universalisierbarkeit leugnen müsste. Vgl.: Derrida: Foi et savoir, 17.
[62] Zum Problem der Metasprache vergleiche Kapitel III.4, Seite 239.
[63] Derrida: Foi et savoir, 30.
[64] Vgl. Derrida: Foi et savoir, 32. Das Sakrale ist eine pagane Sphäre, in der eine Vereinigung geschieht, in der der Einzelne untergeht – es ist strukturell das *il y a*, (Vgl.: Emmanuel Levinas: De l'existence à l'existant, Paris 1990, 98f. Dt.: Emmanuel Lévinas: Vom Sein zum Seienden, Freiburg – München 1997, 73f.), während das Heilige die Hoheit des Anderen bedeutet.
[65] Derrida: Foi et savoir, 33.

Derrida schlägt gewisse Grenzen vor, um die Religion zu denken und zu beschreiben.[66] Man muss immer innerhalb gewisser Grenzen beschreiben, und seien sie so banal wie die Grenzen einer gewissen Seitenanzahl.[67] Wenn aber *die* Religion fordert, sie ohne Grenzen zu behandeln, wenn man ihr Wesen nicht von vornherein durch die Verengung auf eine ihr fremde Disziplin aus dem Blick verlieren will, man sich aber in gewissen Grenzen halten *muss* – und dies ist trotz Derridas Verweis auf Vorgabe des Verlegers keine empirische Zufälligkeit, sondern eine (quasi-)transzendentale Notwendigkeit, dann lässt jeder Diskurs über *die* Religion notwendig etwas aus. Er ist gewissermaßen elliptisch:

> »Wo wäre hier die rechte *(juste)* Ellipse, die wir sagen sollen, indem wir sie verschweigen? Wo die Zurückhaltung *(réticence)*? Und wenn die Ellipse, wenn die schweigsame Figur und das »Schweigen« der Zurückhaltung, wir kommen später darauf zurück, genau die Religion wären?«[68]

Réticence ist im Französischen auch ein Ausdruck für die Stilfigur der Aposiopese, d.h. des bewussten Abbrechens der Rede vor der eigentlichen Aussage, die gleichwohl in den meisten Fällen dem Zuhörer bekannt ist, wenn auch nicht bekannt sein muss.[69] Der Nebensatz »wir kommen später noch darauf zurück« ist Teil dieser Zurückhaltung. So eröffnet sich im Raum der vermuteten Eindeutigkeit eine Verschiebung zur Möglichkeit des Missverständnisses und damit die (immer wieder neue) Notwendigkeit eines Post-Scriptums. Auch die Ellipse, von der Derrida spricht, lässt sich dann im Ausgang ihrer rhetorischen Funktion verstehen. Wohlgemerkt, die Religion ist keine rhetorische Figur, das Ganze »ist kein Spiel«[70]. Aber unweigerlich mit der Frage der Religion – *genitivus subjectivus und objectivus* – ist die Frage der Sprache – *genitivus subjectivus und objectivus* – verbunden: »Die Sprache hat begonnen ohne uns, in uns, vor uns. Das nennt die Theologie *Gott*, und es ist nötig, es wird nötig gewesen sein zu sprechen.«[71] Daher gilt: »*Die* Religion? Antwort: ›Die Religion ist **die Antwort**‹«[72] Wenn Sprache Nähe ist, wie Levinas formuliert, wenn Sprache nicht zuerst zur Mitteilung kognitiver Inhalte dient, dann ist sie auch die Antwort auf die Trennung, auf die absolute Alterität, auf die *creatio ex nihilo* und auf den Tod Gottes. Nur mit einem Gott, der in gewisser Weise abwesend ist, ist Religion denkbar. Sie gestaltet das Verhältnis der Trennung, die Nähe des Unnahbaren, und hat daher schon immer den Zug einer Rückkehr.

---

[66] Er nennt diverse diskursive Praktiken wie Etymologien und Genealogien, wobei er vor allem die pragmatischen Wirkungen untersuchen will. Vgl.: Derrida: foi et savoir, 33.
[67] Vgl.: Derrida: Foi et savoir, 35.
[68] Derrida: Foi et savoir, 35.
[69] »Chevalier – ich will nicht hoffen – – er wird doch nicht – – –?« (Schiller, Don Carlos. Vgl.: Gert Ueding (Hg.): Historisches Wörterbuch der Rhetorik, Bd. 1, Tübingen 1992, 828–830.)
[70] Derrida: Glaube und Wissen, 35.
[71] Derrida: Wie nicht sprechen, 55. Übersetzung leicht korrigiert.
[72] Derrida: Glaube und Wissen, 29.

Für das, was wir die Rückkehr des Religiösen nennen, erkennt Derrida der Unterscheidung zwischen der Erfahrung des Glaubens, des Vertrauens und Treuhänderischen auf der einen Seite und der Erfahrung des Sakralen, Heiligen, Heilen und Unversehrten auf der anderen Seite ein quasi-transzendentales Privileg zu vor allen anderen möglichen Unterscheidungen zwischen Religion und Glaube, Frömmigkeit, Kult, Theologie, Theiologie, Onto-Theologie, Heiligkeit, Unsterblichkeit.[73] »Es handelt sich dabei um zwei Quellen oder zwei Brennpunkte. Die ›Religion‹ stellt ihre *Ellipse* dar, weil sie gleichzeitig beide Brennpunkte umfasst, aber auch gelegentlich ihre irreduzible Dualität einfach geheim und *zurückhaltend (réticente)* verschweigt.«[74] So verlagern und überkreuzen sich die Blickwinkel. Die Theologie im weitesten Sinne blickte auf das Verhältnis von Glauben und Vernunft vor dem Geheimnis, vor dem Heiligen. Der Philosoph blickt auf das Verhältnis von Glauben und Geheimnis vor der Vernunft, so mag es scheinen. Doch problematisiert Derrida eben jenen Zugang. Mit Bezug auf alle die, die an die »Unabhängigkeit der kritischen Vernunft«[75] geglaubt haben, zeigt Derrida am Beispiel Heideggers, dass zu Beginn seines Diskurses ein gewisser Glaubensakt steht. Heidegger unterstellt ein gewisses Vorverständnis des Daseins für die Frage des Seins: »*Dieses durchschnittliche und vage Seinsverständnis ist ein Faktum.*«[76] Derrida weist darauf hin: »Dieses *Faktum* ist keine empirische Tatsache.«[77] Es ist eine quasi-transzendentale Notwendigkeit, die sich aus dem Diskurs weder ableiten noch begründen ließe. Insofern bleibt es auf seine Bezeugung angewiesen. Daher lässt sich das Feld nicht abgrenzen, es lässt sich nur elliptisch beschreiben, so dass auch die Frage der Vernunft und des Wissens in der Frage der Religion schon immer mitbedacht werden wollen.

> »›**Die Religion denken**‹, sagen sie. Als würde ein solches Projekt nicht die Frage selbst von vornherein auflösen. Wenn man behauptet, dass die Religion eigentlich *denkbar* ist, und selbst wenn Denken weder Sehen, noch Wissen, noch Begreifen ist, hält man sie von vornherein in Schach und die Angelegenheit ist über kurz oder lang entschieden.«[78]

Solche Überlegungen geben dem Ersten Vaticanum Recht, auf einer letzten Unauflösbarkeit der Offenbarung zu bestehen.[79] Auch Derrida ist der Überzeugung, dass die schlimmste Versuchung nicht die ist zu wissen, sondern die, zu wissen, was Wissen ist.[80] »Dennoch muss man wohl antworten.«[81]

---

[73] Vgl.: Derrida: Glaube und Wissen, 34. Vgl. zur Frage der Quasi-Transzendentalität Kapitel III.4, Seite 229f.
[74] Derrida: Foi et savoir, 34.
[75] Derrida: Foi et savoir, 48.
[76] Vgl.: Martin Heidegger: Sein und Zeit, Tübingen [18]2001, §2, 5.
[77] Derrida: Foi et savoir, 48.
[78] Derrida: Foi et savoir, 37.
[79] Vgl.: Kapitel IV.2, Seite 263.
[80] Vgl.: Derrida: Foi et savoir, 31. Hier böte sich eine Lektüre der Paradiesesgeschichte um den Baum der Erkenntnis an. Adam und Eva wird verboten von seinen Früchten zu essen, nicht weil sie nichts wissen sollen, sondern weil sie nicht wissen sollen, was Wissen ist. Erst mit diesem Akt kommt das Böse in die Welt; Derrida versteht das

Man darf sich nicht auf ein unsagbares Geheimnis berufen. Das Geheimnis darf keines zwischen Gott und mir sein, das anderen nicht mehr zugänglich ist. Das wäre »der reine Wahn des reinen Glaubens. Die schlimmste Gewalt.«[82] Die Religion hat den Anspruch einer gewissen Öffentlichkeit, einer gewissen Verstehbarkeit, eines gewissen Wissens. Der Akt des Glaubens, der immer einzig und immer ungeteilt ein ursprünglicher Performativ ist, kann wiederholt werden. Die Möglichkeit seiner Wiederholung begründet die Religion, im konkreten Fall die Kirche.[83]

Aus dem letzten Teil von Derridas Text, der mit ...*et grenades* überschrieben ist, möchte ich vor allem den Gedanken des Zeugnisses beleuchten, der schon kurz anklang. Religion und Vernunft sind auf diesen ursprünglichen bezeugenden Akt angewiesen. Doch auch die elliptische Zuordnung von Glaube und Heiligem fließt im Zeugnis zusammen. Wenn die Quellen sich vervielfältigen, wenn sie mehr als zwei werden, wenn die Ellipsen sich überlagern, dann bleibt man darauf angewiesen, dass im Zeugnis die Wahrheit versprochen wird, notfalls und im eigentlichen Sinne ohne jeden Beweis: »Glaube an das, was ich sage, wie man an ein Wunder glaubt.«[84] Vielleicht bezeuge ich etwas Falsches, aber mein Zeugnis ist nicht falsch. Der quasi-transzendentale Zug des Versprechens geht allen Äußerungen, allen ehrlichen Erklärungen, aber auch den Lügen voran. Die reine Bezeugung geht allem voran, der Wissenschaft, der Philosophie und der Religion. Sie teilt sich auf immer unterschiedliche Weise:

> »Zunächst zwischen der Alternative einer Sakralität ohne Glauben *(croyance)* (Indiz dieser Algebra: ›Heidegger‹) und einer Treue *(foi)* in einer Heiligkeit ohne Sakralität, die in Wahrheit entsakralisiert und sogar aus einer gewissen Entzauberung die Bedingung der authentischen Heiligkeit macht (Indiz: ›Levinas‹, besonders der Autor von *Du sacré au saint*).«[85]

Diese Heiligkeit darf man nicht mehr in einer lateinischen Gegenüberstellung zwischen der Sakralität der Dinge und der Heiligkeit des Gesetzes, an die z.B. Benveniste erinnert, denken. Man müsste sogar noch die (lateinische) Tradition der »negativen Theologie« verlassen und einen anderen Wortschatz

---

radikale Böse – diesen Begriff übernimmt er von Kant – als die maschinenhafte Wiederholung des reinen Wissens ohne Verantwortung, ohne Zeugnis, ohne unverrechenbare Einzigkeit. Das Böse ist der Ausschluss jeglicher Zukunft, also des messianischen Horizonts. Vgl.: Derrida: Foi et savoir, 38 u. 50f.

[81] Derrida: Foi et savoir, 35.
[82] Derrida: Foi et savoir, 50. Vgl.: dazu einen Satz von Levinas: »Wir befinden uns nicht vor einem unaussprechlichen Geheimnis. Stille Wasser sind die schlimmsten.« (Emmanuel Lévinas: Fragen und Antworten. In: Ders.: Wenn Gott ins Denken einfällt. Diskurse über die Betroffenheit von Transzendenz, Freiburg – München ³1999, 96–131, 131.)
[83] Zu ekklesiologischen Überlegungen aus fundamentaltheologischer Perspektive nach Derrida vgl.: Johannes Hoff: Spiritualität und Sprachverlust. Theologie nach Foucault und Derrida, Paderborn 1999, 279–326.
[84] Derrida: Foi et savoir, 49.
[85] Derrida: Foi et savoir, 49.

bemühen, vielleicht einen hebräischen, die Heiligkeit des *kiddusch*. Der Glaube, der eine Beziehung zu einer solchen Heiligkeit unterhielte, stünde auf der Erfahrung der absoluten Trennung.[86] Die Ungleichzeitigkeit mit allem anderen, die absolute Transzendenz gewährleistet eine Gleichheit derer, die man nicht vergleichen kann, weil sie keinen gemeinsamen Bezugspunkt haben, sondern jeder unverrechenbar und einzig ist. So wird die radikale Entzauberung zur Quelle des Religiösen selbst: »Nichts erscheint also gefährlicher, schwieriger einzuhalten, nichts scheint hier oder da unvorsichtiger zu sein als ein gesicherter Diskurs über die Epoche der Entzauberung, die Ära der Säkularisierung, die Zeit der Laizität usw.«[87]

Müsste der a-religiöse Philosoph selbst die Erfahrung der Trennung noch ignorieren? Bliebe er auf jenen einzigen Ort verwiesen, *Chôra*, der das Eine ist, aber ohne Namen: »Er *gibt statt*, vielleicht, aber ohne die geringste Großzügigkeit, weder menschlicher noch göttlicher Art. Die Zerstreuung der Asche wird dort noch nicht einmal versprochen, noch der Tod gebracht.«[88] Ist seine Philosophie wirklich von der Philosophie, die in Kontakt mit dem Evangelium gekommen ist – wie sich die Enzyklika *Fides et ratio* ausdrückt – unterschieden?[89] Der Philosoph, der die Sichtweise einer Religion kennt, die sich selbst als Aufklärung versteht,[90] wird aber nicht mehr ungeschützt aus dem Licht der Aufklärung reden können, ohne zugleich von Religion reden zu müssen und aus ihrem Erbe zu schöpfen.

Aber auch der Theologe wird sich der Zuordnung von Vernunft und Offenbarung nicht mehr sicher sein können. Die Nähe Gottes drückt sich notwendig schon immer vernünftig aus, auch wenn das, was vernünftig ist, nicht zu allen Zeiten dieselbe Sprache spricht. Eine *analysis fidei* wird dem Rechnung tragen müssen. Das Menschenwort ist geschichtlich, eine Metasprache – die die Sprache Gottes wäre – ist uns nicht zugänglich.[91] So werden Vernunft und Offenbarung – in ihrer doppelten Gestalt der Schrift und der Tradition[92] –

---

[86] Vgl. Derrida: Foi et savoir, 49. Derrida verweist auf Blanchot und Levinas.
[87] Derrida: Foi et savoir, 49.
[88] Derrida: Foi et savoir, 52.
[89] Vgl. zu *Fides et ratio* Kapitel IV.1, Seite 249.
[90] Vgl. dazu: Joseph Ratzinger: Der angezweifelte Wahrheitsanspruch. In: Frankfurter Allgemeine Zeitung, 8.1.2000, Nr. 6, S. I.
[91] Derrida deutet die Geschichte des Turmbaus zu Babel als Eingreifen Gottes gegen den Besitz einer universalen Sprache und einer universalen Vernunft durch ein einziges Volk: »Er erwählt sie zur Übersetzung, er unterwirft sie dem Gesetz einer notwendigen und unmöglichen Übersetzung; mit der Einsetzung seines übersetzbar-unübersetzbaren eigenen Namens übergibt er eine universale Vernunft (diese wird nicht mehr der Herrschaft eines Volkes unterworfen sein), aber er begrenzt zugleich ihre Universalität selbst: verbotene Transparenz, unmögliche Univozität. Die Übersetzung wird das Gesetz, die Aufgabe und die Schuld, aber eine Schuld, von der man sich nicht mehr freimachen kann.« (Jacques Derrida: Des tours de Babel. In: Ders. Psyché. Inventions de l'autre. Nouvelle édition augmentée. Tome I, Paris 1998, 203–233, 210.)
[92] Die Zuordnung dieser beiden Größen und die Frage einer (materialen) Suffizienz der Schrift hat lange Zeit die theologischen und lehramtlichen Diskussionen geprägt. Die Rede des Zweiten Vatikanums gibt sich in Bezug darauf recht ambivalent, fast schon elliptisch. Zur Konstitution Dei Verbum vgl.: Helmut Hoping: Theologischer Kommen-

zu Bezeugungsorten, die nicht nur im Verhältnis einer Zirkularität stehen, bei der man am Ende wieder dort ankommt, wo man begonnen hat, sondern die Brennpunkte mehrerer sich überlagernder Ellipsen sind, die notwendig etwas auslassen.[93] Wenn man Derridas Bild des Feldes bemühen möchte, so müsste die Theologie sich in einer Topik dieses Feldes versuchen, wohl wissend, dass sie nicht abzuschließen ist. Der *nexus mysteriorum*[94] bleibt eine Voraussetzung, keine Erkenntnis an sich. Die Orte, an denen Bezeugungen zusammenfließen und zu elliptischen Brennpunkten werden, ließen sich zum Beispiel im Anschluss an Melchior Cano bestimmen. Wenn man einen Unterschied zwischen Melchior Cano, aber auch noch den Versuchen von Peter Hünermann und Max Seckler zu meinen hier vorgetragenen bruchstückhaften und vorläufigen Überlegungen benennen will, so liegt er wohl im Anspruch auf eine Systematisierbarkeit. Wenn das Verhältnis der Bezeugungsorte notwendig elliptisch ist – und dafür sprechen nicht nur Derridas Überlegungen, sondern auch die Tatsache, dass das Thema nicht zur Ruhe kommt, dass immer wieder neu angesetzt wird, um das Verhältnis von *Fides et ratio* zu klären, gerade auch innerhalb der gleichnamigen Enzyklika –, so ist der theoretische Diskurs nicht der Ort, um ihre »Einheit« zu demonstrieren. Vielmehr müsste er diese – immer konkreten – Orte aufsuchen und sich zwischen ihnen bewegen. Dabei kann er an einem Geschehen teilnehmen, das gerne vorschnell *Vermittlungs*geschehen genannt wird. Er kann es nicht beherrschen, auch nicht systematisch oder formell.[95] Wir bewegen uns elliptisch um Brennpunkte wie Glauben, Vernunft, Heiligkeit, Geheimnis, Offenbarung, Gott, Mensch.

---

tar zur Dogmatischen Konstitution über die göttliche Offenbarung *Dei Verbum*. In: Peter Hünermann, Bernd Jochen Hilberath (Hg.): Herders theologischer Kommentar zum Zweiten Vatikanischen Konzil. Bd. 3. Freiburg – Basel – Wien 2005, 695–831, 751: »Das Konzil wollte diese Frage nicht entscheiden, da sie von den Konzilsvätern unterschiedlich beantwortet wurde.« (Vgl. auch ebd., 759–762.)

[93] Auch Waldenfels »würde eher von einer elliptischen Bewegung, vielleicht auch von einer Spiralbewegung sprechen, da es sich um eine Bewegung handelt, die nicht auf der Stelle tritt, sondern den Menschen als solchen, in seiner Erkenntnis und in seinem Lebensvollzug voranschreiten lässt.« (Hans Waldenfels: »Mit zwei Flügeln«. Kommentar und Anmerkungen zur Enzyklika »Fides et ratio« Papst Johannes Pauls II., Paderborn 2000 (= Waldenfels: »Mit zwei Flügeln«), 29.)

[94] DH 3016; vgl. COD, 808,34.

[95] Die – nicht theoretische – »Einheit« dieses Zeugnisses hätte ihren ursprünglichen immer wieder neu zu findenden Ort in der Feier des Geheimnisses in der Liturgie, den Sakramenten, den Mysteria. Der auch lehramtlich stets betonte tiefe Zusammenhang von Liturgie und Geheimnis weist auf die elementare Bedeutung der Liturgie der Kirche als Ort theologischer Erkenntnis hin. Das bleibt – darauf habe ich hingewiesen – auch in dieser Arbeit ein Desiderat.

II. Letztbegründungsstrategien im autonomen Subjekt

1. Thomas Pröpper: Freiheit als philosophisches Prinzip der Dogmatik

Thomas Pröpper wählt den Begriff eines elliptischen Ansatzes mit den Brennpunkten Christologie und Anthropologie, Gott und Mensch, Offenbarung und Empfang derselben.[1] In der Sache freilich unterscheidet er sich deutlich von Derrida. Auch wenn er zugesteht, dass sich vorab nicht garantieren lasse, welches »Denken für solches Verstehen geeignet und zudem philosophisch ausweisbar sei«[2], plädiert er bereits in seiner Dissertation[3] für eine Aufnahme des neuzeitlichen Freiheitsdenkens in die dogmatische Theologie. Daran hat er bis in seine jüngsten Veröffentlichungen[4] festgehalten, wobei er seinen an Hermann Krings[5] orientierten Ansatz gelegentlich präzisierte und explizierte, jedoch nie einer grundsätzlichen Revision oder Reformulierung unterzog. Ich konzentriere mich auf ausgewählte Abschnitte aus Pröppers Soteriologie sowie auf einige Aufsätze.[6] Dabei werde ich gelegentlich Krings' Texte zur Verdeutlichung der Pröpper'schen Gedankengänge heranziehen, wo die letzteren auf philosophische Argumentation verzichten und stattdessen einen eher beschreibenden Zugang zum »Freiheitsdenken« wählen.[7]

---

[1] Vgl.: Thomas Pröpper: Evangelium und freie Vernunft. Konturen einer theologischen Hermeneutik, Freiburg – Basel – Wien 2001 (= Pröpper: Evangelium und freie Vernunft), 3.
[2] Pröpper: Evangelium und freie Vernunft, 3.
[3] Vgl.: Thomas Pröpper: Erlösungsglaube und Freiheitsgeschichte. Eine Skizze zur Soteriologie, 2., wesentlich erweiterte Auflage, München 1988 (= Pröpper: Erlösungsglaube).
[4] Eine Sammlung jüngerer Beiträge findet sich in: Pröpper: Evangelium und freie Vernunft.
[5] Vgl. Hermann Krings: System und Freiheit. Gesammelte Aufsätze. Praktische Philosophie 12, Freiburg – München 1980 (= Krings: Gesammelte Aufsätze).
[6] Eine detailliertere Darstellung als meine bietet Paul Platzbecker: Radikale Autonomie vor Gott denken. Transzendentalphilosophische Glaubensverantwortung in der Auseinandersetzung zwischen Hansjürgen Verweyen und Thomas Pröpper, Regensburg 2003, 89–132. Gemäß seiner Fragestellung legt er dabei jedoch den Schwerpunkt auf die Diskussion zwischen Pröpper und Verweyen und geht auf die grundsätzlichen Aporien des transzendentalphilosophischen Denkens nicht ein. Nichtsdestoweniger ist seine Rekonstruktion der Argumentationsgänge und der Diskussion zwischen den beiden Befürwortern einer Letztbegründung eine prägnante Darstellung der jeweiligen Ansätze. (Vgl. auch: Paul Platzbecker: »Freiheit als Prinzip aller Erscheinung« – Anmerkung zu einem Zentralbegriff der Kontroverse zwischen Hansjürgen Verweyen und Thomas Pröpper. In: Joachim Valentin, Saskia Wendel (Hg.): Unbedingtes Verstehen?! Fundamentaltheologie zwischen Erstphilosophie und Hermeneutik, Regensburg 2001.) Da es meiner Arbeit vor allem um eine grundsätzliche Diskussion der transzendentalphilosophischen Möglichkeiten geht, bleibt sie in der Einzeldarstellung der beteiligten Autoren hinter spezielleren Veröffentlichungen wie derjenigen Platzbeckers notwendigerweise zurück.
[7] Meine Interpretation von Pröpper unter Heranziehung von Krings' eigenen Überlegungen erscheint nicht nur zur Deutlichkeit mancher Argumente wünschenswert und ge-

Für den Dogmatiker Pröpper ist der Ausgangspunkt seiner Überlegungen eine Grundthese, die ein »genuin theologisches Fundament«[8] für die weiteren Reflexionen bereitstellen soll. Sie besteht aus zwei Teilthesen:

> »Die erste besagt, dass es die *wesentliche Bedeutung der Geschichte Jesu ausmacht, der Erweis der unbedingt für die Menschen entschiedenen Liebe Gottes und als solcher Gottes Selbstoffenbarung zu sein.* Die zweite besagt, dass eben diese als Selbstoffenbarung Gottes verstandene Geschichte Jesu, das Grunddatum des christlichen Glaubens, auch als die *Grundwahrheit christlicher Theologie* gelten müsse.«[9]

Pröpper führt diese These aus, um sie zu verdeutlichen und vor Missverständnissen zu schützen. So solle sie nicht bedeuten, dass nicht auch in anderen Religionen Gotteserkenntnis möglich wäre. Er gibt zudem zu bedenken, dass die Formulierung für den vollen Begriff der Selbstoffenbarung nicht ausreiche, da zu dieser auch die Geistsendung gehöre.[10] Weiterhin plädiert er für die Einheit von Verkündigung, Sterben und Auferstehung in der Geschichte Jesu, da diese drei Momente Gottes Liebe in den drei Dimensionen ihrer bedingungslosen Zuvorkommenheit, ihrer unwiderruflichen Entschiedenheit sowie ihrer Treue und todüberwindenden Macht offenbaren. Da durch die bedingungslose Zuvorkommenheit der Liebe Gottes sie in Jesu Handeln nicht nur verkündigt, sondern schon als gültig gesetzt werde, seien hier Bote und Botschaft identisch, so dass man im strengen Sinn von *Selbst*offenbarung reden könne. Damit sei auch das instruktionstheoretische Offenbarungsmodell überwunden, weil Inhalt und Form der Offenbarung nicht mehr zu trennen seien. Da Pröpper von der vollständigen Offenbarkeit der »*unbedingt* für die

---

boten, sondern ihre Angemessenheit ergibt sich auch aus Pröppers eigenen Formulierungen bezüglich der Freiheitsanalytik in seiner Dissertation: »Auch möchte ich auf ihre begrifflich und methodisch strenge Darstellung verzichten und mich im Blick auf unsere Zielsetzung damit begnügen, sie eher deskriptiv vorzustellen und zugänglich zu machen.« (Pröpper: Erlösungsglaube, 183.)

[8] Thomas Pröpper: Freiheit als philosophisches Prinzip theologischer Hermeneutik. In: Ders.: Evangelium und freie Vernunft, 5–22 (= Pröpper: Freiheit als philosophisches Prinzip theologischer Hermeneutik), 6.

[9] Pröpper: Freiheit als philosophisches Prinzip theologischer Hermeneutik, 6.

[10] Nur am Rande möchte ich hier auf die Gefahr eines verengten Inkarnationsverständnisses hinweisen. Die Geistsendung muss nicht zwangsläufig als zusätzliche Offenbarung verstanden werden. Wenn man Jesus mit dem Lukasevangelium als Geistträger schlechthin bezeichnet, dann kann man seine Geschichte nicht nur als Offenbarung des Logos lesen, sondern muss sie in eins damit auch als Offenbarung der Ruach Jahwes begreifen. Diese Diskussion ist jedoch hier nicht zu führen. Vgl. z.B.: Markus Müller: Die Hinrichtung des Geistträgers. Zur Deutung des Todes Jesu im lukanischen Doppelwerk. In: Roland Gebauer, Martin Meiser (Hg.): Die bleibende Gegenwart des Evangeliums. FS Otto Merk, Marburg 2003, 45–61, bes.: 56–59; Ferdinand Hahn: Theologie des Neuen Testaments. Band I. Die Vielfalt des Neuen Testaments. Theologiegeschichte des Urchristentums, Tübingen 2002, 560–567, bes.: 560–563; Udo Schnelle: Einleitung in das Neue Testament. 3., neubearbeitete Auflage, Göttingen 1999, 270–271. Schnelle formuliert für das Lukasevangelium: »Grundlegend ist der Geistbesitz Jesu« (270). – Relevante Hinweise der Schrift finden sich z.B.: Lk 3,23; 4,1; 4,14; 4,18a (vgl. Jes 61,1 LXX); 10,21; 23,46; Apg 10,38.

Menschen entschiedenen Liebe Gottes« ausgeht, kennzeichnet er diese Offenbarung als endgültig.

> »Beim Aspekt der *Endgültigkeit* ist es wesentlich, auf seine Differenz zum Begriff der *Vollendung* zu achten. Vollendet wird Gottes Mitteilung seiner Liebe erst in einer Gestalt ihrer Gegenwart sein, in der die noch unversöhnten und ihr widersprechenden Verhältnisse erneuert, alles menschlich Gelungene bewahrt und vollendet und zugleich die Zerbrochenen der Geschichte geheilt und ihre Tränen abgewischt sein werden. [...] Dass dennoch schon jetzt von ihrer *Endgültigkeit* die Rede sein darf, liegt ebenfalls in der Wahrnehmung der *Unbedingtheit* begründet, die Gottes Zuwendung seiner Liebe in der Geschichte Jesu kennzeichnet und die als solche – sofern man nur auf ihren Zeitindex achtet – das Versprechen ihrer Treue, also Endgültigkeit impliziert. [...] Dieser Erweis ihrer Unbedingtheit ist geschichtlich unüberbietbar, denn er ist – als Erweis ihrer Macht auch noch über den Tod – durch kein geschichtliches Ereignis mehr widerlegbar und insofern Erweis ihrer Endgültigkeit.«[11]

Ich zitiere hier erneut sehr ausführlich, weil das ein Punkt ist, an dem sich die Option für eine Letztbegründung des christlichen Glaubens bei Pröpper, Verweyen und Müller festmacht: Soll die Offenbarung als endgültig behauptet werden, dann erfordert dies einen unhintergehbaren Begriff letztgültigen Sinns, also eine erste Philosophie, die in der Lage ist, die geglaubten Inhalte der Vernunft nicht nur zu vermitteln, sondern als unbedingt bedeutsam zu vermitteln, damit »der Verstehende als Subjekt seines Glaubens wie seines vernünftigen Wissens mit sich *identisch* sein«[12] kann.

Da für Pröpper die Heilsgeschichte wesentlich eine Freiheitsgeschichte ist, sich Gott in seiner Selbstoffenbarung als Liebe erweist und Liebe wesentlich ein Freiheitsgeschehen ist, erscheint es ihm in theologischer Hinsicht dem Inhalt und der Form der Offenbarung, »als Selbstmitteilung von Freiheiten füreinander«,[13] angemessen und geboten, das neuzeitliche Freiheitsdenken zu rezipieren. Hinzu kommt, dass für Pröpper nur auf diesem Boden ein letztgültiger Begriff zu denken ist, der in der Lage ist, die Glaubensaussagen für die autonome Vernunft verständlich zu machen.

---

[11] Pröpper: Freiheit als philosophisches Prinzip theologischer Hermeneutik, 8f. Zur Differenz zwischen Endgültigkeit und Vollendung im Pröpper'schen Denken vgl.: Thomas Pröpper: »Dass nichts uns scheiden kann von Gottes Liebe ...«. Ein Beitrag zum Verständnis der »Endgültigkeit« der Erlösung. In: Pröpper: Evangelium und freie Vernunft, 40–56 (= Pröpper, »Dass nichts uns scheiden kann«). Zur Problematik von Endgültigkeit, Vorläufigkeit und Vollendung siehe auch weiter unten ab Seite 66.
[12] Thomas Pröpper: Zur theoretischen Verantwortung der Rede von Gott. In: Ders.: Evangelium und freie Vernunft, 72–92, 76. Die Frage der Selbstidentität wird im Rahmen der philosophischen Betrachtungen im dritten Teil dieser Arbeit nochmals ausdrücklich thematisiert werden.
[13] Thomas Pröpper: Freiheit als philosophisches Prinzip der Dogmatik. Systematische Reflexionen im Anschluss an Walter Kaspers Konzeption der Dogmatik. In: Eberhard Schockenhoff, Peter Walter (Hg.): Dogma und Glaube. Bausteine für eine theologische Erkenntnislehre. Festschrift für Bischof Walter Kasper, Mainz 1993, 165–192 (= Pröpper: Freiheit als philosophisches Prinzip der Dogmatik), 184.

»In *philosophischer* Hinsicht empfiehlt sich das Freiheitsdenken, weil es sich 1. auf die im Zuge der ›anthropologischen Wende‹ unausweichliche Verklammerung der Gottesfrage mit der Frage nach dem Menschen einlässt, sich 2. dem Grundmotiv neuzeitlichen Denkens weiterhin verpflichtet, 3. das mit der fortschreitenden Reflexivität dieses Denkens markierte Problemniveau einhält und vor allem 4. dem Vernunftinteresse gerecht wird, das Fragen bis zu einem Unbedingten zu führen.«[14]

Daher lautet Pröppers zweite Hauptthese neben der oben zitierten theologischen Grundthese: »[D]as für die Explikation und Vermittlung der durch den erläuterten Grundbegriff bestimmten Glaubenswahrheiten geeignete und deshalb heranzuziehende Denken [...] kann nur das Denken der *Freiheit* und dieses nur *transzendental* sein.«[15] Transzendental müsse es sein, weil »Freiheit nicht objektiv, sondern nur retorsiv aufweisbar«[16] sei. Die Retorsion ist ein Verfahren, das vor allem in der neuscholastischen Maréchal-Schule verwendet wurde und dort auch seinen Namen fand. Dem Inhalt nach geht es bereits auf eine Überlegung des Aquinaten zurück:

»[D]ass es Wahrheit gibt, ist aus sich heraus bekannt, weil derjenige, der leugnet, dass es Wahrheit gibt, zugesteht, dass es Wahrheit gibt; gibt es nämlich keine Wahrheit, so ist wahr, dass es keine Wahrheit gibt. Wenn aber irgend etwas wahr ist, ist es nötig, dass es Wahrheit gibt.«[17]

Zur genaueren Darstellung des Ansatzes werde ich mich an Pröppers Dissertation[18] halten. Freiheit ist für Pröpper das Vermögen, sich zu allem zu verhalten und selbst noch die Faktizität des eigenen Daseins »distanzieren, reflektieren und affirmieren (oder negieren) zu können.«[19] Näherhin unterscheidet er zwischen »formeller und existierender Freiheit«.[20] Statt von formeller ließe sich auch von »formaler, abstrakter oder transzendentaler, statt von existierender auch von materialer, wirklicher oder inhaltsvoller Freiheit sprechen.«[21] Hinter dieser gerafften Darstellung stehen die Überlegungen von Hermann Krings, der drei verschiedene Dimensionen des Freiheitsbegriffs unterscheidet.[22] *Reale Freiheit* umfasse das, was wir landläufig unter Frei-

---

[14] Pröpper: Freiheit als philosophisches Prinzip der Dogmatik, 184.
[15] Pröpper: Freiheit als philosophisches Prinzip theologischer Hermeneutik, 15.
[16] Pröpper: Freiheit als philosophisches Prinzip theologischer Hermeneutik, 15. Verweyen und Müller lehnen das Retorsionsverfahren als unzureichend ab, da es nicht über den Vernunfthorizont des Gesprächspartners hinauskomme.
[17] Thomas von Aquin: Summa Theologiae, I 2,1: »Praeterea, veritatem esse est per se notum: quia qui negat veritatem esse, concedit veritatem esse: si enim veritas non est, verum est veritatem non esse. Si autem est aliquid verum, oportet quod veritas sit.« Zitiert nach Sancti Thomae Aquinatis Summa theologiae. Cum textu ex recensione leonina. Turin 1986. Letztlich beruhen diese Überlegungen auf Aristoteles' Satz vom zu vermeidenden Widerspruch, den er als das sicherste aller Prinzipien bezeichnet. Vgl. Metaphysik: Γ 3, 1005b.
[18] Vgl.: Pröpper: Erlösungsglaube, 182–194.
[19] Pröpper: Erlösungsglaube, 184.
[20] Pröpper: Erlösungsglaube, 183.
[21] Pröpper: Erlösungsglaube, 183f.
[22] Vgl. Hermann Krings: Reale Freiheit. Praktische Freiheit. Transzendentale Freiheit. In: Ders.: Gesammelte Aufsätze, 40–68 (= Krings, Reale Freiheit).

heiten verstehen, d.h. alle politischen, sozialen und persönlichen Freiheiten (Redefreiheit, Religionsfreiheit, freie Wahl des Wohnorts, Befreiung von einem totalitären Regime,...). Sie sei allerdings noch kein einheitsstiftendes Thema für die Philosophie. Ihr Sinn und Ursprung müsse in einer *praktischen Freiheit* gedacht werden, die z.B. die Ordnung des Rechtsstaates setze, der reale Freiheiten garantiere. Daher bestimmt Krings praktische Freiheit letztlich wie Kant als Autonomie der Vernunft: Der Wille setzt sich seine Regeln selbst; er handelt selbstbestimmt. Wie aber kann die praktische Freiheit gedacht werden? Wie lässt sich die Freiheit des Willens verstehen, wenn man sie nicht nur behaupten will? Dafür ist nach Krings ein Begriff einer transzendentalen Freiheit notwendig, der aus einer Analyse dessen erhoben werden soll, was der Begriff der praktischen Freiheit impliziere. Dieser apriorische Begriff solle nicht wie in der Sprachpragmatik »quasi-empirisch«[23] rekonstruiert werden, sondern die Transzendentalphilosophie verwende dieselben Regeln, die sie auf dem Weg bisher auch benutzt habe: »Sie ›denkt‹ das Apriori, und zwar denkt sie es derart, dass sie dem Vernunftinteresse, es möge kein Frageüberhang bleiben, folgt.«[24] Im Gegensatz zur Rekonstruktion bezeichnet Krings das transzendentalphilosophische Verfahren als Konstruktion, die versuche das Unbedingte zu erfassen, um zu begründen, warum Geltungen zu Recht bestehen »und welche Begründungslast zu tragen sie imstande oder auch nicht imstande sind.«[25] Es geht ihm um einen »Plan der Vernunft«[26].

In einer solchen transzendentalen Konstruktion ergebe sich, dass praktische Freiheit als unbedingte Affirmation zu denken sei. Wenn sie sich selbst Regeln gebe, affirmiere sie dadurch auch den Gehalt einer Regel. In eins damit geschehe die Affirmation der regelbegreifenden und regelbefolgenden Instanz. D.h. indem ich eine Regel aufstelle, gehe ich davon aus, dass es jemanden gibt, der sie befolgt oder nicht befolgen könnte. Darin zeigt sich für Krings die Affirmation praktischer Freiheit durch praktische Freiheit. Gleichzeitig affirmiere sich im Setzen der Regel Freiheit selbst. Sie gebe *sich* eine Regel:

> »Der Begriff der transzendentalen Freiheit ist der Begriff einer unbedingten Affirmation. Diese Affirmation ist mehrdimensional, doch ihr Inhalt ist prinzipiell die Freiheit selbst. Die erfragte unbedingte Aktualität der praktischen Freiheit muss demnach bestimmt werden als ein transzendentaler Aktus unbedingter Anerkennung, durch den praktische Freiheit andere Freiheit und sich selbst als Freiheit affirmiert.«[27]

---

[23] Hermann Krings: Empirie und Apriori. Zum Verhältnis von Transzendentalphilosophie und Sprachpragmatik. In: Ders.: Gesammelte Aufsätze, 69–98 (= Krings: Empirie), 81.
[24] Krings: Empirie, 81.
[25] Krings: Empirie, 83.
[26] Krings: Empirie, 82.
[27] Krings: Reale Freiheit, 61.

Wie es die Begrifflichkeiten hier schon andeuten, begreifen Pröpper und Krings Freiheit nicht als ein Akzidens eines substanziellen Subjekts oder als eine Eigenschaft des Menschen; vielmehr vollzieht sich in diesem Denken Menschsein als Freiheit, der transzendentale Akt der Freiheit konstituiert das Subjekt und gleichzeitig mit ihm auch die Intersubjektivität:

> »Schon das System der eigenen Individualität ist durch Freiheit als transzendentale Handlung gesetzt. Denn nicht als abstrakte Einheit, sondern als ›ein sich zu seinem Selbstsein eröffnender und darin zu seiner Identität sich vermittelnder Ursprung‹ ist das Individuum zu begreifen und dementsprechend die formale Grundstruktur der begründenden Handlung als ›Sich-Öffnen in eine Differenz und [...] Rückbezug dieses Sich-Öffnens in sich‹ zu bestimmen.«[28]

Im Hintergrund dieser Überlegungen steht Krings' *Transzendentale Logik*,[29] in der er sich nicht nur in die Tradition von Kant, Fichte und Husserl stellt, sondern auch deren »Defizite«[30] beheben will. Dort begreift Krings das Erkennen als Transzendenz, die ihren Vollbegriff in Form einer doppelten Transzendenz finde, in der sie wieder zu sich zurückkehre. Transzendenz wird als ein Hinübergehen von einem »Fundamentum« hin zu einem »Terminus« verstanden. Krings betont, dass sich das Fundamentum der Bewegung der Transzendenz im Ausgehen von sich nicht zurücklasse, so wenig wie der Terminus der Transzendenz beim Zurückkehren zurückgelassen oder in seinem Selbstsein aufgelöst werde. Verdoppelt werde die Transzendenz durch die Rückbewegung vom Terminus zum Fundamentum. Die Bewegung zum Terminus kennzeichne die Erkenntnisrelation als Vorstellung, die Rückbewegung als Gegenstand. Erst durch beide werde der »›transzendentalen Einheit‹ von Fundamentum und Terminus«[31] als allgemeiner Strukturform für einen Vorbegriff des Erkennens genügt: »Das Erkennen wird vorbegrifflich als eine Relation gefasst, die durch die in sich reflexe Transzendenz bestimmt ist.«[32] Diese Bewegung wird formal als »Ich« bezeichnet. Sie ist allerdings, worauf Krings vermehrt hinweist, eine rein formale Struktur, die keinerlei Wirklichkeit besitze. Das materiale Moment der Relation liege im Terminus und komme nur durch ein wirkliches Transzendieren in den Blick. Erst dann könne auch die Materialität des Fundamentum miterfasst werden.[33] Dabei schaffe das Ich nicht den Zielpunkt seines Transzendierens, »es ›schafft‹ sich jedoch den *Terminus* formaliter als den Terminus seiner Transzendenz. [...] [D]as solipsistische Ich ist nicht denkbar, ohne dass das Ich zuvor als in einer wirklichen Transzendenz als *ipsum actuale* konstituiert gedacht und nachträglich erst zu einem *ipsum solum* abstrahiert wird.«[34] Das Ich, das bisher

---

[28] Pröpper: Erlösungsglaube, 184. Die Zitate sind aus Hermann Krings: Handbuchartikel: Freiheit. In: Ders.: Gesammelte Aufsätze, 99–130 (= Krings: Handbuchartikel), 115f.
[29] Hermann Krings: Transzendentale Logik, München 1964 (= Krings: Transzendentale Logik).
[30] Vgl.: Krings: Transzendentale Logik, 26–37.
[31] Krings: Transzendentale Logik, 54.
[32] Krings: Transzendentale Logik, 26–37
[33] Vgl.: Krings: Transzendentale Logik, 67.
[34] Vgl.: Krings: Transzendentale Logik, 68.

nur als formale Form beschrieben wurde, erhält nach Krings seinen formalen Gehalt in der Affirmation: »Das Vernommene und Gesetzte *ist* wahr, und das Seiende, transzendental eröffnet und offenbar geworden, ist *wahr*. Eben darin vollendet sich die Transzendenz.«[35] Freilich nimmt das Ich hier zwei Positionen ein: Zunächst ist »Ich« der Begriff für die vollständige Relation der doppelten Transzendenz, dann jedoch wird in der Erläuterung dieser Struktur das Ich auf den Ausgangspunkt der Bewegung zurückgenommen. Gibt es also ein Ich im Ich?

Die Struktur des Wissens in seinem formalen Gehalt, das größere und umfassendere der beiden Ich, belegt Krings in seinem Aufsatz *Wissen und Freiheit* auch mit dem Begriff der Freiheit:

»Ursprünglichkeit des Seins bedeutet, dass das Sein nicht schlechthin ›besteht‹; positiv gesagt: sofern es besteht, besteht es als Sichherausstellen und Aufsichzustehen. Darum muss es formal als jene Distanz und ›Reflexion‹ gedacht werden, die sich in der Struktur des Wissens zeigt. Das aber bedeutet, dass das Sein, sofern es als Freiheit reflektiert und verstanden wird, seinem Ursprungsvollzug nach mit dem Wissen selbig ist. Als Wissen ist das Sein frei bei sich selbst. Und umgekehrt: freies Beisichselbstsein des Seins ist das Wesen des Wissens.«[36]

Mit dieser Identifizierung von »Ich« mit der Struktur des Wissens bzw. mit »Freiheit« ist die Rückbindung der transzendentalen Argumentation ins transzendentale Subjekt vollzogen, mit der sich Krings gegenüber Apel absetzt. Krings Einwand, er betreibe keine Bewusstseinsphilosophie,[37] wirkt an dieser Stelle wenig überzeugend. Es ist ja gerade die Struktur des Wissens, die mit dem Begriff »Ich« belegt wird und unter dem Begriff »Freiheit« als nicht mehr zu hintergehendes Unbedingtes ausgewiesen werden soll. Es ist jedoch zuzugestehen, dass der Begriff »Ich« für diese Struktur, wenn ich richtig sehe, außerhalb seiner *Transzendentalen Logik* keine Verwendung findet. Allerdings distanziert sich Krings auch nirgends ausdrücklich davon. Wenn der Begriff Freiheit hier synonym zu Mensch oder Subjekt verwendet wird, so darf man mit gewissem Recht von einer transzendentalen Letztbegründung im Subjekt sprechen.

Wenn transzendentale Freiheit als eine unbedingte Affirmation, als ein unbedingtes Sich-Öffnen charakterisiert wird, dann entspricht ihr nach Krings als das Worauf des Sich-Öffnens ebenfalls nur ein unbedingter Gehalt, nämlich transzendentale Freiheit. Dadurch ergebe sich aber eine Tautologie oder eben wieder ein leerer, rein formaler Begriff, eine formale Form. Das führe daher zu dem Dilemma, dass transzendentale Freiheit allein nicht existiere und existierende Freiheit immer bedingt sei. Pröpper formuliert dies folgendermaßen:

---

[35] Vgl.: Krings: Transzendentale Logik, 312.
[36] Vgl.: Hermann Krings: Wissen und Freiheit. In: Ders.: Gesammelte Aufsätze, 133–160, 138. Transzendentale Logik, 67.
[37] Vgl.: Krings: Replik, 366f.

»Die formal unbedingte Freiheit ist in materialer Hinsicht bedingt. Obwohl sie, transzendentallogisch betrachtet, die Möglichkeit von Gehalt selber eröffnet, ist sie doch erst durch die Affirmation eines tatsächlichen Gehalts wirklich. [...] Da die formelle Unbedingtheit der Freiheit (und zwar allein sie) aber ihre Fähigkeit und ihr Streben begründet, jeden faktisch-endlichen Gehalt zu distanzieren und zu überschreiten, scheint sie wesentlich unerfüllbar zu sein. Gibt es demnach keinen angemessenen Gehalt für die Freiheit?«[38]

Dieser angemessene Gehalt wird von Pröpper (und Krings) als andere Freiheit identifiziert: »Nur im Ent-schluss zu anderer Freiheit setzt sich Freiheit selbst ihrer vollen Form nach.«[39] Auch von daher sei deutlich, dass Subjektivität immer nur zusammen mit Intersubjektivität verstanden werden könne. Im Anschluss an Schelling begreift Pröpper diese Struktur als »das Geheimnis der Liebe, [die] solche verbindet, deren jedes für sich seyn könnte und doch nicht ist, und nicht seyn kann ohne das andere.«[40] Der volle Begriff von Freiheit sei der der unbedingten Anerkennung des anderen als er selbst. Dennoch bleibe das Defizit, dass diese Anerkennung immer nur symbolisch realisiert werden könne. Das Selbst erschöpfe sich in keiner seiner Äußerungen oder Handlungen, in denen es den anderen anerkennen wolle, ebenso könne auch das Vorhaben, den anderen »selber« zu meinen, nur auf endliche Weise verwirklicht werden:

»Ihre wesentliche Ambivalenz gründet darin, dass jede Freiheit, um real zu werden und mit anderen Freiheiten bestehen zu können, sich auf ein System ›konkreter Freiheiten‹ einlassen muss: eben damit aber hat sie sich schon in ihrem unbedingten Anfangenkönnen gebunden und unter Notwendigkeiten begeben. [...] Nur im Widerspruch zu den Systemen, die sie als Bedingung ihrer eigenen und der gemeinsamen Existenz ›setzt‹, kann sie deshalb ihre Unbedingtheit behaupten (und die Unbedingtheit der Freiheit des anderen).«[41]

Pröpper verweist hier auf Krings' Aufsatz *System und Freiheit*,[42] auf den ich weiter unten noch genauer eingehen werde, da meines Erachtens Pröpper die Aporien, die Krings in diesem Beitrag benennt, nicht ausreichend in seinem eigenen Konzept berücksichtigt. Er betont lediglich, dass Freiheit nicht als Ideal gedacht werden könne, das seiner zukünftigen Verwirklichung harre. Ihre Ambivalenz habe bleibenden Charakter, da sie strukturellen Ursprungs sei. Daher fordere das transzendentale Denken die »Idee Gottes als der vollkommenen Freiheit«.[43] Nach Krings folgt aus der Unbedingtheit der Form, »dass kein Inhalt, auch nicht der adäquate Inhalt (= die andere Freiheit), der

---

[38] Pröpper: Erlösungsglaube, 185.
[39] Hermann Krings: Freiheit. Ein Versuch Gott zu denken. In: Ders.: Gesammelte Aufsätze, 161–184 (= Krings, Freiheit), 174. Zitiert in Pröpper: Erlösungsglaube, 186.
[40] Zitiert nach Pröpper: Erlösungslaube, 187. Pröpper verweist auf: Friedrich Wilhelm Joseph Schelling: Aphorismen zur Einleitung in die Naturphilosophie. In: Ders.: Schriften von 1806–1813, Darmstadt 1990, 161. Pröpper paraphrasiert hier nur.
[41] Pröpper: Erlösungsglaube, 189.
[42] Vgl.: Hermann Krings: System und Freiheit. In: Ders.: Gesammelte Aufsätze, 15–39 (= Krings: System und Freiheit).
[43] Krings: Freiheit, 119.

Freiheit endgültig eine Grenze setzen kann[.]«[44] Das liege in ihrer Struktur selbst und sei somit ein »formaler Charakter des transzendentalen Entschlusses selbst. [...] Transzendentale Freiheit realisiert sich darum in der Bejahung anderer Freiheit und im Vorgriff auf unbedingte Freiheit.«[45] Krings hält fest, dass der Begriff der »unbedingten Freiheit« weder ein Objekt noch ein Wesen bezeichne, also nichts Substanzielles: »Durch ihn ist vielmehr die Idee der Einheit von unbedingter Form des Sich-öffnens und unvermittelter Fülle der Inhaltlichkeit bezeichnet.«[46] Das ist auch für Pröpper unstrittig. Allerdings formuliert er:

> »Erst [die vollkommene Freiheit] würde der endlichen Freiheit als das schlechthin Erfüllende entsprechen. Allein durch sie kann das unbedingte Seinsollen, wie es im Entschluss füreinander intendiert ist, als begründet gedacht werden, so wie umgekehrt die Bejahung allererst durch sie die angemessene Offenheit gewinnen und bewahren kann.«[47]

Pröpper weicht hier in einer Nuance von Krings ab: Er spricht von »*endlicher* Freiheit« und lässt dabei die Deutung »Mensch« – als dem Ort, an dem sich transzendentale Freiheit als endliche konstituiert – durchaus zu. In der Krings'schen Logik entspricht der Gedanke der vollkommenen Freiheit, als formal und material unbedingter, aber dem erfüllenden Gehalt für *transzendentale* Freiheit.[48] Während Pröpper also bereits anthropologische Aussagen trifft und den Menschen als Freiheitswesen begreift, hält Krings in einer rein transzendentallogischen Überlegung fest, dass es strukturell widersinnig erscheint, dass sich transzendentale Freiheit immer nur endlich verwirklichen kann.[49] Daher fordere der Gedanke einer unbedingten *formalen* Freiheit ebenso den Gedanken eines *material* unbedingten Gehalts, der es ermögliche, dass die transzendental unbedingte Freiheit auch als existierende unbedingt sei. Für ihn ist das »ein Bezug quo maius cogitari non potest.«[50] So könne sich endliche Freiheit nie unbedingt realisieren, da sie immer schon bedingt sei und als endliche ihren Gehalt immer nur vorläufig als ihre Erfüllung realisieren könne.

Was von Krings mit dem Begriff der vollkommenen Freiheit belegt wird, ist nicht die Erfüllung der endlichen Freiheit, sondern die notwendige Bedingung, dass die transzendentale Struktur, die an endlicher Freiheit aufgewiesen

---

[44] Krings: Freiheit, 175.
[45] Krings: Freiheit, 175.
[46] Krings: Freiheit, 175.
[47] Krings: Freiheit, 190.
[48] Vgl.: Krings: Freiheit, 178.
[49] Hier zeigt sich die etwas verkürzte Rezeption der Krings'schen Gedanken durch Pröpper. Letzterer rezipiert vor allem den Freiheitsbegriff als anthropologische Grundkonstante, was ihm den Blick verstellt, dass dieser Begriff immer nur mit dem Systembegriff zu haben ist, den Krings allerdings auch eher am Rande behandelt. Eine Ausnahme stellt dar: Hermann Krings: System und Freiheit. In: Ders.: Gesammelte Aufsätze, 15–39. Dieser Aufsatz erschien zunächst in: Dieter Henrich (Hg.): Ist systematische Philosophie möglich? Stuttgarter Hegel-Kongress 1975, Bonn 1977, 31–51.
[50] Krings: Freiheit, 177.

wurde, nicht widersinnig erscheint. »Doch diese Notwendigkeit ist nicht ›objektiv‹; erst im Vollzug von Freiheit ›wird‹ diese Notwendigkeit.«[51] Freiheit kann für Krings immer nur vollzogen werden, sie liegt nie nur vor. Ebenso verhält es sich mit dem Wissen und dem Sein, die für ihn nur in Freiheit, d.h. im Vollziehen ihrer selbst, zu sich selbst kommen. Durch diese Notwendigkeit ist jedoch der Gottesbegriff von vornherein mit angelegt: Nur er vermag die Aporie der immer nur endlichen Verwirklichung zu lösen. Krings begnügt sich mit einigen Andeutungen, dass die Idee Gottes als vollkommener Freiheit dem Begriff Gottes entspreche, der sich aus der Bibel gewinnen lasse, wobei er sich vor allem auf neutestamentliche Belege stützt.[52]

Pröpper hingegen führt im Anschluss an den gefundenen Begriff Gottes nochmals die Aporie aus, die er allerdings nicht als Aporie kennzeichnet, sondern – unter der Voraussetzung, dass Gott sich als Liebe mitgeteilt hat – als »antizipatorische Struktur gelingenden Menschseins«.[53] Er möchte »die Bedeutung einer möglichen Selbstoffenbarung Gottes als Liebe für die Realisierung der Freiheit [...] zeigen«[54] und setzt voraus, dass dies noch innerhalb der Analytik der Freiheit möglich sei, »sofern man nur die Zeitlichkeit ihrer Existenz in Betracht zieht[.]«[55] Unbedingte Anerkennung der anderen lebe bereits davon, dass sie schon voraussetze, was Menschen immer nur vorläufig und symbolisch vollziehen könnten. Mit symbolisch bezeichnet Pröpper eine Wirklichkeit, in der »›zusammenfällt‹, was dennoch differenziert bleiben muss: die formale Freiheit und ihre reale Gestalt. [...] Genauso wesentlich aber gilt, dass Anerkennung, eben weil das Unbedingte nur bedingt real werden kann, stets *nur* symbolisch geschieht[.] Daher die Vorläu-

---

[51] Krings: Freiheit, 178.
[52] Dabei bezeichnet er das Neue Testament als einen »für das Bewusstsein der Menschheit [...] entscheidenden Reflexionsschritt, als es das Gesetz im Sinn von Vorschriften des Rechttuns überholt und auf den Grund der Möglichkeit von Rechttun verweist: das ursprüngliche Sichöffnen des Menschen für den Mitmenschen im Hinblick auf den Ent-schluss Gottes für den Menschen. [...] Das Neue Testament fordert allerdings eine ›unglaubliche‹ Grundbedingung: nämlich dass der Mensch sich vorab auf die Vollkommenheit Gottes beziehe: ›Seid vollkommen, wie euer Vater im Himmel vollkommen ist.‹« (Krings: Freiheit, 180) Die Opposition von Gesetz und Freiheit, die hier eröffnet wird, übersieht freilich, dass der Bezug auf Vollkommenheit bereits in der hebräischen Bibel an prominenter Stelle (Lev 19,2) die inhaltliche Mitte und Pointe des Heiligkeitsgesetzes im Buch Levitikus (17–26) kennzeichnet. Dieser wohl nachexilisch entstandene Text wusste bereits, dass sich das »Rechttun« nicht im Tun von Vorschriften erschöpft. Vgl. zum Heiligkeitsgesetz auch: Erich Zenger u.a.: Einleitung in das Alte Testament, Stuttgart – Berlin – Köln ²1996, 103–105.
[53] Pröpper: Erlösungsglaube, 191.
[54] Pröpper: Erlösungsglaube, 191.
[55] Pröpper: Erlösungsglaube, 191f. Es erstaunt, dass hier die Zeitlichkeit in die Analyse eingetragen werden soll, die bisher so sorgsam aus ihr ferngehalten wurde bzw. dem bedingten und materialen Teil menschlicher Freiheit zugewiesen wurde. Es wird sich bei den Überlegungen im Anschluss an Emmanuel Levinas zeigen, dass der Zeitlichkeit in der Subjektwerdung ein wesentlich größeres Gewicht eingeräumt werden müsste, als dies hier der Fall ist.

figkeit aller Symbole: sie versprechen noch, was sie schon realisieren.«[56] Das zeige sich auch daran, dass man dem anderen »eine Zukunft [wünscht], die [man] selbst nicht verbürgen und herbeiführen kann.«[57] Mit Gabriel Marcel (»›Einen Menschen lieben‹ sagt eine Gestalt meiner Stücke, ›heißt: du aber wirst nicht sterben.‹«)[58] hält Pröpper fest, dass sich »ernsthafte Liebe im Widerspruch zum Tod schon befindet.«[59] Da sie jedoch immer in der Gefahr lebe, an der Realität zu scheitern und zu zerbrechen, und da sie »einmal in Frage gestellt, [...] durch Reflexion nicht mehr begründbar [ist]«,[60] könne sich niemand die Liebe selbst geben.

> »[Daher] bedarf menschliche Freiheit der zuvorkommenden Ermutigung durch andere Freiheit und endlich, da sich die wesentliche Aporie stets von neuem auftut, der Ermutigung durch eine Begegnung, die den Grund ihrer intendierten Hoffnung selbst nahe bringt und verbürgt. [...] Aber wiederum: nicht die Tatsache der Selbstoffenbarung Gottes ist damit bewiesen, wohl aber ihre Bedeutung für eine Möglichkeit, Mensch zu sein, dargelegt, die – wenn sie gelingt oder doch versucht und offen gehalten wird – für sich selbst spricht und als ›wahr‹, als ›menschlich‹ einleuchten kann. Mit einer Dialektik der sich realisierenden Freiheit, die den Sinn des ihr schlechthin Unverfügbaren anzeigt, erreicht die Analyse der Freiheit, die bei ihrer antinomischen Konstitution ansetzt, ihr Ende. Dabei weiß sie, dass sie die eigene historische Möglichkeit eben dem Geschehen verdankt, dessen Bedeutung sie transzendentallogisch erschließt.« (193f.)[61]

Kann es jene Begegnung geben, »die den Grund der intendierten Hoffnung selbst nahe bringt und verbürgt«? Ist nach Pröpper nicht jede zwischenmenschliche Begegnung endlich und nur symbolisch zu realisieren, d.h. auch die Begegnung mit dem Mensch gewordenen Sohn Gottes? Wurde nicht auch die Liebe Gottes am Kreuz symbolisch, endlich, vorläufig offenbar, weil es ihr entsprechend der philosophischen Voraussetzungen, in denen sie verstanden werden soll, nur so möglich war, offenbar zu werden? Und hieße nicht,

---

[56] Pröpper: Erlösungsglaube, 188.
[57] Pröpper: Erlösungsglaube, 192.
[58] Gabriel Marcel: Das ontologische Geheimnis. Drei Essais, Stuttgart 1961, 79. Pröpper lässt den Einschub beim Zitieren weg, der jedoch einiges über den Status dieser Aussage bei Marcel verdeutlicht. Zwar ist dieser Satz für Marcel keine »bloße Theaterreplik, sondern eine Behauptung, die wir nicht übersteigen können.« (ebd.) Dennoch legt sich die Frage nahe, weshalb sie dann nicht als Behauptung, sondern als Zitat eingeführt wird. Mag es daran liegen, dass eine solche Behauptung den theoretischen Diskurs sprengt und ihm daher nur noch als Zitat zugänglich ist?
[59] Pröpper: Erlösungsglaube, 192.
[60] Pröpper: Erlösungsglaube, 193.
[61] Pröppers letzter Satz ist zweideutig. Er könnte bedeuten, dass das konkrete Geschehen der Freiheit historisch vorgängig ist vor der Analyse der Freiheit. Sie begründet es nicht, sondern vollzieht es nach. Man kann auch verstehen: Dabei weiß die Freiheit (in ihrem Vollsinn inklusive des Vorgriffs auf vollkommene Freiheit), dass sie ihre historische Möglichkeit eben dem Geschehen (der Begegnung mit vollkommener Freiheit in Jesus Christus) verdankt, dessen Bedeutung sie erschließt. Eine solche Interpretation würde bedeuten, dass es historisch vor Jesus von Nazareth keine echte Freiheitsgeschichte geben konnte.

die Zuwendung Gottes zu den Menschen auf diese eine endliche Form zu reduzieren, ihr prinzipiell nicht gerecht zu werden? Liegt hierin vielleicht eine strukturelle Unmöglichkeit, eine Offenbarung Gottes unter unseren Bedingungen als solche zu verstehen? Setzt sie sich nicht notwendig der Gefahr aus, übersehen, nicht verstanden oder gar missverstanden zu werden?

Weiterhin lässt Pröppers Ansatz eines erstphilosophischen Aufweises im Rahmen einer transzendentallogischen Analytik der Freiheit bereits in sich gewisse Ambivalenzen erkennen, die den Freiheitsbegriff als nicht mehr hintergehbaren Begriff der Vernunft fragwürdig erscheinen lassen. Ich beziehe mich im Folgenden auf Krings' Aufsatz Beitrag *System und Freiheit*,[62] auf den Pröpper, wenn ich richtig sehe, nur einmal im Kontext der symbolischen Anerkennung des anderen rekurriert.[63] Krings unternimmt in diesem für den Stuttgarter Hegel-Kongress 1975 verfassten Beitrag einen Antwortversuch auf die Leitfrage des Kongresses: »Ist systematische Philosophie möglich?«[64] Inhaltlich nimmt er darin den Anspruch einer Letztbegründung zumindest teilweise zurück.[65]

Zunächst unterscheidet er zwischen theoretischen und praktischen Systemen, wobei er unter dem theoretischen System im Anschluss an Kant »die Einheit der mannigfaltigen Erkenntnisse unter einer Idee«[66] versteht, was er als ein »Produkt der Vernunft und insofern eine Manifestation von Freiheit«[67] begreift.

> »Keine Idee zu haben, bedeutet einen Mangel an Freiheit gegenüber der Quantität und Qualität der Erkenntnisse der Einzelwissenschaften. Ein System des Wissens ist nach Kant der Ausdruck vernünftiger Freiheit, sofern sie sich im Bereich des theoretischen Wissens manifestiert.«[68]

Für Krings spielt sich daher der Konflikt von Freiheit und System auf der Ebene der praktischen Systeme ab, unter denen er »die durch freie Vernunftwesen organisierte Wirklichkeit der Natur und der Geschichte«[69] versteht. Die praktischen Systeme wie das Rechtssystem oder das Bildungssystem haben nach Krings, »sofern sie als vernunftgemäß gelten können, den Sinn, reale Freiheit und somit operationalisierbare Freiheiten zu ermöglichen.«[70] Er

---

[62] In: Ders.: Gesammelte Aufsätze, 15–39.
[63] Vgl.: Pröpper: Erlösungsglaube, 189.
[64] Die Aufsätze, auf die sich Pröpper vorrangig bezieht, sind allesamt früher erschienen: Krings: Freiheit. Ein Versuch Gott zu denken 1970; Ders.: Handbuchartikel: Freiheit 1973.
[65] Da Pröpper Freiheit als anthropologische Konstante begreift, scheint ihm der Blick auf die systematischen Ambivalenzen verstellt, so dass er diese Entwicklung in Krings' Denken nicht reflektiert. Die Systemkomponente wird von Pröpper nicht rezipiert.
[66] Immanuel Kant: Kritik der reinen Vernunft. Nach der ersten und zweiten Originalausgabe herausgegeben von Jens Timmermann. Mit einer Bibliographie von Heiner Klemme, Hamburg 1998 (= Kant: Kritik der reinen Vernunft), A832/B860. Zitiert von Krings in System und Freiheit, 18.
[67] Krings: System und Freiheit, 19.
[68] Krings: System und Freiheit, 19.
[69] Krings: System und Freiheit, 21.
[70] Krings: System und Freiheit, 22f.

wendet sich gegen ein Verständnis eines Freiheit ermöglichenden Systems, das sich darin erschöpfe, Freiräume zu bieten. Vielmehr müsse das System selbst der Freiheit angemessen sein, was jedoch nur denkbar sei, »wenn – mit Schelling – Freiheit die *Voraussetzung* des Systems ist.«[71] Freiheit wird also als Bedingung der Möglichkeit des Systems gedacht, obgleich Krings in einem nächsten Schritt festhält:

> »Ebenso wie die Freiheit für das System nicht nur eine akzidentelle Bedeutung hat, hat das System nicht nur eine akzidentelle Bedeutung für Freiheit; denn ohne die Setzung praktischer Ordnungen bliebe die Freiheit formal und leer. *Die erste These lautet darum: Das System ist ein Produkt der Freiheit, und zwar jenes, durch das sie die Bedingung ihrer Existenz setzt.*«[72]

Wie ich vorhin dargestellt habe, wird der transzendentale Begriff der Freiheit von Krings so gedacht, dass er zu seiner Erfüllung, d.h. als seinen Terminus, etwas anderes als sich selbst braucht (im Idealfall eine andere Freiheit), um existent zu sein. Ein transzendentaler Begriff, der als Fundamentum und Terminus dasselbe hat, ist für ihn eine formale Form oder ein leerer Begriff.[73] Daher ist die rein formale Freiheit zu ihrer Verwirklichung auf ein anderes ihrer selbst angewiesen, auf den Terminus, der den materialen Gehalt der Transzendenz darstellt. Lässt man einmal die Problematik beiseite, wie ein rein formales Gebilde, nämlich andere transzendentale Freiheit, zu einem materialen Gehalt werden kann, so muss jede Verwirklichung von transzendentaler Freiheit in praktischer Freiheit ein System setzen, das mindestens aus zwei praktischen Freiheiten besteht. Dieser offensichtliche Widerspruch, dass das Unbedingte in seiner realen Existenz bedingt sein muss, löst sich nach Krings dadurch, dass die Freiheit selbst das System ihrer Verwirklichung setzt. Es sei die Idee der Autonomie: »Der Begriff der Autonomie drückt wörtlich den Widerspruch von unbedingtem Selbst und Gesetz aus, in den sich Freiheit jeweils begeben muss. Er bezeichnet zugleich die Form, in der der Widerspruch bewältigt wird.«[74] Dennoch hält Krings fest, dass die Bedingung, wie sie auch immer gesetzt werde, den Widerspruch des Unbedingten provoziere:

> »Der Begriff des Systems negiert insoweit den Begriff der Freiheit und der Begriff der Freiheit den des Systems. Die Dialektik der ersten These führt somit zu einer *zweiten These: System und Freiheit stehen in einem Widerspruch. Freiheit widersetzt sich den Realisierungsbedingungen, die sie selber gesetzt hat.*«[75]

Krings sieht hier deutlich, dass der transzendentale Ansatz in eine Aporie führt: »Das Unbedingte ist nicht unbedingt real.«[76] Bei näherem Hinsehen verwundert das nicht: Wurde zunächst zwischen einer existierenden und einer

---

[71] Krings: System und Freiheit, 23.
[72] Krings: System und Freiheit, 23. Hervorhebung durch mich, CL.
[73] Vgl. Krings: Transzendentale Logik, 65f.
[74] Krings: System und Freiheit, 25.
[75] Krings: System und Freiheit, 26. Hervorhebung durch mich, CL.
[76] Krings: System und Freiheit, 27.

formalen Freiheit als Bedingung der Möglichkeit der existierenden unterschieden, um an der Idee der Freiheit auszuarbeiten, was die reale Freiheit erst ermöglicht, so wurde für diese Aufgabe alles ausgeschieden, was reale Freiheit verdunkelt oder verundeutlicht, also alle Realität und Geschichtlichkeit. Insofern kann es nach dem Durchgang durch die transzendentale Analyse nicht erstaunen, dass der konstruierte Begriff die Möglichkeit seiner Existenz eben nicht in sich enthält. Ja, es zeigt sich sogar, dass die transzendentale Bedingung von realer Freiheit auf deren Negation angewiesen ist, um reale Freiheit erst setzen zu können. Die transzendentale Bedingung ist daher sowohl die Bedingung für Freiheit wie die Bedingung für das System. Dass man sie nun mit dem Namen transzendentale Freiheit belegt, erscheint nur noch als eine rein sprachliche Konvention. Mit demselben Recht ließe sich von einem transzendentalen System sprechen.[77] Bei Krings wird das Problem nicht derart stark zugespitzt, doch auch er formuliert:

> »Lässt sich vernünftigerweise ein Ansatz denken, der aus dieser Aporie herausführt? Gerade nicht. Die Synthesis bleibt aus. Die Aporie muss vielmehr festgehalten werden; denn würde sie beseitigt, wäre die Bedingung für reale Freiheit nicht mehr gegeben, es bliebe nur der leere Begriff einer transzendentalen Freiheit. Die Aporie ist gewissermaßen der Garant der Realität von Freiheit, die Bedingung ihrer Wirklichkeit.«[78]

Inwieweit dieses Urteil auch seine oben dargestellte Fassung des Gottesbegriffs betrifft, erklärt Krings nicht. Man müsste allerdings in Bezug darauf fragen, ob Gott als vollkommene Freiheit nicht gleichzeitig das vollkommene System begründet. Daraus ergeben sich diverse Probleme: die Einheit bzw. die Differenz zwischen Schöpfer und Schöpfung, die menschliche Willensfreiheit und die göttliche Allmacht bzw. Allwissenheit, die Freiheit der Schöpfung und das unbedingte Festhalten daran, dass sich Gott am Ende durchsetzen wird – komme, was da wolle.[79] Nimmt man den Begriff der transzendentalen Freiheit als Konstruktionszentrum für Krings' Philosophie und begreift das System nur als Konsequenz, die von transzendentaler Freiheit gesetzt werden muss, um als Freiheit auch real zu sein, entschärft man meines Erachtens die Aporie, die es doch auch nach Krings auszuhalten gilt:

> »Der Widerspruch, in den sich die Freiheit *begeben* muss, um existent sein zu können, ist praktisch nicht vermeidbar, nur indirekt aufklärbar und nicht auflösbar. Das heißt, es kann nicht angegeben werden, wie der Widerspruch eliminiert und zugleich Freiheit real werden kann. Vermeidbar aber ist die Uneinsichtigkeit. Es ist einsehbar, dass der Widerspruch zugelassen werden muss, wenn Freiheit real sein soll. Diese Einsicht legitimiert es indirekt, die Aporie als eine conditio humana anzunehmen.«[80]

---

[77] Diese Figur wird bei Derrida unter dem Titel der Bedingung der Unmöglichkeit wiederkehren. Vgl. dazu auch Kapitel III.3, Seite 203.
[78] Krings: System und Freiheit, 28.
[79] Aus biblischer Perspektive gehe ich solchen Fragen im fünften Teil meiner Arbeit nach.
[80] Krings: System und Freiheit, 32.

Es stellt sich die Frage, warum dieser Widerspruch nur auf der Ebene der praktischen Systeme auftreten soll, kennzeichnet doch Krings selbst Wissen, Sein und Freiheit als ursprüngliche Einheit. Somit müsste noch radikaler gefragt werden, ob nicht schon das theoretische System den Drang der Vernunft nach freier Selbstentfaltung begrenzt und zwar notwendig begrenzt, weil die autonome Vernunft immer schon ordnend oder geordnet denkt.[81]

Die Ambivalenz von System und Freiheit zeigt sich ebenfalls in Krings' Beitrag *Der Preis der Freiheit*. Dort kennzeichnet er die Treue, die meines Erachtens in die Nähe des Systems als einem geordneten Ganzen, auf das man sich verlassen kann, gerückt werden müsste, als den Preis der Freiheit:

> »Wer frei sein will, muss treu sein. Der Freie steht zu der von ihm autonom gesetzten Verbindlichkeit, und in eben dieser Standhaftigkeit bewährt sich die Freiheit. Damit ist das Wort vom Preis der Freiheit umkehrbar: Der Preis, den der Treue gewinnt, ist die Freiheit.«[82]

Vor diesem Hintergrund stellt sich allerdings die Frage, ob Pröppers These, mit dem Denken der Freiheit auch die Freiheit Gottes zu wahren, d.h. die Unableitbarkeit seines Verhaltens zu seiner Schöpfung, zu halten ist. Wenn wir Gott als vollkommene Freiheit begreifen, so müssten wir genauso daran festhalten, dass er sich treu bleibt. Pröpper holt das mit seiner Formulierung ein, dass Gott sich an endliche Freiheit gebunden hat. Erneut möchte ich fragen: Dürfen wir diese Bindung als so absolut betrachten, dass die Welt nötigenfalls zu Grunde geht? Oder muss man Gott nicht ein Handeln zugestehen, dass über seine Treue und seine Selbstbindung nochmals hinausgeht? Solches Handeln freilich wäre keines, das in den Kategorien der menschlichen Autonomie oder Freiheit zu begreifen wäre, da es diese Kategorien von Grund auf umstürzen würde. Ohne Zweifel bietet das Freiheitsdenken die Möglichkeit für die Theologie, an neuzeitlichen Denkvorgaben anzuknüpfen. Es zwingt sie jedoch gleichzeitig auch in deren Gefahren und Aporien und damit in die Auseinandersetzung mit dem Denken, das Pröpper mit dem Etikett »Postmoderne« belegt.

Aus systematischer Perspektive bleibt unklar, wie eine Letztbegründung im Subjekt zu leisten ist, wenn der Begriff der transzendentalen Freiheit eine Affirmation von anderem einschließt, das gerade nicht dasselbe sein soll. So bleibt er angewiesen auf ein ihm heterogenes, was bei Pröpper so gut wie gar nicht und bei Krings nur im Rahmen seiner Überlegungen zum System reflektiert wird. Doch selbst dort wird eher die Frage der Strukturiertheit und Ordnung behandelt als das Problem der Alterität. Das scheint mir nicht verwunderlich, da Freiheit, Wissen und Sein von Krings ja im transzendentalen

---

[81] Ist die Unterscheidung zwischen theoretischen und praktischen Systemen ein Versuch, die Katastrophen des 20. Jahrhunderts und die totalitären politischen Systeme aus der Theorie der Vernunft fernzuhalten und damit die Moderne gegen ihre Kritiker zu immunisieren?

[82] Hermann Krings: Der Preis der Freiheit. Zum Verhältnis von Idee und Wirklichkeit der Freiheit im 20. Jahrhundert. In: Ders.: Gesammelte Aufsätze, 209–230, 229f.

Akt identifiziert werden. Für den anderen, der sich der Erkenntnisbeziehung widersetzt, ist dort kein Raum. Dem allerdings wird bei Pröpper Rechnung getragen, insofern er davon spricht, dass Anerkennung immer nur symbolisch, d.h. vorläufig und zeichenhaft, möglich sei. Der Symbolcharakter wird jedoch an entscheidender Stelle durchbrochen: Gottes Handeln in der Welt wird nicht als symbolisch betrachtet. Es wird vielmehr als Ermöglichung für alle andere symbolische Anerkennung begriffen.[83] Hier erscheint Pröppers eigenes System nicht kohärent.

Die Problematik von Vorläufigkeit und Endgültigkeit, die Pröpper überhaupt erst zu einem erstphilosophischen Begriff nötigt, scheint mir unabgeschlossen zu sein. Die Rede von der Endgültigkeit wirft vor allem in christlich-jüdischer[84] Perspektive zwangsläufig die Frage auf, ob denn, wie z. B. Klaus Müller behauptet, das Judentum in der Tat zu jenen »mit Irrtümern durchsetzten Vorspielen des Eigentlichen«[85] gehört? Pröpper bricht für diese Frage sein System auf. Er schreibt einen Brief – keinen theoretischen Aufsatz – und wendet sich an Tiemo Rainer Peters. Zu dessen Thesen einer Christologie nach Auschwitz[86] fragt er: »Aber impliziert nicht – so der zu erwartende Einwand – auch schon die beanspruchte ›Ursprünglichkeit‹ dieses Geschehens (und erst recht die Behauptung seiner Endgültigkeit) wenn nicht eine Entgegensetzung zum jüdischen Glauben, so doch den Aspekt der Überbietung?«[87] Pröpper lehnt alle übertrumpfenden Einstellungen ab und bekennt das grundlegende Problem seines eigenen Ansatzes. Explizit wird das nur in diesem Text in Briefform. Die übrigen Veröffentlichungen sind gegen diesen Einspruch merkwürdig immun. Ich meine dabei nicht Pröppers Einsicht, dass mit der Offenbarung in Jesus Christus die Verheißungen der hebräischen Bibel, in deren Tradition sich ja Juden und Christen sehen, noch nicht abgegolten sind. Auch wenn Pröpper von den »berechtigten jüdischen Einsprüchen«[88] redet und dabei übersieht, dass diese Einsprüche eigentlich auch aus der Mitte des Christentums kommen müssten, so es seine Herkunft nicht völlig vergessen hat, so stellt er sich dem Problem, dass mit dem Anspruch

---

[83] Vgl. Pröpper: Erlösungssglaube, 193f.
[84] Man ist gewohnt, vom »jüdisch-christlichen« Gespräch zu reden. Dazu merkt Rolf Rendtorff an: »Ich kann gut verstehen, dass man den Juden als den ›älteren Brüdern‹ den Vortritt lassen möchte. Aber dieses Gespräch ist von den Christen begonnen worden und muss von ihnen geführt werden. Und wir müssen immer wieder dankbar sein, wenn sich Juden darauf einlassen, obwohl es für sie eigentlich keine Nötigung dazu gibt.« (Rolf Rendtorff: Ist Christologie ein Thema zwischen Christen und Juden? In: Ekkehard W. Stegemann, Marcel Marcus (Hg.): »Das Leben leise wieder lernen«. Jüdisches und christliches Selbstverständnis nach der Schoah. Festschrift für Albert H. Friedlander zum siebzigsten Geburtstag, Stuttgart – Berlin – Köln 1997, 165–177, 177, Anm. 1.)
[85] Müller: Wieviel Vernunft braucht der Glaube?, 96, FN 46.
[86] Vgl.: Tiemo Rainer Peters: Thesen zu einer Christologie nach Auschwitz. In: Jürgen Manemann, Johann Baptist Metz (Hg.): Christologie nach Auschwitz. Stellungnahmen im Anschluss an Thesen von Tiemo Rainer Peters, Münster 1998, 2–5.
[87] Thomas Pröpper: Wegmarken zu einer Christologie nach Auschwitz. In: Ders.: Evangelium und freie Vernunft, 276–287 (= Pröpper: Wegmarken), 279.
[88] Vgl. z.B. Pröpper: Wegmarken, 281.

auf Endgültigkeit Gottes Verhältnis zum Judentum als vorläufig bewertet wird, nur hier. Er lehnt dabei im Anschluss an Peters einen »theologischen ›Besitzverzicht‹«[89] eindeutig ab und verortet den Versuch, den »(womöglich wesentlichen) antijudaistischen Charakter christlicher Theologie«[90] zu vermeiden, in einer christlichen Theologie des Judentums.

»Ich denke, dass ein solcher Versuch auf die Frage hinauslaufen könnte, ob und wie die häufig von jüdischer Seite formulierte Sicht des Christentums als Öffnung des Väter- und Sinaibundes für die Völkerwelt aus christlicher Perspektive reformuliert und so angeeignet werden kann.«[91]

Es stellt sich angesichts der Rede vom »theologischen Besitzverzicht« die Frage, wer hier etwas besitzt und was in dieser Beziehung verzichten heißt. Welchen Besitz glaubt die Theologie wahren zu müssen, wenn sie auf die Rede von der Endgültigkeit der Offenbarung in Jesus Christus nicht verzichten zu können glaubt? Wenn man mit Pröpper annimmt, dass sich in zwi-

---

[89] Vgl. z.B. Pröpper: Wegmarken, 282.
[90] Vgl. z.B. Pröpper: Wegmarken, 281.
[91] Vgl. z.B. Pröpper: Wegmarken, 282f. – Diesen Vorschlag halte ich für sehr bedenkenswert. Leider wird er im Rahmen der katholischen systematischen Theologie eher selten rezipiert. Zu ersten Ansätzen vgl. z.B.: Stephan Vasel: Philosophisch verantwortete Christologie und christlich-jüdischer Dialog. Schritte zu einer doppelt apologetischen Christologie in Auseinandersetzung mit den Entwürfen von H.-J. Kraus, F.-W. Marquardt, P. M. van Buren, P. Tillich, W. Pannenberg und W. Härle , Gütersloh 2001. Es ist bemerkenswert, dass sich in vielen Lehrbüchern dazu nichts findet. Exemplarisch seien genannt: Theodor Schneider (Hg.): Handbuch der Dogmatik, Düsseldorf 1992; Wolfgang Beinert (Hg.): Glaubenszugänge. Lehrbuch der Katholischen Dogmatik, Paderborn – München – Wien – Zürich 1995; Gerhard Ludwig Müller: Katholische Dogmatik. Für Studium und Praxis der Theologie, Freiburg – Basel – Wien 1995 (= Müller: Katholische Dogmatik). – Zwar gibt es diverse Einzelveröffentlichungen, so haben sich zum Beispiel Josef Wohlmuth und Thomas Freyer mehrmals zu dieser Thematik geäußert. Vgl.: Josef Wohlmuth: Im Geheimnis einander nahe. Theologische Aufsätze zum Verhältnis von Judentum und Christentum, Paderborn – München – Wien – Zürich 1996 (= Wohlmuth: Im Geheimnis einander nahe); ders.: Hat der jüdisch-christliche Dialog eine hinreichende theologische Basis? Im Gespräch mit Jean-François Lyotard. In: Günter Rieße, Heino Sonnemans, Burkhard Theß (Hg.): Wege der Theologie an der Schwelle zum dritten Jahrtausend. Festschrift für Hans Waldenfels zur Vollendung des 65. Lebensjahres, Paderborn 1996, 513–542; ders.: Die Tora spricht die Sprache der Menschen, Paderborn – München – Wien – Zürich 2002; Thomas Freyer: »Israel« als Locus theologicus? Plädoyer für eine erkenntnistheologische Öffnung und Radikalisierung christlicher Theologie. In: ThQ 179 (1999), 73–74; ders.: Vom christlich-jüdischen Gespräch zum Dialog? Theologische Notizen zur Semantik eines Leitbegriffs. In: ThQ 180 (2000), 127–146. – Freyer setzt sich in diesem Beitrag mit Metz' Diktum auseinander: »Opfern bietet man keinen Dialog an«. (Johann Baptist Metz: Christen und Juden nach Auschwitz. In: Jenseits bürgerlicher Religion. Reden über die Zukunft des Christentums, München – Mainz 1980, 29–50, 33. – Immer noch wegweisend erscheint mir hier aber die Christologie in Verbindung mit der Eschatologie von Friedrich-Wilhelm Marquardt. Vgl.: Friedrich-Wilhelm Marquardt: Das christliche Bekenntnis zu Jesus, dem Juden. Eine Christologie, München – Gütersloh, Band 1 1990, Band 2 1991; Ders.: Was dürfen wir hoffen, wenn wir hoffen dürften? Eine Eschatologie, Gütersloh, Band 1 1993, Band 2 1994, Band 3 1996; Ders.: Eia, wärn wir da – eine theologische Utopie, Gütersloh 1997.

schenmenschlichem Geschehen Freiheit und Liebe nie vollkommen, sondern immer nur vorläufig und symbolisch zeigen, auch wenn sie dabei Endgültiges verheißen und erhoffen, dann muss man wohl davon ausgehen, dass – in Pröpper'scher Terminologie ausgedrückt – auch Gottes Liebe in Jesus Christus nur vorläufig und symbolisch wahrgenommen werden konnte und kann.[92] Da Pröpper die Überzeugung teilt, dass die Verheißungen des Judentums durch Jesus Christus nicht aufgehoben sind, greift er zu einer gewissen Rabulistik, die versucht, zwischen den Begriffen der Endgültigkeit und der Vollendung zu unterscheiden:

> »Es wäre tatsächlich Verrat an den gültigen Verheißungen des jüdischen Glaubens, sich in Enklaven des Heils einrichten zu wollen, solange unsere reale Welt unerlöst ist und die Erwartung Israels, seine Hoffnung auf universale Gerechtigkeit und eschatologischen Frieden, noch unerfüllt und strittig. Es gibt keine Enklaven des Heils und darf sie nicht geben, es gibt nur Zeichen des Heils – die letztlich angemessene, weil alle Wirklichkeit umfassende und erneuernde, auch das Verlorene noch rettende Manifestation der Liebe Gottes jedoch steht weiterhin aus.«[93]

Laut Duden bedeutet Manifestation »Offenbarwerden« und leitet sich vom lateinischen *manifestus* her, das sich mit »handgreiflich, offenbar, deutlich« wiedergeben lässt.[94] Was also ist der Unterschied zwischen der »endgültigen

---

[92] Für eine eschatologische Relativierung des Begriffes »endgültig« spricht sich, wenn ich richtig sehe, auch Jürgen Werbick aus. Mit dieser Formulierung darf nach ihm »nicht ausgeschlossen sein, dass Gott sich in seiner Zuwendung zu den Menschen noch weiter ›selbst übertrifft‹, bis seine Liebe im Eschaton zum Ziel kommt. [...] Auch hier gilt also, dass christliche Selbstprofilierung dem schöpferischen Reichtum der Liebe Gottes keine Grenzen ziehen darf.« (Jürgen Werbick: Erwählung und Verantwortung. Was die Fundamentaltheologie aus dem jüdisch-christlichen Gespräch für ihre Methodenreflexion lernen kann. In: Peter Hünermann, Thomas Söding (Hg.): Methodische Erneuerung der Theologie. Konsequenzen der wiederentdeckten jüdisch-christlichen Gemeinsamkeiten. QD 200, Freiburg 2003, 116–141, 136f.) Auch Martha Zechmeister benennt Vorbehalte gegenüber einer ungeschützten Rede von der Endgültigkeit der Offenbarung angesichts des jüdischen Einspruchs, dem sie eine theologische Dignität zuerkennt. In Anlehnung an eine Formulierung von Johann Baptist Metz stellt sie die These auf: »Endgültigkeit ist nur im Horizont befristeter Zeit artikulierbar.« (Martha Zechmeister: Der jüdische Stachel der Christologie. Bemerkungen zur Endgültigkeit der Offenbarung in Jesus Christus. In: Peter Fonk, Karl Schlemmer, Ludger Schwienhorst-Schöberger (Hg.): Zum Aufbruch ermutigt. Kirche und Theologie in einer sich wandelnden Zeit. Für Franz Xaver Eder, Freiburg – Basel – Wien 2000, 169–177, 176.)

[93] Thomas Pröpper, »Dass nichts uns scheiden kann«, 41. – Es wäre, nebenbei bemerkt, wenn auch keineswegs nebensächlich, auch ein Verrat an den gültigen Verheißungen des christlichen Glaubens! Mit dem Begriff der »Enklaven des Heils« spielt Pröpper auf einen Satz Shalom Ben-Chorins an: »Der Jude weiß zutiefst um die Unerlöstheit der Welt, und er erkennt und anerkennt inmitten dieser Unerlöstheit keine Enklaven der Erlösung. Die Konzeption der erlösten Seele inmitten einer unerlösten Welt ist ihm wesensfremd, urfremd, vom Urgrund seiner Existenz her unzugänglich.« (Schalom Ben-Chorin: Die Antwort des Jona. Zum Gestaltwandel Israels: ein geschichts-theologischer Versuch, Hamburg 1956, 99.)

[94] Vgl.: Duden. Rechtschreibung der deutschen Sprache. 21., völlig neu bearbeitete und erweiterte Auflage. Herausgegeben von der Dudenredaktion. Auf der Grundlage der neuen amtlichen Rechtschreibregeln. Duden Band 1, Mannheim – Leipzig – Wien – Zürich 1996, 475.

Offenbarung« und der »letztlich angemessenen, rettenden Manifestation«? Ebenso scheint die inhaltliche Differenzierung zwischen »endgültig« und »letztlich angemessen« nicht eindeutig. Muss man hier unterstellen, dass die vermeintlich endgültige Offenbarung letztlich keine angemessene Manifestation war, dass sie das Verlorene nicht retten konnte? Ist eine »endgültige« Offenbarung in einer Geschichte, in der die Katastrophen nicht aufgehört haben, in transzendentalen Begriffen, in Bedingungen der Möglichkeit denkbar? Oder ist Endgültigkeit nicht eine Unmöglichkeit? Ist Pröppers eigene Formel, nach der die endgültige Offenbarung letztlich keine angemessene Manifestation ist, vielleicht ein Ausdruck dieser Unmöglichkeit?[95]

2. Hansjürgen Verweyen: Das Bild-Werden des Cogito

Hansjürgen Verweyen zeigt sich mit Thomas Pröpper und Klaus Müller einig in der Frage der Notwendigkeit und Möglichkeit einer philosophischen Letztbegründung über den Weg einer Subjektreflexion.[1] Auch er kennzeichnet die christliche Offenbarung als letztgültig, wobei er es bei dieser Kennzeichnung belässt, ohne dies näher zu erklären oder zu begründen.[2] Dennoch sind sich die drei Autoren uneins über den zu beschreitenden Weg. Verweyen fasst seine wesentlichen Anfragen an Pröpper in seinem fundamentaltheologischen Grundriss *Gottes letztes Wort* zusammen.[3] Bezüglich des Begriffs des unbedingten Sollens, der auch bei Verweyen eine wichtige Rolle spielt, fragt er an,

---

[95] Eng mit der Frage der Endgültigkeit wird immer wieder die Frage der Einzigkeit Jesu verbunden. Dazu hat Josef Wohlmuth einen bedenkenswerten Einwurf gemacht: Man darf die Einzigkeit Jesu nicht gegen die Einzigkeit irgend eines anderen Menschen ausspielen. (Vgl.: Josef Wohlmuth: Jüdischer Messianismus und Christologie. In: Ders.: Die Tora spricht die Sprache der Menschen. Theologische Aufsätze und Meditationen zur Beziehung von Judentum und Christentum, Paderborn – München – Wien – Zürich 2002, 160–185, 184.)

[1] Vgl. z.B.: Hansjürgen Verweyen: Botschaft eines Toten? Den Glauben rational verantworten, Regensburg 1997 (= Verweyen: Botschaft), 106.

[2] Vgl.: Verweyen: Gottes letztes Wort, 56.

[3] Hansjürgen Verweyen: Gottes letztes Wort. Grundriß der Fundamentaltheologie. Dritte, vollständig überarbeitete Auflage, Regensburg 2000 (= Verweyen: Gottes letztes Wort). Zur Diskussion der beiden sind vor allem folgende Beiträge heranzuziehen: Thomas Pröpper: Erstphilosophischer Begriff oder Aufweis letztgültigen Sinnes? Anfragen an Hansjürgen Verweyens »Grundriß der Fundamentaltheologie«. In: ThQ 174 (1994), 272–287; Hansjürgen Verweyen: Glaubensverantwortung heute. Zu den »Anfragen« von Thomas Pröpper. In: ThQ 174 (1994), 288–303 (= Verweyen: Glaubensverantwortung); Thomas Pröpper: Sollensevidenz, Sinnvollzug und Offenbarung. Im Gespräch mit Hansjürgen Verweyen. In: Gerhard Larcher, Klaus Müller, Thomas Pröpper (Hg.): Hoffnung, die Gründe nennt. Zu Hansjürgen Verweyens Projekt einer erstphilosophischen Glaubensverantwortung, Regensburg 1996 (= Larcher: Hoffnung), 27–48. Dieser Band enthält auch weitere wichtige Diskussionsbeiträge zum Verweyen'schen Ansatz. Zur näheren Auseinandersetzung zwischen Pröpper und Verweyen vgl. auch die bereits zitierte Studie von Paul Platzbecker: Radikale Autonomie vor Gott denken. Dort finden sich auch eine genauere Nachzeichnung des Ansatzes von Hansjürgen Verweyen (32–88) sowie weitere Literaturangaben.

woher die formal unbedingte Freiheit wisse, »dass sie selbst *nur formal* unbedingte, insofern also eine *bedingt* unbedingte Freiheit ist, wenn sich in das Ich nicht immer schon die Spur eines *nicht nur formal* Unbedingten eingegraben hat?«[4] Er vermutet eine Unterbestimmung des Ausgangspunktes bei Pröpper, die nur durch eine radikale Subjektreflexion aufgeklärt werden könne. Zudem vermag er nicht nachzuvollziehen, wie man »von einer formal unbedingten Freiheit [...] überhaupt zu einem Begriff von *Sollen* [gelangt].«[5] Dieser impliziere eine Differenz, die zunächst in der Vernunft selbst ausgewiesen werden müsse, wenn sie nicht heteronom an sie herangetragen werden solle. Von daher ist ihm auch nicht klar, weshalb die Selbstverpflichtung unbedingter Freiheit auf andere Freiheit ihr mehr entsprechen solle, »als die Wahl, auf nichts anderes als ihre eigene unbedingte Unbestimmtheit zu achten und dann mit begegnender Freiheit ebenso spielerisch umzugehen wie mit allem anderen[.]«[6]

Diese beiden Anfragen zeugen meines Erachtens von einem grundlegenden Missverständnis[7] von Ausgangspunkt und Begrifflichkeit der Pröpper'schen Analysen, an dem jener aber nicht ganz unschuldig ist, da bei ihm der Begriff »Freiheit« fast durchweg synonym für Subjekt verwendet wird, was mit den Krings'schen Überlegungen nur bedingt im Einklang steht. So fragt Verweyen, woher die formal unbedingte Freiheit *wissen* könne, dass sie selbst nur formal unbedingt sei. Tatsächlich kann aber die formal unbedingte Freiheit gar nichts wissen, weil sie eine reine transzendentale Struktur ist. Wissen könnte höchstens der Mensch, der sich als praktische Freiheit, d.h. in der Spannung zwischen formaler Unbedingtheit und materialer Bedingtheit, vollzieht und begreift. Für Krings sind Freiheit und Wissen gleich ursprünglich, daher kann die Grundbegebenheit der Freiheit nicht unabhängig von ihrem Vollzug gewusst werden.[8] Auch bei Verweyens zweitem Einwand scheint mir

---

[4] Verweyen: Gottes letztes Wort, 161.
[5] Verweyen: Gottes letztes Wort, 161.
[6] Verweyen: Gottes letztes Wort, 161.
[7] Es verwundert, wie häufig Verweyen in der Debatte mit Pröpper bzw. Müller von Missverständnissen spricht. Er weist die Kritik beider an seinem ersten Entwurf von *Gottes letztem Wort* weitgehend als Missverständnisse ab und führt sie selbstkritisch auf eine ungenügende Darstellung seiner Intentionen zurück. Vgl. z.B.: Verweyen: Botschaft, 110; Verweyen: Glaubensverantwortung, 290. Dagegen Pröpper: »Ob es nun wirklich [...] nur ein ›Missverständnis‹ war, [...] will ich gerne auf sich beruhen lassen[.]« (Pröpper: Sollensevidenz, 32.)
[8] Hier zeigt sich meines Erachtens, dass Krings die Überlegungen des frühen Heidegger von *Sein und Zeit* zumindest partiell teilt, auch wenn er die veränderte Stoßrichtung der transzendentalphilosophischen Bestimmung der Freiheit und des Seins nicht mitvollzieht. (Vgl. Krings: Transzendentale Logik, 176–183.) Verweyen hingegen beruft sich auf Descartes und rezipiert Heideggers Gedanken für seinen Ansatz ausdrücklich nicht, da dieser in den Bereich einer Hermeneutik nach dem »linguistic turn« falle, die nach Verweyens Überzeugung einer Ersten Philosophie zur Absicherung ihrer Kriterien bedürfe. (Vgl. Verweyen: Gottes letztes Wort, 58–61.) Heidegger aber hatte sich – gegen Husserl und Descartes – gegen die Möglichkeit einer Subjektreflexion ausgesprochen, die das Subjekt als einen Punkt absoluten Seins oder als eine Sphäre der Innerlichkeit begreift. (Vgl. z.B.: Martin Heidegger: Die Grundprobleme der Phänomenologie. GA

ein Nicht-nachvollziehen-können der Krings'schen Überlegungen zu Grunde zu liegen. Der Terminus für die formal unbedingte Freiheit kann nicht sie selbst sein, da sich so nach Krings ein leerer Begriff ergibt, der keinerlei Gehalt hätte. Sie würde sich somit selbst negieren. Daher kommt als ihr entsprechendes nur eine *andere* Freiheit in Frage. Woher diese *andere* Freiheit kommen soll, bleibt freilich ungeklärt.⁹

In einem dritten Einwand geht Verweyen auf die Pröpper'schen Überlegungen ein, dass die unbedingte Anerkennung des anderen immer nur bedingt und symbolisch zu realisieren sei. Dadurch ergebe sich eine Forderung absoluten Sollens, der unmöglich nachzukommen sei, was dem Begriff des Sollens widerspreche:

»Der Versuch, diesem unbedingten Sollen nachzukommen, verläuft sich in der von Hegel monierten ›schlechten Unendlichkeit‹ eines ›perennierenden Strebens‹. Ich sehe keinen legitimen Grund, von hierher Gott – gleichsam als ›Lückenbüßer‹ – zu postulieren. Warum soll ich die wirkliche Erfüllung meines Sollens dann nicht von vornherein Gott überlassen, wenn ich ihm den entscheidenden ›Teil‹, den Schritt von bedingter zu unbedingter Realisierung, ohnehin überlassen muss.[sic!]«¹⁰

Verweyen moniert hier eine unzureichende Autonomie der Vernunft, die letztlich doch auf ein Ereignis von außen angewiesen sei.¹¹ Es bleibt zu prü-

---

24, Frankfurt am Main ²1989, 89–90; 175; 224–228; 241f.; ders.: Einführung in die phänomenologische Forschung. GA 17, Frankfurt am Main 1994, 266–275; ders.: Prolegomena zur Geschichte des Zeitbegriffs. GA 20, Frankfurt am Main 1979, 140–148.) Wenn Verweyen nun hier an Descartes und Husserl anknüpft und die von Krings im Anschluss an Heidegger angestellten Überlegungen vom Sich-ereignen der Freiheit nicht mitvollzieht, so ist der Unterschied zwischen ihm und Pröpper doch größer, als es zunächst den Anschein hat. Paul Platzbecker vertritt in diesem Punkt eine gegenläufige These: »Dass einige Divergenzen zwischen den beiden Ansätzen nur vermeintliche sind, sie sich also noch sehr viel weiter miteinander vermitteln lassen, sehen beide Autoren (noch) nicht in aller Deutlichkeit.« (Platzbecker: Radikale Autonomie vor Gott denken, 238.)

⁹ Vgl. auch meine systematischen Bedenken bei Pröpper auf Seite 65.
¹⁰ Verweyen: Gottes letztes Wort, 162.
¹¹ Das ist auch der Hauptkritikpunkt gegenüber dem späten Rahner, wenn Verweyen den Ausfall der erstphilosophischen Reflexion beklagt und dies als Rückschritt betrachtet. (Vgl.: Verweyen: Gottes letztes Wort, 122–129.) Gegen diese Deutung als Rückschritt ließe sich mit Buchholz formulieren: »Die von Verweyen monierte Inkonsequenz wird man eher dahingehend zu deuten haben, dass Rahner gegenüber der totalisierenden Konsequenz des Idealismus, die sich hier in der Form eines noch die Gnade Gottes einbeziehenden theologischen Systems zeigt, Vorbehalte anmeldete. Es gibt offenbar bei Rahner [...] gewisse systemkritische Züge, die nicht zu schnell auf die Seite ›strategischer‹ Erwägungen geschlagen werden sollten[.]« (Buchholz: Körper, 192.) – Es bleibt jedoch fraglich, ob die systemkritischen Züge bei Rahner die Oberhand behalten. Thomas Freyer diagnostiziert in seiner Studie *Zeit – Kontinuität und Unterbrechung* bei Rahner ein »totalisierende[s] Einheitsdenken« (Thomas Freyer: Zeit – Kontinuität und Unterbrechung. Studien zu Karl Barth, Wolfhart Pannenberg und Karl Rahner. BDS 13, Würzburg 1993 (= Freyer: Zeit), 354). Durch die transzendentale Hermeneutik, die versuche, die transzendentale Erfahrung des Menschen und ihre worthafte Manifestation zu synthetisieren, gerate man in die Gefahr, die Anderheit Gottes nicht ausreichend zu wahren. Zudem führe die »von Rahner intendierte Einheit von Essenz- und Existenz-

fen, inwieweit Verweyens eigener Ansatz den hier gestellten Anspruch einzulösen vermag. Nur am Rande sei darauf hingewiesen, dass gerade auch der späte Fichte, auf dessen Wissenschaftslehre sich Verweyen unter anderem beruft,[12] davon ausging, dass die Freiheit nie in der Lage sei, dem Sollen zu genügen.[13]

Bei der nun folgenden Darstellung halte ich mich an die dritte, vollständig überarbeitete Auflage von *Gottes letztes Wort*, die im Anschluss an jene Diskussionen und »Missverständnisse« veröffentlicht wurde, die Verweyen im Vorwort beklagt. Eine Nachzeichnung von Verweyens Denkweg und eine Kurzfassung des überarbeiteten Ansatzes findet sich in *Botschaft eines Toten*,[14] wo Verweyen ebenfalls die Notwendigkeit und Möglichkeit einer radikalen Subjektreflexion betont. Dort setzt er seine Überlegungen in *Gottes letztes Wort* von der Vorrangigkeit des Staunens ab, die in seiner Dissertation von 1969[15] noch zentral war:

> »Ich bin damals [...] einer ähnlichen Plausibilität auf den Leim gegangen, wie sie heute ›nach dem ›linguistic turn‹‹ weithin als der Weisheit letzter Schluss gilt: der Verwechslung geschichtlicher mit transzendentalen Möglichkeitsbedingungen. Der Zusammenbruch aller objektiven Gewissheiten bereitet zwar ein geradezu ideales ›geschichtliches Biotop‹ für die energische Reflexion darauf, was die wesentliche Konstitution des Subjekts ausmacht. Dennoch stellt er für diese Subjektreflexion

theologie, von transzendentaler und kategorialer Erfahrung, von Philosophie und Theologie, [...] auch zu einer Vergleichgültigung der Geschichte.« (Freyer: Zeit, 355) – Allerdings bin ich mit Buchholz der Meinung, dass die von Josef Wohlmuth vorgetragene Kritik an Rahner, die dieselbe Stoßrichtung wie Freyers Anmerkungen hat, in Bezug auf Verweyen noch zu verschärfen wäre. (Vgl.: Buchholz: Körper, 211.) Wohlmuth formuliert: »Ich habe seit der Beschäftigung mit dieser Philosophie auch den Eindruck gewonnen, dass eine in der Theologie beheimatete Phänomenologie transzendentalen Zuschnitts, wie sie etwa bei K. Rahner vorliegt, sehr viel näher beim transzendentalen Subjekt verbleibt als zum inkarnierten Subjekt vorstößt, in dem bei Levinas die Gottrede ihren Ort hat.« (Josef Wohlmuth: Emmanuel Levinas und die christliche Theologie. In: Ders.: Im Geheimnis einander nahe. Theologische Aufsätze zum Verhältnis von Judentum und Christentum, Paderborn – München – Wien – Zürich 1996 (= Wohlmuth: Geheimnis), 39–62, 44.) Eine Position, die die systemkritischen Züge bei Rahner vor allem in Bezug auf die *reductio in mysterium* stärker betont, findet sich bei Erwin Dirscherl: Die Bedeutung der Nähe Gottes. Ein Gespräch mit Karl Rahner und Emmanuel Levinas, Würzburg 1996.

[12] Vgl.: Verweyen: Gottes letztes Wort, 158.
[13] Vgl.: Marco Ivaldo: Die konstitutive Funktion des Sollens in der Wissenschaftslehre. In: Erich Fuchs, Marco Ivaldo, Giovanni Moretto (Hg.): Der transzendentalphilosophische Zugang zur Wirklichkeit. Beiträge aus der aktuellen Fichte-Forschung. Stuttgart-Bad Cannstatt 2001, 107–128. Ivaldo zitiert aus Fichtes Wissenschaftslehre von 1811: »Jenes [absolute Soll-]Schema ist [...] für die Freiheit eine unendliche, nie zu erreichende Aufgabe, der sie sich noch nicht einmal, wie manche sich ausgesprochen haben, annähern kann [in diesem Passus ist m.E. eine Anspielung auf Hegel zu sehen, CL], sondern die nach aller Unendlichkeit eben so unendlich bleibt, als sie im Beginn war«. (WL 1811, Bl. 30r, 234; zitiert nach Ivaldo, 124f.)
[14] Vgl.: Verweyen: Botschaft: 96–118.
[15] Hansjürgen Verweyen: Ontologische Voraussetzungen des Glaubensaktes. Zur transzendentalen Frage nach der Möglichkeit von Offenbarung, Düsseldorf 1969.

keine Möglichkeitsbedingung im strengen transzendentalen Sinn dar. Eine radikale Reflexion auf sich selbst verdankt das Subjekt nichts anderem als sich selbst.«[16]

Verweyen geht von der Selbstgewissheit des Ich bei gleichzeitiger widersprüchlicher Verfasstheit menschlicher Vernunft aus: Sie sei auf Einheit aus, könne aber dennoch immer nur Differenz setzen, was sich in der Struktur des Erkennens zeige, das immer nur anderes *als* anderes erkennen könne. Es setze sich auf diese Weise zu dem Erkannten in eine Beziehung und stifte einen umfassenden Einheitszusammenhang, in dem das andere aufgehe. Dennoch sei diese Einheit immer nur in Abgrenzung zu etwas anderem denkbar, sobald sie *als* sie selbst gedacht werde. Diese paradoxe Struktur will Verweyen als Möglichkeitsbedingung für einen Begriff letztgültigen Sinns erweisen, d.h. der Begriff muss nach ihm so strukturiert sein, dass er dieses Paradox zu lösen vermag, dass ersichtlich wird, weshalb die Vernunft so strukturiert ist bzw. wie sie ihre Gespaltenheit überwinden kann. Mit dem Begriff »Sinn« ist freilich schon angezeigt, dass die Paradoxie zu Gunsten der Einheit aufgelöst werden soll. Zunächst weist Verweyen jedoch den Versuch einer transzendentalpragmatischen Letztbegründung im Anschluss an Apel als unzureichend zurück. Während Apel und andere in ihrem Ansatz die Überwindung des Husserl'schen methodischen Solipsismus durch eine Verortung des »Ich denke« im Apriori der Sprache und der Kommunikationsgemeinschaft anzielen,[17] ist für Verweyen dieses Apriori nicht ausreichend. Er fragt:

»(a) So richtig es ist, dass jedes Ich erst in sprachlicher bzw. vorsprachlicher Kommunikation zu sich selbst findet: heißt dies zugleich, dass das Ich zur Prüfung der Gültigkeit *aller* seiner Denkgehalte auf die Vorgaben der Sprachgemeinschaft angewiesen ist? (b) So richtig es ist, dass sich niemand ohne performativen Selbstwiderspruch aus der Gemeinschaft der Argumentierenden ›abmelden‹ kann: bedeutet dies zugleich, dass *alles* Denken im Hinblick auf diese Diskursgemeinschaft ›anmeldepflichtig‹ ist? Mit anderen Worten, gibt es nicht auch Wissen, das sich seiner Wahrheit mit gutem Grund gewiss ist, ohne diese Gewissheit fragend oder behauptend dem Forum der Argumentationsgemeinschaft vorlegen zu müssen?«[18]

Diese Kritik unterläuft meines Erachtens die Argumentationsebene jener Philosophien, die Verweyen nach dem sogenannten »linguistic turn« einordnet, indem sie ein nicht sprachlich verfasstes Subjekt unterstellt, das sich erst

---

[16] Vgl.: Verweyen: Botschaft, 104.
[17] Vgl.: Verweyen: Gottes letztes Wort, 139. Vgl. dazu auch: Karl-Otto Apel: Warum transzendentale Sprachpragmatik? Bemerkungen zu H. Krings' »Empirie und Apriori. Zum Verhältnis von Transzendentalphilosophie und Sprachpragmatik«. In: Ders.: Auseinandersetzungen in Erprobung des transzendentalpragmatischen Ansatzes, 195–220, 218. Verweyen verweist hier trotz seiner Bezugnahme auf den eben zitierten Sammelband auf S. 40. Das bezieht sich allerdings auf die Veröffentlichung desselben Beitrags in: Baumgartner: Prinzip Freiheit, 13–43. – Zur Auseinandersetzung mit der Transzendentalpragmatik aus Verweyen'scher Perspektive vgl.: Martin Wichmann: Soll ich wollen, was ich muss? Verweyen meets (needs?) Apel. In: Larcher: Hoffnung, die Gründe nennt, 91–98.
[18] Verweyen: Gottes letztes Wort, 140.

nachträglich in eine Kommunikationsgemeinschaft hineinbegibt. Doch genau das steht ja in Frage.[19] In der Lektüre einiger Passagen von Derridas *Die Stimme und das Phänomen* wird sich zeigen, dass auch die schweigende Rede auf ihr äußerliche Zeichen verwiesen ist.[20] Appelliert Verweyen hier nicht an ein untergründiges Grundeinvernehmen des allgemeinen Verständnisses, wonach sich eine Kommunikationsgemeinschaft nachträglich aus einzelnen sprachbegabten Personen konstitutiert, die sich freiwillig zu ihr zusammenfinden und auch nur diejenigen Gedanken miteinander teilen, die sie teilen wollen? Ein solches Verständnis weicht erheblich von dem ab, was in dem kritisierten Standpunkt unter Kommunikationsgemeinschaft verstanden wird. Natürlich ist nicht alles Denken »anmeldepflichtig«, es ist immer schon angemeldet; nur als angemeldetes kann es überhaupt den Anspruch haben, Denken zu sein. Bedeutet zudem Verweyens rhetorische Frage, ob es Wissen gebe, das seine Gewissheit nicht dem Forum der Argumentationsgemeinschaft vorlegen müsse, nicht einen Rückzug auf einen fideistischen oder gar fundamentalistischen Standpunkt? – Immer wieder wirft er genau dies jenen vor, die eine erste Philosophie nicht für möglich halten.[21] Doch scheint sich

---

[19] Vgl. z.B.: Herbert Schnädelbach: Philosophieren nach Heidegger und Adorno. In: Ders.: Vorträge und Abhnadlungen. 2. Zur Rehabilitierung des *animal rationale*, Frankfurt 1992, 307–328, 326f.: »*Präkommunikative Wahrheit ist eine grammatisch erzeugte Illusion*, die auf der Verkennung der Tatsache beruht, dass die referenzielle Funktion der Rede von ihrer kommunikativen Funktion abhängt und nicht umgekehrt. Referenz ist selbst ein Sprechakt, der nach intersubjektiv geteilten Regeln erfolgt.«

[20] Vgl.: Kapitel III.1, Seite 172.

[21] Vgl. z.B.: Hansjürgen Verweyen: ›Fides et ratio‹: eine notwendige Wegweisung. In: Theologie und Glaube 90 (2000), 489–497, 492. Seine Interpretation dieses Dokumentes bedürfte einer gründlicheren Analyse, als ich sie hier leisten kann, da sie m.E. ein Paradebeispiel dafür darstellt, wie das Lehramt so gelesen wird, dass es alle Positionen außer der eigenen kritisiert. Es scheint mir keineswegs ausgemacht, dass die Passage in *Fides et ratio*, die den Denkweg der Philosophie beschreibt, sich auf neuzeitliche Denker bezieht, wie Verweyen annimmt und auch die deutsche Übersetzung suggeriert. Wo die deutsche Übersetzung davon spricht, dass die Philosophie »bei den antiken Philosophen anfängt [...], um schließlich die grundlegenden Errungenschaften des modernen und zeitgenössischen Denkens zu erfassen« (Enzyklika FIDES ET RATIO von Papst Johannes Paul II. an die Bischöfe der katholischen Kirche über das Verhältnis von Glaube und Vernunft. In: Sekretariat der Deutschen Bischofskonferenz (Hg.): Verlautbarungen des Apostolischen Stuhls 135, Bonn 1998, 85.) zitiert Verweyen die lateinische Version, markiert dort das »transit« mit einem Ausrufezeichen und interpretiert die Geschichte der Philosophie als »bloße[n] Weg zu den Früchten neuzeitlichen und zeitgenössischen Denkens« (493). Dabei übersieht er, dass schon die deutsche Übersetzung mit »modern« einen Bezug auf die philosophische Moderne nimmt, wo sich im Lateinischen nur ein »cogitationis recentioris«, ein »jüngerer Überlegungen« findet. Damit könnte durchaus auch die Neuscholastik oder gar spätmodernes Denken wie das von Emmanuel Levinas gemeint sein. (Zum Kontakt von Emmanuel Levinas oder auch Paul Ricœur mit Papst Johannes Paul II. vgl.: Salomon Malka: Emmanuel Lévinas. Eine Biographie, München 2004.) Verweyens eindeutige Zuweisung zu »neuzeitlich« entspricht nicht der Uneindeutigkeit des Textes der Enzyklika. Diese scheint auch die von Verweyen so häufig beschworene Autonomie der Philosophie nur in strengen Grenzen zu sehen. Verweyen kann sich mit seiner eigenen Position schwerlich uneingeschränkt auf den Rückhalt durch diese Enzyklika berufen. Vgl. auch Kapitel IV.1, Seite 249.

hier das Blatt zu wenden. Die Frage ist, wie viel eine Begründung wert ist, die ausschließlich den überzeugt, der beansprucht, dass er »sich seiner Wahrheit mit gutem Grund gewiss ist, ohne diese Gewissheit fragend oder behauptend der Argumentationsgemeinschaft vorlegen zu müssen[.]«²² Worin aber besteht dieser »gute Grund«? Und wie lässt er sich ausweisen?

Verweyen plädiert gegen die Transzendentalpragmatik, die in der Kommunikationsgemeinschaft bereits die unhintergehbare letzte Instanz sehe, für eine cartesianische Reflexion auf das reine Bewusstsein, das sich seiner selbst unerschütterlich gewiss sei. Dabei möchte er an die Stelle des Betrügergotts, gegen den Descartes seine Existenzgewissheit gewinnt, das Heidegger'sche geschichtlich sich zuschickende Sein oder die Sprache setzen und als Illusion entlarven.

> »Durch eine cartesianische Reflexion lässt sich das ›absurde Theater‹ zwar nicht in ein Stück mit ›Happy End‹ verwandeln. Sie bringt mit der unhintergehbaren Evidenz des ›Ich denke‹ nur gleichsam die transzendentale Bühne zur letzten Gewissheit, auf der für mich jedes mögliche Welttheater abläuft. Diese methodisch leergefegte Bühne ist kahler noch als die unverrückbaren Kulissen, an denen die Transzendentalpragmatik als Rahmenbedingungen für alle Inszenierungen festhalten möchte. Wenn dieser Rahmen aber für ein Spiel, in dem es um letzten Sinn geht, prinzipiell zu eng ist, dann muss die erstphilosophische Suche nach wenigstens einem Begriff von letztgültigem, die absurde Situation transzendierenden Sinn auch noch hinter diese Kulissen zurückgehen.«²³

Auf der leeren Bühne soll also nach einem Begriff letztgültigen Sinns gesucht werden. Verweyen weist daher das Retorsionsverfahren als ungenügend für die Ermittlung eines solchen Begriffs zurück, weil man damit nie über den Vernunfthorizont des Gesprächspartners hinauskomme.²⁴ Im Bild gesprochen bleibt man damit noch innerhalb der vom anderen aufgestellten Kulissen. Freilich bedeutet ein Wegräumen der Kulissen zugleich auch einen Verzicht auf sämtliche Begriffe.

Verweyens weniger komplexer Zugang, der »beim Einfachen selbst, dem ›Nicht-kom-plexen‹ schlechthin«²⁵ ansetzt, entledigt sich daher beim näheren

---

²² Verweyen: Gottes letztes Wort, 140. – Ich bin wohlgemerkt der Überzeugung, dass es Ereignisse gibt, in denen ich Entscheidungen treffe und verantworten muss, die einem rationalen Diskurs im strengen Sinne nicht mehr zugänglich sind. Es ist jedoch das eine, eine solche Unverrechenbarkeit des Singulären nicht auszuschließen, und das andere, an diesem aporetischen Ort eine philosophische Letztbegründung fundieren zu wollen.

²³ Verweyen: Gottes letztes Wort, 141. Unberücksichtigt lässt er auch hier, dass es sich bei Sein oder Sprache um Begriffe handelt, die das traditionelle erkenntnistheoretische Subjekt-Objekt-Schema hinter sich lassen sollen. Selbst Descartes' Annahme eines bösen Gottes, der mich betrügt, setzt ja bereits das Denken einer Subjekt-Objekt-Relation voraus. Daher stellt sich die Frage, ob es methodisch möglich ist, den metaphysischen Zweifel auf die Figuren des Seins oder der Sprache anzuwenden, ohne die Systeme zu verlassen, aus denen sie ihre Bedeutung beziehen. – Dass Verweyen hier, am Einsatzpunkt seiner begrifflichen Argumentation, in Bildern und Metaphern spricht, scheint nicht unbedeutsam. Vgl.: Kapitel III.4, Seite 239.

²⁴ Vgl.: Verweyen: Gottes letztes Wort, 142.

²⁵ Verweyen: Gottes letztes Wort, 142.

Hinsehen aller begrifflichen Artikulationsmöglichkeiten. Das Einfache schlechthin ist für Verweyen das »Ich denke« als »Apriori *alles* (sic!) Denkens und Handelns«[26]. Die Kategorie des Einen erscheint als unumstößliche Voraussetzung der menschlichen Vernunft, weil wir nichts »auffassen, ohne es in irgendeiner Form, und das heißt letztlich Einheit, zu begreifen.«[27] Der Problematik, dass sich diese Einheit immer nur in Differenz zu anderem begreifen lässt und daher nicht als reine erscheint, möchte Verweyen mit einer Reflexion auf den mathematischen Punkt begegnen. Geometrisch komme man ihm nur näher durch unendliche Teilung oder Verkleinerung einer Strecke, d.h. auf dem Weg einer Hegel'schen schlechten Unendlichkeit. Dennoch, so postuliert er, gebe es die Idee der reinen Eins, die »aus dem Hintergrund unseres Intellekts über die Inadäquatheit der Versuche, letzte Einheiten [...] dar- oder herzustellen [urteilt].«[28] Jedoch könne sowohl die platonisch-metaphysische Idee der Einheit nur in Differenz gedacht werden (nämlich durch das »diesen Gedanken denkende Denken«[29]), als auch die subjektive Einheit des »Ich denke«, das sich nur erfassen könne, indem es sich selbst zum Gegenstand mache. Es sei die »fundamentalste Struktur des Bewusstseins«[30], dass sich Einheit immer nur in Differenz setzen lasse. Nach Verweyen darf aber die Reflexion hier nicht enden und die Differenz als unhintergehbar stehen bleiben. Dann bleibe nämlich »völlig unverständlich, warum das Ich unter dem elementaren Bedürfnis steht, trotz seiner unaufhebbaren antithetischen Struktur auf *unbedingte* Einheit aus zu sein.«[31]

Anhand der mathematischen Evidenz will Verweyen das veranschaulichen: Der Gedanke des reinen Punktes sei nicht auf dem Weg der Annäherung zu fassen, sondern nur durch einen »absoluten Sprung über die endlose Approximation hinaus[.]«[32] Der Punkt ist nicht durch eine unendliche Verkleinerung zu erreichen, sondern nur durch eine Abstraktion von empirischen Gegebenheiten. In einem transzendentalen Schritt soll dasjenige gedacht werden, was die Bedingung der Möglichkeit einer Reihe ist, ohne selbst dieser Reihe anzugehören. Mir scheint aber nicht evident zu sein, dass sich im mathematischen Punkt eine widerspruchsfreie Einheit denken lässt, die die Bedingung für andere geometrische Formen liefert: Nach Euklid ist ein Punkt

---

[26] Verweyen: Gottes letztes Wort, 142.
[27] Verweyen: Gottes letztes Wort, 143.
[28] Verweyen: Gottes letztes Wort, 144.
[29] Verweyen: Gottes letztes Wort, 144.
[30] Verweyen: Gottes letztes Wort, 143.
[31] Verweyen: Gottes letztes Wort, 143. Es wäre allerdings noch zu klären, um welches Ich es sich hier handelt, ob das Bedürfnis nach Einheit tatsächlich so elementar ist und was genau hier unter »unbedingt« zu verstehen ist. Es scheint mir, dass diese Fragen hier nicht nur zufällig nicht diskutiert werden. Vergleiche zur Problematik von Einheit und Differenz auch: Joachim Hubbert: Descartes, Anselm, Camus und Verweyen. Ringen um universalverbindliche Fundamentaltheologie. In: Larcher: Hoffnung, 148–163. Für Hubbert ist es nicht ausgemacht, dass Einheit im Denken fassbar ist. Mit Camus hält er entgegen, dass das Denken gerade die Zweiheit schaffe. Vgl.: Ebd., 161.
[32] Verweyen: Gottes letztes Wort, 145.

das, was keine Teile hat. Er ist das Ende einer Linie und hat als solcher keine Breite.[33] Als Schnittpunkt zweier Linien hat er auch keine Länge. Daher besteht eine Linie nicht aus einer unendlichen Reihe von Punkten, die ja in der Summe immer noch keine Ausdehnung hätten und daher keine Linie konstituieren könnten. Dennoch schneiden sich zwei Linien in einem Punkt, der ihnen angehört und ihnen doch nicht angehören kann. Als ausdehnungsloser Punkt ist er der Bezug für alle Objekte im euklidischen Raum, obgleich er ihn doch negiert, da er ja jedes Kennzeichen des Raumes (Länge, Breite, Höhe) nicht erfüllt. Weder lässt sich daher der Punkt aus dem Raum ableiten noch der Raum aus dem Punkt. Was Verweyen »absoluter Sprung« nennt, ist die Unmöglichkeit für Punkt und Raum, sich auseinander ableiten zu lassen. Es gibt keinen »Sprung« zu einem Punkt, der außerhalb des Raumes wäre. Der »Sprung« setzt den Raum voraus.[34] Eine Letztbegründung jedoch müsste dasjenige denken, ohne das schlechthin alle Reihen nicht denkbar sind. Sie müsste den absoluten Anfang denken, ohne ihn *als* Anfang von etwas zu denken. Im Falle des Punktes scheint ihr das nicht möglich, aber vielleicht hinken hier auch die Beispiele. Verfolgen wir den Verweyen'schen Diskurs noch weiter:

> »Was ist durch unsere Reflexion auf die Kategorie der Einheit gewonnen? Nicht mehr, aber auch nicht weniger als die kritisch gesicherte transzendentale Bestimmung einer universalen *Frage* des Menschen nach Sinn und damit eine notwendige Vorbereitung für die Bestimmung eines allgemeingültigen Sinnbegriffs selbst.«[35]

Die Sinnfrage ergibt sich nach Verweyen direkt aus dem Dilemma der menschlichen Vernunft, unbedingte Einheit setzen zu wollen. Hier identifiziert er Sinn mit Einheit. Es kommt ihm darauf an, das Setzen von Einheit durch die Vernunft zumindest prinzipiell als möglich zu erweisen, wenn ihr Bemühen nicht sinnlos erscheinen soll. Unabhängig von der Frage, ob er sich mit dieser Argumentation nicht in einer *petitio principi* verfängt, macht er damit seinen Ansatz von folgenden, nicht mehr hinterfragten Voraussetzungen abhängig: 1. Die Struktur der menschlichen Vernunft ist universal eine. 2. Sie ist jedem einsichtig. 3. Sie hat das Bedürfnis nach unbedingter Einheit, die der Differenz mächtig ist. 4. Dieses Bedürfnis zeigt sich in der Vernunft jedes Einzelnen. – In diesen Voraussetzungen findet sich bei Verweyen jenes »Faktum«, das Derrida bei Heidegger ausmachte und als einen ursprünglichen Glaubensakt bezeichnete.[36]

Nach der Analyse des mathematischen Punktes und dem Bezug auf die platonische Idee der Einheit sucht Verweyen in einem zweiten Schritt – einer

---

[33] Vgl. Euklid: Die Elemente. Herausgegeben von Clemens Thaer, Frankfurt ⁴2003, Buch I, Definitionen 1 und 2.
[34] Vgl. dazu auch: Dieter Henrich: Selbstbewusstsein und spekulatives Denken. In: Ders.: Fluchtlinien. Philosophische Essays, Frankfurt am Main 1982, 125–181, 145f. Henrich bringt dort strukturell dasselbe Argument, nach dem ein Einfaches immer noch einfach sei in Bezug auf etwas anderes. Vgl. Kapitel II.3, Seite 113.
[35] Verweyen: Gottes letztes Wort, 146.
[36] Vgl.: Kapitel I.4, Seite 46.

»radikalen Subjektreflexion«[37] – den Zugang zur Elementarstruktur des Bewusstseins über die Frage nach dem anderen:

> »Im Unterschied zu anderen Lebewesen nimmt der Mensch anderes nicht nur wahr. Er nimmt es auch *als* anderes wahr. [...] Diese Erkenntnis des anderen als anderen kann kein anderer für mich erledigen. Nichts in der Welt oder aus dem Jenseits kann die Erkenntnis im Menschen erwirken, dass anderes ein *anderes* ist. Diese *begriffene* Differenz ist völlig unabhängig von jeder geschichtlichen oder sprachlichen Vermitteltheit von anderem. Sie setzt voraus, dass das Ich sich selbst als von nichts anderem bedingte Einheit kennt, und zwar nicht als eine Einheit, die, wie ein Gegenstand, abgezirkelt dem anderen gegenüberstünde. Wenn das ›cogito‹, das denkende Ich, auch nur *ein* anderes *als* anderes begreift und sich der notwendigen Implikationen dieses Aktes bewusst ist, weiß es sich als eine von *keinem* anderen eingeschränkte, unendliche Einheit. [...] Das andere mag dem Ich als eine Grenze erscheinen. Das Wesen der *begriffenen* Grenze besteht aber darin, dass sie immer schon überstiegen ist.«[38]

Verweyen weist hier auf die transzendentale Bedingung der Erkenntnis von anderem hin. Diese sei darin zu suchen, dass das Ich sich bereits kenne, da es nur dann in der Lage sei, anderes als solches zu identifizieren, nämlich als anders als es selbst. Er gesteht im Folgenden zu, dass es dem Menschen nicht notwendigerweise bewusst sei, dass er anderes als anderes erkenne, doch falls er dieses Bewusstsein habe, so wisse es um die Unhinterfragbarkeit seines Wissens.

Als zweiter Aspekt der Grundstruktur des Bewusstseins wird von Verweyen herausgearbeitet, dass anderes nicht nur *als* anderes, sondern immer auch als *anderes* wahrgenommen werde. Das andere bringe sich gleichzeitig zu seinem Umgriffensein durch das Ich auch als diesem Fremdes zu Bewusstsein:

> »Ich kann mich selbst reflex nur als ein mir immer auch schon Fremdes erfassen. ›Je‹, das Ich in seiner unableitbaren Aktivität, ist nie völlig identisch mit dem ›deklinierten‹, d.h. ›abgeleiteten‹ Ich des ›moi‹, in dem ich mich zu spiegeln suche. Dieses ›moi‹, das ›Ich im Dativ oder Akkusativ‹, ist immer schon in anderes verwickelt, und zwar nicht in die apriorisch, in ein transzendental ausgespanntes Netz von Kategorien eingefangene Gegenständlichkeit, sondern in eine jeder Intentionalität des Subjekts spottende Fremdartigkeit, die mich von der Wurzel her unterwandert hat, bevor ich auch nur zu denken anhebe.«[39]

---

[37] Verweyen: Gottes letztes Wort, 148.
[38] Verweyen: Gottes letztes Wort, 148. Vgl. dazu die Überlegungen zu den Grenzen der Wahrheit in Kapitel III.2, Seite 191.
[39] Verweyen: Gottes letztes Wort, 149. Es ist wohl dieses Gefälle, das Klaus Müller gegenüber Verweyen beklagt und daher eine noch radikalere Subjektreflexion fordert, die beim selbstbewussten Subjekt ansetzt, insofern es mit sich selbst vertraut ist und nicht von anderem unterwandert. Der nicht einholbare Grund im Bewusstsein ist daher für Müller auch nichts Fremdes, sondern etwas Ureigenes. Vgl. Seite 120 meiner Arbeit.

Was sich als Sprengsatz für jede Erhebung eines Einheitsbegriffs im Subjekt ausnimmt, wird von Verweyen unmittelbar entschärft. Während er bei dem zuerst beschriebenen Moment des Bewusstseins, seiner unbedingten Einheit, dieses als transzendentale Möglichkeitsbedingung auswies und es als »idealistisch« (in Anführungszeichen) kennzeichnete, schließt er hier auf der »realistischen« Seite (wieder in Anführungszeichen) die Transzendentalität des anderen aus und weist diese Seite einer Region zu, die vor dem Denken liegt und von diesem prinzipiell nicht umgriffen werden kann. Dieses »vor« wird von ihm jedoch im zeitlich empirisch geschichtlichen Rahmen verstanden und hat daher keinerlei Konsequenzen für die Transzendentalphilosophie. Der transzendentale Nachweis dieser empirischen Struktur aus der Selbstgewissheit des Ichs heraus bleibt für ihn unverzichtbar.[40] Damit ist aber zugleich eine Grundentscheidung darüber getroffen, welches Moment der widersprüchlichen menschlichen Vernunft das letzte Wort haben darf. Aus ihrer Widersprüchlichkeit ergibt sich nämlich nach Verweyen »das legitime, aber absurd erscheinende Verlangen nach einer Einheit, die das andere wirklich, nicht nur begrifflich umgreift – legitim, weil das Ich sich selbst von seinem Grund her als unbedingte Einheit weiß, absurd, weil die erstrebte Einheit als prinzipiell unerreichbar erscheint.«[41]

Der Ansatz müsste nach Verweyen das Problem lösen, das er gegenüber Pröpper stets geltend macht, woher die nur formal unbedingte Freiheit von ihrer Unbedingtheit wisse. Dadurch, dass er das Streben nach unbedingter Einheit in der Vernunft aufzuweisen versucht, kann er das Verlangen nach nicht nur begrifflicher Einheit trotz der Differenz als legitim kennzeichnen, während er Pröpper vorwirft, dieser trage durch seinen Begriff des Sollens eine Differenz heteronom an die Freiheit heran, die aus der Struktur der Vernunft erst selbst erwiesen werden müsse. Eine solche Aufteilung zwischen Einheitsstreben und Differenz bzw. Unterwandertsein durch Fremdes ist jedoch nur möglich, weil einerseits behauptet wurde, dass die Vernunft begrifflich bereits Einheit setzt, d.h. dass eine unbedingte Einheit als transzendentale Möglichkeitsbedingung anzunehmen ist, weil aber andererseits die Unterwandertheit des Ich als *moi* in den geschichtlich, empirischen Bereich abgewiesen wurde und ihr damit jede transzendentale Relevanz abhanden gekommen ist.[42] Nur deshalb lässt sich im Folgenden auf der transzendentalen Einheit der Vernunft aufbauen:

---

[40] Vgl.: Verweyen: Gottes letztes Wort, 167, Fußnote 87. Ders.: Erstphilosophie nach dem »linguistic turn«. Ein Grundproblem heutiger Fundamentaltheologie. In: Theologie und Philosophie 75 (2000), 226–235, 228f. An dieser Argumentation lässt sich vielleicht die Art des Missverständnisses zeigen, das auftritt, wenn gegenüber Levinas gefordert wird, man müsse seine phänomenologischen Analysen transzendentalphilosophisch untermauern. Levinas sieht die Unterwanderung des Denkens nämlich nicht im empirischen Bereich, sondern diese Unterwanderung tritt zu Tage, wenn man die Husserl'schen Untersuchungen zum transzendentalen Bewusstsein konsequent weiterführt. Vgl.: Kapitel III.1, Seite 159.

[41] Verweyen: Gottes letztes Wort, 150.

[42] Die Konsequenzen, die sich ergeben, wenn man die Unterwandertheit durch den Anderen auch in ihrer transzendentalen Tragweite ernstnimmt, werden bei Levinas' und

> »Ein Begriff von *letztgültigem* Sinn, um den es in unserem Zusammenhang geht, ist nur dann zu gewinnen, wenn sich die paradoxe Elementarstruktur in all ihren Momenten als notwendige Möglichkeitsbedingung für diesen nicht mehr hinterfragbaren Sinn erweisen lässt.«[43]

Verweyen lehnt eine metaphysische Lösung der Sinnfrage ab, wobei er als richtiges Element der metaphysischen Ansätze festhält, dass »die (apriorisch-transzendentale) Elementarstruktur der menschlichen Vernunft nicht ›von unten her‹ erklärt werden kann.«[44] Hingegen lasse sich das Fremde durch empirische Wissenschaften »mehr und mehr erhellen[.]«[45] Da somit ein Element der Vernunft dem empirischen Zugriff entzogen wird (auch hier zeigt sich wieder die klare Bevorzugung der Einheit), ist die gesamte paradoxe Struktur nicht empirisch erklärbar, sondern bedarf eines transzendentalen Aufweises, damit »der Mensch (a) diesen Zwiespalt zwischen Bedingtheit und Unbedingtheit in seinem tiefsten Wesen als vernünftig einzusehen vermöchte und, damit unlösbar zusammenhängend, (b) unbedingte Einheit *in* und trotz der unaufhebbaren Fremdheit des in seine Existenz hineinstehenden anderen *verwirklichen* könnte.«[46] Die Paradoxie soll also nach Verweyen »als bloße[r] Schein enthüllt«[47] werden. Dabei gehe es jedoch im Unterschied zur Metaphysik oder auch einer Ontologie immer nur um den Begriff. Das bedeute auch, dass man durchaus zugestehen könne, dass ein solcher Begriff erst nach einer erfolgten Offenbarung zu ermitteln sei und diese nicht ersetzen wolle oder könne. Zur Abgrenzung gegen eine metaphysische Interpretation seiner Gedanken formuliert Verweyen:

> »[A]lle Aussagen, die [...] über die Existenz eines absoluten Seins oder ein unbedingt verpflichtendes Sollen gemacht werden, sind rein hypothetischer Natur. Sie behaupten weder eine Wirklichkeit noch eine (Real-)Möglichkeit, sondern lediglich die (transzendentallogische) Notwendigkeit von etwas unter der Voraussetzung, dass (in theologischer Perspektive) eine letztgültige Offenbarung Gottes rational verantwortbar bzw. (in philosophischer Perspektive) die mir als unaufhebbar erscheinende Widersprüchlichkeit der Grundstruktur meiner Vernunft als ohne Widerspruch vernünftig erkennbar sein soll.«[48]

Derridas Überlegungen deutlicher zum Vorschein kommen. In diesem Zusammenhang setze ich mich bewusst von Joachim Valentins Zuordnung des Derrida'schen Denkens zur Hermeneutik ab, die nach Verweyen auf eine Erstphilosophie angewiesen sei. (Vgl.: Joachim Valentin: Atheismus in der Spur Gottes. Theologie nach Jacques Derrida. Mit einem Vorwort von Hansjürgen Verweyen, Mainz 1997 (= Valentin: Atheismus in der Spur Gottes), 59–64.) Valentin relativiert diese Zuordnung zwar und sieht bei Derrida durchaus Hermeneutik-kritische Züge, allerdings begreift er dessen Untersuchungen zur Husserl'schen Bewusstseinsphilosophie nicht als transzendentalphilosophische Infragestellungen eines letztgültigen Sinns. Damit wird ihnen aber ein wesentlicher Stachel gezogen, der gerade gegenüber Valentins Lehrer Hansjürgen Verweyen geltend gemacht werden müsste.

[43] Verweyen: Gottes letztes Wort, 150.
[44] Verweyen: Gottes letztes Wort, 152.
[45] Verweyen: Gottes letztes Wort, 152.
[46] Verweyen: Gottes letztes Wort, 155.
[47] Verweyen: Gottes letztes Wort, 155.
[48] Verweyen: Gottes letztes Wort, 155.

Damit vollzieht Verweyen letztlich eine phänomenologische Reduktion oder *epoché*, wie Husserl sie fordert. Nach Husserl muss die Seinsgeltung der Bewusstseinsinhalte eingeklammert werden, damit das reine Wesen der Dinge in einer unmittelbaren Anschauung erfasst werden kann.[49] Ohne jene Seinsgeltung fordert nun Verweyen zur Erklärung der paradoxen Struktur des Ich »die Äußerung eines in jeder Hinsicht unbedingten einen Seins, das zugleich der Differenz mächtig ist.«[50] Das heißt, die menschliche Vernunft lässt sich in diesem Denken nicht aus sich selbst heraus verstehen, sondern nur, wenn man auf etwas zurückgreift, was den Widerspruch in sich bereits versöhnt hat. Freilich müsste der Begriff dieses Etwas der Vernunft zugänglich sein, wenn er nicht von außen an sie herangetragen werden soll. Doch gerade das Wesen dieser Versöhnung entzieht sich nach Verweyen unserer Erkenntnismöglichkeit, da das Ich »noch nicht einmal seine eigene, bedingt-unbedingte Elementarstruktur aus sich selbst erklären kann.«[51] Somit ist – mit Husserl gesprochen – nicht nur die Faktizität, sondern auch die Essenz dem Bewusstsein nicht zugänglich, was aber nicht für einen vernünftigen Begriff spricht, sondern im Gegenteil ein Paradoxon kennzeichnet. Theologisch gesprochen rekurriert Verweyen hier auf die Unbegreiflichkeit Gottes, auf das, was dem Menschen als Torheit erscheint. Ist es aber nach Verweyens eigenem Anspruch einer autonomen Vernunft gestattet, die eigenen Probleme zur Lösung einem Gott anheim zu stellen? Wird damit das Problem nicht einfach nur verschoben?

Ein weiteres Problem bereitet die Frage, wie eine unbedingte Einheit neben sich ein selbstständiges anderes dulden kann, wenn sie sich nicht selbst aufheben will. Verweyen will dies mit dem Begriff des Bildes im Anschluss an Fichtes Wissenschaftslehre von 1810 lösen. Fichte versteht das Bild als etwas, was sein Sein von einem anderen her hat und nur durch dieses ist.[52]

---

[49] Vgl. z.B.: Edmund Husserl: Die Idee der Phänomenologie. Fünf Vorlesungen. Herausgegeben und eingeleitet von Paul Janssen. Text nach Husserliana, Bd. 2, Hamburg 1986, 44f.; ders.: Philosophie als strenge Wissenschaft, Frankfurt am Main 1965, 43; ders.: Ideen zu einer reinen Phänomenologie und phänomenologischen Philosophie. Allgemeine Einführung in die reine Phänomenologie, Tübingen ⁵1993, 56f. – Das wird später noch eine wichtige Rolle spielen, weil u.a. Levinas zeigen kann, dass der Andere und die Zeit der Reduktion nicht anheimfallen und daher einer unmittelbaren Wesensschau nicht zugänglich sind.

[50] Verweyen: Gottes letztes Wort, 155.

[51] Verweyen: Gottes letztes Wort, 156.

[52] Vgl.: Johann Gottlieb Fichte: Die Wissenschaftslehre in ihrem allgemeinen Umrisse, Berlin 1810 (SW II, 693–709). Da Verweyen explizit darauf hinweist, dass seine Ausführungen keine Interpretation von Fichte darstellen (Vgl.: Verweyen: Gottes letztes Wort, 158, Fußnote 64.), verzichte auch ich im Folgenden darauf, die Unterschiede zu Fichte zu kennzeichnen, da das den Gedankengang unnötig verkomplizieren würde. Zum Bildbegriff bei Fichte vgl.: Julius Drechsler: Fichtes Lehre vom Bild, Stuttgart 1955; Peter Reisinger: Idealismus als Bildtheorie. Untersuchungen zur Grundlegung einer Zeichenphilosophie, Stuttgart 1979; Monika Betzler: Ich-Bilder und Bilderwelt. Überlegungen zu einer Kritik des darstellenden Verstehens in Auseinandersetzung mit Fichte, Dilthey und zeitgenössischen Subjekttheorien, München 1994; Christoph Asmuth: Die Lehre vom Bild in der Wissenstheorie Johann Gottlieb Fichtes. In: Ders.

Ausgehend von Anselm von Canterburys Beschreibung des innertrinitarischen Verhältnisses von Vater und Sohn (»denn das Wort ist genau das, was es als Wort oder Bild ist, auf anderes (oder: einen anderen) hin, weil es nur Wort oder Bild von etwas (oder: von jemandem) ist«[53]) als einem »streng apriorischen Begriff von ›Einheit in Differenz‹«[54] hält Verweyen fest, »dass der wahre Begriff des Bildes nur als die innerste Möglichkeit von Freiheit zu denken ist, eines freien Wesens, das sich selbst zu etwas macht, worin es seinem inhaltlichen Sein nach ganz aufgeht. Denn in jedem objektiv gegebenen Bild bleibt ja ein Rest von Eigensein, der nicht in das rein relationale Bildsein aufgenommen wird.«[55] Hier bezieht sich Verweyen auf das Bild, wie man es landläufig versteht, als Kunstprodukt. Er versucht den Bildbegriff

---

(Hg.): Sein – Reflexion – Freiheit. Aspekte der Philosophie Johann Gottlieb Fichtes, Amsterdam – Philadelphia 1997, 269–299; Alessandro Bertinetto: »Sehen ist Reflex des Lebens«. Bild, Leben und Sehen als Grundbegriffe der transzendentalen Logik Fichtes. In: Erich Fuchs, Marco Ivaldo, Giovanni Moretto (Hg.): Der transzendentalphilosophische Zugang zur Wirklichkeit. Beiträge aus der aktuellen Fichte-Forschung. Stuttgart-Bad Cannstatt 2001 (= Fuchs u.a. (Hg.): Der transzendentalphilosophische Zugang zur Wirklichkeit), 269–306; Günter Zöller: Leben und Wissen. Der Stand der Wissenschaftslehre beim letzten Fichte. In: Fuchs u.a. (Hg.): Der transzendentalphilosophische Zugang zur Wirklichkeit, 307–330; Marek J. Siemek: Bild und Bildlichkeit als Hauptbegriffe der transzendentalen Epistemologie Fichtes. In: Fuchs u.a. (Hg.): Der transzendentalphilosophische Zugang zur Wirklichkeit, 41–64. Vor allem der letzte Beitrag zeigt deutlich, wie weit der Fichte'sche Bildbegriff letztlich von Verweyens Gedanken abweicht. Es ist bemerkenswert, dass gerade in Bezug auf das Ich Fichtes Bildbegriff zu scheitern scheint. Siemek formuliert: »Allerdings handelt es sich zugleich immer um eine ›Konstruktion des Unkonstruierbaren‹, um ein Bilden aus dem ›Unbildbaren‹ her, um Verknüpfung und Vereinigung der notwendigerweise unter dem ›Gesetz der *Zweiheit*‹ stehenden Elemente des Wissens[.]« (Ebd., 62f. Zitate aus: Johann Gottlieb Fichte: Ueber das Verhältniß der Logik zur Philosophie oder Transcendentale Logik. Hrsg. v. R. Lauth und P.K. Schneider, Hamburg 1982, 104 u. 95 = Sämtliche Werke IX, 218 u. 209.)

[53] Zitiert nach Verweyen: Gottes letztes Wort, 157. Dieses Zitat findet sich in Anselm von Canterbury: Monologion, Kap. 38. In: Ders.: S. Anselmi Cantuariensis archiepiscopi opera omnia. Ad fidem codicum rec. Franciscus Salesius Schmitt. Band 1, Stuttgart-Bad Cannstadt 1968, 56, Z. 24–26. Derselbe lateinische Text mit einer deutschen Übersetzung findet sich in: Anselm von Canterbury: Monologion. Lat.-dt. Ausg. von Franciscus Salesius Schmitt. Stuttgart-Bad Cannstatt 1964. Verweyen bezieht sich auf den ersten Teil des folgenden lateinischen Satzes: »Verbum namque hoc ipsum, quod verbum est aut imago, ad alterum est, quia non nisi alicuius verbum est aut imago; et sic propria sunt haec alterius, ut nequaquam alteri coaptentur.« Dieser wird von Schmitt folgendermaßen übersetzt: »Das Wort ist nämlich gerade dadurch, dass es Wort oder Bild ist, zum andern hingeordnet, weil es nur irgendwessen Wort oder Bild ist, und das ist dem einen so eigentümlich, dass es durchaus nicht dem anderen sich anpasst.« (145).

[54] Verweyen: Gottes letztes Wort, 157. Ob sich bei Anselm ein *streng apriorischer Begriff* finden lässt, erscheint mir fraglich, weil er meines Erachtens nicht nur die Hinsicht wechselt, sondern zudem eine Relationalität zur Schöpfung miteinführt. »So dass sie darin, was sie bezeichnen oder was sie dem Wesen nach sind oder was sie im Verhältnis zum Geschöpf sind, immer die ungeteilte Einheit bewahren; darin aber, dass jener nicht aus diesem ist, dieses aber aus jenem ist, eine unbenennbare Mehrheit zulassen.« (Kap. 38, Z. 4–7, lat.-dt.: S. 145).

[55] Verweyen: Gottes letztes Wort, 158.

ausgehend von einer Substanzontologie zu denken, die voneinander unabhängige, autonome Substanzen oder Subjekte kennt, die sich aus freiem Entschluss zum Bild machen. Das setzt freilich voraus, dass sie ihrer selbst ganz mächtig sind, also wahrhaft autonom, da sonst ein Rest ihrer selbst ihrem eigenen Zugriff verwehrt bleiben könnte und so das Bild nicht vollkommen wird. Für das göttliche Sein, um das es ja hier zunächst geht, sei das im Moment einmal zugestanden. Die Äußerung der unbedingten Einheit wird als ihr Bild verstanden, zu dem sie sich in Freiheit macht:

> »Nur dieses Bild ergäbe eine Differenz zum unbedingten einen Sein, die diesem nicht widerspricht, es vielmehr in höchstem Maße als ein Absolutes bestätigt, das sich in ein anderes ohne Beeinträchtigung seiner unbedingten Einheit zu entäußern vermag.«[56]

Die unabweisliche Konsequenz aus diesen Überlegungen ist nun, dass der Welt oder dem Ich keinerlei Eigensein zugestanden werden kann. Außer dem absoluten Sein darf es »nur *Erscheinung* des absoluten Seins [geben], und diese Erscheinung muss schließlich als vollkommenes Bild des Absoluten hervortreten.«[57] Das bedeutet auch, dass wir in der Welt nicht zwischen »Sein und Schein« unterscheiden können, sondern nur »zwischen ›wahrer Erscheinung‹ und ›letztlich nichtiger Erscheinung‹«[58]. Damit vollzieht Verweyen einen Schritt, der weit über die Phänomenologie Husserls hinausgeht, der nur forderte, man müsse sich dem Urteil darüber enthalten, ob die Phänomene des Bewusstseins Eigensein hätten oder nicht. Diese Aussage sei letztlich nicht zu klären, da sie nur als Erscheinungen gegeben seien. Im Unterschied zu Husserl, für den das Bewusstsein das absolute Sein darstellte,[59] erklärt Verweyen die gesamte Welt zur Erscheinung des göttlichen Bewusstseins und verweigert ihr gleichzeitig jedes Eigen*sein*, da dieses notwendig eine Differenz zum absoluten Sein Gottes setzen würde.

> »Zur wahren Erscheinung gehört die Freiheit, die sich zum Bild des Absoluten macht, und alles, was sich als Möglichkeitsbedingungen für dieses Werden des Bildes des Absoluten in Freiheit verstehen lässt. Alles andere, was sonst noch als wahr und wirklich erscheinen mag, ist letztlich nichtiger Schein.«[60]

Hier verlässt Verweyen zumindest den von Husserl ausgemachten Boden der Zweifellosigkeit. Für Husserl ist nur das bewusstseinsimmanente Sein absolutes Sein, die Welt und auch Gott hingegen haben nur phänomenales Sein. Nur unter diesen Vorraussetzungen kann dem reinen Ich in seiner Immanenz der reinen Anschauung Zweifellosigkeit zuerkannt werden.[61] Kehrt man dieses Verhältnis um, so verlässt man den Boden der Phänomenologie oder

---

[56] Verweyen: Gottes letztes Wort, 158.
[57] Verweyen: Gottes letztes Wort, 159.
[58] Verweyen: Gottes letztes Wort, 159.
[59] Vgl. Edmund Husserl: Ideen zu einer reinen Phänomenologie und phänomenologischen Philosophie, Tübingen ⁵1993 (= Husserl: Ideen), §44.
[60] Verweyen: Gottes letztes Wort, 159.
[61] Vgl.: Husserl: Ideen, §§ 44–46.

Bewusstseinsphilosophie und betreibt Metaphysik, da das absolute Sein außerhalb des Bewusstseins festgemacht wird.

Die Verweigerung eines Eigen*seins* bedeutet für Verweyen keine Verweigerung der verantwortlichen Entscheidung. Da das Bild, als das das Absolute erscheint, als vollkommen gedacht wird, erscheint notwendigerweise auch die Freiheit des Absoluten, die sich selbst als Bild frei zu diesem verhalten kann, wenn sie auch kein Eigensein hat und letztlich all ihre Erscheinungsformen, die nicht mit dem Absoluten übereinstimmen, nichtiger Schein sind. Die Bedenken, die sich gegenüber einer solchen Konzeption aufdrängen, lassen sich hier zunächst nur anreißen: Die Entstehung und Möglichkeit des Bösen bleiben im Dunkeln, da das Bild des Absoluten auch das Wissen des Absoluten teilt – gerade im Anschluss an Fichte! – und somit nicht einzusehen ist, weshalb es sich je anders entscheiden sollte. Zudem scheint mir, dass hier das existenzielle Leiden auf den Begriff nichtigen Scheins herabgedeutet und damit verharmlost wird. Dafür spricht auch der von Verweyen gegen Pröppers Kritik vorgetragene Anspruch, die Theodizee-Frage schon hier und jetzt zu lösen.[62] Eine nachträgliche Rechtfertigung Gottes erscheint ihm als Vertröstung, die intellektuell nicht redlich sei:

> »Mein Begriff von Gott muss [...] diesem Widerspruch schon hier und jetzt begegnen. Der Verweis auf einen auferweckenden Gott, der erst im Nachhinein zur Folterung die Dinge ins rechte Lot und Licht rückt, wird dieser notwendigen Rechenschaft nicht gerecht.«[63]

Verweyen beantwortet die Frage der Allmacht Gottes daher neu: Es dürfe nicht um eine Macht gehen, die Auferweckung aus einem »Sprachspiel eines nachträglichen Inthronisierens und einer von außerhalb menschlichen Leidens kommenden göttlichen Macht«[64] begreife. Stattdessen müsse der Begriff göttlicher Macht aus dem »Integral des Hingangs Jesu«[65] neu gewonnen werden.[66]

---

[62] Vgl.: Verweyen: Glaubensverantwortung, 299f. Für Pröpper ist die Theodizee als philosophische am Ende. Vgl.: Thomas Pröpper: Fragende und Gefragte zugleich. Notizen zur Theodizee. In: Pröpper: Evangelium und freie Vernunft, 266–277, 267. – Dieser Beitrag ist als Brief an Johann Baptist Metz formuliert. Ähnlich wie in seinem Brief an Tiemo Rainer Peters zum Verhältnis des Judentums zum Christentum scheint mir Pröpper auf diesem Weg Bedenken zu formulieren, die in seinem theologischen Ansatz unterbelichtet zu bleiben drohen. Mit Metz hält er daran fest, dass es keine Lösung des Theodizee-Problems darstellt, im Leiden mit Gottes Gegenwart zu rechnen. Eine Lösung gibt es für ihn, »wenn überhaupt, nur in Gestalt von Hoffnung, die darauf setzt, dass Gott die Leiden realiter versöhnt und seine Liebe trotz der fürchterlichen Umwege zum Heil, die sie zuließ, sich doch noch zu rechtfertigen vermag.« (Pröpper: Erstphilosophischer Begriff oder Aufweis letztgültigen Sinnes?, 287.)

[63] Verweyen: Glaubensverantwortung, 300.

[64] Verweyen: Glaubensverantwortung, 300.

[65] Verweyen: Glaubensverantwortung, 300.

[66] Ob das freilich mit Blick auf das biblische Zeugnis in seiner Breite möglich ist, erscheint mir mehr als fraglich. Vgl. zur Problematik der Allmacht Gottes, seinem (strafenden Eingreifen in der Geschichte und seiner verschonenden Geduld auch die Lektüre ausgewählter biblischer Texte in Teil V.

Für Verweyen äußert sich die Macht des Todes »als Sorge und Angst um die eigene Gegenwart und Zukunft[.]«[67] Im vermeintlichen Anschluss an Levinas[68] formuliert Verweyen: »wenn mir aufgeht, dass die Zeit, die *mir* der *andere* nimmt, mein eigentliches Dasein erfüllt, dann fällt meine Bedrohtheit durch den Tod als den letzten Herrn über die Zeit dahin.«[69] Dadurch ließen sich auch andere dem Tod entreißen. Diese Proexistenz beschreibe den antiken und alttestamentlichen Gerechten. Auch Jesu Hinrichtung lässt sich nach Verweyen in der Kategorie der Stellvertretung[70] begreifen:

> »Der rückhaltlos Gerechte nun, der sündlose Mensch lenkt alle Gewalt auf sich, die die Sorge um das eigene Ich nur aufzubieten vermag. Diese Gewalt tobt sich hemmungslos an ihm aus. Sie tobt sich aber auch ›ein-für-allemal‹ an ihm aus in dem Sinne, dass seine Antwort völliger Gewaltlosigkeit allen Anschein der Macht, den die Habenden vorzeigen, gleichsam ›von unten her‹ entmächtigt.«[71]

Daher enthülle sich Gottes Allmacht »als die durch nichts zu überwindende Geduld der Liebe.«[72] Im Leid selbst leuchte ein »Schimmer von begründeter Hoffnung«[73] auf. Mit einer solchen Sicht wird das apokalyptische Zeitempfinden entspannt: Die drängende Frage »Wie lange noch?« oder auch der Ruf »Herr, mach ein End'!« müssen vor einem unendlich geduldigen Gott unbeantwortet verhallen. Verweyen begegnet nur dem Einwand, das Hineintragen des Leids in Gott führe zu einer Verewigung desselben:

> »Zum anderen täuscht sich der Neinsager darin, dass er den Liebenden leiden *machen* kann. Das ist nur im Hinblick auf die äußere Erscheinung des jeweiligen Schmerzes der Fall. Den inneren Kern der sich im Leiden verdoppelnden Liebe vermag er nicht hervorzubringen und nicht zu durchschauen, weil das Wesen dieses Leidens sich allein der Aktivität der Liebe verdankt.«[74]

Der Schmerz, den man geläufig als Leiden begreift, ist letztlich nur äußere Erscheinung einer sich verdoppelnden Liebe. Das Leiden verbleibt rein äußerlich, es berührt nicht den Sinn der Geschichte, da es begrifflich in der Liebe aufgehoben ist. Letztlich zeigt sich hier die Konsequenz eines Bildbegriffs, der alles, was dem wahren Sein entgegensteht, nur als nichtigen Schein begrifflich fassen kann.

Werden hier Leiden und Tod nicht verinnerlicht und dadurch verharmlost? Wird hier nicht absolute Ohnmacht – Levinas spricht in Bezug auf den Tod vom »Nicht-mehr-können-können«[75] – in Macht umdefiniert und so in ihrem

---

[67] Verweyen: Glaubensverantwortung, 300. – Äußert sich die Macht des Todes nicht zunächst einmal darin, dass wir sterben müssen?
[68] Inwieweit dieser Anschluss berechtigt ist, kann ich hier nicht diskutieren. Es sind jedoch Verweyen'sche Gedanken, die hier eine Rolle spielen, keine Levinas'schen.
[69] Verweyen: Glaubensverantwortung, 301.
[70] Vgl. zum Begriff der Stellvertretung: Karl-Heinz Menke: Stellvertretung. Schlüsselbegriff christlichen Lebens und theologische Grundkategorie, Einsiedeln – Freiburg 1991.
[71] Verweyen: Glaubensverantwortung, 301.
[72] Verweyen: Glaubensverantwortung, 302.
[73] Verweyen: Glaubensverantwortung, 303.
[74] Verweyen: Gottes letztes Wort, 206.
[75] Vgl.: Kapitel III.2, Seite 181.

existenziellen Charakter entschärft? Karl-Heinz Ohlig hält richtiger Weise fest: »Leid ist und bleibt negativ, der Tod wird auch durch Selbsthingabe nicht entmächtigt, [...] Negativität kann nicht sinnstiftend sein[.]«[76] Die Frage des Leidens der anderen kommt bei Verweyen erst gar nicht in den Blick.[77]

Daneben kann Verweyens Neudefinition der Allmacht Gottes maßgeblichen biblischen und theologiegeschichtlichen Annäherungen an den Allmachtsbegriff nicht standhalten. Nach Pröppers Darstellung im *Lexikon für Theologie und Kirche* ist Gottes Allmacht erschaffend, bestandgebend, fürsorgend und allgegenwärtig. Gott ist Kriegsheld (Ex 15,21) und handelt »mit starker Hand und hoch erhobenem Arm« (Dtn 4,34; 2 Kön 17,36). Das Neue Testament nennt die Begriffe ἐξουσία und δύναμις.[78] Nicht eine geduldig wartende Liebe wird hier skizziert, sondern eine Verfügungsgewalt, die sich gegen die Mächte der Welt aktiv durchsetzen kann und nicht zum Abwarten gezwungen ist, bis sich alles ausgetobt hat.[79]

Im Anschluss an die Erläuterung des Bildbegriffs formuliert Verweyen einen »Begriff unbedingten Sollens«.[80] Er stellt die These auf, dass es »keine Notwendigkeit für die Freiheit [gibt], die sich als Müssen äußert. Wenn überhaupt etwas eine Freiheit bindet, so kann dies nur im Akt einer Selbstverpflichtung auf etwas geschehen, das sie als *Sollen* erfährt.«[81] Ein konsistenter Begriff der Vernunft ergibt sich für Verweyen allein dadurch, dass sie sich in Freiheit zum Bild des Absoluten macht. Derjenige, der nicht in der Absurdität

---

[76] Karl-Heinz Ohlig: Gibt es den ›garstig breiten Graben‹? In: Larcher: Hoffnung, 205–214, 206.

[77] Levinas weist darauf hin, dass eine Sinnstiftung einzig und allein für das eigene Leid möglich sei, wohingegen das Leiden des anderen immer nutzlos sei. Vgl.: Emmanuel Lévinas: La souffrance inutile. In: Ders.: Entre nous. Essais sur le penser-à-l'autre, Paris 1991, 100–112, 103f.

[78] Vgl.: Thomas Pröpper: Art. Allmacht Gottes. In: LThK 1, ³1993, 412–417. Dieser Lexikonartikel ist abgedruckt in: Pröpper: Evangelium und freie Vernunft, 288–293 (= Pröpper: Allmacht).

[79] Doch auch Pröppers eigene Auslegung von Gottes Allmacht als »die Allmacht seiner freien Liebe« (Pröpper: Allmacht, 293. Pröpper zitiert hier Karl Barth: Kirchliche Dogmatik 2/1, Zürich ⁵1974, 597. Bei Barth ist »freien Liebe« gesperrt gedruckt.) droht in diese Schieflage zu geraten. Nach ihm zeigt sich Gottes Handeln in der Achtung der menschlichen Freiheit um der Liebe willen und muss daher als Selbstbegrenzung verstanden werden bis hin zur Ohnmacht des Kreuzes. (Vgl.: Pröpper: Allmacht, 292.) »Da Größeres nicht denkbar ist als eine Liebe, die andere Freiheit will und zu ihren Gunsten, ohne vernichtet zu sein, auf ihre tötende Negation eingeht, kann erst solche Liebe als wahrhafte Allmacht gelten: als Ereignis ›quo nil maius fieri potest‹ (Schelling).« (Pröpper: Allmacht, 292.) Im Unterschied zu Verweyen hält Pröpper jedoch fest, dass dies keine Lösung der Theodizee-Frage darstellt. Insgesamt wären im Hinblick auf diese Fragestellung auch die vielfältigen Einsprüche von Alttestamentlern heranzuziehen, die gegen eine allzu harmonisierende Vorstellung vom »lieben Gott«, die sie in Systematik und Verkündigung auszumachen scheinen, immer wieder Gottes Vernichtungsmacht betonen, mit der biblisch zu rechnen sei. Vgl. für einen ersten Einblick z.B.: Walter Groß, Karl-Josef Kuschel: »Ich schaffe Finsternis und Unheil!« Ist Gott verantwortlich für das Übel?, Mainz 1992.

[80] Verweyen: Gottes letztes Wort, 159.

[81] Verweyen: Gottes letztes Wort, 159.

gefangen bleiben will, wird diese Bedingung als »*unbedingtes Sollen*«[82] erfahren. Dabei hebt Verweyen das Sollen nochmals streng von einem Müssen oder einem Zwang ab und postuliert als Bedingung dafür die Existenz von Freiheit.

In einer Art psychologisch-entwicklungsbiologischer Erklärung bestimmt Verweyen Wahlfreiheit und Ellbogenfreiheit als erste Wahrnehmungen der Freiheit, die jedoch bloßer Schein seien. Das Dasein »vermag [...] noch nicht klar zwischen ›kann nicht‹- und ›darf nicht‹-Sätzen, zwischen Müssen und Sollen zu unterscheiden.«[83] Seiner Freiheit wirklich bewusst werde sich das Dasein nur, »wo es sich als denkendes Ich in seiner unbedingten Einheit erfasst.«[84] Verweyen bezweifelt jedoch, dass die Freiheit auf dieser zweiten Stufe ein Sollen, das sie erfährt, als unbedingt im Sinne eines erstphilosophischen Aufweises begreifen könne. Er kritisiert Kant, der das Ich als Faktum stehen lasse, und selbst Fichtes Versuche, die Selbstgewissheit des Ich ohne Rekurs auf ein absolutes Sein nachzuweisen, seien fehlgeschlagen. Daher sei auch Pröppers Zugang nicht zureichend.[85] Ein unbedingtes Sollen lässt sich nach Verweyen nur durch ein absolutes Sein begreifen:

> »Nur über eine an den Menschen ergehende Aufforderung, Bild des Absoluten zu werden, wäre ein unbedingtes Sollen seinem eigentlichen Begriff nach zu verstehen: als eine Aufforderung, die aus dem schlechthin unbedingten Sein selbst ergeht und es der *formal* unbedingten Freiheit ermöglicht, sich in dem ihr einzig adäquaten ›Gegenstand‹ auch zu *realisieren*.«[86]

Für Verweyen sind auch Wahlfreiheit und formale Freiheit nur als Möglichkeitsbedingungen für reale Freiheit, die für ihn im Bild-sein des absoluten Seins besteht, als wahre Erscheinungen dieses Seins zu denken. Formale Freiheit aber ist bereits nach ihrer Definition nur als transzendentale Bedingung gedacht, so dass mit diesem Schritt zudem der Wahlfreiheit, wie wir sie erfahren, jede eigene Qualität entzogen und sie auf den einzig angemessenen

---

[82] Verweyen: Gottes letztes Wort, 159.
[83] Verweyen: Gottes letztes Wort, 160. Die strenge Trennung zwischen Müssen und Sollen, die Verweyen in seinen Überlegungen vornimmt, scheint mir nicht haltbar. Wenn man »müssen« mit Fichte als bloße körperliche Einschränkung und »sollen« als Einschränkung des Handelns versteht (Vgl.: Giovanni Cogliandro: Die Dynamik der Fünffachheit in der *Wissenschaftslehre nova methodo*. In: Erich Fuchs, Marco Ivaldo, Giovanni Moretto (Hg.): Der transzendentalphilosophische Zugang zur Wirklichkeit. Beiträge aus der aktuellen Fichte-Forschung. Stuttgart-Bad Cannstatt 2001, 167–197, 188.), so stellt sich die Frage, ob nicht vielleicht er werden und sterben das einzige ist, was ich muss. Wenn aber der Tod und die Zeit nicht in Kategorien der Freiheit gedacht werden können, dann zeigt sich hier auf andere Art ihr Widerstand gegen eine mögliche Reduktion auf den Freiheitsbegriff. Vgl. dazu Kapitel 3.2.
[84] Verweyen: Gottes letztes Wort, 160.
[85] Der Unterschied zu Pröpper besteht, wenn ich richtig sehe, vor allem in der Rangordnung der transzendentallogischen Schlüsse. Während Pröpper und Krings vom Begriff der Freiheit ausgehen und durch ihn einen Gottesbegriff gewinnen, steht nach Verweyen der Begriff eines absoluten Seins, das der Differenz mächtig ist, an erster Stelle. Erst als zweites äußert es sich in Freiheit als Bild seiner selbst.
[86] Verweyen: Gottes letztes Wort, 163.

Freiheitsvollzug hingeordnet wird. Alle falschen Entscheidungen fallen in den Bereich des nichtigen Scheins.

Bezüglich der Frage, wie das geschehen soll, dass sich der Mensch zum Bild von etwas macht, wovon er sich kein Bild machen darf, weist Verweyen zunächst die »Verschmelzung mit dem Absoluten«[87] ab. Sie gehe zwar auf die Problematik ein, dass die Differenz selbst dann nicht vollends beseitigt wäre, wenn der Mensch sich zum Bild des Absoluten mache, da immer noch Zweiheit bestünde, lasse aber zwei Fragen unbeantwortet. »Erstens stellt die Differenz ein wesentliches Moment in der elementaren Strukturiertheit der menschlichen Vernunft dar.«[88] Wenn man das aufhebe, begebe man sich in die Gefahr einer rational nicht mehr zu überprüfenden Ideologie und verliere die Möglichkeit eines Dialogs zwischen den Religionen. »Nimmt man all dies zugunsten eines höheren, über-rationalen Bewusstseinszustandes in Kauf, dann bleibt, zweitens, die Frage nach dem Ziel: das Sich-Auflösen in die völlige Indifferenz des [...] Absoluten.«[89] Es lasse sich nicht mehr erklären, wie es überhaupt zu einer auch nur scheinbaren Differenz komme. Wenn man diese nur als Irrung der Vernunft begreife, dann bleibe einzig das »in überquellender mythischer Phantasie zu umschreibende Spiel des Absoluten.«[90]

Verweyen stellt diesem Konzept seinen Ansatz des Bild-Seins als Inkarnation entgegen. Er versteht den eigenen Leib als konstitutiv für die Erfahrung von Fremdem, was als ein Moment der Vernunft bestimmt worden war: »Diese Anerkennung [durch den anderen] impliziert ja [...] als Bedingung ihrer Möglichkeit die Existenz meines *Leibes*, in dem ich immer schon räumlich und zeitlich an anderes ausgesetzt bin.«[91] Hier ist allerdings »Bedingung der Möglichkeit« nicht im transzendentalen, sondern im historischen oder existenzialen Sinn zu verstehen, da die Transzendentalität für diesen Bereich der Vernunft ja bereits abgewiesen wurde. Inkarnation versteht Verweyen »in einem passivischen Sinn als ›Eingelassensein in ein mir zugehöriges Fremdes‹ und im aktivischen Sinn als ›Mich-Einlassen in (bzw. auf) ein mir zugehöriges Fremdes‹.«[92] Verweyen begreift den passivischen Aspekt als Leib und den aktivischen als Sinnlichkeit, wobei er sich in seinem Verständnis von Sinnlichkeit auf Emmanuel Levinas beziehen will, allerdings vermittelt durch eine Studie von Georg Schwind.[93] Sinnlichkeit versteht Verweyen in ihrer transzendentalen Bedeutung als »›Intentionalität des Subjekts vor aller subjektiven Intentionalität‹.«[94] Ich sehe allerdings nicht, dass man Sinnlichkeit

---

[87] Verweyen: Gottes letztes Wort, 164.
[88] Verweyen: Gottes letztes Wort, 165.
[89] Verweyen: Gottes letztes Wort, 165.
[90] Verweyen: Gottes letztes Wort, 166.
[91] Verweyen: Gottes letztes Wort, 167.
[92] Verweyen: Gottes letztes Wort, 167.
[93] Georg Schwind: Das Andere und das Unbedingte. Anstöße von Maurice Blondel und Emmanuel Levinas für die gegenwärtige theologische Diskussion, Regensburg 2000.
[94] Verweyen: Gottes letztes Wort, 167. Die einfachen Anführungszeichen bei Verweyen selbst und das Fehlen einer Belegstelle deuten bereits an, dass es sich hierbei nicht um

(sensibilité) bei Levinas in einen Zusammenhang mit Intentionalität bringen könnte, ist sie doch gerade das, was jede Intentionalität einer Nähe aussetzt, die mich betrifft und mir entzogen bleibt.⁹⁵ Die intentionale Deutung der Sinnlichkeit ist vielmehr ein Charakteristikum Husserl'schen Denkens, was Schwind auch sehr deutlich herausarbeitet.⁹⁶ Levinas hingegen kritisiert die transzendentale Wendung der Sinnlichkeit und besteht auf ihrer ursprünglichen Passivität. Insofern ist Sinnlichkeit im Anschluss an Levinas gerade nicht als aktivische Seite der Leiblichkeit zu begreifen.⁹⁷ Ohnehin führt für Verweyen diese Betrachtung des Bild-Seins als Inkarnation zunächst im Hinblick auf einen Begriff letztgültigen Sinns nicht weiter. Das Fremde werde nur als etwas Gesichtsloses verstanden, das mir letztlich fremd bleibe und »auf die Dauer gesehen, nichts als meine Auflösung betreibt.«⁹⁸

> »Das ›Wie‹ des Bildes des Absoluten, zu dem ich mich in Freiheit machen soll, kann ich nur über das Antlitz der anderen Menschen erkennen, die, wie alle Freiheit, ebenfalls von ihrem tiefsten Grunde her darauf angelegt sind, Bilder des Absoluten zu werden. [...] [D]ann entstünde so [...] ›in der Horizontalen‹ eine völlige Einheit in Differenz, wie sie Voraussetzung für einen letztgültigen Sinn ist.«⁹⁹

In diesem Zusammenhang weist Verweyen nochmals den statischen Begriff des Bildes zurück. Sich *zum* Bild einer anderen Freiheit zu machen bedeute, das Bild aufzugeben, das ich mir unweigerlich *von* ihr gemacht habe. Das

---

ein Levinas'sches Zitat, sondern um den Versuch einer Formulierung in Levinas'scher Sprache handelt. Der Begriff der Intentionalität spielt bei Verweyen ansonsten keine Rolle, und an dieser Stelle bleibt er unscharf. Zum Einen begreift er ihn wohl als ein Ausgerichtetsein des Subjekts auf Anderes, was durch die Sinnlichkeit vermittelt wird. Gleichzeitig ist die Sinnlichkeit aber zugleich eine »Äußerung meines Wollens« (168) und zielt somit doch wieder auf einen letztgültigen Sinn ab.

⁹⁵ »[D]as Berühren [ist] reine Annäherung und Nähe, nicht reduzierbar auf die Erfahrung der Nähe.« (Emmanuel Lévinas: Sprache und Nähe. In: Ders.: Die Spur des Anderen, Freiburg – München ⁴1998 (= Lévinas: Die Spur des Anderen), 260–294 (= Lévinas: Sprache und Nähe), 278. Frz.: Emmanuel Levinas: Langage et proximité. In: Ders.: En découvrant l'existence avec Husserl et Heidegger, Paris ³2001, 303–330, 317.

⁹⁶ Schwind: Das Andere und das Unbedingte, 174–178.

⁹⁷ »Verwundbarkeit, Ausgesetztsein der Beleidigung, der Verletzung – Passivität, die passiver ist als jede Geduld, Passivität des Akkusativs, des Anklagefalls, Trauma einer Anklage, unter der eine Geisel bis hin zur Verfolgung zu leiden hat, Infragestellung der Identität (in) der Geisel, die an die Stelle der Anderen gesetzt wird: *Sich* – Niederlegung oder Niederlage der Identität des *Ich*. Genau das ist, radikal gedacht, die Sensibilität.« (Emmanuel Lévinas: Jenseits des Seins oder anders als Sein geschieht. Aus dem Französischen übersetzt von Thomas Wiemer, Freiburg – München ²1998 (= Lévinas: Jenseits des Seins), 50.)

⁹⁸ Verweyen: Gottes letztes Wort, 169. Das ist wohlgemerkt nicht die Position von Levinas! Für ihn ist es gerade das Gesicht des konkreten Anderen, das mich betrifft. Zudem betreibt der konkrete Andere nach Levinas nicht meine Auflösung. In den frühen Schriften ist er es vielmehr, der mir ein persönliches Verhältnis zur Alterität erlaubt. Insofern befreit er mich aus meiner solipsistischen Existenz. Vgl. z.B.: Emmanuel Levinas: Die Zeit und der Andere. Übersetzt und mit einem Nachwort versehen von Ludwig Wenzler, Hamburg 1989, 56–65.

⁹⁹ Verweyen: Gottes letztes Wort, 170.

heiße allerdings nicht, dass der Mensch nie wirklich in der Lage sei, sich zum Bild des anderen zu machen, was letztlich auf die schlechte Unendlichkeit hinauslaufe, die Verweyen ja Pröpper vorwirft:

»Dieses Bemühen [des Sich-zum-Bild-machens, CL] kommt vielmehr dann ›ans Ziel‹, wenn ich mich (erstens) in meinem ›Bild-Entschluss‹ vorbehaltlos darauf einlasse, dass der andere Mensch eben frei ist, sich in unendlich vielen und neuen Variationen zu äußern, und (zweitens) wenn genau dies dem anderen Menschen in allen von mir gesetzten Akten als mein unbeugsamer Entschluss erkennbar ist. Einer anderen Freiheit frei zum Bild werden ist gleichbedeutend mit der radikalsten Form von ›Ikonoklasmus‹, die man sich vorstellen kann: ohne innezuhalten Bilder zu fertigen, um sie dann zerbrechen zu lasse [sic!] – ein ›Sisyphus‹, der seinen Fluch als Ruf begriffen hat.«[100]

Es geht also um ein Bild-Werden in einem Bild-Zerbrechen, wobei, wenn ich richtig sehe, hier zwischen zwei verschiedenen Konzepten von Bild zu unterscheiden ist. Die Bilder, die zerbrochen werden müssen, sind diejenigen, die die Freiheit des anderen nicht wahren und ihn im Bild objektivieren wollen. Dieser ganze Prozess wird dann als neues Bild aufgefasst, dieses Mal freilich als ein solches, das sich nur noch in einfachen Anführungszeichen als »›Bild-Entschluss‹« beschreiben lässt. Es steht damit auf derselben Stufe wie das, was Krings transzendentalen Entschluss nannte, womit er die Gleichursprünglichkeit von Sein, Wissen und Freiheit meinte. Hierbei entsteht nun die Problematik einer »entleerten Freiheit«[101], die in ihrem Bildwerden den anderen sich so vollständig ausgedrückt finden lassen würde, dass die eigene Identität negiert würde. Verweyen begegnet dem dadurch, dass er eine bleibende Individualität schlichtweg postuliert: »Den oben skizzierten ›Ikonoklasmus‹ kann der andere nur dann wahrnehmen, wenn meine (bleibende!) Individualität so ›durchgerüttelt‹ wird, dass mein ganzes Ich dabei auf dem Spiele steht.«[102] Unter entwicklungspsychologischen Vorzeichen formuliert er, dass meine Individualität ja gerade die Voraussetzung dafür sei, »dass meine Freiheit zu dem Bild werden kann, worauf der andere um seiner Identität willen angewiesen ist.«[103] Das andere Problem, das sich mit seinem Vorschlag auftut, sieht er nicht. Hält er Pröpper noch die Frage der Realisierbarkeit vor, so wendet sich dieser Vorwurf hier unmittelbar gegen ihn. Wie schnell hintereinander muss ich denn die Bilder, die ich mir mache, zerbrechen? Wie nahe muss ich dem anderen sein, damit ich ohne Zeitverzögerung und ohne Differenzen seine Freiheit abbilde? Führt nicht auch dieses Be-

---

[100] Verweyen: Gottes letztes Wort, 173. Jörg Splett formuliert in seiner Kritik dieser Umdeutung des Sisyphos-Mythos sehr prägnant: »Schon immer fand ich, offen gesagt, das Ansinnen, Sisyphos [...] glücklich zu denken, eher pubertär.« (Jörg Splett: Gottesbeweise: Das transzendentale Argument ein Sophisma? In: Larcher: Hoffnung, 79–90, 87.)
[101] Verweyen: Gottes letztes Wort, 173.
[102] Verweyen: Gottes letztes Wort, 174. – Ein weiteres »Faktum«, an das ich glauben muss.
[103] Verweyen: Gottes letztes Wort, 174f. Verweyen lässt offen, ob er zwischen Individualität und Identität unterscheidet. Mir scheint hier eine synonyme Verwendung vorzuliegen, was den Blick darauf verstellt, dass es eine Individualität geben könnte, die man nicht in Begriffen der Identität denken müsste.

mühen in ein Streben, das niemals genug ist und sich nur in schlechter Unendlichkeit dem absoluten Ikonoklasmus, den Verweyen fordert, annähern kann?

In einer empirisch vermittelten Reflexion führt Verweyen die Kriterien für die Realisierung dieses Bild-Werdens weiter aus, gerade in Bezug auf die gesichtslose Materie, der als Substrat die »Sinnenwelt [...] Schritt für Schritt abgerungen wird.«[104] Sie ist für Verweyen dasjenige, was das Ich mittels seiner Sinnlichkeit, also »vor aller selbstbewussten Tätigkeit«[105] wahrnimmt. Diese Sinnenwelt müsste auch in den empirischen Wissenschaften als Natur begriffen werden, »die in ihrer Entwicklung auf das Aufbrechen von *Freiheit überhaupt* hinstrebt«[106] und die als »Materie Medium für das *gegenseitige Zum-Bild-Werden freier Wesen* sein könnte.«[107]

Als weiteren materiellen Aspekt führt Verweyen die Triebstruktur des Menschen an, die ihm das Fremde in ihm deutlich vor Augen führe und einer rationalen Kontrolle bedürfe. Doch selbst in der Enge der Sexualität sei das Bildwerden wohl im Verlaufe eines Lebens nicht zu bewältigen.[108] Der dritte materielle Gesichtspunkt ist die Frage des Eigentums und eines eigenen Bereichs der Selbstentfaltung in der Sinnenwelt. Hier schlägt Verweyen vor, Einheit mit sich selbst nicht als Abgrenzung eines Eigenbereichs, sondern als Geschenk des anderen zu begreifen. Er sieht die Schwierigkeiten, in diesem Fall aus einer Erstphilosophie unmittelbar praktische Kriterien abzuleiten. Zum Beispiel sei das erstphilosophisch beschriebene Sich-Zurücknehmen natürlich nicht in Bezug auf die Menschen geboten, »die sich ohnehin den Vortritt verschaffen[.]«[109] Daher will er die Erstphilosophie auch streng als

---

[104] Verweyen: Gottes letztes Wort, 175.
[105] Verweyen: Gottes letztes Wort, 175. Verweyen versteht dieses »vor« als ein zeitliches »vor«, das durch die Reflexion eingeholt werden kann. Das ist jedoch nur denkbar, solange die Zeit keine konstitutive Rolle spielt. Wenn sie hingegen ihre Widerständigkeit gegen die Reduktion in bestimmten Phänomenen wie dem Altern oder dem Tod zeigte, so wird der zeitliche Charakter des »vor« auch zu einem erkenntnistheoretischen, (onto-)logischen und metaphysischen, der es verbietet die vorbewusste Intentionalität als empirisches Epiphänomen abzutun.
[106] Verweyen: Gottes letztes Wort, 176.
[107] Verweyen: Gottes letztes Wort, 176. – Mit dieser Forderung möchte Verweyen einem Ansatz vorbeugen, der Freiheit rein abstrakt versteht, so dass sie schließlich manipulierbar erscheint, was unter anderem die Kritik von Heidegger und Adorno hervorgerufen habe. Damit trennt er wie Pröpper auch das »eigentliche Anliegen der Moderne« von deren angeblich empirischer Verfallsgeschichte. Daher kann Verweyen einer Auseinandersetzung mit Heidegger, Adorno und anderen aus dem Weg gehen, weil sie nicht seine eigentliche Konzeption, sondern nur einen verfallenen Begriff von Freiheit und Subjektivität kritisieren. Diese Strategie der Selbstimmunisierung findet sich prägnant in folgendem Zitat wieder: »Sprachanalytisches, hermeneutisches wie alles sich dezidiert auf den sog. ›linguistic turn‹ berufende Philosophieren ist schon von seinem Selbstverständnis her zur Ermittlung von Letztgültigkeitskriterien nicht imstande[.] Sich zur Verteidigung letztgültiger Orientierungspunkte zunächst in das Getümmel dieser multiformen Philosophieentwürfe zu stürzen, halte ich für unergiebig.« (Verweyen: Botschaft, 150.)
[108] Vgl.: Verweyen: Gottes letztes Wort, 179.
[109] Vgl.: Verweyen: Gottes letztes Wort, 177.

»ancilla hermeneutica«[110] verstehen, die keine Realität erschließen könne, sondern nur die dienende Funktion habe, die Unbedingtheitserfahrungen rational zu verantworten. »Das führt nicht über ein abstraktes Grobraster hinaus.«[111] Daran jedoch müssten sich Verweyens Ansicht nach alle hermeneutischen Ansätze halten, die nicht in Beliebigkeit abdriften wollen.[112]

Doch selbst nach diesem Durchgang ist für Verweyen ein »unhinterfragbar gültiger Begriff von Sinn«[113] noch nicht ausreichend umrissen. Die Zeugung bzw. Geburt und der Tod, die Verweyen als ein aus einem gesichtslosen Fremden Kommen und in ein gesichtsloses Fremdes Gehen beschreibt, setzen der Realisierungsmöglichkeit des Bildwerdens Grenzen, die der Mensch von sich aus nicht überwinden kann:

> »Eine zufriedenstellende Lösung dieser Problematik wäre wohl nur über die Annahme möglich, dass den immer vergeblicher werdenden Versuchen der Freiheit, sich als Bild des Absoluten zu inkarnieren, schließlich eine Inkarnation des Absoluten selbst entgegenkommt, d.h., dass das immer gesichtsloser und fremder werdende andere selbst ein Antlitz annimmt und als Du ansprechbar wird. Dies dürfte allerdings nicht so geschehen, dass der lange Weg der Freiheit zum menschlichen Du als im Grunde gegenstandslos beiseite gefegt würde. Die Erscheinung des Absoluten als Du müsste vielmehr ›den Faden‹ meiner Entschiedenheit zum ›Bildwerden im Ikonoklasmus‹ den Menschen gegenüber aufnehmen, den Faden, den mein Sterben unerbittlich zerreißt: In dem sich vom Absoluten her zeigenden Antlitz müsste die eigentliche, von mir unerreichte Wahrheit der vielen Menschen ›auf dem Weg zum Bild des Absoluten‹ aufleuchten. Sich zum Bilde des Absoluten *machen* würde dann in letzter Instanz bedeuten, die zunehmende Gesichtslosigkeit meines Leibes und der Sinnenwelt als integrierenden Teil jenes ›Ikonoklasmus‹ zu verstehen, in dem ich allein dem ›Bilderverbot‹ nachkommen kann, und indem ich mich in diese mir entschwindende Ausdrucksmöglichkeit meiner Freiheit hineinziehen lasse, mich jenem ›Namen‹ zu nähern, der den schlechthin unbedingten Ikonoklasmus vom Menschen fordert. Die ›Geworfenheit‹ meines Daseins von seinem ersten Anfang her ließe sich dann als Möglichkeitsbedingung dafür verstehen, sie schließlich als letzten *Sinn* meines Daseins zu bejahen.«[114]

---

[110] Z.B.: Verweyen: Gottes letztes Wort, 182.
[111] Vgl.: Verweyen: Gottes letztes Wort, 182.
[112] Ich gewinne hier den Eindruck, als mache sich die Erstphilosophie bewusst klein und hässlich, um ihren Machtanspruch zu kaschieren und nicht zu sehr aufzufallen. Das Ganze erinnert mich ein wenig an Walter Benjamins Beschreibung der Schach spielenden türkischen Puppe, die von einem Zwerg im Innern des Tischs bedient wird. (Vgl.: Walter Benjamin: Über den Begriff der Geschichte. In: Ders., Gesammelte Schriften. I/2. Herausgegeben von Rolf Tiedemann und Hermann Schweppenhäuser, Frankfurt ³1990, 691–704, 691.) Benjamin zielt zwar auf das Verhältnis von historischem Materialismus und Theologie ab, doch gelesen mit einer anderen Rollenverteilung scheint es fast, als dürfe die Hermeneutik oben spielen, während die Regeln des Spiels woanders gemacht werden und die Magd der Puppe die Hand führt. Die Frage, wer hier Herrin und wer hier Magd ist, stellt sich nur für den Eingeweihten. Und solange die Puppe sich den Zügen des Zwerges beugen muss, wird sie nicht in der Lage sein, mit dem Spiel angemessen umzugehen. Konkret gesprochen: Wer an die Welt mit einem unverrückbaren Verstehensraster herangeht, immunisiert sich gegen jene Teile der Welt, die darin nicht aufgehen.
[113] Vgl.: Verweyen: Gottes letztes Wort, 184.
[114] Vgl.: Verweyen: Gottes letztes Wort, 184.

Das Wie bleibt ebenso unterbestimmt wie bei der Annahme eines der Differenz mächtigen Seins. Zudem kann auch in Verweyens Modell der Mensch selbst nicht für das einstehen, was von ihm gefordert wird. So setzt er sich eben jenem Vorwurf aus, den er Pröpper macht. Auch er muss ein Eingreifen Gottes postulieren, dass freilich auf eine nicht näher spezifizierte Weise geschehen müsste, die das Mühen der Freiheit zuvor nicht unnütz erscheinen ließe. Das Leben und Sterben Jesu von Nazareth scheint ihm ein solcher Weg zu sein. Da er jedoch vehement die Auferweckung Jesu als notwendiges Erkenntniskriterium seiner Göttlichkeit ablehnt und sie nur als faktisches gelten lässt, stellt sich umso mehr die Frage, ob nicht auch die in diesem Leben realisierte Bildwerdung des Absoluten durch das Sterben an ihrer Vollkommenheit gehindert wurde.[115]

Das Altern und Sterben wird von Verweyen als notwendiger Teil des Ikonoklasmus gedeutet. Das reale Zerbrechen meiner Erscheinung wird als Voll-

---

[115] Ich kann an dieser Stelle auf die Diskussion um Ostern zwischen Verweyen und vielen anderen nicht eingehen, weil das den Rahmen mehr als sprengen dürfte, auch wenn ich überzeugt bin, dass diese Frage von seinem erstphilosophischen Ansatz nicht zu trennen ist. Verweyens Position findet sich in: Gottes letztes Wort, 338–362. Zur Diskussion um seine These, Jesus sei schon zu Lebzeiten de iure als Sohn Gottes zu erkennen gewesen siehe: Verweyen: Botschaft eines Toten, Kap. 3–5; Hans Kessler: Sucht den Lebenden nicht bei den Toten. Die Auferstehung Jesu Christi in biblischer, fundamentaltheologischer und systematischer Sicht. Neuausgabe mit ausführlicher Erörterung der aktuellen Fragen, Würzburg 1995. – Kessler vertritt die Gegenposition und nimmt in seiner dritten Auflage auch die Diskussion mit Verweyen auf. Weitere Beiträge: Hans Kessler: Art. Auferstehung Christi. Systematisch-theologisch. In: LThK³ I, 1185–1190; Hans Kessler: Art. Auferstehung. In: Peter Eicher (Hg.): Neues Handbuch theologischer Grundbegriffe Bd. 1, München 1991, 121–138; Hans Kessler: Christologie. In: Theodor Schneider (Hg.): Handbuch der Dogmatik I, Düsseldorf 1992; Hans Kessler: Irdischer Jesus, Kreuzestod und Osterglaube. Zu Rezensionen von A. Schmied und H. Verweyen. In: Theologie der Gegenwart 32 (1989), 219–229; Hans Kessler: Osterglaube. Jenseits von Fundamentalismus und Rationalismus. In: Thomas Menges (Hg.): Auferstehung Jesu – eine fragliche Metapher. Dokumentation des 4. Diözesantages der katholischen Religionslehrerinnen und Religionslehrer im Bistum Aachen. Religionspädagogische Arbeitshilfen 66 hg. v. Katechetischen Institut des Bistums Aachen, Aachen 1997, 13–50; Hansjürgen Verweyen: Die Ostererscheinungen in fundamentaltheologischer Sicht. In: Zeitschrift für Katholische Theologie 103 (1981), 426–445; ders.: Die Sache mit den Ostererscheinungen. In: Ingo Broer / Jürgen Werbick: »Der Herr ist wahrhaft auferstanden.« (Lk 24,34). Biblische und systematische Beiträge zur Entstehung des Osterglaubens. SBS 134. Stuttgart 1988; ders.: Sinn und Grund des Osterglaubens. In: Thomas Menges: Auferstehung Jesu – eine fragliche Metapher. Dokumentation des 4. Diözosantages der katholischen Religionslehrerinnen und Religionslehrer im Bistum Aachen. Religionspädagogische Arbeitshilfen 66 hg. v. Katechetischen Institut des Bistums Aachen. Aachen 1997, 51–68; ders.: Zur Basis des Osterglaubens. In: Eckhard Lade (Hg.): Christliches ABC heute und morgen. Handbuch für Lebensfragen und Kirchliche Erwachsenenbildung, Homburg 1984. Zur weiteren Diskussion siehe auch: Karl-Heinz Ohlig: Gibt es den ›garstig breiten Graben‹? In: Gerhard Larcher, Klaus Müller, Thomas Pröpper (Hg.): Hoffnung, die Gründe nennt. Zu Hansjürgen Verweyens Projekt einer erstphilosophischen Glaubensverantwortung, Regensburg 1996, 205–214. In diesem Band finden sich auch weitere Diskussionsbeiträge. – Ebenso erhellend ist die Diskussion mit Gerd Lüdemann. Vgl.: Hansjürgen Verweyen: Osterglaube ohne Auferstehung? Diskussion mit Gerd Lüdemann. QD 155, Freiburg – Basel – Wien 1995.

endung des Zerbrechens all der Bilder interpretiert, die ich in meinem Leben dargestellt habe. Das würde allerdings heißen, dass allein mein Sterben Gott angemessen verherrlichen kann. Der Leib wird hier als Teil des nichtigen Scheins gedeutet, womit meines Erachtens einem dualistischen Denken und einer Abwertung der Materie und Geschichtlichkeit Tür und Tor geöffnet werden. Sie dienen als Mittel der Selbstwerdung, dieses Mal nicht Gottes – wie bei Hegel – sondern seines Bildes.

Die Schwierigkeit, dass dieses Verhältnis vom Absoluten und seinem Bild auf beiden Seiten weitgehend unbestimmt bleibt, teilt Verweyen mit Fichte.[116] So kann Verweyen letztlich nur in Paradoxen oder stark metaphorisch geprägter Sprache reden, die sich die Frage gefallen lassen muss, ob sie noch einen *Begriff* letztgültigen Sinns formulieren kann, ohne zynisch zu werden, wenn Liebe und Leiden generell miteinander harmonisiert werden, oder schlicht das Absurde zum Sinnbegriff zu erklären. Wenn dieser Verdacht zutreffen sollte, so würde auch verständlich, weshalb solche Versuche der Letztbegründung außerhalb der katholischen Theologie nicht überzeugen. Verweyen scheint sich gegenüber zeitgenössischem Denken zu immunisieren. Eine Theologie, die ihm folgte, träfe dasselbe Schicksal.

Entsprechend deutlich fallen auch die Widersprüche zu seinem Ansatz aus, von denen ich ich hier nur diejenigen nenne, die mir vor dem Hintergrund der anderen Teile meiner Arbeit besonders bedeutsam erscheinen:

---

[116] Ohne auf die differenzierten Zusammenhänge bei Fichte weiter eingehen zu können, sei zumindest kurz drauf verwiesen: Vgl. z.B.: Lambert Gruber: Transzendentalphilosophie und Theologie bei Johann Gottlieb Fichte und Karl Rahner, Frankfurt am Main – Bern – Las Vegas 1978, 29–163; Hartmut Tietjen: Fichte und Husserl. Letztbegründung, Subjektivität und praktische Vernunft im transzendentalen Idealismus, Frankfurt am Main 1980; Marek J. Siemek: Die Idee des Transzendentalismus bei Fichte und Kant, Hamburg 1984, 114–190; Katja V. Taver: Johann Gottlieb Fichtes Wissenschaftslehre von 1810. Versuch einer Exegese. Fichte-Studien-Supplementa Bd.12, Amsterdam – Atlanta 1999. – Jörg Peter Mittmann zeigt in seiner Studie *Das Prinzip der Selbstgewissheit. Fichte und die Entwicklung der nachkantischen Grundsatzphilosophie* (Bodenheim 1993 (= Mittmann: Das Prinzip der Selbstgewissheit)) für die Wissenschaftslehre von 1794/95, dass die Vereinbarkeit von Spontaneität (was man bei Verweyen wohl in der unbedingten Einheit wiederfindet) und Reflexion (Differenz) in der höchsten Wissensstruktur ungeklärt bleiben. Es kommt 1801 zu einer Klärung, da Fichte die Intentionalität des absoluten Wissens aufgibt und somit die interne Differenz zugunsten der Einheit beseitigt. (Vgl.: Johann Gottlieb Fichte: Darstellung der Wissenschaftslehre aus den Jahren 1801/1802, 9v. In: Ders.: Gesamtausgabe der Bayerischen Akademie der Wissenschaften. Hrsg. von Reinhard Lauth. Band 2. Nachgelassene Schriften 6. Stuttgart – Bad Cannstadt 1983.) Vgl. auch: Mittmann: Das Prinzip der Selbstgewissheit, 202. Mittmann folgert: »Welcher Art ein Wissen sein soll, das nach Abstraktion von aller Intentionalität, allem Wissen von Etwas noch übrig bleibt, entzieht sich jedem theoretischen Zugang. Hier, so scheint es, sind die Grenzen sinnvollen Kommunizierens erreicht, und es bleibt bestenfalls der Appell an die Intuition, verbunden mit dem Glauben, ›dass man ins Schwarze trifft, wenn man ins Blaue redet‹.« (Mittmann: Das Prinzip der Selbstgewissheit, 203.) Das Zitat stammt aus: Robert Musil: Der Mann ohne Eigenschaften. 2. Buch, Hamburg 1981, 23. – Just jenes absolute Wissen ohne Intentionalität ist für Dieter Henrich *Fichtes ursprüngliche Einsicht*, auf die Klaus Müller seinen Ansatz aufbaut. Vgl. dazu das nächste Kapitel, Seite 102.

René Buchholz moniert, Verweyen ignoriere »die gesamte materialistische Denktradition.«[117] Er stellt mit Edmund Arens bei Verweyen ein Verständnis des Glaubens fest, dass »von seinem philosophisch vorgegebenen Identitätsdenken geprägt [ist].«[118] Daraus folge:

»1. die Unterbewertung handlungstheoretischer Glaubensbegründung; 2. die Präponderanz der Gewissheit über die Hoffnung, der – durchaus konsequent – nur eine *präsentische* Eschatologie entspricht, und 3. ›ein ebenso philosophisch wie theologisch anfragbares Identitätsdenken‹. Der letztgenannte Punkt ist von besonderer Wichtigkeit, thematisiert er doch erhebliche Zweifel an erstphilosophischen Vermittlungen des Glaubens.«[119]

Die Frage der Identität wird auch von Georg Scherer thematisiert, der in der In-Eins-Setzung von Sinn, Einheit und Identität Probleme sieht: »Sinn und Einheit fallen also nicht ohne weiteres zusammen.«[120] Für Scherer ist Sinn »das des Seins Würdige.«[121] Daher reicht nach ihm eine transzendentale Analyse im Sinne Kants nicht aus. Sie müsse mit der Lehre von den transzendentalen Bestimmungen des Seins überwunden werden.[122] Scherer kritisiert – in einem fast schon materialistisch anmutenden Zug – die Gefahr, »dass das Sein des Menschen in der Welt als Grunddatum menschlicher Existenz aus der Erstphilosophie ausgeschlossen bleibt.«[123] Die Bemerkungen zur Materie würden von Verweyen nicht vermittelt.

Nach Buchholz bildet gerade Emmanuel Levinas' Philosophie »[i]n der Betonung radikaler Alterität [...] das Gegenstück zu Verweyens Versuch einer identitätsphilosophischen Begründung des Glaubens.«[124] Auch sie verbleibe jedoch als Metaphysik zu sehr in der Tradition idealistischen Denkens und könne entscheidende Motive des materialistischen Denkens nicht einlösen.[125]

---

[117] Buchholz: Körper, 199. Buchholz spricht in seiner Studie ein wenig zu ungebrochen von *der* materialistischen Tradition oder auch *der* idealistischen Philosophie. Hier müsste man deutlicher differenzieren und unterscheiden. Insgesamt trifft seine Kritik an Verweyen jedoch zu.

[118] Edmund Arens: Lässt sich Glaube letztbegründen? In: Larcher u.a. (Hg.): Hoffnung, 112–126, 124. Zitiert bei Buchholz: Körper, 190.

[119] Buchholz: Körper, 199. Der inhaltliche Zusammenhang der drei Punkte ist entnommen aus: Arens: Lässt sich Glaube letztbegründen?, 120–126. Das Zitat stammt von S. 121.

[120] Georg Scherer: Erste Philosophie und Sinnbegriff. In: Larcher: Hoffnung, 63–75 (= Scherer: Erste Philosophie), 71.

[121] Scherer: Erste Philosophie, 72.

[122] Diese Konsequenz erscheint mir fraglich. Immerhin beleuchtet aber Scherers Kritik, dass Verweyen sich in seiner transzendentalen Vorgehensweise nicht an den Gebrauch des Wortes bei Kant hält, wie er dies vorgibt.

[123] Scherer: Erste Philosophie, 74.

[124] Buchholz: Körper, 211. Es bleibt darauf hinzuweisen, dass die Rede von der »Begründung des Glaubens« missverständlich ist. Es geht Verweyen – wie deutlich wurde und wie auch Buchholz unterstellt (Vgl. S. 177, FN 1) – nicht um eine externe Begründung im Sinne einer Erzeugung des Glaubens, sondern allein um den Ausweis der Vernünftigkeit desselben, so dass der Glaubende mit rationalen Gründen glauben kann und nicht gegen die Vernunft glauben muss.

[125] Vgl.: Buchholz: Körper, 214–220.

Gerade das Anknüpfen an idealistische Denkformen ist aber meines Erachtens der entscheidende Vorteil, wenn man das Ungenügen transzendentalphilosophischer Entwürfe von innen her zeigen will, was im dritten Teil meiner Arbeit geschehen soll.[126] Dort werden vor allem der Ausgangspunkt der cartesischen Selbstgewissheit, die Ausblendung der Zeitproblematik und die Frage der Einheit des transzendentalen Bewusstseins zu hinterfragen sein.

3. Klaus Müller: Die Unhintergehbarkeit von Selbstbewusstsein

Auch für Klaus Müller ist eine Letztbegründung des christlichen Glaubens unverzichtbar. Andere theologische Versuche lehnt er als nicht zureichend ab. Sie sind ihm »so eine Art trojanischer Pferde«[1], die die Theologie von innen her bedrohen. Er diagnostiziert in weiten Teilen der Theologie eine Subjektvergessenheit, die die Auseinandersetzung mit der Moderne verweigere oder gerne überspringen wolle und sich daher nur um so bereitwilliger auf die sogenannte Post-Moderne einlasse, ohne zu sehen, dass damit alle Geltungsansprüche verloren gingen und ein kriterienloser Pluralismus die Folge sei, der nicht mehr zwischen den Ansprüchen der katholischen Kirche und Scientology zu unterscheiden vermöge.[2] Müller votiert daher trotz der Tatsache,

---

[126] In diesem Zusammenhang muss zumindest kurz der Versuch einer Parallelisierung von Fichte und Levinas angesprochen werden. Vgl.: Saskia Wendel: Bild des Absoluten werden – Geisel des anderen sein. Zum Freiheitsverständnis bei Fichte und Levinas. In: Larcher: Hoffnung, 164–173. – Wendel postuliert, »dass sich beide philosophischen Ansätze durchaus miteinander vermitteln und wechselseitig ergänzen lassen, was anhand des Freiheitsverständnisses exemplifiziert werden soll.« (164) Das gelingt freilich nur, weil sie die kritischen Potenziale der Levinas'schen Philosophie nivelliert und wesentliche Begrifflichkeiten umdeutet, um sie mit denen Fichtes kongruent zu machen. Eklatant wird das bei der Parallelisierung des Fichte'schen Bildbegriffs und des Begriffs der Spur. (Vgl.: 169) Eine völlige Verdrehung findet in folgender Formulierung statt: »Für Levinas ist nicht nur das Antlitz Spur des Anderen, sondern auch das Selbst, das sich in Freiheit dazu entschließt, dem Anspruch des Anderen zu entsprechen und für das Andere verantwortlich zu sein.« (170) – Diese Interpretation ist nicht haltbar. Für Levinas geht die Verantwortung der Freiheit (und der Unfreiheit) voraus. Es gibt also kein freies Sich-Entschließen, sondern eher ein Vorgeladen-Sein vor den Anspruch des anderen. Eine Entscheidung gegen diese Vorladung ist keine Freiheit sondern Unverantwortlichkeit. Siehe dazu auch meine Ausführungen zu Levinas im dritten Teil.

[1] Klaus Müller: Der Streit um Begründungsfiguren. In: Joachim Valentin, Saskia Wendel (Hg.): Unbedingtes Verstehen?! Fundamentaltheologie zwischen Erstphilosophie und Hermeneutik, Regensburg 2001, 9–22, 9.

[2] Vgl.: Klaus Müller: Wieviel Vernunft braucht der Glaube? Erwägungen zur Begründungsproblematik. In: Ders. (Hg.): Fundamentaltheologie – Fluchtlinien und gegenwärtige Herausforderungen. In konzeptioneller Zusammenarbeit mit Gerhard Larcher, Regensburg 1998, 77–100, 77. (= Müller: Wieviel Vernunft braucht der Glaube?) Vgl. auch: Klaus Müller: Begründungslogische Implikationen der christlichen Gottrede. In: Peter Neuner (Hg.): Glaubenswissenschaft? Theologie im Spannungsfeld von Glauben, Rationalität und Öffentlichkeit. QD 195, Freiburg 2002, 33–56, 37f. Dort formuliert er im Anschluss an eine – vorsichtig gesagt – sehr pauschale Kritik zeitgenössischer Positionen: »Theologien, die auf Universalität angelegte Begründungsgedanken und mit

dass Theologie »durch und durch Kunst der Verständniserweckung, also Hermeneutik«[3] sei, für eine philosophische Letztbegründung, die jedoch nur darin bestehen könne – und an diesem Anspruch werden Müllers Überlegungen zu messen sein –, »logisch irrtumsfrei zu einem Begriff eines nicht mehr hintergehbaren Gültigkeitsanspruchs, eines letztgültigen Sinnes«[4] durchzustoßen. Dieser habe zwei theologische Funktionen: Zum einen sichere er in der Vernunft des Verstehenden die Kriterien für die Hermeneutik, die diese nicht aus sich nehmen könne, da sie ein endloser Prozess sei. Zum anderen habe »sich Gott letztgültig und also auf nicht mehr überbietbare Weise in Jesus Christus geoffenbart«[5], was die philosophische Vernunft dazu nötige, einen Begriff letztgültigen Sinns auszuarbeiten, um über den faktisch ergehenden Anspruch zu entscheiden.

ihnen die Wahrheitsfrage kategorisch ausschließen, folgen also kapitalistischen Basisannahmen – und reproduzieren sie damit.« (38) – Es erscheint in diesem Zusammenhang sehr erstaunlich, dass Müller eine Monographie *Wenn ich »ich« sage* (Vgl.: Klaus Müller: Wenn ich »ich« sage. Studien zur fundamentaltheologischen Relevanz selbstbewußter Subjektivität. Frankfurt am Main – Berlin – Bern – New York – Paris – Wien 1994.) ausgerechnet mit dem Kapitel »Soll und Haben: Eine Kurz-Bilanz« abschließt und dort auch ausdrücklich von einer »Kosten-Nutzen-Bilanz« spricht. (600) Lassen sich die Vorteile einer gewissen Spielart der Theologie tatsächlich auf zwei Seiten in ökonomischen Begriffen – »was zahlt und gewinnt die Theologie« (600) – zusammenfassen? Dominiert hier nicht statt der Wahrheitsfrage eine Zweckrationalität? Dafür sprechen zumindest Müllers Darstellungen von philosophischen Überlegungen, die seiner Position entgegenstehen. Dort unterzieht sich Müller nicht der Mühe einer genaueren und vielleicht zeitraubenden Lektüre, sondern urteilt aus der Ferne. Als ein Beispiel mag folgende Heidegger-Interpretation dienen: »Heidegger behauptete, die okzidentale Philosophie habe Sein als Anwesenheit interpretiert, als Vorhandensein. Auch sich selbst verstehe der Mensch so. *Als das Wesen, dem es wesentlich um das Sein geht, nehme er vom Standpunkt seiner Anwesenheit, seiner Selbstgegenwärtigung alles andere Vorhandene in seine Verfügung, mache es zum ihm zuhandenen Zeug – und verfehle damit das Sein und sich selbst;* darum verdichte sich im neuzeitlichen Subjektgedanken die Seinsvergessenheit auf eine Weise, die nur noch in den Nihilismus führen könne.« (Klaus Müller: Das etwas andere Subjekt. Der blinde Fleck der Postmoderne. In: Zeitschrift für Katholische Theologie 120 (1998), 137–163 (= Müller: Das etwas andere Subjekt), 144, Hervorhebung von mir, CL.) – Mir geht es um den kursivierten Teil des Zitats und um Müllers dort aufgestellte Behauptung, die sich so bei Heidegger nicht findet. Das Dasein nimmt nach Heidegger nicht das Vorhandene in seine Verfügung und macht es zum zuhandenen Zeug. Vielmehr verhält es sich umgekehrt. Das Seiende begegnet zunächst im Umgang mit dem Dasein als Zeug in der Art der Zuhandenheit, die dem nur theoretischen Blick entgeht. Dieser betrachtet das Seiende als Vorhandenes, das jedoch bereits seine Zuhandenheit, in der es ursprünglich begegnet, weitgehend verloren hat. Dazu Heidegger: »Innerhalb des jetzigen Untersuchungsfeldes sind die wiederholt markierten Unterschiede der Strukturen und Dimensionen der ontologischen Problematik grundsätzlich auseinanderzuhalten: 1. das Sein des zunächst begegnenden innerweltlichen Seienden (Zuhandenheit); 2. das Sein *des* Seienden (Vorhandenheit), das in einem eigenständig entdeckenden Durchgang durch das zunächst begegnende Seiende vorfindlich und bestimmbar wird; 3. das Sein der ontischen Bedingung der Möglichkeit der Entdeckbarkeit von innerweltlichem Seienden überhaupt, die Weltlichkeit von Welt.« (Martin Heidegger: Sein und Zeit, [18]2001, §18, 88.)

[3] Müller: Wieviel Vernunft braucht der Glaube?, 94.
[4] Müller: Wieviel Vernunft braucht der Glaube?, 93.
[5] Müller: Wieviel Vernunft braucht der Glaube?, 96.

Damit folgt Müller Verweyen, dessen Ansatz er wegen der Aufnahme einer erstphilosophischen Letztbegründung als »Unikum in der zeitgenössischen Fundamentaltheologie«[6] würdigt. Mit Verweyen weiß er sich insofern einig, dass ein »unbedingter Geltungsgrund [...] – wenn überhaupt – nur im Subjekt selbst gefunden werden [kann]«[7], da »[d]ie Geltungsdifferenz von wahr und falsch [...] nur auf der subjektiven Seite des Erkenntnisereignisses zur Entscheidung gebracht werden [kann].«[8] Daher hält er wie Verweyen transzendentalpragmatische Begründungsversuche für unzureichend. Sie setzen nach seiner Analyse sogar eine subjekttheoretische Begründung voraus.[9] Müller macht jedoch auch bei Verweyen »ein seltsam retardierendes Moment«[10] aus:

> »Der [...] Gedanke der Anerkennung scheint kraft der Eigendynamik seiner logischen Struktur in Sprachformen zu treiben, die dahin tendieren, den Begriff der Subjektivität in einer für ihn schlechthin konstitutiven Hinsicht zu verkürzen, zumindest zu verdecken.«[11]

Als Konsequenz aus der »Unterbelichtung der Ichdimension«[12] sei Verweyens Denken geprägt von der »Aura eines Sittlichkeitsrigorismus, den die transzendentale Logik des Bild- und Anerkennungsbegriffs hervortreibt.«[13] Müller moniert die fehlende lebensweltliche Rückbindung der Verweyen'schen Gedankengänge vor allem in Bezug auf die Theodizee-Frage.[14] In seiner Monographie *Gottes Dasein denken* geht Müller nur im Rahmen historischer Darstellungen auf die Frage der Theodizee ein, unter erkenntnistheoretischen Aspekten spielt sie keine Rolle. Allerdings problematisiert er Leibniz' Versuch und formuliert allgemein:

> »Die herkömmlichen Lösungsangebote überzeugen nicht nur nicht, sie stehen nicht selten an der Kippe zur taktischen Verharmlosung, wenn nicht zum Zynismus – so wenn der Auftritt allen Übels in der Welt den Verfehlungen menschlicher Freiheit zugeschrieben wird oder die Zulassung des Bösen durch Gott dadurch erklärt wird, dass dies um eines daraus zu gewinnenden größeren Guten geschehe.«[15]

---

[6] Klaus Müller: Anerkennung und Ich-Apriori. Eine Asymmetrie in Hansjürgen Verweyens erstphilosophischem Ansatz. In: Gerhard Larcher, Klaus Müller, Thomas Pröpper (Hg.): Hoffnung, die Gründe nennt. Zu Hansjürgen Verweyens Projekt einer erstphilosophischen Glaubensverantwortung, Regensburg 1996, 49–62, 51. Dieser Beitrag ist eine etwas ausführlichere Fassung des Vorwortes zu Müllers bei Verweyen verfasster Habilitationsschrift *Wenn ich »ich« sage*.
[7] Müller: Anerkennung und Ich-Apriori, 51.
[8] Müller: Anerkennung und Ich-Apriori, 51.
[9] Vgl.: Müller: Wieviel Vernunft braucht der Glaube?, 93.
[10] Müller: Anerkennung und Ich-Apriori, 54.
[11] Müller: Anerkennung und Ich-Apriori, 51.
[12] Müller: Anerkennung und Ich-Apriori, 56.
[13] Müller: Anerkennung und Ich-Apriori, 58.
[14] Diese Problematik spielt bei Müller insgesamt keine entscheidende Rolle. Der Verweis, dass sein Ansatz »kraft seiner Negativität Ressourcen [impliziert], um auf die Herausforderungen einer Theologie ,nach Auschwitz' angemessen einzugehen« (Müller: Wenn ich »ich« sage, 573.), bleibt eine Behauptung. Vgl. dazu auch die Frage, wie das Selbstbewusstsein angesichts des »Muselmanns« in Auschwitz zu beurteilen ist. Vgl.: Kapitel 5.2, Seite 314.

Verweyen wird hier nicht namentlich genannt, doch diese Kritik richtet sich inhaltlich auch gegen ihn. Müller verlangt von Letztbegründungsgedanken keine Lösung der Theodizeefrage, auch wenn er den Anspruch hat, eine Alternative vorzuschlagen, »die – bei vergleichbarer Tragfähigkeit und Reichweite – über Wege erreicht werden kann, die weniger umwegig und konkreter sind[.]«[16] Dies sei möglich, ohne neue Elemente in den Gedankengang einzuführen, indem man lediglich eine Perspektivenverschiebung vornehme:

> »Die Alternative setzt genauso bei der Selbstgewissheit des Ichs an, jedoch beim Ich, sofern es a priori mit sich vertraut ist. Diese Vertrautheit mit sich heißt insofern a priori, als sie sich nicht reflexiven Prozessen verdanken kann.«[17]

Es handelt sich hier um jene Vertrautheit mit sich, die die Intentionalität des Wissens negiert, die Fichte in seiner Wissenschaftslehre von 1801 formulierte.[18] Zu diesem Schluss kommt Müller im Anschluss an einige Autoren der analytischen Philosophie[19] und an Dieter Henrich sowie die Heidelberger Schule. Dabei stützt er sich hauptsächlich auf Dieter Henrich. Die analytischen Theorieansätze leisten für ihn zweierlei. Einerseits legen sie dar, dass Selbstbewusstsein, sofern es sich in der Unhintergehbarkeit des Ich-Indikators zeige, sprachlich intersubjektiv vermittelbar sei, und andererseits gelten sie Müller als Beleg dafür, dass die Selbstbewusstseinsproblematik gerade auch in Modellen virulent werde, die »kraft ihrer Herkunft von den Hypotheken klassischer Subjekttheorien nicht berührt waren und sind[.]«[20] In diesem Zusammenhang erscheint interessant, dass Derrida bei Austin und im Anschluss bei Searle, von denen letzterer sich zuletzt auch in der Debatte um Subjektivität und Selbstbewusstsein zu Wort gemeldet hat,[21] durchaus handfeste Motive der abendländischen Metaphysiktradition ausmacht.[22]

Müller konzediert, dass keine der Theorien den Anspruch erhebe, ein geschlossenes System zu entwickeln, will aber dennoch oder gerade deshalb

---

[15] Müller: Gottes Dasein denken, 96.
[16] Müller: Anerkennung und Ich-Apriori, 59.
[17] Müller: Anerkennung und Ich-Apriori, 51.
[18] Weitere Hinweise zu Fichte vgl. auch Seite 94. Erneut möchte ich hier Jörg Peter Mittmann zitieren:»Welcher Art ein Wissen sein soll, das nach Abstraktion von aller Intentionalität, allem Wissen von Etwas noch übrig bleibt, entzieht sich jedem theoretischen Zugang. Hier, so scheint es, sind die Grenzen sinnvollen Kommunizierens erreicht, und es bleibt bestenfalls der Appell an die Intuition, verbunden mit dem Glauben, ›dass man ins Schwarze trifft, wenn man ins Blaue redet‹.« (Mittmann: Das Prinzip der Selbstgewissheit, 203.) Das Zitat stammt aus: Robert Musil: Der Mann ohne Eigenschaften 2. Buch, Hamburg 1981, 23.
[19] Die analytische Philosophie ist freilich nach Verweyens Diagnose als Philosophie nach dem *linguistic turn* für die Versuche einer ersten Philosophie unergiebig. Vgl.: Hansjürgen Verweyen: Botschaft, 150.
[20] Müller, Wenn ich »ich« sage, 560.
[21] Vgl. z.B.: John R. Searle: Die Wiederentdeckung des Geistes. Aus dem Amerikanischen von Harvey P. Gavagai, München 1993.
[22] Vgl.: Jacques Derrida: Limited Inc., Paris 1990, 78; dt.: 66.

einen systematischen Ertrag aus diesen Ansätzen ziehen, wobei »Systematik nicht a priori deduktiv und geschlossen sein muss.«[23] Es erscheint nahezu unmöglich, an dieser Stelle Müllers umfangreiche Analysen der befragten analytischen Autoren nachzuzeichnen. Es reicht aber wohl auch nicht aus, sich nur an seine Zusammenschau zu halten, die die wesentlichen Züge von Selbstbewusstsein nochmals aufgreift und miteinander verknüpft.[24] Ohnehin ließe sich diese nur zitieren, da sie bereits sehr gedrängt und dicht ist. Ich will daher versuchen, einen Weg zu beschreiben, der die Anknüpfungspunkte zwischen den analytischen Autoren und der Philosophie von Dieter Henrich, an den sich Müllers Ansatz in weiten Teilen anlehnt, aufnimmt, jedoch die kritischen Potenziale einiger analytischer Theorien auch gegen Henrich und Müller nicht unterdrückt. Dazu nehme ich sie sowohl in der Darstellung von Henrichs Überlegungen als auch im Nachgang zu Müllers »Theologischen Applikationen« auf.

Bevor Müller Ansätze aus der analytischen Philosophie zur Rehabilitierung von Selbstbewusstsein untersucht, setzt er sich zunächst deutlich von Rahners und Pannenbergs Modell der Subjektivität ab. In Bezug auf Rahner weiß sich Müller mit Pröpper und Verweyen einig, wenn er den Ausfall der erstphilosophischen Reflexion beklagt. Bei Pannenberg diagnostiziert er einen hamartiologischen Kurzschluss, durch den Selbstzentriertheit mit Sünde gleichgesetzt werde. Für Müller hingegen ist Selbstzentriertheit nicht gleichbedeutend mit Egoismus.[25] Bei Robert Nozick sieht er dafür Anhaltspunkte:

»Ausgehend von dieser identifikatorischen Zuspitzung gelingt Nozick im übrigen auch die Entlarvung eines gängigen Vorurteils, dem Subjekt-Theorien – mindestens unterschwellig und in verstärktem Maß seitens theologischer Auseinandersetzungen – unterworfen sind: dass sie apriorisch egoistische Strukturen in der Selbstverständigung des Menschen begründen, wenn nicht glattweg Egoismen rechtfertigen. Um es gleich theologisch zu formulieren: Sorgende Selbstbezüglichkeit und das ihr korrespondierende Selbstbewusstsein sind nicht per definitionem egoistisch, also sündig, sondern die Existenzwurzeln des Subjekts als eines reflektierenden.«[26]

Allerdings ist die Selbstsorge nach Nozick vom Egoismus nur graduell zu unterscheiden.[27] Daher muss man fragen, ob die Identifikation der Selbstsorge mit der Selbstreflexion geeignet ist, »die Entlarvung eines gängigen Vorurteils« zu betreiben, oder ob sie nicht viel eher dieses »Vorurteil« nährt und

---

[23] Müller, Wenn ich »ich« sage, 561.
[24] Diese Zusammenschau findet sich fast identisch an zwei Orten: Vgl.: Müller, Wenn ich »ich« sage, 562–564 und Ders.: Subjektivität und Theologie. Eine hartnäckige Rückfrage. In: Theologie und Philosophie 70 (1995), 161–186 (= Müller, Subjektivität und Theologie), 173–174.
[25] Diesem »Vorurteil« möchte Müller auch mit einem breit angelegten Kapitel in seinem Beitrag *Das etwas andere Subjekt* entgegenwirken. Vgl.: Müller: Das etwas andere Subjekt, 148–158.
[26] Vgl.: Müller: Wenn ich »ich« sage, 289f.
[27] Vgl.: Robert Nozick: Ichlosigkeit. In: Ders. Vom richtigen, guten und glücklichen Leben. Aus dem Amerikanischen von Martin Pfeiffer, München – Wien 1991, 156–166, 162f.

bestätigt. Es scheint sich beim Egoismus gerade nicht um eine Verfallserscheinung, sondern vielmehr um eine konsequente Fortentwicklung des Subjektgedankens zu handeln. Das Problem des freien Willens wird z.B. nach Nozick erst durch die Haltung des Egoismus verursacht: »Wenn ich die Frage danach stelle, wie ich frei sein kann, ist dann nicht genau dieser Begriff von Freiheit – Unabhängigkeit von Außendingen – ein Konzept, das in der egoistischen Haltung wurzelt?«[28] So fern scheint Pannenbergs These nicht zu liegen.

Müller setzt sich auf analytischer Seite von den Modellen von Gilbert Ryle und Willard Van Orman Quine ab, die im Rahmen analytischer Erklärungsversuche Subjektivität und Selbstbewusstsein keine zentrale Stellung einräumen. Dagegen hält er sich an die Darstellung von sechs Entwürfen analytischer Prägung, die seiner Einschätzung nach selbstbewusste Subjektivität auf je eigene Weise rehabilitieren.[29] Er hält dabei als gemeinsamen Bezugsrahmen fest, dass sie Selbstbewusstsein »im Theorierahmen der Referenzialität ansiedeln, also der Frage nach jenem Bezug zwischen Wörtern und Objektwelt, an dem die Wahrheit von Sätzen hängt; und zweitens teilen sie methodisch alle – mehr oder weniger streng – die Verpflichtung auf den ›semantic ascent‹, also den Übergang von der Rede in bestimmten Ausdrücken zur Rede *über* die Ausdrücke und ihren Gebrauch[.]«[30]

Dieter Henrich steht mit seiner Theorie des Selbstbewusstseins Pate für die Müller'schen Überlegungen. Das Selbstbewusstsein gilt ihm als Ausgangspunkt einer spekulativen Philosophie im Anschluss an die Traditionen Kants und Hegels.[31] In seiner Habilitationsschrift wählt Müller einen stark histo-

---

[28] Robert Nozick: Haltungen. In: Robert Nozick: Vom richtigen, guten und glücklichen Leben. Aus dem Amerikanischen von Martin Pfeiffer, München – Wien 1991, 167–178, 178.
[29] Die entscheidenden Namen sind: Sydney Shoemaker, Hector-Neri Castañeda, Thomas Nagel, Robert Nozick, Harald Delius und Roderick Chisholm.
[30] Vgl.: Müller: Subjektivität und Theologie, 168. – Dieses Verfahren, das nach Quine auch in den Naturwissenschaften, der Mathematik und der Logik eine wichtige Rolle spielt, wird von diesem als besonders nützlich für philosophische Zusammenhänge erachtet, da die Diskussion auf eine Ebene verlagert werde, »auf der die Parteien über ihre Gegenstände (nämlich Wörter) und die sie betreffenden Hauptbegriffe in stärkerem Maße übereinstimmen. [...] Die Strategie geht dahin, so weit aufzusteigen, bis man zu einem gemeinschaftlichen Teil zweier grundsätzlich verschiedener Begriffsschemata gelangt, um ihre Grundlagen desto besser erörtern zu können.« (Willard van Orman Quine: Wort und Gegenstand (Word and Object). Aus dem Englischen übersetzt von Joachim Schulte in Zusammenarbeit mit Dieter Birnbacher, Stuttgart 1980, 468f.) Es wird später mit Levinas zu fragen sein, was mit denjenigen Wirklichkeitserfahrungen geschieht, die sich nicht in der Sprache manifestieren und sich auch nachträglich einer Versprachlichung entziehen. Müssen sie einer solchen Philosophie nicht notwendig entgleiten? Mit Derrida wird darüber hinaus zu fragen sein, ob das, was in diesem »ascent« geschieht, unerheblich für die weitere Reflexion ist oder ob die Möglichkeit dieser Verschiebung nicht bereits dem différance-Geschehens geschuldet ist.
[31] Vgl.: Dieter Henrich: Kant und Hegel. Versuch der Vereinigung ihrer Grundgedanken. In: Ders.: Selbstverhältnisse. Durchgesehene und bibliographisch ergänzte Ausgabe, Stuttgart 2001 (= Henrich: Selbstverhältnisse), 173–208. Ders.: Grund und Gang spe-

risch-genetischen Zugang zu Henrichs Theorie, angereichert durch Exkurse zu Sartre und Reininger sowie die von Henrich beeinflusste sogenannte Heidelberger Schule.[32] Dabei wird der metaphysische Impetus von Henrichs Gedanken in den Hintergrund gedrängt. Sie werden eher im Bereich transzendentalphilosophischer Überlegungen verortet, dem sie aber zumindest im Sinne Kants definitiv nicht angehören.[33] Daher werde ich die Bezüge zu Gedanken, die sich dem sogenannten deutschen Idealismus zuordnen lassen, deutlicher herausstellen, wie sie sich bereits in Henrichs Aufsatz von 1966 *Fichtes ursprüngliche Einsicht*[34] abzeichnen. Dort versucht er zu zeigen, dass jener erkannt habe, dass Theorien, die Selbstbewusstsein als Subjekt-Objekt-Beziehung, also als eine zweistellige Relation, begreifen, fehlschlagen müssen, weil sie entweder in einen leeren Zirkel münden oder das voraussetzen müssen, was sie zu zeigen suchen.[35] Es müsse daher eine Selbstvertrautheit geben, die als prä-reflexive jeder Reflexivität vorausgehe und einstellig verfasst sei.

An diesem Punkt sieht Müller einen Anknüpfungspunkt an die Überlegungen von Robert Nozick.[36] Nach Müller läuft »Nozicks post-naturalistische

---

kulativen Denkens. In: Ders.: Bewusstes Leben (= Henrich: Bewusstes Leben), Stuttgart 1999, 85–138 (= Henrich: Grund und Gang spekulativen Denkens). Es ist mir an dieser Stelle nicht möglich, auf Henrichs sehr eigenwillige Kant- und Hegel-Interpretationen einzugehen. Die Frage, ob seine Deutungen den Gehalt des Denkens beider Philosophen treffen, ist allerdings auch für die systematische Darstellung seines eigenen Ansatzes, um den es hier gehen soll, zweitrangig.

[32] Vgl.: Müller: Wenn ich »ich« sage, 457–557. Eine knappere Darstellung der für ihn zentralen Gedanken Henrichs findet sich in: Klaus Müller: Subjektivität und Selbstbewusstsein. Zur Wiederentdeckung einer philosophischen Theorieperspektive. In: Gerhard Krieger, Hans-Ludwig Ollig (Hg.): Fluchtpunkt Subjekt – Facetten und Chancen des Subjektgedankens, Paderborn – München – Wien – Zürich 2001 (= Krieger: Fluchtpunkt Subjekt), 135–150.

[33] Vgl. dazu u.a. auch die Gegenüberstellung von Krings, Henrich und Baumgartner in Bernhard Nitsche: Göttliche Universalität in konkreter Geschichte. Eine transzendentalgeschichtliche Vergewisserung der Christologie in Auseinandersetzung mit Richard Schaeffler und Karl Rahner, Münster 2001 (= Nitsche: Göttliche Universalität), 65–94.

[34] Dieter Henrich: Fichtes ursprüngliche Einsicht. In: Dieter Henrich, Hans Wagner (Hg.): Subjektivität und Metaphysik. Festschrift für Wolfgang Cramer, Frankfurt am Main 1966, 188–232 (= Henrich: Fichtes ursprüngliche Einsicht). Vgl. auch: Ders.: Fichtes Ich. In: Henrich: Selbstverhältnisse, 57–82.

[35] Johannes Brachtendorf kann in seinem Beitrag *Endlichkeit und Subjektivität. Zur Bedeutung des Subjekts im Denken Augustins*. (In: Krieger (Hg.): Fluchtpunkt Subjekt, 37–53.) demgegenüber nachweisen, dass schon Augustinus diesen Einwand kennt und ihm durch eine Unterscheidung von *se nosse* und *se cogitare* begegnet, wobei *se nosse* als intuitiv und immer schon vollzogen begriffen werden müsse, während die *cogitatio* reflexiv-diskursiven Charakter habe. (44–46) Für Augustinus sei jedoch eindeutig gewesen, dass aus dem *se nosse* keinerlei Wissen über sich selbst oder gar über die Welt abzuleiten ist. Es schließe einzig das Wissen der *mens* ein, dass sie sie selbst ist: »So ist die *mens humana* weder ein Weltprinzip noch eine allgemeine Vernunft, die erst zur Individualität weiter bestimmt werden müsste, sondern sie ist von vornherein ein einzelnes Wesen unter anderen.« (49) Der Vater des Einwands ist nach Brachtendorf der antike Skeptiker Sextus Empiricus, zu dessen Kritik schon Plotin Stellung nehme.

[36] Er rezipiert vor allem Robert Nozick: Philosophical Explanations, Cambridge 1981 (= Nozick: Philosophical Explanations).

Analyse unzweideutiger als alle anderen ähnlich motivierten Konzeptionen auf eine Rehabilitierung transzendentalphilosophischer Theoriestücke«[37] hinaus. So nimmt Nozick selbst gelegentlich auf Fichte Bezug und stellt eine Verwandtschaft seiner Gedanken mit denen Fichtes fest.[38]

Dabei handelt es sich vor allem um eben jenes Motiv der Selbst-Synthetisierung des Ich, das Nozick in Anschlag bringt, um die Bedingung der Möglichkeit von reflexivem Wissen zu klären. Ein solches Wissen derjenigen selbstreferenziellen Entität, die »ich« sagt, um sich selbst muss nach Nozick von innen her erfolgen.[39] Die Selbst-Synthetisierung ist nun der Versuch, eine solche Bezugnahme zirkelfrei zu erklären, d.h. nicht schon ein Ich vorauszusetzen, auf das Bezug genommen wird. Nozick weist sowohl die Möglichkeit ab, Selbstbewusstsein als ein nicht mehr weiter erklärbares Grundphänomen zu deuten, als auch die Überlegung, das Selbst verorte sich an einer Leerstelle in der Reflexivität, da das ebenfalls in eine zirkuläre Argumentation verfalle.[40] Sein Ausgangspunkt ist der reine Akt reflexiven Selbstbezugs, was in der Tat an Fichte (und auch an Krings und Henrich) erinnert. Das Ich ist um diesen Akt herum synthetisiert: »Man stelle sich eine Reihe von Akten ohne Akteure vor, $A_1,..., A_n$, die dann durch einen synthetisierenden Akt A_0 miteinander **und** (daran hängt der reflexive Selbstbezug) mit A_0 selbst synthetisiert werden. ›Synthese‹ streng denken heißt aber dann: die durch die Synthetisierung von $A_1,..., A_n$ durch und mit A_0 umgrenzte Entität E tritt im Akt A_0 in Erscheinung.«[41] Der Akt A_0 wird als das organisierende Zentrum der sich durch seine Organisation bildenden Einheit von Akten betrachtet. Nur dadurch, dass er sowohl sich selbst als auch die anderen Akte in sich selbst verankert, entsteht so etwas wie ein Selbst. Daher ist für Nozick dieser Akt konstitutiv und muss zumindest einmal ausdrücklich vollzogen sein.[42]

Inwiefern aber ist A_0 noch mit den anderen Akten vergleichbar und kann insofern als »Akt« gelten, wenn er einen völlig anderen Bezug stiftet als die anderen Akte? Wird das Problem des nicht mehr erklärbaren Grundphänomens nicht nur auf eine andere Ebene verlagert? Nozick führt dagegen die Überlegung an, dass man einen reflexiven, selbstbezüglichen Akt von außen beschreiben könne, ohne auf reflexive, selbstbezügliche Indikatoren angewiesen zu sein. Er geht von dem Fall der einfachen Referenz aus (A bezieht sich auf X), woraus zufällig eine Selbstreferenz werden könne, ohne dass diese schon reflexiv sein müsse – Als Beispiel dient dafür in der analytischen Philosophie immer wieder Ödipus, der auszog, um denjenigen zu finden, der Theben Unheil brachte, (was er unwissender Weise selbst war), aber eben nicht sich selbst suchen wollte.[43] –, sowie von der Gödel'schen Selbstrefe-

---

[37] Vgl.: Müller: Wenn ich »ich« sage, 278.
[38] Vgl.: Nozick: Philosophical Explanations, 89.
[39] Vgl.: Nozick: Philosophical Explanations, 75. – Woher stammt hier die Unterscheidung zwischen innen und außen? Wer legt die Grenze fest?
[40] Vgl.: Nozick: Philosophical Explanations, 82f.
[41] Müller: Wenn ich »ich« sage, 282f.
[42] Vgl.: Nozick: Philosophical Explanations, 91.
[43] Vgl. z.B.: Nozick: Philosophical Explanations, 72f.

renz, die notwendigerweise im referierenden Gegenstand selbst liege. Daraus lasse sich der Begriff einer Selbstreferenz ableiten, die notwendig selbstbezüglich sei, deren Selbstbezüglichkeit aber nicht im referierenden Gegenstand als einem reflexiv verfassten selbst beschlossen liege, sondern die kraft einer Eigenschaft selbstbezüglich sei, die in eben jenem Akt des Beziehens geschaffen werde. »Eben jener« (»that very«) sei jedoch nicht reflexiv selbstbezüglich; »it merely harks back to an earlier constant or bound variable.«[44] Insofern lasse es sich als eine externe und damit zirkelfreie Beschreibung einer Eigenschaft des Aktes betrachten, die diesem in seinem Selbstvollzug verliehen werde. Unabhängig von der Frage, ob das Problem der externen Fassbarkeit der Selbstbezüglichkeit gelöst ist, wenn sie nicht mehr in einem Gegenstand, sondern in einem Akt des Beziehens gedacht wird, der nur von einer bestimmten Art von Gegenständen hervorgebracht werden kann, stellt sich die Frage, wie es mit der Identität eines solchen Selbsts durch die Zeit hindurch bestellt ist. Auch wenn der Akt A_0 Vergangenes und sogar komplette vergangene Selbstsynthesen umgreifen kann, so stellt er die Identität doch immer neu fest, und mit seinem Ende endet auch die Identität. Wenn also alle Handlungen notwendig endlich sind und keine zugrundeliegende Substanz gedacht werden soll, dann ist Identität oder Einheit durch die Zeit letztlich nicht zu erreichen.[45]

Was Nozick als Unterscheidung von A_0 und A_1 bis A_n beschreibt, spiegelt Henrichs Postulat wider, es müsse eine innere Strukturiertheit des Ich-Bezugs geben, wenn man überhaupt etwas davon aussagen wolle. Fichtes immer

---

[44] Vgl. Nozick: Philosophical Explanations, 92f.
[45] Die Problematik wird von Nozick gesehen und in der Theorie des »Closest Continuer« angegangen: »The closest continuer view holds that y at t_2 is the same person as x at t_1 only if, first, y's properties at t_2 stem from, grow out of, are causally dependent on x's properties at t_1 and, second, there is no other z at t_2 that stands in a closer (or as close) relationship to x at t_1 than y at t_2 does.« (Nozick: Philosophical Explanations, 36f.) Damit ist aber die Frage der Identität eines Selbst auf die empirische Ebene verlagert, womit einer transzendentalen Analyse der Boden entzogen wird. Auch Nozicks Vorschlag zur Lösung des Problems der Einheit des Selbsts als eine Bündelung von Akten geht in eine ähnliche Richtung. Er siedelt diese Problematik innerhalb des allgemeinen Problems von Einheit und Vielheit an, wobei er sein Augenmerk nicht auf die Frage richtet, ob es Einheit gibt, sondern wie sie möglich ist. Die verschiedenen Teile können eine Ganzheit konstituieren, die keine vorgängige Einheit voraussetzt und die auch nicht in der Summe ihrer Teile besteht, wie Nozick am Beispiel des Sandhaufens ausführt. Dieser ist in gewissem Sinn auch eine Einheit, weil die Anordnung der einzelnen Sandkörner nicht völlig beliebig sein darf, sondern eine irgendwie geartete Kegelform voraussetzt. Mit einem solchen System lässt sich Identität über eine Zeitstrecke hinweg begreifen. Der Haufen kann durchaus Teile verlieren oder hinzugewinnen, ohne seine Ganzheit als Haufen zu verlieren. Ebenso muss das Selbst als Ganzheit konzipiert werden, die nicht auf die Identität ihrer Teile angewiesen ist, um sie selbst zu bleiben. (Vgl. Nozick, Philosophical Explanations, 104.) – Müllers Anmerkung, es handele sich im Falle von Nozicks Akten ohne Akteur um eine Alternative »strukturalistischer Signatur« (Müller: Wenn ich »ich« sage, 290), zeigt, dass Müller die Spannungen zwischen seinen Überlegungen und Nozicks Denken durchaus sieht, auch wenn das ohne Konsequenzen bleibt.

wieder neue Ansätze seiner Wissenschaftslehre seien der Versuch der immer genaueren Darstellung eben jener inneren Strukturiertheit:

> »Der Weg, auf dem ein Bild vom Ich nach dem anderen verworfen werden musste, wird schließlich zu einem wesentlichen Teil der Erkenntnis von ihm. Denn die Sätze, in denen Fichte zuletzt vom Ich spricht, sind nur noch der paradoxe Ausdruck der Erkenntnis, dass es sich der Konstruktion durch Begriffe entzieht.«[46]

Damit scheint das Ich aller Bestimmung zu entgleiten, worauf ja bereits hindeutet, dass es nicht des Ergebnis einer Reflexion ist und somit grundverschieden von allen anderen Bewusstseinsinhalten. Wenn es einer anderen Ordnung angehört als der, in der wir normalerweise Dinge wissen, dann kann es in der normalen Ordnung nicht gewusst werden. Darauf weist auch Hector-Neri Castañeda in seiner Guise-Theorie hin.[47] Diese Theorie soll die Einheit verschiedener Ich-Performative beschreiben und damit eine Selbigkeit des transzendentalen Ichs festhalten.[48] Allerdings gibt es für Castañeda so viele Selbste für jeden performativen Ich-Akt, wie sich sogenannte konsubstanziierte Guise-Bündel voneinander abtrennen lassen. (Ich bin Redner bei der Eröffnung, der Mann im grauen Anzug, der Nachbar von...) Somit beruht der Ertrag des je neu zu konstituierenden transzendentalen Ichs nicht in seiner überzeitlichen Gewissheit – es gewinnt ja auch ständig neue Selbste hinzu –, sondern darin, dass es seinerseits auf eine transzendente Einheit verweist, die der Ermöglichungsgrund dafür ist, dass die »*I-think-the balloon*«-Struktur[49] immer wieder neu aktuiert werden kann: »There is no transcendent I. There is a transcendent noumenon, beyond *the balloon*, which underlies at once and *holistically the balloon*, our experiences and their subjects.«[50] Von diesem Noumenon lässt sich jedoch nichts aussagen:

> »Jene Wörter ›es‹, ›Noumenon‹, ›Absolutes‹, ›Subjekt aller Prädikation‹ tauchen alle in Sätzen auf und haben Bedeutungen, die einen sprachlichen Bezugsrahmen voraussetzen. [...] Was wir hier benötigen, muss über Kants negativen Begriff des Noumenons hinaus in Richtung auf Wittgensteins Begriff dessen, was sich zeigt, aber nicht gesagt wird, gehen. Wir können eine metaphysische, gänzlich transzendente Einheit postulieren, korrespondierend zu jedem System individueller Gestaltungen, die aufgrund der existenziell kontingenten Selbigkeit zusammengehören,

---

[46] Henrich: Fichtes ursprüngliche Einsicht, 214f.
[47] Vgl.: Hector-Neri Castañeda: The Self and the I-Guises, Empirical and Transcendental. In: Konrad Cramer (Hg.): Theorie der Subjektivität. FS Dieter Henrich, Frankfurt am Main 1987, 105–140, 139.
[48] Vgl. zur Frage der Identität: Hector-Neri Castañeda: Identität und Selbigkeit. In: Ders.: Sprache und Erfahrung. Texte zu einer neuen Ontologie. Eingeleitet und übersetzt von Helmut Pape, Frankfurt am Main 1982, 231–262, 232. Castañeda verweist für die vollständige Diskussion auf seinen Beitrag *Das Denken und die Struktur der Welt* (In: Castañeda: Sprache, 350–391.) Die Aufsätze *Identität und Selbigkeit* sowie *The Self and the I-Guises* sind für einen ersten Überblick aber eher geeignet.
[49] Vgl.: Castañeda: The Self, 119. Unter *the balloon* versteht Castañeda die von dem denkenden Ich vorgestellte Welt, aus der es sich bei jedem cartesischen Zweifelsakt erneut wieder zurückzieht.
[50] Castañeda: The Self, 133.

durch die je zwei von ihnen verbunden sind. Und wir können die Aufteilung dieser Einheit dem Geist oder der Sprache, durch die der Geist denkt, zuschreiben, aber dann bleibt, wie bei Kants Einheit des Noumenon, die Einheit unbeschreibbar. Alternativ dazu können wir einfach diese Einheit so betrachten, dass sie einfach die Einheit des Systems der individuellen Gestaltungen ist, die zusammengehören: warum sollten wir ein undenkbares oder rätselhaftes Substrat postulieren, das jenseits aller Gestaltungen liegt?«[51]

Henrich will dabei jedoch nicht stehenbleiben. Für ihn gibt es durchaus Kriterien, die die es erlauben, über die Beschreibung jenes Noumenon zu urteilen, das er als nicht reflexives Selbstbewusstsein bestimmt:

»Das Selbstbewusstsein ist dann in paradoxen Ausdrücken angemessen bestimmt, wenn sie es zulassen, das System abgeleiteten Wissens zu interpretieren. Das Ich ist Erkenntnissubjekt. In ihm müssen Bedingungen liegen, welche den inneren Zusammenhang alles Erkennens miteinander stiften. Wer diesen Zusammenhang entwickeln kann, der muss auch vom Ich Zutreffendes gesagt haben, auch wenn er seiner Rede weder die Form der Deduktion noch die der Deskription eines eindeutigen Sachverhalts geben kann.«[52]

An dieser von Fichte abgeleitete Maxime muss sich auch Henrichs eigene Theorie messen lassen, die im Laufe der Zeit ständig präzisiert wurde. In seiner Fichte-Interpretation differenziert er vier elementare Momente von Selbstbewusstsein, die aufeinander irreduzibel sind und dennoch nur als Einheit auftreten. Müller fasst dies folgendermaßen zusammen:

»(a) dass Selbstbewusstsein als Aktivität zu denken ist, deren (b) Auftreten immer mit einem Wissen von dieser Aktivität einhergeht; zwar konstituieren diese beiden Momente die Grundstruktur des Ichs, jedoch muss zu seiner Selbstbewusstheit (c) ein nicht vom Ich erzeugter Ichbegriff hinzutreten, der die Momente (a) und (b) in der für Selbstbewusstsein spezifischen Einheit umfasst; und diese Einheit (c) von (a) und (b) weiß das Ich schließlich (d) als wirkliche.«[53]

Dieser Ichbegriff ist für Henrich in spekulativem Denken angemessen zu bestimmen.[54] Das selbstbewusste Subjekt, das sich im Ichbegriff äußert, steht für Henrich an der Nahtstelle zwischen Erkenntnistheorie in der Nachfolge Kants und Metaphysik, Ontologie oder spekulativem Denken in der Nachfolge des sogenannten deutschen Idealismus. Dabei fülle der deutsche Ide-

---

[51] Hector-Neri Castañeda: Fiktion und Realität. In: Castañeda: Sprache, 301–350, 338f.
[52] Henrich: Fichtes ursprüngliche Einsicht, 215.
[53] Müller: Wenn ich »ich« sage, 471. Vgl.: Henrich: Fichtes Ich, 66–69.
[54] Ich überspringe im Folgenden Henrichs ersten Theorieversuch. (Vgl.: Dieter Henrich: Selbstbewusstsein. Kritische Einleitung in eine Theorie. In: Rüdiger Bubner, Konrad Cramer, Reiner Wiehl: Hermeneutik und Dialektik. Aufsätze I. Methode und Wissenschaft, Lebenswelt und Geschichte. FS Hans-Georg Gadamer, Tübingen 1970, 257–284.) Er ist für Müllers Studie von untergeordneter Bedeutung, auch wenn er ihn ausführlich darlegt. (Vgl.: Müller: Wenn ich »ich« sage, 474–480.) Festgehalten sei nur, dass sich Henrich sehr stark an Fichte orientiert, ohne den Gottesdanken als Abschluss und einheitsstiftendes Moment zu übernehmen. Die an dessen Stelle gesetzte »Kenntnis von sich« setzt sich daher leicht wieder dem Zirkularitätsverdacht aus. (Vgl. auch: Müller: Wenn ich »ich« sage, 478.)

alismus eine Leerstelle in Kants Philosophie, für den »eine Naturlehre der menschlichen Vernunft [...] sowohl unmöglich wie auch entbehrlich für die Erfüllung der Aufgaben der Philosophie sei[.]«[55] Kants Ideen seien in gewisser Weise »Gedanken des Abschlusses«[56] des Denkens und somit »ein Gedanke vom Ganzen der Vernunft«[57]. Von diesem Gedanken des Ganzen als Einheit könne nun der Weg des Aufstiegs noch einmal in entgegengesetzter Richtung durchlaufen werden:

> »So geht das spekulative Denken vor allem darauf aus, die Gehalte der primären Welt nach einem anderen, dem integrativen Einheitssinn zu erschließen. Es wird einen Begriff vom Einzelnen und von seiner inneren Einheit ausbilden – und zwar so, dass die Ordnungen, in der Einzelne bestehen, nicht mehr als ihnen fremd und somit als ihnen von außen auferlegt gedacht werden müssen.«[58]

Henrich legt somit im Selbstbewusstsein die Grundlage für eine Metaphysik, die zu einer einheitlichen Weltbeschreibung in der Lage ist, was für ihn die Grundaufgabe der Philosophie darstellt: »Die Philosophen müssen wissen, dass ohne sie die Hoffnung auf ein befreites Leben vergeblich bleiben wird. Denn es gehört zum Wesen des Bewusstseins selbst, nicht ohne einen Begriff seiner frei existieren zu können.«[59] Es liegt nahe, dass sich solches Denken dem Fiktionsverdacht aussetze, was Henrich durchaus zur Kenntnis nimmt, wogegen er sich aber in einer Doppelstrategie immunisiert. Zum einen nimmt er dem Wort Fiktion seinen Beiklang von Falschheit oder Irrealität, in dem er die Kunst als »Akt des Fingierens«[60] bezeichnet, die eine solche Wirklichkeit ins Werk setze, die nicht gegenständlich sei, sondern aus dem bewussten Leben stamme. Und zum anderen entzieht er den Ausgangspunkt des spekulativen Denkens den Kriterien von wahr und falsch. Er vergleicht ihn mit

---

[55] Henrich: Grund und Gang spekulativen Denkens, 100.
[56] Henrich: Grund und Gang spekulativen Denkens, 103.
[57] Henrich: Grund und Gang spekulativen Denkens, 105.
[58] Henrich: Grund und Gang spekulativen Denkens, 127.
[59] Dieter Henrich: Die Grundstruktur der modernen Philosophie. Mit einer Nachschrift: Über Selbstbewusstsein und Selbsterhaltung. In: Hans Ebeling (Hg.): Theorie-Diskussion. Subjektivität und Selbsterhaltung. Beiträge zur Diagnose der Moderne, Frankfurt am Main 1976 (= Ebeling: Subjektivität und Selbsterhaltung), 97–143 (= Henrich: Die Grundstruktur der modernen Philosophie), 119f. Vgl. auch: Dieter Henrich: Bewusstes Leben und Metaphysik. In: Henrich: Bewusstes Leben, 194–216. In diesem Interview greift Henrich seine These, die Philosophie sei die Nachfolgerin der Hochreligionen, auf, da diese mit ihrer Symbolwelt nicht mehr in der Lage seien, Erfahrungen der modernen Welt zu integrieren. (Vgl.: Dieter Henrich: Lebensdeutungen der Zukunft. In: Ders.: Fluchtlinien. Philosophische Essays, Frankfurt am Main 1982 (= Henrich: Fluchtlinien), 11–42.) – Vor diesem Hintergrund muss man sich fragen, ob erstens nicht auch Henrichs Philosophie mit hochgradig symbolischen Deutungen und metaphorischer Sprache operiert, ob zweitens hier nicht die Einwände des sogenannten »linguistic turn« nicht nur nicht ernstgenommen, sondern schlichtweg übergangen werden, und ob drittens ein Denken mit solchen Grundannahmen für eine christliche Theologie relativ unreflektiert als Referenzpunkt in Betracht kommen kann.
[60] Dieter Henrich: Versuch über Fiktion und Wahrheit. In: Henrich: Bewusstes Leben, 139–151 (= Henrich: Versuch über Fiktion und Wahrheit), 150.

Platons Hypothesis und Kants Postulat, von dem dieser sage, »dass es zu gebrauchen sei, ›als ob‹ es wahr sei.«[61]

> »Was zu begründen uns unmöglich ist, was aber aus dem Ganzen unseres Vernunftwesens als unverzichtbare These hervorgeht, auf das dürfen wir ebenso unser Leben orientieren, wie wenn es eine begründete Erkenntnis wäre. Wir sind berechtigt in der Meinung, dass das, was wir annehmen, und das, was wahr ist, sich ineinander kontinuieren. Das eigentlich Wirkliche, das auch unsere Wirklichkeit ist, verlangt nicht, die Wahrheit dessen zu dementieren, was doch nur angenommen wurde, weil seine Annahme unabwendbar war.«[62]

Der Einheitssinn ist nach Henrich von Anfang an »gegen die Alternative zwischen Wahrheit und Projektion indifferent.«[63] Was aber ist mit dem eigentlich Wirklichen gemeint? Wird hier nicht die Brüchigkeit und Unvollkommenheit des alltäglichen Lebens in dem, was Henrich »primäre Welt« nennt, ignoriert? Dagegen verwahrt er sich zwar – es könne nicht Ziel des spekulativen Denkens sein, eine Weltflucht zu organisieren oder die Konfliktgründe als Schein zu entlarven –, doch scheint mir seine Lösung der Gebrochenheit der Welt genau diese nicht ernst zu nehmen und letztlich doch dem selbstbewussten Subjekt eine versöhnende Funktion zuzuschreiben, »Konfliktlagen in begründeten Gedanken zu übergreifen, den Konflikt also zugleich auch zu begreifen[.]«[64]

Dieses Gefälle zwischen dem Versuch, das Differente, Zerbrochene und Nicht-Ideale ernstzunehmen, und seiner unmittelbaren Wiederaneignung im Denken des selbstbewussten Subjekts kennzeichnet auch Henrichs Ansatz der Selbstbeschreibung von Bewusstsein als Subjekt und Person, der eine einheitliche Weltdeutung ermöglichen soll. Dabei wird das Subjekt als der Welt gegenüberstehend gedacht, das die Welt in seinem »Ich denke« zu seinem Gegenstand machen kann und von daher Ewigkeitscharakter beansprucht. Diesen Zug des Selbstbewusstseins führt Henrich auf Kant zurück. Versteht sich das Selbstbewusstsein als Person, so versteht es sich als Einzelnes in einer Ordnung von anderen Einzelnen, was anschlussfähig an die Weltbeschreibungen nach der kopernikanischen Wende sei und die radikale Zufälligkeit und Beiläufigkeit des Auftretens des Menschen im Universum ernst nehme. Das Wissen um diese beiden Selbstbeschreibungen ist nach Henrich im Bewusstsein in einer Art der prä-reflexiven Vertrautheit mit sich in einem unverfügbaren Grund gegeben:

> »In einer Hinsicht sind wir Zentrum der Welt, in anderer ein fragiles und hinfälliges Weltding, – wir sind Einzelner unter vielen Einzelnen und zugleich innerhalb unserer selbst eines selbstgenügsamen Lebens fähig, – und wir sind schließlich dies alles aus einem in seinem Dasein gewissen, seiner Beschaffenheit nach aber schlechtweg unverständlichen Grunde.«[65]

---

[61] Henrich: Versuch über Fiktion und Wahrheit, 146. – Muss ich daran glauben?
[62] Henrich: Versuch über Fiktion und Wahrheit, 146.
[63] Henrich: Grund und Gang spekulativen Denkens, 132. Inwieweit für ihn dann noch das Müller'sche Kriterium der logischen Irrtumsfreiheit gelten kann, erscheint zumindest zweifelhaft, da er ja gerade dem Anwendungsbereich der Logik entzogen wird.
[64] Henrich: Grund und Gang spekulativen Denkens, 136.

Wenn es jedoch um die Frage geht, wie beide Begriffe zusammenhängen, so greift Henrich auf den Subjektbegriff zurück, der die Einheit gewährleisten muss.[66] Gegenüber materialistischen Deutungen des Bewusstseins in der analytischen Philosophie, die den Ich-Gebrauch analog zum Er-Gebrauch betrachten und damit nach Henrich nur dem Person-Charakter von Selbstbewusstsein gerecht werden, hält er fest:

> »Derjenige, dem etwas scheint, ist durch den ganzen Zusammenhang der Geschichte seiner Meinungen und seiner erfolgreichen und fehlgehenden Begründungen definiert. Es ist ganz unausweichlich anzunehmen, dass alle wahren und fehlgehenden Meinungen, soweit sie ohne Mitteilung aufeinander bezogen sind, einen Zusammenhang ausmachen, der von möglichen anderen zumindest ebenso eindeutig unterschieden ist wie eine Person von einer anderen Person. Insofern er einer ist, der sich über die Stadien der Meinungsgeschichte durchhält, hat er diesseits aller raum-zeitlichen Identifizierung eine eigene Form von Identität. Sie macht es notwendig, korrelativ zur Person vom Subjekt zu sprechen. [...] Wir verstehen uns gleich ursprünglich als einer unter den anderen und als der Eine gegenüber der ganzen Welt.«[67]

Müller sieht hier eine Parallele zu Thomas Nagel, wobei dieser Objektivität und Subjektivität als Pole eines Kontinuums betrachtet,[68] während die beiden

---

[65] Dieter Henrich: Das Selbstbewusstsein und seine Selbstdeutungen. Über Wurzeln der Religionen im bewussten Leben. In: Ders.: Fluchtlinien, 99–124 (= Henrich: Das Selbstbewusstsein und seine Selbstdeutungen), 113.

[66] Auch Klaus Müllers Schülerin Saskia Wendel sieht im Anschluss an Henrichs Unterscheidungen von Subjekt und Person die Subjektivität als Möglichkeitsbedingung für die Personalität. (Vgl.: Saskia Wendel: Antizipation oder Alternative: Der Subjektgedanke und die Mystik. In: Krieger: Fluchtpunkt Subjekt, 55–69, 63.) Mit der Forderung, die Präreflexivität sei egologisch zu denken, will sie sich von Henrich absetzen, da dessen Überlegungen in ein monistisches Denken führten. (Vgl. S. 61.) – Ihre in diesem Beitrag durchgeführte Interpretation der Mystik hin auf den neuzeitlichen Subjektgedanken führt meines Erachtens in der Bestimmung des Verhältnisses von Autonomie und Gnade in die Nähe des der Neuscholastik zugeschriebenen Zwei-Stockwerke-Denkens, in dem die *natura pura* des Menschen und übernatürliche gnadenhafte Vollendung strikt voneinander geschieden wurden.

[67] Dieter Henrich: Selbstbewusstsein und spekulatives Denken. In: Henrich: Fluchtlinien, 125–181 (= Henrich: Selbstbewusstsein und spekulatives Denken), 137f. Nur am Rande sei die Frage gestellt, ob Henrich sich mit dieser Argumentation nicht in die Problematik hineinmanövriert, dass man es nach einem Gedächtnisverlust, der der analytischen Philosophie ja als ein Paradebeispiel dient, zwar noch mit derselben Person, aber nicht mehr mit demselben Subjekt zu tun hat. – Diese Problematik wie auch die schwierigen Aspekte der Zeitfrage hält er jedoch im speziellen Fall von Selbstbewusstsein für nicht zutreffend, weshalb er sich damit auch nicht beschäftigt. Identität über die Zeit ist für ihn nur ein spezieller Fall der allgemeinen Frage nach Identität, die sich nur in Bezug auf Dinge stelle, die auch nicht identisch sein könnten. Da Selbstbewusstsein nach Henrich in seinem Auftreten gegen einen Referenzfehlschlag immun ist, ist die Frage nach seiner Identität irrelevant. Vgl.: Dieter Henrich: »Identität« – Begriffe, Probleme, Grenzen. In: Odo Marquard, Karlheinz Stierle: Identität, München 1979, 199–186, bes. 175–182.

[68] Vgl.: Thomas Nagel: Die Grenzen der Objektivität. Philosophische Vorlesungen. Übersetzt und herausgegeben von Michael Gebauer, Stuttgart 1991 (= Nagel: Grenzen), 116.

Weisen des Selbstbewusstseins als Subjekt und Person bei Henrich eindeutig zwei getrennten Vollzügen zugewiesen werden, die nicht auseinander ableitbar sind. Dennoch sieht auch Nagel in der Versöhnung beider Aspekte »eine primäre philosophische Aufgabe eines menschlichen Lebens, vielleicht sogar jeder Form intelligenten Lebens.«[69] Nagel geht nicht von einer gelingenden Versöhnung aus. Er optiert für eine möglichst weitgehende Objektivierung der Dinge und damit eine Ausschaltung der subjektiven unverrechenbaren Perspektive. In der nach Müllers Habilitationsschrift erschienenen Monographie *Das letzte Wort*[70] hält er sich an Descartes Argumentationsgang, ohne dessen dualistische Konsequenzen nachvollziehen zu wollen. »Der springende Punkt ist vielmehr die von Descartes aufgezeigte Einsicht, dass es einige Gedanken gibt, aus denen wir nicht *heraustreten* können.«[71] Das Denken sei deshalb nur von innen her zu verstehen, nämlich aus seinen verschiedenen, nicht aufeinander rückführbaren Vollzügen. »[D]ie Autorität der fundamentalsten Arten des Denkens tritt nur aus dem Inneren jeder einzelnen Art zutage und kann nicht durch eine Theorie des denkenden Subjekts gewährleistet werden. Gerade gegen den Primat des Selbstverstehens muss man sich zur Wehr setzen.«[72] Somit schließt er eine Letztbegründung im autonomen Subjekt definitiv aus: »Sofern wir überhaupt denken, müssen wir uns selbst – individuell wie kollektiv – als Wesen begreifen, die die Ordnung der Vernunftgründe nicht erschaffen, sondern ihr unterworfen sind.«[73]

Im Unterschied zu Nagel nennt Henrich zwei Versöhnungsformen für die gegenläufigen Tendenzen der Grundverfasstheit von Selbstbewusstsein: Religion und Philosophie. Die Hochreligionen stellen für ihn einen Versuch dar, diesen Konflikt jeweils zu Gunsten einer Seite zu lösen. Er versteht sie als – wenn auch defiziente – Versuche, die Paradoxie, die dem Menschen in seinem Selbstbewusstsein begegnet, aufzulösen.[74] Mit dem Verständnis der Re-

---

[69] Thomas Nagel: Der Blick von nirgendwo. Übersetzt von Michael Gebauer, Frankfurt am Main 1992 (= Nagel: Blick), 116f. Die Idee des objektiven Selbsts besteht für Nagel darin, dass es »sich zu Erlebnissen aus jeder beliebigen Perspektive verhalten können« muss. »[D]enn an sich selbst besitzt es keine solche Perspektive.« (ebd., 111.) – Ich bezweifle, dass eine solche Perspektivlosigkeit logisch denkbar ist. Nagel schlägt ein Gedankenexperiment vor, nach dem meine Sinneswahrnehmungen durch eine direkte Reizung meiner Nerven »in mir so vorgehen, dass ich mit Informationen in Wort und Bild über jenes Geschehen in der Welt versorgt würde, das beliebige andere Personen sehen, hören und dergleichen.« (ebd., 111.) Meines Erachtens liefert das jedoch immer noch *meinen* Blick, wenn auch aus den unterschiedlichsten Perspektiven.
[70] Thomas Nagel: Das letzte Wort. Aus dem Englischen übersetzt von Joachim Schulte, Stuttgart 1999 (= Nagel, Das letzte Wort). Im Original: The Last Word, New York – Oxford 1997.
[71] Nagel: Das letzte Wort, 32. Dieser Überlegung ist wohl in der Tat nichts entgegenzusetzen. Die Schwierigkeiten beginnen an dem Punkt, an dem man diese Gedanken substanziiert oder ihnen einen Herrschaftsraum zuweist, der weiter ist als der des Denkens. Denn die Tatsache, dass wir aus einigen Gedanken nicht heraustreten können, wenn wir (sie) denken, sagt noch nicht, dass der Mensch alle seine Lebensvollzüge in Gedanken aufheben kann.
[72] Nagel: Das letzte Wort, 41.
[73] Nagel: Das letzte Wort, 210.
[74] Vgl.: Henrich: Das Selbstbewusstsein und seine Selbstdeutungen. – Die starke Abstrak-

ligion aus dem Selbstbewusstsein heraus sieht er auch eine Möglichkeit gegeben, sie sich so anzueignen, »dass sie in keiner Weise dem, der sie aneignet, äußerlich oder gar von außen imputiert ist.«[75] So verstanden lassen sich aus dem Grundverhältnis zwei Selbstdeutungen ableiten, die sich dadurch voneinander unterscheiden, »dass sie in Kenntnis des unausdenkbaren Ursprungs *entweder* die Einzelnheit der Person *oder* die Reinheit des bewussten Lebens als letzte Orientierung für den Menschen aufrichten.«[76] Eine Betonung der Subjektivität unter Aufgabe der Ontologie der Einzeldinge führe zum monistischen Typ von Religion, der sich in den östlichen Formen verwirklicht, gleichgültig ob ein höchstes Selbst (Hinduismus) oder eine undifferenzierte Wirklichkeit (Buddhismus) gedacht werde.

> »Dieser Möglichkeit steht diametral entgegen die Möglichkeit der Forderung zur Aufgabe der Subjektivität, die als eitle gedeutet wird, in die Ordnung der Dinge, welche durch die höchste Person erwirkt, garantiert und erneuert wird. Das Denken dieser Religion ist notwendig pluralistisch; es kann kein Einzelnes ohne Welt von Einzelnen auch nicht als höchstes Einzelnes zulassen. Aber sie muss den höchsten Einzelnen denken, da nur er für die Ordnung der Einzelnen einstehen und zugleich der Garant der Personalität sein kann[.]«[77]

Die Mahayana-Version des Buddhismus und die christliche Trinitätslehre sind nach Henrich Anzeichen dafür, dass beide Arten von Religion ein Wissen von der jeweils anderen Möglichkeit in sich bewahrt haben.[78] Dennoch hält er

---

tion dieser Deutung problematisiert Henrich selbst. (116) Ob es sich dabei nur um eine Abstraktion handelt oder um ein Auslassen wesentlicher Bestandteile des Religiösen, will ich hier nicht diskutieren. Das wird im Zusammenhang mit Müllers theologischen Anwendungen des Selbstbewusstseinsgedankens in Bezug auf die christlich-jüdische Tradition noch eingehend zu betrachten sein. Es sei an dieser Stelle nur ungeschützt und noch ohne Detailbelege angemerkt, dass es sowohl bei der buddhistischen Formel, alles Dasein sei leidvoll, als auch bei der biblischen Hoffnung auf Erlösung nicht um die Heilung einer gespaltenen Psyche oder um eine Auflösung philosophischer Dilemmata geht, sondern um eine Befreiung des ganzen Menschen aus leidvoller Existenz, die nicht zuletzt auch in körperlichem Leid besteht, was in Henrichs Überlegungen ausgeklammert bleibt.

[75] Henrich: Das Selbstbewusstsein und seine Selbstdeutungen, 100. Damit trägt er der Forderung der Moderne nach Autonomie des Subjekts Rechnung, verkürzt aber freilich die heteronome Dimension von Religion, die sich z.B. in der monastischen Spiritualität im Lehrer-Schüler-Verhältnis gerade auch in der buddhistischen Tradition deutlich zeigt. An diesem Verhältnis macht Levinas die Frage der Vernunft fest: »Affirmer que le passage d'un contenu, d'un esprit à l'autre, ne se produit sans violence que si la vérité enseignée par le maître se trouve, de toute éternité, chez l'élève, c'est extrapoler la maïeutique au-delà de son usage légitime. [...] L'autre n'est pas pour la raison un scandale qui la met en mouvement dialectique, mais le premier enseigenement.« (Emmanuel Lévinas: Totalité et inifini. Essai sur l'extériorité, Paris 1998 (= Lévinas: Totalité et infini), 223; dt.: Emmanuel Lévinas: Totalität und Unendlichkeit. Versuch über Exteriorität. Übersetzt von Wolfgang Nikolaus Krewani, Freiburg – München 1987 (= Lévinas: Totalität und Unendlichkeit), 223.)

[76] Henrich: Das Selbstbewusstsein und seine Selbstdeutungen, 117.
[77] Henrich: Das Selbstbewusstsein und seine Selbstdeutungen, 117.
[78] Vgl.: Henrich: Das Selbstbewusstsein und seine Selbstdeutungen, 118f.

eine Synthese auf dem Weg der Religionen nicht für möglich, da sie jeweils ein Moment des Grundverhältnisses zum Absoluten steigerten und somit diesem nicht mehr vollends gerecht würden.

»Daraus ergibt sich die Folgerung, dass die großen Selbstdeutungen der *Philosophie* bedürfen. [...] [I]hr Denken führt sie in Situationen, in denen sie ihre Universalität nur bewahren können, wenn sie ein Denken freisetzen, welches über das von ihnen selbst entfaltete hinauszugreifen vermag. Und solches Denken kann allein das der Philosophie sein, und zwar der Philosophie als spekulativer.«[79]

Wie ein solches Denken aussehen kann, stellt Henrich in *Selbstbewusstsein und spekulatives Denken*[80] dar. Diese Annäherung ist stark von Hegel'schem Gedankengut geprägt, weshalb es mir wichtig erscheint, zunächst Henrichs Vorbehalte gegenüber Hegel zu markieren. Mit Fichte kritisiert er, dass Hegel die Einheit der Gegensätze nur dialektisch denke, wohingegen das Phänomen des Selbstbewusstseins verlange, sie als ursprüngliche Einheit zu fassen. »Des weiteren denkt er die Einheit von Wirklichkeit und Freiheit nur als Verwirklichung von Freiheit, somit wiederum nicht als ursprüngliche Einheit der beiden.«[81] Daher ist es Henrich auch wichtig, Selbstbewusstsein nicht nur als Relationsstelle in der Entsprechung von Welt- und Selbstverständnis zu fassen. »Denn die Korrelation als ganze gewinnt ihre Form von der Möglichkeit des Selbstbewusstseins her, das somit für sie in einem theoretisch erheblichen Sinn grundlegend ist.«[82] Das bedeutet für ihn, dass Selbstbewusstsein und Welt aus einem gemeinsamen Akt hervorgehen. Dennoch bildet die Identität des Subjekts den Angelpunkt für alle anderen Identitätszuschreibungen und damit für das Subjekt-Welt-Verhältnis. Die Person wird also als innerweltliche ausdrücklich an das Subjekt rückgebunden, das damit eine Zentralstellung erhält. Es scheint, als sollte der Konflikt im Selbstbewusstsein zu Gunsten des Subjekts aufgelöst werden, weil nur für dieses ein einheitliches Verständnis der Welt möglich ist. Henrich setzt sich vom Missverständnis ab, es könne sich bei der Beziehung Subjekt-Welt um eine Herstellungsrelation handeln. Für ihn geht es um den »modal-ontologischen Status der Subjektivität in der Sinnbestimmung von Wirklichkeit.«[83] Dennoch darf dieser nicht als reine Begrifflichkeit abgetan werden, als Wissen von etwas. Als Wissen von sich ist es notwendig wirklich: »Es ist Wissen von Wirklichem und selbst Wirklichkeit, und beides notwendig zugleich.«[84]

---

[79] Henrich: Das Selbstbewusstsein und seine Selbstdeutungen, 119.
[80] In: Henrich: Fluchtlinien, 125–181.
[81] Henrich: Fichtes ursprüngliche Einsicht, 231.
[82] Henrich: Selbstbewusstsein und spekulatives Denken, 140.
[83] Henrich: Selbstbewusstsein und spekulatives Denken, 144.
[84] Henrich: Selbstbewusstsein und spekulatives Denken, 144. Henrich greift hier der Sache nach auf einen Argumentationsgang Fichtes bezüglich seines Bildbegriffs zurück. Dadurch dass der Verstand nach Fichte weiß, dass es sich bei seinem Denkgehalt um ein Bild eines Seienden handelt, weiß er das Bild als Bild. Er kann sich also in einem zweiten Schritt ein Bild vom Bild machen, wodurch das erste Bild im Verhältnis Bild-Wirklichkeit auf die Relationsstelle der Wirklichkeit rutscht und somit als ein wirklich Seiendes betrachtet werden kann. Vgl. dazu: Peter Reisinger: Idealismus als Bildtheorie.

Henrich wehrt sich in diesem Punkt jedoch gegen eine Vereinfachung der Problematik: »Denn einfach wie ein Quale oder ein Punkt ist Selbstbewusstsein gewiss nicht, – ganz abgesehen davon, dass solche Art Einfaches immer noch in Beziehung auf ein Spectrum oder eine Dimension einfach ist.«[85] Dem Selbstbewusstsein ist daher eine interne Struktur zuzusprechen, es ist ein komplexes Phänomen und tritt aus Strukturgründen gleichzeitig mit dem Weltverhältnis des Subjekts ins Dasein, wobei es sich in beiden Fällen um gänzlich verschiedene Weisen des Prädizierens handelt.[86] Mit diesen Präzisierungen verbinden sich jedoch auch Einschränkungen hinsichtlich der Leistungsfähigkeit einer möglichen spekulativen Theorie:

> »So ist also beides anzunehmen notwendig: Dass Selbstbewusstsein in sich komplex ist und dass der Komplex von uns nicht aufgelöst oder in seiner inneren Konstitution verstanden werden kann. Insofern Selbstzuschreibung komplex ist, muss sie zumindest in Beziehung auf alle Momente, die Zuschreibung als solche ausmachen, differenziert aufgefasst werden können. Diese Beschreibung ist aber notwendig nur eine Approximation. Sie erfolgt schon unter der Bedingung und muss auch unter der Bedingung modifiziert gesehen werden, dass der eigentümliche Sinn der ersten Person und der ihren Gebrauch regelnden Selbstzuschreibung bereits spontan verstanden ist.«[87]

Somit ist Selbstbewusstsein nicht aus sich heraus einsichtig und transparent. Seine Zentralstellung in der Interpretation der Wirklichkeit heißt für Henrich nicht, dass die Wirklichkeit aus ihm hervorgeht, sondern »dass nichts als wirklich angesprochen werden kann, hinsichtlich dessen nicht auch Selbstzuschreibung spontan eingetreten ist.«[88] Da diese Selbstzuschreibung immer nur spontan eintritt, ist ihre Ermöglichung dem Selbstbewusstsein entzogen, das sich gleichwohl selbst erhalten kann, wenn und solange es in Bezug auf sich aktiv ist: »Und darum muss das Ganze von Selbstbewusstsein und Selbsterhaltung als ein Wirkliches angesehen werden, das sich zwar aus sich heraus kontinuiert, aber auch in dieser Kontinuierung selbst nicht aus sich selbst besteht.«[89]

Untersuchungen zur Grundlegung einer Zeichenphilosophie, Stuttgart 1979, 152–161. Reisinger bezieht sich auf die Wissenschaftslehre von 1813.

[85] Henrich: Selbstbewusstsein und spekulatives Denken, 145f. Henrichs Argument richtet sich somit auch gegen Verweyen, der in der Idee des Punktes die Idee der Einfachheit verbürgt sah. – Meines Erachtens zu Recht. Gleichzeitig wird damit jedoch auch seine eigenen Position fragwürdig: Ist nicht das Bemühen nach einem einheitlichen Begriff von Anfang an dem Scheitern ausgesetzt, wenn die Grundlage und der Ausgangspunkt komplex und differenziert sind und kein richtiger Begriff von Einheit festzuhalten ist, der nicht in sich bereits wieder auf Differenz hin angelegt ist?

[86] Vgl.: Henrich: Selbstbewusstsein und spekulatives Denken, 149.

[87] Henrich: Selbstbewusstsein und spekulatives Denken, 150f.

[88] Henrich: Selbstbewusstsein und spekulatives Denken, 151. Hier wird – wie überhaupt immer bei Henrich – die Zeitdimension völlig ausgeblendet. Es wird bei all diesen Überlegungen eine Präsenz und Gleichzeitigkeit vorausgesetzt, die zumindest im Denken herzustellen ist. Mit Levinas und Derrida wird zu fragen sein, ob solches Zeitdenken den Phänomenen gerecht wird.

[89] Henrich: Selbstbewusstsein und spekulatives Denken, 157. Das ist nach Henrich auch

Zur Ausbildung einer Metaphysik nötigt nach Henrich auch, dass das natürliche Weltverständnis die Frage der Subjektivität der Subjekt-Person nicht ausreichend erklären kann. Die natürliche Welt ist für ihn als die Welt der Einzeldinge zu beschreiben, so dass sie die Person-Komponente des Selbstbewusstseins adäquat fassen kann. Was dem natürlichen Weltbild dagegen nach Henrich entgeht, ist die Frage, wie es zu einer Ordnung der Einzeldinge kommt, in der diese schon immer stehen, wenn wir sie auffassen. Auch diese Frage habe zur Ausbildung von spekulativem Denken geführt.[90] Henrich lehnt verschiedene Verkürzungen der Spekulation als ungenügend ab. So dürfe nicht bei einer »selbstgenügsamen Substanz, die an ihr selbst in der Beziehung zu sich Subjekt ist«[91], stehengeblieben werden, weil damit zu weit vom Grundverhältnis des Selbstbewusstseins abgewichen werde. Stattdessen sei es in Richtung auf ein Absolutes zu übersteigen, das nicht mehr als Einzelnes unter Einzelnen auftrete, sondern von dem alles Einzelne abhängt. Dieses Denken könne sich aber nur noch paradoxer Sprachformen bedienen.[92] Damit sei die erklärende Metaphysik für das Verhältnis von Ordnung und Einzeldingen an ein Ende gekommen.

Ebenso forderten das »Selbstbewusstsein und die Probleme, die sich bei dem Versuch ergeben, seine Verfassung aufzuklären, [...] dazu heraus, auch über es in einer paradoxalen Begriffsform zu theoretisieren.«[93] Dabei dürfe jedoch nicht der Fehler begangen werden, das Absolute mit dem Selbstbewusstsein in Eins zu setzen, da sonst nicht mehr verständlich sei, weshalb die Verfasstheit des Selbstbewusstseins zu dessen spekulativer Überschreitung hin auf ein Absolutes zwinge. Ein solchermaßen paradoxes Denken sei jedoch nicht in der Lage, eine Theorie auszubilden – und daher defizitär –, da »sein Absolutes aus der Negation der natürlichen Verhältnisse heraus«[94] verstanden werde und somit nicht »an ihm selbst und seiner Form nach aufgefasst werden könnte.«[95]

»Eine Theorie, die als solche spekulativ ist, muss sich auf das Ganze der im Grundverhältnis fungierenden Begriffsform beziehen, damit aber auch noch radi-

---

    der Grund, weshalb sich das neuzeitliche Subjekt nicht als selbstmächtig verstehen kann. Die Notwendigkeit zur Selbsterhaltung bestehe ja gerade deshalb, weil es seiner selbst nicht mächtig sei. Vgl. dazu: Henrich: Die Grundstruktur der modernen Philosophie, 113–115; vgl. auch: Dieter Henrich: Selbsterhaltung und Geschichtlichkeit. In: Ebeling: Subjektivität und Selbsterhaltung, 303–313. – In demselben Band finden sich weitere bedenkenswerte Positionen zu dieser Frage: Max Horkheimer: Vernunft und Selbsterhaltung, 41–75; Hans Blumenberg: Selbsterhaltung und Beharrung. Zur Konstitution der neuzeitlichen Rationalität, 144–207; Hans Ebeling: Grundsätze der Selbstbestimmung und Grenzen der Selbsterhaltung, 375–394.

[90] Vgl.: Henrich: Selbstbewusstsein und spekulatives Denken, 161.
[91] Henrich: Selbstbewusstsein und spekulatives Denken, 171.
[92] Nach Hermann Krings muss man diese Aporie festhalten und darf sie nicht versuchen aufzulösen, da man damit die Bedingung realer Freiheit gleichfalls auflöse. Vgl.: Krings: System und Freiheit, 28.
[93] Henrich: Selbstbewusstsein und spekulatives Denken, 172.
[94] Henrich: Selbstbewusstsein und spekulatives Denken, 173f.
[95] Henrich: Selbstbewusstsein und spekulatives Denken, 174.

kaler von ihr abweichen, als es paradoxales Denken über Selbstverhältnisse zu tun bereit war. Sie muss zu einer Abweichung von der natürlichen Begriffsform im Ganzen ausholen, sie nicht nur an einer der signifikanten Quellen von Dunkelheit in ihr hinter sich lassen. Insofern ist sie, indem sie Abweichung von ihr ist, zugleich ein Gegenentwurf zu ihr.«[96]

Der Weg zu einer umfassenden Theorie führt nach Henrich über die Aufgabe des Gedankens der Selbstständigkeit der Einzelnen gegeneinander. Dazu werden die Gedanken der Identität und der Differenz zusammengefasst »zum Gedanken von der Differenz gegen sich selbst.«[97] Dieser Gedanke ist als Gegenentwurf zur natürlichen Weltauffassung der Grundgedanke für alle weiteren Differenzierungen und damit auch für die wissende Selbstbeziehung des Subjekts:

> »Dieser Ausdruck lässt sich am leichtesten gewinnen, wenn man in das formale Verhältnis der Differenz zu sich das propositionale einschreibt, also die Form des Wirklichen und die Form seines Erkennens in der Kontinuität eines einzigen formalen Sachverhaltes denkt. Selbstbewusstsein wird dann, spekulativ aufgefasst, so zu definieren sein: *Sich im Anderen seiner selbst als sich selbst wissen.*«[98]

Damit ist man direkt bei Hegel angelangt, dessen Denken nach Henrich gegenüber metaphorischen oder paradoxalen Entwürfen den Vorteil hat, »dass er dem Grundverhältnis in direktem Gegenzug zu ihm eine spekulative Begriffsform abgerungen hat.«[99] Im Unterschied zu Hegel komme aber »Meta-

---

[96] Henrich: Selbstbewusstsein und spekulatives Denken, 174. Damit ist freilich jede Metaphysik zutiefst abhängig von dem, was zuvor als natürliche Begriffsform bestimmt wird. Inwieweit diese natürliche Form nicht ihrerseits schon Metaphysik ist, da sie ja immer schon Weltinterpretation ist, wird hier nicht thematisiert. Es scheint mir weit weniger selbstverständlich als Henrich, dass die ursprüngliche Weltsicht eine auf Einzeldinge ist. Hier wären Heideggers Einwände z.B. von *Sein und Zeit*, die Henrich ansonsten immer sehr knapp behandelt und als Missdeutungen der Moderne abtut, ausführlicher zu berücksichtigen, ob nicht eine »Zuhandenheit«, d.h. ein Gebrauch im alltäglichen Umgang mit der Welt, ihrer erkenntnistheoretischen Aufgliederung in Einzeldinge vorausgeht. (Vgl.: Martin Heidegger: Sein und Zeit, Tübingen [18]2001, §15, bes. 68–69.) Das erscheint mir umso mehr geboten, als Heideggers Konzeption der Zuhandenheit gegen Husserls sogenannte »natürliche Einstellung« (Vgl. z.B.: Edmund Husserl: Ideen zu einer reinen Phänomenologie und phänomenologischen Philosophie. Allgemeine Einführung in die reine Phänomenologie, Tübingen [5]1993, §§27–30.) gerichtet ist, von der auf eine phänomenologische hin zu reduzieren sei. Heidegger kritisiert nicht Husserls Methode, sondern seinen unhinterfragten Ausgangspunkt, den jener als einen natürlichen kennzeichnet. Vgl.: Martin Heidegger: Einführung in die phänomenologische Forschung. GA 17, Frankfurt am Main 1994, §48, bes. 271f.
[97] Henrich: Selbstbewusstsein und spekulatives Denken, 174.
[98] Henrich: Selbstbewusstsein und spekulatives Denken, 175. Hervorhebung von mir, CL.
[99] Henrich: Selbstbewusstsein und spekulatives Denken, 176. Handelt es sich hier wirklich um eine von Paradoxien freie Begriffsform? Mir scheint, als werde letztlich nur die zuvor beschriebene und als paradoxal gekennzeichnete Struktur des Selbstbewusstseins wiederholt: Das der Welt gegenüberstehende Subjekt weiß *sich* als Person *im Anderen seiner selbst* – nämlich als innerweltliches Einzelding – *als sich selbst*. Damit gewinnt man jedoch nur eine Formalisierung. Die Widersprüchlichkeit der Aussage löst sich nicht auf.

physik nicht in der Präsenz und erkennenden Berührung des Absoluten zustande. Sie ist, wie Kant es sah, nichts als Denken[.]«[100] Sie sei jedoch nicht nur ein transzendentales Fragen nach Ideen im Sinne Kants, sondern zur Vollständigkeit brauche es zusätzlich noch eine Konstruktion, einen Gegenentwurf der natürlichen Erkenntnis. »Diese Konstruktion [...] ist die Weise, der Notwendigkeit Rechnung zu tragen, dass das Grundverhältnis überstiegen werden muss.«[101] Die spekulative Konstruktion sei nicht als Erkenntnis präsent, wohl aber im Denken, das auf eben jene Präsenz angewiesen sei, um die Konstruktion stabil halten zu können.[102] Henrich gesteht zudem ausdrücklich zu, dass das metaphysische Denken nicht aus sich zu einem Abschluss kommen könne, sondern dass es als Gegenentwurf an den Entwurf und das Grundverhältnis des Selbstbewusstseins gebunden bleibe. Ihm komme eine aufklärende und interpretierende Wirkung zu, keine ablösende. Daraus folgert er:

> »Die gesamte Verfassung des Grundverhältnisses ist darauf angelegt, den Gedanken des Absoluten hervorzutreiben und sich selbst über sich von diesem Gedanken her sowohl zu verständigen als auch insofern zu verwandeln, als nur von diesem Gedanken her in das bewusste Leben diejenige Einheit des Verstehens kommen kann, die gegenüber allen Beirrungen standhält, welche aus den ihm gleich wesentlichen, aber gleichermaßen gegenläufigen Tendenzen der Selbstauslegung kommen. In einer Sprache, die auf Fichte zurückzuleiten wäre, müsste diese Einsicht so ausgesprochen werden: *Das bewusste Leben ist gar nichts anderes, als dass das Absolute zur Einsicht kommt, und die Bewährung dieser Einsicht in einem Leben, das zu einem Ganzen geworden ist.* Doch daraus folgt dann unmittelbar, dass auch der Gedanke vom Absoluten selbst unter Einschluss dessen zu denken ist, dass es diese Aneignung und Bewährung im über sich verständigten Grundverhältnis ermöglicht und verlangt. Es muss darum als ein Prozess des Hervorgangs aus sich gedacht werden, aus dem das Grundverhältnis überhaupt erst ins Dasein kommt, – und das so, dass dies Verhältnis zunächst in selbstgenügsamem Fungieren abgeschlossen ist, dann aber aus dem Überstieg über seine natürliche Welt zu seiner Selbstaufklärung und eigentlichen Freiheit gelangt.«[103]

Wie die Bewährung dieser Einsicht aussehen kann, legt Henrich in seinen *Gedanken zur Dankbarkeit* dar.[104] Darin wird Dankbarkeit als kontemplative Haltung verstanden, die einem über sich selbst verständigten Leben entspricht. Sie kann sich als sittliche Dankbarkeit im persönlichen Verhältnis äußern, ist aber mit diesem nicht zu verwechseln. Auf keinen Fall ist sie als so grundlegend zu interpretieren, dass sie höher als das Denken steht. Denken und Danken sind zwar für Henrich je eine Weise des Entsprechens der Aufgabe, die sich bewusstem Leben stellt[105] – also nach Fichte das Bild-Werden

---

[100] Henrich: Selbstbewusstsein und spekulatives Denken, 176.
[101] Henrich: Selbstbewusstsein und spekulatives Denken, 177.
[102] Inwieweit es überhaupt möglich ist, eine Präsenz zu *denken*, wird mit Derrida zu untersuchen sein. Vgl. Kapitel II.1, Seite 172, aber auch II.2, Seite 189.
[103] Henrich: Selbstbewusstsein und spekulatives Denken, 180. Hervorhebung von mir, CL.
[104] Dieter Henrich: Gedanken zur Dankbarkeit. In: Henrich: Bewusstes Leben, 152–193 (= Henrich: Gedanken zur Dankbarkeit).
[105] Vgl.: Henrich: Gedanken zur Dankbarkeit, 184f.

des Absoluten –, aber jeder Dank ist »übergriffen von einem Verstehen und einem Weltverhältnis, das selbst nicht Dank ist.«[106]

Für die nun folgende Lektüre Müllers »theologische[r] Applikationen«[107] sei nochmals sein eigenes Kriterium in Erinnerung gebracht, »logisch irrtumsfrei zu einem Begriff eines nicht mehr hintergehbaren Gültigkeitsanspruchs, eines letztgültigen Sinnes«[108] durchstoßen zu wollen. Dazu interpretiert er zunächst »Selbstbewusstsein als implizites Formprinzip der Heilsgeschichte«.[109]

> »(1) Heilsgeschichte gründet in einem Gegenüber von Gott und Mensch, das (2) vom Glauben übergriffen wird, nicht um aufgehoben, sondern zu sich selbst gebracht zu werden. Beide Glieder dieser dialektischen Verschlingung haben Selbstbewusstsein als Bedingung ihrer Möglichkeit auf eine Weise, die dieses als unhintergehbar zur Geltung bringt und analytisch ausweisbar macht.«[110]

Bezüglich des ersten Punktes zitiert er Kierkegaard, für den die Unvertretbarkeit des Einzelnen den Menschen vor Gott charakterisiere, was sich analytisch durch die Unmöglichkeit ausweisen lasse, dass niemand meine indexikalische Aussage als Selbstaussage reproduzieren könne, noch nicht einmal ein allwissendes Wesen. Da diesen indexikalischen Aussagen Irrtumsimmunität eigne, komme es zu einer nahtlosen Verfugung von Einmaligkeit und Gewissheit. Das nach Gewissheit suchende Subjekt werde daher auf sich selbst geworfen und komme dadurch auch theologisch zu sich selbst, ohne dass die Gewissheit aus dem Gottesbezug abgeleitet werde. »Die Autonomie des Subjekts wird nicht gegen den Gottesgedanken postuliert, sondern als integrales und notwendiges Moment dieses Verhältnisses analytisch konstatiert.«[111] Der Glaubensbegriff ist nach Müller auf den Selbstbewusstseinsbegriff angewiesen, da er zum einen von anderen intentionalen Akten wie Meinen oder Zweifeln unterschieden[112] und zum anderen auch als der Meinige gewusst werden müsse. Beides sei Voraussetzung dafür, dass Korrekturen dieses Zustandes aus begründeten Motiven hin denkbar blieben, was theologisch gesprochen dem Phänomen der Umkehr entspreche.

Folgt man den Überlegungen von Sydney Shoemaker, so handelt es sich bei diesem Wissen des Glaubens als des Meinigen um keine objektive Ge-

---

[106] Vgl.: Henrich: Gedanken zur Dankbarkeit, 183.
[107] Müller: Wenn ich »ich« sage, 565. Ich folge der Gliederung dieser Monographie, da alle anderen Artikel, soweit ich sehen kann, nicht wesentlich über die dort geäußerten Gedanken hinausgehen, sondern diese nur in dem einen oder anderen Kontext anwenden. Eventuelle Präzisierungen fließen mit ein.
[108] Müller: Wieviel Vernunft braucht der Glaube?, 93.
[109] Müller: Wenn ich »ich« sage, 565.
[110] Müller: Wenn ich »ich« sage, 565.
[111] Müller: Wenn ich »ich« sage, 567.
[112] Die detaillierten Analysen von Jacques Derrida über die wechselseitige Verwiesenheit von Glauben und Wissen und seine Überlegungen zum Begriff des Glaubens, die die Möglichkeit, Glauben als intentionalen Akt zu deuten und ihn dabei auch noch von anderen eindeutig unterschieden zu wollen, in Frage stellen, habe ich in Kapitel I.4 nachgezeichnet.

wissheit, sondern um eine der Objektivität entzogene subjektive Gewissheit. Shoemaker hält mit Wittgenstein an der Unterscheidung von Subjekt- und Objektgebrauch von »ich« fest. Müller führt dafür folgendes Beispiel an: »›Ich habe Schmerzen‹ (Subjektgebrauch) gegenüber ›Ich blute‹ (Objektgebrauch)«[113]. Während ich mich beim Feststellen, dass ich blute, auch getäuscht haben könnte, wenn ich z.B. nach einer Schlägerei Blut auf meinen Händen sehe, was in Wirklichkeit nicht meines ist, so hält Shoemaker für den Subjektgebrauch Irrtumsimmunität fest. Dazu bezieht er sich auch auf die von Descartes im metaphysischen Zweifel gewonnene Selbstgewissheit.[114] Daher folgert Müller: »Wo es keine Fehlidentifikation geben **kann, gibt** es auch keine Identifikation, obwohl sich das ›ich‹ in solchen Sätzen auf etwas bezieht, also Referenz besitzt; Selbstzuschreibung erfolgt mithin kriterienlos.«[115]

Zur Unterstützung dieser These bezieht er sich auf Strawsons Unterscheidung von M- und P-Prädikaten.[116] Während M-Prädikate (z.B.: »ist rot«) auf Personen und materielle Körper anwendbar seien, so ließen sich P-Prädikate (z.B.: »lächeln«, »Schmerz leiden«) nur von Personen aussagen. Bestreite man nun die Tatsache von Selbstbewusstsein, so müsse man auch die Möglichkeit von P-Prädikaten bestreiten, die jedoch im alltäglichen Sprachgebrauch ständig vorkommen. »Die Sinnlosigkeit der Bestreitung von P*-Prädikaten äußert sich darin, dass die Frage ›Bist du sicher, dass du P*?‹ als Reaktion auf ›Ich P*‹ sinnlos ist (Beispiel: ›Ich habe Zahnweh!‹ – ›Bist du sicher, dass du Zahnweh hast?‹ – ›???‹).«[117] Nebenbei bemerkt zeigt gerade dieses Beispiel von Wittgenstein,[118] dass eine Rückfrage durchaus Sinn haben kann, wenn der Akzent nämlich nicht auf »du«, sondern auf »Zahnweh« liegt.[119] P steht nie zweifelsfrei fest, letztlich aber bewegt sich alles philoso-

---

[113] Müller: Wenn ich »ich« sage, 180.
[114] Vgl. z.B.: Sydney Shoemaker: Self-reference and self-awareness. In: Ders.: Identity, Cause, and Mind. Philosophical essays, Cambridge u.a. 1984, 6–18 (= Shoemaker: Self-reference), 10. Dieser Aufsatz ist auch zugänglich als: Sydney Shoemaker: Selbstreferenz und Selbstbewusstsein. In: Peter Bieri (Hg.): Analytische Philosophie des Geistes, Bodenheim ³1993, 209–221. Die genannte Stelle findet sich auf S. 212.
[115] Müller: Wenn ich »ich« sage, 181. Vgl. z.B.: Sydney Shoemaker: Self-reference, 8; dt.: 210.
[116] Vgl.: Peter Strawson: Einzelding und logisches Subjekt. Ein Beitrag zur deskriptiven Metaphysik, Stuttgart 1972, 134–135. Vgl.: Müller: Wenn ich »ich« sage, 184.
[117] Müller: Wenn ich »ich« sage, 184. Vgl.: Shoemaker: Self-reference, 16 (dt.: 218). Der Stern hinter P taucht in Shoemakers Übernahme von Strawsons Bezeichnung relativ unvermittelt auf. Er selbst notiert in Fußnote 8 (dt.: 7), dass der Stern hinter P der Schreibweise von Castañedas »er*« entlehnt sei. Ich sehe allerdings keinen inhaltlichen Zusammenhang.
[118] Vgl.: Ludwig Wittgenstein: Schriften 5, Frankfurt 1970, 106–107.
[119] Das Phänomen der Phantomschmerzen in einem nicht mehr vorhandenen Gliedmaß macht deutlich, wie sehr unsere Selbstzuschreibungen von M-Prädikaten abhängig sind. So lässt sich aus den Aussagen zweier Personen »Ich habe Schmerzen« nicht folgern, dass beide dasselbe empfinden, sondern nur, dass sich beide dasselbe zuschreiben. Die Frage, was Schmerzen sind, lässt sich nicht mehr im Subjekt allein beantworten, sondern ist auf M-Prädikate angewiesen, wenn sie gleichermaßen zwei Personen zuge-

phische Nachdenken im Bereich von P, da bereits »ich« als ein P-Prädikat aufgefasst werden kann. Es ist – mit Henrich gesprochen – der Begriff des »Ich«, der nicht vom Ich erzeugt wurde.

Shoemaker hält an der Referenz des Subjektgebrauchs von »ich« fest. Er wendet sich gegen Tendenzen, die den Subjektgebrauch für mysteriös halten und diese Referenz ablehnen, weil sie nicht mit anderen Formen von Referenz kompatibel sei. Für ihn ist die Selbstreferenz vielmehr die Grundlage für alle anderen Formen von Referenz: »Es gibt einen wichtigen Sinn, in dem das Referenzsystem einer jeden Person diese Person selbst zum Ankerpunkt hat, und für ein Verständnis des Referenzbegriffs, wie auch des Begriffs des Mentalen, ist es wichtig, dass wir verstehen, warum und inwiefern dies so ist.«[120] Shoemaker hält jedoch an anderer Stelle fest, dass uns dieser Bezugspunkt nicht erlaubt, gültige Aussagen aus der Perspektive der dritten Person zu formulieren. Dies sei nur empirisch möglich und brauche Vorannahmen über das Zusammenspiel von Geist und Körper.[121] Das bedeutet jedoch, dass sich die Frage, ob sich eine Person ihrer selbst bewusst ist, nicht von außen klären lässt. Die Perspektive der ersten Person ist insofern unhintergehbar, als sie sich nicht ersetzen lässt. Aus demselben Grund lässt sie sich aber auch nicht unabhängig von ihrem performativen Auftreten im subjektiven Selbstbezug festhalten. Sie ist kein Ankerpunkt eines objektiven Systems. Ob ein anderer sich meint, wenn er »ich« sagt, kann ich nicht irrtumsfrei feststellen. Ebensowenig kann ich feststellen, ob ein anderer glaubt, wenn er bekennt »Ich glaube«. Das Bekenntnis als solches bleibt der wissenschaftlichen Objektivierung und intersubjektiven Vermittlung entzogen. Allein seine Sprachgestalt wäre einer Beurteilung von außen zugänglich. Freilich gibt es kein Bekenntnis ohne eine solche Sprachgestalt.

Wendet man das Grundtheorem des Selbstbewusstseins, wie Henrich es im Anschluss an Fichte in seinem ersten Theorieversuch darstellte, auf die Gottesfrage an, so lässt sich der Gottesbegriff über den Kontingenzgedanken des entzogenen Grundes von Selbstbewusstsein formulieren. Im Anschluss an Henrich hält Müller fest, dass gerade die Notwendigkeit zur Selbstsorge und

---

schrieben werden soll. – Diese Einwände sprechen natürlich nicht im strengen Sinn gegen Shoemakers Analyse, dass ich mich meine, wenn ich »ich« sage. Sie sprechen aber gegen die Identifikation meiner selbst mit irgendwie gearteten objektiv benennbaren Zuständen, so dass letztlich nur eine nicht näher bestimmbare Selbstvertrautheit übrig bleibt, die sich gewisse Zustände und Dinge zuschreibt und in dieser Zuschreibung um sich weiß, die aber nochmals befragt werden können muss, was sie weiß. Diese Kritik geht in etwa in die Richtung der Kritik von Elisabeth Anscombe: Die erste Person. In: Peter Bieri (Hg.): Analytische Philosophie des Geistes, Bodenheim ³1993, 222–242. Nach Müller wird diesen Einwänden die Fortschreibung von Michael Woods gerecht, wobei ich nicht sehe, dass Woods die Frage beantwortet, woher ich über mich weiß, was ich weiß. Vgl.: Michael Woods: Reference and Self-Identification. In: Journal of Philosophy 65 (1968), 568–578. Vgl.: Müller: Wenn ich »ich« sage, 185–187.

[120] Shoemaker: Self-reference, 18; dt.: 220.
[121] Vgl.: Sydney Shoemaker: The first-person perspective. In: Ders.: The first-person perspective and other essays, Cambridge 1996, 157–175, 174f. In diesem Aufsatz setzt er sich auch mit Searle auseinander.

zum Selbsterhalt nur aus der Einsicht des modernen Subjekts komme, dass es seiner selbst eben nicht mächtig sei und damit gerade das Gegenteil der These belege, die Moderne sei eine fortschreitende Selbstermächtigung des Subjekts.[122] Mit einem Seitenblick auf die Transzendentalpragmatik hält er zudem fest, dass Normen nur durch die freie Selbstbindung des Subjekts volle Bindungskraft entfalten können, dass sie also dem Autonomieanspruch nicht entgegenstehen dürfen.

> »Deswegen steht dem, der den Subjektgedanken auch in der Krise wagt, obwohl ihm ihretwegen der post-moderne Abschied von Subjektgedanken angesonnen wird, noch zugespitzter als der klassischen Moderne eine Kontingenzerfahrung offen, die nicht erst kosmologisch gewonnen werden muss, sondern der unmittelbaren wissenden Selbstbeziehung und -auslegung zur Verfügung steht.«[123]

Es stellt sich die Frage, warum Müller hier die Person-Dimension des Selbstbewusstseins, die er an anderen Stellen immer wieder stark macht, vernachlässigt und auf Henrichs ersten Entwurf zurückgreift. Es scheint, als ziele er darauf ab, im rein transzendentalen Denken eine Kontingenzerfahrung plausibel zu machen, die doch eben dadurch, dass sie die Bedingung der Möglichkeit nicht mehr zu nennen vermag, dieses Denken sprengt und – wie Henrich richtig gesehen hat – eine Metaphysik erforderlich macht, die es meines Erachtens überhaupt erst erlaubt, diese Leerstelle im Denken als »Kontingenz« zu kennzeichnen, da dieser Begriff zumindest einen irgendwie gearteten Weltbegriff voraussetzt, der – wie bei Derrida noch deutlich zu sehen sein wird – schon mit der Konzeption des Subjekts vorausgesetzt war, so dass unhinterfragte Vorentscheidungen getroffen sind, die einen am Ende der Betrachtung wieder einholen.[124]

Fasst man diesen Grundgedanken nun mit Müller streng selbstbewusstseinstheoretisch als neuzeitlichen, so ergibt sich:

> »(a) Kraft der als zu jedweder Erhaltung durch Fremdes gegensätzlich gedachten neuzeitlichen Selbsterhaltung kann der Grund von Selbstbewusstsein niemals ein äußerer sein. (b) Von diesem Grund, den es geben muss, weil Selbstbewusstsein sonst nicht wäre, kann zumindest – und wohl auch **nur** – dieses gesagt werden, dass er qua innerer gerade nicht **so** verfasst ist wie alles andere für das Dasein von Selbstbewusstsein Relevante, nämlich gegenständlich.«[125]

Mit Bezug auf Manfred Frank kennzeichnet Müller diesen Grund als »Unding«[126]. Die Möglichkeit einer nicht-gegenständlichen Wirklichkeit sei für

---

[122] Vgl.: Müller: Wenn ich »ich« sage, 568. Vgl. dazu auch: Henrich: Die Grundstruktur der modernen Philosophie, 112.
[123] Müller: Wenn ich »ich« sage, 569.
[124] Diese Diagnose stellt übrigens schon Heidegger bei Descartes und Husserl. Vgl. z.B.: Martin Heidegger: Prolegomena zur Geschichte des Zeitbegriffs, GA 20, Frankfurt am Main 1979, §11, 140–148.
[125] Müller: Wenn ich »ich« sage, 570.
[126] Müller: Wenn ich »ich« sage, 567. Vgl: Manfred Frank: Hat Selbstbewusstsein einen Gegenstand? In: Ders.: Selbstbewusstsein und Selbsterkenntnis. Essays zur analytischen Philosophie der Subjektivität, Stuttgart 1991, 409. – Ist aber mit der Beschreibung

Selbstbewusstsein aus einem anderen seiner Momente ersichtlich, nämlich der »Gewissheit der Subjektivität«.[127] Dieser Rekurs kann aber nicht verhindern, dass in einer solchen Betrachtung bereits handfeste ontologische Vorannahmen am Werk sind. Die Tatsache, dass ein Moment der beschriebenen Selbstbewusstseinsstruktur auf eine nicht-gegenständliche Wirklichkeit abzielen soll, macht es nicht plausibler, dass dies auch ein anderer tut. Vielmehr legt sich der Verdacht nahe, dass hier eine Immunisierung stattfindet, die das Phänomen des Selbstbewusstseins grundsätzlich von allen anderen Phänomenen abhebt und dadurch unvergleichbar macht. Jegliche Kritik kann dann schon aus Prinzip nicht treffen, weil sie ihre Argumente aus einem Bereich bezieht, der per definitionem nicht anwendbar ist. Die Zirkularität der Argumentation tritt an folgendem Satz deutlich zu Tage:

>»Unmittelbar an ihm selbst findet Selbstbewusstsein den Leitfaden für einen Gedanken von seinem Grund, der so verfasst ist, dass er den durch es selbst gegebenen Bedingungen eines Grund-Gedankens genügt.«[128]

Auch das anschließende Zitat »Die Ichheit des Ich ist nichts anderes als die Idee des Unendlichen in der Endlichkeit und das Gefühl ihrer unendlichen Distanz...«[129] zeigt, dass hier der Boden der transzendentalen Argumentation verlassen wird – verlassen werden muss –, um die Leerstelle zu kennzeichnen, die das Ich lässt. Letztlich zieht man sich auf analoge oder metaphorische Rede zurück, weil die Begrifflichkeit eben doch zu Paradoxien und Aporien führt und sich gerade nicht – wie von Müller gefordert – »logisch irrtumsfrei«[130] aufweisen lässt.

Aus dieser Perspektive erscheint es nur konsequent, dass Harald Delius den Wahrheitscharakter egologischer Sätze vom Wahrheitscharakter anderer Sätze unterscheidet.[131] Die Wahrheit dieser egologischen Sätze sei weder eine logische noch eine empirische, sondern eine »schematische« oder »formale« und bleibe daher ohne Konsequenzen für eine Ontologie oder Erkenntnistheorie.[132] Müller macht als Delius' Hauptanliegen aus, die cartesischen Merkmale egologischer Sätze wie Unbezweifelbarkeit und Selbstevidenz festhalten zu wollen, ohne Descartes' Aufteilung der Welt in res extensa und res cogitans folgen zu müssen.[133]

»Unding« nur ausgesagt, dass Selbstbewusstsein nicht gegenständlich zu denken ist, oder deutet sich hier eine Überschreitung des Transzendentalen auf eine Bedingung der Unmöglichkeit hin an?

[127] Müller: Wenn ich »ich« sage, 570.
[128] Müller: Wenn ich »ich« sage, 570.
[129] Jacob Rogozinski: Wer bin ich, der ich gewiss bin, dass ich bin? In: Herta Nagl-Docekal, Helmuth Vetter: Tod des Subjekts?, Wien – München 1987, 86–107, 106. Aufgenommen in: Müller: Wenn ich »ich« sage, 570.
[130] Müller: Wieviel Vernunft braucht der Glaube?, 93.
[131] Delius spricht sich gegen ein substanziiertes Selbstbewusstsein aus und untersucht ausschließlich von ihm so genannte »egologische Sätze«, die wir als offensichtlich wahr erkennen. Vgl.: Harald Delius: Self-Awareness. A Semantical Inquiry, München 1981 (= Delius, Self-Awareness), 219.
[132] Vgl.: Harald Delius: Self-Awareness, 191–194.
[133] Vgl.: Müller: Wenn ich »ich« sage, 296f.

»In making an egological statement in a specific situation a person brings about the state of affairs described by this statement. Thus, if such a statement is true, it is true in virtue of something (constituting the ground for its truth) which would not exist if the statement had not been made.«[134]

Daher entziehen sich egologische Sätze sowohl sprachlogischen wie auch empirischen Wahrheitskriterien, ihre Wahrheit wie auch die Tatsache, dass Delius sie als beschreibende Sätze fasst, muss metaphorisch aufgefasst werden.[135] Delius' Erklärung, um was für eine Wahrheit es sich hier handelt, bleibt bei der schlichten Behauptung, dass wir solche Sätze als wahr auffassen, auch wenn sie den Wahrheitskriterien von faktischer und logischer Wahrheit nicht genügen. So wenig wir eine gemeinsame Kategorie »Kälte« nennen könnten, die die Kälte von flüssigem Sauerstoff und die Kälte einer Person vereinigt, so wenig lasse sich eine gemeinsame Kategorie »Wahrheit« für faktische Wahrheit und den Wahrheitscharakter von egologischen Sätzen beibringen.[136] Delius fasst diesen metaphorischen Charakter näher, indem er den deskriptiven Gehalt egologischer Sätze auf die Tatsache beschränkt, dass sie eine formale Relation zwischen Wahrnehmungen und einem Relatum darstellen, das »eine situationsunabhängige, leere, formale Entität darstellt, auf die mit ›ich‹ Bezug genommen wird.«[137] Der Wahrheitsgehalt wird als »schematische« Wahrheit näher gekennzeichnet, die sich von der im Anschluss an Tarski[138] »material« bezeichneten Wahrheit darin unterscheide, dass sie ohne Konsequenzen – non-consequential – bleibe. Das heißt, aus der Tatsache, dass ein egologischer Satz als wahr bezeichnet wird, folgt nichts für die empirische Welt. Damit sind egologische Aussagen auch von performativen Äußerungen im Sinne Austins abgegrenzt, da jene teilweise durchaus empirische Konsequenzen zeitigen.[139] Durch diese inhaltliche Füllung von »wahr« ist es für Delius möglich, »die Cartesischen Merkmale egologischer Sätze festzuhalten, ohne dadurch auf Cartesische Voraussetzungen zurückgeworfen zu werden.«[140]

---

[134] Delius: Self-Awareness, 95.
[135] Vgl.: Delius: Self-Awareness, 100–106. Vgl. zum komplizierten Verhältnis von Metapher und philosophischem Diskurs Kapitel III.4, Seite 239.
[136] Vgl.: Müller: Wenn ich »ich« sage, 304.
[137] Müller: Wenn ich »ich« sage, 309.
[138] Vgl.: Alfred Tarski: The Semantic Conception of Truth and the Foundations of Semantics. In: Philosophy and Phenomenological Research 4 (1943/1944), 341–375.
[139] Vgl.: Delius: Self-Awareness, 167–179.
[140] Müller: Wenn ich »ich« sage, 311. Mir scheint es allerdings, als kehre die cartesische Dichotomie, die Delius vermeiden will, auf sprachlicher Ebene wieder. Wenn ein Wahrheitsbegriff eingeführt wird, der nur »metaphorisch«, d.h. »radikal unterschiedlich« vom ursprünglichen Sinn, gebraucht wird, so muss man die Frage stellen, ob damit nicht doch wieder eine Art innere Anschauung vorausgesetzt wird, dieses Mal nicht von Dingen oder Wesenseigenschaften, sondern von sprachlichen Verwendungsweisen eines bestimmten Begriffs. Vgl. dazu auch: Hans-Peter Falk: Neuere analytische Literatur zur Theorie des Selbstbewußtseins. In: Philosophische Rundschau 32 (1985), 117–134, 133. Falk formuliert zu Recht den Verdacht, dass »so der cartesische Dualismus nur aus der Ontologie in die Semantik transponiert, das Problem also lediglich verschoben wird.«

Aus der inneren Unbezweifelbarkeit egologischer Sätze sowie aus der empirischen Erfahrung des Menschen, der diese Sätze jederzeit formulieren kann, lässt sich nach Müller und Steinvorth folgern, dass Selbstbewusstsein als das Vermögen charakterisierbar ist, »zu jeder beliebigen Zeit egologische Aussagen zu produzieren und verstehen.«[141] Diese Folgerung zieht jedoch Delius selbst nicht. Für ihn haben wir ein Wissen, dass wir egologische Aussagen produzieren können und somit Selbstbewusstsein herstellen können. Dieses Wissen selbst ist aber nicht als Selbstbewusstsein zu bezeichnen, sondern als Möglichkeit dazu. Mit Delius ist Selbstbewusstsein nicht auf Dauer zu stellen. Es bleibt an egologische Sätze gebunden und verschwindet mit diesen wieder, bis es erneut produziert wird.[142] Mit Emmanuel Levinas wird später zu fragen sein, ob es nicht eine Ausgesetztheit gibt, in der es mir nicht mehr möglich ist, auf meine Bewusstseinserlebnisse zu rekurrieren. Schon jetzt stellt sich die Frage, wie es mit bewusstlosen oder schlafenden Personen aussieht, die ganz offensichtlich nicht die Möglichkeit haben, zu jeder Zeit egologische Sätze zu produzieren. Delius entgleitet daher, wie Müller richtig feststellt, die konkrete Subjektivität einer Person, da nicht deutlich wird, ob und wie das »ich« der formalen Relation eines egologischen Satzes immer dasselbe ist. Anstatt dieser Spur nachzugehen, verlangt Müller eine transzendentale Rückbindung und ist dadurch gezwungen, auf eine cartesisch anmutende Dichotomie zurückzugreifen.[143]

---

[141] Ulrich Steinvorth: Harald Delius' Analyse des Selbstbewußtseins. In: Allgemeine Zeitschrift für Philosophie 10 (1985), 41–61 (= Steinvorth: Harald Delius' Analyse des Selbstbewußtseins), 46.

[142] Vgl.: Delius: Self-Awareness, 178f., 195f.

[143] Müller rekurriert auf einen Unterschied zwischen äußerer und innerer Erfahrung: »Einer [...] Verschiebung der egologischen Erfahrung in Richtung Disposition kommt überdies entgegen, dass – was Delius überhaupt nicht beachtet – eine markante Differenz besteht zwischen dem Bewusstsein von äußeren Objekten und dem ›inneren‹ Bewusstsein der egologischen Erfahrung: Während erstes sich als zeitlich teilbar, ausdehnbar und unterbrechbar erweist (z.B.: ›Ich sehe eine Katze‹ – ›jetzt‹; ›jetzt wieder‹; ›immer noch‹; ›nicht mehr‹), ist letzteres gegen solche Modifikationen absolut immun (›Ich bin mir bewusst, dass ich eine Katze sehe‹) und präsentiert im entsprechenden egologischen Satz seine spezifische Erfahrung als ganze sozusagen in einem Wurf. Und als solche erweisen sich egologische Erfahrungen – das Selbst – der von Delius urgierten Flüchtigkeit dadurch entzogen, dass sie zumindest für eine gewisse Zeit auch noch nach der Äußerung« der entsprechenden egologischen Formulierungen bestehen **müssen**[.]« (Müller: Wenn ich »ich« sage, 316.) – Zu diesem Vorschlag ist festzuhalten, dass er von entscheidenden Prämissen der Delius'schen Analyse abweicht und sich daher nicht mehr auf ihre Ergebnisse berufen dürfte. Delius kennt keine egologische *Erfahrung* sondern nur egologische Äußerungen. Letztlich führt Müller hier die cartesische Dichotomie als Lösungsvorschlag ein, wobei noch gar nicht ausgemacht ist, dass das innere Bewusstsein gegen zeitliche Modifikationen immun ist. Selbstverständlich führt der Satz »Ich bin mir nicht mehr bewusst, dass ich eine Katze sehe« in Selbstwidersprüche. Das gilt aber nur so lange, wie man Delius' Annahme, die Tatsache, dass ich mir bewusst sei, eine Katze zu sehen, enthalte keine weiteren Informationen, nicht teilt. Dieser wendet sich ja gerade gegen den Versuch, zwischen einem Bewusstseinsakt und der Reflexion auf diesen zu unterscheiden, da dies in eine unendliche Reihe von zusätzlichen Informationsgehalten führt, die letztlich immer wieder ein unbekanntes Ich vor-

An den Kontingenzgedanken schließt sich nach Müller theologisch »per se ein Transzendenzgedanke der Form ›grundloser Grund‹ an, der als nicht-äußerer und nicht-gegenständlicher dem Augustinischen Kriterium des ›interior intimo meo‹ einschließlich des ›superior summo meo‹ genügt.«[144] Ein solcher Gedanke könne auch einer negativen Theologie wieder Geltung verschaffen, die sich nicht, wie Müller der Schultheologie unterstellt, in verbalen Gesten erschöpfe, und dadurch einen Beitrag zum Verhältnis der Religionen leisten.[145] Müller diagnostiziert ein geringes »praktisches Gewicht« der negativen Theologie in den theologischen Entwürfen der Gegenwart[146] und vermutet dahinter »einen ursächlichen Zusammenhang mit der andauernden Abdrängung der Subjektthematik«[147], was ihn zu folgender Bewertung führt:

---

aussetzen muss, das auf das zu erkennende quasi von außen schaut. Ohne weiteres lässt sich nämlich formulieren: »Ich bin mir bewusst, dass ich keine Katze mehr sehe.« Somit wäre der einleitende Satz »ich bin mir bewusst, dass p« nach Delius nur das Explizit-Machen des Sachverhaltes, der mit p bereits gegeben ist, sofern es sich bei p um Verben des Wahrnehmens handelt. (Vgl.: Delius: Self-Awareness, 25–28.) Dagegen argumentiert Müller mit Steinvorth, dass hier sehr wohl eine zusätzliche Information gegeben werde, nämlich die Tatsache, dass der Sprecher sich mit dem sehenden Körper identifiziere. (Vgl.: Müller: Wenn ich »ich« sage, 318; Steinvorth: Harald Delius' Analyse des Selbstbewusstseins, 59.) Die Einführung der Identifizierung vermag nach Müller »die bei Delius gänzlich fehlende Einheit des Selbstbewusstseins bzw. des Selbsts unter vollständiger Wahrung von dessen L-Abhängigkeit [L = language, CL] zu garantieren, indem sie ›... das Bewusstsein des Sprechers von sich als einem Wesen mit Bewusstsein, einem Seelenleben oder Subjektivität‹ begründet.« (Müller: Wenn ich »ich« sage, 318. Das Binnenzitat stammt aus: Steinvorth: Harald Delius' Analyse des Selbstbewußtseins, 59.) Davon bin ich jedoch nicht überzeugt, da hier eine sprachunabhängige Komponente eingeführt wird, die sich zwar immer nur sprachlich aktualisieren kann, aber zwischen diesen Aktualisierungen ein nicht näher definiertes Eigenleben führt, womit letztlich wieder eine Seelensubstanz oder res cogitans durch die Hintertür eingeführt wird.

[144] Müller: Wenn ich »ich« sage, 571. Müller bezieht sich auf: Augustinus' Confessiones. Vgl.: Augustinus: Bekenntnisse. Lateinisch und Deutsch. Eingeleitet, übersetzt und erläutert von Joseph Bernhart. Mit einem Vorwort von Ernst Ludwig Grasmück, Frankfurt am Main 1987, III 6,1.

[145] Zum genaueren Verständnis dessen, was negative Theologie ist bzw. nicht ist, vgl. einführend: Josef Hochstaffl: Negative Theologie. In: LThK VII, ³1998, 723–725. Dort finden sich auch Verweise auf Emmanuel Levinas und Jacques Derrida. – »Bejahung *(via affirmationis)*, Verneinung *(via negationis)* u. steigernden Vergleich *(via eminentiae)* bzw. Analogie. Sie zus. machen NTh. im Vollsinn aus.« (Hochstaffl, 723) – Josef Wohlmuth kritisiert zu Recht, dass Hochstaffl die »Negative Theologie« noch zu sehr in einem ausgeglichenen und balancierten Verhältnis begreife. Vgl. dazu: Wohlmuth: »Wie nicht sprechen«, 132. Vgl. zur Aktualität der Negativen Theologie vor allem in Bezug auf Nikolaus von Kues das Heft 2 der Theologischen Quartalschrift 2001, 81–160. Desweiteren: Michael Theunissen: Negative Theologie der Zeit, Frankfurt am Main 1991; Willi Oelmüller: Negative Theologie heute. Die Lage des Menschen vor Gott, München 1999; Hans Joachim Höhn: ›Vor und mit Gott leben wie ohne Gott‹. Negative Theologie als theologische Hermeneutik der Moderne. In: Günter Riße, Heino Sonnemans, Burkhard Theß (Hg.): Wege der Theologie an der Schwelle zum dritten Jahrtausend. Festschrift für Hans Waldenfels zur Vollendung des 65. Lebensjahres, Paderborn 1996, 97–109.

[146] Vor diesem Hintergrund erscheint es erstaunlich, dass sich Magnus Striet, der im Gefolge Pröppers für einen letzten orientierenden Begriff der Theologie plädiert, explizit gegen eine »Negative Theologie« wendet. Vgl. Kapitel VI.1 und VI.2 meiner Arbeit.

»Das muss nachgerade tragisch genannt werden, sofern Gott als weiselosen, d.h. weder durch Namen noch durch definite Deskriptionen fassbaren Ur-Grund zu denken und zu erfahren (und beides ist dabei Eines) der neuzeitlichen Selbstbestimmung von Subjektivität so wenig fernliegt, dass man mit gutem Recht sagen darf, erst unter den Bedingungen der Moderne habe Gott überhaupt erst solchermaßen erscheinen können.«[148]

Mit der Identifizierung von Denken und Erfahren verlässt Müller Henrichs Standpunkt und kehrt zu einer Präsenzmetaphysik nach Hegel'schem Schema zurück.[149] Zudem erscheint mir die Diagnose fraglich, die »negative Theologie« sei letztlich erst durch den deutschen Idealismus in ihr Eigenstes geführt worden. Gegen den Vorwurf von Falk Wagner, eine solche Theologie denke ein Absolutes, das vom Kontingenten abhängig sei und damit nicht wirklich absolut,[150] kann Müller keine Gegenargumente nennen, weshalb er Wagners Alternative als gleichermaßen problembehaftet verwirft. Für seinen Gedanken vom Absoluten hingegen spreche eine »›potentia oboedientialis‹ für die Struktur des Inkarnations-Kerygmas [...]: Gott macht sich **vollständig zugänglich** gerade dadurch, dass er sich abhängig macht von dem, was zutiefst von ihm als Gott sich abhängig weiß.«[151] Dadurch werde eine Metaphysik mit modernen Ursprüngen möglich, die nicht mehr von den klassischen Problemen belastet werde. Das führt er offenbar vor allem auf die Negativität dieses Ansatzes zurück, der daher auch einer Theologie nach Auschwitz gewachsen sei. Seine Andeutungen, eine moderne Metaphysik sei nicht schicksalslos und habe Berührungspunkte mit dem kabbalistischen Zimzum, bleiben jedoch vage.[152]

Müllers Anwendung des Subjektgedankens auf das Verhältnis der Religionen entspricht weitgehend Henrichs Ansatz. Bezüglich der Wahrheitsfrage

---

[147] Müller: Wenn ich »ich« sage, 572. Dass die Gedanken von Pseudo-Dionysios Areopagita, Angelus Silesius und Meister Eckhart ausgerechnet bei Jacques Derrida eine große Rolle spielen, könnte darauf hindeuten, dass Müllers Diagnose so nicht zutrifft oder dass es Derrida mehr um das Subjekt geht, als Müller bereit ist wahrzunehmen. Vielleicht ist aber auch Müllers Grundthese falsch, worauf hindeuten mag, dass negative Theologien vor allem mit Denkern wie Pseudo-Dionysios Areopagita, Angelus Silesius, Meister Eckhart oder Nikolaus von Kues verknüpft werden, die in einer Zeit vor der modernen Wende zum Subjekt zu suchen sind.

[148] Müller: Wenn ich »ich« sage, 570. Ist damit gemeint, dass die Erscheinung Gottes in der Moderne den durch die Bibel bezeugten Erscheinungen und Erfahrungen überlegen ist?

[149] Vgl.: Henrich: Selbstbewusstsein und spekulatives Denken, 176.

[150] Vgl.: Falk Wagner: Theo-logie. Die Theorie des Absoluten und der christliche Gottesgedanke. In: Hans Rademacher, Peter Reisinger, Jürgen Stolzenberg (Hg.): Rationale Metaphysik. Die Philosophie von Wolfgang Cramer. Bd. 2, Stuttgart 1990, 216–255, hier 226–231.

[151] Müller: Wenn ich »ich« sage, 573. Vgl. zum Begriff der *potentia oboedientialis* und den damit verbundenen Schwierigkeiten Kapitel IV.2, Seite 268.

[152] Vgl.: Müller: Wenn ich »ich« sage, 573f. Daher lassen sich auch Thomas Freyers Bedenken in dieser Hinsicht nicht in einer Fußnote bei Seite wischen, die diese als »etwas hemdsärmeligen Einwand« kennzeichnet, der im Vorwort sowie durch »die kurzen, aber elementaren Hinweise 573–574, die das Gegenteil belegen«, zu entkräften sei. (Müller: Das etwas andere Subjekt, 147.)

teilt Müller Hans Waldenfels' Ansicht, die Antwort sei in der geschichtlichen Bewährung zu suchen.[153] Jedoch kann sich Müller von seinem Ansatz einer Erstphilosophie, die ja gerade geschichtlich nicht mehr hintergehbare Gründe sucht, mit diesem Rückgriff auf Mt 7,17–32 nicht zufrieden geben. Daher misst er die Frage der Bewährung daran, ob das Subjekt sich in der Religion über seine Grundstruktur verständigen kann.[154]

> »Die christliche Tradition charakterisiert in dieser Perspektive, dass das Einmalige, Einzigartige [d.h., das Subjekt, CL] im Einzelnen [d.h., der Person, CL] **als** Einmaliges erscheint und dass sich dieses Erscheinen seinerseits durch nichts anderes als das völlige Selbstverständigtsein derjenigen Subjekt-Person vermittelt, in der als Einzelheit die Einmaligkeit als sie selbst zur Erscheinung kommt: Der absolut Einmalige, der Absolute tritt auf als Einzelner. Daran haben sämtliche Formeln der Christologie ihr Thema.«[155]

Nach Müller kann jede Religion, die die Vermittlung der Person- und der Subjekt-Dimension unterhalb dieses Niveaus leisten will, »aus vernünftigen Gründen kritisiert werden.«[156] Mit einem solchen Kriterium läuft man freilich Gefahr, das Judentum letztlich zu einer defizienten Vorform herunterzustufen, was Müller an anderer Stelle ausdrücklich tut.[157]

Die Zusammenfassung der Christologie in obigen Kerngedanken will Müller an drei Eckpunkten bewähren: der Inkarnation, der Basileia-Botschaft und am Ostergeschehen. Inkarnation fasst er darin, »dass Gott sich vollständig zugänglich macht dadurch, dass er sich abhängig macht von dem, was zutiefst von ihm als Gott sich abhängig weiß«[158], wobei sich die Frage nach der Materialität dieser Art von Inkarnation stellt, die hier gedacht wird. Wenn Johannes davon spricht, dass der Logos Fleisch wird, so spricht er von hinfälligem, schwachem Fleisch.[159] Diese Dimension des Menschlichen, was man mit Levinas vielleicht »inkarniertes Subjekt« nennen könnte, scheint mir in der bewusstseinstheoretischen Deutung unterbelichtet. Die Basileia-Botschaft ist für Müller die Botschaft von der »Versöhntheit des Menschen mit Gott«[160], von der »Integrität menschlicher Existenz«[161]. Die Totenerwe-

---

[153] Vgl.: Müller: Wenn ich »ich« sage, 578; Hans Waldenfels: Theologie im Kontext der Weltgeschichte. Überlegungen zum Dialog zwischen Christentum und Weltreligionen. In: Ders.: Begegnung der Religionen. Theologische Versuche I, Bonn 1990, 11–27, 26.
[154] Vgl.: Müller: Wenn ich »ich« sage, 579. Hier wird die Frage der Bewährung des Menschen vor Gott zu einer Frage der Bewährung der Religionen für den Menschen verwandelt.
[155] Müller: Wenn ich »ich« sage, 579.
[156] Müller: Wenn ich »ich« sage, 570.
[157] Vgl.: Müller: Wieviel Vernunft braucht der Glaube?, 96, FN 46: »Mit Religionen, die älter als das Christentum sind, lässt sich von diesem Anspruch [d.h. der letztgültigen Offenbarung Gottes in Jesus Christus, CL] her problemlos umgehen. Sie werden zu mit Irrtümern durchsetzten Vorspielen des Eigentlichen erklärt. Das trägt automatisch größte Probleme mit dem Judentum ein, auf dessen Schultern das Christentum seiner gesamten Substanz nach steht.« – Gerade diese Spannung wird durch Müllers Überlegungen stillgestellt.
[158] Müller: Wenn ich »ich« sage, 581.
[159] Vgl. dazu auch Kapitel 5.4, Seite 331.
[160] Müller: Wenn ich »ich« sage, 581.
[161] Müller: Wenn ich »ich« sage, 581.

ckungserzählungen gelten ihm als narrative Vermittlung dafür, dass Gottes Versöhnungsmacht das Lebensende mit einschließt. Meines Erachtens ist jedoch die Beschränkung der Basileia-Botschaft auf eine innerpsychische Heilung eines gespaltenen Bewusstseins eine aus dem biblischen Zeugnis nicht zu rechtfertigende Verkürzung der eschatologisch geprägten Botschaft des aus der Naherwartung lebenden Jesus von Nazareth.[162]

Auch die Bewährung am Osterkerygma erhält eine nicht zu unterschätzende Schlagseite, die elementare Gehalte der christlichen Botschaft zu verkürzen droht. Nach Müller ist der entscheidende Moment, an dem sich die Botschaft von der Versöhntheit bewähren muss, derjenige, in dem »der unverfügliche Grund des Daseins sich zu entziehen und damit die eine Weise der Selbsterfahrung, die der Marginalität, die andere der Einmaligkeit gänzlich zu überwältigen scheint: im Sterben.«[163] Diese Bewährung steigert sich nach Müller bei Jesus ins »Übermenschliche«[164]. Er folgert daraus, dass man als

---

[162] Vgl.: z.B. die umfassende Studie von Kurt Erlemann: Naherwartung und Parusieverzögerung im Neuen Testament. Ein Beitrag zur Frage religiöser Zeiterfahrung, Tübingen – Basel 1995, bes.: 123–177.
[163] Müller: Wenn ich »ich« sage, 582.
[164] Müller: Wenn ich »ich« sage, 582. Müller beruft sich mit der Charakterisierung der Bewährung als übermenschlicher auf die Tradition, die »den Schmerz des am Kreuz Sterbenden« (582) so nenne. Als Beleg gilt ihm die fundamentaltheologische Studie seines Lehrers Hansjürgen Verweyen, *Gottes letztes Wort*. Müller verweist auf die Seiten 277, 279 und 478 der zweiten Auflage. Die entscheidende Passage ist in der dritten Auflage auf Seite 354 aufgenommen, wo Verweyen im Kapitel »Die Basis des Osterglaubens nach dem Zeugnis des Neuen Testaments« unter dem Stichwort »Markus« folgendes schreibt: »Auch das ›Aushauchen‹ Jesu ist nun allerdings im Sinne einer mirakulösen Basis des Gottessohn-Bekenntnisses [des römischen Hauptmanns] verstanden worden. Von der Patristik bis heute wird die Auffassung vertreten, der Hinweis auf ›die laute Stimme‹, mit der Jesus den Todesschrei ausstößt (V.37), unterstreiche dessen übermenschliche Kraft.« (Verweyen: Gottes letztes Wort, 354.) Für diese These führt auch Verweyen keine direkten Belegstellen an, sondern beruft sich auf Sekundärliteratur, nämlich: Howard M. Jackson: The death of Jesus in Mark and the miracle from the cross. In: New Testament Studies 33 (1987), 16–37. Gerade Jackson hält allerdings fest, »that Mark does nothing whatsoever to suggest what there was extraordinary or significant about the cry to prompt such a confession.« (17) Auch bei Jacksons Belegen findet man keinen direkten Verweis auf patristische Literatur, wenngleich er die drei Werke, die er anführt und deren von ihm zitierte Auflagen (die älteste geht auf 1735 zurück) zwischen 1884 und 1929 erschienen sind, mit »Patristic and early modern references« (FN 7, S. 34) bezeichnet. Sieht man sich diese Belege näher an, so ergibt sich allerdings ein differenziertes Bild, da bereits Lagrange in seiner Bibliographie festhält, dass sich ohnehin nur sehr wenige Väter direkt mit Markus beschäftigt haben. (Vgl.: Marie-Joseph Lagrange: Évangile selon Saint Marc. Quatrième édition corrigée et augmentée, Paris 1929, IX.) Lagrange selbst betont, dass es keinen Anhaltspunkt aus der Exegese gebe, dass Jesu Schrei wunderhafte Züge aufgewiesen habe. (Vgl.: 436.) – In der von Jacksons anderen Autoren zitierten Tradition (Vgl.: Joseph Knabenbauer: Commentarius in Quatuor S. Evangelia Domini N. Iesu Christi. Evangelium Secundum S. Marcum, Paris 1894, 423; Heinrich August Wilhelm Meyer: Handbuch über die Evangelien des Markus und Lukas. Siebente Auflage neu bearbeitet von Bernhard Weiss, Göttingen 1885, 231.) ist der Befund ebenfalls differenziert: Nach Victor von Antiochien (um 500) schreit Jesus laut auf, um zu zeigen, dass er mit Vollmacht in den Tod geht. Nach Theophylactus von Achrida (1088/92–1126), der von Thomas von Aquin in

Mensch nach Jesu Tod vor dem eigenen Sterben keine Angst mehr haben müsse, weil der Sterbende »nicht mehr misstrauen muss, deshalb vergänglich zu sein, weil der ihm nicht verfügliche Grund seines Daseins ihm dieses vorenthalte.«[165] Kommt mit der Betonung des Übermenschlichen nicht eine Schieflage auf, die eine Soteriologie, die darauf abhebt, dass Gott Mensch geworden ist und nicht Übermensch, unmöglich macht? Wird die Wirklichkeit des Sterbens und des Todes in all seinen grausamen Formen in dieser Welt hier nicht verharmlost, wenn das entscheidende Leiden darin bestehen soll, die beiden dem Selbstbewusstsein eigenen Weltsichten nicht mehr vereinen zu können?

Müller sieht sich mit dieser Anfrage vor allem aus der Theologie von Johann Baptist Metz heraus konfrontiert und entgegnet:

»Wenn Metz das leidensimmune Identitäts- und Versöhnungsdenken durchschnittlicher Theologie sehr undifferenziert als ›idealistisch‹ apostrophiert und damit einen Wink bezüglich seiner Herkunft geben möchte, tut er gerade den besten der mit diesem Prädikat zu verbindenden philosophischen Bemühungen Unrecht. Oder mit einer treffenden Formel von Dieter Henrich gesagt: ›Spricht spekulatives Denken von Versöhnung, so immer nur von einer solchen, die möglich ist ‚mitten im Streit'.‹«[166]

Aber reicht es aus, die Gottrede von einer Versöhnung mitten im Streit her zu konzipieren, wenn diese Versöhnung ständig in der Gefahr steht, sich als Versöhnung *des* Streits auszugeben, der in Wirklichkeit unversöhnt bleibt? Philosophie und Theologie reden dann mit einer Versöhnung an dem, was Adorno »beschädigtes Leben« nannte,[167] vorbei. Es geht mir nicht darum, die Hoffnung auf Versöhnung oder auch alltägliche kleine Schritte zur Versöhnung kleinzureden. Es mag Momente geben, in denen sich so etwas wie Versöhnung ankündigt, allerdings – und hier hat die theologische Rede von

---

seiner *Catena aurea in quatuor Evangelia.* (Expositio in Marcum XV, 6. – Zitiert nach: S. Thomae Aquinatis Catena aurea in quatuor evangelia. Cura Angelici Guarienti. Nova ed., Turin 1953.) zitiert wird, zeigt die laute Stimme an, dass der, der über den Tod herrsche, auch mit dieser Macht sterbe. Der auch von Thomas zitierte Hieronymus hält fest, dass, im Unterschied zu Jesu hinfälligem Fleisch, in der Stimme seine Göttlichkeit zum Ausdruck komme. Während wir, die von der Erde seien, mit schwacher oder ohne Stimme sterben, sei Jesus, der vom Himmel gekommen sei, mit erhobener Stimme gestorben. – Zumindest aus den angegebenen Verweisen lässt sich nicht schließen, *die* Tradition nenne den *Schmerz* des am Kreuz Sterbenden *übermenschlich.*

[165] Müller: Wenn ich »ich« sage, 583.
[166] Müller: Gottes Dasein denken, 98f. Die Zitate stammen der Reihenfolge nach aus: Johann Baptist Metz: Theologie als Theodizee? In: Willi Oelmüller (Hg.): Theodizee – Gott vor Gericht? München 1990, 103–118, 115.; ebd.: 113 oder auch: Metz: Plädoyer, 128–129; Dieter Henrich: Grund und Gang spekulativen Denkens. In: Dieter Henrich, Rolf-Peter Horstmann (Hg.): Metaphysik nach Kant? Stuttgarter Hegel-Kongreß 1987, Stuttgart 1988, 83–120, 118. Dieser Beitrag wurde aufgenommen in: Henrich: Bewusstes Leben, 85–138. Das Zitat findet sich auf Seite 136.
[167] Vgl.: Theodor W. Adorno. Minima Moralia. Reflexionen aus dem beschädigten Leben. Gesammelte Schriften. Herausgegeben von Rolf Tiedemann unter Mitwirkung von Gretel Adorno, Susan Buck-Morss und Klaus Schultz. Band 4, Frankfurt am Main, 2003.

der Ursünde ihr volles Recht[168] – erscheint mir ein »real-präsentes Versöhntsein« unter den Bedingungen struktureller Sünde, in denen wir leben, nur in Kategorien der Unmöglichkeit denkbar zu sein. Jegliches *Rechnen* mit Versöhnung noch dazu mit real-präsenter wird dadurch unterbunden.[169]

Der Trinitätsfrage nähert sich Müller über seine Christologie als Vermittlung der Person- und der Subjektdimension menschlichen Selbstbewusstseins. Wenn Christologie »als der geglückte Fall solcher Vermittlung par excellence«[170] gelten muss, so löse sie anscheinend das Dilemma in Richtung der Einzelheit, d.h. der Persondimension, auf. Um noch wirkliche Vermittlung leisten zu können, müsse sie daher komplementär erweitert werden, so dass die wechselseitige Implikation der Alternativen deutlich werde. Dies geschieht nach Müller im Anschluss an Henrich durch ein Verständnis der Trinitätslehre als »einer sozusagen institutionalisierten oder diskursivierten Mystik«[171]. Es gehe nicht darum, den Gedanken der Personalität zu vollenden, sondern in der Rede vom Geist die Subjektdimension zur Geltung zu bringen und in die Christologie zu integrieren. An der mystischen Unmittelbarkeit des Geistes hänge ebenfalls die Frage der Nachfolge und der Wirksamkeit der Sakramente, d.h. der Fortgang der angebrochenen Basileia. Konzeptionen, die die Trinitätslehre mit »Konstrukten ekstatischer Hingabe als anthropologischer Basisstruktur«[172] vom Personbegriff her lesen, führen nach Müller zur hamartiologischen Stigmatisierung des selbstbewussten Subjekts, nur »weil es ›ich‹ zu sagen wagt[.]«[173]

---

[168] Zur jüngeren Diskussion um die Problematik der Erb- bzw. Ursünde vgl.: Christoph Boureux, Christoph Theobald (Hg.): »Erbsünde«. Concilium. Internationale Zeitschrift für Theologie 40 (2004). Darin erscheint mir besonders lesenswert: Christoph Theobald: Die »Erbsünde« – ein weiterhin umstrittenes Lehrstück. Überlegungen zu einer Debatte (Seiten 93–113).

[169] Einen Versuch, Versöhnung und Gericht im Anschluss an Jankélévitch und Derrida zu denken, unternimmt Jan-Heiner Tück: Das Unverzeihbare verzeihen? Jankélévitch, Derrida und die Hoffnung wider alle Hoffnung. In: Communio 33 (2004), 174–188. – Mir scheint allerdings, dass Tück die von Derrida aufgeworfene Problemlage – »Das Vergeben verzeiht nur das Unverzeihbare. [...] Es kann nur möglich werden, wenn es das Un-mögliche tut.« (180) – vorschnell christologisch auflöst: »Im Unterschied zu Derrida, der die ›unmögliche Möglichkeit‹ der unbedingten Vergebung offen halten will, um den binären Code ›vergebbar‹ – ›unvergebbar‹ dekonstruierend zu unterlaufen, ist aus der Sicht des christlichen Glaubens zu sagen, dass Jesus Christus die Wirklichkeit, ja die *Inkarnation der unbedingten Vergebung* ist.« (183) Tück stellt Derrida die Frage, »ob es nicht unverzeihlich ist, sich dem Geist der Verzeihung definitiv zu verschließen.« (182) Diese Frage greift aber zu kurz. Derrida stellt nicht die Vergebung in Frage, er stellt das Rechnen mit ihr, das Fragen nach den Bedingungen der Möglichkeit von Vergebung in Frage. Und es scheint mir, als müsste das Christusereignis ebenso sämtliche Bedingungen der Möglichkeit in Frage stellen, da es eine ungeschuldete Initiative von Gott ist, die transzendental nicht aufzulösen ist.

[170] Müller: Wenn ich »ich« sage, 585.
[171] Müller: Wenn ich »ich« sage, 587.
[172] Müller: Wenn ich »ich« sage, 588.
[173] Müller: Wenn ich »ich« sage, 588. – Freilich bedenkt er in diesem Zusammenhang nicht die Konsequenzen für die Trinitätstheologie, wenn sie die Personen in Gott als selbstbewusste Subjekte begreift, was Müller wohlgemerkt nicht ausdrücklich tut, was mir

Eine andere Lösungsmöglichkeit, den Subjektbegriff in den Trinitätstraktat einzuführen, böte sich freilich über Augustinus' Konzeption an, die das menschliche Bewusstsein als Ganzes als Abbild der Trinität versteht. Man müsste dann wohl die Subjektdimension mit dem Geist, die Persondimension mit dem Logos und den sich selbst entziehenden Grund mit dem Vater in Verbindung bringen. Das gelänge freilich nur, wenn Subjektivität bereits in idealistischem Überstieg als Einheit der Differenzen verstanden würde und nicht als Einer gegenüber allem anderen. Zudem nähert sich das den Rahner'schen Gedanken über die Selbstmitteilung Gottes in Wahrheit und Liebe an. Die Grundschwierigkeit – bei Müller noch mehr als bei Rahner –, die ich hierbei sehe, ist die einer Entgeschichtlichung der göttlichen Selbstmitteilung und ihre Verlagerung ins individuelle Bewusstsein, was Josef Wohlmuth berechtigter Weise kritisiert. Stattdessen schlägt er vor, sich streng an der Heilsgeschichte zu orientieren und die drei Dimensionen der Trinität in ihren aufeinander irreduziblen und zugleich voneinander untrennbaren geschichtlichen Erfahrungsorten der Geschichte des frühen Israel, der Person Jesus von Nazareth und der Gemeinschaft des Heiligen Geistes zu suchen.[174]

---

aber eine direkte Konsequenz seiner Überlegungen zu sein scheint. In diese Richtung tendiert zumindest Dieter Henrich. (Vgl.: Dieter Henrich: Die Trinität Gottes und der Begriff der Person. In: Odo Marquard, Karlheinz Stierle (Hg.): Identität, München 1979, 612–620.) Henrich projiziert das gegenwärtige Subjekt- und Personverständnis zurück und betreibt damit letztlich eine Dogmatisierung der sprachlichen Gestalt gegenüber dem gemeinten Inhalt. Das führt letztlich zu derselben Konsequenz, die sich auch bei Müller abzeichnet, dass Gott überhaupt erst mit der Philosophie der Moderne angemessen begriffen werden könne und dass die vorherigen Versuche nicht wirklich wussten, wovon sie sprachen. So wird es dann auch möglich, den Konzilien und den großen Theologen, die an der Begriffsbildung für das Dogma der Trinität gearbeitet haben, zu unterstellen, sie hätten zwar die richtigen sprachlichen Ausdrücke benutzt, jedoch damit unzureichende Inhalte verbunden. Zudem nähern sich diese Gedanken gefährlich tritheistischen Formulierungen. Wie soll man noch von dem Einen Gott sprechen, wenn man von drei Person-Subjekten mit je eigenem Selbstbewusstsein, also von drei Aktzentren, spricht? – Dennoch wurde diese Sichtweise auch in der Dogmatik aufgegriffen. Vgl. Magnus Striet: Konkreter Monotheismus als trinitarische Fortbestimmung des Gottes Israels. In: Magnus Striet (Hg.): Monotheismus Israels und christlicher Trinitätsglaube. QD 210, Freiburg – Basel – Wien 2004, 155–198, 191. – Es ist bezeichnend, dass Müller in seinem Buch *Gottes Dasein denken* auf die Trinitätsproblematik nicht eingeht. Das mag an dem dezidiert philosophischen Anspruch des Buches liegen, zeigt jedoch, dass ihr Stellenwert für ihn nicht sonderlich groß zu sein scheint. Vgl.: Klaus Müller: Gottes Dasein denken, Regensburg 2001.

[174] Vgl.: Josef Wohlmuth: Zum Verhältnis von ökonomischer und immanenter Trinität – eine These. In: Zeitschrift für Katholische Theologie 110 (1988), 139–162, 153f. Wiederaufgenommen in: Wohlmuth: Im Geheimnis einander nahe, 115–138. Wohlmuth hat diese These modifiziert, weil er es nicht mehr für angemessen hält, »den mit dem Tetragramm bezeichneten Gott Israels (JHWH) als Offenbarungs*ort* zu bezeichnen.« (Josef Wohlmuth: Trinität – Versuch eines Ansatzes. In: Magnus Striet (Hg.): Monotheismus Israels und christlicher Trinitätsglaube. QD 210, Freiburg – Basel – Wien 2004, 33–67, 42.) Daher spricht er in Anlehnung an Irenäus von Lyon von den zwei Händen Gottes, die in Welt und Zeit eingreifen. Vgl. auch: Josef Wohlmuth: »Geben ist seliger als nehmen.« (Apg 20,35). Vorüberlegungen zu einer Theologie der Gabe. In: Erwin Dirscherl, Susanne Sandherr, Martin Thomé, Bernhard Wunder (Hg.): Einander

In einem weiteren Schritt wendet sich Müller gegen den Vorwurf der Projektion, indem er eine Projektion, die über die Tatsache und die Art und Weise ihres Zustandekommens weiß und »einsichtig machen kann, dass das, was sie zu denken unternimmt, nicht anders gedacht werden kann«[175], als transzendentalen Gedanken bestimmt. Henrich hätte das wohl bereits als metaphysische Spekulation gefasst. Als Kriterium gilt Müller dabei die Erfüllung der Projektion, die sich selbst und aus eigener Kraft präsentieren müsse. »Aber ohne Projektion qua Konstitutionsleistung des Subjekts würde die Gestalt als Gestalt gar nicht wahrgenommen.«[176] Das Christusereignis gilt ihm daher als »selbstpräsentierende Erfüllung des in der Selbstreflexion selbstbewusster Subjektivität ermittelbaren transzendentalen Strukturgefüges.«[177] Daran anschließend lasse sich eine ursprünglich beabsichtigte Begnadung des Subjekts denken, die den Unterschied zwischen Theologie und Philosophie anders als Rahners Ansatz nicht einebne. Ausgehend von der Zeitproblematik wäre allerdings hier zu fragen, ob nicht auch in diesem Fall Gottes unverfügbare Zukunft in die Verfügungs- und Planungsmacht des selbstbewussten Subjekts eingeholt wird, wie Freyer zu Recht bei Rahner kritisiert.[178] Sicherlich stünde es Gott im Prinzip noch frei, *ob* bzw. *wann* er die Welt retten will, das *Wie* ist aber grundsätzlich durchschaubar. Ob damit die unverfügbare und freie Initiative Gottes noch ausreichend zur Sprache gebracht werden kann, steht zumindest in Zweifel.

Als vorletzten Punkt seiner theologischen Applikationen beschreibt Müller die *differentia christiana*. Sie »bestehe in der radikalen Konzentration alles von der menschlichen Selbstvergewisserung angetriebenen Suchens und Ahnens in der und auf die Subjektivität eines menschlichen Individuums[.]«[179] Der Glaube müsse zwar nur an Jesus Christus festgemacht werden, jedoch könne der Glaubende dies mit Gründen tun, da »der An-Spruch dieser Gestalt im Medium des ihm Ureigensten, seines Selbstbewusstseins, ergeht.«[180] Dafür, dass die »Subjekt-Person« Jesus eine solche Authentizität entfalten könne, müsse für den Betrachter deutlich werden, dass sie »in singulärer Beziehung zu jenem die Subjekt-Person tragenden Grund [steht], der ›theologisch‹ Gott genannt wird.«[181] Jene vollständige Vermittlung lässt sich nach Müller als Versöhnung kennzeichnen.[182] Damit nimmt er, ohne es ausdrücklich zu machen, den ganzen Komplex um die Frage nach der Sündlosigkeit Jesu auf.

---

zugewandt. Die Rezeption des christlich-jüdischen Dialogs in der Dogmatik, Paderborn – München – Wien – Zürich 2005 (= Dirscherl (Hg.): Einander zugewandt), 137–159, 157.

[175] Müller: Wenn ich »ich« sage, 588.
[176] Müller: Wenn ich »ich« sage, 591.
[177] Müller: Wenn ich »ich« sage, 592.
[178] Vgl.: Thomas Freyer: Zeit – Kontinuität und Unterbrechung. Studien zu Karl Barth, Wolfhart Pannenberg und Karl Rahner (BDS 13), Würzburg 1993, bes. 457–461.
[179] Müller: Wenn ich »ich« sage, 594.
[180] Müller: Wenn ich »ich« sage, 594.
[181] Müller: Wenn ich »ich« sage, 592.
[182] Vgl.: Müller: Wenn ich »ich« sage, 595.

Wenn Jesus in allem uns Menschen gleich war außer der Sünde und wenn man gleichzeitig die vollständige Vermittlung der beiden Dimensionen des Selbstbewusstseins mit und über ihren Grund als Versöhnung bezeichnet, so scheint es folgerichtig, die Entzogenheit des Grundes und die daraus folgende Unmöglichkeit der Vermittlung als Merkmal der Sündhaftigkeit des Menschen zu begreifen. Sünde lässt sich somit als Trennung von Gott verstehen, womit ein klassisches Theologoumenon reformulierbar wäre. Allerdings führt diese Betrachtung sehr schnell in eine Engführung von Endlichkeit und Sündhaftigkeit. Zudem bleibt unklar, ob unter diesen Annahmen individuelle Sünden überhaupt noch zugerechnet werden können oder ob hier nicht eine gewisse bewusstseinstheoretische Schuldunfähigkeit attestiert wird, die jede persönliche Verantwortung in abstrakte Zusammenhänge auflösen kann.

Als letzten Punkt geht Müller das Verhältnis von Kirche und Subjekt an. Dabei begreift er Kirche als »Netzwerk von Zeugenschaften«[183], das darauf angewiesen sei, dass jeder einzelne das Zeugnis nicht nur weitergebe, sondern von Neuem beglaubige. Die Authentizität der ursprünglichen Offenbarung könne daher von den Zeugen der zweiten Generation nur glaubwürdig weitergegeben werden, wenn sie sie durch sich selbst entdecken, d.h. in ihrem Selbstbewusstsein. Nach Müllers Diagnose kommt in den gängigen Ekklesiologien zu kurz, »dass die Glauben herausfordernden Wahrheitsbehauptungen von Zeugen (erlösende) Wahrheit für den Adressaten erst dadurch werden, dass er sie in unvertretbarer Verantwortung aus Eigenem als eigene Wahrheit anerkennt.«[184] Das führe zu einer Schieflage, die die Subjektivität des Glaubenden gegenüber Tradition und Kommunikation vernachlässige, die aber für eine wahre Selbstmitteilung Gottes, die keine extrinsezistische Instruktion sei, die Voraussetzung bilde. Diese Gegenläufigkeit von Tradition und Subjektivität ist für Müller auch der Grund für Differenzen zwischen den »mehr auf materiale Kontinuität bedachten amtlichen Instanzen«[185] und den geschichtlich jeweils neuen Interpretationen durch die Aneignung des Zeugnisses. Die Unterdrückung solcher Konflikte sei ein Zeichen dafür, dass selbstbewusste Subjektivität verdrängt und hamartologisiert werde, so wie auch die Moderne-Diskussion in der Kirche und der Theologie ausbleibe. Sieht man einmal von Müllers bekannter Diagnose zum Verhältnis Kirche bzw. Theologie und Moderne ab, so birgt sein Ansatz hier enorme Sprengkraft. Er vermag nämlich die konstitutive Rolle von Tradition und Amt in der Kirche nicht einsichtig zu machen. Darüber hinaus stellt sich die Frage, welcher Art eine Wahrheit ist, die erst zur Wahrheit wird, wenn sie ein selbstbewusstes Subjekt anerkennt. Öffnet Müller nicht gerade hier das Einfallstor weit für die von ihm ständig beklagte »postmoderne Beliebigkeit«?[186]

---

[183] Müller: Wenn ich »ich« sage, 596.
[184] Müller: Wenn ich »ich« sage, 597.
[185] Müller: Wenn ich »ich« sage, 598.
[186] Selbstverständlich würde er das von sich weisen, da nach ihm ja Gründe in der Vernunft aufweisbar sind, die über einen solchen Wahrheitsanspruch entscheiden. Doch wer sagt ihm, dass diese »letzten Gründe« überzeugen? – Die Debatte darum scheint ja bereits zu

Zudem führt sein Modell der Kirche als Netzwerk von Zeugenschaften zu einer Finalisierung der Grundzüge der Leiturgia und Diakonia hin auf die Martyria. Die Liturgie wird zur Einweisung und Propädeutik in die Martyria, die Diakonie zur Verifikation.[187] Diese Position kann entscheidende Vorgaben des Zweiten Vatikanischen Konzils nicht einlösen, das in der Liturgiekonstitution *Sacrosanctum Concilium* formuliert:

> »Mit Recht gilt also die Liturgie als Vollzug des priesterlichen Amtes Jesu Christi; in ihr wird durch sinnenfällige Zeichen die Heiligung des Menschen bezeichnet und in je eigener Weise bewirkt und vom mystischen Leib Jesu Christi, nämlich dem Haupt und seinen Gliedern, der gesamte öffentliche Kult vollzogen. Infolgedessen ist jede liturgische Feier als Werk Christi, des Priesters, und seines Leibes, der die Kirche ist, in vorzüglichem Sinn heilige Handlung, deren Wirksamkeit keine andere Handlung der Kirche durch dieselbe Bedeutung und denselben Rang gleichkommt.«[188]

Nicht die Liturgie führt daher zu etwas anderem hin, sondern sie ist Zweck in sich. Das Konzil weiß allerdings auch, dass sich das Handeln der Kirche nicht in der Liturgie erschöpft, »denn ehe die Menschen zur Liturgie hintreten können, ist es nötig, dass sie zu Glauben und Bekehrung gerufen werden[.]«[189] Und eben dieses Rufen zum Glauben geschieht durch die Martyria. »Dennoch ist die Liturgie der Höhepunkt, dem das Tun der Kirche zustrebt, und zugleich die Quelle, aus der all ihre Kraft strömt.«[190] Vor diesem Hintergrund erscheint es bedenklich, eine Ekklesiologie auf die selbstbewusste Subjektivität stützen zu wollen und die Liturgie darauf hin zu finalisieren, so

---

zeigen, dass sie es nicht tun: »Im Übrigen überzeugen letzte Gründe allein Letztbegründer[.]« (Edmund Arens: Fundamentale Theologie, 71). Vgl. auch: Karl-Heinz Ohlig: Gibt es eine »Letztbegründung« des (christlichen) Gottesglaubens? Ein neuer Trend in der deutschen katholischen Fundamentaltheologie. In: Imprimatur 34 (2001), 74–77: »Wird das Problem nicht empfunden werden, welche Stringenz eine solche Erstphilosophie denn haben kann, wenn sie bei den professionellen Vertretern des Fachs zu Achselzucken führt? Überzeugt sie nur den, der schon vorher überzeugt ist und sich noch mehr überzeugen lassen will?« (75).

[187] Vgl.: Müller: Wenn ich »ich« sage, 596.

[188] DH 4007. Vgl. dazu auch: Rainer Kaczynski: Theologischer Kommentar zur Konstitution über die heilige Liturgie *Sacrosanctum Concilium*. In: Peter Hünermann, Bernd Jochen Hilberath (Hg.): Herders theologischer Kommentar zum Zweiten Vatikanischen Konzil. Band 2. Sacrosanctum Concilium. Inter Mirifica. Lumen Gentium, Freiburg im Breisgau 2004, 1–227 (= Kaczynski: Theologischer Kommentar). Dort hält Kaczynski fest: »Die drei Lebensvollzüge der Kirche sind aufs Engste miteinander verbunden. Ihre Mitte haben sie in der Feier der Liturgie. Das hat die Kirche schon in frühester Zeit deutlich gemacht[.]« (73)

[189] DH 4009.

[190] DH 4010. »Wichtig für das Verständnis der Aussage über die Liturgie als Höhepunkt, dem das Tun der Kirche zustrebt, und zugleich Quelle, aus der all ihre Kraft strömt, ist, dass sie nicht aus dem Kontext herausgelöst wird. Es wird darin nämlich aufgezeigt, dass die Seelsorgsarbeit [...] doch zur Gottesdienstfeier hinführen muss, dass alle durch Glaube und Taufe Kinder Gottes werden und dass sie sich dann auch versammeln sollen, um Gott zu loben, am Opfer teilzunehmen und das Herrenmahl zu genießen.« (Kaczynski: Theologischer Kommentar, 74.)

bedenklich, dass zumindest die Differenz zum Konzil deutlich gemacht werden müsste, was bei Müller nicht geschieht.

Damit sind Müllers philosophische und theologische Grundanliegen und anfanghaft auch die damit einhergehenden Problemstellungen und Aporien benannt. Ich will nicht in Abrede stellen, dass es das Phänomen selbstbewusster Subjektivität gibt, noch die Erklärungskraft des Henrich'schen Modells gerade gegenüber dem analytischen Materialismus bestreiten. Mein Schwerpunkt lag darauf zu zeigen, dass der Anspruch einer Letztbegründung im selbstbewussten Subjekt auch mit diesem Ansatz philosophisch angesichts vieler offener Fragen nicht einzulösen ist. Müllers Anspruch, logisch irrtumsfrei einen Begriff letztgültigen Sinns ermitteln zu können, führt immer wieder in Unschärfen oder zu theologisch bedenklichen Aussagen. Diskontinuitäten und Brüche werden überspielt oder begrifflich aufgehoben.

Bevor ich diesen Brüchen in und mit den Texten von Levinas und Derrida weiter nachgehe, möchte ich an der Rezeption von Hector-Neri Castañeda bei Müller[191] eine Perspektive in der analytischen Philosophie aufzeigen, die mir die Irreduzibilität von Sprache in der Sprache selbst aufzuweisen scheint und die daher einer umfassenden Weltdeutung aus dem vorsprachlich verfassten Selbstbewusstsein heraus widerspricht. Castañedas Überlegungen zielen auf die sogenannten Quasi-Indikatoren ab.[192] Damit ist die Aufnahme von Indikatoren in der indirekten Rede gemeint. Beispielsweise wird aus »*Der Direktor: Ich gehe jetzt nach Hause.*« der Satz: »*Der Direktor sagte um elf Uhr, er* gehe nun* nach Hause.*«[193] Castañedas entscheidende Entdeckung besteht darin, dass »er*« und »nun*« nicht durch andere Ausdrücke ersetzbar sind, ohne den Wahrheitswert des Satzes möglicherweise zu ändern. Die Reformulierung »*Der Direktor sagte um elf Uhr, der Direktor* gehe um elf Uhr* nach Hause.*« ist bezüglich beider Ersetzungen irrtumsanfällig, da der Direktor weder wissen muss, dass er Direktor ist (z.B. wenn er eben befördert wurde, aber noch keine Mitteilung erhalten hat), noch dass es zu dem Zeitpunkt, an dem er jenen Satz äußert, genau elf Uhr ist. Nach Castañeda gibt es genau fünf Indikatoren, die in der indirekten Rede nur als Quasi-Indikatoren wiedergegeben werden können: ich, du, er (dieser, jener), hier, jetzt.[194] Dabei hebt Müller aus der sehr differenzierten Theorie der Quasi-Indikatoren vor allem die Unersetzbarkeit und die »ontologische Priorität«[195] des Indikators »ich« hervor, da das auch der eigentliche Zielpunkt von Castañedas Analyse sei:

---

[191] Vgl. Müller: Wenn ich »ich« sage, 199–235.
[192] Vgl. zur Theorie der Quasi-Indikatoren vor allem: Hector-Neri Castañeda: Indikatoren und Quasi-Indikatoren. In: Ders.: Sprache und Erfahrung. Texte zu einer neuen Ontologie. Eingeleitet und übersetzt von Helmut Pape, Frankfurt am Main 1982 (= Castañeda: Sprache), 160–201 (= Castañeda: Indikatoren). Castañeda präzisiert die dort vorgestellte Theorie in: Hector-Neri Castañeda: Einführung zu Indikatoren und Quasi-Indikatoren (1981). In: Castañeda: Sprache, 148–160 (= Castañeda: Einführung).
[193] Mit dem Stern kennzeichnet Castañeda jeweils die Quasi-Indikatoren.
[194] Sehr aufschlussreich ist dazu die Tabelle in: Castañeda: Indikatoren, 186f.
[195] Vgl.: Müller: Wenn ich »ich« sage, 205; Castañeda: Indikatoren, 186f.

»Nicht um diese besondere Kategorie sprachlich irreduzibler Quasi-Indiaktoren als solche freilich ist es Castañeda zu tun, sondern um die philosophische Konsequenz des Auftretens einer so verfassten Kategorie von Selbstbezüglichkeit: die offensichtliche Unhintergehbarkeit von Selbstbewusstsein.«[196]

Dieser Diagnose kann ich nicht uneingeschränkt zustimmen.[197] Mir scheint vielmehr, als sei der Ich-Indikator nur ein Fall von Unhintergehbarkeit, da alle anderen Indikatoren ebenfalls nicht analysierbar und somit ersetzbar sind. Sie alle genießen eine gewisse »ontologische Priorität«, wenn auch für Castañeda das Personalpronomen der ersten Person nochmals eine Priorität gegenüber den anderen Indikatoren besitzt.[198] Diese Priorität steht aber auf schwachen Beinen. Sie wird nur gegenüber den Raum- und Zeitindikatoren begründet, indem deren Fehlschlagsimmunität abgeschwächt wird.[199]

Zum einen vermag ich nicht zu sehen, auf welchen Prämissen der Vorrang der physikalischen oder äußeren Zeit beruht bzw. auf welche Zeit sonst mit »jetzt« Bezug genommen werden könnte,[200] und zum anderen ist es bezeichnend, dass in dieser Bewertung der Indikator der zweiten Person keine Rolle spielt, so wie er in Castañedas gesamter Analyse eher am Rande auftaucht. Doch übergeht Castañeda damit eine bedeutsame Besonderheit. In seinem Gebrauch zeigt sich, dass der Indikator der zweiten Person als einziger keine kognitive Relation wie alle anderen aufbauen kann, sondern einzig eine sprachliche Beziehung herstellt.[201] Das bedeutet, dass der Indikator »du« nur dann richtig verwendet wird, wenn mit ihm eine sprachliche oder kommunikative Beziehung aufgebaut wird. Für Castañeda ist das Denken nicht unbedingt sprachlich verfasst: »Die Struktur dessen, was gedacht wird, die Proposition, ist die grundlegende Struktur, und im Prinzip könnte man denken,

---

[196] Müller: Wenn ich »ich« sage, 204f.
[197] Dagegen spricht z.B. folgendes Zitat: »Die Probleme des Subjekts, d.h. des *Selbst*bewusstseins und des *Selbst*bezuges, sind zum Teil die allgemeinen Probleme der indexikalischen Referenz und zum Teil besondere Probleme. Man muss deshalb die Probleme des Subjekts in den größeren Kontext der demonstrativen oder indexikalischen Bezugnahme stellen. Wir finden hier also einen Fall, wo man die Daten komplexer gestalten muss, um ihr Strukturmuster zu erkennen. Anderenfalls würde man Gefahr laufen, der Bezugnahme der ersten Person mehr Eigenheiten zu unterstellen als sie tatsächlich hat. Das Primat des Subjekts ist hauptsächlich erkenntnistheoretisch, *nicht* metaphysisch.« (Hector-Neri Castañeda: Über die Phänomen-Logik des Ich. In: Castañeda: Sprache, 57–71, 66.) Vor dem Hintergrund, dass es Castañeda um die »*allergemeinsten* Strukturen der Welt« (Hector-Neri Castañeda: Philosophische Methode: Sprache und die Struktur der Erfahrung. In: Castañeda: Sprache, 21–42, 21.) geht, die er als »*metaphysisch*« bzw. »ontologisch« (ebd.) kennzeichnet, scheint mir der Primat des Selbstbewusstseins eher ein von außen herangetragener Primat zu sein. Freilich geht es Müller um einen erkenntnistheoretischen Primat, der allerdings im Gegensatz zu Castañeda fundamental ist, so dass dieser ihn zugleich bestätigt wie auch kritisiert.
[198] Vgl.: Castañeda: Indikatoren, 165.
[199] Vgl.: Castañeda: Indikatoren, 165.
[200] Die Zeitproblematik bleibt ohnehin bei all diesen Ansätzen ausgeklammert. Dabei scheint sich doch in der Irreduzibilität gerade der Indikatoren von Zeit und Raum etwas anzudeuten, was sich der Aneignung durch das selbstbewusste Subjekt widersetzt.
[201] Vgl. die Tabelle in: Castañeda: Indikatoren, 186f.

ohne eine Sprache als ein Mittel zu benutzen.«[202] Zu einem rein kognitiven Verhältnis wie z.B. »Er steht im Regen.« sei keine sprachliche Relation notwendig, wenngleich diese Proposition natürlich geäußert werden kann. Hingegen ist »Du stehst im Regen.« nur als sprachliche Relation formulierbar und kann kein reines Denken bleiben. Diese Interpretation wird durch folgende Überlegungen Castañedas zur Struktur einer möglichen Sprache gestützt:

> »Ein Begriffsrahmen, der mehrere Personen (oder selbstbewusste Subjekte) auch nur der Möglichkeit nach zulässt, ist gekennzeichnet durch das Vorkommen eines unanalysierbaren referenziellen Mechanismus', der durch den Indikator der ersten Person gebildet wird[.] [...] Ein Begriffsrahmen, der die Möglichkeit der Kommunikation zulässt, ist durch das Vorhandensein eines unanalysierbaren referenziellen Mechanismus' gekennzeichnet, der durch den Indikator der zweiten Person konstituiert wird.«[203]

Dass sich hier anscheinend analytisch eine Differenz zwischen dem Wissen um ein Vorkommen von mehreren Subjekten und der Möglichkeit der Kommunikation dieser Subjekte miteinander andeutet, wird von Müller nicht rezipiert. Es scheint sich im Indikator »du« ein Aspekt der Sprache zu zeigen, der nicht in propositionalen Gehalten aufgeht. Das mag auf eine Dimension hindeuten, die Levinas als ursprüngliche Dimension der Sprache bestimmt. Noch vor der Mitteilung von Inhalten ist sie ursprüngliche Öffnung und Nähe zum anderen. Dieser Aspekt ist bei Pröpper, Verweyen und Müller durch ihre Fokussierung auf das selbstbewusste Subjekt systematisch unterbelichtet. Gerade für Müller hätte sich jedoch im Rahmen seiner Castañeda-Rezeption die Möglichkeit geboten, aus der verengten Perspektive auszubrechen und sich für radikalere Fragestellungen zu öffnen. Einigen dieser Fragen will ich im folgenden Teil meiner Arbeit in der Lektüre von Texten von Derrida und Levinas nachgehen.

4. Selbstbewusste Subjektivität oder die Bedürftigkeit des Menschen. Markierungen in der Debatte zwischen Klaus Müller und Thomas Freyer

Es widerspräche der Haltung meiner Arbeit, an dieser Stelle »theologische Leitfragen« zu formulieren, auf die die Lektüre der philosophischen, lehramtlichen und biblischen Texte in den folgenden Teilen »antworten« müssten. Dennoch steht einiges theologisch auf dem Spiel, was ich in den vorangehenden Kapiteln bereits benannt habe. Bei den Unterschieden in einigen Fragestellungen erscheint es mir nicht legitim, hier allgemeine Probleme aus den erstphilosophischen Ansätzen abzuleiten. Vielleicht ist daher ein Nachzeichnen der Debatte zwischen Thomas Freyer und Klaus Müller über Fragen menschlicher Subjektivität ein Weg, theologische Problemfelder zu benen-

---
[202] Castañeda: Indikatoren, 170f.
[203] Castañeda: Indikatoren, 194f.

nen, ohne ihnen einen zu engen Rahmen vorzugeben und ohne aus ihnen einen solchen Rahmen zu machen, in den alle weiteren Texte einzupassen wären.[1] Mir scheint zudem, dass sich in dieser Debatte eine Problemstellung wiederholt, die das Erste Vaticanum in der Verhältnisbestimmung von Natur und Übernatur umtreibt.[2]

Freyer teilt Müllers Ansicht, dass der katholischen Tradition seit der Neuzeit das Subjektive suspekt erschienen sei und sich neuerdings »heimlich erleichterte Zustimmung zu post-modernen Subjekt-Destruktionen vernehmen«[3] lasse. Er übernimmt vorschnell Müllers Diagnose der »post-modernen Subjekt-Destruktionen«, die mir bei genauerem Hinsehen nicht plausibel erscheint.[4] Freyer hält jedoch im Unterschied zu Müller eine erstphilosophische Reflexion auf einen unbedingten Geltungsgrund im Subjekt nach dem durch die Signatur »Auschwitz« markierten Bruch der Geistesgeschichte »für theologisch und philosophisch unzureichend.«[5] In Emmanuel Levinas sucht er einen Gesprächspartner, um »den Dialog mit der Spätmoderne [...] aufzunehmen als auch den Akzent auf die schöpfungs- und gnadentheologischen [sic!] Signatur des Menschen als ›Subjekt‹ zu legen.«[6] Die Markierung des Begriffs »Subjekt« durch Anführungszeichen kennzeichnet bereits ein Verständnis, das sich dezidiert von Müller absetzt. Mit Levinas bestimmt Freyer das von

---

[1] Den Ausgangspunkt der Debatte bildete: Müller: Wenn ich »ich« sage; ders.: Subjektivität und Theologie. Es folgten diese Beiträge: Thomas Freyer: Das »Ich als Ich, das alles Leid der Welt auf sich nimmt«. Theologische Notizen zur gegenwärtigen philosophischen Debatte um menschliche Subjektivität. In: Günter Riße, Heino Sonnemans, Burkhard Theß (Hg.): Wege der Theologie an der Schwelle zum dritten Jahrtausend. Festschrift für Hans Waldenfels zur Vollendung des 65. Lebensjahres, Paderborn 1996, 111–124 (= Freyer: Das »Ich als Ich, das alles Leid der Welt auf sich nimmt«); Thomas Freyer: Menschliche Subjektivität und die Anderheit des anderen. Theologische Anmerkungen zu einer aktuellen philosophischen Debatte. In: Theologie der Gegenwart 40 (1997), 2–19 (= Freyer: Menschliche Subjektivität und die Anderheit des anderen); Klaus Müller: Subjekt-Profile. Philosophische Einsprüche in eine theologisch überfällige Debatte. In: Theologie der Gegenwart 40 (1997), 172–180 (= Müller: Subjekt-Profile); Thomas Freyer: Menschliche Subjektivität im Referenzrahmen »›erstphilosophischer‹ Reflexion«? In: Theologie der Gegenwart 41 (1998), 48–55 (= Freyer: Menschliche Subjektivität im Referenzrahmen »›erstphilosophischer‹ Reflexion«?). – Dazu in engem thematischen Zusammenhang stehen: Thomas Freyer: »Nähe« – eine trinitätstheologische Schlüssel-»kategorie«? Zu einer Metapher von Emmanuel Levinas. In: Theologie der Gegenwart 40 (1997), 271–288 (= Freyer: »Nähe«); Müller: Das etwas andere Subjekt.
[2] Vgl. dazu Kapitel IV.2, Seite 267. – Da subkutan zwei Fragen gleichzeitig verhandelt werden, nämlich die Frage der Ungeschuldetheit der Gnade und die Frage nach der Möglichkeit einer autonomen Philosophie, ergeben sich gewisse, nicht aufzulösende Schwierigkeiten.
[3] Freyer: Das »Ich als Ich, das alles Leid der Welt auf sich nimmt«, 113. Er zitiert hier Müller: Wenn ich »ich« sage, 15.
[4] Freyers differenzierende Position in dieser Frage wird in einer Fußnote zur Problematik des Begriffs »Postmoderne« deutlich, der für ihn »zur zeitgeschichtlichen Diagnose theologischer Rede [...] ungeeignet [ist].« (Freyer: Das »Ich als Ich, das alles Leid der Welt auf sich nimmt«, 113f., FN 2.)
[5] Freyer: Das »Ich als Ich, das alles Leid der Welt auf sich nimmt«, 114.
[6] Freyer: Das »Ich als Ich, das alles Leid der Welt auf sich nimmt«, 114f.

Müller und Henrich beschriebene Selbstverhältnis des Subjekts als defiziente und sekundäre Weise menschlicher Subjektivität. Die Grundsituation des Subjekts lasse sich durch den wissenden (Selbst-)Bezug nicht beschreiben:

> »Der Andere ist weder intentionales Korrelat des Selbstbewusstseins noch ›begegnet‹ er dem Ich als transzendentales und/oder als empirisches Subjekt im Horizont eines beide umfassenden Seins, innerhalb dessen sie in einem symmetrischen Verhältnis stehen. Der Andere steht als uneinholbar Anderer außerhalb des Horizonts von Denken und Erkennen, Wirklichkeit und Möglichkeit, Aktivität und Passivität.«[7]

Das Wissen um sich erschöpfe nicht den Begriff der Subjektivität, da es die Momente der Leiblichkeit und Zeitlichkeit ausschließe.[8] Gerade durch die Zeitlichkeit werde jedoch deutlich, dass der andere durch seine zeitliche Vorgängigkeit nicht in den die abendländische Tradition dominierenden Begriffen von Denken und Sein aufgehe. Das Judentum lehrt nach Levinas eine »reale Transzendenz, eine Beziehung zu Demjenigen, den die Seele nicht enthalten kann und ohne Den sie sich in gewisser Weise nicht halten kann«.[9] Freyer kennzeichnet dieses Modell als das der »verdankten« Subjektivität (B) und stellt ihm das Modell A der selbstbewussten Subjektivität, das er Müller, Henrich und der analytischen Philosophie zuordnet, gegenüber. Diese stünden nicht unvermittelbar nebeneinander, da bereits in Modell A die Strukturmomente von Selbstbewusstsein sich für dieses als unverfügbar erweisen und Modell B sich in Bezug auf die Frage nach dem Dritten und der Gerechtigkeit für das Berechnen und Abwägen öffne. Er weist jedoch den Einwand ab, Modell B unterbiete den durch den Begriff der Autonomie erreichten Reflexionsstand der Moderne. Vielmehr nehme es einen Ort »›jenseits‹ der Dialektik von Autonomie und Heteronomie«[10] ein. Aus theologischer Perspektive formuliert er vor allem zwei Vorbehalte gegen Modell A:

> »(1) Lässt sich im Rahmen der ontologischen und/oder phänomenologischen Implikationen selbstbewusster Subjektivität die theologisch unaufgebbare Prämisse der Einzigkeit (nicht zu verwechseln mit der Einmaligkeit!) des Menschen überhaupt aufrechterhalten? [...] Wie verhält sich jenes unvordenkliche Geschehen der ›creatio ex nihilo‹ (vgl. Modell B) zur These von der geltungstheoretischen Unhintergehbarkeit menschlicher Subjektivität (vgl. Modell A)? (2) Gerät eine Sichtweise menschlicher Subjektivität, die sich gegen eine hamartiologische ›Kurzschließung des Ichgedankens‹ abgrenzen will, nicht ihrerseits in Gefahr, den faktisch bestehenden ›conatus essendi‹ in seiner schuldhaften Dynamik zu entschärfen?«[11]

---

[7] Freyer: Das »Ich als Ich, das alles Leid der Welt auf sich nimmt«, 113.
[8] Zur Frage von Leiblichkeit und Zeitlichkeit vgl. Kapitel III.2, Seite 181.
[9] Emmanuel Lévinas: Eine Religion für Erwachsene. In: Ders.: Schwierige Freiheit. Versuch über das Judentum, Frankfurt am Main 1992, 21–37, 28. Aufgenommen bei Freyer: Das »Ich als Ich, das alles Leid der Welt auf sich nimmt«, 122.
[10] Freyer: Das »Ich als Ich, das alles Leid der Welt auf sich nimmt«, 123.
[11] Freyer: Das »Ich als Ich, das alles Leid der Welt auf sich nimmt«, 123f. Er bezieht sich hier zunächst auf Müller: Wenn ich »ich« sage, 568; sodann auf Emmanuel Levinas: Ethik und Geist. In Ders.: Schwierige Freiheit, 11–21, 15.

Dass Müllers Ansatz die Problematik der Sündhaftigkeit und der Verantwortung dafür strukturell nicht einholen kann, konnte ich bereits zeigen. Genauso deutlich ist jedoch, dass Müller von seinen philosophischen Prämissen her Freyers Einsprüche in ihrer Tragweite nicht ernst nimmt und nicht ernst nehmen kann, weil sie aus seiner Perspektive einem Fundamentalismus oder Dogmatismus nahezukommen scheinen, der sich ein Reservat außerhalb der reinen Vernunft vorbehält. Müller sieht dreifachen Klärungsbedarf:

> »(1) hinsichtlich Freyers Rede vom ›inkarnierten‹ Subjekt, (2) hinsichtlich der von ihm pointiert herausgestellten ›Verdanktheit‹ menschlicher Subjektivität und (3) hinsichtlich des Verhältnisses von Philosophie und Theologie, das Freyers Überlegungen implizit unterstellen[.]«[12]

Müller will zwar Levinas auf der einen Seite nicht unterstellen, einer Destruktion des Subjektivitätsgedankens zuzuarbeiten, hält aber auf der anderen Seite fest: »Levinas will ein grundsätzlich anderes Subjekt als das der Philosophie vor ihm (und kommt darum in einem wichtigen Zug mit den postmodernen Destruktionsprogrammen der Sache nach überein).«[13] Levinas' Anliegen sei die Einzigkeit und Irreduzibilität von Subjektsein, was jedoch durch die analytische Indikatorenanalyse geleistet werde, ohne den für Müller wohl ruinösen Schritt in ein Alteritätsdenken zu gehen. Bezüglich der Frage der Leiblichkeit hält Müller den Gegenbeweis von Robert Reininger erbracht, »der das präreflexive Mit-sich-vetraut-Sein des Subjekts konstitutiv an der Dimension von dessen Eigenleiblichkeit festmachte.«[14] Abgesehen davon, ob die Leiblichkeit bei Reininger wirklich so konstitutiv ist, wie Müller behauptet, ist doch festzuhalten, dass sie in Müllers eigener Konzeption keine Rolle spielt. Auch in seiner so genannten »übersichtlichen Darstellung«[15] wird Reininger nicht aufgenommen. Insofern scheint Freyers Diagnose hier zuzutreffen.[16]

---

[12] Müller: Subjekt-Profile, 174.
[13] Müller: Subjekt-Profile, 174.
[14] Müller: Subjekt-Profile, 177. Müller bezieht sich hier auf: Robert Reininger: Metaphysik und Wirklichkeit. Zweite, gänzlich neubearbeitete und erweiterte Auflage. Erster Band. 1. Teil: Das Gefüge der Wirklichkeit. 2. Teil: Wirklichkeit und Wahrheit, Wien 1947 (= Reininger: Metaphysik) sowie auf seine Studie *Wenn ich »ich« sage*, 492–497.
[15] Müller: Wenn ich »ich« sage, 561.
[16] Der Leib spielt bei Reininger tatsächlich eine in der Reflexion sekundäre Rolle. Zwar begreift er das Ich des Selbstbewusstseins als einen »Zusammenhang innig miteinander verwobener und stetig ineinander übergehender Bestandteile unanschaulicher und anschaulicher Art, ein Zwitterding von Seelischem und Leiblichem, ein stets in Schwebe bleibendes und schwankendes Bewusstseinsgebilde[.] Immer aber bildet der I c h l e i b den eigentlichen Mittelpunkt, um den die verschiedenen Schichten der Selbstbewusstheit sich gruppieren.« (Reininger: Metaphysik, 52.) Doch ist das für Reininger nur gültig vom sekundären, abgeleiteten und in der Reflexion bereits zum Objekt gemachten Ich. Er fasste schon zuvor das primäre Ich als ein Ich ohne Wissen um sich (Vgl.: 48): »Das Ich als Erlebnis ist reine A k t u a l i t ä t und ein Geschöpf des Augenblicks. Es erstreckt sich nicht in der Zeit, so wenig wie es seinen Raum erfüllt: es ist ›immer‹, aber immer nur ›jetzt‹.« (46) Vom sekundären Ich aus betrachtet begreift Reininger das psychologische Ich bereits als Abstraktion von der psycho-physischen Einheit. »Wird diese Ab-

Bezüglich der Verdanktheit rekurriert Müller auf Henrichs *Gedanken zur Dankbarkeit*, die deutlich zeigten, dass keine Rede davon sein könne, dass das Modell A wie Freyer behaupte, »die Perspektive des Anderen systematisch ausklammere.«[17] Hier wehrt er sich freilich gegen einen Vorwurf, der von Freyer so nicht erhoben wurde. Freyer sieht ja durchaus die Entzogenheit der Strukturmomente. Er weist nur darauf hin, dass das Model A »zumindest seinem erkenntnistheoretischen Anspruch nach prinzipiell ohne den Anderen auskommt[.]«[18] Er stellt auch nicht, wie Müller dies behauptet, die beiden Modelle »frontal gegeneinander.«[19] Für Müller ist zudem »die Dimension des Anderen ipso facto durch die sprachanalytische Fundierung des Konzepts einbezogen[.]«[20] Das ist wohl wahr, allerdings kommt sie immer erst als zweites in den Blick. Fundamental für ihn bleibt die präreflexive Selbstvertrautheit des Subjekts, für die kein anderer nötig ist. Diese Selbstvertrautheit ist der Dreh- und Angelpunkt seiner Philosophie. Daher ist ihm wohl auch der Blick dafür verstellt, dass die Verdanktheit, von der Freyer spricht, mit dem, was Henrich Dank nennt, nicht zu verwechseln ist. Dank ist – und da haben Henrich und Müller Recht – eine Antwort eines Subjekts. Verdanktheit hingegen – und das lässt sich unabhängig von Levinas'scher Begrifflichkeit verstehen – bezeichnet den Status dieses Subjekts, das danken kann. Sie ist strukturell auf der Ebene anzusiedeln, die Müller als Ebene der Selbstvertrautheit beschreibt, und führt dort den Index einer Vorgängigkeit mit sich, die – im Gegensatz zur Selbstvertrautheit – weder ins Selbstbewusstsein noch in Dank aufzuheben ist.

Müllers letzter Kritikpunkt betrifft das Verhältnis von Philosophie und Theologie. Er unterstellt Freyer, »jenen Defekt zu teilen, der die zweite Auflage von Karl Rahners ›Hörer des Wortes‹ prägt und der dadurch entstanden ist, dass in die ursprüngliche Konzeption einer autonomen Anthropologie ihrerseits bereits theologische Momente eingebaut wurden, so dass der ursprünglich intendierte Nachweis einer apriorischen potentia oboedientialis für mögliche Offenbarung prinzipiell verbaut war.«[21] Der Aufweis eines erstphilosophischen Begriffs letzten Sinns werde unmöglich, weil dieser das Forum einer autonomen Vernunft benötige. Freyers Bestehen auf der Vorrangigkeit der Alterität bringe es mit sich, dass kein Geltungsanspruch mehr erhoben werden könne und dass daher angesichts des »›postmodernen‹ Sinnmultiversums mit seinen vielen ›Sagens‹-Ansprüchen«[22] nur eine marginale Überzeugungskraft bleibe.

---

straktion zu letztem Ende geführt, so ergibt sich das erkenntnistheoretische Ich. Sieht man nämlich von jedem konkreten Inhalte des Selbstbewusstseins ab und hält man sich nur an das stellvertretende Wort ›ich‹, so entsteht der Begriff einer ›Ichheit‹, das ›reine‹ Ich überhaupt, die abstrakte Subjekttatsache als solche.« (56) Das heißt aber, dass für den Fortgang der Erkenntnistheorie vom Leib abstrahiert wird. Das erkennende Subjekt, das reine Ich ist ein leibloses.

[17] Müller: Subjekt-Profile, 178.
[18] Freyer: Das »Ich als Ich, das alles Leid der Welt auf sich nimmt«, 123.
[19] Müller: Subjekt-Profile, 178.
[20] Müller: Subjekt-Profile, 178, Anm. 34.
[21] Müller: Subjekt-Profile, 179.
[22] Müller: Subjekt-Profile, 180.

An Müllers Antwort zeigt sich deutlich, dass Freyers Argumente ihn nicht nur nicht überzeugen, sondern von ihm nicht gelten gelassen werden. Ohne sich auf die Radikalität des Fragens bei Emmanuel Levinas einzulassen, moniert er eine Vermengung von Theologie und Philosophie, die es unmöglich mache, den Glauben als vernünftig auszuweisen. Dahinter steht freilich ein Verständnis von Glauben und Vernunft bzw. Glauben und Wissen, das hinter diesen Begriffen statische Größen vermutet, die sich klar und deutlich voneinander abgrenzen lassen. Dass dem nicht so ist, hat Derrida ausführlich gezeigt.[23] Levinas' Fragen erkennt er zwar eine gewisse Berechtigung zu, die er vor allem aus dessen Biographie und dem Leiden unter dem Nazi-Terror verständlich machen will.[24] Daher kann er auch Freyers Ansatzpunkt bei Auschwitz nur unter diesen Vorzeichen einordnen. Er gilt ihm nicht als philosophische Kritik im strengen Sinn, da sie die neuzeitlichen Vorgaben der Autonomie des Subjekts nicht einhält. Freyer hat dies anscheinend gesehen und versucht in seiner Antwort den systematischen Hintergrund der Levinas'schen Überlegungen anfanghaft deutlich zu machen.[25] Es wird mir im zweiten Teil meiner Arbeit unter anderem darum gehen, aus diesem systematischen Hintergrund heraus verständlich zu machen, dass Levinas' Denken keine Verweigerung der Moderne ist, sondern eine Radikalisierung ihrer Fragestellungen.

Darauf bezieht sich auch Freyer in seiner Antwort bezüglich des Verhältnisses von Theologie und Philosophie und einem Ansatz beim selbstbewussten Subjekt. Er weist darauf hin, dass Levinas durchaus beim Bewusstsein des Subjekts ansetzt, wenngleich er nicht wie Müller und andere dort stehen bleibt. Da sein Denken in Regionen vorstoßen will – ob und wie das gelingen kann, wird noch zu fragen sein –, die die Alternative von Möglichkeit und Wirklichkeit hinter sich lassen, greift auch Müllers Einwand nicht, hier werde der Zugang zur *potentia oboedientialis* verbaut.[26] Somit bin ich mit Freyer der Meinung, »dass der von der ›autonomen‹ Vernunft erarbeitete Begriff eines ›letztgültigen Sinnes‹, dem der Ansatz beim selbstbewussten Subjekt korrespondiert, angesichts der Infragestellung des menschlichen Bewusstseins durch den Anderen noch einmal zu überschreiten wäre auf seine nichtintentionalen ›Inszenierungen‹ hin.«[27] Es scheint mir gerade vor dem Hintergrund des Nicht-Verstehens oder Nicht-Verstehen-Wollens der Levinas'schen Gedanken bei Müller umso dringlicher, die Zusammenhänge mit einer transzendentalen Bewusstseinsphilosophie, die sich gerade in Levinas' Frühwerk zeigen, im zweiten Teil zu verdeutlichen. Ich stimme Freyer zu, wenn er in diesem Zusammenhang dem Zeitproblem erhebliche Bedeutung beimisst.

---

[23] Vgl. Derrida: Glaube und Wissen.
[24] Vgl.: Müller: Das etwas andere Subjekt, 145–148.
[25] Vgl.: Freyer: Menschliche Subjektivität im Referenzrahmen »›erstphilosophischer‹ Reflexion«?
[26] Vgl. dazu auch Freyer: Menschliche Subjektivität im Referenzrahmen »›erstphilosophischer‹ Reflexion«?, 54.
[27] Freyer: Menschliche Subjektivität im Referenzrahmen »›erstphilosophischer‹ Reflexion«?, 55.

Willibald Sandler hat 1999 eine erste Aufarbeitung der Debatte geleistet, die auf eine Vermittlung der beiden Ansätze aus war.[28] Er sucht in Henrichs Philosophie nach Anknüpfungspunkten, die Freyers Kritik besser Rechnung tragen können als Müllers Darstellungen. In diesem Unterfangen macht er auf verschiedene Belegstellen bei Henrich aufmerksam, in denen die Unverfügbarkeit des Grundes im Selbstbewusstsein, die Gefährdung menschlicher Subjektivität und die Problematik der Egozentrik thematisiert werden. Im Anschluss formuliert er eine »*differenzierte Mittelposition*«:

> 1. Menschliche Subjektivität gründet in einer ursprünglichen Selbstvertrautheit, die dem eigenen Verfügen entzogen, aber auch gegenüber allem Weltbezug (insbesondere gegenüber jeder mitmenschlichen Erfahrung) vorgängig ist. 2. Diese ursprüngliche Unverfügbarkeit kann aber in unterschiedlichen Modi wahrgenommen werden: im Modus des Protests, der Resignation oder der sittlich verantworteten Akzeptanz. 3. Die Option für den allein sittlich akzeptablen Modus der verantwortlichen Akzeptanz wird durch eine sittliche Urerfahrung des anderen angestoßen.«[29]

Sandler folgert, dass sich hier sowohl die Vorgängigkeit von Subjektivität gegenüber Alterität als auch die konstitutive Bedeutung der Beziehung zum anderen für die richtige Realisierung des Selbstverhältnisses geltend machen lassen. Er beendet seinen Beitrag mit der Hoffnung, Freyers Kritik ließe sich im Rückgang auf Levinas in Bezug auf das vorgeschlagene Modell anschlussfähig machen. Er übersieht jedoch einen fundamentalen Zug dieser Kontroverse, den Müller benannt hatte: Es geht um die Frage, welche Philosophie und welche Theologie man vor Augen hat. Das wird zwar im Ausgang vom Subjektverständnis geklärt, aber ist nicht darin auflösbar. Vielleicht könnten sich Müller und Freyer oder Henrich und Levinas auf eine Beschreibung menschlicher Subjektivität einigen, die beiderseits akzeptabel wäre. Letztlich geht es aber darum, wie diese Beschreibung in einen größeren Zusammenhang integriert wird. Geschieht dies auf der Grundlage einer erstphilosophischen Letztbegründung im selbstbewussten transzendentalen Subjekt (unter Ausklammerung wesentlicher anthropologischer Merkmale), oder wird dies mit dem Verweis auf die Gebrochenheit menschlicher Existenz und die Unverrechenbarkeit und Einzigkeit des Einzelnen – und damit primär des anderen – als zum Misserfolg verurteiltes Unternehmen zurückgewiesen? – Solche Fragen stehen zur Debatte.[30]

---

[28] Vgl.: Willibald Sandler: Subjektivität und Alterität. Auf der Suche nach Anknüpfungspunkten, ausgehend von einer Kontroverse zwischen Klaus Müller und Thomas Freyer. In: Theologie der Gegenwart 42 (1999), 285–300 (= Sandler: Subjektivität und Alterität).
[29] Sandler: Subjektivität und Alterität, 299.
[30] In einem völlig anderen Zusammenhang weist Herbert Schnädelbach darauf hin, dass eine Dezentrierung des Subjekts nicht unbedingt eine Dezentrierung des Menschen bedeuten müsse, sowie umgekehrt auch mit einem starken Subjektdenken der Mensch völlig an den Rand gedrängt werden könne: »Kants Philosophie ist keine Philosophie des endlichen Wesens ›Mensch‹, und das gilt erst recht für den deutschen Idealismus insgesamt. Die Transzendentalphilosophie wird hier umgeformt in eine Philosophie ab-

soluter Subjektivität, und die für im Kern anthropologisch zu halten, erfordert noch größere projektive Anstrengungen als bei der Identifikation von Transzendentalphilosophie mit Anthropologie. Das Subjekt ist nicht der Mensch, sondern das Fichte'sche Ich, die ›Natur‹ oder das ›Urwollen‹ Schellings – von dem es nur ein Schritt zum ›Willen‹ Schopenhauers ist – und Hegels absolute Idee. Was der Mensch sei oder sein solle, ist demgegenüber immer etwas gänzlich Abgeleitetes oder Ephemeres; so weit halten sich auch die deutschen Idealisten vom sophistisch-skeptischen Anthropozentrismus fern.« (Herbert Schnädelbach: Das Gesicht im Sand. Foucault und der anthropologische Schlummer. In: Ders.: Zur Rehabilitierung des *animal rationale*. Vorträge und Abhandlungen 2, Frankfurt am Main 1992, 277–306, 291.) – Diese Diagnose zeigt nochmals aus einer anderen Perspektive die Beweggründe, derentwegen sich Freyer und andere gegen eine Abstraktion vom Menschen in der Theologie und der Philosophie wehren. Das Menschliche scheint nicht darin aufzugehen, Subjekt zu sein. Daher muss auch seine Würde an anderer Stelle gesucht werden.

III. Radikalisierungen philosophischer Rede: Emmanuel Levinas und Jacques Derrida

1. Die Notwendigkeit, Freiheit, Cogito und Selbstbewusstsein zu hintergehen

Hinter die Freiheit zurück

Freiheit, *Cogito* und Selbstbewusstein standen im Mittelpunkt der erstphilosophischen Überlegungen. Sie waren es, die nach der Überzeugung von Pröpper, Verweyen und Müller einer transzendentalphilosophischen »Letztbegründung«[1] als Leitbegriffe dienen sollten. Daher will ich zu Beginn des dritten Teils vorrangig diese Begriffe hinterfragen. Bei Emmanuel Levinas und Jacques Derrida finden sich gewichtige Einsprüche gegen die Möglichkeit einer Ausrichtung des Denkens an einzelnen (Leit-)Begriffen. Ich will im Folgenden Fluchtlinien nachzeichnen und sie im Hinblick auf die im vorangegangen Teil erarbeiteten Problemstellungen bedenken. All diese Überlegungen stehen im Kontext der Frage nach den Bedingungen und Grenzen theologischer Rede. Dabei geht es nicht um eine bloße Apophasis. »Man muss vorsichtig verfahren – was sicherlich schwierig ist. Aber man darf nicht schweigen. Wir befinden uns nicht vor einem unsagbaren Geheimnis. Stille Wasser ... sind die schlimmsten.«[2]

Über das Werk von Emmanuel Levinas ist schon sehr viel Grundlegendes oder Grundsätzliches gesagt worden.[3] Mit zu den besten Aufsätzen über sein Denken zählt immer noch Jacques Derridas *Gewalt und Metaphysik*.[4] Derrida

---

[1] Dieses Wort ist trotz oder gerade wegen der vorangegangenen Analysen nicht weniger problematisch geworden. Dennoch halte ich im Sinne einer vereinfachenden Zusammenfassung daran fest.

[2] Emmanuel Lévinas: Fragen und Antworten. In: Ders.: Wenn Gott ins Denken einfällt. Diskurse über die Betroffenheit von Transzendenz, Freiburg – München ³1999, 96–131 (= Lévinas: Fragen und Antworten), 131.

[3] Für einen ersten Überblick ist die Einführung von Stephan Strasser weiterhin gut brauchbar. Vgl.: Stephan Strasser: Jenseits von Sein und Zeit. Eine Einführung in Emmanuel Levinas' Philosophie, Den Haag 1978. Weiterhin sind folgende Sammelbände empfehlenswert: Jacques Rolland (Hg.): Emmanuel Lévinas. Les Cahiers de La nuit surveillée 3, Paris 1984; Markus Hentschel, Michael Mayer (Hg.): Parabel. Lévinas. Zur Möglichkeit einer prophetischen Philosophie, Gießen 1990; Miguel Abensour, Catherine Chalier (Hg.): Emmanuel Lévinas, Paris 1991; Thomas Freyer, Richard Schenk (Hg.): Emmanuel Levinas – Fragen an die Moderne, Wien 1996; Emmanuel Lévinas: Positivité et transcendance. Suivi de Lévinas et la phénoménologie. Sous la direction de Jean-Luc Marion, Paris 2000. Eine Problemanzeige zum Verhältnis von Levinas zur katholischen Theologie bietet: Josef Wohlmuth: Emmanuel Levinas und die Theologie. In: Thomas Freyer, Richard Schenk (Hg.): Emmanuel Levinas – Fragen an die Moderne, Wien 1996, 153–169.

[4] Jacques Derrida: Gewalt und Metaphysik. Essay über das Denken Emmanuel Levinas'. In: Ders.: Die Schrift und die Differenz, Frankfurt 1972 (= Derrida: Die Schrift und die Differenz), 121–235 (= Derrida: Gewalt und Metaphysik). Vgl.: Jacques Derrida: Violence et métaphysique. Essai sur la pensée d'Emmanuel Levinas. In: Ders.: L'écriture

folgt darin dem Levinas'schen Anliegen vielleicht treuer als Levinas selbst. Es wäre insofern unangemessen, hier auf wenigen Seiten den Anspruch zu erheben, nochmals eine Gesamtdarstellung und diese eventuell sogar besser leisten zu wollen. Daher beschränke ich mich darauf, Levinas' Denken an jenen drei Begriffen zu profilieren, die sich im ersten Teil als tragende herausgestellt haben: Freiheit, Cogito und Selbstbewusstsein. Sie sind für ihn zentral, ohne dass er die Konsequenzen von Pröpper, Verweyen oder Müller übernehmen würde. Vielmehr lässt sich an ihnen zeigen, dass sie gerade keine *letzten* Begriffe oder Phänomene sind, sondern ihrerseits auf Voraussetzungen beruhen, die sie selbst nicht gewährleisten und nicht einholen können.

Im Anschluss an Husserl arbeitet Levinas an den Grundbegriffen der Phänomenologie, ohne jedoch die Absicherung im transzendentalen Subjekt zu übernehmen. Er beruft sich vielmehr auf Momente der Husserl'schen Philosophie, die einer erstphilosophischen Begründung entgegenstehen.[5] In diesem Bemühen ist er vor allem in seinen frühen Schriften noch stark von Martin Heidegger geprägt. Er übernimmt zwar dessen phänomenologischen Ansatz der Seinsfrage und löst sich damit von Husserl, folgt jedoch nicht den Heidegger'schen Schlussfolgerungen.[6]

»Husserls Phänomenologie ist letzten Endes eine Philosophie der Freiheit, einer Freiheit, die sich als Bewusstsein vollendet und durch es definiert, einer Freiheit, die nicht nur die Aktivität eines Seienden charakterisiert, sondern die sich vor das Sein stellt und in Bezug worauf auf die sich das Sein konstituiert.«[7]

---

et la différence, Paris 1967 (= Derrida: L'écriture et la différence), 117–228 (= Derrida: Violence et métaphysique).

[5] Jean-Luc Marion verweist darauf, dass nur eine Phase der Husserl'schen Phänomenologie transzendental sei, dass aber selbst in dieser Phase die Theorie des inneren Zeitbewusstseins und der Urimpression vorausgesetzt bleibe. Vgl.: Jean-Luc Marion: Ruf und Gabe als formale Bestimmungen der Subjektivität. Zweites Gespräch mit Jean-Luc Marion in Bonn. In: Ders., Josef Wohlmuth (Hg.): Ruf und Gabe. Zum Verhältnis von Phänomenologie und Theologie, Bonn 2000, 53–69, 66f. Meine Arbeit war zunächst so konzipiert, dass auch Marions Überlegungen eine Rolle spielen sollten. Das habe ich im Verlauf meiner Untersuchungen allerdings aufgegeben, da mir scheint, dass Marion im Unterschied zu Levinas nicht der von Derrida in *Gewalt und Metaphysik* geäußerten Kritik standhält. Vgl. zur direkten Konfrontation von Derrida und Marion vor allem hinsichtlich des Begriffs der *Gabe*: John D. Caputo, Michael J. Scanlon (Hg.): God, the Gift, and Postmodernism, Bloomington – Indianapolis 1999; darin: On the Gift: A Discussion between Jacques Derrida and Jean-Luc Marion, Moderated by Richard Kearney (54–78).

[6] Vgl. zu Levinas' Dissertationsschrift *La théorie de l'intuition dans la phénoménologie de Husserl* (Paris 1930): Jean-François Lavigne: Lévinas avant Lévinas: L'introducteur et le traducteur de Husserl. In: Emmanuel Lévinas: Positivité et transcendance. Suivi de Lévinas et la phénoménologie. Sous la direction de Jean-Luc Marion, Paris 2000 (= Lévinas: Positivité et transcendance), 49–72, 59. Damit stimmt auch Jean Greischs These in demselben Band überein, man könne den Heidegger'schen Sprachgestus in Levinas' frühen Überlegungen noch hören, auch wenn er sich von ihm inhaltlich distanziert habe. Vgl.: Jean Greisch: Heidegger et Lévinas. Interprètes de la Facticité. In: Levinas: Positivité et transcendance, 181–207 (= Greisch: Heidegger et Lévinas).

[7] Emmanuel Levinas: L'œuvre d'Edmond Husserl. In: Ders.: En découvrant l'existence

Husserls phänomenologische Reduktion ist das Vermögen der Freiheit. Ich setze die Existenzgeltung außer Kraft und enthalte mich eines Urteils darüber, ob die Dinge sind oder nicht. In der Haltung der *Epoché* beschreibe ich allein meinen Bewusstseinsinhalt, d.h. *wie* die Dinge für mich sind, *wie* ich sie im Bewusstsein konstituiere. Nach Husserl ist das Bewusstsein intentional strukturiert. Es ist immer schon bei den Dingen, d.h. es gibt keine reinen Bewusstseinsakte, die erst anschließend einen Gehalt hätten, sondern jeder Akt, jede Noesis, hat einen Inhalt, ein Noema. Diese Struktur löst das Bewusstsein von der faktischen Existenz der Welt. Es ist Freiheit. Nach Levinas bleiben diese Analysen aber stecken und dringen nicht weit genug vor. In seinem ersten Hauptwerk *Totalität und Unendlichkeit* schreibt er:

> »Philosophieren heißt, hinter die Freiheit zurückgehen, die Einsetzung entdecken, durch welche die Freiheit von der Willkür befreit wird. Das Wissen als Kritik, als Rückgang hinter die Freiheit – kann nur bei einem Seienden auftauchen, dessen Ursprung jenseits seines Ursprungs liegt – bei einem geschaffenen Seienden. Die Kritik oder die Philosophie ist das Wesen des Wissens. [...] Sein Vorrang besteht darin, sich in Frage stellen zu können, vorzudringen bis zu dem, was seiner eigenen Bedingung vorausliegt.«[8]

Solche Überlegungen finden sich bereits in Levinas' frühen Schriften. Dort begreift er die menschliche Existenz als Freiheit, die sich von der Welt distanzieren kann, die die Hände frei hat, um zu begreifen. Hinter diese vordergründige Analyse muss jedoch zurückgegangen werden. Mit Heidegger kritisiert er Husserl. Mein Leben ist nicht einfach ein Spiel, das sich für das Denken abspielt. Die Art und Weise, wie ich *bin*, hat vielmehr einen Sinn, der nicht mehr in der Struktur eines Noema, d.h. eines Bewusstseinsgehaltes, aufgeht.[9] Er muss in der konkreten menschlichen Existenz gesucht werden.[10] Levinas' Sprache ist in diesen frühen Schriften noch stark von ontologischer Begrifflichkeit geprägt. Erst später wird er sich – auch unter dem Eindruck der Derrida'schen Kritik – anderer Begriffe bedienen.[11]

---

avec Husserl et Heidegger. Edition suivie d'Essais nouveaux. Troisième édition corrigée, Paris 2001 (= Levinas: En découvrant l'existence), 11–75 (= Levinas: L'œuvre d'Edmond Husserl), 70. Eigene Übersetzung. Vgl. zum Status der Freiheit bei Levinas auch: Jacques Colette: La liberté. In: Lévinas: Positivité et trranscendance, 237–258.

[8] Vgl.: Emmanuel Lévinas, Totalität und Unendlichkeit, Freiburg – München 1987 (= Lévinas: Totalität und Unendlichkeit), 117.

[9] Vgl.: Levinas: L'œuvre d'Edmond Husserl, 69. Levinas hat während seiner Zeit in Freiburg an einer Vorlesung Heideggers teilgenommen, die Husserls Bestimmung der Philosophie als strenger Wissenschaft einer Kritik unterzog und die Philosophie eben von jener strengen Wissenschaft unterschied, da sie ihr vorausliege. Vgl.: Greisch: Heidegger et Lévinas, 184f.

[10] Vermutlich hallt hier Heideggers Kritik nach, dass Husserls unkritische Übernahme der Aufteilung des Seins in Existenz und Essenz nicht den Fall eines Seienden berücksichtigen könne, dessen Essenz gerade in seiner Existenz bestehe. Vgl.: Martin Heidegger: Prolegomena zur Geschichte des Zeitbegriffs. GA 20, Frankfurt am Main 1979, §12, 152.

[11] Es gibt in der Literatur eine Diskussion, inwieweit sich das Seinsverständnis oder überhaupt Levinas' Philosophie von seinem Frühwerk (bis *Totalität und Unendlichkeit*) zu

Doch auch wenn Levinas' Überlegungen von Heidegger inspiriert sind, sind sie doch von einem tiefen Bedürfnis geleitet, das Klima dieser Philosophie zu verlassen.[12] Es geht ihm um einen Ausbruch aus dem Sein, den auch der Titel des Aufsatzes *De l'évasion* ankündigt.

Bei Pröpper und Krings hatte ich gefragt, woher die andere Freiheit komme, die das einzig adäquate Ziel der Freiheit sei. Es scheint mir, als stehe diese Frage auch bei Levinas' frühen Überlegungen im Hintergrund. Sobald aber diese Frage zugelassen wird, lässt sich der Freiheitsbegriff nicht mehr als Zentralbegriff einer philosophischen Hermeneutik halten. Levinas sieht sehr deutlich, dass die formale Freiheitsstruktur letztlich ein leerer Selbstbezug ist. Das Bewusstsein ist Freiheit im Ausgang von sich selbst, aber letztlich ist es immer auch schon Rückgang zu sich selbst, wie sich an der Struktur der transzendentalen Erkenntnis bei Krings gut ablesen lässt. Dieser Rückgang hat für Levinas jedoch auf ontologischer Ebene noch eine andere Qualität. Die Freiheit des absoluten Selbstbezugs, der Selbstreflexion und des Selbstbewusstseins hat als ihre Kehrseite die Unmöglichkeit, sich von seiner eigenen Existenz lösen zu können. Das beschreibt nach Levinas ontologisch die Wahrheit des Materialismus:

seinem Spätwerk (vor allem *Jenseits des Seins* und *Wenn Gott ins Denken einfällt*) verändert haben. Im Anschluss an Heideggers »Kehre« sucht man nach einer solchen auch bei Levinas. Huizing, Krewani und Strasser gehen von einem Wandel oder einer solchen Kehre aus (Vgl. Klaas Huizing: Das Sein und der Andere, Frankfurt am Main 1988, 126f, 179ff; Wolfgang Nikolaus Krewani: Der Wandel des Seinsbegriffs bei Emmanuel Lévinas. In: Philosophisches Jahrbuch 102 (1995), 279–292; Stephan Strasser: Jenseits von Sein und Zeit. Eine Einführung in Emmanuel Levinas' Philosophie, Den Haag 1978, 220ff.), während z.B. Petrosino und Funk von einem übergreifenden Aspekt ausgehen, der mehr Kontinuität als Diskontinuität kennt. (Vgl. Silvano Petrosino: D'un livre à l'autre. Totalité et Infini – Autrement qu'être. In: Les Cahiers de La nuit surveillée, n°3. Emmanuel Lévinas. Textes rassemblés par Jaques Rolland, Paris 1984, 194–210; Rudolf Funk: Sprache und Transzendenz im Denken von Emmanuel Lévinas. Zur Frage einer neuen philosophischen Rede von Gott, Freiburg – München 1989, 57–61.) Levinas selbst beschreibt in seinem Vorwort zur zweiten Auflage (1978) von *Vom Sein zum Seienden* den philosophischen Weg von *Totalität und Unendlichkeit* zu *Jenseits des Seins oder anders als Sein geschieht* als Öffnung der Umkehr der ontologischen Differenz hin »auf eine Ethik, die älter ist als die Ontologie« (Emmanuel Levinas: Vom Sein zum Seienden. Aus dem Französischen übersetzt von Anna Maria Krewani und Wolfgang Nikolaus Krewani, Freiburg – München 1997 (= Levinas: Vom Sein zum Seienden), 14). Die Forschung sei jedoch »ihrem Ziel treu geblieben, mag sie sich auch in ihrer Terminologie, ihren Formeln, ihren operativen Begriffen und einigen ihrer Thesen verändert haben.« (Ebd., 15.) Mein Eindruck ist, dass der frühe Levinas sich noch stärker an eine Husserl'sche oder auch Heidegger'sche Begrifflichkeit angelehnt hat. Die Scheu vor ontologischen Begriffen findet sich jedoch schon beim frühen Levinas von *Vom Sein zum Seienden* (Vgl. z.B. S. 24.) oder *Die Zeit und der Andere*, auch wenn sie noch nicht konsequent durchgehalten wird. In einem Gespräch bemerkt Levinas: »In ›Totalité et Infini‹ ist die Sprache ontologisch, weil sie vor allem nicht psychologisch sein will.« (Emmanuel Lévinas: Fragen und Antworten. In: Ders.: Wenn Gott ins Denken einfällt. Diskurse über die Betroffenheit von Transzendenz, Freiburg – München ³1999, 96–131, 102.)

[12] Vgl.: Emmanuel Lévinas: De l'existence à l'existant. Seconde édition augmentée. Septième tirage, Paris 1998, 19; dt.: 20.

> »Den Leib so von der Materialität – dem konkreten Ereignis der Beziehung zwischen Ich und Sich – her begreifen heißt, ihn auf ein ontologisches Ereignis zurückzuführen. Die ontologischen Verhältnisse sind keine körperlosen Verbindungen. Das Verhältnis zwischen Ich und Sich-selbst ist nicht eine harmlose Reflexion des Geistes auf sich selbst. Darin besteht vielmehr die ganze Materialität des Menschen. Dies gehört also zusammen: Freiheit des Ich und ihre Materialität. Die erste Freiheit, die davon herrührt, dass sich im anonymen Sein ein Seiendes erhebt, fordert als Preis: das Definitive des an sich selbst gefesselten *Ich*.«[13]

Levinas' Überlegungen kreisen um die Frage, wie ein Ausbruch aus dieser Einsamkeit des Existierens möglich ist. Er gesteht dabei durchaus dem Bewusstsein eine erste Distanz zu sich und zur Welt zu. Diese Freiheit ist die Fähigkeit, schlafen zu können. Doch die erste Überwindung dieser Zurückgeworfenheit auf sich selbst findet in der materiellen Existenz statt, die nach Levinas wesentlich durch das Genießen bestimmt ist. Heidegger hatte Husserl noch dafür kritisiert, dass er nicht die Sachen selbst betrachte, weil er die Phänomene bereits als solche auffasse, wie sie einem uninteressierten Betrachter erscheinen. Nach Heidegger begegnen sie zunächst jedoch nicht als Vorhandene sondern als Zuhandene: Der Hammer ist nicht zunächst ein Objekt der theoretischen Betrachtung, sondern er ist gekennzeichnet durch seinen »um-zu«-Bezug.[14] Ich benutze ihn, *um* einen Nagel in die Wand *zu* schlagen. Diese Kritik teilt Levinas, er führt sie jedoch in der Hinsicht weiter, dass die grundlegenden Dinge der Existenz zunächst auch nicht zuhanden sind, sondern Nahrung und Genuss:

> »Was Heidegger entgangen zu sein scheint – wenn es stimmt, dass Heidegger in diesen Dingen etwas entgehen konnte –, ist dies, dass die Welt, bevor sie ein System von Werkzeugen ist, eine Sammlung von Nahrungsmitteln ist. [...] Die letzte Finalität des Essens ist in der Nahrung enthalten. Wenn man an einer Blume riecht, dann ist es der Duft auf den sich die Finalität des Aktes begrenzt. Spazierengehen heißt Luft schöpfen, nicht um der Gesundheit willen, sondern um der Luft willen.«[15]

In *Totalität und Unendlichkeit* beschreibt Levinas das Genießen als eine Art Intentionalität im Unterschied zur Intentionalität der Vorstellung.[16] Es ist eher geeignet einen Ausweg aus der einsamen Existenz zu weisen als die Vorstellung. Auch in *Die Zeit und der Andere* charakterisiert er es als ein »Aussich-Herausgehen«[17]. Es ist eine erste Trennung des Subjekts von sich selbst in der und durch die Welt. »Das Subjekt trennt sich von sich selbst. Das Licht ist die Bedingung einer solchen Möglichkeit.«[18]

---

[13] Emmanuel Levinas: Die Zeit und der Andere. Übersetzt und mit einem Nachwort versehen von Ludwig Wenzler, Hamburg ³1995 (= Levinas: Die Zeit und der Andere), 31. Der Krings'sche Systemgedanke scheint mir hier zumindest strukturell anschlussfähig, was die Selbstbezüglichkeit des Aktes betrifft, den Krings als Freiheit kennzeichnet. Krings würde hingegen ablehnen, dass der *materiale* Zusammenhang das Substrat jedes weiteren ist.
[14] Vgl.: Martin Heidegger: Sein und Zeit, Tübingen ¹⁸2001, §15, 66–72.
[15] Levinas: Die Zeit und der Andere, 36.
[16] Vgl.: Lévinas: Totalität und Unendlichkeit, 179.
[17] Levinas: Die Zeit und der Andere, 37, Anm. 4.

Man ist geneigt, im Vermögen der Vernunft ebenfalls eine Trennung und eine Fähigkeit zur Distanz zu sehen. Levinas führt diese jedoch auf die ontologisch frühere Situation der leiblichen Existenz zurück. Löst man hingegen das Licht als Licht der Vernunft von dieser ontologischen Situation und fasst es als etwas Absolutes auf, so gelingt der Ausbruch aus der einsamen Existenz nicht mehr. Die reine Vernunft, die die faktische Existenz als ein zu reduzierendes Empirisches hinter sich lässt, kennt kein Entkommen aus ihrer Einsamkeit. »Das Licht ist dasjenige, durch das etwas anders ist als ich, aber schon so, wie wenn es von Mir ausginge. [...] Es gibt keine radikale Fremdheit. Ihre Transzendenz ist eingehüllt in die Immanenz.«[19] Dadurch, dass nach Husserl die Welt mir als Sinneswahrnehmung gegeben ist, bin ich immer schon bei den Dingen. Die Welt konstituiert sich in mir als Monade.[20]

> »Indem die Vernunft das Ganze in ihre Universalität einschließt, findet sie sich selbst in der Einsamkeit wieder. Der Solipsismus ist weder eine Verirrung noch ein sophistischer Trugschluss: er ist die eigentliche Struktur der Vernunft. «[21]

Anders ausgedrückt: Ein letzter, universaler Begriff kennt keine Fremdheit, keine Anderheit und damit auch keine *andere* Freiheit. Die Anderheit stößt nach Levinas dem Ich nur auf der Ebene der leiblichen Existenz zu:[22]

> »Das Transzendieren des Raumes könnte nur dann als wirklich sichergestellt werden, wenn es auf ein Transzendieren ohne Rückkehr zum Ausgangspunkt gegründet wäre. Das Leben könnte nur dann zum Weg der Erlösung werden, wenn es im Kampf mit der Materie einem Ereignis begegnen würde, das sein alltägliches Transzendieren hindert, auf einen Punkt zurückzufallen, der immer derselbe ist.«[23]

Damit wird bewusst die transzendentalphilosophische Ebene verlassen. Sie muss verlassen werden, weil es auf ihr nicht möglich ist, einsichtig zu machen, woher der/das andere kommt. Levinas bestreitet nicht die Möglichkeit der transzendentalen Bewegung, aber er bestreitet, dass sie die letzte Möglichkeit ist. Das transzendentale Ich beruht auf Bedingungen, die es nicht selbst gesetzt hat:

> »Der Leib ist der ständige Zweifel an dem Privileg, das man dem Bewusstsein zuschreibt, allem einen ›Sinn zu verleihen‹. Er lebt als dieses In-Zweifel-Ziehen. Die Welt, in der ich lebe, ist nicht bloß das Gegenüber oder der Zeitgenosse des

---

[18] Levinas: Die Zeit und der Andere, 37.
[19] Levinas: Die Zeit und der Andere, 38. Mit Verweyen gesprochen: Ich nehme anderes immer schon *als* anderes wahr. Vgl.: Kapitel II.2, Seite 78.
[20] Vgl. z.B.: Edmund Husserl: Cartesianische Meditationen. Eine Einleitung in die Phänomenologie, Hamburg ³1995 (= Husserl: Cartesianische Meditationen), § 33, 70.
[21] Levinas: Die Zeit und der Andere, 38.
[22] Dies gilt besonders für seine frühen Überlegungen, aber auch nach Derridas Kritik hält Levinas an dieser Unterscheidung fest. Er erkennt zwar an, dass sich im Bewusstsein eine Anderheit ankündigt oder sich als abwesende manifestiert, ein wahrer Zugang ist dies jedoch nicht. Dieser liegt für ihn in dem konkreten und leiblichen Sich-Verausgaben an der Stelle des Anderen. Dass diese Rede hinter dem, was sie beschreibt, notwendig zurückbleibt, wird von ihm ausdrücklich reflektiert.
[23] Levinas: Die Zeit und der Andere, 39.

Denkens und seiner konstituierenden Freiheit, sondern Bedingung und Vorgängigkeit. Die Welt, die ich konstituiere, ernährt und umgibt mich. Sie ist Nahrung und ›Umwelt‹. Die Intentionalität, die die Exteriorität intendiert, ändert in der Intention selbst ihren Sinn [ihre Richtung, CL], indem sie Innerlichkeit im Verhältnis zu der Exteriorität wird, die sie konstituiert; sie kommt gewissermaßen her von dem Punkt, wo sie hingeht, indem sie sich als vergangen erkennt in ihrer Zukunft, sie lebt von dem, was sie denkt.«[24]

Inwiefern ist die leibliche Existenz dieser ständige Zweifel? Levinas beschreibt in *Die Zeit und der Andere* die Situation des physischen Leidens, den Schmerz, der das Eingelassen-Sein in eine leibliche Existenz ohne Doppeldeutigkeit beschreibe. Das physische Leiden ist »in allen seine Stufen eine Unmöglichkeit, sich vom Moment der Existenz freizumachen. Es ist die Unerlassbarkeit des Seins als solche.«[25] Im Leiden gibt es keine Zuflucht, auch keine der Selbstdistanzierung der Vernunft von der Welt. Während ich vor den Dingen der Welt die Augen verschließen kann, d.h. schlafen kann, hält mich der Schmerz davon ab. Er nimmt die Fähigkeit zur Distanz und entmachtet in gewisser Weise das transzendentale Ego. Hier gibt es keine Freiheit mehr, sondern nur noch Ausgesetztheit.[26] Vielleicht kann ich mich – sofern ich (als ich selbst) überlebe[27] – im Nachhinein in Bezug zu der Situation setzen, kann ich mich an gewisse bestimmte Schmerzen gewöhnen, so dass sich eine gewisse Freiheit wieder einstellt. Doch kündigt sich im Leiden auch etwas an, was diese Rückkehr zur Normalität, diese freie Rückkehr zu sich verhindert. Im äußersten Leiden kündigt sich dem Subjekt nach Levinas etwas an, was nicht von ihm kommt, was nicht in Ausdrücken des Lichts, d.h. des Genusses oder der Vernunft, begriffen werden kann. Es ist der Tod, der keine Erfahrung des Nichts ist, sondern der sich korrelativ zu einer Erfahrung der Unmöglichkeit des Nichts gibt.

> »Diese Art und Weise des Todes, sich im Leiden außerhalb allen Lichtes anzukündigen, ist eine Erfahrung der Passivität des Subjekts, das bisher aktiv gewesen war[.] [...] Ich sage: eine Erfahrung der Passivität. Aber das sagt man nur so, denn Erfahrung bedeutet immer schon Erkenntnis, Licht und Initiative; Erfahrung bedeutet zugleich Rückkehr des Objektes zum Subjekt [...], während der Tod ein Ereignis ankündigt, dessen das Subjekt nicht Herr ist, ein Ereignis, in Bezug auf welches das Subjekt nicht mehr Subjekt ist.«[28]

---

[24] Levinas: Totalität und Unendlichkeit, 182.
[25] Levinas: Die Zeit und der Andere, 42.
[26] Vielleicht hat Levinas die Situation des Lagers vor Augen, den sogenannten »Muselmann«, wie ihn die Vernichtungslager hervorgebracht haben, wenn er von Ausgesetztheit spricht. Jean Améry spricht davon, dass der »Muselmann« keinen Bewusstseinsraum mehr gehabt habe. Vgl.: Jean Améry: Jenseits von Schuld und Sühne. Bewältigungsversuche eines Überwältigten, Stuttgart 1977, 28f.; vgl. dazu auch: Giorgio Agamben: Was von Auschwitz bleibt. Das Archiv und der Zeuge, Frankfurt 2003 (= Agamben: Was von Auschwitz bleibt), 36–75.
[27] Zur Ambivalenz des Begriffs des »Überlebens« vgl.: Agamben: Was von Auschwitz bleibt, 116f.
[28] Levinas: Die Zeit und der Andere, 43. In seinem Aufsatz *Gott und die Philosophie* (In: Bernhard Casper (Hg.): Gott nennen. Phänomenologische Zugänge, Freiburg – Mün-

Der Tod ist jene Alterität, die die Freiheit zerbricht. Er ist kein *alter ego*, als das ich nach Husserl den anderen Menschen analogisch appräsentieren kann, indem ich ihn verstehe wie mich, nämlich als Subjekt in der Welt.[29] Er ist eben nicht wie ich, er ist genau das, was ich nicht sein kann. Wenn er das ist, was ich nicht sein kann, so ist er auch nicht meine »Möglichkeit der schlechthinnigen Daseinsunmöglichkeit«[30], sondern er ist die Unmöglichkeit meiner Möglichkeiten, das Ende der Transzendentalität. »Der Tod ist in diesem Sinne die Grenze des Idealismus.«[31] Und zwar ist er nicht nur eine faktische Grenze, die transzendental zu hintergehen wäre, sondern er ist die erkenntnistheoretische Klippe der Freiheit als einem letzten Begriff, weil er sich eben nicht auf jenen Begriff der Freiheit bringen lässt. Das wird bei Verweyen sehr deutlich, da er ein Eingreifen *von außen* postulieren muss, damit in meinem Tod alle meine Bemühungen nicht vergeblich geworden sind. Es ist dies freilich ein »außen«, das transzendental nicht eingeholt wird, weil es nicht einzuholen ist.

Levinas bleibt bei diesen Überlegungen nicht stehen, sondern fragt weiter, wie der Tod zu besiegen sei, da er zwar eine Pluralität im Sein ankündige, aber doch auch das Subjekt vernichte. Es geht also um die Frage, wie ich ein anderer werden kann, ohne vernichtet zu werden:

> »Den Tod besiegen ist kein Problem des ewigen Lebens. Den Tod besiegen heißt, mit der Anderheit der Ereignisse ein Verhältnis unterhalten, das doch noch persönlich sein soll. Welches ist also dieses persönliche Verhältnis, das etwas anderes ist als das Vermögen des Subjekts über die Welt und das dennoch die Persönlichkeit bewahrt? Wie kann man eine Definition des Subjekts geben, die in gewisser Weise auf seiner Passivität beruht?«[32]

Ohne auf die genaueren Zusammenhänge hier eingehen zu können, will ich kurz andeuten, dass dieses Verhältnis in der Beziehung zum anderen Menschen grundgelegt ist. Sie wird von Levinas an unterschiedlichen Orten be-

---

chen 1981, 81–123.) weist Levinas daher auch den Erfahrungsbegriff für die Rede von Gott zurück: »Ein religiöses Denken, das sich auf angeblich von der Philosophie unabhängige Erfahrungen beruft, ist, insofern es auf Erfahrung gründet, bereits auf das ›Ich denke‹ bezogen und gänzlich auf Philosophie gegründet.« (94) Daher könne die Rede von der religiösen Erfahrung die Philosophie nicht ins Wanken bringen. Levinas gibt jedoch zu bedenken, dass »eine Rede anders sprechen kann als in der Weise, dass sie sagt, was sie draußen gesehen oder gehört oder im Innern geprüft hat[.]« (94). Auf diese Bewegung des Sagens vor dem Gesagten werde ich im vierten Kapitel dieses Teils meiner Arbeit zurückkommen. Levinas nennt es hier »prophetisches Zeugnis« (119), das nicht in einer Bedeutung objektivierbar sei, sondern auf andere Weise bedeute. Diese Weise kommt in der französischen Wendung »*signifier un ordre*« (119) zum Ausdruck. Im Deutschen klingt es – wenn überhaupt – wohl am ehesten in Sätzen wie »Er bedeutete mir, ihm zu folgen.« an. Das ist für Levinas mehr als ein Spiel mit Worten. Die ursprüngliche Weise des Bedeutens ist ein Befehlen. Es lässt sich als solches nicht thematisieren, von ihm ist Zeugnis zu geben.

[29] Vgl.: Edmund Husserl: Cartesianische Meditationen, § 42 und 50, 91–93 und 111–114.
[30] Martin Heidegger: Sein und Zeit, §50, 250.
[31] Levinas: Die Zeit und der Andere, 36.
[32] Levinas: Die Zeit und der Andere, 54.

schrieben, in der erotischen Beziehung bis hin zur Stellvertretung und Verantwortung an Stelle des anderen.[33] Der andere ist nicht wie ich, doch er wird auch nicht einfach dem Ich entgegengesetzt, er ist nicht mein Gegenteil, sondern er bricht den gemeinsamen Referenzrahmen, so wie z.B. das Weibliche anders ist als das Männliche, aber weder aus einer vorgängigen Einheit hervorgeht wie bei Platon, noch ein Widerspruch ist, der das Männliche auslöscht. Ein Verhältnis des männlichen Ich zum Weiblichen bewahrt daher die Alterität, es ist in meinen Begriffen (der Männlichkeit) nicht zu begreifen – auch nicht als Gegenteil, es ist in Levinas' Worten »Geheimnis«:

> »Indem ich die Anderheit des anderen als Geheimnis setze, [...] setze ich [sie] [nach dem frz. Original korrigiert, CL] nicht als Freiheit, die mit der meinigen identisch ist und mit der meinigen im Kampf liegt, setze ich nicht ein anderes Seiendes mir gegenüber, sondern ich setze die Anderheit. [...] Nicht die Freiheit ist es, die den anderen zuerst charakterisiert und von der sich dann die Anderheit ableiten würde; die Anderheit ist es, die das andere als Wesensbestimmung trägt.«[34]

Derrida kommt diesen Überlegungen in einem Gespräch aus dem Jahr 2000 mit der kurzen Formel »Autrui est secret parce qu'il est autre.«[35] sehr nahe. Das Geheimnis ist kein Wissen, das ich für mich behalte. Es ist von sich her unbekannt und unerkennbar, daher ist es anders. Es ist so strukturiert, dass es sich meinen Be- und Zugriffen widersetzt. Es hat nicht die Struktur des Wissens, auch wenn man von ihm sprechen kann.

Die Idee des Unendlichen vor dem Cogito

Die Charakterisierung des anderen als Geheimnis verdeutlicht, dass er keinen mit mir gemeinsamen Ursprung hat, nicht ableitbar ist, aus dem was ich weiß oder bin, auch nicht daraus, dass ich nach Descartes denke und also bin. Es ist diese cartesische Selbstgewissheit, von der aus Verweyen seine Konstruktion eines letztgültigen Sinns unternimmt. Levinas schlägt hingegen eine Interpretation der Descartes'schen Meditationen vor, die nicht das *Cogito* als Ausgangspunkt nimmt, sondern die Idee des Unendlichen.[36] Darin ist nach Levinas die Subjektivität begründet, nicht im selbstbewussten *Cogito*.[37] Die

---

[33] Im Spätwerk distanziert sich Levinas von der erotischen Beziehung als ursprünglichem Verhältnis zum anderen. Er sieht sie zunehmend kritisch, da sie immer noch dazu neigt, den anderen zu vereinnahmen, ihn zu einem Mittel meiner Triebbefriedigung zu machen.

[34] Levinas: Die Zeit und der Andere, 58.

[35] Jacques Derrida: Autrui est secret parce'qu il est autre. In: Le Monde de l'éducation 284 (2001), 14–21.

[36] Zum Verhältnis von Levinas und Descartes vgl. besonders: Jean-François Lavigne: L'idée de l'infini: Descartes dans la pensée d'Emmanuel Lévinas. In: Revue de Métaphysique et de Morale 92 (1987), 54–66; Michel Dupuis: Le cogito ébloui ou la noèse sans noème. Levinas et Descartes. In: Revue philosophique de Louvain 94 (1996), 294–310; Thérèse Nadeau-Lacour: Lévinas, Lecteur de Descartes ou: *L'idée d'infini* comme événement éthique. In: Laval théologique et philosophique 58 (2002), 155–164.

[37] Vgl.: Lévinas: Totalität und Unendlichkeit, 27. Die Frage der Subjektivität wurde in der

Immanenz des Bewusstseins ist für Levinas nicht von diesem selbst zu durchbrechen. Ein Bewusstsein, das ein reines *Ich denke* wäre, wäre einsam und an sich gekettet. Auch Husserls Begriff der Intentionalität gelingt kein Ausbruch aus der Immanenz, da es sich dabei schon immer um eine Transzendenz in der Immanenz handelt, um eine Vorstellung oder eine Erfahrung, die sich auf ein *Ich denke* beziehen.[38]

Daher ist es nicht im eigentlichen Sinne des Wortes möglich, eine religiöse »Erfahrung« zu machen. Wenn man Gott zum Thema einer Erfahrung macht, dann hat man bereits die Maßlosigkeit des Unendlichen verfehlt.[39] Anders ausgedrückt: Wenn man den Begriff letztgültigen Sinnes im *Cogito* verankert und positiv bestimmt, dann hat man ihn bereits verfehlt. Das Unendliche kann eigentlich nicht *Cogitum* einer *Cogitatio* sein, wie es z.B. das Haus oder ein Dreieck sind. Als *Cogitum* wird es verfehlt. Dennoch hat es die als Ontologie, als Bewusstseinsphilosophie oder als Onto-Theologie verstandene Philosophie nach Levinas immer so betrachtet.

Levinas unterscheidet zwischen dem Unendlichen und seiner Idee, die es fortwährend überschreitet.[40] In dieser Unterscheidung spiegelt sich letztlich Hegels Unterscheidung zwischen negativer und positiver Unendlichkeit, wie Derrida richtiger Weise festhält.[41] Levinas spricht in *Totalität und Unendlichkeit*, worauf sich Derrida bezieht, davon, dass das Unendliche einer anderen Ordnung angehört als die Idee des Unendlichen.[42] Es gehört nicht zur Logik

---

Theologie breit rezipiert. Größere Monographien zu dieser Problematik sind: Susanne Sandherr: Die heimliche Geburt des Subjekts. Das Subjekt und sein Werden im Denken Emmanuel Lévinas', Stuttgart – Berlin 1998; Ulrich Dickmann: Subjektivität als Verantwortung. Die Ambivalenz des Humanum bei Emmanuel Levinas und ihre Bedeutung für die theologische Anthropologie, Tübingen – Basel 1999. Die erste breit angelegte Untersuchung zum Subjektbegriff bei Levinas stammt aus dem niederländischen Sprachraum: Antonius B. J. Verstege: Het subject-begrip bij Levinas en de opvoedkunde, Leuven 1987.

[38] Vgl.: Emmanuel Lévinas: Dieu et l'onto-théo-logie. In: Ders.: Dieu, la mort et le temps. Etablissement du texte, notes et postface de Jacques Rolland, Paris 1993, 137–259 (= Lévinas: Dieu et l'onto-théo-logie), 247. Dt.: Emmanuel Levinas: Gott und die Onto-Theo-Logie. In: Ders.: Gott, der Tod und die Zeit. Hrsg. von Peter Engelmann, Wien 1996, 131–236, 225f. Dieser Text wurde als Kapitel III in folgenden Text mit aufgenommen: Emmanuel Levinas: Gott und die Philosophie. In: Bernhard Casper (Hg.): Gott nennen. Phänomenologische Zugänge, Freiburg – München 1981, 81–123 (= Levinas: Gott und die Philosophie).

[39] Vgl.: Lévinas: Dieu et l'onto-théo-logie, 248.

[40] Vgl.: Lévinas: Totalität und Unendlichkeit, 64.

[41] Vgl.: Jacques Derrida: Gewalt und Metaphysik, 182. Derrida ist der Überzeugung, dass der einzige Weg, »sich nicht von Hegel einwickeln zu lassen,« darin bestehe, »das schlechte Unendliche für irreduzibel zu halten.« (ebd.) Und in der Tat unterscheidet Levinas in seinem Frühwerk nicht immer eindeutig zwischen dem Unendlichen und seiner Idee. Hinzu kommt, und das wird vor allem im Spätwerk reflektiert, dass das Unendliche im Denken und in der Sprache, d.h. im philosophischen Diskurs, immer nur als seine Idee gegenwärtig sein kann. Darauf werde ich im Rahmen der Lektüre von Derridas *Gewalt und Metaphysik* weiter unten noch einmal zurückkommen.

[42] Die klassische Analogielehre war vielleicht ein Versuch, dieser anderen Ordnung Ausdruck zu verleihen, auch wenn sie stets in der Gefahr stand, von allzu stabilen Verhält-

und zur Ontologie, sondern zur Ethik, zum Verhältnis des anderen zu mir. Die Unendlichkeit äußert sich im Gesicht des anderen: Es »spricht mit mir und fordert mich dadurch zu einer Beziehung auf, die kein gemeinsames Maß hat mit einem Vermögen, das ausgeübt wird, sei dieses Vermögen nun Genuss oder Erkenntnis.«[43] In diesem Sprechen liegt nach Levinas eine Dimension, die im kognitiven Gehalt der Rede nicht aufgeht.[44] Es öffnet die Totalität des Diskurses, da sich eine (unendliche) Differenz auftut zwischen dem anderen als Inhalt meines Denkens und Sprechens und dem anderen als Angesprochenem.[45] Diese Differenz ist in der Sprache nicht mehr zu schließen. Sie gibt nach Levinas der Sprache ihren Sinn. Sprache ist Nähe.[46] Dennoch ist das Unendliche vom Bewusstsein nicht losgelöst. Seine Idee »realisiert die Beziehung des Denkens mit dem, was über sein Begreifen hinausgeht«[47].

Levinas leitet daraus eine Teilung der Wahrheit in zwei Zeiten ab: »diejenige des Unmittelbaren und diejenige des Reflektierten«[48]. Die unmittelbare Beziehung zur Transzendenz, das, was man »religiöse Erfahrung« zu nennen pflegt, ist dem *Ich denke*, das gewöhnt ist, über Wahrheitsansprüche zu entscheiden, nur reflektiert zugänglich. Genau in dieser Reflexion aber wird sie verfehlt:

»In dieser Teilung oder dieser Dualität gibt es eine spezifische Struktur des Sinnes: Sinn als Diachronie, als notwendigerweise in zwei Zeiten, und somit Sinn, der die Synthese verweigert. Diese Diachronie – übereinstimmen und gleichzeitig nicht übereinstimmen – ist vielleicht das Eigene der Transzendenz.«[49]

Das Verfehlen ist kein Mangel, sondern hier konstituiert sich der Sinn der Transzendenz positiv als Diachronie oder Verspätung des Bewusstseins, als

---

nissen auszugehen und damit auf der Ebene des Seienden, d.h. der thematisierbaren Begriffe zu verbleiben. Natürlich kann man Levinas hier vorhalten – und Derrida tut das in *Gewalt und Metaphysik* –, dass sich die andere Ordnung in gewisser Weise sagen lässt. Und diese *gewisse Weise* ließe sich als Analogie begreifen. – Das ist zwar in *gewisser Weise* richtig, doch damit lässt sich der von Levinas anvisierte Unterschied nicht in den Griff bekommen, da er im Moment des Äußerns der Analogie erneut auftritt. Er ist als solcher irreduzibel. Zudem müsste der Begriff der Analogie hinterfragt werden, der von einem *tertium comparationis* ausgeht, das in diesem speziellen »Fall«, wenn es denn ein »Fall« einer Analogie ist, wohl nicht zugänglich ist und höchstens analog gegeben sein könnte: Analogie der Analogie. Vgl. dazu auch Derridas Überlegungen zur Metapher im philosophischen Diskurs in Kapitel III.4, Seite 239, aber auch die eher theologischen Überlegungen von Thomas von Aquin und Erich Przywara, die für mich in der Auseinandersetzung mit Magnus Striet im letzten Teil meiner Arbeit wichtig werden. vgl. Kapitel VI.2, Seite 363.

[43] Lévinas: Totalität und Unendlichkeit, 283.
[44] In Teil II hatte ich darauf hingewiesen, dass man Hector-Neri Castañedas Überlegungen zum Indikator der zweiten Person, der keinen kognitiven Gehalt abbildet, in diese Richtung interpretieren könnte. Vgl.: Kapitel II.3, Seite 136.
[45] Vgl.: Lévinas: Totalität und Unendlichkeit, 279.
[46] Vgl.: Emmanuel Levinas: Sprache und Nähe. In: Ders.: Die Spur des Anderen, 261–294.
[47] Lévinas: Totalität und Unendlichkeit, 64.
[48] Lévinas: Dieu et l'onto-théo-logie, 248.
[49] Lévinas: Dieu et l'onto-théo-logie, 248.

différance, wenn man Derridas Begrifflichkeit folgen will. Diese Struktur findet sich nach Levinas schon bei Descartes, der – obgleich in einer substanzialistischen Sprache – diese beiden Zeiten formuliert. Zum einen ist Gott bei Descartes das *Cogitatum* einer *Cogitatio*, es gibt die Idee Gottes. Zum anderen bedeutet aber Gott auch das schlechthin Nicht-Umfassbare, das jede Möglichkeit überschreitet und daher nicht als die Negation meiner Endlichkeit gedacht werden kann. Es ist das, was mein Vorstellungsvermögen übersteigt und zerbricht, weshalb in diesem Fall das *Cogitatum* nicht von der *Cogitatio* hervorgebracht werden kann, sondern umgekehrt die *Cogitatio* vom *Cogitatum* in Gang gesetzt wird. Der Versuch des Bewusstseins, Gott zu denken, ihn zu einem Gegenstand des Bewusstseins zu machen, geht von diesem Gegenstand selbst aus. Das drückt Descartes in der dritten Mediation dadurch aus, dass die Idee des Unendlichen mir eingeboren ist.[50] Levinas schreibt: »Ici, l'idée de Dieu est *mise en nous*.«[51] Darin zeigt sich für ihn der doppelte Sinn des Wortes *in-finitum*, der das *in* sowohl als Negation »nicht« aber auch als »in« mit Akkusativ begriffen, d.h. es geht um etwas, was ins Endliche hineingelegt wird und im Endlichen als Unendliches in einer Art bedeutet, die die Synthese des Bewusstseins sprengt.[52] So wird das Infinite zur Infinition des Bewusstseins und damit zur echten – verbal verstandenen – Transzendenz, zum wahren Unendlichen, da es nichts mehr gibt, das beim Denken als Inhalt angeeignet werden könnte, sondern nur noch eine Bewegung, die keinen Zielpunkt und auch keinen Ausgangspunkt mehr kennt, da sie, noch bevor sie zu sich selbst kam, in Bewegung über sich hinaus gesetzt wurde.[53] Diese Bewegung ist für Levinas ethischer Natur: »Aufgrund dieser Anordnung, die einer Weihe gleichkommt, ist die Nicht-Gegenwart des *Unendlichen* kein Ausdruck negativer Theologie.«[54] Das »*il faut*«, das einen Mangel an etwas andeutet, wandelt sich in die Positivität eines Müssens.

Von daher ergibt sich Levinas' Frage, ob die Rede von *Sinn* sich wirklich auf den Bereich der Immanenz des Bewusstseins, d.h. die tranzendentale

---

[50] Vgl.: René Descartes: Meditationes de Prima Philosophia. Meditationen über die Erste Philosophie. Lateinisch/Deutsch. Übersetzt und herausgegeben von Gerhart Schmidt, Stuttgart 1986 (= Descartes: Meditationes), 132f.
[51] Lévinas: Dieu et l'onto-théo-logie, 249; dt.: 228: »Hier ist die Idee Gottes *in uns gelegt*.«
[52] Vgl.: Lévinas: Dieu et l'onto-théo-logie, 250, dt.: 229f.
[53] Die Wandlung vom *infini* zur *infinition* weist auf die Verschiebung der Perspektive hin. Nicht mehr die Inhalte des Bewusstseins kommen in den Blick und in ihnen wird die »Idee des Unendlichen« gesucht, sondern die Art, *wie* Bewusstsein *ist*, steht in Frage. Levinas versteht das Bewusstsein als einen nicht abschließbaren Prozess, der daher nicht als Inhalt erscheinen kann. Wenn man dies phänomenologisch versucht, so wird das Bewusstseins in einer unendlichen Bewegung, einer *infinition*, über sich hinausgeführt.
[54] Lévinas: Jenseits des Seins, 43. Vgl. zur Frage des Ethischen auch Seite 220 meiner Arbeit. – Levinas bedenkt hier nicht, dass »die negative Theologie« sich nicht in der *via negationis* erschöpft, sondern als eine bestimmte Sprachform die Begriffe immer weiter über sich hinaustreibt. Inwiefern es sich freilich dabei um eine propositionale Rede oder zumindest um eine propositionalisierbare Rede handelt, ist eine andere Frage. Darauf wird in Teil VI noch zurückzukommen zu sein.

Apperzeption des *Ich denke* oder das *Cogito* beschränke oder ob sich darin »nicht bereits eine Restriktion von Sinn«[55] zeige. Wenn dies zutrifft, dann greifen transzendentalphilosophische Verfahren zur Ermittlung gleich welcher *Sinn*begriffe stets zu kurz, da sie auf etwas rekurrieren, was in ihnen nicht erscheinen kann. Wenn die Rede von der Wahrheit in zwei Zeiten etwas beschreibt, was an der Grenze des Sinns liegt, diesen aber erst ermöglicht, dann ist das *Cogito* hintergehbar und verliert seinen erstphilosophischen Rang.

Cogito und die Geschichte des Wahnsinns

Auch Derrida verweist darauf, dass das cartesische Cogito auf Bedingungen angewiesen ist, die es selbst nicht garantieren kann: Es ist nicht alleine und autonom in der Lage, den Wahnsinn und die Unvernunft zu suspendieren. In *Cogito und die Geschichte des Wahnsinns*, einem Aufsatz, der sich vorwiegend mit einer Studie Michel Foucaults auseinandersetzt, verdeutlicht Derrida an Descartes' Meditationen, dass das *Cogito* zwar im Moment selbst dieses Aktes sich von der Totalität der Welt, sei sie sinnvoll oder absurd, distanzieren kann, dass es aber für die Garantie der Sinnhaftigkeit seines Tuns außerhalb des reinen Vorgangs des *Cogito* auf Gott angewiesen ist, der es auf Dauer stellt:

> »Sobald Descartes diese Spitze erreicht hat, versucht er, sich abzusichern, das Cogito selbst in Gott zu garantieren, den Akt des Cogito mit dem Akt der vernünftigen Vernunft zu identifizieren. Dies tut er, sobald er das Cogito *vorbringt* und *reflektiert*, das heißt sobald er das Cogito temporalisieren muss, das selbst nur im Augenblick der Intuition, des auf sich selbst achtenden Denkens, in jenem Punkt oder jener Spitze des Augenblicks gilt.«[56]

Die Tatsache, dass ich *bin* lässt sich, wenn man Descartes im Wortsinn liest, immer nur dann und solange sichern, solange ich zweifle: »Ich bin, Ich existiere, das ist gewiss. Wie lange aber? Offenbar solange ich denke, denn es ist ja auch möglich, dass ich, wenn ich überhaupt nicht mehr denken würde, sogleich aufhörte zu sein.«[57] Sobald ich aus diesem Mich-selbst-denken ausbreche und meine Gedanken wieder auf etwas außer mir richte, ein anderes intentionales Objekt, muss etwas anderes mich garantieren. Und dies ist die Idee der Vernunft, des *lumen naturale*, was durch den nicht betrügerischen Gott garantiert wird. »Es steht nämlich außer Zweifel, dass für Descartes Gott allein mich gegen einen Wahnsinn schützt, dem das Cogito *in seiner eigenen Instanz* sich nur allzu gastlich öffnen könnte.«[58]

---

[55] Levinas: Gott und die Philosophie, 84.
[56] Jacques Derrida: Cogito und die Geschichte des Wahnsinns. In: Ders.: Die Schrift und die Differenz, 53–101 (= Derrida: Cogito und die Geschichte des Wahnsinns), 92.
[57] Descartes: Meditationes, II.6, 83.
[58] Derrida: Cogito und die Geschichte des Wahnsinns, 94f.

Zudem unterzieht Descartes nicht alles dem metaphysischen Zweifel. Bestimmte Axiome bleiben bestehen: »Diese Axiome, deren Determination dogmatisch ist, entgehen dem Zweifel, sind ihm sogar nie unterworfen, sind nur *umgekehrt* von der Existenz und der Wahrhaftigkeit Gottes aus begründet.«[59] Ein solches Axiom ist das *lumen naturale*[60], d.h. die vernünftige Vernunft. Für Descartes kann das, was durch das natürliche Licht sichtbar wird, in keiner Weise zweifelhaft sein. Dazu gehört auch das Prinzip der Kausalität, nämlich »dass weder etwas aus Nichts entstehen kann noch ein Vollkommeneres [...] aus einem weniger Vollkommenen.«[61] Das heißt, der Zweifel ist nichts anderes als ein Durchgangspunkt, der fest in der Kette der Vernunftgründe verankert ist.[62]

Derrida will zwischen zwei Dingen bei Descartes unterscheiden: dem Akt des Zweifels, den er Hyperbel nennt, und der historischen Tatsachenstruktur, in die sich dieser Akt einschreiben muss, sobald er reflexiv wird, das heißt, sobald er sich seiner selbst bewusst wird:

> »*Auf seiner [des Denkens] höchsten Höhe* wird die Hyperbel, die absolute Öffnung, die unökonomische Ausgabe stets in einer *Ökonomie* aufgenommen und überrascht. Die Beziehung zwischen der Vernunft, dem Wahnsinn und dem Tod ist eine Ökonomie, eine Struktur der *différance*, deren irreduzible Originalität respektiert werden muss.[63]

Descartes' Überlegung, dass ich nicht daran zweifeln kann, dass ich zweifle, ohne in einen performativen Selbstwiderspruch zu geraten, folgt der Logik des Prinzips vom zu vermeidenden Widerspruch. Sie stellt nicht alles in Frage. Die cartesische Bühne, von der Verweyen sprach,[64] hat zwar keine Kulissen mehr, aber sie wird von einem Licht ausgeleuchtet, das nicht aus dem Zweifelsakt selbst entspringt, sondern diesen selbst als *lumen naturale* absichert und ermöglicht.

Vom Bewusstsein zur Wachheit

Mir scheint, als träfe sich Levinas mit seiner Beschreibung eines Bewusstseins diesseits der Reflexionsstruktur der Selbstidentität formal – auch wenn dieser Begriff für Levinas unzutreffend erscheint – mit den Ansätzen von Dieter Henrich und anderen, die das Selbstbewusstsein einstellig verfasst als Selbstvertrautheit verstehen wollen. Auch Levinas' »Passivität, die man nicht mehr unter Rezeptivität subsumieren kann«[65] ist von einer nichtreflexiven Einstelligkeit gekennzeichnet. Dennoch zieht er daraus fast konträre Konsequenzen. Henrich hatte das Grundverhältnis des Selbstbewusstseins, d.h. die

---

[59] Derrida: Cogito und die Geschichte des Wahnsinns, 96.
[60] Vgl.: Descartes: Meditationes, III.9, 107.
[61] Vgl.: Descartes: Meditationes, III.14, 111.
[62] Vgl.: Derrida: Cogito und die Geschichte des Wahnsinns, 97.
[63] Derrida: Cogito und die Geschichte des Wahnsinns, 100.
[64] Vgl. Kapitel II.2, Seite 75.
[65] Levinas: Gott und die Philosophie, 97.

einstellige Selbstvertrautheit, spekulativ bestimmt als »Sich im Anderen seiner selbst als sich selbst *wissen*.«[66] Diese Verfassung des Grundverhältnisses treibe aus sich heraus den Gedanken des Absoluten hervor, »als nur von diesem Gedanken her in das bewusste Leben diejenige Einheit des Verstehens kommen kann, die gegenüber allen Beirrungen standhält[.] [...] Das bewusste Leben ist gar nichts anderes, als dass das Absolute zur Einsicht kommt, und die Bewährung dieser Einsicht in einem Leben, das zu einem Ganzen geworden ist.«[67]

Für Levinas jedoch ist der Einbruch des Unendlichen kein Wissen. Wissen ist stets reflexiv bestimmt. Er bestimmt die dem reflexiven Bewusstsein zu Grunde liegende Struktur nicht spekulativ, sondern im Ausgang von einer Phänomenologie des konkreten, leiblich verfassten Menschen als das Andere im Selben (nicht das Selbe im Anderen!), das eben keine Beziehung des Wissens ist. Das Subjekt ist passiv, weil es sich gegen dieses Andere, das sich in ihm vor ihm eingerichtet hat und es über sich selbst hinausführt, nicht wehren kann. Daher benutzt Levinas Begriffe wie Heimsuchung, Obsession oder Geiselschaft. Es mag möglich sein, diesen Bezug gelegentlich zu vergessen, ihn zu unterdrücken oder ihn vorläufig in Wissen aufzuheben. Er holt aber das Subjekt immer wieder ein, spätestens angesichts des eigenen Todes, der eine Anderheit ankündigt, die nicht übernommen oder gewusst werden kann.

So ist das ursprüngliche Verhältnis des Bewusstseins nicht als eine Selbstvertrautheit zu beschreiben, sondern als ein Wachen, als ein Gespannt-sein, das aber noch kein Korrelat hat.[68] Die Fähigkeit, schlafen zu können, kennzeichnet das reflexive, das intentionale Bewusstsein, da »schlafen« heißt, sich von den Dingen und von sich zurückziehen zu können. Ihm liegt aber ein Wachen zu Grunde, d.h. eine Nähe zu den Dingen, in der sie sich aufdrängen, die nicht reflexiv einzuholen ist. Was Levinas zu diesen Überlegungen bewegt, sind letztlich Husserl'sche Motive, die über sich hinausgetrieben werden, wie eine Lektüre des Aufsatzes *Vom Bewusstsein zur Wachheit* verdeutlichen kann:

Husserls Ansatz besteht für Levinas in einer Philosophie, die sich sowohl vom gesunden Menschenverstand als auch von der wissenschaftlichen Forschung unterscheidet und beide im Namen der Vernunft einer Kritik unterzieht:

»Die Vernunft ist die Identität, die sich als Ich durchsetzt: Identität, die sich identifiziert – die zu sich selbst zurückkehrt – durch die Kraft ihrer Form. Was sich genau als Selbstbewusstsein ereignet: Akt der Identifizierung oder Identifizierung

---

[66] Dieter Henrich: Selbstbewusstsein und spekulatives Denken. In: Ders.: Fluchtlinien. Philosophische Essays, Frankfurt am Main 1982, 125–181, 175. Hervorhebung von mir, CL. Vgl. Kapitel II.3, Seite 115 meiner Arbeit.
[67] Dieter Henrich: Selbstbewusstsein und spekulatives Denken, 180.
[68] Wenn Derrida seine Überlegungen zum Sterben mit dem Untertitel *S'attendre aux limites de la vérité* überschreibt, dann greift das *s'attendre* eben jenes Bewusstsein auf, das sich nicht über sich selbst schließen kann. Vgl. dazu Kapitel III.2, Seite 193.

als Akt. [...] Die Vernünftigkeit der Vernunft würde so, als Bewusstsein, nichts außerhalb lassen.«[69]

Obwohl Husserl seine Phänomenologie auf die Evidenz gründe und diese auf die originäre Anschauung, so sei sie »dennoch die schärfste Kritik an der Evidenz gewesen[.]«[70] Es gehe Husserl darum, zum Subjekt zurückzugehen, das in der augenscheinlichen Evidenz mehr erlösche, als dass es sich melde. In den Logischen Untersuchungen zeige Husserl, dass die logischen und mathematischen Formen durch eine Reflexion über die mit ihnen verbundenen Bewusstseinsinhalte in das bewusste Subjekt zurückgebunden werden müssten. Das sei für ihn der Übergang zu einer deskriptiven Psychologie oder Phänomenologie. »In den ›Ideen 1‹ heißt der Übergang zur Phänomenologie *transzendentale Reduktion*.«[71] Sie soll aufweisen, dass die Evidenz, die das natürliche Bewusstsein von seinen Gegenständen zu haben glaubt, nicht zutrifft. Die Phänomenologie geht daher auf das reduzierte Bewusstsein zurück und reflektiert »die angebliche Selbstgenügsamkeit der in der naiven Evidenz des Menschen-in-der-Welt gegebenen Welt«[72] ständig mit. Es ist ihr nämlich klar geworden, »dass in der auf die Welt gerichteten Anschauung [...] das Denken niemals durch die Gegenwart dessen erfüllt wird, was es meint, sondern auf einen Prozess unendlicher Erfüllung hin geöffnet wird.«[73] Dahinter stehen Husserls Überlegungen, dass ich meine Intention noch einmal zum Thema machen kann. Ich kann in einem zweiten Schritt hinter meine Noese zurücktreten und in einem erneuten Bewusstseinsakt diese zum Noema machen. Husserl sieht den Sinn der phänomenologischen Reduktion nun darin, in dieser inneren Anschauung Apodiktizität zu gewinnen. Indem ich die Ungewissheiten der realen Welt phänomenologisch ausschalte und nur auf meinen Bewusstseinsgehalt reflektiere, erschüttere ich scheinbare Gewissheiten, um zu endgültiger Gewissheit in der reinen Bewusstseinsimmanenz vorzustoßen. Levinas hingegen zieht eine andere Konsequenz:

> »Aber ebenso kann man sagen, dass es darum geht, das vernünftige Denken von den Normen der Adäquation zu befreien. Womit dieses Denken von der Gehorsamsverpflichtung gegenüber dem als Geschehen der Identifizierung des Identischen verstandenen Sein befreit würde; Geschehen der Identifizierung, die nur möglich ist als Versammlung in ein Thema, als Ver-gegenwärtigung und als Ge-

---

[69] Emmanuel Levinas: Vom Bewusstsein zur Wachheit. In: Ders.: Wenn Gott ins Denken einfällt. Diskurse über die Betroffenheit von Transzendenz, Freiburg – München ³1999, 44–78, 47.
[70] Levinas: Vom Bewusstsein zur Wachheit, 47.
[71] Levinas: Vom Bewusstsein zur Wachheit, 53. Vgl. Edmund Husserl: Ideen zu einer reinen Phänomenologie und phänomenologischen Philosophie. Allgemeine Einführung in die reine Phänomenologie, Tübingen ⁵1993 (= Husserl: Ideen), §33, 59.
[72] Levinas: Vom Bewusstsein zur Wachheit, 54.
[73] Levinas: Vom Bewusstsein zur Wachheit, 54. Dies ist der Charakter der Idealität des Zeichens, das grundsätzlich auch über meinen Tod hinaus lesbar bleiben muss, wie Derrida ausführt. Die vermeinte Idealität, der Sinn, ist immer nur ein Grenzbegriff, er lässt sich *de iure* in meiner faktischen Existenz nicht feststellen, weshalb die Grenze zwischen *de iure* und *de facto* von innen her bedroht ist.

genwart. [...] [D]ie Reduktion wäre ein Erwachen, in dem sich eine Vernünftigkeit des Denkens – das Bedeuten des Sinns – abzeichnet, welche sich abhebt von den die Identität des Selben beherrschenden Normen. Und vielleicht [...] eine Vernünftigkeit des Geistes, die sich weder in Wissen noch in Gewissheiten übersetzen lässt und die der irreduzible Terminus des Erwachens bezeichnet.«[74]

Husserl hielt sich in den *Ideen* an die Adäquation als Garant der Apodiktizität. In den *Cartesianischen Meditationen* wird diese Apodiktizität jedoch nach Levinas anders interpretiert. Sie beruht nicht mehr auf der Entsprechung von Vermeintem und Angeschautem, sondern wird ins selbstbewusste Subjekt zurückgebunden. Die Grundlage der Evidenz wird im selbstbewussten *Cogito sum* verortet. Die Möglichkeit der unendlichen Iteration des Zweifels wird dabei von Husserl gerade nicht als Gegenargument verstanden; vielmehr beruht darauf die Apodiktizität. Die Möglichkeit der Iteration vertieft die Evidenz des *Cogito sum*. Durch die unendliche Wiederholung der Evidenz kommt ihr das emphatische Adjektiv *lebendig* zu. In der lebendigen Selbstgegenwart des *Cogito sum* liegt nach Husserl die höchste Evidenz.[75] Levinas sieht jedoch genau darin eine Differenz aufscheinen: Das Ich erwacht zu sich, d.h. es identifiziert sich mit sich, indem es sich zu sich selbst in Distanz hält:

»Die Selbstgegenwart als lebendige Selbstgegenwart, in ihrer eigentlichen Unschuld, verlegt ihren Schwerpunkt nach außen: die Selbstgegenwart des Selbst *erwacht* fortwährend aus ihrer Zustandsidentität und gegenwärtigt sich einem ›in der Immanenz transzendenten‹ Ich.«[76]

Auf der Ebene des Ego werden bei Husserl die Begriffe von Schlaf und Wachheit eingeführt, so dass Levinas diese Begriffe übernimmt, jedoch andere Bedeutungen in ihnen ausmacht. Er hält »eine *Differenz* in Bezug darauf, ›derselbe-zu-bleiben‹«[77] fest. Sie ist die Dauer oder Zeitigung der immanenten Zeit, der Erlebnisstrom des Bewusstseins, der nach Husserl aus der Urimpression der Gegenwart, der Retention und der Protention besteht und die Einheit des Bewusstseins durch verschiedene Bewusstseinsinhalte hindurch gewährleistet.[78] Das *Ego* ist zu diesem Strom in Differenz, jedoch in einer anderen als die intentionalen Objekte des Bewusstseins. Levinas spricht allerdings nicht mehr vom *Ego*, sondern von einer »Exteriorität, die die Mitte des Innersten zerreißt«[79]:

---

[74] Levinas: Vom Bewusstsein zur Wachheit, 54f.
[75] Vgl. Husserl: Cartesianische Meditationen, §9, 24.
[76] Levinas: Vom Bewusstsein zur Wachheit, 59.
[77] Levinas: Vom Bewusstsein zur Wachheit, 59.
[78] Vgl.: Edmund Husserl: Vorlesungen zur Phänomenologie des inneren Zeitbewusstseins. Herausgegeben von Martin Heidegger, Tübingen ³2000 (= Husserl: Vorlesungen zur Phänomenologie des inneren Zeitbewusstseins), §38, 431–433. Auf die Schwierigkeiten dieses Zeitmodells und die Probleme, die sich daraus ergeben, werde ich im Zusammenhang mit den Derrida'schen Überlegungen im nächsten Kapitel nochmals zurückkommen.
[79] Levinas: Vom Bewusstsein zur Wachheit, 59f.

»Es wäre absurd, dieses *Andere* von jener unendlichen Beziehung zu isolieren und es als Letztendliches – d.h. seinerseits als das *Selbe* – in einem verstockten Festhalten an der Vernünftigkeit des *Selben* erstarren zu lassen. [...] Anstatt die Einmaligkeit des *Selben*, die durch das *Andere* beunruhigt wird und die sich dem *Anderen* verdankt, zu entfremden, ruft hier das *Andere* das *Selbe* lediglich an, und zwar im Tiefsten seiner selbst, tiefer als es selbst, da, wo nichts und niemand es ersetzen kann. Sollte dies bereits der Ruf zur Verantwortung für die Anderen sein? [...] Heteronomie der Freiheit, die wir nicht von den Griechen gelernt haben.«[80]

Die Wendung »das Andere im Selben« oder »Transzendenz in der Immanenz« meint nach Levinas »die Nichtzugehörigkeit des Ich zum Gewebe der Bewusstseinszustände«[81], also eine Differenz im Innersten meines Denkens, die ich nicht ins Bewusstsein auflösen kann, weil sie sich nur als Differenz dazu konstituiert. Es handelt sich um die Verweigerung eines spekulativen Begriffs, der mit Henrich die Differenz in die Einheit zurückbindet, aus der erkenntnistheoretischen Überlegung heraus, dass dieser Begriff keiner des Bewusstseins mehr sein und daher von keiner denkbaren Position aus formuliert werden könnte. Husserl vergleicht das Ich mit der Einheit der transzendentalen Apperzeption bei Kant[82], Levinas hingegen hält fest, dass die »Identität dieses Identischen [...] durch die Differenz der Schlaflosigkeit zerrissen«[83] wird. Die Differenz bildet eine Leere, die nicht abschließend zu füllen ist, sondern die sich immer wieder von Neuem öffnet als Intervall im Bewusstsein. Daher kann das Ich nach Levinas weder aus dem Bewusstsein heraus verstanden werden, noch fällt es mit Bewusstsein, Wissen, Freiheit oder Gegenwart zusammen.

Husserl hielt fest, dass das Ich, hier wieder verstanden als Einheit von Ich und Bewusstsein, durch den Anderen aus dem Solipsismus und der Einsamkeit befreit wird.[84] Levinas besteht auf der Zweitrangigkeit des Ich, das durch die »intersubjektive Reduktion«[85] seine Zentralstellung in der Welt verliere. Der Begriff der intersubjektiven Reduktion steht so meines Wissens nicht bei Husserl. Levinas benennt damit die Fremderfahrung, durch die Husserl eine Welt der Monaden denken kann, in der ich in die Lage versetzt werde, mich als einer unter vielen wahrzunehmen, d.h. das *Dort* des *alter ego* als ein anderes *hier* zu identifizieren. Für Levinas verliert das Ich auf diese Weise die Übereinstimmung mit dem Zentrum der Welt. Seine Kritik an Husserl besteht darin, dass Husserl diese Entmachtung des Subjekts noch in Begriffen der Erkenntnis denkt und auf die Konstitutionsleistung des *Ego cogito* zurückführt und in gewisser Weise den soeben geöffneten Zirkel wieder schließt. Doch Husserl steht damit für Levinas nicht allein:

---

[80] Levinas: Vom Bewusstsein zur Wachheit, 60f.
[81] Levinas: Vom Bewusstsein zur Wachheit, 61.
[82] Vgl.: Edmund Husserl: Phänomenologische Psychologie. Vorlesungen Sommersemester 1925. Herausgegeben von Walter Biemel. Husserliana IX, Den Haag 1962, 208.
[83] Levinas: Vom Bewusstsein zur Wachheit, 64.
[84] Vgl. z.B.: Husserl: Cartesianische Meditationen, § 62, 152.
[85] Levinas: Vom Bewusstsein zur Wachheit, 66.

»[D]ies entstammt einer hartnäckigen Tradition, für die Geist gleichbedeutend ist mit Wissen, Freiheit gleichbedeutend mit Anfang und in der das Subjekt, obwohl sein innerster Kern gespalten ist, als Einheit der transzendentalen Apperzeption weiterbesteht.«[86]

Levinas sieht deutlich, dass der philosophische Diskurs Gegenwart und Reflexion erfordert,[87] jedoch fordert er, »Lebhaftigkeit des Lebens und Gegenwart, die Bedingung des philosophischen Diskurses«[88], zu unterscheiden. Das Erwachen, die Öffnung eines Intervalls im Bewusstsein, ist für ihn nicht reduzierbar auf das Wissen, weshalb er fragt, »ob die Vernunft, soweit sie immer auf die Suche nach Ruhe, nach Besänftigung, nach Versöhnung zurückgeführt wird – und immer die Letztendlichkeit oder die Priorität des Selben impliziert –, sich nicht dadurch bereits von der lebendigen Vernunft entfernt.«[89] Deren Ort ist die Beunruhigung, das Nicht-zur-Ruhe kommen ihrer selbst, ihr ständiges Über-sich-selbst-hinausgetragen-werden, ohne dass sie je dieses Selbsts habhaft gewesen wäre. Die Differenz auf erkenntnistheoretischer Ebene deutet Levinas positiv als Nicht-Indifferenz, als Nicht-Gleichgültigkeit.[90] Das Abdanken der Identität bedeutet nicht ihre Vernichtung, »sondern ihre Stellvertretung für den Nächsten, in der die Vernunft nicht mehr Erkenntnis noch Handlung ist, sondern in der sie [...] in ethischer Beziehung mit dem Anderen steht«[91]. Die Logik der Identität und der Gegenwart wird dabei von Levinas nicht abgelehnt, sie ist für ihn sogar eine »privilegierte Modalität dieser Vernunft«[92], da sie in einer sozialen Situation, in der es nicht nur den Anderen gibt, sondern viele Andere, also auch immer schon den Dritten, einen Vergleich ermöglicht.[93] Sie ruht allerdings auf Voraussetzungen, die sie nicht einholen kann.

»Diese Fragen betreffen das Letztendliche und sogar die Möglichkeit oder Unmöglichkeit des Letztendlichen.«[94] Sie betreffen also die Möglichkeit oder die Unmöglichkeit einer Letztbegründung und ebenso die Frage der Möglichkeit von Philosophie oder Theologie überhaupt. Wir stehen vor der Alterna-

---

[86] Levinas: Vom Bewusstsein zur Wachheit, 69. Diese Tradition ist die von Derrida bei Husserl ausgemachte Metaphysik der Präsenz. Vgl. z.B.: Jacques Derrida: »Genesis und Struktur« und die Phänomenologie. In: Ders.: Die Schrift und die Differenz, 236–258, 251.
[87] Das war ein Hauptkritikpunkt, den Derrida in seinem frühen Beitrag *Gewalt und Metaphysik* benennt. Er zeigt, dass Levinas in der Kritik der Ontologie, wie sie in *Totalität und Unendlichkeit* durchgeführt wird, selbst in ontologischen Sprachspielen verhaftet blieb.
[88] Levinas: Vom Bewusstsein zur Wachheit, 71.
[89] Levinas: Vom Bewusstsein zur Wachheit, 75.
[90] Vgl.: Levinas: Vom Bewusstsein zur Wachheit, 75.
[91] Vgl.: Levinas: Vom Bewusstsein zur Wachheit, 76. Vgl. zur Frage des Ethischen auch Seite 220 meiner Arbeit.
[92] Levinas: Vom Bewusstsein zur Wachheit, 73.
[93] Zur Frage des Dritten in der Philosophie von Emmanuel Levinas vgl.: Pascal Delhom: Der Dritte. Lévinas' Philosophie zwischen Verantwortung und Gerechtigkeit, München 2000.
[94] Levinas: Vom Bewusstsein zur Wachheit, 76.

tive, die Levinas zum Abschluss des Aufsatzes *Vom Bewusstsein zur Wachheit* sehr ausführlich formuliert:

> »Gibt sich das Andere, das sich der Identifizierung entzieht, irrtümlicherweise – oder nur eine bestimmte Zeit lang – als Gegner des Selben aus? [...] Oder muss das Andere nicht auch ebenso anders verstanden werden – in einer Anderheit, von der bis hierher einige Züge skizziert wurden – als eine unablässige Infragestellung – ohne letzten Grund und ohne letztes Ende – der Priorität und der Seelenruhe des Selben, so wie das sich nicht verzehrende Brennen einer unauslöschlichen Flamme?«[95]

Wie diese Anderheit aussieht, ist unter erkenntnistheoretischen Vorzeichen nicht ausgemacht. Im jüdischen wie auch im christlichen Kontext ist das Unendliche mit dem Gott der Väter verknüpft, der dem Mose am Sinai die Tora gab, der zu seinem Volk gesprochen hat in den Propheten und der auch der Gott Jesu ist, den die Kirche als Christus bezeugt. Doch das Unendliche könnte auch das anonyme *il y a* sein, das mich mir entfremdet, ohne mir eine Zukunft zu eröffnen, die jenseits meiner liegt.[96] Es deutet sich bereits jetzt an, dass der Diskurs nicht nur nicht zu schließen sein wird, sondern dass er sogar offengehalten werden muss.

Gewalt und Metaphysik

Eine solche strukturelle Öffnung durch ständiges Infragestellen prägt die Texte von Jacques Derrida. Einen Zugang zu ihnen zu finden erscheint auf den ersten Blick sehr schwierig, da Derridas Texte fast ausschließlich Kommentare zu oder Lektüren von anderen Texten sind und auf diese Weise die Unmöglichkeit markieren, Diskurse endgültig abzuschließen. Insofern gibt es im strengen Sinne keine definitive Position Derridas zu bestimmten allgemeinen Fragen. Wollte man so etwas, wie Derridas Position zu Freiheit oder zum Cogito herausarbeiten, so wäre vielleicht ein Ansatz, seine Texte zu lesen, die sich mit diesen Themen beschäftigen, die Referenztexte zu lesen und die Differenz zwischen beiden festzuhalten. Einmal angenommen, ein solches mathematisch anmutendes Verfahren sei zulässig, so bliebe doch zu fragen, wie man damit umgeht, dass Derrida je nach Bezugstext verschiedene Positionen einnimmt. Es scheint auf ihn in besonderer Weise zuzutreffen, was er selbst von Emmanuel Levinas schreibt: »Man könnte sicherlich zeigen, dass Levinas, der in der Differenz zwischen Husserl und Heidegger [...] sich unbequem eingerichtet hat, fortwährend den einen in einem dem anderen entlehnten Stil und Schema kritisiert[.]«[97] Bei einer übereilten Lektüre von

---

[95] Levinas: Vom Bewusstsein zur Wachheit, 77.
[96] Vgl.: Levinas: Gott und die Philosophie, 108. Ausführlichere Bemerkungen zum Begriff des *il y a* finden sich in *Die Zeit und der Andere* und in *Vom Sein zum Seienden*. Vgl. dazu auch: Jean-Luc Lannoy: »Il y a« et phénoménologie dans la pensée du jeune Lévinas. In: Revue philosophique de Louvain 88 (1990), 369–394.
[97] Derrida: Gewalt und Metaphysik, 150. Der französische Text spricht nicht von einem aktiven *sich einrichten*, sondern hält die Frage, wer wen einrichtet durch eine Partizi-

Gewalt und Metaphysik könnte man dies als dezidierte Kritik deuten. Liest man genauer und nimmt man Derridas grundsätzliche Bemerkungen ernst, er wolle »den Themen und Kühnheiten [dieses] Denkens treu bleiben«[98], und seine Fragen gehörten selbst zu Levinas' Diskurs und täten nichts anderes, »als in mehrfachen Abständen und in mehrfachem Sinn auf ihn zu hören«[99], so liest sich der oben zitierte Satz schon fast wie eine Einführung in Derridas eigenes Denken: Er findet sich an einem unbequemen Platz in der Differenz zwischen Edmund Husserl und Martin Heidegger, zwischen Hegel und Genet, zwischen Jabès und Marx, zwischen Walter Benjamin und Carl Schmitt sowie zwischen zahlreichen anderen wieder, den er nur manchmal selbst gewählt zu haben scheint.

Ich kann hier nur eine stark elliptische Lektüre jenes Textes unternehmen, in dem Derrida sich zwischen Levinas, Husserl und Heidegger positioniert und vor allem Levinas mit Stil und Schema der beiden anderen befragt, dabei aber Fragen stellt, die Levinas selbst stellen könnte und die er in seinem Spätwerk auch stellen wird. Derridas Fragen eröffnen einen neuen Diskurs, ohne unmittelbar oder mittelbar auf seinen (transzendentalen) Abschluss oder seine (transzendentale) Begründung hinzuarbeiten:

> »Die Fragen, deren Prinzip wir im folgenden anzugeben versuchen werden, sind alle in verschiedenstem Sinne Fragen der Sprache: Fragen der Sprache und die Frage nach der Sprache. Gesetzt, unser Kommentar war nicht allzu ungetreu, dann müsste man schon davon überzeugt worden sein, dass es im Denken Levinas' nichts gibt, das nicht selbst in solche Fragen verwickelt ist.«[100]

Das bedeutet jedoch nicht, dass es Derrida (nur) um eine Sprachphilosophie ginge, die Verweyen nach dem sogenannten *linguistic turn* einordnen würde und die daher grundsätzlich erstphilosophischen Bemühungen nichts zu sagen hätte.[101] Es geht um ein Befragen der (philosophischen) Sprache, das sich nicht positivistisch an eine gegebene Sprache hält, sondern nach den Möglichkeiten der Sprache fragt, nach den Bedingungen der Möglichkeit von Sprache und nach dem, was vor der Sprache liegt.[102] Derrida will in gewisser

---

pialkonstruktion in der Schwebe: »[...] Levinas, inconfortablement installé [...] dans la différence entre Husserl et Heidegger [...]«. Vgl.: Derrida: Violence et métaphysique, 145.
[98] Derrida: Gewalt und Metaphysik, 129.
[99] Derrida: Gewalt und Metaphysik, 167.
[100] Derrida: Gewalt und Metaphysik, 166f.
[101] Vgl.: Verweyen: Botschaft eines Toten? Den Glauben rational verantworten, Regensburg 1997, 150.
[102] Insofern lässt sich das Derrida'sche Denken – übrigens ebensowenig wie das Levinas'sche – nicht unter dem Stichwort »Hermeneutik« in Abgrenzung zur Transzendentalphilosophie einsortieren, wie Valentin dies im Anschluss an Verweyen vorschlägt. Vgl.: Joachim Valentin: Atheismus in der Spur Gottes. Theologie nach Jacques Derrida. Mit einem Vorwort von Hansjürgen Verweyen, Mainz 1997, 59. Vgl. auch: Verweyen: Gottes letztes Wort, 58–61. Valentin nimmt diese Unterscheidung sehr behutsam vor und ist bemüht, sehr genau zuzuordnen. Bei ihm finden sich auch wertvolle Hinweise zu Derridas Gespräch mit Gadamer. Nichtsdestoweniger denke ich, dass Derrida ebenso

Weise über die Philosophie (als Metaphysik) hinausgehen, was »nicht heißen kann, ihr den Rücken zuzukehren (was meistens schlechte Philosophie zur Folge hat), sondern die Philosophen *auf eine bestimmte Art und Weise* zu lesen.«[103] In dieser Lektüre folgt er ihnen und stellt – wie er es bei Levinas ausdrücklich macht – Fragen, die sie selbst stellen könnten, und beleuchtet Probleme, die sie vielleicht vermeiden. Im Ausgang von der Frage nach der Möglichkeit der Sprache hebt Derrida in *Gewalt und Metaphysik* darauf ab, ob bzw. wie sich Levinas' Anliegen *sagen* lässt:

> »Ist man wie Levinas der Ansicht, dass das positive Unendliche die unendliche Andersheit toleriert und sogar erfordert, dann muss man auf alle Sprache verzichten und zwar als erstes auf das Wort *unendlich* und auf das Wort *anders*. Das Unendliche ist nur in der Form des Un-Endlichen *(in-fini)* als der/das Andere zu verstehen. Von dem Augenblick an, wo man das Unendliche als positive Fülle zu denken sucht (Pol der nicht-negativen Transzendenz Levinas'), wird der Andere undenkbar, unmöglich, unsagbar. Vielleicht ruft uns Levinas zu diesem Undenkbaren-Unmöglichen-Unsagbaren jenseits des Seins und des Logos (der Überlieferung) hin. Dieser Anruf aber *darf sich weder denken noch sagen lassen.*«[104]

Die Struktur des Denkens und der Sprache lässt sich nicht hintergehen, wie Derrida in sehr feingliedrigen und feinsinnigen Analysen immer wieder zeigt. Selbst Momente, die sich einer sprachlichen Äußerung oder einer Selbstdistanzierung des Denkens entziehen wie zum Beispiel die von Levinas beschriebene Unerlässlichkeit des Leidens oder die von Jean-Luc Marion ins Feld geführten gesättigten Phänomene, schreiben sich in einer Reflexionsbewegung wieder dem Denken ein: »Es genügt, dass der ethische Sinn *gedacht* wird, damit Husserl Recht hat.«[105] Sobald Levinas das Unendliche schreibt, sagt oder denkt, handelt es sich immer nur um die Idee des Unend-

---

transzendentalphilosophisch wie hermeneutisch vorgeht, wenn nicht diese Alternative grundsätzlich in Frage gestellt werden muss. – Einige Bemerkungen zum Verhältnis des Transzendentalen zur Sprache findet sich in dem Abschnitt *Le transcendantal et la langue* in folgendem Aufsatz: Jacques Derrida: Le supplément de copule. La philosophie devant la linguistique. In: Ders.: Marges de la philosophie, Paris 1972 (= Derrida: Marges de la philosophie), 209–246, hier: 232–236. Dt.: Jacques Derrida: Das Supplement der Kopula. Die Philosophie vor der Linguistik. In: Ders.: Randgänge der Philosophie, Wien ²1999 (= Derrida: Randgänge der Philosophie), 195–227, hier: 214–218.

[103] Jacques Derrida: Die Struktur, das Zeichen und das Spiel im Diskurs der Wissenschaften vom Menschen. In: Derrida: Die Schrift und die Differenz, 422–442, 435.

[104] Derrida: Gewalt und Metaphysik, 174. Übersetzung nach dem französischen Original leicht korrigiert. Vgl.: Derrida: Violence et métaphysique, 168. Der Begriff *in-fini* meint bei Levinas nicht nur in der Negation das Nicht-Endliche, sondern auch als Akkusativ *in-finitum* das In-das-Endliche-hinein und schließt sich damit an Descartes an, der die Idee Gottes als eine *idea innata* bezeichnet.

[105] Derrida: Gewalt und Metaphysik, 185. Übersetzung leicht korrigiert. CL. Zu den gesättigten Phänomenen vgl.: Jean-Luc Marion: Etant donné, Paris 1997, 251–342. Marions Überlegungen zur Frage der Subjektivität, der Phänomenologie und der *donation* in den Phänomenen würden den Rahmen dieser Arbeit sprengen. Strukturell ist ihnen jedoch derselbe Einwand entgegenzubringen, den Derrida gegenüber Levinas formuliert: Es genügt, dass man Phänomen*ologie* betreibt, damit die *donation* nur noch als Gegebenheit und nicht mehr als Gebung erscheint.

lichen. Ein direkter Zugang ist nicht möglich. Analoges gilt für den anderen. Das allerdings – und darauf weist Derrida hin – hatte schon Husserl gesehen. Der andere ist mir nicht als Noema präsent, sondern ich appräsentiere ihn als *alter ego*. Levinas hat Recht, wenn er damit den anderen der Sphäre des Selben unterworfen sieht, aber Derrida weist auf einen Unterschied bei Husserl hin, den Levinas so nicht gesehen hatte. Als analogische Appräsentation ist der Andere in meinem Bewusstsein nur in seiner Abwesenheit präsent,[106] das wahrt nach Derrida gerade seine Anderheit als Anderer. Die Leerstelle im Bewusstsein deutet auf eine Anderheit hin, die sich nicht mehr denken oder sagen lässt, die also – wenn sie mich betrifft – mein Denken umstürzt. Insofern findet nach Derrida die Ethik bereits in der Husserl'schen Phänomenologie »ihren eigentlichen Sinn, ihre Freiheit und Radikalität.«[107] In der Selbstbeschränkung der Phänomenologie, in ihrem Eingeständnis, keinen Zugang zum anderen zu erhalten, wie sie ihn zu den Dingen erhält, liegt ihre Ethik.

Husserl zieht daraus freilich die Konsequenz, »dass Ego und *alter ego* immerzu und notwendig in ursprünglicher ›Paarung‹ gegeben sind.«[108] Es ist vor allem diese Folgerung, gegen die sich Levinas wendet, weil sie den anderen und mich auf eine Stufe stellt. Für Levinas ist das Geschehen der Verantwortung eine ursprüngliche Passivität, keine ursprüngliche Gleichberechtigung. Darin stimmt er mit Derrida überein, wie Derrida an prominenter Stelle mit der Formulierung »Il aura obligé« deutlich macht.[109] Derrida geht daher auf diese Husserl'sche Konsequenz der ursprünglichen Paarung hier auch nicht ein. Stattdessen befragt er Levinas' Rede vom unendlich Anderen auf ihren phänomenologischen Sinn. Als Phänomen des Ich erscheint der *andere als anderer* und nur so. Er erscheint für Husserl nicht als er selbst in der lebendigen Gegenwart, sondern als Abwesenheit, d.h. anders als ich mir selbst. In einem theoretischen Diskurs wie dem Husserl'schen, aber auch dem Levinas'schen, lässt sich die Logik des anderen befragen, so dass Derrida überlegt, was Parmenides wohl dazu sagen würde:

> »Zum Beispiel: 1. Der unendlich Andere, würde er vielleicht sagen, kann das, was er ist, nur sein, wenn er anders ist, das heißt anders *als*. Anders als ist notwendig *anders als* ich. Von da an ist er nicht mehr von der Beziehung zu einem ego losgelöst *(absous)*. Folglich ist er nicht mehr unendlich, absolut anders. Er ist nicht

---

[106] Vgl.: Edmund Husserl: Cartesianische Meditationen, §51, 115.
[107] Derrida: Gewalt und Metaphysik, 184. An dieser Stelle ist die deutsche Übersetzung falsch. Der ganze Satz lautet im Deutschen: »Dies zu sagen heißt, dass die Ethik sich nicht nur nicht in der Phänomenologie auflöst, sondern sich auch nicht unterwirft; in sich selbst findet sie ihren eigentlichen Sinn, ihre Freiheit und Radikalität.« Das französische Original lautet: »C'est dire que l'éthique non seulement ne se dissout pas dans la phénoménologie ni ne s'y soumet; elle trouve en elle son sens propre, sa liberté et sa radicalité.« (Derrida: Violence et métaphysique, 178.) Das wäre korrekt wiederzugeben mit: »[...] sie findet in ihr ihren eigentlichen Sinn, ihre Freiheit und Radikalität.« Denn das ist ja gerade die Essenz von Derridas Überlegungen.
[108] Husserl: Cartesianische Meditationen, §51, 115.
[109] Vgl.: Derrida: En ce moment même, 159; dt.: 43.

mehr, was er ist. Wenn er losgelöst *(absous)* wäre, dann wäre er nicht länger der Andere, sondern derselbe. 2. Der unendlich Andere kann das, was er ist – unendlich anders – nur sein, wenn er absolut nicht derselbe ist. Das heißt, besonders indem er anders als er selbst ist (nicht ego). Wenn er anders als er selbst ist, ist er nicht, was er ist. Er ist daher nicht unendlich anders, usw.«[110]

Es geht in diesen dialektisch bis sophistisch anmutenden Gedanken nicht um ein rein logisches Spiel des Selben. Vielmehr hält Derrida fest, dass der Andere dem Selben nicht absolut äußerlich sein kann, ohne aufzuhören der Andere zu sein. Das bedeutet im Umkehrschluss, dass der Selbe keine in sich geschlossene Totalität sein kann, der die Alterität nur in der Ökonomie, der Arbeit und der Geschichte begegnet, wie das Levinas in *Totalität und Unendlichkeit* noch unterstellt. Für Levinas geht es dort jedoch um die Frage, wie sich das Ich von der Welt trennen kann, wie es Subjekt sein kann, ohne in anonymen Strukturen des Seins aufzugehen. Dieses vom Sein im Akt des *Cogito* getrennte Ich ist frei, aber auch einsam. Seine Einsamkeit überwindet es erst in einer Struktur, die für Levinas nicht mehr ontologisch und nicht mehr erkenntnistheoretisch ist.[111] Diese Innerlichkeit und Unabhängigkeit vom Sein nennt er Psychismus. In *Jenseits des Seins* wird der Begriff des Psychismus jedoch anders belegt: »Der Psychismus ist die Form einer ungewöhnlichen Phasenverschiebung [...] der Identität: der Selbe wird daran gehindert, mit sich selbst übereinzustimmen, [...] der Andere in mir.«[112] Die Neubesetzung des Begriffs scheint eine Reaktion auf Derridas Kritik zu sein, der Selbe sei nicht in sich geschlossen.

Derrida fragt, wie dieses Spiel des Selben ohne die Anderheit *im* Selben sich überhaupt abspielen könnte. Wenn das Selbst wirklich der Selbe wäre, das heißt, eine in sich abgeschlossene Struktur, ein ursprüngliches Mit-sich-vertrautsein, wie Henrich und Müller annehmen, eine Innerlichkeit, wie Levinas dieses Bei-sich-sein nennt, woher kommt dann die Reflexionsbewegung, die Intentionalität und der als Abwesende erkannte Andere? Wenn man all dies nicht auf der empirischen oder alltäglichen (wie Levinas in *Totalität und Unendlichkeit*), sondern auf der transzendentalen Ebene klären will – und nur so lässt sich ein *Sinn*begriff entwickeln, der im Subjektgedanken als einem transzendentalen den Gottesgedanken mitdenkt –, so muss man von einer ursprünglichen Störung des Selben durch den Anderen oder das Andere ausgehen, die in der transzendentalen Struktur ihre Spur hinterlässt, sich aber aus ihr nicht erklären lässt. Die Bedingung der Möglichkeit, dass ich anderes

---

[110] Derrida: Gewalt und Metaphysik, 166f. Übersetzung korrigiert, CL. Vgl.: Derrida: Violence et métaphysique, 185. Der deutsche Text gibt *le même* mit das Selbst wieder. Derrida unterscheidet jedoch nicht nur sehr genau zwischen *idem (le même)* und *ipse (soi-même)*, sondern weist eigens darauf hin, dass dieser Unterschied bei Levinas in *Totalität und Unendlichkeit* nivelliert wird. (Vgl. dt.: S. 167, frz.: 161f. Schon an dieser Stelle wird falsch übersetzt und der Sinn entstellt.)

[111] Vgl.: Lévinas: Totalität und Unendlichkeit, 68.

[112] Vgl.: Lévinas: Jenseits des Seins, 157. Auf diese Phasenverschiebung weist Levinas auch in dem Aufsatz *Vom Bewusstsein zur Wachheit* hin. Vgl. weiter oben, Seite 161 meiner Arbeit.

wahrnehme und dass ich anderes *als* anderes wahrnehme, d.h. in Husserl'scher Terminologie als analogisch Appräsentiertes, als Abwesendes, lässt sich nicht aus einem Spiel des Selben erklären, auch nicht aus einem Spiel des Selben, das sich selbst zum anderen seiner selbst macht. Wie sollte es sich in Differenz zu sich setzen können, wenn nicht (logisch und zeitlich) vor ihm schon ein Raum oder eine Zeit eröffnet wären, die nicht von ihm konstituiert werden, sondern in denen es sich konstituiert. Solche Fragen werden uns noch beschäftigen.

Derridas Hauptanliegen ist ein Hinterfragen der Levinas'schen Sprache, die sich in den frühen Schriften noch stark an Husserl und Heidegger anlehnt und in deren Stil Phänomene beschreibt, die beide nicht oder nicht so wie Levinas gesehen hatten. Seine Überlegungen darf man jedoch nicht als Frontalkritik verstehen. Derrida weiß sich dem Levinas'schen Anliegen tief verbunden. Sein Verhältnis zu Levinas kommt in folgendem Satz recht prägnant zum Ausdruck: »Dass sich sein [i.e.: Levinas'] Diskurs noch der in Abrede gestellten Instanz unterordnen muss, ist eine Notwendigkeit, deren Regel man systematisch in den Text einschreiben muss.«[113] *Gewalt und Metaphysik* lässt sich als eine solche Einschreibung der Regel lesen. Das Levinas'sche Denken ist als Denken den Fragen der Logik, der Phänomenologie und der Erkenntnistheorie ausgesetzt. Derrida versucht, dieses Anliegen, den Anderen nicht meinem Denken unterzuordnen, durch eine Untersuchung dieses Denkens selbst zu wahren. Dabei zeigt sich wie im obigen Beispiel, dass das, was man mit dem Anderen meint, was der Andere bedeutet, sich nicht kohärent denken und sagen lässt.

Derrida führt an der Zurückweisung des Begriffs *alter ego* durch Levinas aus, dass für eine Phänomenologie Husserl'scher Prägung die Kennzeichnung des anderen als anderes *ego* unausweichlich ist, um ihn von den anderen Dingen zu unterscheiden. Husserl hatte bei beiden, den Dingen und dem anderen Menschen, davon gesprochen, dass wir zunächst beide appräsentieren, dass wir aber um die Dinge herumgehen können, sie auseinandernehmen können, um sie dem Bewusstsein vollständig gegenwärtig zu machen. Diese Möglichkeit scheidet für das *alter ego* aus. Insofern gibt es eine grundlegende Gemeinsamkeit der Alterität, aber auch einen grundlegenden Unterschied, die beide nicht aufeinander zurückgeführt werden können, sondern ineinander eingeschrieben sind.[114] Dem anderen Menschen daher in Husserl'schen Termini keine Egoität zuzuerkennen, wäre in der Ordnung der Ethik die Gewalt schlechthin. Kann man aber seine Anderheit retten, wenn man ihn als *Ego* betrachtet? Das war Levinas' berechtigte Frage. Derrida bejaht und verneint dies zugleich. Es sei nicht möglich, indem man darauf verzichte, ihn als *Ego* zu betrachten, da er sonst in der Verwechselbarkeit der anderen Dinge verschwindet. Aber, wenn man ihn als *Ego* betrachtet, hat man ihn in gewisser

---

[113] Derrida: Gewalt und Metaphysik, 192, Anm. 52. Übersetzung nach dem französischen Original korrigiert. Vgl.: Derrida: Violence et métaphysique, 186, Anm. 1.
[114] Derrida: Gewalt und Metaphysik, 188–190; frz. 182–184.

Weise zu etwas gemacht, was dasselbe ist wie ich und daher nicht mehr anders:

> »Dieser Widerspruch [...], diese Unmöglichkeit, mein Verhältnis zum Anderen in der rationalen Kohärenz der Sprache zu übersetzen, dieser Widerspruch und diese Unmöglichkeit sind nicht die Zeichen von ›Irrationalität‹: Sie sind das Zeichen vielmehr dafür, dass man hier nicht mehr *in* der Kohärenz des *Logos* atmet, sondern dass das Denken sich im Bereich des Ursprungs der Sprache als Dialog und Differenz den Atem abschneidet. Dieser Ursprung als konkrete Bedingung der Rationalität ist nichts weniger als ›irrational‹, doch lässt er sich nicht in der Sprache ›begreifen‹. Dieser Ursprung ist eine eingeschriebene Einschreibung.«[115]

An anderer Stelle nennt Derrida die eingeschriebene Einschreibung *Iteration* oder *différance*. Ein solcher Weg, den Anderen zu denken und auf ihn zuzugehen, ist für ihn keine absolute Gewalt, sondern die friedlichste Handlung, die möglich scheint: »*Wir sagen nicht absolut friedlich. Wir sagen ökonomisch.*«[116] Für Derrida ist ein friedlicher Diskurs, d.h. ein Diskurs der den Anderen als Exteriorität wahrt, also nicht in sich aufnimmt, unmöglich. Ein solcher »Diskurs« wäre das reine Schweigen, und damit die schlimmste Gewalt, da – und das sieht auch Levinas – sich nur in der Sprache ein Verhältnis zum Anderen eröffnet, das ihn nicht tötet.

Ich lese Levinas' »*Me voici*« oder הִנֵּנִי als ein Sagen, das die von Derrida gezeigte Notwendigkeit zu hintergehen sucht. Doch auch dieser Satz setzt, um allgemein verständlich zu sein, eine Idealität des Zeichens voraus, d.h. die Möglichkeit, in Abwesenheit des Sprechers verstanden zu werden.[117] Das י ist zwar das kleinste Zeichen im Hebräischen, nichtsdestoweniger teilt es deren allgemeine Idealität. Es müsste sich – um dem zu entgehen – selbst auslöschen, nur noch als Spur lesbar sein, als Tintenklecks, als Abschreibefehler, verwechselbar bis zur Abwesenheit. Das aber wäre keine Philosophie mehr. Daher kann Derrida auch den Levinas'schen Gedankengang dem Empirismus zurechnen, der immer nur den einen philosophischen Fehler begangen habe, sich als Philosophie auszugeben, während diese ihn von Platon bis Husserl immer als Nicht-Philosophie bestimmt hatte.[118] Doch genau dieser Empirismus, den Levinas auch als Skeptizismus bestimmt,[119] dieses irreduzible Andere sieht Derrida in jeder Philosophie bereits in ihrem Innern am Werk, auch und gerade bei Husserl:

---

[115] Derrida: Gewalt und Metaphysik, 194. Übersetzung nach dem französischen Original verändert. Vgl.: Derrida: Violence et métaphysique, 186.
[116] Derrida: Gewalt und Metaphysik, 194; frz.: 188.
[117] Vgl. zur Idealität des Zeichens besonders: Jacques Derrida: Die Stimme und das Phänomen. Einführung in das Problem des Zeichens in der Phänomenologie Husserls. Aus dem Französischen von Hans-Dieter Gondek, Frankfurt 2003. Vgl. dazu: Bernhard Waldenfels: Sich-sprechen-Hören. Zur Aufzeichnung der phänomenologischen Stimme. In: Ders.: Deutsch-französische Gedankengänge, Frankfurt am Main 1995, 90–104.
[118] Vgl.: Derrida: Gewalt und Metaphysik, 231–233; frz.: 224–226.
[119] Vgl. auch die Lektüre des Kapitels *Skeptizismus und Vernunft* aus *Jenseits des Seins* im letzten Teil meiner Arbeit. Vgl. Seite 374.

»Aber da der Sinn, um der Weltlichkeit zu entgehen, zunächst in der Welt versammelt und in der sinnlichen Raum-Zeitlichkeit deponiert werden *können muss*, wird seine reine intentionale Idealität, d.h. sein Wahrheitssinn, notwendig gefährdet. So taucht also in einer Philosophie, die – wenigstens in einigen ihrer Motive – das Gegenteil eines Empirismus ist, eine Möglichkeit auf, die sich bisher nur mit dem Empirismus und der Nicht-Philosophie vertrug: die eines *Verschwindens* der Wahrheit.«[120]

Wollte man bei Krings danach suchen, so stieße man auf die Aporie zwischen System und Freiheit oder auf die Frage, aus welchem Raum die *andere* Freiheit herrührt, die nicht meine ist. Bei Verweyen müsste man die Frage der Endlichkeit und der Zeit genauer betrachten, die nicht nur das absolute Bild-Werden definitiv verhindert, sondern auch den Begriff davon verunmöglicht. Einen Prozess zu denken, in dem ein unvollkommenes Bild des Absoluten zu einem vollkommenen Bild des Absoluten wird, setzt Zeit voraus; er setzt aber auch einen Unterschied zwischen Bild und absolutem Sein voraus, der mehr ist als der Unterschied zwischen Sein und Nicht-Sein, da er das Bild von Beginn an auf dieser Grenze hält und zu einem dritten macht, was nur auf Grund einer ursprünglichen Verschiebung gegen sich selbst zu denken ist. Und Müllers Überlegungen zur Unhintergehbarkeit von Selbstbewusstsein im Sinne einer einstelligen Selbstvertrautheit sähen sich mit der Problematik konfrontiert, dass auch diese Selbstvertrautheit eine sein müsste, die sich mit derjenigen Selbstvertrautheit identisch weiß, in der sich das Subjekt schon vor einem Augenblick wähnte. Sie ist notwendig eine Selbstvertrautheit in zwei Zeiten. Das heißt, in ihr gibt es einen Aufschub, einen Abstand, der nicht zu sich selbst zu bringen ist. Im Sinne Derridas ließe sich dieser Abstand als die Ermöglichung begreifen, dass diese Selbstvertrautheit zu Bewusstsein kommt, das heißt, sich mit dem Indikator oder der Idealität des Zeichens *Ich*, das auch nach Müller und Henrich dem Bewusstsein von außen zukommen muss,[121] identifiziert. Die Bedingung der Möglichkeit dieser Selbstidentifikation wäre daher eine Alterität, die nicht mehr bewusstseinstheoretisch einzuholen ist. Ein Verzicht auf die Möglichkeit der Selbstidentifikation, ließe zwar im Gedankenmodell von Henrich die Möglichkeit der einstelligen Selbstvertrautheit bestehen, könnte jedoch nicht erklären, wie diese reflexiv werden kann. Jeder Versuch, auf einen absoluten Ursprung zurückzugehen, setzt eine Verschiebung oder Verspätung, eine *différance* voraus, die von ihm aus nicht gedacht werden kann.[122]

---

[120] Jacques Derrida: Husserls Weg in die Geschichte am Leitfaden der Geometrie. Ein Kommentar zur Beilage III der »Krisis«, München 1987, 123.
[121] Vgl.: Klaus Müller: Wenn ich »ich« sage. Studien zur fundamentaltheologischen Relevanz selbstbewusster Subjektivität. Frankfurt am Main – Berlin – Bern – New York – Paris – Wien 1994, 471. Vgl.: Dieter Henrich: Fichtes ›Ich‹. In: Ders.: Selbstverhältnisse. Gedanken und Auslegungen zu den Grundlagen der klassischen deutschen Philosophie, Stuttgart 2001, 57–82, 67.
[122] Das zeigt Derrida unter anderem in seiner Lektüre Husserls, die von Peter Zeilinger sehr präzise nachgezeichnet wurde. Vgl.: Peter Zeilinger: How to avoid theology. Jacques Derrida an den Grenzen abendländischen Denkens. In: Ludwig Nagl (Hg.): Essays zu

Die Stimme und das Phänomen

Husserl hatte in den *Logischen Untersuchungen* erkannt, dass die Logik nicht aus sich selbst heraus bestehen kann, sondern dass sie aus dem Seelenleben des Bewusstseins erklärt werden müsse. Ihm stehen jedoch dann die Mittel dieser Logik nicht mehr unmittelbar zur Verfügung, da sie nur als abgeleitete in Geltung sind. Daher rückt die Anschauung wieder ins Zentrum. Sie aber beruht auf einer Struktur des Bewusstseins aus Retention, Präsenz und Protention, wodurch dieses in seinem Kern von einer Nicht-Identität und Verspätung unterwandert ist, eben von jener ursprünglichen *différance*. *Différance* ist daher nicht nur eine begriffliche Konstruktion, die nur auf einer literarischen oder semiotischen Ebene gilt. Derrida hat dies in *Die Stimme und das Phänomen*[123] gezeigt.[124] Er untersucht dort den Zeichenbegriff bei Husserl und dessen Verankerung im Bewusstsein. Husserl unterscheidet in seiner ersten *Logischen Untersuchung* zwischen zwei Zeichenarten, dem Anzeichen und dem Ausdruck. Während das Anzeichen keinerlei Bedeutung hat, ist der Ausdruck Träger von Bedeutung. Beide sind jedoch miteinander verflochten, da sich der sprachliche Ausdruck immer nur in einem Anzeichen äußern kann, das grundsätzlich auch einer anderen Bedeutung offensteht. Da Husserl jedoch die Ursprünglichkeit des Ausdrucks als des originären Zeichens retten will, ist er nach Derrida gezwungen, eine Situation reiner Kommunikation zu suchen, in der der Ausdruck durch kein sprachliches Anzeichen verunreinigt wird. Dies geschieht in einer »Sprache ohne Mitteilung, in einer monologisch gehaltenen Rede, mit absolut leiser Stimme ›*im einsamen Seelenleben*‹«[125] Dieses »einsame Seelenleben« enthüllt sich jedoch für Husserl nur durch eine Reduktion der Gesamtheit der existierenden Welt im Allgemeinen, durch eine »Weltvernichtung«.[126]

Alles, was ich einem anderen mitteile, ist von vornherein, d.h. a priori auf Anzeichen wie z.B. die empirische Sprache verwiesen. Dies ist eine transzendentale Notwendigkeit. Meine Bewusstseinsinhalte, das, was ich ausdrücken will, was ich meine – in Husserl'schem Verständnis die Bedeutung –, bleiben angewiesen auf tendenziell bedeutungslose Anzeichen, die sie übermitteln, die aber auch für andere Bedeutungen benutzt werden könnten. Ein Beispiel: Das Anzeichen »Quelle« kann sowohl die deutsche Bedeutung »Ursprung eines Flusses« als auch die französische Bedeutung »Welche« tragen. Schon

---

Jacques Derrida and Gianni Vattimo, Religion, Frankfurt am Main u.a. 2001, 69–107 (= Zeilinger: How to avoid theology), 84–90.

[123] Jacques Derrida: Die Stimme und das Phänomen. Einführung in das Problem des Zeichens in der Phänomenologie Husserls. Aus dem Französischen von Hans-Dieter Gondek, Frankfurt 2003. Vgl.: Jacques Derrida: La voix et le phénomène, Paris ³2003 (= Derrida: La voix et le phénomène).

[124] Vgl. z.B.: Leonard Lawlor: Derrida and Husserl. The Basic Problem of Phenomenology, Bloomington 2002, 166–208; Paul Gilbert: Substance et présence. Derrida et Marion, critiques de Husserl. In: Gregorianum 75 (1994), 95–133, hier: 106–123.

[125] Derrida: La voix et le phénomène, 22, dt.: 34.

[126] Vgl.: Husserl: Ideen 1, § 49.

dieser erläuternde Satz macht das Problem sichtbar: Um zu *sagen*, was ein Anzeichen bedeutet, bin ich auf weitere Zeichen angewiesen. Es gelingt also sprachlich nie, zu einer reinen Bedeutung zu kommen. Diese muss jenseits der Sprache gesucht werden.[127] »Erst wenn die Mitteilung außer Kraft gesetzt ist, kann die reine Ausdrücklichkeit erscheinen.«[128] Für Derrida macht sich dieser Unterschied zwischen dem vermittelten Vernehmen der Bewusstseinsinhalte des anderen und dem unvermittelten Vernehmen der eigenen am Begriff der Präsenz fest. Jedes Mal, wenn das Bezeichnete nicht unmittelbar und vollständig präsent ist, hat das Bezeichnende den Charakter eines Anzeichens:

> »Die Beziehung zum Anderen als Nicht-Gegenwärtigkeit ist also die Unreinheit des Ausdrucks. Um die Anzeige in der Sprache zu reduzieren und endlich die reine Ausdrücklichkeit zurückzugewinnen, muss man also die Beziehung zum Anderen außer Kraft setzen.«[129]

Dies geschieht in der transzendentalen Reduktion. Und von daher lässt sich auch Levinas' Vorwurf verstehen, die Beziehung zum Anderen sei in der abendländischen Philosophie eine, die auf dasselbe hinauslaufe. Derrida fragt nun, ob eine solche Reduktion vollständig möglich ist oder sie auf Voraussetzungen beruht, die sie am Ende von innen her bedrohen. Zunächst zeigt er, dass auch die wirkliche Kommunikation auf so etwas wie Bedeutung angewiesen ist. Bei aller Empirizität der Zeichen müssen sie ein Moment der Idealität enthalten, das sie *als solche* wiedererkennbar macht. Das ist das Wesen der Sprache. Daher gelingt der Unterschied zwischen wirklicher Kommunikation und vorgestellter Kommunikation, wie ihn Husserl im Sinn hat, nicht.[130]

Gegen diese Überlegungen ließe sich ins Feld führen, dass mit der Tatsache, dass Idealität im Bereich der Anzeichen unabdingbar ist, noch nicht ausgemacht ist, dass im reinen Bewusstsein das Anzeichen nicht dennoch zu reduzieren ist. Lässt sich ein solches Bewusstsein denken? Husserls Vorschlag, den Derrida hier aufnimmt, lautet:

---

[127] Als weiteres Beispiel, das in Bezug auf Derridas Auseinandersetzung mit Searle noch bedeutend werden wird, kann folgende Situation dienen: Auf einer Theaterbühne wird ein Paar getraut: »Hiermit erkläre ich euch für verheiratet.« – Was unterscheidet diesen Satz von demselben Satz, der in einem Standesamt oder in einer Kirche gesprochen wird? Wie steht es um seine jeweils andere Bedeutung, die jeweils dieselben sprachlichen Zeichen benutzt. Es wird sich zeigen, dass man entgegen Austins und Searles Versuch nicht eigentlich von einem originären und einem parasitären Zusammenhang sprechen kann, da die gesamte Sprache von ihrem Wesen her darauf angelegt ist, parasitär zu funktionieren. »Parasitär« nennt Austin jene Sprechakte, die nicht im ursprünglichen Zusammenhang geäußert werden, diesen aber in gewisser Weise voraussetzen und daher von ihm *parasitär* leben. Das Versprechen eines Schauspielers auf einer Bühne wäre ein solcher parasitärer Akt. Vgl.: John L. Austin: Zur Theorie der Sprechakte. (How to do things with Words), Stuttgart ²2002, 43f.
[128] Derrida: La voix et le phénomène, 41, dt.: 53.
[129] Derrida: La voix et le phénomène, 44, dt.: 57.
[130] Vgl.: Derrida: La voix et le phénomène, 55f., dt.: 69f.

»Das Bewusstsein ist die Selbstgegenwart des Lebens *(vivre)*, des *Erlebens**, der Erfahrung. Dieses ist einfach und wird in seinem Wesen niemals von der Illusion affiziert, denn nur in einer absoluten Nähe bezieht es sich auf sich. [...] Die Sprache und ihre Repräsentation würden sich einem einfachen und einfach selbstgegenwärtigen Bewusstsein, einem Erlebnis jedenfalls, das seine eigene Gegenwärtigkeit schweigend zu reflektieren vermag, hinzufügen.«[131]

Das wäre die einfache Selbstvertrautheit, die nicht als Reflexionsbewegung gedacht ist, sondern als absolute Nähe. In gewisser Weise wären die von Verweyen in Anschlag gebrachten Gründe, die nicht dem Forum der Argumentationsgemeinschaft vorgelegt werden müssen, hier zu suchen.[132] Allerdings ist die Bedingung der Möglichkeit eines solchermaßen verstandenen Bewusstseins die absolute Präsenz. Es duldet gerade als einstellig verfasstes kein Intervall zwischen sich: »Das Gegenwärtige der Selbstgegenwart wäre genauso unteilbar wie ein *Augenblick*.«[133] Diese ungeteilte Einheit des Augenblicks ist in sich die absolute Nicht-Bedeutsamkeit, da jedes Bedeuten Idealität voraussetzt und damit die Möglichkeit der Wiederholung.[134] Wenn sich jedoch diese ungeteilte Einheit als Mythos oder Metapher herausstellen sollte, wenn das Gegenwärtige der Gegenwart nicht einfach ist, dann ist nach Derrida Husserls Argumentation in ihrem Kern bedroht.[135] Und dann sind auch die Argumentationsgänge, die nach einem ersten Prinzip oder einer Letztbegründung im selbstbewussten Subjekt suchen, bedroht.

Der entscheidende Punkt bei Husserl ist dessen Beschreibung der Wahrnehmung im Bewusstsein als einem Prozess, der notwendig aus drei Momenten besteht: Retention, Ur-Impression und Protention. Dieser Bewusstseinsstrom garantiert die Gegenwärtigung des Objekts. Eine Melodie z.B. wird als solche nur hörbar, weil der eben verklungene Ton noch in der Retention gegenwärtig ist und mit dem gegenwärtig vernommenen Ton eine Einheit bildet, die wir als Intervall hören. Wir hören ein Intervall, obwohl wir immer nur einzelne Töne zur selben Zeit hören können. Mit jeder Urimpression ist notwendig eine Retention verbunden, »Bewusstsein vom eben Gewesenen«[136]. »Die Jetztphase ist nur denkbar als Grenze einer Kontinuität von

---

[131] Derrida: La voix et le phénomène, 65, dt.: 80. Übersetzung leicht verändert, CL.
[132] Vgl.: Verweyen: Gottes letztes Wort, 140. Vgl. Kapitel II.2, Seite 73.
[133] Derrida: La voix et le phénomène, 66, dt.: 82. Übersetzung leicht korrigiert, CL.
[134] Hier kommt Derrida Manfred Franks Überlegungen zu einer Individualität, die sich nicht mehr als identische verstehen ließe, da sie keine Reflexionsbewegung mehr erlaubte, sehr nahe. (Vgl.: Manfred Frank: Die Unhintergehbarkeit von Individualität. Reflexionen über Subjekt, Person und Individuum aus Anlass ihrer ›postmodernen‹ Toterklärung, Frankfurt am Main 1986.) Umso mehr verwundert es, dass Frank darauf nicht eingeht und stattdessen Derrida unterstellt, er bleibe dem Reflexionsmodell von Selbstbewusstsein verhaftet. Derrida zeigt nur, dass von einem vorreflexiven Ich nicht mehr in philosophischen, d.h. reflexiven, Begriffen gesprochen werden kann. Hier nähert sich der Diskurs dem Mythos.
[135] Vgl.: Derrida: La voix et le phénomène, 68, dt.: 84.
[136] Husserl: Vorlesungen zur Phänomenologie des inneren Zeitbewusstseins §12, 392. Husserl unterscheidet zwischen der Retention und der Erinnerung. Während die Erinnerung jetzt gegenwärtiges Bewusstsein von Vergangenem darstellt, haben wir es in der Retention mit Bewusstsein von eben Gewesenem in Kontinuität zum Jetzt zu tun.

Retentionen, so wie jede retentionale Phase selbst nur denkbar ist als Punkt eines solchen Kontinuums und zwar für jedes Jetzt des Zeitbewusstseins.«[137] Das ist die Voraussetzung für die Gegenwart. Damit ist die reine Selbstidentität zerstört: »Identisch dasselbe kann zwar jetzt und vergangen sein, aber nur dadurch, dass es zwischen dem Jetzt und Vergangenen gedauert hat.«[138]

Derrida sieht hierin den Empfang des anderen in der Identität als Bedingung der Gegenwart. Er weist darauf hin, dass man mit Husserl zwischen der Retention und der Repräsentation in der Erinnerung unterscheiden muss, hält jedoch fest:

> »[Man muss] a priori behaupten können, dass ihre gemeinsame Wurzel, die Möglichkeit der Wiederholung in ihrer allgemeinsten Form, die Spur im universalsten Sinne, eine Möglichkeit ist, die nicht nur der reinen Aktualität des Jetzt innewohnen, sondern sie durch die Bewegung der *différance* selbst konstituieren muss, die sie darin einführt.«[139]

Eine solche Spur ist ursprünglicher als die phänomenologische Ursprünglichkeit selbst. Die Idealität der Form der Gegenwart selbst impliziert, dass sie bis ins Unendliche wiederholt werden kann, d.h. sich bis ins Unendliche in die Gegenwart einschreibt. Das heißt, es gibt keine ursprüngliche Wahrheit im phänomenologischen Sinne: »Haben nicht die Anzeige und all die Begriffe, von denen aus man sie bislang zu denken versucht hat (Dasein, Natur, Vermittlung, Empirizität usw.), einen unentwurzelbaren Ursprung in der Bewegung der transzendentalen Zeitigung?«[140] Übertragen auf den Verweyen'schen Einsatzpunkt der widersprüchlichen Verfasstheit der menschlichen Vernunft[141] bedeutet dies, dass die Trennung in Transzendentalität und Empirizität, in Einheit und Vielheit auf der ursprünglichen Zeitigung des Bewusstseins beruht, die von diesem nicht mehr einzuholen ist. Auch Henrichs Unterscheidung der Selbstwahrnehmung in Subjekt und Person beruht auf dieser ursprünglichen Zeitigung, insofern sie die Differenz zwischen Innen und Außen ermöglicht, ihre Trennung jedoch verhindert.

Freilich ließe sich gegen Husserls Analysen an einer von der Retention gereinigten Präsenz festhalten, d.h. an der Urimpression selbst. Aber wie sollte man ohne die ursprüngliche Verschiebung der Präsenz erklären, dass die Möglichkeit der Erinnerung und der Reflexion zum Bewusstsein gehört? Wie kann ein einstellig verfasstes Selbstbewusstsein auf Dauer gestellt werden oder in Distanz zu sich treten, wenn nicht der Begriff der reinen Einsamkeit durch seinen eigenen Ursprung, die Präsenz, erschüttert ist?

> »In dieser reinen Differenz ist die Möglichkeit von all dem verwurzelt, was man aus der Selbstaffektion glaubt ausschließen zu können: der Raum, das Draußen, die Welt, der Körper usw. Sobald man zugesteht, dass die Selbstaffektion die Bedin-

---

[137] Husserl: Vorlesungen zur Phänomenologie des inneren Zeitbewusstseins, §13, 393.
[138] Husserl: Vorlesungen zur Phänomenologie des inneren Zeitbewusstseins, §13, 395.
[139] Derrida: La voix et le phénomène, 75, dt.: 92.
[140] Derrida: La voix et le phénomène, 76, dt.: 93.
[141] Vgl.: Verweyen: Gottes letztes Wort, 147–150. Vgl. Kapitel II.2, Seite 73.

gung der Selbstgegenwart ist, ist eine reine transzendentale Reduktion nicht möglich. [...] Diese Bewegung der *différance* überfällt nicht unvermutet ein transzendentales Subjekt. Sie bringt es hervor. Die Selbstaffektion ist keine Modalität einer Erfahrung, die bezeichnend wäre für ein Seiendes, das bereits es selbst *(autos)* wäre. Sie bringt das Selbe als Beziehung zu sich in der Differenz mit sich, das Selbe als das Nicht-Identische hervor.«[142]

Auf dieser Öffnung beruht auch Husserls Unterscheidung zwischen innerweltlich und transzendental.[143] Erst die phänomenologische Reduktion eröffnet die transzendentale Sphäre, die Möglichkeit dieser Reduktion aber ist die Differenz zwischen empirisch und transzendental, zwischen Materie und Form, Ding und Begriff oder Zeichen oder Idee, weil »das Spiel der Differenz die Bewegung der Idealisierung ist.«[144] Die Form, der Begriff oder auch die Bedeutung eines Gegenstands, das heißt seine Anwesenheit im transzendentalen Bewusstsein, sind allerdings unabhängig von seiner Anschauung. Husserl hatte erkannt, dass Anschauung und Bedeutung zunächst und zumeist nicht zur Deckung zu bringen sind, auch wenn es für ihn der Normalfall wäre, da in diesem Fall vollständige Erkenntnis möglich wäre. Derrida dreht dieses Verhältnis um: Das Übereinstimmen von Form und Inhalt, von Idee und Gegenstand, von Intention und Anschauung ist eine teleologische Perspektive. Davon ist aber auch die mögliche Unterscheidung zwischen diesen Begriffen betroffen. Wenn die adäquate Erkenntnis nicht jetzt, sondern nur teleologisch möglich ist, dann kann man nicht von einem ursprünglichen Begriff oder einem letztgültigen Sinn sprechen, der sich hier und jetzt ermitteln ließe. Diese Unmöglichkeit ist keine praktische, sie ist eine strukturelle oder auch transzendentale bzw. ultra- oder quasi-transzendentale.

Selbst die reine Gegenwart muss nach Derrida noch als Auto-Affektion gedacht werden, wenn auch als eine, die eine absolute Nähe ermöglicht, so dass kein äußerer Raum zu durchschreiten wäre. Diese absolute Nähe ist die Stimme, das Sich-sprechen-hören. Wenn ich die reine Gegenwart, die absolute Selbstpräsenz phänomenologisch *beschreiben* will, so bin ich auf das Modell der inneren Stimme angewiesen. Diese hört sich im selben Augenblick sprechen, in dem sie spricht. Doch selbst in diesem inneren Verhältnis öffnet sich eine Differenz als Differenz zwischen Aktivität und Passivität. An dieser Stelle trifft Manfred Franks Kritik zu, dass Derrida das Selbstverhältnis nur reflexiv denke und nicht – wie Fichte – als einstelliges Mit-Sich-Vertrautsein.[145] Doch nur so wird es möglich, die Gegenwart der Anschauung und die Selbst-Gegenwart als gleichzeitig zu denken, das heißt den Inhalt des Bewusstseinsakts und den Akt selbst.[146] Ein nur auf sich selbst bezogener

---
[142] Derrida: La voix et le phénomène, 92, dt.: 111f.
[143] Vgl.: Derrida: La voix et le phénomène, 89, dt.: 108.
[144] Derrida: La voix et le phénomène, 99, dt.: 119.
[145] Vgl. z.B.: Manfred Frank: Die Entropie der Sprache. Überlegungen zur Debatte Searle-Derrida. In: Ders.: Das Sagbare und das Unsagbare: Studien zur deutsch-französischen Hermeneutik und Texttheorie. Erweiterte Neuausgabe, Frankfurt am Main 1990, 550.
[146] Vgl.: Derrida: La voix et le phénomène, 84f., dt.: 102f.

Bewusstseinsakt, und so muss man wohl die Selbstvertrautheit in Husserl'sche Begriffe übersetzen, hätte keinen Inhalt, sondern wäre eine reine Tautologie: das reine Leben oder der absolute Tod. Wenn man also – um mit Krings zu sprechen – den Gehalt der transzendentalen Relation verständlich machen will, so bedarf es anderer Argumentationsformen. Die transzendentale Relation beruht auf einer ursprünglichen Verschiebung, die das Sich-Vorstellen oder das Sich-Sprechen-Hören ermöglicht. Sie öffnet nicht ein vorhandenes Subjekt, da das Subjekt erst aus dieser Öffnung heraus verständlich wird. Daher ist sie irreduzibel. Entgegen der Verweyen'schen Überzeugung verdankt das Subjekt die radikale Selbstreflexion nicht nur sich selbst,[147] sondern einer Struktur des Denkens, des Seins oder der Sprache, die sein Innerstes wie eine Grenze durchzieht und es erst als Innerstes erkennbar macht. Ein Ausbruch ist nicht möglich, wohl aber das ständige Beschreiten der Grenze.

> »Von daher sind diese ›wesentlichen Unterscheidungen‹ in folgender Aporie gefangen: *De facto, realiter* werden sie niemals beachtet, Husserl erkennt das an. *De jure und idealiter* löschen sie sich aus, da sie als Unterscheidungen nur aus der Differenz zwischen Recht und Tatsache, Idealität und Realität heraus leben. Ihre Möglichkeit ist ihre Unmöglichkeit.«[148]

Solche Unmöglichkeiten gilt es in den folgenden Kapiteln genauer zu beleuchten. In der Kreuzung der Überlegungen von Emmanuel Levinas und Jacques Derrida bilden Fragen der Zeit und des Todes, Fragen der Spur, der Gabe, des Verhältnisses von Ich und Anderem, sowie Fragen der Sprache Pfeiler in einem Diskurs, der sich immer neu vervielfältigt und unbeherrschbar zu sein scheint. Jene Unbeherrschbarkeit eröffnet gerade die Möglichkeit dieses Diskurses, in dem die Pfeiler vorläufig und aus strategischen Gründen gewählt sind. Sie bestehen – um in Bildern zu sprechen – aus demselben Material wie der Grund, in den sie eingelassen sind, und das Gebäude, das sie tragen. Sie haben eine strategische oder auch pädagogische Priorität, keine prinzipielle.

2. Der Tod und die Zeit: Aporien des Diskurses

Eingrenzungen

Die Frage der Zeit lässt die Philosophie seit ihren Anfängen nicht los. Nicht nur Edmund Husserl und Martin Heidegger haben der Zeit in ihren Überlegungen viel Raum gegeben. Dass sich die Zeit einem denkenden Zugriff entzieht, darauf deutet schon Augustinus' Antwort auf die Frage »Was ist also ›Zeit‹?« hin: »Wenn mich niemand danach fragt, weiß ich es; will ich einem Fragenden es erklären, weiß ich es nicht.«[1] Selbst Aristoteles' Bemühungen

---
[147] Vgl.: Verweyen: Botschaft eines Toten, 104. Vgl.: Kapitel II.3, Seite 73.
[148] Vgl.: Derrida: La voix et le phénomène, 113, dt.: 136.
[1] Augustinus: Bekenntnisse. Lateinisch und Deutsch. Eingeleitet, übersetzt und erläutert

bringen nicht viel mehr Klarheit in dieser Frage. In der *Physik* leitet er seine Gedanken folgendermaßen ein:

»Anschließend an das Gesagte ist nun an die (Bestimmung) ›Zeit‹ heranzutreten. Zunächst ist es von Vorteil, hierüber Zweifelsfragen anzustellen, auch mittels äußerlich herbeigezogener Überlegungen, nämlich ob sie zum *Seienden* gehört oder zum *Nichtseienden*; sodann (ist danach zu fragen), was denn ihr wirkliches *Wesen* ist.«[2]

Damit ist der Verständnishorizont dessen abgesteckt, was Derrida Metaphysik der Präsenz und Levinas Ontologie[3] nennen: Ist die Zeit oder ist sie nicht? Wie steht es um sie *jetzt* hinsichtlich ihres *Seins* oder ihres *Nicht-Seins*? Es ist diese Alternative oder eher diese Alternativlosigkeit, die Levinas hinter sich lassen will und um die Derrida unablässig kreist. Vielleicht wäre sie doch nicht alternativlos, und vielleicht könnte sich innerhalb einer solchen Denkbewegung ein Weg öffnen, der es erlaubte, mehr zu denken. Beide suchen eine andere Lektüre oder Verflechtung der Motive der Zeit und des Todes, die klassischer Weise in den Begriffen des Seins und des Nichts gedacht wurden.

Die Zeit vom Sein und vom Nichts her zu verstehen schließt ihre Dauer, ihre Zeitigung aus, die für Levinas der Ausdruck eines Verhältnisses zum anderen sind, das den anderen nicht auf dasselbe reduziert. Den Tod, der mit der Zeit und dem anderen ein intimes Verhältnis pflegt, vom Sein und vom Nichts her zu verstehen, schließt seine Drohung, seine Ungewissheit aus – nicht nur hinsichtlich des Zeitpunktes, wie Heidegger annimmt, sondern vielmehr noch hinsichtlich dessen, was er bedeutet. Die Ungewissheit ist nicht nur empirisch. Sie kreuzt vielmehr das Feld des Empirischen und des Transzendentalen. In *Die Stimme und das Phänomen* zeigt Derrida an Husserls *Logischen Untersuchungen*, dass Transzendentalität und Idealität, d.h. der »Sinn« und – sollte es ihn geben, erst recht ein letztgültiger – auf Voraussetzungen beruhen, die sich transzendental nicht einholen lassen: Sie gründen auf der Möglichkeit meines Todes, da nur, wenn der Sinn auch dann erhalten bleibt, wenn ich sterbe, legitimer Weise von Sinn gesprochen werden kann, wer auch immer dann sprechen mag.[4] Dies ist der Sinn des Sinns, wenn man so will. Man ist geneigt einzuwenden, der Tod betreffe nur das empirische Ich

---

von Joseph Bernhart. Mit einem Vorwort von Ernst Ludwig Grasmück, Frankfurt am Main 1987, XI 14,17, S. 628/629.

[2] Aristoteles: Physik, IV,19, 217b. Zitiert nach Aristoteles: Physik. Bücher I(A)-IV(Δ), Hamburg 1987.

[3] Die Tatsache, das sich der Ausgangspunkt jener Philosophiegeschichte in der *Physik* des Aristoteles befindet, macht die Benennung eines anderen Philosophierens mit Metaphysik jenseits der Ontologie, wie Levinas sie vornimmt, plausibel.

[4] Manfred Frank weist in seinem Aufsatz zur Debatte zwischen Searle und Derrida darauf hin, dass alle Theorien der Wahrheit diese stets als universal verstanden haben. Universalität ist ein durchgängiger Charakterzug jedes philosophischen Wahrheitsverständnisses. Vgl.: Manfred Frank: Die Entropie der Sprache. Überlegungen zur Debatte Searle-Derrida. In: Ders.: Das Sagbare und das Unsagbare: Studien zur deutsch-französischen Hermeneutik und Texttheorie. Erweiterte Neuausgabe, Frankfurt am Main 1990, 491–560, 491.

und nicht das transzendentale, man ist geneigt, Verweyens Vorwurf nicht nur zu hören, sondern ihm sogar Recht zu geben, hier würden empirische und transzendentale Möglichkeitsbedingungen miteinander vermengt.[5] Doch wird die Unterscheidung zwischen dem empirischen und dem transzendentalen Ich nicht erst durch den Tod ermöglicht? Das empirische Ich kann sterben, das transzendentale, universale, ideale Ich ist unsterblich. In diese Unsterblichkeit ist die Möglichkeit des Todes eingeschrieben als ihr anderes, als eine Bedrohung der Idealität, die ihr vorangeht.[6]

> »Somit liegt in dieser Bestimmung des Seins als Gegenwärtigkeit, Idealität und absoluter Möglichkeit einer Wiederholung der Bezug *zu meinem Tod* (zu meinem Verschwinden schlechthin) verborgen. Die Möglichkeit des Zeichens ist dieser Bezug zum Tod. [...] *Ich bin* bedeutet also originär *ich bin sterblich. Ich bin unsterblich* ist ein unmöglicher Aussagesatz.«[7]

Ein solches Zitat könnte noch der Idee Vorschub leisten, es handele sich bei »dem Tod« um ein einheitliches Phänomen, um einen einheitlichen Begriff. Wenn er jedoch die Idealität erst ermöglicht, so kann man ihn streng genommen nicht in ihr aussagen. Er steht gewissermaßen an ihrer Grenze, an der Grenze zwischen Sinn und Sinnlosigkeit.

In *Aporien. Sterben – Auf die »Grenzen der Wahrheit« gefasst sein*[8] geht Derrida dieser Grenze nach. Was ist der Tod *als* Tod? Was ist er *eigentlich*? Heideggers Unterscheidungen aus *Sein und Zeit* helfen Derrida, das undurchsichtige Gebiet des Endes oder der Grenze (*finis*) des Lebens zu strukturieren. Daher will er bei allen Schwierigkeiten, die sich aus ihnen ergeben, und bei allen Voraussetzungen, mit denen sie belastet sind, nicht auf sie verzichten. Heidegger unterscheidet zwischen dem »Aus-der-Welt-gehen des *Daseins* im Sinne des Sterbens« und dem »Aus-der-Welt-gehen des Nur-lebenden«, was als »Verenden« gefasst werden kann.[9] Da nur das Dasein in der Weise *ist*, dass es ihm in seinem Sein um dieses Sein selbst geht,[10] stellt nur das Sterben einen Bezug zum Tod als solchem her, nicht das Verenden. Das Ende des Daseins im Tod ist daher auch nicht vergleichbar mit anderen Weisen des Endens:

> »Im Tod ist das Dasein weder vollendet, noch einfach verschwunden, noch gar fertig geworden oder als Zuhandenes ganz verfügbar. So wie das Dasein vielmehr ständig, solange es ist, schon sein Noch-nicht *ist*, so *ist* es auch schon immer sein Ende. Das mit dem Tod gemeinte Enden bedeutet kein Zu-Ende-sein des Daseins, sondern ein *Sein zum Ende* dieses Seienden. Der Tod ist eine Weise zu sein, die das Dasein übernimmt, sobald es ist. ›Sobald ein Mensch zum Leben kommt, sogleich ist er alt genug zu sterben.‹«[11]

---

[5] Vgl.: Verweyen: Botschaft eines Toten, 104.
[6] Vgl.: Derrida: La voix et le phénomène, 60, dt.: 75.
[7] Derrida: La voix et le phénomène, 60f, dt.: 75.
[8] Jacques Derrida: Aporien. Sterben – Auf die »Grenzen der Wahrheit« gefasst sein, München 1988. Französisch: Jacques Derrida: Apories. Mourir – s'attendre « aux limites de la vérité », Paris 1996.
[9] Vgl.: Heidegger: Sein und Zeit, §47, 240.
[10] Vgl.: Heidegger: Sein und Zeit, §4, 12.

Mit Sterben bezeichnet Heidegger nicht den Moment am Ende des Lebens, jedoch verendet – so die Terminologie für den Tod des Tieres – Dasein auch nicht. Daher fasst er diesen Moment des Übergangs vom Leben zum Tod, »dieses Zwischenphänomen als *Ableben*.«[11] Der Unterschied – Derrida bezeichnet ihn als Abgrund – zwischen den Sterblichen, die »den Tod als Tod erfahren können« und dem Tier, das dies nicht vermag, wird von Heidegger in einen weiteren Zusammenhang gestellt: »Das Tier kann aber auch nicht sprechen. Das Wesensverhältnis zwischen Tod und Sprache blitzt auf, ist aber noch ungedacht.«[13] Die Differenz zwischen zwei Arten des Endens, zwischen dem Sterben und dem Verenden, zwischen dem Menschen und dem Tier hängt für ihn offensichtlich an der Möglichkeit eines Zugangs zum Tod *als* Tod, der für den als Dasein bestimmten Menschen wesentlich ist.[14]

> »Die Möglichkeit dieses *als solchen* des Todes müsste man also befragen. Aber auch das, was die Möglichkeit dieses *als solchen* – vorausgesetzt, dass sie überhaput *als solche* abgesichert ist – an die Möglichkeit oder an das Können/die Macht *(pouvoir)* dessen bindet, was man so dunkel Sprache *(parole)* nennt.«[15]

Derrida entwickelt daraus mehrere Denkmöglichkeiten: 1. Es gibt keine Verbindung zwischen dem *als* und der Sprache. Ein Seiendes könnte sich also auf den Tod *als solchen* beziehen, ohne sprechen zu können.[16] 2. Eine Erfahrung des Todes *als solchem*, des Todes *selbst* hängt von der Fähigkeit zu sprechen ab. Man darf jedoch nicht der Illusion erliegen, es reiche aus, den Tod zu sagen, um Zugang zum Sterben als solchem zu haben. 3. Der Tod verweigert sich *als solcher*. In dieser Verweigerung markiert er aber vielleicht eben jene Tatsache, dass sein[17] *als solches* oder sein *selbst* sich sowohl der Sprache verweigert als auch dem, was die Sprache überschreitet. Hier wären die Grenzen zwischen dem Tier und dem Dasein nicht mehr eindeutig zu ziehen, zumindest nicht über die Frage des Zugangs zum Tod *als solchem*. Der Tod wäre als solcher nicht mehr lesbar, wohl aber seine Verweigerung als

---

[11] Heidegger: Sein und Zeit, §48, 245. Das Binnenzitat stammt aus: Alois Bernt, Konrad Burdach (Hg.): Der Ackermann aus Böhmen. Einleitung, kritischer Text, vollständiger Lesartenapparat, Glossar, Kommentar (Vom Mittelalter zur Reformation. Forschungen zur Geschichte der deutschen Bildung 3.1), Berlin 1917, Kp. 20, S. 46.
[12] Heidegger: Sein und Zeit, §48, 246.
[13] Martin Heidegger: Das Wesen der Sprache. In: Ders.: Unterwegs zur Sprache. GA 12, Frankfurt am Main 1985, 147–204, 203.
[14] Auch wenn viele von Heideggers Überlegungen von Verweyen nicht geteilt werden dürften, so sind sich beide doch in diesem Punkt sehr nahe. Auch Verweyen hält an der Einzigartigkeit des menschlichen Zugangs zu den Dingen *als* Dingen fest: »Im Unterschied zu anderen Lebewesen nimmt der Mensch anderes nicht nur wahr. Er nimmt es auch als anderes wahr. [...] Diese Erkenntnis des anderen als anderen kann kein anderer für mich erledigen.« (Verweyen: Gottes letztes Wort, 148.) Vgl. Kapitel II.2, Seite 78 dieser Arbeit.
[15] Derrida: Apories, 70, dt.: 65. Übersetzung nach dem frz. Original korrigiert.
[16] Dies ist wohl Verweyens Position, der zu einer Erkenntnis Zugang gewinnen will, die ohne die Kulissen der Sprachpragmatik auskommt. Vgl.: Verweyen: Gottes letztes Wort, 141.
[17] »sein« verstanden als Possessivpronomen, nicht als Verb.

solche. Mit anderen Worten, er wäre eine ausgelöschte Spur. 4. Wenn diese letzte Hypothese zuträfe, wenn der Tod genau für das stünde, was sich dem philosophischen Zugriff, sei er erkenntnistheoretisch, transzendental, ontologisch oder sprachlich, verweigert, wenn das Lebende als solches einer Erfahrung des Todes als solchem nicht fähig wäre, dann ließen sich nach Derrida auch gegensätzliche Überlegungen wie die von Heidegger und Levinas über den Tod miteinander versöhnen.[18] Wie diese Versöhnung aussieht, steht freilich auf einem anderen Blatt. Und ob man das, was Derrida etwas vorschnell und unvorsichtig Versöhnung nennt, mit diesem Begriff belegen kann, erscheint mir gerade auch vor dem Hintergrund des Derrida'schen Textes zweifelhaft. Vielleicht ließe sich eher von Perspektiven reden, die einander – obwohl gegenläufig – nicht zwangsläufig widersprechen müssen.

Der Tod, die Zeit und der andere

Levinas hatte schon in seiner frühen Vorlesung *Die Zeit und der Andere* gegen Heidegger darauf hingewiesen, dass der Tod nicht »die *eigenste, unbezügliche, gewisse und als solche unbestimmte, unüberholbare Möglichkeit des Daseins*«[19] ist, nicht »die Möglichkeit der schlechthinnigen Daseinsunmöglichkeit«[20], sondern die Unmöglichkeit jeder Möglichkeit. Der Tod ist ein Abbruch aller Möglichkeiten meines Menschseins und begegnet in dieser Bedrohung und dieser Fremdartigkeit, während Heidegger das Verhältnis des Daseins zum Tod als ein »Vorlaufen« begreift, d.h. als ein Verhältnis, in dem sich das Dasein so verhält, dass sich der Tod ihm »*als Möglichkeit* enthüllt.«[21]

> »*Das Vorlaufen enthüllt dem Dasein die Verlorenheit in das Man-selbst und bringt es vor die Möglichkeit, auf die besorgende Fürsorge primär ungestützt, es selbst zu sein, selbst aber in der leidenschaftlichen, von den Illusionen des Man gelösten, faktischen, ihrer selbst gewissen und sich ängstenden F r e i h e i t z u m T o d e.*«[22]

Heideggers Analysen stützen sich auf die Beobachtung, dass der Tod im Alltag ein verdrängtes Phänomen ist: Man redet zwar über den Tod, er ist allgegenwärtig, aber immer nur als der Tod der anderen, der mich nicht betrifft: Jeder stirbt einmal, aber ich jetzt nicht. Das kennzeichnet die uneigentliche Seinsweise des als Dasein bestimmten Menschen. In der Uneigentlichkeit verliert sich das Dasein im alltäglichen Besorgen, es geht ihm nicht um sein Sein selbst. Seine Freiheit jedoch besteht darin, nicht im alltäglichen Gerede aufgehen zu müssen, sondern in ein Verhältnis einzutreten, das seine

---

[18] Vgl.: Derrida: Apories, 71f; dt.: 65f.
[19] Heidegger: Sein und Zeit, §52, 258. Zum Tod bei Heidegger vgl.: Eckart Wolz-Gottwald: Vorlauf in den Tod: Heideggers Philosophie des Todes im Lichte der transformatio mystica. In: Freiburger Zeitschrift für Philosophie und Theologie 46 (1999), 308–322; Bernard Schumacher: La mort comme la possibilité de l'impossibilité d'être: Une analyse critique de Heidegger. In: Archives de philosophie 62 (1999), 71–94.
[20] Heidegger: Sein und Zeit, §50, 250.
[21] Heidegger: Sein und Zeit, §53, 262.
[22] Heidegger: Sein und Zeit, §53, 266.

Seinsweise *eigentlich* bestimmt. Der eigene in der Alltäglichkeit verdrängte Tod, bringt als bevorstehendes Ereignis das Dasein zu einem solchen eigentlichen Verhalten zu sich selbst. Daher ist das Dasein frei, wenn es sich zum Tod in ein Verhältnis bringt. Es ist frei von der Alltäglichkeit, frei, sich selbst zu entwerfen. Das ist die »Freiheit zum Tode«, die Levinas nicht teilt. Sie ist für ihn das Kennzeichen eines Bewusstseins, das sich von seiner Leiblichkeit und seiner materiellen Existenz getrennt hat. Gegen solches Denken betont er von seinen frühen Schriften bis in das Spätwerk hinein die leibliche Verfasstheit des sterblichen Subjekts.[23] Der Tod ist für Levinas ein Ereignis, das dem Ich leibhaftig zustößt:

> »Der Tod bei Heidegger ist ein Ereignis der Freiheit, wohingegen uns im Leiden das Subjekt an die Grenze des Möglichen zu gelangen scheint. Es findet sich gefesselt, überwältigt und in gewisser Weise passiv. Der Tod ist in diesem Sinne die Grenze des Idealismus.«[24]

Es ist diese Grenze der Wahrheit, die Derridas Monographie ihren Titel gibt. Derridas Überlegungen, Heidegger und Levinas zu »versöhnen«, gehen dahin, zwischen dem Sterben bei Heidegger, das niemand dem Dasein abnehmen kann – was auch Levinas nicht bestreitet –, und dem Ableben bei Levinas, das das Dasein vor eine Alterität bringt, die nicht übernommen werden kann, die seine Aktivität in Passivität umkehrt, zu unterscheiden. Bequem ließen sich begriffliche Klärungen vornehmen, die beide Denker nebeneinander und aneinander vorbei bestehen ließen. Doch bleibt die eine Perspektive nicht ohne Einfluss auf die andere. Levinas versteht den Tod als ein Ereignis, das mich bedroht. Daher verbietet es sich ihm, das Sterben als Akt der Freiheit und Mannhaftigkeit zu deuten: »Sterben, das heißt, in diesen Zustand der Verantwortungslosigkeit zurückzukehren, das heißt, das kindliche Schütteln des Schluchzens zu sein.«[25] Sterben ist keine ontologische Haltung, wenn man den Heidegger'schen Begriff schematisierend mit einem Etikett belegen wollte, es ist ein leiblicher Vorgang, eine leibhaftige Beziehung zum Tod, in der das Subjekt seine Herrschaft und seinen Subjekt-Status verliert. Die solipsistische Vernunft, meine Einsamkeit wird »durch den Tod nicht bestätigt, sondern durch den Tod zerbrochen. Und dadurch [...] ist die Existenz pluralistisch.«[26]

> »Das letzte Stück Weg geschieht ohne mich, die Zeit des Todes fließt bergauf, das Ich in seinem Entwurf auf Zukunft hin ist durch eine Bewegung des Bevorstehens umgestürzt, umgestürzt durch eine reine Drohung, die mir von einer absoluten Andersheit kommt.«[27]

---

[23] Vgl.: Emmanuel Levinas: Jenseits des Seins, 133f.: »Im Leiblichen kommen die Merkmale zusammen, die wir im Vorhergehenden aufgezählt haben: für den Anderen, wider den eigenen Willen, von sich her; die Plage der Arbeit im Aushalten des Altwerdens, in der Pflicht dem Anderen zu geben – bis hin zum Brot, das ich mir gerade in den Mund stecke, und bis hin zum Mantel, den ich trage.«
[24] Levinas: Die Zeit und der Andere, 44.
[25] Levinas: Die Zeit und der Andere, 45.
[26] Levinas: Die Zeit und der Andere, 47.
[27] Levinas: Totalität und Unendlichkeit, 343f.

Sterben als leiblicher Vorgang, der das Bewusstsein in seinem Innersten betrifft und umkehrt, hat unmittelbare erkenntnistheoretische Konsequenzen. In Verweyens Sprache gefragt: Wer steht noch für das Bild ein, wenn alle Bilder zerbrochen werden müssen? Der Tod ist niemals Gegenwart, er ist immer Zukunft. Er eröffnet und fordert eine Zukunft über meine vergegenwärtigbare Zeit hinaus. Daher kann er auch nicht in einen Zeitentwurf eingehen, der die Ganzheit des Daseins bedeuten würde, die für Heidegger in der Zeitlichkeit der Sorge-Struktur begründet ist. Es gilt: »Die ursprüngliche Zeit ist endlich.«[28] Nur dadurch lässt sich das Dasein als Zeitliches, als Endliches und als Ganzes in den Blick bringen.[29] Auch bei Husserl läuft die Analyse der Zeitlichkeit laut Levinas darauf hinaus, »die Zeit in Begriffen von Gegenwart und Gleichzeitigkeit auszusagen: von erinnerten oder antizipierten Jetztpunkten[.]«[30] Für Levinas hingegen ist der Tod kein Abschluss einer Lebensganzheit sondern das Verhältnis zu einer Anderheit, die nicht angeeignet werden kann und daher das Sein daran hindert, sich zur Totalität zusammenzuschließen. Dies ist der Sinn der Rede, dass die Existenz durch den Tod pluralistisch werde. Der Tod bedroht jenseits der Unterscheidung von empirisch, transzendental und ontologisch diese universalisierenden Unterscheidungen und führt eine nicht assimilierbare Anderheit ein. Daher betont Levinas die Unendlichkeit und Diachronie der Zeit. Nur wenn man die Zeit nicht als Einheitshorizont versteht, sondern in ihrer irreduziblen Diachronie – die sich auch als Verspätung im Bewusstsein zeigt –, ebnet man das Drohen des Todes und das Verhältnis zum andern nicht ein. Als zeitliches ist das Subjekt immer schon konfrontiert mit einer Anderheit, die es in seinem Innersten bedroht und beseelt.[31] Das Bewusstsein altert ohne sein Zutun. Es kann sich zwar auf diesen Prozess beziehen, es kann ihn ausschnittsweise vergegenwärtigen, doch wenn es versucht, dies in Gänze zu tun, öffnet sich die Aporie des Endes, der Grenze oder des Todes.

Levinas will daher den Anderen nicht von der Zeit her verstehen, sondern die Zeit vom Anderen her: »Ich definiere den anderen nicht durch die Zukunft, sondern die Zukunft durch den anderen, da gerade die Zukunft des Todes in seiner totalen Anderheit bestanden hat.«[32] Wohl unter dem Eindruck,

---

[28] Heidegger: Sein und Zeit, §65, 331.

[29] Diese Diagnose verkennt nicht, dass Heidegger das Dasein als Mögliches immer auch als Unabgeschlossenes versteht, das sich entwerfen muss. Er begreift jedoch genau diese Struktur des »Sich-vorweg-schon-sein-in(-der-Welt) als Sein bei (innerweltlich begegnendem Seienden)« (Heidegger: Sein und Zeit, §41, 192) als Struktur*ganzheit*. Das heißt, auch wenn ich immer unabgeschlossen bin, kann ich doch das, was ich bin oder wie ich bin, als abgeschlossenes Strukturganzes begreifen.

[30] Emmanuel Levinas: Vom Einen zum Anderen. Transzendenz und Zeit. In: Ders.: Wenn Gott ins Denken einfällt, Freiburg – München ³1999, 229–265, 238. Vgl.: Emmanuel Lévinas: De l'un à l'autre. Transcendance et temps. In: Ders.: Entre nous. Essais sur le penser-à-l'autre, Paris 1991, 143–164. Diese Analyse wird durch Husserls Überlegungen gestützt. Vgl.: Husserl: Ideen, §81f., 161–165; ders.: Vorlesungen zur Phänomenologie des inneren Zeitbewusstseins, §16, 397–400.

[31] Von dieser Bedrohung her lassen sich Worte wie Geiselschaft, Trauma und Heimsuchung besser verstehen, die vor allem im Spätwerk auftauchen.

[32] Levinas: Die Zeit und der Andere, 54.

dass bei aller Betonung einer Zukunft als irreduzibel auf jede Gegenwart doch die Gefahr einer Interpretation aufkommt, die diese Zukunft zumindest im Eschaton als erreichbar denkt,[33] betont Levinas im Spätwerk vor allem den Aspekt der Diachronie, der sich in einer nie Gegenwart gewesenen Vergangenheit andeutet: »*Die Andersheit ereignet sich als ein Abstand und eine Vergangenheit,* die keine Erinnerung zur Gegenwart zu erwecken vermöchte.«[34] In Anlehnung an ein Gedicht von Paul Valéry formuliert Levinas: Der andere bedeutet aus einem tiefen Einst, das niemals gegenwärtig war.[35] Die Zeit nicht vom eigenen Tod, sondern vom anderen her zu verstehen bedeutet, ihr eine Bedeutung beizulegen, in der der Tod das letzte Wort verliert. Heidegger versteht die Zeit vom Tod her, von der Ganzheit des Daseins, daher kommt bei ihm der andere nie wirklich in den Blick. Verschiebt man hingegen die Schwerpunkte und versteht die Zeit nicht als Bezug zum Ende, sondern als das Verhältnis zum anderen, als »Nähe des Abwesenden«, wie Ludwig Wenzler in seinem Nachwort zu *Die Zeit und der Andere* formuliert,[36] so verändert auch der Tod seine Bedeutung und kommt primär als Tod des anderen, ja sogar als Mord in den Blick.[37] Die Angst, den anderen zu töten oder in seiner Sterblichkeit alleine zu lassen, wiegt stärker als die Angst zu sterben.[38] Das ist für Levinas der tiefere Sinn des Satzes »Stark wie der Tod ist die Liebe.«[39]. Es ist nicht mein Nicht-Sein das mich ängstigt, sondern das des anderen, den ich mehr liebe als mein Sein:

> »Das, was man mit einem leicht verfälschten Ausdruck Liebe nennt, ist die Tatsache schlechthin, dass der Tod des Anderen mich mehr erschüttert als der meine.

---

[33] Eine dezidierte Kritik solcher Eschatologien findet sich in *Totalität und Unendlichkeit*: »[I]hre Glaubensvermutungen geben sich als gewisser denn die Evidenzen, so als würde die Eschatologie den Evidenzen zusätzliche Lichter über die Zukunft dadurch aufstecken, dass sie die Finalität des Seins offenbart.« (Levinas: Totalität und Unendlichkeit, 21f.)

[34] Levinas: Rätsel und Phänomen. In: Ders.: Die Spur des Anderen, 236–260, 249. Dieser Abstand ist theologisch im Gedanken der *creatio ex nihilo* ausgesprochen. Das Geschöpf kennt seinen Schöpfer nicht, da es von ihm absolut getrennt ist. Vgl. dazu: Josef Wohlmuth: Schöpfung bei Emmanuel Levinas. In: Ders. Im Geheimnis einander nahe. Theologische Aufsätze zum Verhältnis von Judentum und Christentum, Paderborn 1996, 63–79.

[35] Vgl.: Levinas: Jenseits des Seins, 235. Vgl.: Paul Valéry: Cantiques des colonnes. In: Ders.: Œuvres I. Édition établie et annotée par Jean Hytier, Paris ²1957, 116–118.

[36] Ludwig Wenzler: Zeit als Nähe des Abwesenden. Diachronie der Ethik und Diachronie der Sinnlichkeit nach Emmanuel Levinas. In: Levinas: Die Zeit und der Andere, 67–92.

[37] Vgl.: Emmanuel Lévinas: La mort et le temps, Paris 1997 (= Levinas: La mort et le temps), 122; dt.: Emmanuel Lévinas: Der Tod und die Zeit. In: Ders.: Gott, der Tod und die Zeit, 15–129 (= Levinas: Der Tod und die Zeit), 116f. Die herkömmliche Deutung des Todes als Nichts gewinnt ihren Vollsinn im Mord des anderen. Daher bekommt die Unmöglichkeit des Todes eine ethische Bedeutung, die Unmöglichkeit des Todes ist das Verbot zu töten. So führt uns die Bewegung der Vernichtung im Mord des anderen zu einer Ordnung, von der wir nichts aussagen können, noch nicht einmal, dass sie ist. Sie ist die Antithese des unmöglichen Nichts. Vgl.: Levinas: Totalité et infini, 259.

[38] Vgl. auch: Levinas: Totalität und Unendlichkeit, 359.

[39] Vgl.: Levinas: La mort et le temps, 119; dt.: 115.

Die Liebe zum Anderen ist die Empfindung des Todes des Anderen. Nicht die Angst vor dem Tod, der mir bevorsteht, sondern mein Empfangen des Anderen macht den Bezug zum Tod aus. Wir begegnen dem Tod im Gesicht des Anderen.«[40]

Levinas sieht sehr deutlich die Schwierigkeit, die sich ergibt, wenn man das Prinzip der Identität und der Gegenwart, die nach seiner Diagnose die abendländische Philosophie durchziehen und gegen die auch er in seinem Gesagten nicht gefeit ist, aufgeben will und Zeit nicht mehr nach ihrem Gehalt als Form der Anschauung (Kant) oder Form des Bewusstseins (Husserl) verstehen will, sondern vom anderen her und als Beziehung zu ihm: »Gibt es ein Verständnis der Zeit, obgleich das Zeitliche, das, was wird, sich nicht mit der Vernunft verträgt?«[41] Wie der Zeit einen Sinn geben, wo doch »Sinn« auf dasselbe zurückführt, auf die Philosophie der Identität, die das Verhältnis zum anderen nicht auszudrücken vermag, ohne es zu verraten. Die Zeit ist bereits in dem Augenblick unterdrückt, wenn man die Frage nach ihrem Sinn stellt, wenn man sie in Beziehung bringt zu Erscheinen, Wahrheit und Anwesenheit überhaupt. Auch in Husserls Metapher des zeitkonstituierenden Flusses[42] konstatiert Levinas eine Dominanz der Kategorie des Selben.[43] Der Fluss ist eine Einheit, die im Jetzt entspringt. Husserl legt diese Erkenntnis schon in seinem methodischen Vorgehen an. Der erste Paragraph seiner Vorlesungen ist mit »Ausschaltung der objektiven Zeit« überschrieben. Husserl will die Zeit als Phänomen des Bewusstseins in den Blick bringen, so wie sie sich im Bewusstsein gibt, wie das Bewusstsein sie konstituiert.[44] Nach Levinas' Überzeugung geht dadurch jedoch der eigentümliche Charakter der Zeit selbst verloren. Zeit lässt sich nicht von der Gegenwart her denken, die das thematisierende Bewusstsein herstellt. Ihre Dauer – diesen Begriff übernimmt Levinas von Bergson[45] – geht nicht in der Intentionalität auf. Aber lässt sich die Zeit anders denken?

»Kann die Nicht-Ruhe der Zeit, das, wodurch die Zeit sich scharf von der Identität des Selben abhebt, auf andere Weise bedeuten als gemäß der kontinuierlichen Beweglichkeit, die die bevorzugte Metapher vom Fließen suggeriert? Um das zu

---

[40] Levinas: La mort et le temps, 121; dt.: 116. Übersetzung korrigiert, CL. – Levinas spielt hier auf Heidegger an, der den Tod als ausgezeichneten Bevorstand bezeichnete. Daher ist *m'attend* mit »steht mir bevor« zu übersetzen.
[41] Levinas: La mort et le temps, 123; dt.: 117.
[42] Vgl.: Husserl: Vorlesungen zur Phänomenologie des inneren Zeitbewusstseins, §36, 429.
[43] Das lässt sich leicht an den entsprechenden Kapiteln in Husserls Vorlesungen zur Phänomenologie des inneren Zeitbewusstseins zeigen. Z.B.: »Die immanente Zeit konstituiert sich als *eine* für alle immanenten Objekte und Vorgänge. Korrelativ ist das Zeitbewusstsein vom Immanenten eine Alleinheit.« (§ 38, S. 431) – Dass der Fluss auch als Metapher für eine Zeit gelesen werden kann, die keine Einheit kennt, hat schon Kratylos gegen Heraklit festgehalten. Auf Heraklits Satz, man könne nicht zweimal im selben Fluss baden, entgegnete er: »Auch nicht einmal!« (Vgl.: Aristoteles: Metaphysik IV 5, 1010a.)
[44] Vgl.: Husserl: Vorlesungen zur Phänomenologie des inneren Zeitbewusstseins, §1, 369–373.
[45] Vgl.: Levinas: La mort et le temps, 61f.; dt.: 65.

beantworten, muss man sich fragen, ob Selbes und Anderes ihren Sinn lediglich der Unterscheidung von Qualität oder Quiddität verdanken, das heißt dem in der Zeit Gegebenen und dem Unterscheidbaren. Anders gesagt, bedeuten die Nicht-Ruhe oder Beunruhigung der Zeit nicht vor aller Begrifflichkeit oder Zuflucht zu Ausdrücken, die sich auf keinerlei Metaphorik des Flusses oder Verrinnens berufen, eine Beunruhigung des Selben durch das Andere, die nichts dem Unterscheidbaren oder dem Qualitativen entlehnt? Beunruhigung, die ununterscheidbar mit sich übereinstimmt oder die durch keine Qualität mit sich übereinstimmt. So mit sich übereinzustimmen *(s'identifier)*, mit sich übereinzustimmen, ohne mit sich übereinzustimmen, das heißt, sich als *ich* zu identifizieren *(s'identifier)*, sich innerlich zu identifizieren, ohne sich zu thematisieren, ohne in Erscheinung zu treten. Sich zu identifizieren, ohne ans Licht zu treten, und bevor man einen Namen annimmt.«[46]

Es geht um ein Selbst, das der Zeitigung unterliegt und beständig älter wird und in diesem Altern jeder Gegenwart entgeht und daher nicht mehr mit einem Begriff belegt werden kann. Darin ist die Zeit das, was man nicht umfassen kann, was sich nicht begreifen lässt. Sie ist in gewisser Weise ein Schritt *(pas)* über den thematisierbaren Inhalt hinaus. »*Il y va d'un certain pas*«[47], schreibt Derrida in Bezug auf den Tod, der sich in sowohl in einem gewissen Nicht, einer Ver-Nichtung als auch in einer Passage, einem Hinübergehen deuten lässt. Levinas' Vorschlag, die Unabgeschlossenheit »*comme un pas au-delà du contenu* – als einen Schritt über den Inhalt hinaus«[48] zu verstehen, liest sich daher zugleich »als ein Nicht jenseits des Inhalts.«[49] Ist die Zeit zugleich – und was hieße zugleich bzw. gleichzeitig? – ein Schritt über den Inhalt hinaus und ein Nicht jenseits des Inhalts? Und lässt sich diese Doppeldeutigkeit nicht als Beziehung zum Unendlichen deuten, zu dem, was in keinem Gehalt aufgeht, d.h. als das Unendliche im Endlichen das kein Thema wird?

Levinas stellt Fragen, die sich nicht einfach abweisen lassen, Fragen, die auf Brüchen einer Immanenz beruhen. Sie wird durch eine Alterität gestört, die abschließende oder letztgültige Begriffsbildungen verhindert. Insofern ist das Verhältnis zum Unendlichen *zugleich* – mit allen damit verbundenen Aporien – das Verhältnis zum unvertretbar Singulären. Die Zeit, das Immer der Zeit, ist der Garant für die Unmöglichkeit der Vergegenwärtigung dieses Verhältnisses, für seine Diachronie. Sie ist die Infragestellung der Identität des Selben, der Transzendentalphilosophie oder der Ontologie. Daher muss nach Levinas das »Zerreißen des Selben durch das Andere [...] ethisch gedacht werden.«[50]

---

[46] Levinas: La mort et le temps, 126; dt.: 120. Übersetzung leicht korrigiert, CL.
[47] Derrida: Apories, 23; dt.: 21.
[48] Levinas: La mort et le temps, 126; dt.: 121.
[49] Der Bezug zu Maurice Blanchots *Le pas au-delà*, Paris 1973, scheint nicht zufällig. Die Freundschaft und das Gespräch zwischen Maurice Blanchot und Emmanuel Levinas hat auch Jacques Derrida in seinem Denken geprägt. Vgl.: Jacques Derrida: Adieu à Emmanuel Lévinas, Paris 1997 (= Derrida: Adieu), 20; dt.: 16. Vgl. zu Maurice Blanchot: Jacques Derrida: Parages, Paris 2003. Darin besonders: »Maurice Blanchot est mort« (S. 267–300).
[50] Vgl.: Levinas: La mort et le temps, 127; dt.: 122. Vgl. zur Frage des Ethischen auch Seite 220 meiner Arbeit.

»Die Differenz differiert nicht als eine logische Unterscheidung, sondern als eine Nicht-Indifferenz, als Begehren des Nicht-Fassbaren, Begehren des Unendlichen. Entgegen aller gesunden Logik und Ontologie Realität des Unmöglichen, wo das Unendliche, das mich in Frage stellt, wie ein Mehr im Weniger ist.«[51]

Aber hieße »denken« nicht, diese Verschiebung wieder in die Philosophie des Selben einzuholen? – Die Fragen der Zeit, des Anderen und des Todes scheinen sich in solchen Aporien unbequem eingerichtet zu haben, Aporien an den Grenzen der Erkenntnis und der Wahrheit, wenn sie nicht selbst Namen für diese Grenzen sind, Aporien, die sich anscheinend nur als Paradoxien oder als Tautologien ausdrücken lassen: »[D]as Bewusstsein der Dauer ist die Dauer des Bewusstseins«[52]. Hier scheint nichts ausgesagt zu sein. Es scheint sich um eine Art Taschenspielertrick zu handeln, der eine gewisse Spielerei und Unernsthaftigkeit in die Philosophie einführt. Doch als einfache Tautologie benennt dieser Satz die Aporie einer Zeit, die sich nicht restlos thematisieren lässt und dennoch nur als Thema erscheint.

Der Begriff der Zeit

Jeder Versuch, eine »eigentliche Zeit« von einer uneigentlichen zu trennen, wie dies Heidegger und in gewisser Weise auch Husserl tun, muss fehlschlagen. Dafür müsste sich die Aporie *als* Aporie denken lassen. Es müsste einen Standpunkt jenseits von objektiver und phänomenologischer Zeit (Husserl), jenseits von vulgärer und eigentlicher Zeit (Heidegger) geben, um die eine von der anderen zu unterscheiden. Daher gibt es streng genommen keinen »*vulgären*« Begriff der Zeit. Das »vulgäre Zeitverständnis«, das Heidegger noch bei Hegel ausmacht und bis auf Aristoteles zurückführt, ist das Zeitverständnis der Metaphysik, in deren Begriffen auch Heidegger operieren muss. In dem Augenblick, in dem Heidegger von einem ursprünglichen und einem abgeleiteten Zeitverständnis spricht, benutzt er metaphysische Begriffe. Nichts ist weniger metaphysisch als die Idee einer Hierarchie. Darauf geht Derrida in seinem Aufsatz *Ousia et grammè* ein. Er kreist um diese Begriffe und die Aporien der Zeit, die sich mit ihnen verbinden:

»Der Zeitbegriff gehört in allen Teilen zur Metaphysik und nennt die Herrschaft von Anwesenheit beim Namen. Daraus ist zu schließen, dass das ganze System metaphysischer Begriffe im Verlauf ihrer gesamten Geschichte die sogenannte ›Vulgarität‹ dieses Begriffs entwickelt (was Heidegger gewiss nicht bestritten hätte); aber auch, dass sich ein *anderer* Zeitbegriff nicht als sein Gegensatz behaupten lässt, gehört Zeit im allgemeinen doch zur metaphysischen Begrifflichkeit. Bei dem Versuch, diesen *anderen* Begriff hervorzubringen, würde man schnell gewahr, dass

---

[51] Levinas: La mort et le temps, 128; dt.: 123.
[52] Levinas: La mort et le temps, 131; dt.: 125. Levinas will vor allem in Anschluss an Bergson Zeit als Dauer verstehen, d.h. als etwas, dem ich ausgesetzt bin, das sich ohne mein Zutun abspielt, das ich nicht aufhalten kann. Vgl.: Emmanuel Lévinas: Intentionalität und Empfindung. In Ders.: Die Spur des anderen, 154–184, 170: »Das Bewusstsein der Zeit ist die Zeit des Bewusstseins.«

man ihn mit Hilfe anderer metaphysischer oder onto-theologischer Prädikate konstruiert.«[53]

Bei Husserl sind dies die unhinterfragte Voraussetzung der Möglichkeit einer Grenze zwischen innen und außen, zwischen Bewusstsein und Welt, die Heidegger zu Recht als unphänomenologisch kritisiert und von der er fordert, sie müsse vom Sein überhaupt, d.h. vor seiner Trennung in *res cogitans* und *res extensa* oder auch in *essentia* und *existentia*, her verstanden werden und bedürfe daher einer *ontologischen* Ausarbeitung.[54] Doch Heidegger selbst ist ebenso wenig frei von Voraussetzungen, wenn er den Sinn von Sein in der ursprünglichen Zeitlichkeit bestimmt. Wie eben angedeutet stammt die Unterscheidung zwischen ursprünglich und abgeleitet, zwischen eigentlich und uneigentlich, zwischen Eigenem und Fremden aus der Geschichte der Philosophie und der Sprache. Sie lebt von der Metaphysik, die sie kritisiert. Erst diese unhinterfragten Voraussetzungen bieten überhaupt Möglichkeiten der Unterscheidung.[55]

Um die Metaphysik, d.h. den philosophischen Text oder die philosophische Sprache, zu überschreiten, müsste eine Spur in sie eingeschrieben sein, ein »Zeichen« des Überschusses, das auf der einen Seite das Verhältnis Präsenz/Absenz überschreitet, aber auf der anderen Seite dennoch *auf gewisse Weise*[56] als Zeichen, d.h. als präsentes, bedeutsam ist. Diese gewisse Weise ist der Metaphysik als solcher unzugänglich:

> »Die Überschreitung der Metaphysik erfordert die Inschrift einer Spur in den metaphysischen Text, als Hinweis nicht auf eine andere Gegenwart oder andere Form von Gegenwart, vielmehr auf einen ganz anderen Text. Eine derartige Spur ließe sich nicht *more metaphysico* denken. Kein Philosophem könnte sich damit schmücken, sie zu beherrschen. Sie (ist) dasjenige selbst, was sich der Herrschaft entziehen muss. Allein die Anwesenheit beherrscht sich.«[57]

---

[53] Jacques Derrida: Ousia et grammè. Note sur une note de Sein und Zeit. In: Ders.: Marges de la philosophie, 31–78 (= Derrida: Ousia et grammè), 73. Dt.: Jacques Derrida: Ousia und gramme. Notiz über eine Fußnote in *Sein und Zeit*. In: Ders.: Randgänge der Philosophie, 57–92, 87. Übersetzung leicht korrigiert, CL.

[54] Vgl.: Martin Heidegger: Einführung in die phänomenologische Forschung. GA 17, §45, 252f.; Ders.: Prolegomena zur Geschichte des Zeitbegriffs §11, 140–148. Hier bezweifelt Heidegger auch die Möglichkeiten der transzendentalen Reduktion: »Sonach ist die Reduktion ihrem methodischen Sinne nach als Absehen-von grundsätzlich ungeeignet, positiv das Sein des Bewusstseins zu bestimmen. Im Sinne der Reduktion wird gerade der Boden aus der Hand gegeben, auf dem einzig nach dem Sein des Intentionalen gefragt werden könnte[.]« (ebd., §12, 150).

[55] Vgl.: Derrida: Ousia et grammè, 73f.; dt.: 88.

[56] Vgl.: Derrida: Ousia et grammè, 76; dt.: 90.

[57] Derrida: Ousia et grammè, 76; dt.: 90. Übersetzung korrigiert, CL. – Die deutsche Übersetzung gibt durchgängig »*présence*« mit »Anwesenheit« wieder, was den Zusammenhang mit der Zeitform des Präsenz verdunkelt und den Derrida'schen Diskurs näher an Heidegger rückt, als er sich wohl tatsächlich befindet. Ich habe mich entschieden »*présence*« mit »Gegenwart« zu übersetzen, auch wenn Heidegger (mit-)gemeint sollte.

In Levinas' Sprache ließe sich diese Spur als das *dans* des Unendlichen, als *in* des *infinitum* bezeichnen, das anders im Endlichen wäre als im Modus der Präsenz einer *cogitatio* oder eines *intentum*. Die Spur ereignet sich ontologisch oder erkenntnistheoretisch als ihre eigene Auslöschung, sie ist weder wahrnehmbar noch nicht wahrnehmbar.[58] So lässt sich die Zeit als Spur begreifen, als ihre eigene Auslöschung, was bereits Aristoteles in aporetischer Weise formuliert hatte,[59] was sich immer nur aporetisch formulieren lässt: Um die Zeit als Nicht-Seiendes zu begreifen muss man zuvor das Seiende als das definiert haben, was jetzt ist, was gegenwärtig ist, was anwesend ist.[60] So hat man aber die Zeit bereits vorausgesetzt.[61] Aus diesem Zirkel scheint kein Ausweg.

Für die Hypothese, dass die Zeit nicht existiert, spricht nach Aristoteles die Tatsache, dass ihre Teile nicht existieren. Ein Teil (die Vergangenheit) ist nicht mehr, der andere (die Zukunft) ist noch nicht.[62] Das *Jetzt*, das zwischen Vergangenem und Zukünftigem liegt, begreift er nicht als Teil. Ein Teil hat nämlich die Eigenschaft, das Ganze zumindest teilweise auszumessen, d.h. einen gewissen Abschnitt einzunehmen. Das *Jetzt* hingegen ist gerade dadurch definiert, dass es kein Abschnitt ist. Es ist vielmehr eine Grenze, die Vergangenes und Zukünftiges trennt. Aber ist es durch die Zeit hindurch immer dasselbe, oder wird es immer wieder ein anderes? Wenn es immer wieder ein anderes ist, dann können die *Jetzt*[63] nicht gleichzeitig sein, sondern alle *Jetzt*, die nicht jetzt sind und daher anders als jetzt, müssten untergegangen sein oder noch ausstehen. Zu seiner eigenen Zeit aber konnte das *Jetzt* nicht untergehen, also müsste es in einem *Jetzt* zwischen jetzt und früher untergegangen sein, dann aber wäre es in einem anderen *Jetzt* als seinem eigenen noch gewesen, was ja bereits zu Beginn ausgeschlossen wurde, da zwei verschiedene *Jetzt* nicht zugleich sein können.

Aristoteles setzt bei diesen Überlegungen voraus, dass die *Jetzt* nicht zusammenhängen, sondern als Grenze fungieren. So ist es auch nicht möglich, dass zwei *Jetzt* dasselbe sind, da sie ja die Grenzen, d.h. der Anfang bzw. das Ende, einer Zeitspanne sind und Aristoteles davon ausgeht, dass kein Ding nur eine Grenze hat. Schon die Benennung als Anfang und als Ende macht deutlich, dass es sich um zwei verschiedene Jetzt handelt. Aristoteles' Lösung dieses Problems ist nach Derrida dialektisch: Er affirmiert schlicht den Widerspruch, dass das *Jetzt* in einem gewissen Sinn das Selbe ist und in einem anderen Sinn nicht das Selbe. Die Zeit wird durch das *Jetzt* einerseits

---

[58] Vgl.: Derrida: Ousia et grammè, 76; dt.: 90.
[59] Vgl.: Aristoteles: Physik IV 11, 220a.
[60] Ob sich der zeitliche Sinn aus dem Anwesenden ausschließen lässt, wie dies Heidegger versucht, bezweifelt Derrida. Vgl.: Ousia et grammè, 75; dt.: 89.
[61] Vgl.: Derrida: Ousia et grammè, 57; dt.: 74. Derrida zeigt im Fortgang des Textes, dass dieser Zirkel auch bei Hegel und Kant auftaucht, dass sie letztlich dem aristotelischen Paradigma verhaftet bleiben.
[62] Vgl.: Aristoteles: Physik IV 11, 220a. Ich paraphrasiere im Folgenden Aristoteles' Überlegungen, da mir die Übersetzungen sehr schwergängig erscheinen.
[63] Gibt es zu *jetzt* einen Plural? Schon die Substantivierung erscheint gewagt.

fortgesetzt, andererseits aber auch geteilt.[64] Doch auch diese Affirmation setzt die Zeit voraus, da affirmiert wird, dass die Gegenteile *zugleich* sind:

> »Das ist der *Sinn* selbst, insofern er zur Gegenwart Verbindung hat. Man kann nicht einmal behaupten, dass die Ko-Existenz von zwei verschiedenen, aber gleichermaßen gegenwärtigen Jetzt unmöglich oder unvorstellbar wäre, denn selbst die Bedeutung von Ko-Existenz oder von Gegenwart wird von dieser Grenze begründet.«[65]

Nicht mit einem anderen *Jetzt* gleichzeitig existieren zu können das ist in aristotelischen Begriffen gesprochen das Wesen des *Jetzt*, es ist kein Prädikat. Das Jetzt *ist* die Unmöglichkeit gleichzeitig mit etwas anderem zu existieren, selbst mit sich selbst. Es gibt jetzt keine zwei *Jetzt*, keine Verdopplung, keine Reflexion. Aber diese Unmöglichkeit widerspricht sich, sobald sie einmal festgestellt ist:

> »Um zu sein, was sie ist, impliziert diese Unmöglichkeit in ihrem Wesen, dass das andere Jetzt, mit dem ein Jetzt nicht koexistieren kann, in gewisser Beziehung auch dasselbe, auch ein Jetzt als solches sei und mit dem koexistiert, was mit ihm nicht koexistieren kann.«[66]

Wie lässt sich das verstehen? Lässt sich das verstehen? – Der Begriff des *Jetzt* schließt nichts aus der Koexistenz aus: Alles, was in der Zeit existiert, d.h. alles was in der Vergangenheit existierte, kann auch jetzt existieren, gleichzeitig. Selbst die Vergangenheit *als* Vergangenheit hat im *Jetzt* Platz oder besser Zeit. Das Einzige, was keine Zeit hätte wäre ein *Jetzt*, das genau dasselbe wäre wie jetzt. Ein anderes *Jetzt als* anderes, d.h. als vergangenes oder als zukünftiges *Jetzt*, könnte jetzt existieren nur nicht jetzt *als es selbst*. Hier haben wir es mit einer ähnlichen Figur zu tun wie der des »unendlich anderen«, der nicht anders sein dürfte, um unendlich anders zu sein.[67] In die Sprache (der Metaphysik) scheint etwas eingeschrieben zu sein, was diese Sprache an ihre Grenzen bringt oder gar diese Grenzen darstellt: »Die Zeit ist ein Name dieser unmöglichen Möglichkeit.«[68]

Das Denken wird in Aporien geführt, die es nicht nur – wie Krings zu Recht fordert[69] – auszuhalten gilt, sondern die es immer und immer wieder zu durchschreiten gilt auf die Gefahr hin, dass das Denken dabei zerbricht. Derrida konzentriert sich auf ein Wort bei Aristoteles, das als Schlüssel der Metaphysik gelten kann, weil es in seiner Selbstverständlichkeit etwas versammelt und in gewisser Weise versteckt, was nicht selbstverständlich ist: ἅμα, zugleich:

---

[64] Vgl.: Derrida: Ousia et grammè, 62; dt.: 77. Vgl.: Aristoteles: Physik IV 11, 219b–220a.
[65] Derrida: Ousia et grammè, 63; dt.: 78. Übersetzung verändert, CL.
[66] Derrida: Ousia et grammè, 63; dt.: 78f. Übersetzung korrigiert, CL.
[67] Vgl.: Kapitel III.1, Seite 167 meiner Arbeit.
[68] Derrida: Ousia et grammè, 63; dt.: 79. Übersetzung korrigiert, CL.
[69] Vgl.: Krings: System und Freiheit, 28. Vgl. auch Kapitel II.1, Seite 64.

»Dieser Begriff ist zunächst weder räumlich noch zeitlich. [...] Er sagt die Komplizenschaft *(complicité)* aus, den gemeinsamen Ursprung von Zeit und Raum, das zusammen Erscheinen *(com-paraître)* als Bedingung allen Erscheinens von Sein. Er sagt in gewisser Weise die Dyade als das Minimum aus.«[70]

Auf der Evidenz des »zur selben Zeit« ruht die gesamte Metaphysik. Und auf ihr ruht auch jeder philosophische Wahrheitsbegriff, sei es der im Satz vom Widerspruch ausgedrückte, sei es der der *adaequatio rei et intellectus* oder der Heidegger'sche der Unverborgenheit. Descartes' »Ich bin, Ich existiere, das ist gewiss[,] [...] solange ich denke.«[71] – , auf das sich Verweyen stützt, beruht auf der Gleichzeitigkeit des »solange« ebenso wie das Selbstbewusstsein, das sich *gleichzeitig* als Person und als Subjekt weiß.[72] Beide versuchen die Aporie, die Krings festhält, in Begriffen aufzulösen, die sie letztlich auch affirmieren, dies aber verstecken und als begrifflich-logisch-philosophischen Diskurs ausgeben. Es scheint nicht möglich, *einen einheitlichen* Begriff konsistent zu formulieren, ohne die Gleichzeitigkeit in Anspruch zu nehmen, die aber *in Wahrheit* eine Unterschiedenheit voraussetzt, die nicht mehr ausdrücklich thematisiert wird und die auch in ihrer Thematisierung als Unterschiedenheit *zugleich* verdeckt würde: »Grenzen der Wahrheit«, die in der Zeit und im Tod aufscheinen, jedoch nicht als solche, sondern als ausgelöschte Spuren.

Grenzen der Wahrheit

All das erscheint unter den Gesichtspunkten einer Transzendentalphilosophie des reinen Bewusstseins suspekt, will sie doch methodologisch sauber arbeiten – ohne mystisch oder kryptisch anmutende Begriffe oder Gedanken. Es geht ihr um ein Verständnis der Dinge *als solcher*. Sie will das Verständnis der Dinge gründen, die Bedingung der Möglichkeit eines solchen Verständnisses herausarbeiten und spricht oft die Sprache der Methodologie, die einen Zielbegriff herauspräparieren soll, so dass der Diskurs hingeordnet bleibt auf Wahrheit, Freiheit, Subjekt oder Selbstbewusstsein:

»Diese Anordnung *(ordre)* der Anordnungen *(ordres)* gehört zur großen ontologisch-juridisch-transzendentalen Tradition, und ich glaube, [...] dass sie unwiderlegbar, unzerlegbar und unverletzbar ist – *außer* vielleicht in diesem Fall, dem, was man den Tod nennt, der mehr als ein Fall ist und dessen Einzigartigkeit ihn aus dem System von Möglichkeiten und gerade der Anordnung ausschließt, die er vielleicht seinerseits bedingt.«[73]

---

[70] Derrida: Ousia et grammè, 64f.; dt.: 80. Eigene Übersetzung, CL.
[71] Vgl.: Descartes: Meditationes de Prima Philosophia. Meditationen über die Erste Philosophie. Lateinisch/Deutsch. Übersetzt und herausgegeben von Gerhart Schmidt, Stuttgart 1986, 83.
[72] Vgl.: Dieter Henrich: Selbstbewusstsein und spekulatives Denken. In: Ders.: Fluchtlinien. Philosophische Essays, Frankfurt am Main 1982, 125–181, 137f. Henrich spricht dort von »gleichursprünglich«.
[73] Derrida: Apories, 86f.; dt.: 80. Übersetzung korrigiert, CL. – Wenn Derrida hier von »*la grande tradition*« spricht, so ist dies nicht vorschnell skeptisch zu lesen. In der Tat

Aber wieso sollte diese Ordnung ausgerechnet angesichts des Todes (und der Zeit) versagen? Derrida hinterfragt Heideggers Entscheidung, dass sich die Existenzialanalytik rein diesseitig zu halten habe. »Man könnte über diese Vorgehensweise diskutieren.«[74] Das Grundprinzip bestehe darin, dass man nur hier mit der Argumentation beginnen könne, nur hier beim Dasein, das je meines ist, hier in der Immanenz des Bewusstseins, bei meiner Freiheit, hier im selbstbewussten Subjekt. Derrida bezieht sich auf einen Satz aus *Sein und Zeit*, in dem Heidegger diese methodische Vorentscheidung zu treffen scheint: »Ob eine solche Frage überhaupt eine mögliche *theoretische* Frage darstellt, bleibe hier unentschieden.«[75] Unentschieden bleibt nach Heidegger, die Möglichkeit einer theoretischen Frage nach einem jenseits des Todes.[76] Derrida folgert aus der Konjunktivform »bleibe hier unentschieden«, dass die theoretische Frage hinsichtlich des Einsatzpunktes der Analyse »von hier aus« ohne Rechtfertigung und ohne Beweis bleiben *soll*: »Dem soll so sein, weil man nicht anders kann, weil es notwendig ist[.]«[77] Man ist geneigt hier einzuwenden, Heideggers Entscheidung beträfe nicht das »diesseitig«, sondern das »nach dem Tode«. Ob eine Frage nach dem, was »nach dem Tode« sei, eine mögliche theoretische Frage ist, dass bleibe unentschieden. Das ist jedoch nicht Derridas Punkt. Es geht um den Satz »bleibe *hier* unentschieden«. Heidegger nimmt mit der Wendung, sich *hier* um die *diesseitige* Analyse zu kümmern und gleichzeitig in der Aussage, etwas unentschieden zu lassen, eine Entscheidung vorweg, die er anschließend mit Autorität affirmiert: »Die diesseitige ontologische Interpretation des Todes liegt vor jeder ontisch-jenseitigen Spekulation«[78]

Solche Entscheidungen finden *hier* und *jetzt* statt – ausdrücklich oder unausdrücklich. Man muss immer von *hier* ausgehen, aber man muss sich bewusst sein, dass dies einer Vor-Entscheidung bedurft haben wird, die sich nicht mehr rechtfertigen kann, die auf den guten Glauben angewiesen ist, die an das Einvernehmen appellieren muss, die letztlich ein Akt der Gewalt ist. Es käme darauf an, dieses Hier zu befragen, seine Bedingungen offenzulegen, sie zu dekonstruieren – wenn man so will –, die vermeintlichen Zwänge zu benennen, die sich stets das Gewand einer gewaltlosen Naturnotwendigkeit

---

schätzt Derrida die große Tradition von Platon über Aristoteles bis hin zu Hegel und Heidegger und stützt ihre Argumente, soweit sie tragen. Die Spur, die er freilegen möchte, zeigt sich nur *in* der Tradition, nirgendwo anders.

[74] Derrida: Apories, 99; dt.: 91. Übersetzung verändert, CL.
[75] Heidegger: Sein und Zeit, §49, 248.
[76] Der Kontext lautet: »Die Analyse des Todes bleibt aber insofern rein ›diesseitig‹, als sie das Phänomen lediglich daraufhin interpretiert, wie es als Seinsmöglichkeit des jeweiligen Daseins *in dieses hereinsteht*. Mit Sinn und Recht kann überhaupt erst dann methodisch sicher auch nur *gefragt* werden, was *nach dem Tode sei*, wenn dieser in seinem vollen ontologischen Wesen begriffen ist. Ob eine solche Frage überhaupt eine mögliche *theoretische* Frage darstellt, bleibe hier unentschieden. Die diesseitige ontologische Interpretation des Todes liegt vor jeder ontisch-jenseitigen Spekulation.«
[77] Derrida: Apories, 100; dt.: 92.
[78] Heidegger: Sein und Zeit, §49, 248.

und Natürlichkeit geben und jede Verantwortung ablehnen. Die Entscheidung als Entscheidung wiederzugewinnen heißt, ihr ihre moralische Qualifikation zurückzugeben. Insofern ist die Dekonstruktion die Gerechtigkeit.[79] Und daher kann die Bedeutung dieser absoluten Entscheidung des Nicht-Entscheidbaren nach Derrida nicht übertrieben werden. Sie betrifft alle Grenzen, nicht nur die des Todes. Es ist eine Entscheidung für die Methode, für die Ordnung, die vor jener liegt und nicht aus ihr begründet werden kann. »Es kann keine Entscheidung und keine Verantwortlichkeit geben, ohne daß wir die Aporie oder die Unentscheidbarkeit durchlaufen hätten.«[80]

Kommen wir zurück auf die Frage des *als* und die Frage nach der Möglichkeit des Todes, die *als* Möglichkeit der Daseinsunmöglichkeit erscheint. Mit dem Begriff der Möglichkeit lassen sich (mindestens) zwei Sinnrichtungen verbinden. Zum einen versteht man darunter das, was möglich ist, was jeden Moment geschehen kann, was uns bevorsteht. (Der Tod ist nach Heidegger »ein *ausgezeichneter* Bevorstand«[81].) Und zum anderen ist das Mögliche dasjenige, was ich kann, was in meiner Macht steht. Gegen diesen zweiten Sinn der Möglichkeit des Todes schreibt Levinas an. Derrida untersucht die erste Sinnrichtung der Möglichkeit auf ihre Bedingungen hin. Was ist das, was uns im Tod bevorsteht? Eine Möglichkeit? Eine Unmöglichkeit? Was heißt bevorstehen? Und inwiefern steht sich mit dem Tod »das Dasein selbst in seinem *eigensten* Seinkönnen bevor«[82]? Derrida überträgt Heideggers Satz zunächst ins Französische:

> »La mort est une possibilité d'être que le *Dasein* a lui-même à assumer (*zu übernehmen hat*). Avec la mort, le *Dasein* s'at-tend lui-même dans son pouvoir être *le plus propre.*«[83]

Damit kommt der Untertitel der Monographie wieder ins Spiel: *Mourir – s'attendre aux «limites de la vérité»*. Der deutschen Übersetzung *Sterben – Auf die »Grenzen der Wahrheit« gefaßt sein* entgeht hier die Pointe. Wenn

---

[79] Vgl.: Jacques Derrida: Gesetzeskraft. Der »mystische Grund der Autorität«, Frankfurt 1991 (= Derrida: Gesetzeskraft), 30.
[80] Jacques Derrida: Ich misstraue der Utopie, ich will das Un-Mögliche. Interview mit Jacques Derrida. In: DIE ZEIT Nr. 11 vom 5.3.1998, 47. Hier ließe sich, wenn man wollte, ein gewisser Dezisionismus ausmachen. Worum es Derrida jedoch geht, ist die Tatsache, dass allein Argumente noch nichts entscheiden. Es braucht eine Instanz, die sie abwägt, miteinander vergleicht, gewichtet und die in jedem Schritt dieses Prozesses Entscheidungen trifft, die Einfluss auf die letztlich zu entscheidende Sache haben. Es geht um diese Vor-Entscheidungen, die nicht ausdrücklich gemacht werden, die als selbstverständlich gelten, für die sich niemand rechtfertigen muss. Sie sind zu hinterfragen auf ihre Logik und ihre Berechtigung.
[81] Heidegger: Sein und Zeit, §50, 251.
[82] Heidegger: Sein und Zeit, §50, 250.
[83] Derrida: Apories, 115f.; dt.: 107. Vgl.: Heidegger: Sein und Zeit, §50, 250. Der Trennstrich innerhalb des *s'at-tend* kehrt in Derridas weiterer Argumentation auf S. 119 wieder: »*Il se tend* – Es streckt sich aus«. Es geht um eine Transitivität des Todes, die letztlich die Vereinzelung durchbricht, weil die Bewegung des Sich-ausstreckens-nach schon eine Anderheit impliziert, die nicht in Selbigkeit aufzulösen ist: *Infinition*.

man den Heidegger'schen Begriff in der Rückübersetzung benutzt, so heißt dieser Satz zunächst einmal: »Sterben – sich bevorstehen an den Grenzen der Wahrheit.« *Attendre* heißt zwar *warten, erwarten*, doch lässt sich der französische Satz »*La mort m'attend*« problemlos mit »Der Tod steht mir bevor« ins Deutsche übertragen. Darüber hinaus kennt jedoch das Französische auch das Idiom *s'attendre à quelque chose*, was soviel heißt wie »etwas vermuten, sich auf etwas gefasst machen, auf etwas hoffen«. Derridas Übersetzung lässt in der Schwebe, ob das *s'attendre aux «limites de la vérité»* bedeutet, darauf gefasst zu sein, darauf zu warten, den Grenzen zu begegnen (*s'attendre à rencontrer les limites*), oder an den Grenzen auf sich warten, sich dort selbst bevorstehen (*s'attendre soi-même aux limites*).[84]

»Aber diese Instabilität kann uns noch anderswohin führen, und in Wahrheit an die Grenzen, von denen die Instabilität selbst ausgeht, zum Ursprung selbst der destabilisierenden Bewegung.«[85]

Das *s'attendre* changiert nicht nur zwischen zwei Möglichkeiten des *attendre*, sondern auch zwischen zwei Möglichkeiten des *s'*. *On s'attend* (man erwartet) *soi-même* (sich selbst) *ou l'un l'autre* (einander). Man wartet auf sich. Dieses *sich* hat zwei Bedeutungen, die gegensätzlicher nicht sein könnten. Mit Heidegger wartet man auf sich selbst, der Tod vereinzelt das Dasein auf sich selbst, absolute Selbstbezüglichkeit, absolute Autonomie. Oder man wartet auf sich (einander), d.h. auf den jeweils anderen.[86] Ein Bezug, der

---

[84] Vgl.: Derrida: Apories, 116.
[85] Derrida: Apories, 116; dt.: 107f.
[86] Diese Mehrdeutigkeit des reflexiven *Sich* rührt vom Pluralcharakter des Wortes *man* her. In Konstruktionen wie »Wir sehen uns.« scheint dieselbe Doppeldeutigkeit auf: Wir sehen uns selbst im Spiegel. Wir sehen uns nächste Woche. Man sieht sich. Mit der Sprachanalytik ließe sich hier zwischen Selbst- und Fremdbezug unterscheiden, die Unentscheidbarkeit träte im formalisierten Ergebnis anscheinend nicht auf. Worum es Derrida geht, ist jedoch die vorgelagerte Frage: Wie soll ich diesen Satz »*On s'attend*« verstehen, wenn es möglich ist, ihn gegensätzlich zu verstehen? Wenn diese Mehrdeutigkeiten eine grundsätzliche Möglichkeit von Sprache sind, da in ihnen die Übersetzbarkeit von sprachlichen Ausdrücken in andere Kontexte möglich wird und somit das Erschließen neuer Gegebenheiten davon abhängt – man denke an Maus, Schirm oder ähnliches –, dann reicht die Antwort, ein Satz sei durch seinen Kontext (eindeutig) bestimmt, nicht mehr aus, da jeder Kontext aus Sätzen besteht, die auf Kontexte verweisen. (Vgl. dazu auch Kapitel III.4, Seite 232.) Diese Struktur ist keine interne Struktur der Sprache, es scheint eine die Sprache übergreifende Struktur zu sein, so dass, um mit Heidegger zu sprechen, »Verweisung und Verweisungsganzheit in irgendeinem Sinne konstitutiv sein werden für die Weltlichkeit selbst.« (Heidegger: Sein und Zeit, §17, 76.) – Man müsste hier vor allem den Begriff der Verweisungs*ganzheit* kritisch überprüfen und in Frage stellen. Wenn Verweisung in irgendeinem Sinne konstitutiv für Weltlichkeit ist, so ist damit noch nichts ausgesagt, ob sich eine Ganzheit von Welt daraus ableiten lässt. Wenn die christliche Rede von Schöpfung, Fleischwerdung und Erlösung noch einen Sinn behalten soll, der zumindest darin bestehen müsste, diese Welt offen zu halten, zu zeigen, dass sich die Diskurse dieser Welt nicht über sich zusammenschließen können – und »letztlich« geht es in dieser Arbeit um wenig anderes –, dann darf man aus dem Verweisungscharakter keine Verweisungsganzheit, aus dem Sinncharakter keinen letztgültigen, universellen Sinn ableiten, der sich als solcher denken und sagen ließe.

heterologischer nicht sein könnte. Der eine wartet auf den anderen, weil beide dort niemals gemeinsam *zugleich* ankommen:

> »[L]a mort est au fond le nom de la simultanéité impossible et d'une impossibilité que nous savons simultanément, à laquelle nous nous attendons pourtant ensemble, en même temps, *ama* comme on dit en grec: en même temps, simultanément nous nous attendons à cette anachronie et à ce contretemps; l'un et l'autre n'arrivent jamais ensemble à ce rendez-vous et celui qui y attend l'autre, à cette frontière, n'est pas celui qui y arrive le premier ou celle qui s'y rend la première. Pour y attendre l'autre, à ce rendez-vous, il faut y arriver en retard, au contraire, et non en avance.«[87]

Der Tod eröffnet eine Aporie, die bei Heidegger die Form »Möglichkeit der Unmöglichkeit« annimmt, ohne dass Heidegger der paradoxen Aussageweise eine Beachtung schenken würde. Er scheint in diesem offensichtlichen logischen Widerspruch der eigensten Möglichkeit als Möglichkeit einer Unmöglichkeit die Bedingung der Wahrheit zu sehen, die sich nicht mehr nach der logischen Form des Schlusses messen lässt. Derrida geht einen Schritt weiter und spitzt die aporetische Formulierung zu: Der Tod ist nicht nur die Möglichkeit der Unmöglichkeit, sondern er ist die Möglichkeit *als* Unmöglichkeit.[88]

Nun gibt es mehrere Arten, die Möglichkeit der Unmöglichkeit *als Aporie* zu denken, von denen das Sterben und das Sich-Bevorstehen nur eine wäre.[89] Heidegger würde das ablehnen, er würde auf der Einzigartigkeit des Bezugs

---

[87] Derrida: Apories, 117f.; dt.: 109: »[D]er Tod ist im Grunde genommen der Name für die unmögliche Gleichzeitigkeit und für eine Unmöglichkeit, die wir dennoch gleichzeitig wissen, auf die wir zusammen gefasst sind, zur gleichen Zeit, *ama*, wie es im Griechischen heißt: Zur gleichen Zeit, simultan sind wir gefasst auf diesen Anachronismus und auf diese Unzeit, der eine und der andere kommen niemals zusammen bei diesem Treffpunkt an, und wer dort, an dieser Grenze, auf den anderen wartet, ist nicht derjenige, der dort als erster ankommt, oder diejenige, die sich als erste dorthin begibt. Um den anderen am Treffpunkt zu erwarten, muss man im Gegenteil verspätet kommen und nicht früher.« – Wegen der unübersetzbaren Mehrdeutigkeiten des *s'attendre* lasse ich im Text die französische Version stehen und gebe in der Fußnote die unveränderte Übersetzung wieder.

[88] Bei Heidegger findet sich dazu höchstens ein Anhaltspunkt: »Je unverhüllter diese Möglichkeit [des Seins zum Tode] verstanden wird, um so reiner dringt das Verstehen vor in die Möglichkeit *als die der Unmöglichkeit der Existenz überhaupt.*« (Heidegger: Sein und Zeit, §53, 262.) In der Folge wird die als-Konstruktion (die Möglichkeit als die Möglichkeit der Unmöglichkeit) abgekürzt in den einfachen Genitiv (die Möglichkeit der Unmöglichkeit), was die Aporie sprachlich durch verschiedene Bezugspunkte verdeckt. Dennoch taucht sie auch bei Heidegger – fast beiläufig – wieder auf: »Wie entwirft sich das vorlaufende Verstehen auf ein gewisses Sein-können, das ständig möglich ist, so zwar, dass das Wann, in dem die schlechthinnige *Unmöglichkeit* der Existenz *möglich wird*, ständig unbestimmt bleibt?« (Heidegger: Sein und Zeit, §53, 265. Hervorhebung von mir, CL.) Wenn die Unmöglichkeit möglich wird, heißt das dann nicht phänomenologisch und ontologisch mit Heidegger gesprochen, dass sie sich *als* Möglichkeit *zeigt*? So findet sich zwar kein wörtlicher Anknüpfungspunkt für Derridas Lesart, aber doch einer in der Sache, der allerdings von Heidegger nicht weiter verfolgt wird.

[89] Vgl.: Derrida: Apories, 127; dt. 117.

zum Tod bestehen, was Derrida durchaus zugibt. Aber warum sollte man diese Außergewöhnlichkeit nicht auch für die Aporie des *s'attendre* einfordern, von der er spricht? »Das ist nicht nur ein Spiel der Sprache oder der Logik, und man darf es nicht zu schnell als solches klassifizieren.«[90] Worin aber besteht die Aporie? Was ist das Wesen der Aporie, dieser und aller anderen, so dass es möglich ist von einem einheitlichen Begriff der Aporie zu sprechen? Was ist die Aporie *als solche*? Ist es die Unmöglichkeit, das Keinen-Ausweg-wissen? Oder ist es die Tatsache, dass das Unmögliche möglich ist und *als solches* erscheint? Ist die Aporie die Unmöglichkeit, die einfache Aporie? Oder besteht das Aporetische darin, dass es sich verdoppelt und durchstreicht, dass es als Aporetisches erscheint, dass es sich unter dem Begriff der Aporie versammelt?

Wenn das *als*, das den Menschen vom Tier trennt und das die Wahrheit letztlich ermöglicht, indem es sie sichtbar und formulierbar macht, wenn dieses *als* in der Aporie bedroht ist, wenn es vom Tod bedroht wird, von der Unmöglichkeit, den Tod *als solchen* zu erleben und zur Sprache zu bringen, dann wäre der Tod nicht mehr als Ausgangspunkt der Wahrheit oder der Gewissheit zu betrachten[91] oder als (heroischer) Akt der Freiheit, sondern als Geheimnis.[92] Er wäre nicht die Bestätigung des freien Subjekts, das des transzendentalen Abstands fähig ist, sondern seine Bedrohung. Dann wäre der Tod nicht nur die eigenste Möglichkeit des Daseins (Heidegger), sondern zugleich die enteignendste.[93] Im Tod steht der Mensch in Beziehung zu etwas, das er nicht übernehmen kann, zu dem es keinen eigentlichen Bezug gibt, der den Tod nicht schon verfehlen würde. Derrida wendet gegen Heidegger ein: »Wenn aber die Unmöglichkeit des ›Als-solchen‹ genau die *Unmöglichkeit* des ›Als-solchen‹ ist, so ist sie ebenso dasjenige, was nicht als solches erscheinen kann.«[94] Wenn die Möglichkeit des *als solches* in ihrem Wesen vom Tod im Sinne des Ablebens bedroht ist, dann ist von dort her jedes Konzept *als solches* bedroht, d.h. auch die Unterscheidung zwischen Ableben und Sterben, zwischen einem eigentlichen und einem uneigentlichen Verhältnis zum Tod. Vor dem Hintergund, dass Heidegger die Sprache als Haus des Seins bestimmte, als die Sage des Seins, als seine Offenbarung und Lichtung,[95] werden die folgenden Fragen Derridas als Fragen an und als Distanzierung von Heidegger erkennbar:

---

[90] Derrida: Apories, 128; dt.: 117.
[91] Heidegger fasst die Gewissheit des Todes als ontologische Gewissheit, von der her alle anderen empirischen oder apodiktischen Gewissheiten her verstanden werden müssen. Vgl.: Heidegger: Sein und Zeit, §52, 258.
[92] Vgl.: Derrida: Apories, 130; dt.: 120. Auch der Begriff des Geheimnisses gerät in die Spirale dieser merkwürdigen Bewegung, sobald man ihn zu verstehen versucht und in eine *als*-Struktur bringt. Ein »absolutes Geheimnis« gibt es nicht. Sobald ich etwas *als* absolutes Geheimnis benennen kann, ist es dies nicht mehr. Und so weiter. Ein absolutes Geheimnis müsste daher undenkbar und unsagbar sein. Vgl.: Derrida: Wie nicht sprechen. Verneinungen, Wien 1989, 32–49. Vgl. dazu auch meine Lektüre der Rahner'schen Überlegungen in Kapitel VI.3, Seite 366.
[93] Vgl.: Derrida: Apories, 134; dt.: 124.
[94] Derrida: Apories, 131f.; dt.: 121.
[95] Vgl. zu diesem Zusammenhang: Martin Heidegger: Brief über den Humanismus. In: Ders.: Wegmarken, Frankfurt am Main ³1967, 313–364.

»Wer wird uns versichern, dass der Name, das Vermögen, den Tod zu benennen (als das andere, und das ist das gleiche), nicht ebenso an der Verheimlichung des ›Als-solchen‹ des Todes wie an seiner Enthüllung teilhat und dass die Sprache nicht gerade der Ursprung der Nicht-Wahrheit des Todes wäre? Und des anderen?«[96]

Wenn also der Mensch keinen Zugang zum Tod als solchem hat, sondern nur zum Ableben des anderen (der nicht der andere ist), wird der Tod des anderen wieder zum ersten Tod, der immer vor dem meinen kommt als Erfahrung der Trauer. Sie ist die Erfahrung meines Todes als eines Vom-Ableben-verschont-worden-sein, sie ist mit Levinas die Schuld des Überlebenden, die traumatische Züge hat, ohne dass es dazu eines Fehlers des Überlebenden bedurft hätte.[97] Mein Tod ist in gewisser Weise mein Anteil am Tod des anderen, den ich in mir trage. Das Eigenste des Daseins sieht sich kontaminiert mit dem Uneigensten, dem Tod des anderen, durch ihn beunruhigt, gespalten und heimgesucht. Der Tod als das, was sowohl die Ganzheit des Daseins und damit seine Analytik ermöglicht ebenso wie die Idealität des Sinns oder die Transzendentalität der Wahrheit, ruiniert ihre Möglichkeit von innen her. Es scheint daher, als müsste man die Aporie aushalten; aber man muss sie darin aushalten, dass sie niemals als solche ausgehalten werden kann.: »Die letzte Aporie ist die Unmöglichkeit der Aporie *als solcher*.«[98]

Es geht bei all dem nicht darum, einen Weg über das Wissen hinaus zu finden, aber wir können auch nicht mehr so tun, als seien die Grenzen des Wissens fest umrissen und als ließe sich allgemein exakt zwischen den einzelnen Wissensformen trennen.[99] Das bedeutet in letzter Konsequenz, dass wir keine reine Philosophie mehr konzipieren können. Wir konzipieren sie hier und jetzt, immer hier und immer jetzt. Und diese geschichtliche Vorentscheidung geht in sie mit ein – aus transzendentalen Gründen. Derrida hält fest, dass Heideggers Todesanalytik nicht ohne die christliche oder sogar die jüdisch-christlich-islamische Erfahrung möglich wäre. Der Bildbegriff bei Verweyen stammt aus einem genuin christlichen, ja sogar christologischen, Kontext:[100] Die Begegnung Gottes mit den Menschen nicht nur als *Freiheits-*

---

[96] Derrida: Apories, 132f.; dt.: 122.
[97] Vgl.: Derrida: Adieu, 18; dt.: 14. Die Frage der Trauer, die Notwendigkeit, den anderen in mir zu tragen, seine Stimme in mir laut werden zu lassen, hat Derrida auch in seinen Texten zu Hans-Georg Gadamers Tod und zu Maurice Blanchots Tod umkreist. Explizite Überlegungen finden sich in: Jacques Derrida: Spectres de Marx. L'État de la dette, le travail du deuil et la nouvelle Internationale, Paris 1993. Dt.: Jacques Derrida: Marx' Gespenster. Der Staat der Schuld, die Trauerarbeit und die neue Internationale. Frankfurt am Main ²1996. – Zur Frage des Überlebens vgl.: Jacques Derrida: Survivre. In: Ders.: Parages, Paris 2003, 109–203.
[98] Derrida: Apories, 137; dt.: 126.
[99] Vgl.: Derrida: Apories, 137; dt.: 126f.
[100] Vgl.: Verweyen: Gottes letztes Wort, 157. Vgl. Kapitel II.1, Seite 82. Als Kontexte evoziert dieses Bild nicht nur Anselm und die biblischen Schriften, sondern auch die Theologie und die Liturgie der Ikone, den Bilderstreit und die Transsubstantiationslehre, um nur einige zu nennen. Vgl.: dazu z.B: die Aufsätze in: Josef Wohlmuth (Hg.): Streit um das Bild. Das 2. Konzil von Nizäa (787) in ökumenischer Perspektive, Bonn 1989.

geschichte, sondern auch als Freiheits*geschichte* zu lesen, verweist auf das aus der jüdisch-christlichen Tradition stammende Konzept der Geschichte.[101] Was wir vielleicht tun könnten, wäre die Grenzen zu beschreiben, zwischen den Philosophien, zwischen Theologien und Philosophien, zwischen christlichen Theologien und jenen Gedanken im Judentum und in anderen Religionen, die wir vorschnell Theologien nennen.[102] Man müsste die Grenzen auch zwischen den einzelnen Theologien beschreiten, der Theologie des Matthäus und der des Paulus, zwischen der Jesajas und der des Hiob, zwischen der des Augustinus und der des Thomas, zwischen der von Karl Rahner und der der Psalmen – Vorausgesetzt es ließe sich so etwas wie *eine* Rahner'sche Theologie herauspräparieren.[103] Man müsste also noch zuvor die Grenzen der verschiedenen Theologien bei Rahner, bei Paulus etc. beschreiten. All das können wir unmöglich alleine tun, »*il faut toujours être plus qu'un pour parler, il y faut plusieurs voix...*«[104]

---

[101] Bernhard Welte hat in seinen Freiburger Vorlesungen zur Geschichtlichkeit diesen Zusammenhang deutlich gemacht. Das Christentum ist für ihn so mit der Geschichtlichkeit verflochten, dass es das geschichtliche Bewusstsein selbst verändert hat: »Die Geschichte versteht sich im Christentum. Das Christentum in der Geschichte« (Vorlesung 49/50, 184) Zitiert nach: Ingeborg Feige: Geschichtlichkeit. Zu Bernhard Weltes Phänomenologie der Geschichtlichen auf der Grundlage unveröffentlichter Vorlesungen, Freiburg – Basel – Wien 1989, 27. Immer noch unverzichtbar für den Begriff der Geschichte und seinen Zusammenhang mit der Jetzt-Zeit: Walter Benjamin: Über den Begriff der Geschichte. In: Ders.: Gesammelte Schriften. Band I/2. Unter Mitw. von Theodor W. Adorno hrsg. von Rolf Tiedemann, Frankfurt am Main 1974, 691–704. Vgl. dazu: Peter Bulthaup (Hg.): Materialien zu Benjamins Thesen ›Ueber den Begriff der Geschichte‹. Beiträge und Interpretationen, Frankfurt 1975.

[102] Vgl. zu den verschiedenen Bedeutungen des Begriffs der Theologie und ihrer Gestalt als einer »Glaubenswissenschaft« meine Bemerkungen in Kapitel I.2, Seite 13. Dort finden sich auch weitere Literaturangaben. Man darf nicht vergessen, dass der Begriff »Theologie« christlich ist. Insofern bereitet es enorme Schwierigkeiten, nicht nur diesen Begriff, sondern auch seinen Inhalt in andere Religionen (auch dieser Begriff ist lateinisch-christlich) zu übertragen. Zum Religionsbegriff vgl.: Hans-Michael Haußig: Der Religionsbegriff in den Religionen. Studien zum Selbst- und Religionsverständnis in Hinduismus, Buddhismus, Judentum und Islam, Bodenheim b. Mainz – Berlin 1999.

[103] Zur aktuellen Diskussion vgl.: Roman A. Siebenrock (Hg.): Karl Rahner in der Diskussion. Erstes und zweites Innsbrucker Karl-Rahner-Symposion: Themen – Referate – Ergebnisse, Innsbruck – Wien 2001.

[104] Jacques Derrida: Sauf le nom, Paris 1993, 15. Man muss mit mehreren Stimmen und in mehreren Tonlagen sprechen. Und man müsste noch viel mehr sagen von der Zeit, vom A-Dieu, dem Zu-Gott der Zeit, der Beziehung zum Unendlichen, als ich es auf diesen wenigen Seiten konnte. Vor allem müsste man, wenn man mehr über den Tod, die Zeit und das Verhältnis von Derrida und Levinas lernen wollte, jenen Text lesen, der mit *Adieu à Emmanuel Lévinas* überschrieben ist. Es ist Jacques Derridas Ansprache auf dem Friedhof von Pantin anlässlich Lévinas' Beerdigung am 27. Dezember 1995. (Erschienen in: Jacques Derrida: Adieu à Emmanuel Lévinas, Paris 1997, 11–36.) Diese Gedanken haben, wenn sie auch nicht ausdrücklich zitiert worden sind, doch dieses Kapitel imprägniert.

3. Spuren des Anderen: Innere Grenzen von Subjektivität und Philosophie

Gaben und Spuren

»Das Ich ist die Krise schlechthin des Seins des Seienden im Menschlichen.«[1] Es *ist* diese Krise, weil es die Spur des Anderen in das Sein einträgt, weil »*ich* mich bereits danach frage, ob mein Sein gerechtfertigt ist, ob das *Da* meines *Daseins* nicht bereits das Besetzen von jemandes Platz ist.«[2] So zu fragen bedeutet nach Levinas, das Menschliche dem Theoretischen vorzuordnen. Diese Frage weist nicht in erster Linie auf eine theoretische Antwort hin, sondern sie bedeutet ein In-Frage-Stellen meiner selbst. Insofern bin ich die Krise des Seins. Ich bin derjenige, der sich in allen transzendentalen Bewegungen hinter die Welt zurückzieht, selbst noch hinter sich, wenn ich von meiner Sterblichkeit und Endlichkeit abstrahiere und den Tod aus *dem Ich* ausklammere. Man müsste präzisieren: Nicht *das* Ich ist die Krise des Seins, sondern *ich* bin diese Krise. Das Ich gehört mit Levinas gesprochen der Ordnung des Gesagten an. Es gehört zum Sein, zur Transzendentalphilosophie, zum System. Ich hingegen gehöre nicht dazu. Das Ich, das Husserl jenseits der Bewusstseinszustände entdeckt hatte, wurde schon von ihm als rein bezeichnet. Ihm könne keine Reduktion etwas anhaben.[3] Es steht jenseits des Bewusstseins, dem Forschungsobjekt der Phänomenologie:

> »Von seinen ›Beziehungsweisen‹ oder ›Verhaltensweisen‹ abgesehen, ist es völlig leer an Wesenskomponenten, es hat gar keinen explikablen Inhalt, es ist an und für sich unbeschreiblich: reines Ich und nichts weiter.«[4]

Von einer solchen Beschreibung bis zur nackten Existenz bei Levinas ist es nicht mehr weit. Das reine Ich kann für Husserl kein Untersuchungsobjekt werden, es unterhält zum Bewusstsein, der Region des absoluten Seins,[5] eine

---

[1] Emmanuel Lévinas: Vom Einen zum Anderen. Transzendenz und Zeit. In: Ders.: Wenn Gott ins Denken einfällt, 229–265 (= Lévinas: Vom Einen zum Anderen), 256. Übersetzung leicht nach dem französischen Original verändert: Vgl.: Emmanuel Lévinas: De l'Un à l'Autre. Transcendance et temps. In: Ders.: Entre nous. Essais sur le penser-à-l'autre, Paris 1991, 141–164 (= Lévinas: De l'Un à l'Autre), 158. Dieser Aufsatz findet sich in der französische Ausgabe *De Dieu qui vient à l'idée* nicht. Dort hingegen sind einige Aufsätze veröffentlicht, die nicht in die deutsche Ausgabe aufgenommen wurden. In diesem Fall liegt das nach Ansicht der Herausgeber daran, dass der Aufsatz *La mauvaise conscience et l'inexorable* durch diesen Beitrag überholt sei. (Vgl.: ebd., 277.) – Was macht einen Text überholt?

[2] Lévinas: Vom Einen zum Anderen, 256. Übersetzung korrigiert. Vgl.: Lévinas: De l'Un à l'Autre, 258.

[3] Vgl.: Husserl: Ideen, §80, 160.

[4] Husserl: Ideen, §80, 160. Angesichts solcher Überlegungen legt sich die Frage nahe, ob Manfred Frank bei Husserl und in der Folge damit bei Derrida nicht vorschnell eine Reflexiontheorie diagnostiziert. Vgl. z.B.: Manfred Frank: Die Entropie der Sprache. Überlegungen zur Debatte Searle-Derrida. In: Ders.: Das Sagbare und das Unsagbare: Studien zur deutsch-französischen Hermeneutik und Texttheorie. Erweiterte Neuausgabe, Frankfurt am Main 1990, 550.

[5] Vgl.: Husserl: Ideen, §44, 80–83.

Beziehung, die nicht in das Bewusstsein aufzuheben ist. Diese Beziehung ist nur indirekt lesbar, als Spur. Levinas schließt an dieses reine Ich an, bestimmt es jedoch im Unterschied zu Husserl nicht mehr als Allgemeines, sondern als unverwechselbar und unersetzbar Einzelnes in meiner leiblichen Existenz. Nur wenn ich nicht universal bin, kann ich wirklich von dem Feld der Idealität der Bewusstseinsformen getrennt sein und nicht darin aufgehen. Ich trage Spuren hinein, Spuren eines *anders als Sein*, Spuren eines anderen, Spuren, die ein anderer in mir hinterlassen hat.[6]

Der Begriff der Spur ist nicht eindeutig – weder bei Levinas noch bei Derrida. Er ist uneindeutig, eben weil er veruneindeutlichen soll. Die Spur ist kein Zeichen wie jedes andere. Sie kann als Zeichen gedeutet werden, z.B. wenn der Jäger die Spuren eines Tieres liest, das diese nicht mit der Absicht hinterlassen hat, um sie als Zeichen für seine Jagd zu benutzen. In einer geordneten Welt, in der Welt der Phänomenologie, kann alles als Zeichen und Verweis dienen:

> »Die authentische Spur dagegen stört die Ordnung der Welt. Sie kommt als Doppelbelichtung. Ihre ursprüngliche Bedeutung zeichnet sich ab in dem Abdruck, den derjenige hinterlässt, der seine Spuren auslöschen wollte, etwa in der Absicht, ein perfektes Verbrechen zu begehen. Wer Spuren hinterließ, indem er seine Spuren auslöschte, wollte nichts sagen oder tun mit den Spuren, die er hinterlässt. Er hat die Ordnung irreparabel gestört. Er ist absolut vorübergegangen / vergangen (*passé*). *Sein* als *Eine-Spur-hinterlassen*, das heißt vorübergehen, verlassen, sich lösen.«[7]

Insofern hat die Spur etwas gespenstisches, sie sucht die Ordnung des Seins heim, ohne sich erkennen zu geben. Man müsste daher mit Derrida *Hantologie* betreiben, nicht mehr *Ontologie*.[8] Der Neologismus *hantologie* nimmt Bezug auf *hanter* (heimsuchen), unterscheidet sich jedoch klanglich kaum von *ontologie*, so dass er das aufführt, was Levinas in seinem Aufsatz *Die Spur des anderen – La trace de l'autre* fordert.

Levinas stellt an den Anfang eine These: »Das Ich ist die Identifikation schlechthin, der Ursprung des Phänomens selbst der Identität.«[9] Das univer-

---

[6] Eine solche Spur ist die Zeit, die sich den Begriffen des Selben verweigert. Vgl. dazu: Elena Bovo: Le temps, cette altérité intime. La critique de la temporalité husserlienne par Lévinas. In: Cahier d'Etudes Lévinasiennes 1 (2002), 7–20.
[7] Emmanuel Lévinas: La trace de l'autre. In: Ders.: En découvrant l'existence avec Husserl et Heidegger, 261–282 (= Lévinas: La trace de l'autre), 279; dt.: 231. Übersetzung korrigiert, CL. Man müsste Fragen stellen, die hier zu weit führen würden: Was ist eine »authentische« Spur? Bedeutet Authentizität nicht so etwas wie Übereinstimmung mit einem Original, Gegenwart eines Echten? Die »wahre« Spur hingegen müsste selbst noch das Wahre durchkreuzen und gegen sich verschieben. Levinas bringt dies an anderer Stelle mit einem Bibelzitat aus dem Hohen Lied zum Ausdruck: »Ich öffnete ... er war entschwunden.« (Levinas: Jenseits des Seins, 199. Vgl.:Hld 5,6.)
[8] Vgl.: Jacques Derrida: Spectres de Marx, Paris 1993, 31; dt.: 27.
[9] Lévinas: La trace de l'autre, 261; dt.: 209.– Diese These verdeutlicht, dass obiger Satz, der das Ich als Krise des Seins bezeichnet, nicht dieses (abstrakte und universale) Ich meint, sondern mich.

sale und transzendentale Ich ist für Levinas Synonym für die abendländische Philosophie, die alles auf die Idee des Selben reduziert habe. Das Seiende außerhalb des Bewusstseins wahre zwar eine gewisse Distanz zum Denker, aber als Gedachtes, als Begriffenes sei dieser Abstand aufgehoben. Dies gilt nach Levinas auch für Heidegger und den Seinsbegriff: »Das Sein trägt in sich die Möglichkeit des Idealismus.«[10] Die Enthüllung des Anderen in der Philosophie als ein Seiendes beraube ihn seiner Anderheit, da er von vornherein in den Begriffen des Selben verstanden werde. Vor einer bleibenden Anderheit habe die abendländische Philosophie regelrecht eine Allergie entwickelt, daher werde das Verständnis des Seins ihr letztes Wort. Daran führt auch mit Levinas und Derrida kein Weg vorbei, da alles, was gesagt wird, sich in der Ordnung des Selben niederschlägt, sonst ließe es sich weder sagen noch denken. Doch Levinas bestreitet nachdrücklich, dass sich daraus eine Grundstruktur des Menschseins ableiten ließe. Im Anschluss an Husserl hält er an der Trennung von *ich* und Sein fest.[11] Die Ontologie ist nicht fundamental.[12] Der Mensch lässt sich nicht aus der Ontologie heraus verstehen, sondern nur aus dem, was jenseits des Seins liegt. Das ist der Moment, an dem das Unendliche ins Denken einbricht. Der Großteil der überlieferten Philosophien ist dagegen nach Levinas immun, bis hinein in ihren Gottesbegriff:

> »Der Gott der Philosophen, von Aristoteles bis Leibniz, über den Gott der Scholastiker hinweg [und ich füge hinzu: bis zum Gott Pröppers, Verweyens und Müllers, CL] – ist ein Gott, der mit der Vernunft übereinstimmt, ein verstandener Gott, der die Autonomie des Bewusstseins / Gewissens nicht stören kann.«[13]

Die Philosophie ist nach Levinas eine Rückkehr, die die Handlung bereits im Voraus in das Licht zurückholt, das sie leiten soll. Sie ist die Frage nach der Bedingung der Möglichkeit. Auch wenn das Leben der Philosophie vorausgehe, finde nichts in sie Eingang, was nicht diesen Bedingungen gehorche. Dennoch hat es in ihrer Geschichte Zeichen einer »Bewegung ohne Rückkehr«[14] gegeben. Die Transzendenz des Guten in Bezug auf das Sein bei Platon, das Eine bei Plotin, das auch ἐπέκεινα νοῦ ist, werden von Levinas explizit genannt. Er fragt, ob es nicht einen Zugang zu diesem ganz anderen gebe, der dieses nicht dem Selben gleichmacht, ohne deshalb schon eine

---

[10] Lévinas: La trace de l'autre, 263; dt.: 211.
[11] Es ist diese Trennung, die den Menschen nach Levinas fähig zur Transzendenz macht. Sie gibt ihm die Fähigkeit zur Distanz und zu einem Verhältnis zum Anderen, das nicht aus demselben hergeleitet werden kann. Das drückt auch die Levinas'sche Deutung der *creatio ex nihilo* aus. Vgl. dazu Vgl. dazu: Josef Wohlmuth: Schöpfung bei Emmanuel Levinas. In: Ders. Im Geheimnis einander nahe. Theologische Aufsätze zum Verhältnis von Judentum und Christentum, Paderborn 1996, 63–79.
[12] Vgl. dazu Emmanuel Lévinas: L'ontologie est-elle fondamentale? In: Ders.: Entre nous, 12–22; Dt.: Emmanuel Lévinas: Ist die Ontologie fundamental? In: Ders.: Zwischen uns. Versuche über das Denken an den anderen, München – Wien 1995, 11–23.
[13] Lévinas: La trace de l'autre, 263; dt.: 211. Eigene Übersetzung, CL.
[14] Vgl.: Lévinas: La trace de l'autre, 264; dt.: 212.

mystische Erfahrung zu sein, die mich auslöscht und nur das andere bestehen lässt. »Kann es etwas so Befremdliches geben wie eine Erfahrung des absolut Äußerlichen, etwas in den Begriffen so Widersprüchliches wie eine heteronome Erfahrung?«[15] Eine solche heteronome Erfahrung, die nicht in Kategorien aufgeht, sucht Levinas im Werk oder in der Güte:

»Wird das Werk zu Ende gedacht, dann verlangt es einen radikalen Großmut des Selben, der im Werk auf den Anderen zugeht. Es verlangt infolgedessen die *Undankbarkeit* des Anderen. Die Dankbarkeit wäre gerade die *Rückkehr* der Bewegung zu ihrem Ursprung.«[16]

»Es sei denn, dass [...] zwischen dem Unmöglichen und dem Denkbaren sich die Dimension öffnet, wo *es* Gabe *gibt* (*il y a*) – und sogar wo *es* ganz kurz zum Beispiel die Zeit *gibt* (*il y a*), wo *es gibt* (*ça donne*), es das Sein und die Zeit gibt[.]«[17]

---

[15] Lévinas: La trace de l'autre, 266; dt.: 214. Übersetzung verändert, CL. Vgl. zum Begriff der Erfahrung bei Levinas besonders: Susanne Sandherr: Die heimliche Geburt des Subjekts. Das Subjekt und sein Werden im Denken Emmanuel Lévinas', Stuttgart – Berlin – Köln 1998, 135–140. Die hier zitierte Äußerung ist bereits das Ergebnis einer fortgeschrittenen Reflexion bei Levinas, der nicht mehr unbefangen von einer Erfahrung des anderen sprechen kann, wenn der Erfahrungsbegriff phänomenologisch so besetzt ist, dass er die Korrelation *noesis-noema* meint. Eine Erfahrung des anderen ist unmöglich. Sie ist nur möglich in einer Erfahrung des anderen *als* anderem, d.h. in dem, was Husserl analogische Appräsentation nennt. (Vgl. dazu auch Derridas Aufsatz *Gewalt und Metaphysik* sowie meine Ausführungen auf Seite 167 dieser Arbeit.) Im Gefolge von Derrida wird dieser Erfahrungsbegriff von Dominique Janicaud als unphänomenologisch und theologisch zurückgewiesen. (Vgl.: Dominique Janicaud: Le tournant théologique de la phénoménologie française, Paris 1991, zu Levinas bes.: 25–38.) Levinas betreibe ein Doppelspiel, indem er systematisch die Husserl'schen und Heidegger'schen Begriffe ersetze und somit die Phänomenologie für seine Theologie als Geisel nehme. Sandherr weist diesen Vorwurf als Polemik ab und unterstellt Janicaud einen »laizistisch-kulturkämpferische[n] Impetus«. (Sandherr: Die heimliche Geburt des Subjekts, 137; vgl.: Margit Eckholt: Eine theologische Wende? Entwicklungen in der französischen Philosophie. In: Herder Korrespondenz 50 (1996), 261–266, 261.) Auch wenn dieser Impetus durchaus vorhanden sein mag, so scheinen mir Janicauds Argumente doch zum Teil berechtigt. Wenn man wie Janicaud an einem phänomenologischen Projekt im Sinne Husserls als einer kritischen und post-kritischen Philosophie festhält, so muss man eine unüberwindliche Differenz zwischen Phänomenologie und Theologie betonen: »phénoménologie et théologie font deux.« (Janicaud: Le tournant théologique, 89.) Freilich muss man fragen, ob diese grundsätzliche Unterscheidung haltbar ist oder nicht von Grund auf durchkreuzt wird und als solche nur noch in elliptischer Vorläufigkeit stehen bleiben kann.

[16] Lévinas: La trace de l'autre, 267; dt.: 216. Übersetzung leicht korrigiert, CL.

[17] Jacques Derrida: Donner le temps. 1. La fausse monnaie, Paris 1991 (= Derrida: Donner le temps), 22. (Vgl. die deutsche Version: Jacques Derrida: Falschgeld. Zeit Geben I, München 1993, 20. Die deutsche Übersetzung erscheint mir an vielen Stellen zu ungenau, so dass ich durchweg selbst übersetze.) Dieser erste Band ist ohne einen zweiten geblieben, der sich nach Derridas eigener Aussage mit der Frage des Heidegger'schen »es gibt«, das schon in *Sein und Zeit* präsent ist, mit einer Lektüre von *Zeit und Sein* beschäftigen sollte. (Vgl. FN 1, S. 34) Man mag über die Tatsache spekulieren, dass Derrida hier einen ersten Band schreibt und auf einen zweiten verweist, den er nicht mehr schreibt, so wie Heideggers *Sein und Zeit* nur der erste Teil eines größeren Werkes sein sollte. Kann man hinsichtlich der Zeit immer nur erste Bände schreiben kann, an deren »Ende« der Vermerk stehen müsste: »Fortsetzung folgt«?

Ein Werk – in all seiner Zweideutigkeit als Meisterwerk, als Lebenswerk, gutes Werk, als Almosen und Gabe – ist gekennzeichnet durch eine gewisse Verausgabung. Es ist eine Gabe ohne Dankbarkeit, ohne Gegengabe, ohne Rückkehr. Als solches ist es eigentlich unmöglich.

Zeit geben

In breiten Analysen hat Jacques Derrida in *Donner le temps* diese Unmöglichkeit der Gabe vertieft. Ohne diese in ihrer Breite, ihrer Würdigung und Kritik von Marcel Mauss' Untersuchungen,[18] Baudelaires Erzählung[19] und einem Wort von Madame de Maintenon[20] darstellen zu können, möchte ich auf einige mir wichtig erscheinende Motive näher eingehen. Derrida geht der Gabe in ihrem Verhältnis zur Ökonomie nach. Letztere begreift er mit Levinas als Zirkel, als Rückkehr zum Selben, die sich nur aufmacht, um wieder zurückzukommen: »Das Bei-sich-sein der Idee im absoluten Wissen wäre odyseeisch in diesem Sinne[.]«[21] Die Ökonomie ist der Tausch, die Gabe hingegen wäre ihrer Definition nach das, was keine Rückbewegung kennt, was eine einfache Bewegung hin auf den anderen ist, ohne Gegengabe, ohne Dank, ja selbst ohne Dankbarkeit. Damit es so etwas wie eine reine Gabe gäbe, dürfte sie nicht *als solche* erscheinen. Weder der Geber dürfte sie als Gabe identifizieren und mit sich zufrieden sein, was er gegeben hat, noch der Empfänger dürfte sich beschenkt wissen und daher in einer Schuld stehen, die er abtragen müsste. Die Gabe gehört einer anderen Ordnung an als das Ökonomische, sie unterbricht den Tausch, aber sie leitet ihn auch ein. Sie muss zum Zirkel einen Bezug unterhalten, aber einen Bezug der Fremdheit, eine Art familiäre Fremdheit: »In diesem Sinn vielleicht ist die Gabe das

---

[18] Vgl.: Marcel Mauss: Die Gabe. Form und Funktion des Austauschs in archaischen Gesellschaften. Frankfurt am Main 1968.
[19] Vgl.: Charles Baudelaire: La fausse monnaie. In: Ders.: Œuvres complètes. Tome 1. Herausgegeben von Claude Pichois, Paris 1975, 323.
[20] Vgl.: Françoise d'Aubigné de Maintenon: Lettres. Publié par Marcel Langlois, Tome II, Paris 1935, 233: Lettre à Madam Brinon.
[21] Derrida: Donner le temps, 18; dt.: 16. Vgl. zum Begriff der Gabe bei Derrida: Kathrin Busch: Geschicktes Geben. Aporien der Gabe bei Jacques Derrida, München 2004, v.a. 85–111. Buschs Darstellung von Derridas Überlegungen zur Gabe im Rückgriff auf Heidegger, aber unter dem Stichwort des gebenden Subjekts auch auf Levinas (S. 113–133), sind sehr detailliert und für eine erste Diskussion der Frage gut geeignet. Allerdings geht Busch – wie viele andere auch – von einer ethischen Wendung in der philosophischen Entwicklung bei Derrida aus und liest *Donner le temps* aus dieser Perspektive. (Vgl. S. 85.) Derrida hat diese ethische Wende wiederholt zurückgewiesen. (Vgl.: Jacques Derrida: Comme si c'était possible, »within such limits«. In: Revue Internationale de Philosophie 205 (1998), 497–529, 513–515.) »[C]e que j'avance ici ne dessine quelque ›*ethical turn*‹, comme on a pu le dire. J'essaie seulement de poursuivre avec quelque conséquence une pensée engagée depuis longtemps auprès des mêmes apories. La question de l'éthique, du droit ou de la politique n'y a pas surgi à l'improviste, comme à la sortie d'un virage. La façon dont elle est traitée n'est d'ailleurs pas toujours rassurante pour une ›morale‹ – et peut-être parce qu'elle lui demande trop[.]« (Ebd., 517f.) *Gewalt und Metaphysik* scheint dies zu belegen.

Unmögliche. Nicht unmöglich, sondern *das* Unmögliche. Die Figur selbst des Unmöglichen. Sie kündigt sich an, gibt sich zu denken als das Unmögliche.«[22] Das Unmögliche ist nicht undenkbar. Derrida und Levinas denken nicht irrational, sondern an den Grenzen der Rationalität, an den Grenzen des Denkens.

Der Bezug zu Heidegger ist deutlich zu hören, und doch will ich hier nicht auf ihn eingehen. Mich interessiert jene Dimension, die sich zwischen dem Unmöglichen und dem Denkbaren öffnet, die das Denkbare auf das Unmögliche hin öffnet, die eine Öffnung im Denkbaren ankündigt. In dieser Öffnung gibt es Zeit. Sie ist das Altern des denkenden und vergegenwärtigenden Subjekts. Aber wie kann man behaupten, die Gabe sei das Unmögliche?[23] Kennen wir nicht alle die Situation, dass wir jemandem etwas geben wollen? »[J]emand hat die Intention-zu-geben etwas an jemanden.«[24] Diese Struktur setzt nach Derrida ein Subjekt voraus, das sich mit sich identisch weiß, das seine Identität letztlich durch diese Struktur bestätigt wissen will. Wenn ich jemandem etwa geben will, so bin ich zweifellos. Die Selbstvergewisserung des selbstbewussten Subjekts geschieht in der ökonomischen Struktur. Das Ich wird am anderen zu sich selbst. Diese Struktur »A gibt B an C« zieht sich durch das durch, worin wir von Gabe sprechen. Doch diese Struktur benennt eine Ökonomie, in der A, B und C austauschbar werden und letztlich dieselben sind.

Wenn wir Gabe dadurch definieren, dass einer einem anderen etwas anderes gibt, so könnte man dies als Tautologie auffassen, da wir das zu Definierende in die Definition mit aufgenommen haben. Tatsächlich haben wir jedoch noch die Begriffe »einer«, »ein anderer« und »etwas anderes« stillschweigend eingeführt und so getan, als wüssten wir alle, wovon wir sprechen.[25] Wir wissen aber nur in der Ordnung des Selben, im Bereich des absoluten Wissens, wovon wir sprechen. Wenn A, B und C austauschbar sind, wenn wir virtuell jede mögliche Position einnehmen können, dann können wir definieren, was Gabe heißt, doch dann haben wir sie in den ökonomischen Zirkel eingeschrieben, dem sie doch fremd ist, da sie keine Rückkehr kennt. Kein Danke. Keine Schuld. Kein Vergelt's Gott.[26] »Eschatologie

---

[22] Derrida: Donner le temps, 19; dt. 17.
[23] Derrida bestreitet nicht das Phänomen der Gabe, wie es in der von Mauss beschriebenen Struktur zeigt: »Wenn wir das [die Unmöglichkeit der Gabe] betonen, wollen wir nicht sagen, dass es *keine* ausgetauschte Gabe *gibt*. Man kann das *Phänomen* nicht bestreiten, noch das, was diesen phänomenalen Aspekt der ausgetauschten Gaben präsentiert. Aber der offensichtliche Widerspruch dieser zwei Werte des Austauschs und der Gabe muss problematisiert werden.« (Derrida: Donner le temps, 55f.; dt.: 54.)
[24] Derrida: Donner le temps, 22f.; dt.: 21.
[25] Vgl.: Derrida: Donner le temps, 24; dt.: 22.
[26] Aus diesem Zirkel gibt es prinzipiell kein Entkommen, auch nicht wenn es gelingt, den Empfänger, den Geber oder die Gabe zu reduzieren, wie Jean-Luc Marion dies vorschlägt. (Vgl.: Jean-Luc Marion: Etant donné, Paris ²1998, 101–168.) Marions These ist, dass man phänomenologisch von einer Gabe als solcher sprechen könne, wenn es gelingt, einen Term der ternären Struktur zu reduzieren. So sei es zum Beispiel nicht mehr möglich bei einer Spende an das Rote Kreuz den eigentlichen Empfänger zu bestimmen,

ohne Hoffnung für sich selbst[.]«[27], um mit Levinas zu sprechen. Wenn eine Gabe erscheinen soll, dann muss sie *als solche* erscheinen und hat sich damit in die Rückwärtsbewegung eingeschrieben und in diesem Augenblick annulliert. Das heißt, damit es Gabe gäbe, dürfte sie weder dem Empfänger, noch dem Geber als Gabe erscheinen: »Sie kann nur Gabe als Gabe sein, wenn sie als Gabe nicht präsent ist.«[28] Soll man das noch eine Gabe nennen? Die Bedingungen der Möglichkeit der Gabe sind die Bedingungen ihrer Unmöglichkeit:

> »Die Zeitigung der Zeit (Erinnerung, Gegenwart, Erwartung; Retention, Protention, Bevorstehen des Futur; Extasen, etc.) setzt immer den Prozess einer Zerstörung der Gabe in Gang: im Behalten, der Erstattung, der Reproduktion, dem Vorhersehen oder dem vorwegnehmenden Erfassen, das im Voraus nimmt *(prend)* oder versteht *(comprend)*. In all diesen Fällen kann die Gabe sicherlich ihre Phänomenalität oder, wenn man das bevorzugt, ihre Erscheinung der Gabe behalten. Aber ihre Erscheinung selbst, das einfache Phänomen der Gabe annulliert sie als Gabe, verwandelt die Erscheinung in ein Phantom und die Wirkung in Schein.«[29]

Wenn man so will ist die Gabe eine einstellige Bewegung, das Bewusstsein jedoch mindestens zweistellig. Sobald sie in das Bewusstsein eintritt, wird sie zerstört. »Das Subjekt-Werden rechnet also mit sich selbst, es tritt als Subjekt in das Reich des Berechenbaren ein.«[30] Insofern schließt die Gabe das selbstbewusste Subjekt aus:

> »Man wäre sogar versucht zu sagen, dass ein Subjekt als solches eine Gabe weder gibt noch jemals empfängt. Es konstituiert sich im Gegenteil im Hinblick darauf, die Herrschaft dieser *Hybris* oder dieser Unmöglichkeit, die sich in der Verheißung

---

und auch, wenn man seinem Partner eine Rose schenke, gebe man viel mehr als man eigentlich als Sache gibt. Vor allem das zweite Beispiel streitet Derrida nicht ab, er fragt vielmehr, ob man diese Gabe, um die es in der Rose geht, noch phänomenologisch als solche benennen kann, oder ob man sie nicht Rose, Zuneigung, Verehrung, Hingabe etc. nennen muss, was immer eine Verspätung hinsichtlich der ursprünglichen Gabe bedeutet, die stets im Zweifel bleibt, da die Rose auch einfach eine Rose sein kann. – Die Diskussion über den Begriff der Gabe hat vor allem im angelsächsischen Sprachraum eine große Diskussion in der Sekundärliteratur ausgelöst und zu einem Symposion geführt, auf dem Derrida und Marion miteinander diskutierten. (Vgl.: John D. Caputo, Michael J. Scanlon (Hg.): God, the Gift, and Postmodernism, Bloomington – Indianapolis 1999; darin: On the Gift: A Discussion between Jacques Derrida and Jean-Luc Marion, Moderated by Richard Kearney (54–78). Vgl. dazu u.a.: Robyn Horner: Rethinking God as gift. Marion, Derrida, and the limits of phenomenology, New York 2001; Paul Gilbert: Substance et présence. Derrida et Marion, critiques de Husserl. In: Gregorianum 75 (1994), 95–133; Arthur Bradley: God *sans* being: Derrida, Marion and ›a paradoxical writing of the word *without*‹. In: Literature and Theology 14 (2000), 299–312. Einen ersten Überblick über die phänomenologischen Grundannahmen von Marion bietet: Michel Henry: Quatre principes de la phénoménologie. In: Revue de Métaphysique et de Morale 96 (1991), 3–26. In dieser Ausgabe finden sich auch weitere Beiträge zu Marions Philosophie.)

[27] Lévinas: La trace de l'autre, 268; dt.: 217. Übersetzung verändert, CL.
[28] Derrida: Donner le temps, 27; dt.: 25.
[29] Derrida: Donner le temps, 27; dt.: 25.
[30] Derrida: Donner le temps, 39; dt.: 36.

/ dem Versprechen *(promesse)* der Gabe ankündigt, durch das Kalkül und den Austausch zu beherrschen.«[31]

Insofern gehören Subjekt und Gabe, Transzendentalphilosophie und Gabe, Metaphysik und Gabe, Philosophie und Gabe verschiedenen Ordnungen an, die sich, so scheint es, nicht auf dasselbe zurückführen lassen.[32] Was aber kann unter diesen Bedingungen »geben« noch bedeuten? Derrida begreift die Struktur dieser unmöglichen Gabe analog zu der des Seins und der der Zeit, die als Paradoxien erscheinen, wenn Aristoteles zum Beispiel von der Zeit sagt, sie sei ohne zu sein, sie sei nicht präsent oder nur auf schwache Weise.[33] Dennoch ist die Gabe nach Derrida nicht nur einfach eine reine Exteriorität, sondern das, was den Zirkel der Ökonomie in Gang setzt. »Was ist die Gabe als erster Beweger des Zirkels?«[34] Derrida, der eben noch die Gabe aus dem Sein ausgeschlossen hatte, stellt die erste Frage der Metaphysik, die Frage nach dem Sein: Was *ist*? Was ist das Wesen? τὸ τί ἦν εἶναι; – Diese Frage lässt sich nicht einfach abweisen, will man im Gespräch und in der Philosophie bleiben. Das gilt für Levinas: Wer *ist* der andere, der anders ist als Sein? Wie *zeigt* sich das, was sich nicht zeigt oder nur als Spur? Das gilt aber auch für Müller: Was ist der Grund im Bewusstsein? Was ist die einstellige Selbstvertrautheit? Wer ist das, der *mit sich* vertraut ist? – Diese Fragen nicht zu stellen, hieße die Philosophie dem Dogmatismus auszuliefern.[35]

> »Selbst wenn die Gabe immer nur nur ein Trugbild wäre, muss man noch *Rechenschaft ablegen* von der Möglichkeit dieses Trugbildes und der Sehnsucht, die zu diesem Trugbild hintreibt. Und man muss auch Rechenschaft ablegen von der Sehnsucht, Rechenschaft abzulegen. Das geht weder gegen, noch ohne das *Prinzip der Vernunft (principium reddendae rationis)*, selbst wenn dieses dort seine Grenze wie auch seine Möglichkeiten findet.«[36]

---

[31] Derrida: Donner le temps, 39; dt.: 37. Jean-Luc Marion betont hier eine andere Dimension dieses Zusammenhangs: Das Subjekt wird für ihn von der Gabe erst konstituiert, weshalb es als *adonné* bestimmt wird, als einer, der sich gegeben wird, der den Ruf als Gabe empfängt und sich vom Hören dieses Rufes her konstituiert. Er kommt zu diesen Überlegungen durch eine Radikalisierung der phänomenologischen Reduktionen auf das Gerufen-werden oder Angesprochen-werden, das als »donation« der Phänomenologie zu Grunde liegt. Dabei beruft er sich auf Husserls Prinzip: »Absolute Gegebenheit ist ein Letztes.« (Edmund Husserl: Idee der Phänomenologie. Fünf Vorlesungen. Herausgegeben und eingeleitet von Paul Janssen. Text nach Husserliana, Band II, Hamburg 1986, 61. Vgl.: Marion: Réduction et donation, 54.) Von diesen Überlegungen ist Derrida nicht weit entfernt, er bringt jedoch gegen Marion strukturell dieselben Argumente vor wie in *Gewalt und Metaphysik* schon gegen Levinas. Die Gabe und als Konsequenz der *adonné* dürften sich weder denken noch sagen lassen. Daher ist eine Phänomen*ologie* der Gabe nur als Unmögliche möglich.

[32] Auch wenn ich dies mit eben jenem Satz tue.

[33] Vgl.: Aristoteles: Physik IV 11, 220a.

[34] Derrida: Donner le temps, 47; dt.: 46.

[35] Vgl.: Derrida: Gewalt und Metaphysik, 198; frz.: 191.

[36] Donner le temps, 47; dt.: 46. Die Tatsache, dass Derrida hier Heideggers Gedanken zum *Satz vom Grund* nicht anführt, obwohl er sie definitiv kennt, zeigt meines Erachtens, dass er nicht auf Heideggers Schlussfolgerungen hinaus will: »Nichts *ist* ohne *Grund*. Sein und Grund: das Selbe. Sein als gründendes hat keinen Grund, spielt

Dieses Rechenschaft-ablegen könnte man Dekonstruktion nennen. Die Dekonstruktion als das Denken der Gabe (des Gesetzes und der Gerechtigkeit), das selbst in Dekonstruktion bleibt.[37] Dieses Denken geht nicht von den »Sachen selbst« aus und will auch nicht »zu den Sachen selbst« zurück, wie dies Husserl als Leitperspektive der Phänomenologie ausgegeben hatte: »Wir sind nicht mehr leichtgläubig genug zu glauben, von den Sachen selbst auszugehen, indem wir den ›Texten‹ ausweichen, indem wir einfach dem Zitieren oder dem Eindruck zu ›kommentieren‹ ausweichen.«[38] Diese »Texte« sind nicht nur philosophische oder literarische Texte, sondern Strukturen, Kontexte, geschichtliche Zusammenhänge, in die wir immer schon eingeschrieben sind, in die wir uns aber auch aktiv einschreiben, die wir mitschreiben und umschreiben. Levinas spricht von der Vergebung als Umkehrung der Zeit, da sie die Vergangenheit heilen könne und dem Subjekt erlaube so zu leben, als hätte es nicht gefehlt.[39] Derrida weitet diesen Gedanken aus und generalisiert ihn gewissermaßen: Wo immer Vergangenheit zitiert wird, wo sie Geschichte wird, schreiben sich ihr neue Kontexte ein. Dadurch, dass sie zitierbar ist – zumindest im Prinzip – wird sie geöffnet und beginnt zu arbeiten. Was nicht zitierbar ist, wäre Rauch, Asche[40] und Spur. Da wir also nicht zu den Sachen

---

als der Ab-Grund jenes Spiel, das als Geschick und Sein und Grund zuspielt. Die Frage bleibt, ob wir und wie wir, die Sätze dieses Spiels hörend, mitspielen und uns in das Spiel fügen.« (Martin Heidegger: Der Satz vom Grund, Stuttgart [8]1997, 188.) Wenn Derrida in *Spectres de Marx* Hamlet zitiert – Emmanuel Levinas merkte einmal an, die gesamte Philosophie komme ihm vor eine Meditation zu Shakespeare (Vgl. Levinas: Die Zeit und der Andere, 45.) –, der sich beklagt: »The time is out of joint. – Die Zeit ist aus den Fugen.« (Vgl.: Derrida: Spectres de Marx, 19; zur Diskussion mit Heidegger: 49–57; dt.: 46–55.), dann wendet er sich damit auch gegen Heideggers Bevorzugung des Fugs und der Fügung des Seins, die er nach dem Spruch des Anaximander als *dikè* auslegt. (Vgl.: ebd., 55.) Derrida fragt: »Setzt nicht die Gerechtigkeit als Beziehung zum anderen [das erinnert an Levinas, CL] jenseits des Rechts [...] im Gegenteil das irreduzible Übermaß einer Entzweiung *(disjointure)* oder einer Anachronie voraus, [...] einer Entzweiung, die, um immer das Übel, die Enteignung und die Ungerechtigkeit *(adikia)*, gegen die es keine berechenbare Versicherung gibt, zu riskieren, allein *Gerechtigkeit herstellen* könnte oder dem anderen als anderem *Gerechtigkeit zukommen lassen* könnte. [...] Um es zu schnell zu sagen und um die Einsätze extrem zu formalisieren: hier, in dieser Interpretation des *Un-fug** [...] würde sich die Beziehung der Dekonstruktion zur Möglichkeit der Gerechtigkeit, die Beziehung der Dekonstruktion [...] zu dem, was sich der Einzigkeit des anderen ergeben muss (ohne Schuld und ohne Müssen), seiner absoluten *Vor*gängigkeit oder seinem absoluten *Zuvor*kommen, der Heterogenität des *vor* – was sicherlich das bezeichnet, was vor mir kommt, vor allem Gegenwärtigen, also vor allem vergangenem Gegenwärtigen, aber auch was von dort selbst aus der Zukunft *(avenir)* kommt oder als Zukunft *(avenir)* kommt: als das Kommen *(venue)* selbst des Ereignisses *(événement).«* (Ebd., 55f.; eigene Übersetzung.)

[37] Vgl.: Derrida: Spectres de Marx, 56; dt.: 54. In diesem Sinne ist Derridas Zuspitzung zu verstehen: »Die Dekonstruktion ist die Gerechtigkeit.« (Derrida: Gesetzeskraft, 30.) In diesem Aufsatz verortet Derrida die Dekonstruktion, die eigentlich keinen Ort hat, vorrangig in den »law schools«, aber auch in der Theologie und der Architektur. In den literaturwissenschaftlichen Fachbereichen hingegen sieht er sie nicht. (Vgl.: Ebd., 18.)

[38] Derrida: Donner le temps, 130f.; dt.: 133.

[39] Vgl.: Lévinas: Totalität und Unendlichkeit, 411–413.

[40] Vgl.: Jacques Derrida: Schibboleth, Paris 1986, 77. Die Einzigkeit des Verbrechens, das

selbst kommen, ohne uns den Weg dorthin mit unseren überlieferten Begriffen zu bahnen, schreiben wir von Anfang an immer nur einen Kommentar – selbst wenn wir über einen letztgültigen Sinn nachdenken. Derridas Konsequenz aus dieser Einsicht ist, dies offenkundig zu machen, seine Kommentare an und mit Texten ausdrücklich zu verankern und um sie zu kreisen.

In Levinas' Sprache handelt es sich um ein Gesagtes – der fremde Text und der eigene (wenn diese Unterscheidung noch zu treffen ist) –, das sich im Sagen zurücknimmt und durchstreicht – sowohl den »fremden«, angeeigneten Text als auch den »eigenen«, durch den fremden durchkreuzten und verfremdeten –, um auf jene Spur des Anderen hin lesbar zu bleiben. Man müsste also das, was alle Sprache übersteigt, und sei es nur ein Trugbild, ein Phantasma, ein Gespenst, in die Sprache einschreiben, gewissermaßen während des Schreibens schreibend den anderen erfinden.

Invention de l'autre

Die Erfindung des anderen, die *Invention de l'autre* hat Derrida in gleichnamigem Text hinterfragt.[41] Kann man überhaupt etwas erfinden? Ist Erfinden ein Können, eine Fähigkeit, eine Möglichkeit? Oder handelt es sich bei einer Erfindung nicht eher um einen Einfall, ein Ereignis, in dem das Subjekt passiv ist, in dem ihm etwas (anderes) einfällt? Was hat es mit *invention de l'autre* auf sich?

Nach Derrida bezeichnet der Begriff *invention* im allgemeinen Sprachgebrauch meistens gleichzeitig und diffus dreierlei: 1. Erfindungsgeist, Erfindungsgabe, die Fähigkeit zu erfinden: Ein Schriftsteller hat *invention*. 2. *Invention* ist der Augenblick, die Erfahrung, die Tatsache des Neuen, die Neuheit des Neuen. 3. *Invention* ist der Inhalt der Neuheit, die erfundene, entdeckte Sache. Doch der französische Begriff der *invention* hat nicht nur die Bedeutung *Erfindung*, sondern auch *Entdeckung*, was zwar nicht mehr allgemeinsprachlich gebräuchlich ist, aber z.B. in der Benennung des Feiertags *L'invention de la Ste Croix*, der Kreuzauffindung durch die Heilige Helena, noch in der Sprache nachlebt. Zudem ist dem Begriff *invention* vom Lateinischen *invenire* her eine passivische Konnotation eigen. Jemand oder etwas kommt herein, *vient*, fällt ein. Diese passivische Konnotation ist durch *inventer* – erfinden aktivisch konnotiert. So kreuzen sich in diesem Begriff Bedeutungsdimensionen, die sich nicht auf einen Nenner bringen lassen. Derrida geht diesen Dimensionen nach und erinnert an den Gebrauch des Wortes

---

mit dem Namen »Auschwitz« zitiert wird, liegt in dem, was sich prinzipiell nicht vergleichen lässt, weil es kein gemeinsames Maß dafür gibt. Sie liegt in der Einzigkeit der Opfer, die keinen Namen tragen, die nur als Rauch und Asche erinnert werden können, an die eine eigentliche Erinnerung unmöglich ist. Die absolute Negation – die philosophisch undenkbar ist – wurde dort Wirklichkeit.

[41] Die folgenden Überlegungen beziehen sich vorwiegend auf: Jacques Derrida: Psyché. Invention de l'autre. In: Ders.: Psyché. Inventions de l'autre. Nouvelle édition augmentée. Tome 1, Paris 1998, 11–61 (= Derrida: Psyché). Da dieser Text nicht als Übersetzung vorliegt, übersetze ich selbst.

invention bei Descartes und Leibniz in Zusammenhängen, die für unsere Fragen entscheidend sind.[42]

Beide sprechen von der *invention* einer universellen Sprache. Für Descartes hängt diese *invention* von der Entwicklung einer wahren Philosophie ab. Müsste man eine solche Anforderung nicht in der Tat an jene Diskurse stellen, die den letzten Sinn, das Leit-Prinzip oder die Erste Philosophie zu suchen vorgeben? Müsste einer Ersten Philosophie nicht auch eine Erste Sprache entsprechen? Selbst wenn sie sich unterschiedlich ausprägen sollte in unterschiedliche gesprochene Sprachen und Dialekte, müsste dahinter nicht ein einheitliches Begriffssystem stehen, das die universale Übersetzbarkeit garantierte? Descartes ist sich sicher, dass diese Sprache möglich ist und dass man die Wissenschaft finden kann, von der sie abhängt. Man könne sie im Gebrauch dieser Sprache finden. Eine solche Sprache hätte außerdem den Vorteil, den Bauern ein besseres Urteil über die Wahrheit zu erlauben, was bisher den Philosophen vorbehalten sei.[43] So stellt er die wahre Philosophie und die universelle Sprache in ein gegenseitiges Abhängigkeitsverhältnis, das sich auch bei Leibniz findet. Jener folgt in diesem Punkt Descartes, auch wenn er der Meinung ist, diese Sprache ließe sich bereits einführen, wenn die Philosophie noch nicht vollkommen sei. In dem Maße, in dem die Wissenschaft wachse, wachse auch diese Sprache. Sie diene schon jetzt dazu, »die Mittel zu (er)finden *(inventer)*, dorthin zu gelangen, aber vor allem, um die Streitigkeiten in Bereichen zu beenden, die vom Urteilen *(raisonnement)* abhängen. Denn Urteilen *(raisonner)* und Rechnen *(calculer)* wird dasselbe sein.«[44] Vor diesem Hintergrund gewinnt Levinas' Einspruch gegen die abendländische Philosophie an Gewicht. In seinem Beitrag *Wie man so sagt*[45] kritisiert er die überkommene Bedeutung von Rationalität:

> »Dass die Rationalität *Rechtfertigung* heißen kann und nicht immer Beweisführung, dass die Verstehbarkeit sich auf die Gerechtigkeit bezieht, darin liegt nicht ein bloßes Metaphernspiel. Hören die Gründe *(raisons)*, die eine bestimmte Vernunft *(raison)* nicht kennt, deswegen schon auf in vernünftiger Weise zu bedeuten? [...] Der Sinn, den die Philosophie mit Hilfe dieser Formen sehen lässt, macht sich von den theoretischen Formen, die ihn sehen lassen, frei und kommt so zur Sprache, als ob diese Formen sich gerade nicht in dem festsetzten, was sie sehen lassen und zur Sprache bringen. [...] Darin eben besteht das Rätsel der Philosophie im

---

[42] Im Folgenden lasse ich das französische Wort *invention* aus ökonomischen Gründen stehen. Eine Übersetzung je nach Kontext verbietet sich, da – und das kann man bei Derrida immer wieder beobachten – die Vieldeutigkeit inszeniert wird, um zu verdeutlichen, dass jede scheinbare Eindeutigkeit sich in andere Kontexte übersetzen lassen muss und sich darin verändert: »Ist die Übersetzung *invention*?« (Derrida: Psyché, 45.)

[43] Vgl.: Derrida: Psyché, 49. Vgl.: René Descartes: Lettre à Mersenne, 20 novembre 1629. In: Ders.: Œuvres et lettres. Textes présentés par André Bridoux, Paris 1953, 911–915, 915. Dt. in: René Descartes: Briefe. 1629–1650, Köln – Krefeld 1949, 15–29, 29.

[44] Gottfried Wilhelm Leibniz: Opuscules et fragments inédits, Hildesheim 1966, 27–28, 28. Vgl.: Derrida: Psyché, 49.

[45] Emmanuel Lévinas: Wie man so sagt. In: Lévinas: Wenn Gott ins Denken einfällt, 266–271.

Vergleich zum ontologischen Dogmatismus und seiner einseitigen Klarheit und besteht es zugleich als die permanente Krise der Philosophie.«[46]

Das Rätsel und die Krise der Philosophie sind auch für Derrida bei Leibniz und Descartes stillgelegt. Wer nur eine partikulare Wahrheit findet, ist nach Leibniz nur ein halber *inventeur*. Der wahre *inventeur* hingegen findet die allgemeine Wahrheit. Die Rolle des Zu*falls* reduziert Leibniz auf die günstige Gelegenheit, der wahre *inventeur* hingegen sucht mit Methode und verlässt sich nicht auf das Empirische, Akzidentielle und Beiläufige.[47] Der *inventeur* erkennt die Chance der Chance, er nimmt sie vorweg, ergreift sie und schreibt sie ein in die Charta der Notwendigkeit. Der Zufall wird zum statistischen Vorfall: berechenbar und prognostizierbar. Es gibt keine absoluten Überraschungen mehr:

»Das ist das, was ich die Erfindung des Selben nenne. *Jede* Erfindung ist so, oder fast jede. Und ich *stelle* sie nicht der Erfindung des Anderen *gegenüber* (ich stelle ihr übrigens nichts gegenüber), denn die Gegenüberstellung *(opposition)*, dialektisch oder nicht, gehört noch zu dieser Herrschaft des Selben. Die Erfindung des Anderen stellt sich nicht der des Selben gegenüber. Ihr Unterschied gibt Zeichen in Richtung eines anderen Ereignisses *(survenue)*, in Richtung dieser anderen Erfindung, von der wir träumen, diejenige des ganz Anderen *(tout autre)*, diejenige, die eine noch unvorhersehbare Anderheit kommen lässt *(laisse venir)* und für die noch kein Erwartungshorizont bereit, entworfen, verfügbar erscheint. Dennoch muss man sich darauf vorbereiten, denn um den ganz anderen / die ganz andere / das ganz andere[48] kommen zu lassen, ist die Passivität, eine gewisse Art von resignierter Passivität, für die alles auf dasselbe hinausläuft, unpassend. Den anderen kommen lassen, das ist nicht Trägheit, die zu was auch immer bereit ist. Wenn die Ankunft des Anderen unberechenbar und in gewisser Weise zufällig bleiben soll (man stolpert über den anderen in der Begegnung), entzieht sie sich ohne Zweifel jeder Programmierung. Aber diese Zufälligkeit des Anderen muss der in ein Kalkül integrierbaren Zufälligkeit gegenüber genauso heterogen bleiben wie gegenüber dieser Form des Unentscheidbaren, an der sich die Theorie der formellen Systeme messen. Jenseits jedes möglichen Statuts nenne ich diese Erfindung des ganz anderen noch Erfindung, weil man sich darauf vorbereitet, dass man dabei diesen Schritt macht, kommen *(venir)* zu lassen, den Anderen hereinkommen *(invenir)* zu

---

[46] Lévinas: Wie man so sagt, 270. Die Wortwahl »Dogmatismus« bezieht sich wohl indirekt auf Derridas Hinweis aus *Gewalt und Metaphysik*, Levinas liefere die Philosophie dem Dogmatismus aus.

[47] Vgl.: Derrida: Psyché, 50–52. Vgl.: Gottfried Wilhelm Leibniz: Nouveaux essais sur l'entendement humain. Neue Abhandlungen über den menschlichen Verstand, Buch III–IV. Philosophische Schriften III/2, Darmstadt 1961, IV, VII §11, 380–383.

[48] Der französische Ausdruck *l'autre* bleibt hier nicht neutral, sondern unentschieden, in der Differenz des grammatikalisch Geschlechtlichen vor und jenseits einer Festlegung. Nicht »anders als«, sondern anders und uns als solches nicht zuzuordnen. Wenn ich im Folgenden mit der Andere übersetze, so geht das zum einen davon aus, dass diese Überlegungen vor einem Levinas'schen Hintergrund zu lesen sind, und zum anderen bezieht es sich auf Derridas eigene Konkretisierung einige Zeilen später, wo *l'autre* durch *celui-ci* aufgenommen wird, was maskulinen Bezug hat. Wollte er auf dem neutralen *das andere* bestehen, dann hätte er *l'autre* wohl eher mit *cela* wieder aufgenommen.

lassen. Die Erfindung *(invention)* des Anderen, die Ankunft *(venue)* des Anderen, das lässt sich bestimmt nicht wie ein Genitivus subjectivus *konstruieren*, aber noch weniger als ein Genitivus objectivus, selbst wenn die Erfindung vom Anderen kommt. Denn jener ist von da ab weder Subjekt noch Objekt, noch ein Ich, weder ein Bewusstsein noch ein Unbewusstes. Sich auf diese Ankunft des Anderen vorzubereiten, das kann man die Dekonstruktion nennen. Sie dekonstruiert genau diesen doppelten Genitiv und kehrt selbst als dekonstruktive Erfindung zum Schritt/Nicht *(pas)* des Anderen zurück. Erfinden, das hieße also ›wissen‹ wie man ›komm‹ sagt und wie man auf das ›komm‹ des Anderen antwortet. Geschieht das jemals? Vor diesem Ereignis *(événement)* ist man niemals sicher. Aber wir nehmen noch vorweg.«[49]

»Aber wir nehmen noch vorweg.« Wir schreiben noch in das Regime des Selben ein, wir befinden uns immer noch im Bereich des Gesagten. Es gibt wenige Stellen bei Derrida, an denen Levinas so viele Spuren hinterlassen hat wie hier. Es geht um das Ankommen, das Ereignis des Anderen, der in keine Ordnung eintritt, von keinem Horizont her gedacht werden kann, der sich nicht auf Kategorien wie Subjekt, Objekt oder Bewusstsein reduzieren lässt, der überhaupt jeder phänomenologischen Reduktion widersteht, sei es den Husserl'schen Reduktionen (eidetisch oder transzendental), sei es der ontologischen Reduktion Heideggers auf das Sein des Seienden. Damit ist aber auch schon *gesagt*, dass der Andere als solcher in kein sprachliches System eintritt, dass es keinen Signifikanten für ihn gibt und geben darf. Performativer Widerspruch, Spuren des anderen im Selben.

Nach Derrida waren die Erfindung, die Einbildungskraft oder die Entdeckung in der Philosophie stets »die *invention* des Selben, durch das der/die/das andere auf das Selbe / den Selben zurückkommt[.]«[50] Dagegen müsste eine echte *invention* eine des anderen sein. Eine *invention*, die nicht nur eine Weiterentwicklung eines Programms wäre oder die geniale Anwendung einer Methode, müsste eine *invention de l'autre* sein. Das ist aber nach der hergebrachten Begriffsbestimmung unmöglich:

> »Denn der/das Andere ist nicht der/das Mögliche. Man müsste also sagen, dass die einzig mögliche Erfindung die Erfindung des Unmöglichen wäre. Aber eine Erfindung des Unmöglichen ist unmöglich, würde der andere sagen. Sicherlich, aber die einzig mögliche: Eine Erfindung muss sich als Erfindung dessen ankündigen, was nicht möglich schien. Andernfalls würde sie nur ein Programm des Möglichen entwickeln, in der Ökonomie des Selben.[51]

Die bereits häufiger umkreiste Struktur – oder besser Spur –, nach der sich die Bedingung der Möglichkeit in die Bedingung der Unmöglichkeit verwandelt, ist das Arbeitsfeld der Dekonstruktion, wenn es so etwas wie ein Arbeitsfeld oder so etwas wie eine Dekonstruktion gibt. Es *gibt* sie nur *als solche* in dieser Spur des Unmöglichen, nur als Unmögliche ist sie möglich. Als Möglichkeit bleibt sie unmöglich: »In dieser Paradoxie setzt die Dekon-

---

[49] Derrida: Psyché, 53f.
[50] Derrida: Psyché, 59.
[51] Derrida: Psyché, 59.

struktion ein.«⁵² Nicht *gegen* die Erfindung des Selben oder die Entwicklung der Möglichkeiten argumentiert Derrida. Ihm ist wohl bewusst, dass diese das Spielfeld abstecken, in das der Diskurs immer wieder aus strukturellen Gründen zurückfindet. Dennoch versucht er – und in diesem Zug kommt er Levinas' Bemühen am Nächsten – jenseits von der Erfindung desselben »die Erfindung selbst wiederzuerfinden *(ré-inventer)*, eine andere Erfindung, oder eher noch eine Erfindung des Anderen[.]«⁵³ Die Strategien dafür sind vielfältig, sie wiederholen und verändern sich, worauf wir im nächsten Kapitel noch genauer zurückkommen werden, wenn es um Sagen, Gesagtes, Sprache und Sprachformen geht. Allen gemeinsam ist, dass man den anderen nicht veranlassen kann zu kommen, man kann sich höchstens auf seine Ankunft vorbereiten. Ein Text – auch ein philosophischer – kann sich so verhalten, dass in ihm jemand oder etwas zur Sprache kommt, das der Autor nicht hört, nicht kennt und nicht sagen will. Es muss sich noch nicht einmal um Missverständnisse handeln, sondern vielleicht einfach um plötzliche Erinnerungen, die ich mit dem Lesen einer bestimmten Passage oder eines Wortes in Verbindung bringe, die eine Dimension jenseits des oberflächlichen Sinns des Textes eröffnen, ohne dass dieser Sinn intendiert gewesen wäre, weder von mir noch vom Autor. Er stellt sich gewissermaßen ein, er fällt mir ein. Versuchen wir hier die Erfindung neu zu erfinden?

> »Wir können auch nicht sagen, dass *wir* versuchen. Was sich hier verspricht, das ist nicht, das ist nicht mehr oder noch nicht das identifizierbare ›wir‹ einer Gemeinschaft menschlicher Subjekte mit den Merkmalen all dessen, was wir unter den Namen Gesellschaft, Vertrag, Institution usw. kennen. All diese Merkmale stehen in Verbindung mit einem Begriff der Erfindung, der zu dekonstruieren bleibt. Es ist ein anderes ›wir‹, das sich dieser Erfindungsgabe *(inventivité)* ausliefert, [...] ein ›wir‹, das *sich* nirgendwo findet, das sich nicht selbst erfindet: Es kann nur vom Anderen erfunden werden, seit der Ankunft des Anderen, der ›komm‹ sagt und dem gegenüber die Antwort eines anderen ›komm‹ die einzige Erfindung zu sein scheint, die ersehnenswert und des Interesses würdig ist. Der/das Andere ist das, was sich nicht erfinden lässt, und das ist daher die einzige Erfindung in der Welt, die einzige Erfindung der Welt, die *unsrige*, aber diejenige, die *uns (nous)* erfindet. Denn der Andere ist immer ein anderer Ursprung der Welt, und *wir sind zu (er)finden*. Und das Sein des *wir (nous)*, und das Sein selbst. Jenseits des Seins.«⁵⁴

---

⁵² Derrida: Psyché, 59.
⁵³ Derrida: Psyché, 59.
⁵⁴ Derrida: Psyché, 60. »Und das Sein des *wir*, und das Sein selbst.« lautet im Französischen »Et l'être du nous, et l'être même.« Es bleibt hier unentschieden, ob die Kursivierung der Hervorhebung des »Wir« dient oder ob sie auf ein fremdsprachiges Wort wie *nous* hindeutet und damit auf den plotinischen Weltgeist verweist. Inwieweit der Nous das politische und gesellschaftliche Wir stützt, steht auf demselben Blatt. Was gegen die guten Sitten ist, was man nicht tut, was unvernünftig ist, scheinen *nous* und wir in trauter Zweisamkeit zu regeln. Vgl. zu Interferenz von Philosophie und Politik z.B.: Jacques Derrida: Politiques de l'amitié, Paris 1994.

Jenseits des Seins – die Anspielung auf Platon und sehr indirekt auf Levinas' 1978 erschienenes zweites Hauptwerk ist nicht zu übersehen.[55] Ebenso könnte der Titel des Aufsatzes *Psyché. Invention de l'autre* auf den von Levinas geprägten Begriff des Psychismus hinweisen, der in seinem Spätwerk auf die kurze Formel gebracht wird: der Andere im Selben.[56] Während Levinas allerdings diese Begriffe ethisch deutet,[57] also in der Beziehung des konkreten Anderen zu mir verortet, hält sich Derrida mit einer solchen Verortung zurück. Der Andere im Selben kann ethisch bedeutsam sein, aber auch logisch oder gar religiös. Das heißt jedoch im Umkehrschluss nicht, dass er dadurch aufhörte, ethisch zu bedeuten. Vielmehr fordert dessen ethisches Bedeuten eine ganz bestimmte Haltung des Textes ein, die man mit Dekonstruktion umschreiben könnte.

Das Ausbleiben der Phänomenalität

Dieses Werk – Levinas'scher Begriff –, das Derrida *invention* oder auch Gabe nennt, womit beide eine Bewegung des Selben zum Anderen hin andeuten, die keine Rückkehr kennt, und darin anders ist als die Bewegung der Erkenntnis, belegt Levinas auch mit dem griechischen Begriff *Liturgie*. »Sie ist die Ethik selbst.«[58] Der Andere erscheint im Horizont der Totalität, der Ökonomie und des Selben. Aber er trägt nach Levinas eine Bedeutung, die nicht von diesem Horizont herkommt, sondern, die von ihm selbst her bedeutet:

> »Seine Gegenwart besteht darin, auf uns zuzukommen, *Einzug zu halten*. Das lässt sich so ausdrücken: Das Phänomen, das die Erscheinung des Anderen ist, ist auch *Gesicht*, oder auch folgendermaßen (um diesen Einzug zu jedem Augenblick in der Immanenz und der Geschichtlichkeit des Phänomens zu zeigen): Die Epiphanie des Gesichts ist *Heimsuchung*.«[59]

---

[55] Das im Deutschen gleichlautende *Jenseits des Seins* ist im Französischen bei Levinas und Derrida nicht derselbe Wortlaut: *Autrement qu'être ou au-delà de l'essence* (Levinas) und *au-delà de l'être* (Derrida). In gewisser Weise ein Chiasmus und damit eine weitere Anspielung auf Levinas, der sein Verhältnis zu Derrida als Kontakt im Herzen eines Chiasmus kennzeichnet. Vgl.: Emmanuel Levinas: Tout autrement. In: Ders.: Noms propres, Paris 1976, 81–89, 89. Dt.: Emmanuel Lévinas: Ganz anders – Jacques Derrida. In: Ders.: Eigennamen. Meditationen über Sprache und Literatur. Textauswahl und Nachwort von Felix Philipp Ingold, München – Wien 1988, 67–76, 76.

[56] Vor den eben nachgezeichneten Überlegungen geht Derrida einer Fabel von Francis Ponge nach, die mit *Fabel* überschrieben ist und mit »Mit dem Wort *mit* beginnt also dieser Text« beginnt. Derrida illustriert daran die Verschiebung desselben gegen sich selbst, seine Infizierung mit dem anderen. Normalerweise sind Performative erst im Nachhinein als solche zu beschreiben. Sie wirken zunächst und sind anschließend einer konstativen Rede zugänglich. Der Satz »Mit dem Wort *mit* beginnt also dieser Text« stört diese Ordnung, indem er zugleich beschreibt und tut, indem er sich nicht mehr in die bipolare Logik einordnen lässt und diese daher prinzipiell in Frage stellt, ohne ihr Funktionieren für zahlreiche andere Beispiele zu leugnen.

[57] Vgl. zur Frage des Ethischen auch Seite 220 meiner Arbeit.

[58] Levinas: La trace de l'autre, 268; dt.: 218.

[59] Levinas: La trace de l'autre, 271; dt.: 221. Übersetzung korrigiert, CL.

Für Heidegger ist jedes Seiende eingebettet in eine Verweisungsganzheit, die er Welt nennt. Es gewinnt seinen Sinn aus diesen Verweisungen, darin zeigt sich die Phänomenalität des Seienden.[60] Für Levinas ist das Gesicht hingegen das »Ausbleiben der Phänomenalität. Nicht weil es für das Erscheinen zu roh oder zu heftig wäre, sondern weil es in einem bestimmten Sinne zu schwach ist, Nicht-Phänomen, weil ›weniger‹ als Phänomen.«[61] Das Gesicht ist kein Phänomen, weil es ein Rätsel bedeutet, das sich darin zeigt, dass meine Reaktion auf die Äußerung des anderen diese Anwesenheit immer schon verfehlt.[62] Diese Vergangenheit entgeht jeder Retention. Daher ist die Nähe zum anderen, der mich anspricht, »Störung der wiedererinnerbaren Zeit. Man kann dies apokalyptisch Zersplittern der Zeit nennen.«[63] Das Gesicht ist der Ort, an und mit dem sich der Leib des anderen ausdrückt, an und mit dem er spricht.[64] Dieses Sprechen unterbricht den Verweisungszusammenhang, da es einer anderen Ordnung angehört.[65] Es ist ein anderer Ursprung der Welt, der nicht mit meiner Welt in einen erkenntnistheoretischen Einklang zu bringen ist. Es ist die Äußerung einer Innerlichkeit, die mir nicht als solche zugänglich ist, sondern nur in der Äußerung. Daher deutet sie auf eine ursprüngliche Phasenverschiebung hin, die sich als Sprache äußert, worauf wir noch zurückkommen werden.

Die Erkenntnis des anderen, die den anderen zum Selben macht, äußert sich als Rede, die den anderen anspricht.[66] Diese Differenz zwischen dem anderen, der mich anspricht, und dem anderen als Objekt meiner Erkenntnis, stellt diese Erkenntnis in Frage: »Dadurch kündigt die formale Struktur der Sprache die ethische Unverletzlichkeit des Anderen an und – ohne jeden

---

[60] Levinas hingegen besteht mit Husserl auf der Trennung von *sein* und *ich*. Ich gehe nicht aus dem Verweisungszusammenhang hervor, und ich gehe nicht in ihm auf.
[61] Lévinas: Jenseits des Seins, 199.
[62] Zum (Nicht-)Verhältnis von Rätsel und Phänomen vgl.: Emmanuel Levinas: Énigme et phénomène. In: Ders.: En découvrant l'existence avec Husserl et Heidegger, 283–302. Deutsch: Emmanuel Lévinas: Rätsel und Phänomen. In: Ders.: Die Spur des Anderen, 236–259. »Das Rätsel erstreckt sich genauso weit wie das Phänomen, das die Spur des *Sagens* trägt, das sich bereits vom *Gesagten* zurückgezogen hat.« (frz.: 295, eigene Übersetzung; dt.: 251).
[63] Lévinas: Jenseits des Seins, 200
[64] Er schaut mich auch an. Darauf weist Jean-Luc Marion hin: *Il me regarde*. Er sieht mich an und betrifft mich, ohne dass ich den anderen als den ansehen könnte, der mich ansieht. Jean-Luc Marion und Jacques Derrida weisen beide auf die Situation hin, in der ich den anderen sehe und versuche das anzusehen, was mich ansieht. In dem, was wir Pupillen nennen, im Brennpunkt des Sehens des anderen (Genitivus subjectivus) sehe ich nichts außer einem schwarzen Loch. (Vgl.: Jean-Luc Marion: De surcroît. Études sur les phénomènes saturés, Paris 2001, 138; Derrida: Donner le temps, 206; dt.: 208.) Der andere als der, der mich anschaut, verweigert sich meinem Blick. In *Totalität und Unendlichkeit* entwickelt Levinas einen Begriff der Sinnlichkeit, der sich absetzt vom Sehen und vom Licht, weshalb ihm dieser Zugang vielleicht verstellt geblieben ist.
[65] Man könnte vorschnell und zu einer ersten Verdeutlichung vom Unterschied zwischen Konstativ und Performativ sprechen, wie er aus der Sprechakttheorie bekannt ist. Weshalb das letzten Endes nicht zureicht, beschäftigt uns im folgenden Kapitel.
[66] Vgl.: Lévinas: Totalité et infini, 212, dt.: 278f.

Beigeschmack des ›Numinosen‹ – seine ›Heiligkeit‹.«[67] Das ethische Verhältnis, das der Unterhaltung zu Grunde liegt und sie unterstützt, ist keine Variante meines theoretischen Verhaltens. »Es stellt das Ich in Frage. Diese Infragestellung geht vom anderen aus.«[68] Sie ist für mich nicht vergegenwärtigbar und insofern analog zur Idee des Unendlichen, die mehr denkt als sie denkt:

> »Die Idee des Unendlichen ereignet sich im *Gegensatz* der Rede, in der Sozialität. Die Beziehung mit dem Gesicht, mit dem absolut Anderen, das ich nicht zu enthalten vermag, mit dem Anderen, das in diesem Sinne unendlich ist, ist dennoch meine Idee, ein Tauschgeschäft. Aber die Beziehung erhält sich ohne Gewalt – im Frieden mit dieser absoluten Andersheit. Der ›Widerstand‹ des Anderen tut mir keine Gewalt an, wirkt nicht negativ; er hat eine positive Struktur: eine ethische. [...] Ich kämpfe nicht mit einem Gott ohne Gesicht, sondern antworte auf seinen Ausdruck, auf seine Offenbarung.«[69]

Die Äußerung des Gesichts geschieht nach Levinas nicht als Offenbarwerden einer verständlichen Form, über der sich der Erkenntniszirkel wieder schließen könnte: »Der Ausdruck geht diesen zuordnenden Effekten, die für einen Dritten sichtbar sind, voraus.«[70] Die Rede zwingt, ins Gespräch einzutreten. Sie ist eine ursprüngliche Öffnung und gründet so »die wahre Universalität der Vernunft«[71]. Bei aller Problematik, die die Rede von der Universalität der Vernunft mit sich bringt und die hier mitreflektiert werden müsste, deutet sich doch im Ausdruck des anderen etwas an, was das thematische Wissen übersteigt. Die Innerlichkeit des Anderen bleibt uns verborgen, sie zeigt sich nicht als Phänomen, da seine Äußerung uns keine Innerlichkeit *gibt*. »Der Andere, der sich ausdrückt, *gibt* sich gerade nicht und bewahrt daher die Freiheit zu lügen.«[72] Seine Freiheit gründet auf seiner Anderheit, die mir nicht zugänglich ist. Das steht quer zu Überlegungen, dass er und ich auf auf unsere gemeinsame Freiheit gegründet sind, die ihn sein lässt, wie er will.[73] Der andere ist in diesem Sinne nicht ein Skandal für die Vernunft,[74] sondern die erste vernünftige Bildung, die Bedingung aller Bildung.[75] Das Verhältnis, das

---

[67] Lévinas: Totalité et infini, 213, dt.: 279. Übersetzung leicht korrigiert, CL.
[68] Lévinas: Totalité et infini, 213, dt.: 280.
[69] Lévinas: Totalité et infini, 215, dt.: 282f. Übersetzung leicht korrigiert, CL.
[70] Lévinas: Totalité et infini, 220, dt.: 289. Übersetzung leicht korrigiert, CL.
[71] Lévinas: Totalité et infini, 220, dt.: 289. Das ist nahe an Derridas Rede von der ursprünglichen Öffnung des Zeugnisses.
[72] Lévinas: Totalité et infini, 221, dt.: 290. Übersetzung korrigiert, CL.
[73] Vgl. dazu meine Überlegungen zu Thomas Pröpper (Kapitel II.1, Seite 51) oder Magnus Striet (Kapitel VI.1–2, Seite 285).
[74] Für Kant war der andere in dem Sinne ein Skandal für die Vernunft, als seine Existenz nicht nachgewiesen werden kann und auf reinem Glauben beruht. (Vgl.: Kant: Kritik der reinen Vernunft, B XL.) Heidegger hat dem sehr feinsinnig entgegengesetzt: »Der ›Skandal der Philosophie‹ besteht nicht darin, dass dieser Beweis bislang noch aussteht, sondern *darin, dass solche Beweise immer wieder erwartet und versucht werden.*« (Heidegger: Sein und Zeit, §43, 205.)
[75] Vgl.: Lévinas: Totalité et infini, 223; dt.: 292. Levinas setzt sich hier von der sokratischen Idee ab, dass der Lehrer im Schüler nur dessen eigene Ideen zur Entfaltung

Levinas denken will, ist keine logische Relation, in der der andere und der Selbe nur als Gegensätze – seien sie auch dialektisch versöhnt – oder als Paradoxien gemeinsam existieren können. Es geht ihm um ein soziales Verhältnis, das die Leiblichkeit nicht ausschließt und in dieser Leiblichkeit eine Beziehung zum Gesicht des anderen, der mich anspricht, ermöglicht, die mich nicht auslöscht. Sie lässt mich aber auch nicht in Ruhe. Die materiale Leiblichkeit ist die Spur dieser Bewegung:

> »Die Haut, die gestreichelt wird, ist nicht der Schutz eines Organismus, bloße Oberfläche des Seienden. Sie ist der quasi transparente Abstand zwischen dem Sichtbaren und dem Unsichtbaren, schmaler als derjenige, der noch einen Ausdruck des Unsichtbaren durch das Sichtbare rechtfertigen würde.«[76]

Die Haut des Gesichts, die vielleicht mehr als andere »Teile« des Körpers das Altern des leiblich verfassten Subjekts sichtbar macht, ist genau aus diesem Grund nicht nur irgendeine Oberfläche. Sie ist Ausdruck des Subjekts, der nicht von einem Willen abhängt, der nicht intentional ist und der dennoch das Innere nach außen bringt. Wenn ich den anderen streichle, d.h. ihn berühre, um ihn zu meinen und nicht um ihn zu untersuchen, dann berühre ich in gewisser Weise ihn in seiner Leib gewordenen Geschichte. Ich habe Zugang zu einer Zeit, die ich nicht vergegenwärtigen kann, weshalb diese Bewegung nicht einhergeht mit dem phänomenologischen Blick, der auf Erkenntnis aus ist. In nächster Nähe eröffnet sich ein nicht mehr messbarer Abstand. Dieser

---

bringen könne. (Vgl. z.B.: Jens Peter Brune: Bildung nach Sokrates. Das Paradigma des Sokratischen Gesprächs. In: Karl-Otto Apel (Hg.): Prinzip Mitverantwortung. Grundlage für Ethik und Pädagogik. Würzburg 2001, 271–298.) Das Lehrer-Schüler-Verhältnis ist für Levinas keines auf Augenhöhe, der Lehrende legt etwas in den Lernenden hinein. Er zeugt sich in gewisser Weise fort, um die Sprache der frühen Schriften aufzunehmen. Er wird im Schüler ein anderer. Nur so ist gewährleistet, dass das Verhältnis zwischen den Menschen nicht zu einem reinen Spiel des immer Gleichen wird. (Vgl.: Lévinas: Totalität und Unendlichkeit, 229.)

[76] Lévinas: Jenseits des Seins, 203. Vgl.: Lévinas: Autrement qu'être ou au-delà de l'essence, Paris 2001 (= Lévinas: Autrement qu'être), 143. Die deutsche Übersetzung macht aus »La peau caressée...« »Die Haut unter der Liebkosung...«. Damit schafft der Übersetzer Thomas Wiemer eine »Aura der Erhabenheit« und versieht den Begriff mit dem »Sonntagskleid einer spiritualisierten Semantik«. (Lévinas: Jenseits des Seins, 43 Anm. l.) Genau das hat er im Fall von *visage* bewusst umgangen. Um jene Aura und jenes Sonntagskleid nicht hervorzurufen, übersetzt Wiemer *visage* mit *Gesicht* und nicht mit *Antlitz*. Daher müsste man konsequenter Weise *peau caressée* mit *gestreichelte Haut* übersetzen, was ich hier tue. Statt *rechtfertigen* steht in der deutschen Übersetzung *begründen*. Das scheint mir durch das französische Original *justifier* zwar teilweise gedeckt, ruft aber unnötig andere Konnotationen hervor, die verstellen, dass Levinas keinen Begründungsdiskurs in einem rein logischen Referenzrahmen führen will: »Die transzendentale Methode besteht immer darin, die Begründung *(fondement)* zu suchen. [...] Ein Gedanke ist folglich dann berechtigt *(justifiée)*, wenn er seine Begründung gefunden hat, wenn man die *Bedingungen* seiner Möglichkeit gezeigt hat. Im Gegensatz dazu gibt es in meiner Vorgehensweise [...] eine andere Weise der Rechtfertigung *(justification)* eines Gedankens durch einen anderen: die des Übergehens von einem Gedanken zu seinem Superlativ bis hin zu seiner Emphase.« (Lévinas: Fragen und Antworten, 111f.; nach dem frz. Original korrigiert, CL.)

Abstand zwischen Innerlichkeit und Ausdruck in der Haut ist so schmal, dass man noch nicht einmal sagen kann, dass Innere drückt sich durch das Äußere aus. Eine solche Redeweise stünde noch im Verdacht in der Logik von Zeichen und Bezeichnetem zu operieren, die eine Differenz und eine Übersetzungsmatrix voraussetzen würde, der sich die Haut verweigert. In der Konkretion der leiblichen Berührung wird eine Nähe »erfahrbar«[77], die sich nicht in Erkenntnis auflösen lässt. Die Falten, mehr noch als die Narben der Haut sind nicht Zeichen, die auf ein Ereignis hindeuten, sondern sie sind Spuren eines Alterns, das die Zeit unumkehrbar macht. Wenn daher die Zeit die Beziehung zum Unendlichen ist, wie ich in Kapitel 2 versucht habe zu erläutern, dann ist das Gesicht dessen Spur. Im Gesicht zieht sich die Spur des Unendlichen, in der materialen leiblichen Existenz des Subjekts ereignet sich das Unendliche als Zeit, als Zeit-haben füreinander. Hier erfährt die Zeit eine neue Qualifikation, die nicht in ihrer negativen Bestimmung als Nicht-Gegenwart oder Nicht-Ewigkeit besteht, sondern die positiv als Zeit-haben für den anderen bedeutsam wird. Es bleibt die grundsätzliche Frage, ob und wie sich das sagen lässt, ohne es zugleich durchzustreichen.

Levinas sieht einen dritten Weg zwischen dem Anderen, der nicht gegenwärtig wird und daher ein reines »Loch in der Welt« ist, wie Sartre sage, und dem Anderen, der in der Erkenntnis zum Selben wird.[78] Dies ist die Spur.

»In der Spur ist die Beziehung zwischen dem Bedeuteten und der Bedeutung nicht eine Korrelation, sondern die eigentliche *Unrichtigkeit*. [...] Kein Gedächtnis vermöchte dieser Vergangenheit auf der Spur zu bleiben. Es ist eine unvordenkliche Vergangenheit, und vielleicht ist dies auch die Ewigkeit, deren Bedeuten dem Vergangenen nicht fremd ist. Die Ewigkeit ist gerade die Unumkehrbarkeit der Zeit, Quelle und Zuflucht der Vergangenheit.«[79]

Daher deutet sich in der Spur, die dem bipolaren Spiel zwischen Anwesenheit und Abwesenheit entkommt, eine dritte Person, ein »*Il*« an. Diese »Erheit«, diese »Illeität« ist die Bedingung, dass das Verhältnis zum anderen nicht umkehrbar ist.[80] Sie verhindert die Reziprozität.[81] Und sie ist die Weise, wie mir Gott einfällt, nicht als Thema, nicht als Gesprächspartner auf Augenhöhe, sondern als Transzendenz und Spur. »Die Spur ist die Gegenwart dessen, was – eigentlich gesprochen – nie da war, was immer schon vorübergegangen ist.«[82]

---

[77] Zur Problematik der Erfahrung vgl. Seite 202.
[78] Vgl.: Levinas: La trace de l'autre, 276; dt.: 227.
[79] Levinas: La trace de l'autre, 277; dt.: 228f.
[80] Vgl. Bernhard Casper: Illéité. Zu einem Schlüssel»begriff« im Werk von Emmanuel Levinas. In: Philosophisches Jahrbuch 91 (1984), 273–288.
[81] Dieser Dritte, der hier auf logischer Ebene als dritter Weg zwischen Ja und Nein angeführt wird, bedeutet auf sozialer Ebene den anderen des anderen und damit den Beginn der Gesellschaft. Im Gesicht des anderen liegt schon die Notwendigkeit des Ausgleichs, des Rechnens und der Vernunft, die der Dritte fordert, damit meine absolute Verantwortung, mein Antworten-müssen auf den anderen, meine Ausgesetztheit um der Gerechtigkeit willen begrenzt werden. Vgl.: Lévinas: Jenseits des Seins, 342–353. Vgl. dazu: Pascal Delhom: Der Dritte. Lévinas' Philosophie zwischen Verantwortung und Gerechtigkeit, München 2000.

4. Sprachformen

Sprache und Nähe

Die bisherigen Überlegungen verwiesen immer wieder auf die Sprache und auf mögliche Sprachformen. Daher will ich zum Abschluss dieses Teils meiner Arbeit Texte von Derrida und Levinas lesen, die sich mit solchen Fragen explizit auseinander setzen. Es geht mir nicht um eine Synthese, die verbietet sich nach den bisherigen Überlegungen, sondern es geht mir darum, auf verschiedene Dimensionen hinzuweisen, die sich mit dem, was man Sprache nennt, verbinden. Zunächst will ich mich auf Levinas' Aufsatz *Sprache und Nähe*[1] und auf seine Überlegungen in *Jenseits des Seins* zur Rolle der Sprache und zum Verhältnis Sagen-Gesagtes konzentrieren.[2] Die Universalität der Philosophie zeigt sich nach Levinas in der Sprache. Die Tatsache, dass ich die Dinge *als* Dinge wahrnehme setzt die Idealität des Begriffs voraus. Wenn ich etwas als ein solches verstehe, so verstehe ich nicht das Ding, sondern seinen (sprachlichen) Sinn:

> »Dieses Verstehen als... ist der Ursprung des Bewusstseins als Bewusstsein. Jedes Problem des Wahren und des Falschen setzt dieses *Verständnis* des Sinnes voraus. Ohne es hätte es kein Bewusstsein von etwas gegeben. Es ist *a priori*.«[3]

Die Probleme und Aporien, die sich mit dieser als-Struktur verbinden, habe ich bereits im vorletzten Kapitel auszuloten versucht. Für Levinas geht es darum, dass dieses *a priori* eine Gleichgültigkeit der Erfahrung gegenüber bedeutet. Jede Erfahrung muss sich vielmehr innerhalb eines *a priori* ausdrücken. Ohne die Idealität könnte sich das Seiende nicht zeigen. »Jedes Phänomen ist Rede oder Redefragment.«[4] Das Denken kann das Individuelle immer nur über den Umweg des Allgemeinen erreichen. Das ist die Grundschwierigkeit des Levinas'schen Vorhabens, die immer wieder zu Tage tritt. Es geht ihm darum, das Unsagbare zu sagen.[5] Verbirgt sich also für Levinas

---

[82] Levinas: La trace de l'autre, 280; dt.: 233. Übersetzung korrigiert, CL.
[1] Emmanuel Levinas: Langage et proximité. In: Ders.: En découvrant l'existence avec Husserl et Heidegger, 301–330 (= Levinas: Langage et proximité). Dt.: Emmanuel Levinas: Sprache und Nähe. In: Ders.: Die Spur des Anderen, Freiburg – München 1983, 261–294.
[2] Eine gute Darstellung der Rolle der Sprache in *Totalität und Unendlichkeit* bietet: Etienne Féron: L'horizon du langage et le temps du discours. A propos de *Totalité et Infini* de E. Levinas. In: Cahiers du centre d'études phénoménologiques 1 (1981), 67–92. Féron zeigt darin auch die Notwendigkeit, mit der die Untersuchungen von *Totalität und Unendlichkeit* zu *Jenseits des Seins* hindrängen. Vgl. auch: Etienne Féron, De l'idée de transcendance à la question du langage. L'itinéraire philosophique d'Emmanuel Levinas, Grenoble 1992. Ders.: Ethique, langage et ontologie chez Emmanuel Levinas. In: Revue de Métaphysique et de Morale 82 (1977), 64–87.
[3] Levinas: Langage et proximité, 306; dt.: 265. Übersetzung korrigiert, CL.
[4] Levinas: Langage et proximité, 309; dt.: 268.
[5] So der Titel eines Aufsatzes von Thomas Wiemer: Das Unsagbare sagen. Zur Vergleichbarkeit von philosophischem Diskurs und literarischem Schreiben nach Emmanuel Lévinas. In: Michael Mayer, Markus Hentschel (Hg.): Lévinas. Zur Möglichkeit einer

hinter der philosophischen Rede ein Singuläres, das direkt erfahrbar wäre? Wenn dem so wäre, dann stünde die Grundstruktur des Denkens und des Bewusstseins in Frage, die für ihn in einem »minimalen Abstand zwischen Fühlendem und Gefühltem«[6] besteht. Von der Freiheit des denkenden Bewusstseins, sich zu sich selbst zu verhalten, ist Levinas von Anfang an überzeugt. Die Fähigkeit, sich von der Welt zu distanzieren, von sich selbst Abstand zu gewinnen, das ist das Bewusstsein und die Grundlage der Philosophie.[7] Damit ist freilich nicht gesagt, dass diese Fähigkeit das Wesen des Menschen vollständig beschreibt und dass sich aus ihr eine erste Philosophie ableiten ließe. Es geht Levinas nicht um mystische Einheitserfahrungen einer Verschmelzung, sondern die Trennung des Subjekts von der Welt ist die Voraussetzung dafür, dass sich zwischen den Seienden Beziehungen denken lassen, die das Andere nicht zum Selben machen.

> »Die Geburt der Rede und der Universalität geschähe in der Trennung zwischen Fühlendem und Gefühlten, in der das Bewusstsein erwacht. Bewusstsein sicherlich ohne Subjekt; ›passive Aktivität‹ der Zeit, für die kein Subjekt die Initiative für sich in Anspruch nehmen könnte, ›passive Synthesis‹ dessen, was ›passiert‹, aber geboren im Strom und im Abstand der Zeit, Wiedererinnerung und Wiederfinden und folglich Identifikation, in der Idealität und Universalität Sinn annehmen.«[8]

Levinas unterscheidet mit Husserl zwischen einem vorthematischen Bewusstsein, das in passiver Synthesis Zeit konstituiert (Husserl) oder durch Zeit konstituiert wird (Levinas) und daher schon immer in zwei Zeiten ist, in Verspätung zu sich selbst und einem objektivierenden Bewusstsein, das *noesis-noema*-Beziehungen aufbaut. Doch auch das vorthematische Bewusstsein versteht sich in der Retention als identisch und konstituiert so Gegenwart. Insofern spielt die Idealität auch im Bewusstsein eine Rolle, was sich mit Derridas Überlegungen in *Die Stimme und das Phänomen* trifft. Die lebendige Selbstgegenwart ist immer schon durch die Idealität des Zeichens heimgesucht und lässt sich nur von ihr her verstehen. Umgekehrt ruht der Begriff der Idealität auf dem der Gegenwart auf.

Die Idealität ist in gewissem Sinne die Möglichkeit der Kommunikation und die Bedingung der Wahrheit, da jede Wahrheit implizit in Anspruch nimmt, Wahrheit für alle zu sein. Dennoch bleibt nach Levinas dieses »für alle« eine rein formelle Evidenz: »Die Möglichkeit der Kommunikation gibt sich als einfaches Korollarium des *logischen* Werks der Rede.«[9] Man müsse

---

prophetischen Philosophie. Parabel. Schriftenreihe des Evangelischen Studienwerks Villigst Bd. 12, Gießen 1990.

[6] Levinas: Langage et proximité, 310; dt.: 270. Übersetzung korrigiert, CL.

[7] Dies ist wohl der entscheidende Unterschied zu den Vorschlägen von Dieter Henrich, Manfred Frank und Klaus Müller, die von einer einstellig verfassten Selbstvertrautheit ausgehen und deren große Schwierigkeit darin besteht, dass sie den Übergang von dieser Selbstvertrautheit zu einem reflexiven Bewusstsein von sich selbst und den Dingen nicht gewährleisten können.

[8] Levinas: Langage et proximité, 311; dt.: 270f. Übersetzung korrigiert, CL.

[9] Vgl.: Levinas: Langage et proximité, 313; dt.: 273. Übersetzung verändert, CL.

sich jedoch fragen, ob die Beziehung zum Gesprächspartner, die von der Universalität der Wahrheit vorausgesetzt werde, darin bestehe, ihrerseits eine Erkenntnis zu sein und daher auf die Idealität und die Universalität zurückgehe. Levinas will nicht auf das Argument hinaus, dass sich dadurch ein unendlicher Regress bilde, indem jedes Kommunikationsverhältnis wieder in Wissen aufgelöst werden müsse, ohne je an ein Ende zu kommen. Es sei nicht sicher, »dass das Gespenst des regressus ad infinitum etwas widerlegt.«[10] Es sei vielmehr Kennzeichen der Endlichkeit des Denkens. Die Regression gefährdet freilich die absolute Sicherheit der Wahrheit, aber sie widerlegt sie nicht notwendigerweise. Levinas' Schwierigkeit besteht in etwas anderem:

> »Die Hypothese, der gemäß die Beziehung mit dem Gesprächspartner ihrerseits ein Wissen wäre, führt die Rede auf die einsame und unpersönliche Ausübung des Denkens zurück, während schon das Kerygma, das die Identität der Rede trägt, darüber hinaus *Nähe* zwischen mir und dem Gesprächspartner ist und nicht unsere Teilnahme an einer transparenten Universalität. Welche auch immer die in der Rede übermittelte Botschaft sei, das Reden ist Berührung.«[11]

Außerhalb der thematischen Rede gibt es etwas, was nicht thematisch wird, niemals thematisch werden kann und dennoch eine Voraussetzung dieser Rede bildet. Es bedeutet von sich her, nicht aus dem Inhalt des Gesagten.[12] Aus der Orientierung des Subjekts auf das Objekt ist Nähe geworden: »[D]as Intentionale ist Ethik geworden[.]«[13] Die Sprache unterhält somit eine Beziehung zu einer Singularität, die als solche nicht vergegenwärtigt und thematisiert werden kann. Sobald sie zum Objekt wird und in die philosophische Rede eintritt, verliert sie ihre Stellung als Adressat der Rede. Aus diesem Grund, der allerdings einer Logik auf der Ebene des Inhalts der Sprache folgt, kann der Adressat nie Inhalt werden. Das ist der Abgrund des Sinns und die Trennung von zwei Ordnungen, wovon bei Levinas so häufig die Rede ist.

---

[10] Levinas: Langage et proximité, 313; dt.: 273.
[11] Levinas: Langage et proximité, 313; dt.: 273f. Übersetzung korrigiert, CL.
[12] Jean-François Lyotard hat diese Logik versucht nachzuzeichnen, nach der in einer Weisung der Inhalt und die Aufforderung unterschieden werden können und müssen, will man mit Äußerungen wie »Gehorche nicht!« nicht in einen performativen Widerspruch geraten. Vgl.: Jean-François Lyotard: Logique de Lévinas. In: François Laruelle (Hg.): Textes pour Emmanuel Lévinas, Paris 1980, 127–150, bes. 146–150. Für Lyotard stellt sich jedoch zum Schluss die Frage: »Comment le commentaire de Lévinas sur cette situation incommensurable aux dénotations échappe-t-il au piège du métalangage dénotatif?«
[13] Levinas: Langage et proximité, 314; dt.: 274. In der Fußnote stellt Levinas klar, was »ethisch« hier und anderswo für ihn bedeutet: »Wir nennen ›ethisch‹ eine Beziehung zwischen Termini, in der der eine und der andere weder durch eine Verstandessynthese noch durch die Beziehung von Subjekt zu Objekt vereint sind, und in der dennoch der eine für den anderen Gewicht hat, ihm wichtig ist, ihm bedeutet, in der sie durch eine Intrige verknüpft sind, die das Wissen weder auszuschöpfen noch zu entwirren vermöchte.«

Das Sagen vor jedem Gesagten hat vor allem sinnliche Konnotationen. Um es von der Intentionalität oder der Ontologie freizuhalten, setzt Levinas es in Beziehung mit dem Sinnlichen, das eine Transzendenz des Subjekts ermöglicht, ohne auf den Intellekt rekurrieren zu müssen. Das Berühren ist »reine Annäherung und Nähe, nicht reduzierbar auf die Erfahrung der Nähe.[14] Er geht sogar so weit, auch die Intentionalität, die Noesis-Noema-Struktur des Bewusstseins, auf die Nähe zurückzuführen, die ihm eine Art phänomenologisches Grundmotiv wird. Vor jedem Subjekt-Objekt-Verhältnis, das sich im Gesagten ausdrückt, vor jedem Verhalten des Daseins zu seinem Sein selbst, steht eine Nähe, die nicht thematisch wird und die aus sich selbst heraus bedeutsam ist. Sie wird zur Heimsuchung, die nicht mehr auf Abstand gehalten werden kann:

> »Zeichen, das vom einen dem anderen gegeben wird – vor der Konstitution eines jeden Zeichensystems, einer jeden gemeinsamen Ebene, wie sie die Kultur und die Orte bilden – Zeichen, das von Nicht-Ort zu Nicht-Ort gegeben wird. Aber die Tatsache, dass ein dem System der Evidenzen äußeres Zeichen in die Nähe kommt und gleichwohl transzendent bleibt, ist das eigentliche Wesen der Sprache *(langage)* vor der Sprache *(langue)*.«[15]

Aus diesem Grund kann Levinas in *Totalität und Unendlichkeit* die Sprache als ethische Infragestellung des Ich bezeichnen.[16] Sie ist »ethisch«, insofern das Ethische die Umkehrung der Herrschaftsverhältnisse zwischen mir und dem anderen andeutet. Unter dem Einfluss des Ethischen gibt es eine Instanz, ein Gesetz, dem ich gehorche und das über meiner Freiheit steht. Aber – so der Einwand von Seiten der Transzendentalphilosophie – muss man nicht zunächst auf die Möglichkeitsbedingungen dieser Nähe reflektieren? Muss man nicht zunächst einen Begriff des Anderen habe, um zu wissen, mit wem man es zu tun hat? – Levinas weist dies ab, da das Sprechen vor dem Sprechen nichts mit einer Erkenntnis zu tun habe.[17] Es ist ein Ausliefern an ›ich-weiß-nicht-wen‹, ein »*me voici*«, und daher ist es Passivität noch vor der Unterscheidung von Aktivität und Passivität. Deshalb kann es auch mit dem Aktiv »Sagen« belegt werden: »Das erste Wort sagt das Sagen selbst.«[18] Darin unterscheidet sich die Levinas'sche Überlegung von der Sprechakttheorie. Das Sagen ist kein Akt eines Subjekts, keine freie Handlung. Eben-

---

[14] Levinas: Langage et proximité, 317; dt.: 278. In der Fußnote fügt Levinas hinzu: »Ohne einer Erfahrung unzugänglich zu sein, sicherlich.« (Eigene Übersetzung) Ihm ist die Ambivalenz, in der er sich bewegt, wohl bewusst: Benennen zu müssen, was sich nach eigener Überzeugung, nicht endgültig benennen lässt.
[15] Levinas: Langage et proximité, 323; dt.: 286. Übersetzung korrigiert, CL. Es sind solche Nicht-Orte, die eine andere Topik erfordern.
[16] Vgl.: Lévinas: Totalité et infini, 185; dt. 247.
[17] Vgl.: Levinas: Langage et proximité, 324; dt.: 287f. In *Jenseits des Seins* weist er auf ein grundlegendes Missverständnis hin, dem die Philosophie im Gefolge von Descartes erliegt: »Die Forderung, dass die Kommunikation die Gewissheit habe, verstanden zu werden, bedeutet, *Kommunikation* und *Wissen* zu verwechseln.« (Lévinas: Jenseits des Seins, 362.)
[18] Levinas: Langage et proximité, 329; dt.: 293.

sowenig geht es in einem System von Sprache auf, das sich in Konstative und Performative trennen ließe. Das Sagen und das Gesagte lassen sich nicht zur Deckung bringen. Denn das Sagen bricht die Definition dessen, was es sagt, auf und sprengt die Totalität des Diskurses. Dadurch übersteigt es aber auch seinen eigenen Vernunfthorizont: »Le dire originel est délire.«[19] – »Gewiss ist das erste Sagen nur ein Wort. Aber es ist Gott.«[20] Die Tragweite der Levinas'schen Überlegungen reichen von der Aussage, das sei nur ein Wort, das rede man nur so daher, das könne doch nicht allen Ernstes Anspruch darauf erheben, die Philosophie zu beurteilen, bis zum Bekenntnis, dieses Sagen sei Gott. Das Sagen und Gott teilen eine gewisse Exteriorität zum philosophischen Diskurs. Beide können nicht Thema einer Philosophie werden. Als Thema oder Inhalt verraten sie sich selbst.

Unter dieser Spannung steht das Un-Verhältnis von Sagen und Gesagtem, das sich durch Levinas' zweites Hauptwerk *Jenseits des Seins* hindurchzieht. Paul Ricœur hat darauf hingewiesen, dass dieses Buch keine Einführung hat und dass es in ihm keinen Fortschritt im Gedankengang gibt. Alles ist in dem Teil gesagt, der im Französischen mit »Argument« überschrieben ist,[21] und es wird wiederholt auf den Seiten, denen der Titel *Anders gesagt* vorangestellt ist.[22] *Dire* und *dit* sind nach Ricœur die Protagonisten des Buches,[23] und in der Tat lässt sich *Jenseits des Seins* als eine Reflexionsbewegung lesen, die dieser eigenartigen Struktur Rechnung zu tragen versucht:

> »In Sätzen zur Aussage gebracht, passt sich das Unsagbare (oder An-archische) den Formen der formalen Logik an, tritt das Jenseits des Seins in Gestalt von Glaubenssätzen auf, funkelt es in der Doppeldeutigkeit von *Sein* und *Seiendem* – in der, wie es heißt, das Sein vom Seienden verborgen werde. Das *Anders-als-sein* drückt sich aus in einem Sagen, das sich deshalb auch widerrufen (*dédire*) muss, um auf diese Weise das *Anders als sein* dem Gesagten zu entreißen, wo das *Anders als sein* sich schon anschickt, nur noch ein *Anderssein* zu bedeuten.«[24]

Die Transzendenz richtet sich nicht in der Immanenz des Gesagten (sei es das Sein oder das Bewusstsein) ein, sondern sie ist seine Öffnung, die sich aber,

---

[19] Levinas: Langage et proximité, 329; dt.: 294: »Das ursprüngliche Sagen ist Delirium.«
[20] Levinas: Langage et proximité, 330; dt.: 294. Derrida äußert in *Wie nicht sprechen* einen ähnlichen Gedanken: »Die Sprache hat begonnen ohne uns, in uns, vor uns. Das nennt die Theologie *Gott*, und es ist nötig, es wird nötig gewesen sein zu sprechen.« (55; Übersetzung nach dem frz. Original korrigiert, CL.) Vgl. dazu auch Kapitel VI.5, Seite 388.
[21] Die deutsche Übersetzung bleibt hier mit »Inhaltsangabe« blass und unscheinbar. *Argument* kann zwar Inhaltsangabe im Sinne einer vorausgeschickten Übersicht über ein Theaterstück oder ähnliches heißen, es hat jedoch mindestens den Gehalt von »Gedankengang« oder eben auch im Sinne einer Zuspitzung des Gedankengangs im »Argument«.
[22] Vgl.: Paul Ricœur: Autrement. Lecture d'*Autrement qu'être ou au-delà de l'essence* d'Emmanuel Levinas, Paris 1997 (= Ricœur: Autrement), 2f.
[23] Vgl.: Ricœur: Autrement, 5.
[24] Lévinas: Jenseits des Seins, 33. Übersetzung leicht nach dem französischen Original korrigiert. Vgl.: Lévinas: Autrement qu'être, 19.

sobald sie thematisch wird, verrät, weshalb just dieses Thematisieren widerrufen werden muss: »In der Sprache als Gesagtem lässt sich alles übersetzen und vor uns bringen – sei es um den Preis eines Verrats.«[25] Doch dieser Verrat hinterlässt Spuren im Gesagten, die nicht in ihm aufgehen. Dies ist die gemeinsame Überzeugung von Levinas und Derrida. Das Gefüge der Metaphysik hat Risse:

> »Die Bedeutungen, die über die formale Logik hinausgehen, zeigen sich in ihr selbst, und sei es auch nur durch die genaue Anzeige des Sinns, in welchem sie sich von der formalen Logik abheben. Die Anzeige ist umso genauer, je strenger die Logik ist, mit der diese Rückbezüglichkeit gedacht wird. [...] Doch verleiht die Logik, unterbrochen von den Strukturen von *jenseits-des-Seins*, die sich in ihr zeigen, den philosophischen Sätzen keine dialektische Struktur. Es ist der Superlativ, der das System unterbricht, mehr als die Negation der Kategorie, und zwar so, als bewahrten die logische Ordnung und das Sein, dem sie sich anzupassen vermag, den Superlativ, der über sie hinausgeht: in der Subjektivität die Maßlosigkeit des Nicht-Ortes, in der Zärtlichkeit und der Sexualität die ›Überbietung‹ der Berührung, als ob die Berührung eine Steigerung zuließe, bis zum Kontakt durch das Innerste (*les entrailles*), eine Haut, die unter die andere Haut geht.«[26]

Nicht der Weg einer Apophasis, einer Negation, ist die Methode, die sich dem Sagen nähert, sondern der Weg der Übersteigerung der Begriffe, bis sie zerbersten. Diese »via eminentia« besteht nicht nur in einer formalen Steigerung durch ein »über« oder »mehr«. Vielmehr eskaliert der philosophische Diskurs inhaltlich durch einen Übergang zu einem stärkeren Begriffsrahmen. Paul Ricœur geht diesen Eskalationsstufen nach: Das Pathische (Passivität vor der Unterscheidung von Aktivität und Passivität) wird ins Pathetische und Pathologische (Trauma, Besessenheit, Heimsuchung) gesteigert, das Pathologische ins Kriminologische (Verfolgung, Geiselschaft), das Kriminologische bis zu einer Schuldigkeit ohne Grenzen (absoluter Akkusativ vor jeder Freiheit).[27] Auf dem Grund dieses »*verbalen Terrorismus*«[28] kommt erst der Diskurs über die Gerechtigkeit auf. Diese Reduktion, die reduziert, indem sie anhäuft und vermehrt, könnte man auch Dekonstruktion nennen, da für sie gilt, dass es möglich sein muss im Gesagten das Echo einer Bedeutung zu entziffern, das sich nicht auf die Ontologie reduzieren lässt.[29] Dieses Echo

---

[25] Lévinas: Jenseits des Seins, 30f. Übersetzung leicht nach dem französischen Original korrigiert. Vgl.: Lévinas: Autrement qu'être, 17f. »Dans le langage comme dit, tout se traduit devant nous – fût-ce aux prix d'une trahison.« – *traduire* in Verbindung mit *devant* wird vor allem im rechtlichen Bereich verwendet und bedeutet soviel wie jemanden vor Gericht bringen. Insofern entgeht der deutschen Übersetzung »...lässt sich alles für uns ausdrücken« nicht nur der Zusammenhang des Übersetzens, auf den Wiemer in der Fußnote noch hinweist, sondern auch der des Urteils der Vernunft, vor die das Sagen durch seinen Eingang ins Gesagte gebracht wird.
[26] Lévinas: Jenseits des Seins, 33, FN 4. Übersetzung leicht nach dem französischen Original korrigiert. Vgl.: Lévinas: Autrement qu'être, 19f.
[27] Vgl.: Paul Ricœur: Autrement, 23–25.
[28] Vgl.: Paul Ricœur: Autrement, 26.
[29] Vgl.: Féron: Ethique, langage et ontologie chez Emmanuel Levinas, 77. Bei allen Vorbehalten gegenüber vorschnellen Vereinfachungen, vor denen auch Francis Guibal nicht

wird von Levinas immer wieder in der Bedeutung der Zeitlichkeit als Diachronie, als uneinholbare Verspätung gesucht: »Die Diachronie ist es, die das Unvordenkliche bestimmt, nicht konstituiert eine Gedächtnisschwäche die Diachronie.«[30] Die Zeitlichkeit konnte von Heidegger nur als Horizont des Seins bestimmt werden, weil sie im Gesagten der Ontologie als Verspätung des Sagens bedeutet. Die Reduktion, die Levinas vornimmt und die zumindest dem Wort nach an die Husserl'sche phänomenologische Begrifflichkeit anschließt, ist die Reduktion des Gesagten auf das Sagen. Sie kann freilich kein Akt des selbstbewussten Subjekts mehr sein, aus dem dieses unbeschadet hervorginge.[31]

> »Das philosophische Bemühen und die widernatürliche Position des Philosophen bestehen darin, das Diesseits zu zeigen und sogleich die Weltzeit zu reduzieren, die im *Gesagten* und im Zeigen triumphiert; [...] Reduktion, die nicht durch das Setzen von Klammern erfolgen kann, sind diese doch ein Werk der Schrift; Reduktion, die aus der Kraft der ethischen Unterbrechung des *sein* lebt.«[32]

Es scheint, als finde sich hier eine doppelte Frontstellung: Die Reduktion kann nicht mehr wie bei Husserl durch eine Einklammerung, eine Epoché der Welt geschehen, da just dieses Einklammern in einer Schrift, d.h. in einem Gesagten stattfindet. Damit wird jedoch zugleich die Schrift als sekundär zur lebendigen Rede gesetzt und ein altes metaphysisches Muster bedient, wie Derrida unter anderem in *De la grammatologie* gezeigt hat.[33] Diese Bewer-

---

gefeit ist, kann man seiner Schlussfolgerung dennoch nicht grundsätzlich widersprechen: »De manière générale, il me semble qu'il est possible de trouver, notamment chez quelqu'un comme J. Derrida, une théorie de la pratique déconstructrice (de la tradition) plus fine, plus souple et peut-être mieux élaborée que chez Levinas; mais la pratique de ce dernier, à travers une certaine rigidité, a le mérite de maintenir vivante la question du *sens* (direction et signification) de cette pratique même.« (Francis Guibal: ... et combien de dieux nouveaux. Approches contemporaines. II. Emmanuel Levinas, Paris 1980, 135f. Anzumerken bliebe, dass sich Derrida immer wieder gegen *eine Theorie der dekonstruktiven Praxis* gewehrt hat.

[30] Lévinas: Jenseits des Seins, 95.
[31] Dass bei Heidegger die Angst und die Langeweile die Rolle der Reduktion einnehmen und schon bei ihm gegen das Subjekt bzw. gegen das Dasein geschehen, hat Jean-François Courtine gezeigt. Vgl.: Jean-François Courtine: Réduction phénoménologique-transcendantale et différence ontico-ontologique. In: Ders.: Heidegger et la phénoménologie, Paris 2000, 207–247. Auch Jean-Luc Marion, mit dem sich ein Gespräch im Rahmen dieser Arbeit mehrmals angeboten hatte, das aber aus ökonomischen Gründen unterbleiben musste, sieht in der Reduktion den entscheidenden Charakter des phänomenologischen Projekts und führt in einer dritten Reduktion nach Husserl und Heidegger die Phänomene auf ihr Gegebensein zurück, was das Subjekt zum *adonné* reduziert, zu dem, dem gegeben wird und der sich als derjenige gegeben wird, dem gegeben wird. Vgl.: Jean-Luc Marion: Réduction et donation, Paris 1989; ders.: Etant donné, Paris 1997; ders.: De surcroît, Paris 2001. Vor allem in *Réduction et donation* wird die Rolle der Reduktion in der Phänomenologie entfaltet.
[32] Lévinas: Jenseits des Seins, 107f. Übersetzung nach dem französischen Original korrigiert. Vgl.: Lévinas: Autrement qu'être, 75f.
[33] Meines Erachtens lässt sich aus dieser Abwertung der Schrift keine generelle Ablehnung der Derrida'schen Gedanken herauslesen. Zum einen lässt sich das Derrida'sche Werk

tung der Schrift als sekundär lässt auf eine unterschiedliche Akzentsetzung bei Levinas und Derrida schließen. Mir scheint, als nähme Derrida die Levinas'schen Dikta gelegentlich ernster als dieser selbst: »Die Reduktion lässt also das *Anders-als-sein* erneut als eine *Weltzeit* sein.«[34] Wenn dem so ist, dann bestünde der Weg der Reduktion darin, in dieser Weltzeit nach Rissen zu suchen, ihrer Logik auf den Grund zu gehen und in ihr Dimensionen freizulegen, die sie nicht zu enthalten scheint: »Vergleichbar der endlosen Kritik oder dem Skeptizismus[.]«[35] Dies kommt einer Beschreibung der Derrida'schen Texte schon sehr nahe. Dagegen ruft Levinas immer wieder in der Art eines Zeugnisses eine andere Ordnung in Erinnerung.[36] »Das Subjektive und sein *Gutes* lassen sich nicht von der Ontologie her verstehen. Dagegen kann man von der Subjektivität des Sagens aus die Bedeutung des Gesagten interpretieren.«[37] Und immer wieder die Gegenbewegung:

> »Indem ich erzähle, dass der Diskurs unterbrochen ist oder ich ihm entrückt bin, knüpfe ich den Faden schon wieder an. Der Diskurs steht immer im Begriff, alle Brüche oder Brechungen in sich zum Ausdruck zu bringen, sie sich einzuverleiben als stillschweigenden Ursprung oder als Eschatologie.«[38]

Und dennoch ist der Diskurs nach Levinas nicht in der Lage, sich über sich selbst zu verschließen. Wenn das stille Selbstgespräch der Seele möglich wäre, dann gäbe es Totalität. Doch auch diese im Stillen *gesprochene* Rede ist »Zeichen auf den Anderen hin.«[39] Der Skeptizismus erinnert nach Levinas an die Unabgeschlossenheit des philosophischen Diskurses. Trotz seiner praktischen Widerlegung erlebt er immer wieder eine Renaissance. Das verleiht seiner Rede zwar keine Wahrheit:

---

bei Weitem nicht auf ein Denken der Schrift reduzieren, wie dies vielfach versucht wurde und gelegentlich auch noch wird, und zum anderen ist die Nähe zwischen Levinas und Derrida in vielen anderen Fragen zu groß.

[34] Lévinas: Jenseits des Seins, 108
[35] Lévinas: Jenseits des Seins, 108.
[36] Zum zeugnishaften Charakter seines Schreibens vgl.: Elisabeth Weber: Verfolgung und Trauma. Zu Emmanuel Lévinas' *Autrement qu'être ou au-delà de l'essence*, Wien 1990, bes. 127–134 u. 197–200.
[37] Lévinas: Jenseits des Seins, 110.
[38] Lévinas: Jenseits des Seins, 366. Daher rührt wohl auch Levinas' Kritik gegenüber den Theologien: »[I]hre Glaubensvermutungen geben sich als gewisser denn die Evidenzen, so als würde die Eschatologie den Evidenzen zusätzliche Licher über die Zukunft dadurch aufstecken, dass sie die Finalität des Seins offenbart.« (Lévinas: Totalität und Unendlichkeit, 21f.) Das führt zum »Bankrott einer Theologie, die im Logos das *Transzendieren* thematisiert und damit dem Passieren der Transzendenz einen Begriff zuweist[.]« (Lévinas: Jenseits des Seins, 29.) Dieser Einspruch gegen die Theologie ist bei weitem noch nicht abgegolten. Sind nicht Begriffe letztgültigen Sinns wie z.B. der Begriff der Freiheit, der nach Magnus Striet univok für Gott und Mensch gebraucht werden muss, solche Begriffe dem Passieren der Transzendenz zugewiesen werden? Zu Striets Überlegungen vgl.: Kapitel VI.1–2, Seiten 339 – 365.
[39] Lévinas: Jenseits des Seins, 370. Die Parallele zu Derridas Überlegungen aus *Die Stimme und das Phänomen* ist mit Händen greifbar.

»Doch dass der Widerspruch, der das eine gegen das andere stellt, den Sprecher nicht abwürgt – auch das erinnert an den Riss, der bei kritischer Betrachtung dieser wiederkehrenden Erscheinung sich in der Totalität der Vorstellung zeigt, in der universellen Gleichzeitigkeit, wie sie das Wissen als Vernunft verlangt. Es erinnert an das Zerbrechen der Einheit der transzendentalen Apperzeption, ohne das man nicht *anders* könnte *als sein*.[40]

Anders gesagt wendet das Argument nochmals anders, lässt es anders thematisch werden, um das Gesagte nicht nur auf das Sagen zurückzuführen, sondern auf das Atmen, das – um an *Totalität und Unendlichkeit* anzuschließen – in der Tat ein »Baden in den Elementen«[41] ist. Es reduziert das Gesagte auf die leibliche materielle Existenz des Subjekts, die im wahrsten Sinne des Wortes mit leeren Händen gibt. Sie gibt in jedem Gesagten eben diese leeren Hände, die grundsätzliche Öffnung, die bei Derrida das zugrundeliegende »viens!« wird.[42] Der volle Sinn liegt nach Levinas in der »Offenheit des Sich für den Anderen«, »in der Nähe des Nächsten, die Verantwortung für ihn, Stellvertretung für ihn bedeutet.«[43] Vielleicht lässt sich davon nicht mehr philosophisch reden, vielleicht lässt sich davon nur noch Zeugnis geben.

Eine neue Demarkationslinie?

Den Rissen im Gesagten, der Ontologie oder Metaphysik – also der über sich selbst geschlossenen Struktur, die sich selbst letztbegründet – geht Jacques Derrida präzise und minutiös nach. Emmanuel Levinas findet für den ihm nahestehenden Derrida gewichtige Worte in dem kleinen Band *Eigennamen*:

»Zerteilt Derridas Werk die Entwicklung des westlichen Denkens durch eine Demarkationslinie, vergleichbar dem Kantismus, der die dogmatische Philosophie vom Kritizismus trennte? Sind wir von Neuem am Ende einer Naivität, eines unvermuteten Dogmatismus', der am Grund dessen schlummerte, was wir für kritischen Geist hielten? Man kann sich das fragen.«[44]

---

[40] Lévinas: Jenseits des Seins, 371. Die letzten Worte dieses Zitats, die eigentlich auch die letzten Worte des Buchs sind, bevor es noch einmal »anders gesagt« wird, spielen auf den Titel an. Sie lauten auf Französisch: »Cela rappelle l'éclatement de l'unité de l'aperception transcendantale sans lequel on ne pourrait *autrement qu'être*.« (Lévinas: Autrement qu'être, 266.) Dass dieser Bezug im Deutschen verloren geht, liegt an der chiastische Übersetzung des Titels »*Autrement qu'être ou au-delà de l'essence*«, den man treffender mit »Anders als sein oder jenseits des Seinsgeschehens« übersetzt hätte.
[41] Vgl.: Lévinas: Totalité et infini, 138–140, dt.: 185–187.
[42] Vgl.: Jacques Derrida: Von einem neuerdings erhobenen apokalyptischen Ton in der Philosophie. In Ders.: Apokalypse, Wien ²2000, 11–79, 71–79.
[43] Lévinas: Jenseits des Seins, 387.
[44] Emmanuel Levinas: Jacques Derrida. Tout autrement. In: Ders.: Noms propres, Paris 1976, 79–89 (= Levinas: Tout autrement), 81. Dt.: Emmanuel Lévinas: Ganz anders – Jacques Derrida. In: Ders.: Eigennamen. Meditationen über Sprache und Literatur, München 1988, 67–76, 67. Übersetzung korrigiert, CL.

Eine Naivität, auf die Levinas in diesem kurzen Aufsatz anspielt, ist die, dass das Sagen im Gesagten aufgehe. Wie aber lässt sich dieses Motiv bei Derrida verfolgen? – Setzt Levinas auf den Superlativ, der das System unterbricht, so folgt Derrida jener anderen Strategie, eine Bedeutung zu Tage zu fördern, nach der deren »Anzeige umso genauer [ist], je strenger die Logik ist, mit der diese Rückbezüglichkeit [der formalen Logik] gedacht wird.«[45] Dies will ich an zwei Texten sichtbar machen. Zunächst zeichne ich die Diskussion zwischen Derrida und Searle nach und beschäftige mich vor allem mit Manfred Franks Überlegungen zu dieser Debatte sowie mit seinem Vorschlag einer nicht reflexiv gedachten Individualität.[46] Das verdeutlicht nochmals meine Anfragen an das Müller'sche Projekt in Bezug auf die analytische Philosophie. Danach frage ich nach der Rolle von Begriffen, Tropen und Metaphern, deren Zusammenspiel ja offensichtlich der Reduktion durch Übersteigerung bei Levinas erst zu einem Ausdruck verhalfen. Zeigt sich darin jener Riss im Gesagten, von dem Levinas spricht?

1972 erschien Derridas Aufsatz *signature événement contexte*[47], der einen Vortrag anlässlich des *Congrès international des Sociétés de philosophie de langue française* im August 1971 wiedergibt. Darin setzt sich Derrida unter anderem mit John Austins *How to do things with Words*[48] auseinander. Auf diesen Aufsatz reagiert John Searle mit einer scharfen Replik, die Derrida vorwirft, er habe Austin missverstanden und sage offensichtlich falsche Dinge.[49] Derrida antwortet darauf mit der ausführlichen Antwort *Limited Inc a b c...*, die zusammen mit einem erläuternden Nachwort in dem gleichnamigen Sammelband erschienen ist.[50] Ich will hier keine Einzelheiten der Diskussion

---

[45] Lévinas: Jenseits des Seins, 33, FN 4. Übersetzung leicht nach dem französischen Original korrigiert. Vgl.: Lévinas: Autrement qu'être, 19f.

[46] Frank unterscheidet hier zwischen dem Subjekt und dem Individuellen. Das Subjekt hat den Anspruch auf Universalität, es ist das, was in jedem Einzelnen dasselbe ist. Dagegen ist das Individuelle das Unverrechenbare. Darauf komme ich weiter unten noch zurück. Es scheint mir jedoch hier schon bemerkenswert, dass Frank bei Fichte und Hegel, die ihre Nachwirkungen auf Verweyen und Müller haben, noch keine Unterscheidung von (allgemeinem) Subjekt und Individuum sieht. Diese habe Schleiermacher zum ersten Mal formuliert. Vgl.: Manfred Frank: Die Unhintergehbarkeit von Individualität. Reflexionen über Subjekt, Person und Individuum aus Anlass ihrer ›postmodernen‹ Toterklärung, Frankfurt am Main 1986 (= Frank: Die Unhintergehbarkeit von Individualität), 64.

[47] Jacques Derrida: signature événement contexte. In: Ders.: Marges de la philosophie, 365–393 (= Derrida: sec). Dt.: Jacques Derrida: Signatur Ereignis Kontext. In: Ders.: Randgänge der Philosophie, 325–351. Ich benutze als Kurzzitat das Acronym *sec*, da sich auch Derrida selbst damit auf seinen Aufsatz bezieht.

[48] Vgl.: John L. Austin: Zur Theorie der Sprechakte. (How to do things with Words), Stuttgart ²2002 (= Austin: Zur Theorie der Sprechakte).

[49] Vgl.: John Searle: Reiterating the differences: A Reply to Derrida. In: Glyph 2 (1977), 198–208. »Derrida has a *distressing* penchant for saying things that are *obviously false*« (S. 203); »he has *mis*understood Austin in several *crucial ways* and the internal weakness in his arguments are closely tied to these *mis*understandings.« (S. 203); »Derrida's Austin is *un*recognizable. He bears *almost* no relation to the original« (S. 204).

[50] Vgl.: Jacques Derrida: Limited Inc. Présentation et traductions par Elisabeth Weber,

präsentieren. Dies wirde von anderen hinlänglich und ausführlich getan.[51] Mir geht es darum, einige Besonderheiten herauszugreifen, die mir geeignet scheinen, die Diskussion sowohl mit der analytischen Philosophie (wenn es so etwas gibt und wenn es nur eine gibt) als auch mit Klaus Müller und Dieter Henrich wieder aufzunehmen. Als Brücke mag dazu der detaillierte Beitrag von Manfred Frank[52] dienen, der Derrida in weiten Teilen zustimmt und am Schluss die »Unhintergehbarkeit von Individualität« fordert.

»Ich beginne.«[53] Derrida entdeckt bei Austin – bei aller Wertschätzung, die er dessen Denken entgegenbringt – unhinterfragte metaphysische Stereotype, die die sogenannte parasitäre Verwendung eines Sprechaktes als dem Original nachgeordnet aus der Theoriebildung ausschließen.[54] Austin weist in seiner Theorie der Sprechakte darauf hin, dass Sprache nicht nur zu konstativen Äußerungen diene (»Die Katze ist auf der Matte«), die unter die analytische Kategorie wahrheitsdifferenter Aussagen fallen und daher mit dem Prädikat wahr oder falsch belegt werden können (Entweder ist die Katze auf der Matte, oder sie ist es nicht.), sondern dass Sprache auch aus sogenannten Performativen bestehe (»Ich bitte um Entschuldigung.«).[55] Diese Performative sind wahrheitsindifferent, d.h. sie lassen sich unter dem Gesichtspunkt der sprachanalytischen Wahrheit von Sätzen nicht einordnen. Die Feststel-

---

Paris 1990. Der Beitrag *Limited Inc a b c...* findet sich auf den Seiten 61–197, das Nachwort mit dem Titel *Vers une éthique de la discussion* auf den Seiten 199–285. (Dt.: Jacques Derrida: Limited Inc, Wien 2001.) Ich zitiere im Folgenden immer unter dem Einzeltitel. Der Aufsatz *Limited Inc a b c...* ist in einzelne Abschnitte aufgeteilt, die mit den Buchstaben d bis z überschrieben sind. Ich gebe sie in den Zitatbelegen zusätzlich an. Der Titel *Limited Inc.* bezieht sich auf Derridas Spiel mit dem Namen Searle und dem französischen Acronym Sarl – Société à responsabilité limitée. Derrida spricht von Sarl als Autor der *Reply*, da Searle in seiner ersten Anmerkung seine Schuld gegenüber H. Dreyfus und D. Searle anerkennt, mit denen er diese Angelegenheiten diskutiert habe. Die *Reply* müsse daher als das Ergebnis von mehr als einem Autor gelesen werden, von mindestens drei+n, da selbstverständlich auch Austin und eine gewisse Tradition im Hintergrund stehe. Diese mehr oder weniger anonyme Gesellschaft macht es schwer Verantwortung zuzuordnen, deshalb agiert sie als Gesellschaft mit beschränkter Haftung, als *Sarl* oder *Limited Incorporated*. Vgl.: Derrida: Limited Inc a b c..., f, 75f.; dt.: 63f.

[51] Vgl.: Sarah Richmond: Derrida and Analytical Philosophy: Speech Acts and their Force. In: European Journal of Philosophy 4 (1996), 38–62; Mark Alfino: Another Look at the Derrida-Searle Debate. In: Philosophy and Rhetoric 24 (1991), 143–152; Hagi Kenaan: Language, philosophy and the risk of failure: rereading the debate between Searle and Derrida. In: Continental Philosophy Review 35 (2002), 117–133; Rolf Kailuweit: Iterum de scriptura – sprachwissenschaftliche Überlegungen im Anschluss an die Polemik Derrida-Searle. In: Kodikas/Code. Ars Semiotica 21 (1998), 333–340; Joseph Hillis Miller: Speech acts in literature, Stanford 2001, bes.: 63–139.

[52] Manfred Frank: Die Entropie der Sprache. Überlegungen zur Debatte Searle-Derrida. In: Ders.: Das Sagbare und das Unsagbare: Studien zur deutsch-französischen Hermeneutik und Texttheorie. Erweiterte Neuausgabe, Frankfurt am Main 1990 (= Frank: Das Sagbare und das Unsagbare), 491–560 (= Frank: Die Entropie der Sprache).

[53] Jacques Derrida: Limited Inc a b c..., k, 91; dt.: 77.

[54] Vgl.: Derrida: sec, 385; dt.: 347.

[55] Die Beispiel stammen aus: Austin: Zur Theorie der Sprechakte, 164f.

lung, der Satz »Ich bitte um Entschuldigung« sei wahr, ist weder wahr noch falsch. Sie ist sinnlos.

Man versteht vor diesem Hintergrund Derridas grundlegende Sympathie für die von Austin in die analytische Philosophie eingeführte Komplikation, dass Sätze nicht nur Aussagen über die Wirklichkeit treffen, sondern wirklichkeitsverändernden Charakter haben können.[56] Allerdings – und dies ist der Einsatzpunkt für Derrida – wiederholt Austin die metaphysische Unterscheidung wahr/falsch in seiner Zuordnung geglückt/missglückt, die zudem über die Hintertür die Kategorie der Intentionalität einführt. Ein Performativ glückt nur dann, wenn der Sprecher die entsprechende Intention hat und der Kontext stimmt. So heiratet z.B. ein Schauspieler auf der Bühne nicht wirklich, da er erstens nicht die Absicht hat zu heiraten und er sich zweitens auf einer Bühne und nicht in einer Kirche befindet, wenn er die Worte »Ich nehme dich zur Frau.« spricht. Austin kennzeichnet eine solche Verwendung als uneigentlich und parasitär. In der Entwicklung seiner Theorie will er solche Sprechakte ausschließen, da sie von der »richtigen« Verwendung abkünftig sind. Derrida hingegen besteht darauf, dass erst die Möglichkeit einer Verwendung in einem anderen Kontext und damit einer Wiederholung oder Zitation, die zugleich bedeutungsverändernd wirken kann, die Grundstruktur von sprachlichen Äußerungen ausmacht:

> »Denn ist nicht schließlich, was Austin als Anomalie, Ausnahme, ›unernst‹, das *Zitieren* (auf der Bühne, in einem Gedicht oder in einem Monolog), ausschließt, die bestimmte Modifikation einer allgemeinen Zitat haftigkeit – einer allgemeinen Iterierbarkeit vielmehr –, ohne die es sogar kein ›geglücktes‹ *performative* gäbe?«[57]

Nur wenn der Sprechakt als solcher wiederholbar (iterabel) ist, kann er gelingen. Er muss in neuen Kontexten identifizierbar sein. So muss zum Beispiel eine Taufe an gleich welchem Ort und gleich von wem durchgeführt als solche erkennbar sein, was nur möglich ist, wenn der Sprechakt »Ich taufe dich« als eine Art Zitat von jedem verwendbar ist. Das schließt ein, dass er auch missbräuchlich verwendbar ist und dass es Fälle geben mag, in denen ungeklärt bleibt, ob er geglückt ist oder nicht.[58] Das heißt, die rechtmäßige oder unrechtmäßige Verwendung bildet nicht die Grundlage des Sprechaktes, sondern ist die Folge seiner Iterabilität. Daher kann die nicht ernsthafte *oratio obliqua* nicht aus der »normalen« Sprache ausgeschlossen werden, wie Austin diese wünschte.[59] Die Iterabilität, die man herkömmlicherweise als Kennzeichen der Schrift(-Zeichen) ansah, ist das Kennzeichen der Sprache ins-

---

[56] Diese Dimension von Sprache scheint mir bei allen Referenzautoren von Klaus Müller unterbelichtet. Sie schließen ihn aus und konzentrieren sich auf den konstativen Aspekt. Vgl. dazu Kapitel II.3, Seite 96.
[57] Derrida: sec, 387; dt.: 345. Mit dem Begriff Iterabilität verweist Derrida auf das lateinische *iterum*, das eine Wiederholung des Selben anzeigt, jedoch in seiner Wortwurzel auf Sanskrit *itera* – das andere zurückgeht. Vgl.: Derrida: sec, 375; dt.: 333.
[58] Für solche Fälle sieht z.B. das katholische Kirchenrecht explizit eine Taufe *sub condicione* vor. Vgl.: CIC 1983, can. 869.
[59] Vgl.: Derrida, sec, 389; dt.: 347.

gesamt.⁶⁰ Damit verbunden ist eine gewisse mögliche Absenz des Autors oder des Sprechers, der den Sinn verbürgt, wenn Sinn als Selbstpräsenz oder Übereinstimmung von Intention und Ausdruck verstanden wird.⁶¹ Daher kann man die Schrift – in diesem sehr allgemeinen Sinne – nur *lesen*, sie bietet in letzter Instanz keine Möglichkeit einer Hermeneutik des letztgültigen Sinns oder der letztgültigen Wahrheit, vielmehr bleibt jede Aussage iterierbar: Möglichkeit des Skeptizismus.⁶²

An dieser Möglichkeit setzt Derrida an. Gegenläufige Begriffe der Metaphysik wie Ich und Nicht-Ich, Ursache und Folge, Subjekt und Welt stehen sich nie einfach nur gegenüber. Stets bilden sie eine Hierarchie, in der der eine Ursprung ist und der andere abgeleitet. Der eine ist Erkenntnissubjekt, der andere Erkenntnisobjekt. Diese Hierarchie aufzubrechen und in Frage zu stellen, darin besteht die Dekonstruktion.⁶³ Sie kann dies aber nur, weil es in aller Iterabilität eine »minimale Bleibe« gibt:

> »Diese Iterabilität, Sarl gibt es gerne zu, ist unentbehrlich für das Funktionieren jeder geschriebenen oder gesprochenen Sprache [langage], (im geläufigen Sinn) und, wie ich hinzufügen werde, jedes Zeichens [marque]. Die Iterabilität setzt eine minimale *restance* voraus (wie auch eine minimale, wenngleich begrenzte Idealisierung), damit die Identität des Selben *in, quer durch* und selbst *hinsichtlich* der Veränderung [altération] wiederholbar und identifizierbar ist. Denn die Struktur der Iteration, ein weiterer entscheidender Zug, impliziert *gleichzeitig* Identität *und* Differenz.«⁶⁴

Jede Struktur, jede Sprache und jedes Denksystem sind dadurch gekennzeichnet, dass ihre Elemente versetzbar und in gewissem Sinne austauschbar sind. Daher zerbricht die Möglichkeit der Iterabilität jedes Element in seiner Identität und verschiebt es gegen sich selbst,⁶⁵ so dass diese »minimale Bleibe«,

---

⁶⁰ In diese Richtung geht auch der Argumentationsgang in der *Grammatologie*. Vgl.: Jacques Derrida: De la grammatologie, Paris 1967. Dt.: Jacques Derrida: Grammatologie, Frankfurt am Main ⁶1996.

⁶¹ Mein Brief muss auch noch lesbar sein, wenn ich tot bin. Und auch meine Nachricht auf einem Anrufbeantworter muss noch verstehbar sein, wenn ich sie nicht mehr beglaubigen kann. Das heißt, Sprache muss in Abwesenheit dessen, der spricht oder schreibt, funktionieren können, und dieser Umstand öffnet sie dem Missverständnis und dem Missbrauch. Daher gibt Searle Derrida indirekt Recht, wenn er davon spricht, dass jener Austin missverstanden hätte.

⁶² Vgl. zur Beziehung von Vernunft und Skeptizismus auch Kapitel VI.4, Seite 374.

⁶³ Vgl.: Derrida: sec, 393; dt.: 350.

⁶⁴ Derrida: Limited Inc a b c..., o, 105; dt. 89. Übersetzung korrigiert, CL.

⁶⁵ »Das ist der große Wagen« wäre ein sprachliches Beispiel, welches das, was man seine Identität oder Bedeutung nennt, je nach Kontext ändert. Zeige ich währenddessen in den unbewölkten nördlichen Nachthimmel, so ist der Satz ebenso wahr, wie wenn ich auf das größere meiner beiden Autos zeige. Es ließe sich hier noch von einem sogenannten *fundamentum in re* sprechen, davon dass das Gebilde am Himmel einem Wagen ähnele und daher diesen Namen erhalten habe und das ein Auto Wagen nenne, da es damit in einer gewissen Entwicklungskontinuität stehe. Diese Argumente zielen auf die Metaphorizität von Sprache ab, die später noch ausdrücklich zur Sprache kommen wird. Man könnte dagegen einwenden, dass ein sprachlicher Ausdruck in diesem Fall zwei unterschiedliche Begriffe bezeichne, vergleichbar dem Fall »Schloss«, dass wir es also

die es dennoch in jedem Element gibt, da es sonst nicht als es selbst wiedererkennbar wäre, niemals vollkommen präsent wird: »Comme (la) trace, elle [la marque] n'est ni présente ni absente.«[66] Dies gilt natürlich auch für die Begriffe Iteration oder Spur. Insofern sind sie in gewisser Weise quasi-transzendental. Sie dienen als Anker in einem bestimmten Kontext, als Punkt, von dem aus die Struktur erklärt wird, binden sich selbst aber wieder in diese Struktur ein. Das heißt letztlich, dass es nur noch Kontexte gibt ohne ein absolutes Zentrum.[67] So gesehen verschwindet auch die Kategorie der Intentionalität nicht, aber sie kann von ihrer Stelle aus nicht mehr das ganze System kontrollieren.[68] Selbstverständlich hängt ein Sprechakt von einer Intention ab und von einem Kontext, mehr jedoch von der ihm innewohnenden Möglichkeit der Zitation und damit des Scheiterns:

> »Das impliziert nicht, dass jede ›Theoretisierung‹ unmöglich wäre. Das begrenzt nur eine Theoretisierung, die ihren Gegenstand vollständig *einverleiben* möchte und es nur auf *begrenzte* Art und Weise tun kann.«[69]

---

mit äquivoker Rede zu tun haben. Dennoch scheint – und mir bleibt an dieser Stelle nichts anderes übrig, als an das Wohlwollen zu appellieren – es einen Unterschied in den zwei Verwendungsweisen von »Wagen« und »Schloss« zu geben, der nach einer philosophischen Begrifflichkeit zwischen Univozität und Äquivozität verlangt, die man klassischer Weise in der Analogie gegeben sah. Vgl. zur Analogiefrage auch weiter unten (Seite 239) sowie Kapitel VI.2, Seite 355. – Dass auch einzelne Begriffe iterierbar sind, zeigt zum Beispiel der Begriff der Liebe, wie Niklas Luhmann deutlich herausgearbeitet hat. (Vgl.: Niklas Luhmann: Liebe als Passion. Zur Codierung von Intimität, Frankfurt am Main 1982.) Auch der Begriff des Bildes mag im Zusammenhang mit den Eucharistiestreitigkeiten zwischen Radbertus und Ratramnus als Beispiel von Iterabilität dienen. Dadurch dass sich das Denksystem ändert, wird Bild nicht mehr in der platonischen Urbild-Abbild-Relation verstanden, sondern im Gegensatz Bild-Wirklichkeit. Wohlgemerkt hier ändert sich kein Begriff, sondern derselbe Begriff für dieselbe Sache wird anders *verstanden*. (Vgl. dazu: Hans Jorissen: Wandlungen des philosophischen Kontextes als Hintergrund der frühmittelalterlichen Eucharistiestreitigkeiten. In: Josef Wohlmuth (Hg.): Streit um das Bild. Das Zweite Konzil von Nizäa (787) in ökumenischer Perspektive, Bonn 1989, 97–111.) Insofern scheint gerade bei den Begriffen des Bild-Werdens und Bilder-Zerbrechens (Verweyen; vgl. Kapitel II.2, Seite 81) im Zusammenhang mit Überlegungen zum *letztgültigen* Sinnbegriff eine gewisse Vorsicht angebracht. Aber auch die Bestimmung von Liebe als Selbstmitteilung zweier Freiheiten füreinander (Vgl.: Pröpper: Freiheit als philosophisches Prinzip der Dogmatik, 184. Vgl. auch Kapitel II.1, Seite 53 meiner Arbeit.) lässt sich vor den von Luhmann aufgezeigten Kontexten nicht generell aufrecht erhalten.

[66] Derrida: Limited Inc a b c..., o, 105; dt.: 89: »Wie die Spur (als Spur) ist sie weder anwesend noch abwesend.«
[67] Vgl.: Derrida: sec, 381; dt.: 339. Derrida: Limited Inc a b c..., r, 126; dt.: 107.
[68] Vgl.: Derrida: sec, 389; dt.: 346. Derrida: Limited Inc a b c..., q, 115; dt.: 94.
[69] Derrida: Limited Inc a b c..., r, 136; dt.: 116. Im französichen Text steht »Cela dé-limite...« Damit ist zugleich ausgesagt, dass die Theoretisierung ent- und begrenzt wird. Gerade die Ent-Grenzung begrenzt sie in ihrer Möglichkeit des Theoretischen. – Dies sollte auch als Mindestbedingung für die vernünftige theologische Rede gelten. – Natürlich ist eine gewisse Rede über Gott möglich, aber schon unter den von Derrida ins Feld geführten philosophischen Vorzeichen kann sie ihn als ihr Objekt immer nur auf begrenzte Weise behandeln. Als theologische Rede gilt für sie sogar noch mehr: Die Unähnlichkeit ihres Objekts mit dem, was sie Gott nennt, ist immer größer als die Ähnlichkeit. Vgl. dazu Teil VI.

Der Kontext ist nicht gänzlich zu sichern, um jedes Missverständnis auszuschließen. Und dies ist keine empirische Unmöglichkeit, sondern eine strukturelle. Daher erscheint es Derrida von vornherein illegitim, dass Searle in seiner *Reply* provisorisch und aus methodischen Gründen den Kontext ausschließen will, der doch für Austin ein wesentliches Element darstellt. »Der Kontext ist immer schon *innerhalb* der Stelle und nicht nur *um* sie *herum*.«⁷⁰ Zum Kontext einer Taufe gehört eben auch und vor allem ein Performativ wie »Ich taufe dich«. Ohne diesen Satz ist das, was sich dort abspielt, alles mögliche, aber keine Taufe. Insofern abstrahiere ich vom Sprechakt selbst, wenn ich vom Kontext abstrahiere. Ich kann ihn dann nur noch sicherstellen, wenn ich die (mir bekannte und zum Kontext gehörige) Intention des Sprechers zur Instanz der Entscheidung mache. Diese aber ist intersubjektiv nicht ausweisbar.⁷¹ Daher kann jedes Versprechen zugleich eine Drohung sein, jedes Geschenk ein *gift*.⁷² Jeder Begriff kann gegen meine Intention bei meinem Gesprächspartner Verständnismöglichkeiten assoziieren, die mir nicht bewusst sind.

Manfred Frank, der Derrida grundsätzlich zustimmt, erinnert in diesem Zusammenhang an »die Verstrickung geschichtlich situierter Subjekte in Traditionen.«⁷³ Er macht jedoch gegenüber Derridas *différance* seine Rede von der Individualität geltend. Er will »die Frage nach dem Motiv [...] stellen, das sowohl Searle wie Derrida daran hindert, auf die Kategorie einer sinnstiften-

---

⁷⁰ Limited Inc a b c..., r, 117; dt.: 100.
⁷¹ Sarah Richmond weist in ihrem Artikel auf einen ähnlichen Argumentationsgang bei Donald Davidson hin. Davidson nahm an, dass ein Schauspieler auf einer Bühne sich dem strukturellen Missverständnis aussetzt, wenn er vor einem Feuer warnen will. Er ruft »Feuer!«, und da alle glauben er spiele seine Rolle, verstärkt er seine Warnung: »Feuer! Ich meine es ernst!« Selbst ein spezielles Zeichen kann ihm nicht helfen. Davidson verweist auf Frege, der in seiner *Begriffsschrift* das Zeichen ⊢ benutzt, das die heutige Logik *Turnstile* nennt, um damit auszudrücken, dass die so bezeichnete Aussage wahr sei und er nicht nur darüber rede. Doch selbst dieses Zeichen würde nichts nützen, da es der Schauspieler auch im Falle des nur gespielten Alarms benutzen würde. (Vgl.: Richmond: Derrida and Analytical Philosophy, 52; Donald Davidson: Communication and Convention. In: Ders.: Inquiries Into Truth and Interpretation, Oxford 1984, 265–280.)
⁷² Vgl.: Limited Inc a b c..., r, 142; dt.: 122.
⁷³ Frank: Die Entropie der Sprache, 533. Frank fährt fort: »Man kann mit sprachlichen Typen sehr wohl Sinn machen, ohne sich ihrer historischen Fracht dabei ›bewusst‹ zu werden. Dies Nicht-bewusst-Werden garantiert freilich nicht, dass die Implikate einer Tradition im aktuellen Sprechen nicht dennoch durchschlagen und die Äußerungen überdeterminieren. Das positive Pochen auf den synchronen Rahmen, in dem sich Verständigung de facto abspielt, stellt sich blind gegen den Ungeist, der möglicherweise in ihm waltet. Dem entgeht nur, wer die Einfältigkeit der Konventionen grundsätzlich – und nicht nur im Falle misslingender Verständigung – reflektierend überschreitet, d.h. sich bewusst zu werden versucht, dass auch der allerrationalste Diskurs ›mehr oder weniger anonymen Traditionen verpflichtet ist: solchen des Code, der Erbschaft, des Vorrats an Argumenten usw.«« (Ebd., 534. Das Zitat am Ende ist aus: Derrida: Limited Inc a b c..., f, 75. Da Frank aus einem ihm vorliegenden Manuskript zitiert, stimmt seine Übersetzung weder mit dem französischen noch mit dem deutschen Text überein. Es ist auch möglich, dass er hier nur paraphrasiert.)

den und sinnverändernden Individualität zu rekurrieren.«[74] Für Searle ergibt sich das nach Frank »aus seiner Option für die Methode der exakten Naturwissenschaft«[75], der ein transzendentales Subjekt mangels adäquater Anschauung oder Begriff entgehe. Dass jedoch Derrida keine Sinnstiftung jenseits des Systems in Anschlag bringt, ist für Frank bedauernswert.[76] Da Derrida zeigen kann, »dass die Subjektvergessenheit der exakten Wissenschaften dem idealistischen Subjektivismus nur in letzter Konsequenz die Treue hält, begründet er einen theoretischen Antihumanismus.«[77] Damit schüttet er jedoch nach Frank das Kind mit dem Bade aus. Anstatt unter »einer totalitär gewordenen Rationalität ein gequältes und verstummtes Subjekt zu gewahren, gibt er es endgültig auf.«[78]

Das verwundert nach Frank umso mehr, da sich nach seiner Analyse zentrale Passagen aus *Limited Inc a b c...* mit elementaren Einsichten Humboldts, Schleiermachers oder Sartres verbinden lassen. Dabei bezieht sich Frank einerseits auf das Modell einer vorreflexiven Selbstvertrautheit und andererseits auf den Begriff des Individuums, wie er z.B. bei Schleiermacher vom Begriff der Subjektivität oder des Besonderen unterschieden werde:

> »Subjektivität ist etwas Allgemeines[.] Dagegen sind Individuen niemals Bestandteile von Systemen (auch nicht von Systemen der Subjektivität, etwa der Fichteschen *Wissenschaftslehre*); sie sind nicht allgemein. Man kann sie aus Regeln nicht so ableiten, wie man das Besondere (und das Besondere ist niemals einerlei mit dem Individuellen) aus dem Allgemeinen deduzieren kann. Das Individuum ist mithin keinem Begriff zu unterwerfen, und es entzieht sich der Definition. Darum kommt nach Fichtes Ansicht im Interesse der Vernunft – der universellen Subjektivität – alles darauf an, ›dass die Individualität theoretisch vergessen, praktisch verleugnet werde‹.«[79]

Frank plädiert für ein unverrechenbares Individuum, das den Aporien der Reflexionstheorie, an der sich Derrida abarbeitet, entkommt. Es geht ihm mit Schleiermacher um das »individuelle Gefühl«. »Es ›suppliert‹ und ›ergänzt‹ die ›fehlende Einheit‹ jener Bewegung, in welcher das einzelne Selbstbewusstsein die *allgemeine* Bedingung der Wahrheit in sich darzustellen trachtet.«[80] Ein solcher Begriff von Individualität ist nach Frank in der Rezeption

---

[74] Frank: Die Entropie der Sprache, 515.
[75] Frank: Die Entropie der Sprache, 534. Auf Seite 552 spricht Frank sogar von »Positivismus«.
[76] Vgl.: Frank: Die Entropie der Sprache, 553.
[77] Vgl.: Frank: Die Entropie der Sprache, 553.
[78] Vgl.: Frank: Die Entropie der Sprache, 553f.
[79] Frank: Die Entropie der Sprache, 541.
[80] Frank: Die Entropie der Sprache, 541. Frank verweist auf eine von Rudolf Odebrecht 1942 herausgegebene Ausgabe. Die entsprechenden Stellen finden sich im Kontext der Vorlesungen 51 und 52 vom 2./3.7.1822. Vgl.: Friedrich Daniel Ernst Schleiermacher: Vorlesungen über die Dialektik. Teilband 2. Kritische Gesamtausgabe II, 10,2, Berlin – New York 2002, 567–575. Vgl. zu Franks Schleiermacherauslegung: Manfred Frank: Das individuelle Allgemeine. Textstrukturierung und -interpretation nach Schleiermacher, Frankfurt am Main 1985.

des idealistischen Subjektbegriffs untergegangen, weshalb es verständlich sei, dass Derrida ihn nicht berücksichtige. Richtig verstandene Individualität wäre »dasjenige Seiende [...], dessen Natur es ist, ohne Wesen zu existieren.«[81] Sie wäre also reine Faktizität oder auch »reine Tat*handlung (actus purus)*«[82] Individualität müsste daher weder vollständig bestimmt noch sich selbst vollständig gegenwärtig sein. Daher entgeht sie den Aporien, in die sich das sich selbst bewusste Subjekt, wie Derrida zum Beispiel in *Die Stimme und das Phänomen* gezeigt hat, immer wieder hineinmanövriert. Der Gebrauch des Begriffs »individuell« verändert den Sinn und überschreitet die Regel.[83] Frank kommt zu dem Schluss, dass Sartres Beschreibung der (individuellen) Existenz und Derridas Merkmale der Iteration »sich mühelos und ohne Sinnverlust durcheinander ersetzen«[84] lassen. Derrida entgleite »durch diese kritische Fixierung auf das Reflexionsmodell jene (häretische) Version des Subjektgedankens, die man u.a. bei Schleiermacher oder bei Sartre findet.«[85] Dabei übersehe er, dass das Merkmal des Selbst zwar immer nur differentiell bestimmt sein könne, dass aber die Differenz zweier Marken noch nicht ausreiche, um es zu erklären. Selbstbezug kommt nur zu Stande, wenn es Differenz gibt (notwendige Bedingung), aber Differenz allein ist für Selbstbezug noch nicht hinreichend:

> »Will man nicht dem Fetischismus von Autotransformation eines Abstraktums wie *der* Sprache verfallen [...], bleibt nur die Möglichkeit, Bedeutungsveränderungen dem Wesen zuzuschreiben, das sich, eingefügt in einen intersubjektiven Verständigungsrahmen, sprechend auf den Sinn seiner Welt hin entwirft; dies Wesen könnte, wenn es nicht das Allgemeine selbst ist, nur das Individuum sein.«[86]

Dieses Individuelle muss man freilich entgegen der Idee einer personalen Identität denken.[87] Sobald ich dem Individuum Identität, d.h. Selbst-Identität, zugestehe, gerate ich wieder in den Zirkel der Aporie. Damit fällt die Evidenz des Wissens dahin, es muss intersubjektiv bewährt werden.[88] Es gibt kein »subjektunabhängig gesichertes Allgemeines«[89] mehr. In dieser Hinsicht bietet Derrida nach Frank durchaus Vorzüge. Sein »Modell« gestattet es, »Individualität als radikale Nicht-Identität zu denken«[90], es ermögliche jedoch nicht, »Individualität als selbstbewusst und mithin als sinnbezogen zu denken.«[91]

---

[81] Frank: Die Entropie der Sprache, 547.
[82] Frank: Die Entropie der Sprache, 547.
[83] Vgl.: Manfred Frank: Die Unhintergehbarkeit von Individualität, 102.
[84] Frank: Die Entropie der Sprache, 549.
[85] Frank: Die Entropie der Sprache, 550.
[86] Frank: Die Unhintergehbarkeit von Individualität, 103.
[87] Vgl.: Frank: Die Unhintergehbarkeit von Individualität, 117.
[88] Vgl.: Frank: Die Unhintergehbarkeit von Individualität, 118.
[89] Frank: Die Unhintergehbarkeit von Individualität, 121. Frank meint hier mit »subjektunabhängig« eigentlich so etwas wie »überindividuell«, da Subjekt ja schon ein Allgemeinbegriff ist.
[90] Frank: Die Unhintergehbarkeit von Individualität, 126.
[91] Frank: Die Unhintergehbarkeit von Individualität, 126.

Neben dem Einspruch, die Differenz sei noch keine hinreichende Bedingung für Selbstvertrautheit, macht Frank ein weiteres Argument stark: Eine radikales Sich-Verschieben ist nicht denkbar, da jede Differenz ohne »ein Moment relativer Sich-selbst-Gleichheit«[92] nicht feststellbar wäre. Dieser Gedanke findet sich jedoch – wie Frank in seinem Beitrag zur Derrida-Searle-Debatte ausdrücklich zugesteht – in Form der »*restance minimale*« auch bei Derrida. Es verwundert, dass Frank hier ausgerechnet auf Fichte rekurriert, der ja jede Individualität verworfen hatte, und in einer sehr formalen Sprache ein A und B zu Grund liegendes gemeinsames X fordert, um A=B sinnvoll aussagen zu können.[93] Dieses X oder diese Spur hat Derrida ausführlich unter dem platonischen Begriff der Chôra behandelt, auf den wir noch zurückkommen werden.[94] Da es nach Frank vernünftig ist, eine Theorie (in diesem Fall die der selbstvertrauten Individualität) dann anzunehmen, wenn sie all das erklärt, was eine andere Theorie (in diesem Fall Derridas Überlegungen zur Iterabilität) auch erklärt (Verschiebung von Sinn, Offenheit des Systems), und zudem deren Aporien vermeidet (Reflexionszirkel bzw. Unerklärlichkeit von Selbstbewusstsein), plädiert er für das Individuelle:

> »Denn Individualität ist eine Instanz, und sie scheint die einzige zu sein, die der rigorosen Idealisierung des Zeichensinns zu einem instantanen und identischen Widerstand entgegenbringt (also eben das leistet, was Derrida der ›différance‹ zutraut). Andererseits hat allein sie den Vorteil, als *selbstbewusst* gesichert zu sein, also Motivationen und hypothetische Urteile, wie es Interpretationen sind, letztlich überhaupt all jene Prozesse verständlich zu machen, in denen die Kategorie ›Sinn‹ notwendig, d.h. in unersetzbarer Weise, auftaucht.«[95]

Diese Überlegungen scheinen mir zwar in dieselbe Richtung zu gehen wie Dieter Henrichs Analysen, sie sind jedoch ungemein vorsichtiger und zurückhaltender. Dennoch will ich zwei Fragen stellen: 1. Trifft Frank mit seinem Urteil tatsächlich Derrida oder nur einen Derrida, der ihm als Folie dienen kann? 2. Vermeidet seine Theorie Derridas Aporien? Mir scheint, Frank setzt entgegen seiner eigenen Diktion Abwesenheit und Abwesend-sein-können des Subjekts gleich[96] und übersieht bei seiner Analyse wesentliche Texte, die zumindest das Motiv der Individualität behandeln, wenn auch nicht unter der ausdrücklichen Maßgabe einer Selbstvertrautheit. Derridas Aufnahme Levinas'scher Gedanken legt vielmehr die Bezugnahme auf eine Subjektivität nahe, die sich zunächst als unvertretbar in Verantwortung gerufen weiß. Zu-

---

[92] Frank: Die Unhintergehbarkeit von Individualität, 127.
[93] Vgl.: Frank: Die Unhintergehbarkeit von Individualität, 127.
[94] Frank unterstellt Derrida in diesem Zusammenhang, dass bei ihm »ein Zeichen [...] jede beliebige (d.h. keine) Bedeutung« (Frank: Die Unhintergehbarkeit von Individualität, 129.) habe. Hier verwechselt er allerdings Dissemination und Polysemie, wie Derrida sie in *La Dissémination* unterscheidet. Vgl.: Jacques Derrida: Hors livre. In: Ders.: La Dissémination, Paris 1972, 7–76, 35; dt.: 9–68, 33.
[95] Frank: Die Unhintergehbarkeit von Individualität, 130.
[96] Er weist selbst darauf hin: »Iter*abilität* ist nicht notwendig Iteration, ›absent sein können‹ heißt nicht notwendig ›abwesend sein‹.« (Frank: Die Entropie der Sprache, 503.)

dem weist er in *Gewalt und Metaphysik* auf die wichtige Differenz zwischen dem Selbst und dem Selben hin, ja, dass das Selbst in gewisser Weise als »der andere im Selben« verstanden werden müsse, was Franks Deutung einer Individualität ohne Identität sehr nahe kommt. Derridas Celan-Interpretationen liegen ebenfalls in dieser Fluchtlinie.[97] In seiner Vorlesung an der EHESS in Paris im Universitätsjahr 2002/2003 sprach Derrida über Heideggers *Die Grundbegriffe der Metaphysik. Welt – Endlichkeit – Einsamkeit*[98] und zitierte mehrmals Celans Satz: »Die Welt ist fort, ich muss dich tragen.«, der auch in seiner Rede im Februar 2003 zum Gedenken an Gadamers Tod eine zentrale Rolle spielt.[99] Ein weiterer Satz aus jener Vorlesung war: »*Je suis seul. Je suis le seul à être seul.*« – »Ich bin allein/einzig. Ich bin der einzige, der allein sein kann.« Daraus spricht zum einen ein starker erkenntniskritischer Impuls, der gerade die Evidenz hinterfragt, auf die Frank gelegentlich abhebt.[100] Ich bin der einzige, der gewisse Dinge wissen kann, aber ich bin es derart, dass ich es nicht evident vermitteln kann. Das gesteht Frank übrigens ausdrücklich zu:

»So ist das Einzelne oder das Individuelle gerade kein Einheitsprinzip; was immer ›Individualität‹ sonst noch meinen mag, sie ist jedenfalls als der direkte Widersacher des Gedankens der Einheit und Abgeschlossenheit der Struktur (und der Identität der von ihr zu einem Ganzen ausdifferenzierten Ausdrücke mit sich) zu denken.«[101]

---

[97] Vgl.: Jacques Derrida: Schibboleth. Pour Paul Celan, Paris 1986, 108: »Le *schibboleth* est donné ou promis par *moi* (*mein Wort*) à l'autre singulier, celui-ci, pour qu'il le partage et qu'il entre, ou qu'il sorte, pour qu'il passe la porte, la ligne, la frontière, le seuil. Mais à l'autre donnée ou promise, en tous cas ouverte, offerte, cette parole demande aussi.«

[98] Martin Heidegger: Die Grundbegriffe der Metaphysik. Welt – Endlichkeit – Einsamkeit. GA 29/30, Frankfurt am Main ³2004.

[99] Vgl.: Jacques Derrida: Der ununterbrochene Dialog: zwischen zwei Unendlichkeiten, das Gedicht. In: Ders., Hans-Georg Gadamer: Der ununterbrochene Dialog. Herausgegeben und mit einem Nachwort versehen von Martin Gessmann, Frankfurt am Main 2004, 7–50. Diese Rede liest sich auch als eine prägnante Darstellung der Differenzen zwischen Hermeneutik und Dekonstruktion, wenn man das so knapp ausdrücken darf. Das Celan-Zitat stammt aus dem Gedicht *Große, glühende Wölbung* des Zyklus *Atemwende*. Vgl.: Paul Celan: Atemwende. Vorstufen – Textgenese – Endfassung. Bearbeitet von Heino Schmull und Christiane Wittkop, Frankfurt am Main 2000, 167. Der Text entspricht der hisotrisch-kritischen Ausgabe: Paul Celan: Werke. Besorgt von Beda Allemann. Abt. 1,7. Herausgegeben von Rolf Bücher, Frankfurt am Main 1990.

[100] Vgl.: Frank: Die Entropie der Sprache, 540: »Der einzig *sichere* Ausgangspunkt für die Frage nach der Instanz der Regelanwendung ist das einzelne Subjekt, das Individuum.« (Hervorhebung von mir, CL.) Das ist beinahe schon ein Descartes'scher Impetus. Vor der von Heidegger identifizierten Sorge nach Gewissheit in der abendländischen Metaphysik (Vgl.: Martin Heidegger: Einführung in die phänomenologische Forschung, GA 17, Frankfurt am Main 1994, §37, 221–224.) ist eben auch ein häretisches Subjektdenken (Vgl.: Frank: Die Entropie der Sprache, 550.) nicht sicher. Es ist wohl orthodoxer, als Frank zugeben mag.

[101] Frank: Die Unhintergehbarkeit von Individualität, 123.

Zum anderen spricht aber aus dem Satz *Je suis seul* neben dem erkenntniskritischen Impuls eine Einsicht, die bei Derrida, soweit ich weiß, keinen Metadiskurs zur Folge hat. Wenn ich bestimmte Einsichten nicht mehr evident vermitteln kann, dann kann ich auch nicht mehr in der dritten Person und im objektiven, auf Wahrheit ausgerichteten philosophisch-wissenschaftlichen Diskurs darüber reden. Ich kann von ihnen nur noch in der ersten Person sprechen, sie gleichsam bezeugen,[102] wie Derrida dies zum Beispiel in *Le monolinguisme de l'autre* tut:

> »Was ist die Identität, deren durchsichtige Identität mit sich selbst immer dogmatisch vorausgesetzt wird von so vielen Debatten über den Monokulturalismus oder über den Multikulturalismus, über die Nationalität, die Staatsangehörigkeit, die Zugehörigkeit im allgemeinen? Und vor der Identität des Subjekts, was ist die Ipseität? Diese reduziert sich nicht auf eine abstrakte Fähigkeit, »ich« zu sagen, der sie immer schon vorausgegangen sein wird. Sie bedeutet vielleicht an erster Stelle das Können eines »ich kann«, ursprünglicher als das »ich«[.]«[103]

Vielleicht ist dies auch der Grund, weshalb die einzige annähernd brauchbare systematische Darstellung der Überlegungen von Jacques Derrida *Derridabase* mit einer Kommentierung von Derrida selbst versehen ist.[104] Dieser Text ist zum einen eine Beschneidung des Systems, da er etwas markiert, was nicht in ihm aufgeht, zum anderen ist er ein Kommentar zu den und im Stil der *Confessiones* des Augustinus, daher der Titel *Circonfession*. Wenn Manfred Frank Recht hat und Individualität sich tatsächlich dem Begriff verweigert und das System öffnet, dann braucht es andere Strategien, um sich ihr zu nähern, als sie auf den Begriff zu bringen und sei es in negativer Form. So öffnen sich zwei Alternativen, die Derrida gesehen hatte: 1. »den Ausgang und die Dekonstruktion zu versuchen, ohne das Gelände zu wechseln[.]«[105] Dies sei der Weg Heideggers gewesen. Indem man grundlegende Begriffe der Philosophiegeschichte wieder aufgreife, könne man sie gegen das System und die Sprache der Metaphysik benutzen. Damit laufe man allerdings Gefahr, das herkömmliche System einfach nur zu bestätigen und zu verstärken

---

[102] »Kein Kalkül, keine Versicherung werden darin [in der Vernunft] die letzte Notwendigkeit reduzieren können, jene der bezeugenden Unterschrift (deren Theorie nicht notwendig eine Theorie des Subjekts ist, der Person oder des bewussten oder unbewussten Ich).« (Jacques Derrida: Foi et savoir, Nr. 37, dt.: S. 73. Übersetzung deutlich korrigiert, CL.) In *Sauf le nom* hält Derrida fest, dass das Wesentliche eines Zeugnisses nicht darin besteht, eine Erkenntnis zu erlangen oder zu vermitteln. Dies teile das Bezeugen (*confession*) mit der apophatischen Bewegung. Vgl.: Jacques Derrida: Sauf le nom, Paris 1993, 22f. – Vgl. dazu auch die Überlegungen zum Verhältnis von Glauben und Wissen in Teil I.
[103] Jacques Derrida: Le monolinguisme de l'autre ou la prothèse d'origine, Paris 1996, 32. Eigene Übersetzung. Diese Aussage oder diese Überzeugung steht im Kontext einer »confession animée«, einer kleinen Autobiographie. (Vgl. ebd.: S. 2.)
[104] Vgl.: Jacques Derrida. Ein Portrait von Geoffrey Bennington und Jacques Derrida, Frankfurt am Main 1994.
[105] Jacques Derrida: Les fins de l'homme. In: Ders.: Marges, 129–164 (= Derrida: Les fins de l'homme), 162. Dt.: Jacques Derrida: Fines hominis. In: Ders.: Randgänge der Philosophie, 133–157, 155. Übersetzung verändert, CL.

oder gar im besten Hegel'schen Sinne aufzuheben. Oder man entscheide sich, 2. »das Gelände zu wechseln, auf diskontinuierliche und einbrechende Art, indem man sich brutal außen einrichtet und den absoluten Bruch und die absolute Differenz affirmiert.«[106] Doch in diesem Fall genüge allein die Praxis der Sprache, um das Neue wieder in den alten Boden einzusetzen, denn unsere Sprache ist die Metaphysik.[107] Das ließe sich an zahlreichen Beispielen zeigen, wie wir am Beispiel von *Totalität und Unendlichkeit* gesehen haben.

Mir scheint, Frank verstrickt sich wechselweise in beide Alternativen: Er bestätigt das alte Gebäude, wenn er auf die Einheit des Sinns, das X=X rekurriert, und er wird von der Sprache eingeholt, wenn er von *der* Individualität spricht, die natürlich ein Begriff ist und die er selbstverständlich definiert. Die Auswege, die er sucht, enden entweder im Metaphorischen, wenn von einer Vertrautheit die Rede ist, die (sich) nicht bewusst ist, oder in Paradoxen wie einem Selbstbezug, der mir evident ist, ohne mir präsent zu sein. Insofern denke ich nicht, dass seine Theorie mehr leistet als Derridas Überlegungen, ja, ich denke nicht einmal, dass sich der Begriff der »Theorie« halten lässt. Letztlich belegt er jenes, von dem er selbst sagt, dass das Mindeste, was man darüber sagen könne und müsse, die Tatsache sei, dass es sich einer Totalität gleich welcher Art verweigere,[108] mit dem Begriff der selbstvertrauten Individualität. Somit führt er erneut eine Hierarchie ein, auch wenn er diesen Begriff nicht als ein Prinzip bezeichnet, wohl aber doch als *das* Quasi-Transzendentale. Steht ein solcher Begriff nicht genau dem im Wege, was Frank selbst an Derrida so schätzt?

> »Derrida [...] ist ein Meister der Differenzierung; er vertritt die Sache der Vielfältigkeit [Das ist, wie gesagt, nicht ganz korrekt. Es müsste wohl eher »Vervielfältigung« heißen. Dissemination statt Polysemie, CL.] und der Entgrenzung des Sinns. Angesichts der Herausforderung, die von seinen Texten ausgeht, muss sich (z.B.) die transzendentale Hermeneutik ernstlich fragen, ob sie ihre Arbeit nicht zu früh abbricht. Zufrieden damit, *dass* Sinn sich herstellt, zweifelt sie viel zu selten am Wert eines Verständnisses, das in den Äußerungen eines Textes immer nur das herrschende Sprachspiel oder den maßgeblichen Traditionszusammenhang entziffert[.]«[109]

So bleibt erneut die Frage der Strategie. Wenn ein Entgegensetzen nicht gelingt, weil alles immer wieder vom System verstanden, begriffen und vereinnahmt wird, dann muss man wohl das System mitspielen (das ist der Minimalkonsens, den Derrida Searle gegenüber zuzugestehen bereit ist und der Frank so stark enttäuscht, da er in diesem Fall das individuelle Subjekt

---

[106] Jacques Derrida: Les fins de l'homme, 162; dt. 156. Eigene Übersetzung, CL. Diese Alternative ordnet er hauptsächlich der damals (1968) aktuellen französischen Debatte zu. Selbstverständlich sieht auch Derrida, dass es bei Heidegger Momente des zweiten Typs gibt, ebenso wie nicht die gesamte französische Philosophie einen Geländewechsel vornimmt.
[107] Vgl.: Jacques Derrida: Les fins de l'homme, 144, FN 11; dt.: 377, FN 14.
[108] Vgl.: Frank: Die Unhintergehbarkeit von Individualität, 123.
[109] Frank: Die Entropie der Sprache, 553.

ausklammert), um es aufzubrechen. Das hieße, wie ich es im ersten Teil versucht habe, die Letztbegründung weiter zu (be-)treiben als die Letztbegründer, um zu zeigen, dass ihr letzter Grund ein vorletzter war und sich wieder in den Argumentationszusammenhang einordnet oder zu Konsequenzen führt, die dem Anliegen selbst als Unmöglichkeit diametral entgegenstehen. Somit bleibt der eigene Diskurs stets auf andere angewiesen, an denen er sich abarbeitet, die er liest, zitiert und bearbeitet. Die Entscheidung, dies – wie Derrida – auch offensichtlich zu tun, d.h. das Arbeiten zumindest teilweise sichtbar werden zu lassen und nicht nur vermeintlich eigene Ergebnisse zu präsentieren, habe ich für dieses Projekt getroffen, weil sie mir der einzige Weg schien, das von Derrida beschriebene Dilemma nicht vorschnell aufzulösen. Derrida selbst schlägt vor, mehrere Sprachen zu sprechen und mehrere Texte gleichzeitig zu produzieren.[110] Das wäre in gewisser Weise der umgekehrte Weg zu Frank. Das hieße, nicht in der Variante eins einen Begriff suchen (»Individualität«) und ihn in der Variante zwei vollständig von allem anderen zu trennen, sondern es hieße nach vielen Begriffen zu suchen, ihr Feld abzustecken und dieses Feld aufzubrechen in der Hoffnung, dass sich etwas zeigt.

Weiße Mythologie?

In diesem Zusammenhang spielt die Frage der Metapher und der Metaphorizität der Sprache eine wichtige Rolle. Wie kann man in diesem abzusteckenden Feld voranschreiten? Darf die Philosophie dies nur auf logischem Weg, das heißt über Begriffe und ihre Verknüpfungen, die dem Logos gehorchen, oder muss sie die Logik zu Gunsten der Allegorie, des Mythischen,[111] der Fabel oder der Etymologie aufbrechen? In *Die weiße Mythologie* zeigt Derrida, dass diese Alternative in ihren Grundsätzen so nicht besteht.[112]

---

[110] Vgl.: Derrida: Les fins de l'homme, 163; dt.: 156.
[111] Das Verhältnis von Philosophie und Mythos ist Gegenstand zahlreicher Überlegungen im 20. Jahrhundert. Wichtig erscheinen mir besonders: Max Horkheimer, Theodor W. Adorno: Odysseus oder Mythos und Aufklärung. In: Dies.: Dialektik der Aufklärung. Philosophische Fragmente, Frankfurt 2002, 50–87. (Vgl.: Theodor W. Adorno: Gesammelte Schriften. Herausgegeben von Rolf Tiedemann, Bd. 3, Frankfurt am Main 1997, 61–99); Hans Blumenberg: Arbeit am Mythos, Frankfurt am Main 1979; Kurt Hübner: Die Wahrheit des Mythos, München 1985, bes. 237–290. Zu einer kurzen Übersicht vgl.: Kurt Hübner: Art. Mythos. I. Philosophisch. In: TRE XXIII, 597–608.
[112] Vgl.: Jacques Derrida: La mythologie blanche. In: Ders.: Marges de la philosophie, Paris 1972, 247–324. Dt.: Jacques Derrida: Die weiße Mythologie. In: Ders.: Randgänge der Philosophie, 229–290. Zu diesem Aufsatz sind zahlreiche Beiträge erschienen. Z.B.: Leonard Lawlor: A little daylight: A reading of Derrida's »White Mythology«. In: Man and World 24 (1991), 285–300. Bei Lawlor finden sich auch zahlreiche weitere Literaturangaben. Seine detaillierte Nachzeichnung der Derrida'schen Überlegungen ist in ähnlicher Form Bestandteil einer Monographie: Leonard Lawlor: Imagination and Chance. The Difference Between the Thought of Ricœur and Derrida, Albany 1992, 11–27. Er arbeitet dort die Kontroverse zwischen Ricœur und Derrida an den Begriffen der *différance* und der *distanciation* auf, die seines Erachtens den zentralen Unterschied markieren. Grundlegende Texte für die Debatte sind neben *La mythologie blanche*: Paul

Das Vorwort trägt im Französischen den Titel *Exergue* trägt, der auf die Inschrift einer Münze verweist, die sich durch häufigen Gebrauch abnutzen kann, wie auch der Begriff im philosophischen Diskurs öfter als abgenutzte Metapher bezeichnet wurde. Derrida zitiert darin ausführlich aus einem Dialog aus *Le Jardin d'Epicure*.[113] Dieses Gespräch ist überschrieben mit »*Ariste et Polyphile ou le langage métaphysique*«. Polyphile unterzieht den Satz »*L'âme possède Dieu dans la mesure où elle participe de l'absolu.*« aus einem philosophischen Handbuch einer Sprachkritik, die die metaphysischen Begriffe auf ihre Herkunft befragt. Er kommt zu folgendem Schluss:

> »Es genügt zu sehen, dass wir Symbole und einen Mythos in einem Satz gefunden haben, der wesentlich symbolisch und mythisch war, da er metaphysisch war. Ich glaube es Ihnen deutlich genug gemacht zu haben, Ariste: Jeder Ausdruck einer abstrakten Idee kann nur eine Allegorie sein. Durch ein merkwürdiges Schicksal sind diese Metaphysiker, die glauben, der Welt der Erscheinungen zu entkommen, gezwungen, fortlaufend in der Allegorie zu leben. Als traurige Poeten entfärben sie die antiken Fabeln und sind nur Sammler von Fabeln. Sie betreiben weiße Mythologie.«[114]

Die Philosophen betreiben weiße Mythologie, da die Mythen, die die Philosophie aufklären wollte, in sie mit weißer Tinte eingeschrieben bleiben, ohne dass sie sich von ihnen endgültig lösen könnte.[115] In diese Richtung zielen nach Derrida unter anderem auch die Texte von Nietzsche, Freud oder Bergson, die daher in ähnlicher Weise befragt werden müssten. Wer in einem Begriff die in ihm verborgene Geschichte einer Metapher sichtbar macht, lässt das Diachronische in jedem System zwar deutlicher hervortreten. Doch indem er sich auf den Begriff der Metapher und die damit festgestellte Ähnlichkeit verlässt, verbleibt er im Systematischen. Damit bindet Derrida die

---

Ricœur: La métaphore vive, Paris 1975. Dt.: Paul Ricœur: Die lebendige Metapher, München ²1991. Derridas Antwort dazu: Jacques Derrida: Le retrait de la métaphore. In: Ders.: Psyché, 63–93. Vgl.: Jacques Derrida: Der Entzug der Metapher. In: Anselm Haverkamp (Hg.): Die paradoxe Metapher, Frankfurt 1998, 197–234. Weitere empfehlenswerte Literatur, die auch im deutschen Sprachraum leicht zugänglich ist: Rodolphe Gasché: Metapher und Quasi-Metaphorizität. In: Anselm Haverkamp (Hg.): Die paradoxe Metapher, Frankfurt 1998, 235–267. Auch Gaschés Beitrag greift ein Kapitel aus seiner Monographie auf. Vgl.: Rodolphe Gasché: The Tain of the Mirror. Derrida and the Philosophy of Reflection, Cambridge – London, 1986, 293–318. Gaschés Aufsatz trägt mit in seiner Einordnung der Derrida'schen Gedanken in den philosophischen Kontext der *analogia entis* bei Aristoteles wesentlich zur Klärung des Missverständnisses bei, Derrida vermische Philosophie und Literatur. Dies trifft gerade nicht zu.

[113] Vgl.: Anatole France: Le Jardin d'Epicure. In: Ders.: Œuvres Complètes. Nouvelle Édition établie par Jacques Suffel, Paris – Genf o.J., 309–438, 416–430, 430.

[114] Zitiert nach: Derrida: La mythologie blanche, 253; dt. 234. Übersetzung leicht korrigiert, CL.

[115] Vgl.: Derrida: La mythologie blanche, 254; dt.: 234. Hier böte sich ein Gespräch mit Adorno und Horkheimer über die *Dialektik der Aufklärung* an. Ohne hier darauf eingehen zu können, scheinen mir die Motive bei Derrida sehr ähnlich. Vgl.: Max Horkheimer, Theodor W. Adorno: Dialektik der Aufklärung. Philosophische Fragmente, Frankfurt am Main 2002.

Frage nach der Metapher in die philosophische Analogie-Problematik zurück.[116] Es geht Derrida daher nicht einfach um eine Rehabilitierung der Metaphysik gegenüber solchen Angriffen, sondern darum, das Gelände zu identifizieren, »auf dem man von der Philosophie her systematisch die metaphorischen Urkunden ihrer Begriffe einfordern konnte[.]«[117] Es geht um den Ort, von dem aus es möglich wird, Begriff und Metapher zu unterscheiden und aufeinander zu beziehen.[118] Unter der Überschrift »*Plus de métaphore*«[119] stellt er fest:

---

[116] Vgl.: Derrida: La mythologie blanche, 291. Es ist die Ähnlichkeit, auf die die Metapher – und nach Aristoteles ist die Analogie die Metapher schlechthin – sich verlassen können muss. Damit wird die Proportionalitätsanalogie (a:b = c:d), um die es bei der Frage der Metapher geht, rückgebunden an die *analogia entis* oder auch die *analogia nominis*, die Attributions- oder Ordnungsanalogie. So spricht man zum Beispiel vom analogen Gebrauch des Wortes »gesund« für das Herz, für ein Essen oder für einen ganzen Menschen. Die analoge Verwendung liegt damit zwischen der univoken und der äquivoken. Da sich das Wort »sein« nach Aristoteles auf vielfache Weise sagen lässt, haben wir es hier mit einem analogen Gebrauch zu tun. Es wird auf ähnliche Weise von Gott und vom Menschen bzw. vom Menschen und den Dingen ausgesagt. Es ist diese zu Grunde liegende Ähnlichkeit, die als ein gemeinsames Drittes die Proportionsanalogie und damit auch die Metapher erst gelingen lässt. Das arbeitet Eberhard Jüngel sehr detailliert für die Frage der analogen Rede in Bezug auf Gott heraus. (Vgl.: Eberhard Jüngel: Gott als Geheimnis der Welt, Tübingen ⁵1986 (= Jüngel: Gott als Geheimnis der Welt), 357–383.) Bei Kant, der von Gott in einer Proportionalitätsanalogie reden wolle, bestehe z.B. das gemeinsame Dritte im Verhältnis der Abhängigkeit – Gott als Baumeister oder Befehlshaber – (362). Umgekehrt müsse Thomas von Aquin beim Gebrauch der *analogia entis* auf die Proportionalitätsanalogie zurückgreifen: Würde man sich beim Gebrauch des Wortes »sein« in Bezug auf Gott, den Menschen und die Dinge allein auf die Attributionsanalogie verlassen, so hätte man einen Allgemeinbegriff von »sein«, von dem Gott, der Mensch und die Dinge abhängig seien, zwar auf unterschiedliche Weise, aber abhängig. So lasse sich Gott nicht als Ursprung des Seins begreifen. Das gelinge, indem in die Attributionsanalogie nochmals eine Proportionalitätsanalogie eingeschoben werde: Gott verhalte sich zum Gott-Sein wie der Mensch zum Mensch-Sein. Hier werde »sein« zwar analog gebraucht, aber durch die zweite Analogie sei gewährleistet, dass aus dem Mensch-Sein kein allgemeiner Seinsbegriff ableitbar sei, der dann auch Gott zukäme. – Inwieweit diese Diagnose für Thomas zutrifft, will ich hier nicht beurteilen. (Vgl. dazu genauere Überlegungen in Kapitel VI.2, Seite 361.) Jüngel kritisiert all diese Versuche als Rede von Gott, die dem Evangelium nicht entspreche. Gott sei nicht als unbekannt zu wahren, sondern von seinem Sich-Offenbaren her zu verstehen. In einem christologisch begründeten Anthropomorphismus müsse und könne man analog von Gott reden. In einem ersten Schritt versteht Jüngel das Evangelium als analoge Rede von Gott, Rede, die Gott entspreche. Jüngel benutzt die Proportionalitätsanalogie, um das Kommen Gottes verständlich zu machen. Gott komme zu Welt (x → a), indem er sich der weltlichen Selbstverständlichkeit (b:c) bediene, so dass das »Ereignis der Analogie« (390) als »x → a = b:c« zu bestimmen ist sei. (Vgl.: 383–408) Vgl. zu den Aporien dieses Modells auch Teil VI. Für einen kurzen Überblick über die Frage der Analogie vgl.: Wolfgang Kluxen: Art. Analogie. In: Historisches Wörterbuch der Philosophie I, 214–227.

[117] Derrida: Derrida: La mythologie blanche, 256; dt.: 236. Übersetzung verändert, CL.

[118] Das wendet sich auch ausdrücklich gegen Nietzsche und seine Aussage, die Wahrheiten seien Illusionen, von denen man vergessen habe, dass sie welche seien, Metaphern, »die abgenutzt und sinnlich kraftlos geworden sind, Münzen, die ihr Bild verloren haben und nun als Metall, nicht mehr als Münzen, in Betracht kommen.« Vgl.: Friedrich Nietzsche: Ueber Wahrheit und Lüge im außermoralischen Sinne. In: Nietzsche: Werke. Kritische

» In all ihren wesentlichen Merkmalen bleibt die Metapher ein klassisches Philosophem, ein metaphysischer Begriff. Sie ist also in dem Feld gefangen, welches eine allgemeine Metaphorologie der Philosophie zu beherrschen sucht.«[120]

Denn selbst wenn man alle metaphorischen Möglichkeiten der Philosophie ordnen wollte, ein Verweissystem auf semantischer Ebene erstellen wollte, das andere Zusammenhänge sichtbar macht als jene, die die Philosophie unter dem Begriff der Logik gelten lässt, so entkäme doch eine Metapher diesem Versuch: »die Metapher der Metapher.«[121] Darüber hinaus gäbe es weitere Schwierigkeiten: Selbst wenn sich der Begriff der Metapher streng umgrenzen ließe, so müsste man anschließend die Metaphern des philosophischen Diskurses von denen anderer Diskurse unterscheiden, man müsste angeben können, welches Wort von woher in welchen Diskurs übertragen wird, und würde daher vielleicht die Metaphern nach ihrer Herkunft ordnen. *Herkunft* jedoch ist eine Metapher. Oder man würde die Metaphern nach den Ideen sortieren, die sie ausdrücken sollen und so zu einer Art internen Organisation um einige Zentralmetaphern oder herrschende Metaphern oder auch grundlegende Metaphern gelangen. Das *Zentrum* nimmt die Figur des Kreises in Anspruch, das *Herrschen* die Politik und der *Grund* die Architektur und das Bauen. Alle haben ihre Geschichte und ihre Orte, an denen sie sich eingeschrieben haben, sie widerstehen dem Versuch, sie zu Grundlagen einer Meta-Metaphorik machen, weil sie selbst das Objekt einer eigenen metaphorologischen Untersuchung sein müssten.

Dass selbst der Begriff ursprünglich eine Metapher ist, hat Hegel ausführlich gezeigt und dabei die *Abnutzung* in Anschlag gebracht,[122] auf die Derrida schon zu Beginn seiner Ausführungen rekurrierte. Sie bildet für ihn einen konstanten Bezugspunkt im philosophischen Diskurs über die Metapher.[123] Durch *Abnutzung* entstehen inaktive Metaphern, die man nicht als Metaphern berücksichtigen muss, da der Autor nicht daran dachte, dass sie solche seien. Auf diesem Weg spielen Fragen der Intentionalität und des Bewusstseins im Feld der der Metapher eine entscheidende Rolle: »Vor allem ist die Bewegung der Metaphorisierung [...] nichts anderes als eine Bewegung der Idealisierung.«[124] Das Begriff-Werden einer Metapher entspricht der idealistischen Aufhebung. Der sinnliche Sinn wird emporgehoben, ausgelöscht und bewahrt im geistigen. Die so definierte Metapher gehört daher zum Raum der Philosophie. Sie ist ihr nicht äußerlich.

Gesamtausgabe III,2. Hrsg. von Giorgio Colli und Mazzino Montinari, Berlin – New York 1973, 367–384, 374f. Vgl. Derrida: La mythologie blanche, 258; dt.: 237.

[119] Das Französische bleibt hier im Schriftbild zweideutig: Spricht man *plus* mit End-S aus, so bedeutet der Titel »Mehr Metapher«, lässt man das End-S hingegen weg, so ergibt sich eine Verneinung: »Keine Metapher mehr«.

[120] Derrida: La mythologie blanche, 261; dt.: 239f.

[121] Derrida: La mythologie blanche, 261; dt.: 240.

[122] Vgl.: Derrida: La mythologie blanche, 268; dt.: 245.

[123] Vgl.: Derrida: La mythologie blanche, 268f.; dt.: 245f.

[124] Derrida: La mythologie blanche, 269; dt.: 245.

Man könnte versucht sein, die Philosophie als eine empirisch-sinnliche Ästhetik zu lesen, die die Metaphern letztlich auf die verschiedenen Sinne zurückführt:

> »Aber dieser empirischen Ästhetik der Wahrnehmungsinhalte sollte als Bedingung ihrer Möglichkeit eine transzendentale und formale Ästhetik der Metaphern entsprechen. Sie würde uns zu den a priori gegebenen Formen von Raum und Zeit zurückführen.«[125]

Nun kann man, wie Nietzsche dies getan hat, den Begriff der Metapher so ausweiten, dass man jede Aussage als metaphorisch begreift, da sie etwas in die Zeit der Sprache überträgt, was dieser fremd ist. Dadurch geschieht letztlich die Übertragung des Begriffs der Metapher als eines innersprachlichen Phänomens auf den Prozess der Versprachlichung eines Sinns, einer Idee oder eines Signifikanten selbst.[126] Doch selbst wenn man Nietzsche dieses Argument zugesteht, so stellt sich doch die Frage:

> »Wie kann man wissen, was Verzeitlichung und Verräumlichung eines Sinnes, eines idealen Objekts, eines intelligiblen Gehaltes bedeuten, wenn man nicht geklärt hat, was ›Raum‹ und ›Zeit‹ bedeuten? Aber wie kann man das, bevor man weiß, was ein Logos oder ein Bedeuten (*vouloire-dire*) ist, das alles, was es aussagt, von selbst räumlich-verzeitlicht? Was der Logos als Metapher ist?«[127]

Ehe man einen dialektischen Begriff der Metapher verwendet, muss man fragen, was Dialektik und Metapher getrennt hat, was es erlaubt, dasjenige *Sinn* zu nennen, was den Sinnen fremd bleibt, was nur durch Übertragung sinnlich wird. Wieder zeigt sich: Die Metapher ist ein durch und durch philosophischer Begriff, was zu einer doppelten und widersprüchlichen Konsequenz führt:

> »Einerseits ist es unmöglich, die philosophische Metaphorik als solche *von außen* in den Griff zu bekommen, indem man sich eines Metaphernbegriffs bedient, der ein philosophisches Produkt bleiben wird. Einzig die Philosophie scheint eine gewisse Autorität über ihre metaphorischen Erzeugnisse zu besitzen. Andererseits aber, aus dem gleichen Grund, bringt sich die Philosophie um das, was sie sich gibt. Indem ihre Werkzeuge ihrem Bereich angehören, ist sie außerstande, ihre allgemeine Tropologie und Metaphorik zu beherrschen. Sie würde sie nur im Umfeld eines blinden Fleckens oder eines Zentrums von Taubheit wahrnehmen.«[128]

---

[125] Derrida: La mythologie blanche, 270; dt.: 246. Übersetzung leicht korrigiert, CL.
[126] In diese Richtung argumentiert auch Eberhard Jüngel, der die Frage stellt, »was *Wahrheit* eigentlich anderes ist als die ›Übertragung‹ des Seienden in die Sprache[.] Die ›Übertragungen‹ innerhalb der Sprache wären dann Erinnerungen an die ›Übertragung‹ des Seienden in die Sprache, die dadurch allererst zu dem wird, was sie ist.« (Jüngel: Gott als Geheimnis der Welt, 396.) Vgl. vor allem auch: Eberhard Jüngel: Metaphorische Wahrheit. Erwägungen zur theologischen Relevanz der Metapher als Beitrag zur Hermeneutik einer narrativen Theologie. In: Paul Ricœur, Eberhard Jüngel: Metapher. Zur Hermeneutik religiöser Sprache. Mit einer Einführung von Pierre Gisel, München 1974, 71–122. Jüngel fordert in diesem Beitrag eine »theologische Metaphorologie« (122).
[127] Derrida: La mythologie blanche, 271; dt.: 247. Übersetzung leicht verändert, CL.
[128] Derrida: La mythologie blanche, 272; dt.: 248.

Alle philosophischen Gegensatzpaare, die sich für eine Metaphorologie verwenden ließen, wie z.B. sinnlich/geistig *(sensible/intelligible)*, stammen selbst aus tropischen Bewegungen und bilden keine eigene Sprache. Daher ist es nach Derrida per definitionem nicht möglich, eine ursprünglich philosophische Kategorie zu benennen, die die sogenannten fundamentalen Gegensätze, in denen die Philosophie denkt, ordnen könnte. Dazu müsste man einen *Sinn* postulieren, der ganz anders ist als alles, was ihn überträgt, ein Signifikat, das mit seinem Signifikanten nichts gemein hat. Diese These jedoch ist bereits philosophisch und gehorcht denselben Unterscheidungen wie eigentlich/uneigentlich, Wesen/Akzidenz oder Anschauung/Rede, auf denen auch der Begriff der Metapher beruht. »Weder eine *Rhetorik* der Philosophie noch eine *Metaphilosophie* scheinen hier zu passen.«[129]

Die Tragfähigkeit dieser Hypothese demonstriert Derrida an verschiedenen Beispielen, nicht zuletzt an Aristoteles' Diskussion der Metapher selbst. Für Aristoteles ist die Metapher zwar nur eine abgeleitete Form der Erkenntnis, weshalb er Platon auch vorwirft, sich mit leeren Worten und poetischen Metaphern zu begnügen.[130] Sie bleibt konstitutiv rückgebunden an die Möglichkeit der Wahrheit und des Sinns. Doch auch seine eigene Definition der Metapher in der Poetik im Zusammenhang mit der Mimesis ist selbst voller Metaphern, über deren Herkunft sie keine Rechenschaft ablegt.[131]

> »Die Metapher ist die Übertragung eines fremden Wortes, und zwar entweder von der Gattung auf die Art oder von der Art auf die Gattung oder von einer Art auf eine andere oder nach den Regeln der Analogie.
>
> μεταφορὰ δέ ἐστιν ὀνόματος ἀλλοτρίου ἐπιφορὰ ἢ ἀπό του γένους ἐπὶ εἶδος ἢ ἀπό τοῦ εἴδους ἐπὶ τὸ γένος ἢ ἀπό τοῦ εἴδους ἐπὶ εἶδος ἢ κατὰ τὸ ἀνάλογον.[132]

Derrida legt jedoch in diesem Zitat weit mehr Wert darauf, dass nicht jedes Wort als Metapher dienen kann, sondern nur solche, die unter den Begriff ὄνομα fallen.[133] Nomen und nominalisierbare Verben bilden die semantische

---

[129] Derrida: La mythologie blanche, 274; dt.: 249. Übersetzung korrigiert, CL. Paul Ricœur plädiert letztlich für eine Rhetorik der Philosophie, da er zwischen spekulativer (philosophischer) und poetischer Rede eine Diskontinuität walten sieht. (Vgl.: Ricœur: La métaphore vive, 324.) Um beide als Diskurstypen kenntlich zu machen, muss er sich auf einen Meta-Standpunkt stellen, der als derjenige der Rhetorik gelten darf, da er die Möglichkeit der spekulativen Rede auf die Reflexivität der Sprache zurückführt (vgl.: 385). – Diese Aufgabe der Zuordnung verschiedener Diskurse oder Wissenschaften zueinander ist jedoch eine ursprünglich philosophische, worauf Derrida hier hinweist. Er kann also daher gerade nicht mit Ricœur als ein Beispiel für die Auflösung des philosophischen Diskurses ins Metaphorische gelesen werden (vgl.: 362). Vielmehr zeigt er, dass in jeder Metaphorologie mindestens der Anspruch auf einen reinen Begriff bleibt. Umgekehrt verbergen sich jedoch auch in jeder rein begrifflichen Rede Metaphern.

[130] Aristoteles: Metaphysik A 9, 991a20; M 5, 1079b25. Vgl.: Derrida: La mythologie blanche, 284; dt.: 257.

[131] Vgl.: Derrida: La mythologie blanche, 276; dt.: 251.

[132] Aristoteles: Poetik, 1457b.

[133] Aristoteles setzt dem Begriff des Nomen in der *Rhetorik* das Verb (ῥῆμα) entgegen. Doch an dieser Stelle meint Nomen wohl auch Verben, die substantivierbar sind und auf diese Weise zu Nomen werden. Vgl.: Derrida: La mythologie blanche, 277f; dt.: 252.

Ordnung, von der Artikel, Konjunktionen, Präpositionen, kurz alle Wörter, die in sich selbst keinen Sinn haben, ausgeschlossen sind. »Die wahre Metapher bewegt sich also in den Grenzen des Aristotelischen ›Nomens‹.«[134] Das Nomen bildet bei Aristoteles die kleinste sinnvolle Einheit. Es ist zwar aus Buchstaben zusammengesetzt, diese aber tragen die Fähigkeit in sich, zu Bedeutungen zuammenzutreten. Darin unterscheiden sich die einzelnen Töne, die Buchstaben genannt werden, von den Schreien des Tieres. Das Nomen hat daher für Aristoteles einen klaren Bezug zur Ontologie. Es kann etwas Wirkliches bezeichnen. Deshalb hat auch die Metapher Bezug zum Sinn. Ihre Definition in der Poetik eröffnet eine Abhandlung über die Mimesis, die nur dann gelingt, wenn man Ähnlichkeiten entdeckt.[135] Ähnlichkeiten aber setzen eine theoretische Betrachtung voraus, eine Überlegung, die wahrheitsdifferent sein muss. Daher entkommt die Metapher nicht der Wahrheit, vielmehr ist die Bedingung der Metapher auch die Bedingung der Wahrheit.[136] Die Metapher ist ein Mittel der Erkenntnis, das für Aristoteles zwischen der philosophischen Rede und der Erzählung steht, da die Metapher im Unterschied zur Erzählung das Allgemeine aussagt. Doch da sie nur von Ähnlichkeiten spricht, fordert sie einen minimalen Abstand zwischen dem Gemeinten und dem Ausgesagten. Wenn ich sage, der Abend ist das Alter des Tages oder das Alter ist der Abend des Lebens, dann bezeichnet »der Abend« nicht mehr dieselben Dinge.[137] Aus diesem Abstand folgt, dass die Mimesis strukturell die Möglichkeit der Fehldeutung, des Irrtums und der Lüge einschließt. Der Augenblick des möglichen Sinns wird zur Möglichkeit der Unwahrheit:

»Ein Moment des Umwegs, wo die Wahrheit immer verloren gehen kann – die Metapher gehört eben der *mimesis* an, dieser Umhüllung der *physis*, diesem Moment, in dem sich die Natur, indem sie sich selbst verschleiert, noch nicht in ihrer eigenen Nacktheit, im Akt ihrer Eigentlichkeit wiedergefunden hat. Wenn die Metapher – Chance und Risiko der Mimesis – immer noch das Wahre verfehlen kann, so deshalb, weil sie mit einer bestimmten Abwesenheit rechnen muss.«[138]

Derrida geht den aristotelischen Unterscheidungen nach und hält fest, dass Aristoteles in der Rhetorik die Analogie zur Metapher schlechthin erklärt. Nach Aristoteles gibt es den Sonderfall der Analogie, in der ein Begriff fehlt. So verhalte sich die Tätigkeit der Sonne im Verhältnis zu ihrem Licht wie der Sämann beim Ausstreuen der Samen, weshalb man sagen kann »das göttliche Licht ausstreuen – σπείρων θεοκτίσταν φλόγα«.[139] Derrida fragt, ob es sich in einem solchen Fall vielleicht nicht um eine sinnerhellende Metapher, sondern vielmehr um ein Rätsel handele. Das Rätsel zeichnet sich nach Aristoteles' eigener Definition durch eine Verbindung von Worten aus, die eigentlich nicht miteinander zu versöhnen sind.[140] Verbindet man nun diese Form

---

[134] Derrida: La mythologie blanche, 280; dt.: 253. Übersetzung leicht korrigiert, CL.
[135] Vgl.: Aristoteles: Poetik, 1459a.
[136] Vgl.: Derrida: La mythologie blanche, 282; dt.: 255f.
[137] Vgl.: Derrida: La mythologie blanche, 287; dt.: 259f.
[138] Derrida: La mythologie blanche, 288; dt.: 260. Übersetzung leicht korrigiert, CL.
[139] Aristoteles, Poetik 1457b. Vgl. Derrida: La mythologie blanche, 290; dt.: 262.
[140] Vgl.: Aristoteles: Poetik 1458a; vgl.: Derrida: La mythologie blanche, 290; dt.: 262. Auf

der Metapher, die sich um eine Zentralmetapher wie hier die Sonne gruppiert, mit einer weiteren, die darin besteht, bei einer Analogie nicht mehr beide Teile zu nennen, z.B.: Becher des Ares für »Schild«, sondern dem ehemals dionysischen Becher eine wesentliche Qualität abzuerkennen und ihn z.B. »Becher ohne Wein« zu nennen, so kann dieses Verfahren sich bis ins Unendliche komplizieren:

> »Indem in einer derartigen Metapher keine eigentliche Referenz mehr angegeben wird, wird die (rhetorische, A.d.Ü.) Figur fortgetragen in das Abenteuer eines langen impliziten Satzes, einer geheimen Erzählung, von der uns nichts versichern kann, dass sie uns zum Eigennamen zurückführen wird. [...] Sobald man anerkennt, dass in einer analogen Beziehung bereits alle Begriffe – einer nach dem anderen – einer metaphorischen Beziehung entstammen, beginnt alles nicht mehr als Sonne zu wirken, sondern als Stern, wie die auf einen Punkt beschränkte Quelle der Wahrheit oder der unsichtbar oder nächtlich bleibenden Eigentlichkeit (*propriété*). Was in jedem Falle – im Text von Aristoteles – auf das Problem des Eigennamens oder der Analogie gemäß dem *Sein* verweist.«[141]

Die Metapher bleibt auf den Sinn und den Eigennamen verwiesen, auf das Sein, auch wenn es auf vielerlei Weise gesagt wird. Ein Name ist dann eigen, wenn er nur einen einzigen Sinn hat. Das Ziel der Sprache ist diese Eindeutigkeit. Dieses aristotelische Ideal wurde nach Derrida in der Philosophiegeschichte niemals widerrufen: »Es ist die Philosophie.«[142] Man könne nur denken, wenn man eine einzige Sache denke.[143] Jedes Mal, wenn der einheitliche Sinn ausbleibt, wenn er noch nicht einmal als Telos gefasst werden kann, befindet man sich außerhalb der Sprache: »Infolgedessen außerhalb des Menschlichen.«[144] Diese Folgerung von Aristoteles steht im Einklang mit der Definition des Menschen als eines sprachbegabten Wesens. Sie führt gleichzeitig Sprache und Vernunft eng und richtet sie teleologisch auf den Sinn

---

den Unterschied zwischen Rätsel und Phänomen macht Levinas in dem gleichnamigen Aufsatz aufmerksam: »Le langage est la possibilité d'une énigmatique équivoque pour le meilleur et pour le pire et dont les hommes abusent. [...] Un Dieu s'est révélé sur une montagne ou dans un buisson inconsommable ou s'est fait attester dans des Livres. Et si c'était un orage! Et si les livres nous venaient des rêveurs! [...] C'est à nous ou plus exactement, c'est à *moi* de retenir ou de repousser ce Dieu sans audace, exilé car allié au vaincu, pourchassé et, dès lors, ab-solu, désarticulant ainsi le moment même où il s'offre et se proclame, ir-représentable. [...] [C]ette façon de se manifester sans se manifester, nous l'appelons [...] énigme.« (Lévinas: Enigme et phénomène, 290f.)

[141] Derrida: La mythologie blanche, 290f.; dt.: 263. Derrida verweist in einer Fußnote auf zwei Monographien, da er sich selbst in diesem Zusammenhang nicht mit dieser Frage auseinandersetzen will: Pierre Aubenque: Le problème de l'être chez Aristote, Paris 1962; Jules Vuillemin: De la logique à la théologie, Paris 1967. Zu einer kurzen Einordnung der Analogiefrage bei Derrida in den philosophiegeschichtlichen Zusammenhang vgl.: Gasché: Metapher und Quasi-Metaphorizität, 239–253.

[142] Derrida: La mythologie blanche, 295; dt.: 267. Übersetzung korrigiert, CL.

[143] Vgl.: Aristoteles; Metaphysik Γ 1006a30 – b15: »Denn man kann gar nichts denken, wenn man nicht Eines denkt; ist dies aber der Fall, so würde man auch für diese Sache *einen* Namen setzen können.« (1006b).

[144] Derrida: La mythologie blanche, 296; dt.: 268.

aus.[145] Eine solche Linearität der direkten Ausrichtung auf ein Telos würde die Metapher allerdings grundsätzlich auslöschen. Wenn es keine Möglichkeit des Missverständnisses gäbe, wenn der Eigenname gesichert wäre, dann bräuchte es keine Analogie und keine Sprache. Die Analogie muss grundsätzlich in beide Richtungen funktionieren können: »Das Alter des Tages – der Abend des Lebens.«[146] Das bedeutet nicht, dass alle Metaphern gleich gut in beide Richtungen gelingen. Wenn allerdings keine Metapher umkehrbar wäre, so gäbe es keine Metaphern. Deshalb gibt es Metaphern nur im Plural, es gibt immer mindestens zwei:

> »Da nun das Metaphorische von Anfang an nach Pluralregeln funktioniert, entrinnt es der Syntax nicht, und gibt sogar innerhalb der Philosophie einem *Text* Raum, der sich nicht in der Geschichte seines Sinns (bedeuteter Begriff oder metaphorischer Gehalt: *These*), in der sichtbaren oder unsichtbaren Präsenz seines Themas (Sinn oder Wahrheit von Sein) erschöpft. Aber gerade weil die Metaphorik nicht auf die Syntax zurückführt, dort im Gegenteil ihre Spielräume Gestalt annehmen lässt, reißt sie sich selbst fort, kann nur sein, was sie ist, indem sie sich auslöscht und unablässig an ihrer Zerstörung baut.«[147]

Die Selbstzerstörung nimmt die bereits beschriebenen Formen an: Entweder hebt sich die Metapher im eigentlichen Sinn des Seins auf (Aristoteles, Hegel) oder sie hält sich selbst für Philosophie (Nietzsche). Im ersten Fall wird die Metapher von der Philosophie als vorläufiger Sinnverlust gedeutet und verschwindet, sobald der eigentliche Begriff gefunden ist, im zweiten Fall weitet sie die Grenzen des eigenen Diskurses so aus, dass der philosophische Diskurs verschwindet und sich der Gegensatz zwischen eigentlichem Sinn und Metaphorik auflöst. Wenn aber alles Metapher ist, dann gibt es keine Metapher mehr. Daher kann Derrida zuspitzen, dass die Metapher immer ihren eigenen Tod in sich trage, der zugleich der Tod *der* Philosophie in doppelter Hinsicht sei. Es ist der Tod, den die Philosophie der Metapher bringt, weil sich die Metapher nur in der Philosophie denken lässt und damit als Metapher, d.h. als Sinnverschiebung, in Sinn aufgelöst wird. Und es ist der Tod, den die Philosophie stirbt, indem sie sich in Metaphern auflöst, weil jeder ihrer Begriffe im Kern metaphorisch ist und durch ein ursprüngliches *metaphorein* gefunden wurde.[148]

Die Philosophie trägt diese Grenze in sich. Will sie ihr Eigenes bewahren, so kann sie nicht auf die Metapher verzichten. Wenn ich bei Verweyen, Pröp-

---

[145] Ich lasse Derridas Überlegungen zur Metapher als Heliotrope aus, da das hier zu weit führen würde. Seine bedenkenswerten Untersuchungen zu Descartes zeigen in diesem Zusammenhang den Zirkelschluss seines Gottesbeweises. Er wird von ihm mittels des *lumen naturale*, das seine Vernunft leitet, geführt. Dabei nimmt in seinem Diskurs dieses natürliche Licht den Platz Gottes in der überlieferten Metaphysik ein. Es steht außerhalb jedes Zweifels und verbürgt selbst gegen den Betrügergott die wahrheitsgemäße Erkenntnis. (Vgl.: Derrida: La mythologie blanche, 318–320; dt.: 285–286.)
[146] Vgl.: Aristoteles: Poetik 1457b.
[147] Derrida: La mythologie blanche, 320; dt. 287.
[148] Vgl.: Derrida: La mythologie blanche, 323; dt.: 289.

per oder Müller auf Metaphern an zentralen Stellen hingewiesen habe, dann zeigt sich darin diese innere Grenze der Philosophie. Es ist kein Mangel, der mit mangelnden Argumentationsfähigkeiten von Philosophen oder Theologen zu tun hätte, sondern es handelt sich um einen strukturellen Mangel, der eine andere Praxis des Lesens und Schreibens nach sich zieht, die weder alles in den Begriff aufzuheben versucht noch sich in der Metapher verliert.[149] Mit dieser Praxis, die ich weiter oben mit »topologischer Lektüre« bezeichnet habe, will ich in den folgenden Teilen durch das Skizzieren einiger Fluchtlinien[150] den Fragen von Glauben und Vernunft intensiver nachgehen.

---

[149] Gasché warnt auf den letzten Seiten seines Aufsatzes davor, Derridas Ausführungen zur Metaphorizität unvermittelt in die Literaturwissenschaft übertragen zu wollen. Sie stellen vielmehr »eine radikale Infragestellung der Allgemeinheit und Allgemeingültigkeit einer solchen Disziplin wie der Literaturwissenschaft dar.« (Gasché: Metapher und Quasi-Metaphorizität, 267.)

[150] Derrida hat eine solche geraffte Form der Darstellung, in jenem Text, der noch eine größere Rolle spielen wird, »*grenades*« genannt: Granaten oder Granatäpfel. Vgl.: Derrida: Glaube und Wissen, Nr. 38.

IV. Glauben zu wissen:
Lehramtliche Grenzen von Glauben und Vernunft

1. Fides et ratio: Die gegenseitige Verwiesenheit von Glauben und Vernunft

Es ist schwierig, den Übergang zu gestalten zwischen der Lektüre eines philosophischen Textes zu Fragen des Verhältnisses von Philosophie und Metapher hin zu Texten, die man geneigt ist, lehramtlich zu nennen, zu Fragen des Verhältnisses von Glauben und Vernunft bzw. Glauben und Wissen. Solche lehramtlichen Texte sind keine (rein) philosophischen Überlegungen. Sie gehorchen einer anderen Logik, ohne dass sie deshalb schon alle derselben Logik gehorchen müssten. Eine dogmatische Konstitution wie *Dei Filius*, die laut Hermann-Josef Pottmeyer die erste »wissenschaftstheoretische Bestimmung der Theologie«[1] ist, in diversen Kanones Irrlehren verwirft[2] und aus theologischer bzw. lehramtlicher Sicht[3] zum Verhältnis von Glauben und Vernunft, Offenbarung und Philosophie Stellung bezieht, unterscheidet sich von philosophischen Überlegungen, aber auch noch einmal von einer Enzyklika wie *Fides et ratio*,[4] »die kein philosophischer oder theologischer Fachtraktat ist, sondern primär ein pastorales Dokument.«[5] Ihre Gegenüber, ihre

---

[1] Hermann-Josef Pottmeyer: Der Glaube vor dem Anspruch der Wissenschaft. Die Konstitution über den katholischen Glauben »Dei Filius« des Ersten Vatikanischen Konzils und die unveröffentlichten theologischen Voten der vorbereitenden Kommission, Freiburg – Basel – Wien 1968 (= Pottmeyer: Der Glaube vor dem Anspruch der Wissenschaft), 382. Vgl. zur Stellung des Ersten Vaticanums auch: Hermann J. Pottmeyer: Die Konstitution »Dei Filius« des 1. Vatikanischen Konzils zwischen Abwehr und Rezeption der Moderne. In: Günter Riße, Hans Waldenfels (Hg.): Wege der Theologie – an der Schwelle zum dritten Jahrtausend. Festschrift für Hans Waldenfels zur Vollendung des 65. Lebensjahres, Paderborn 1996, 73–86.

[2] Otto-Herrmann Pesch weist in seiner Untersuchung zum Konzil von Trient darauf hin, dass nicht der erläuternde Text, sondern nur die Kanones dogmatisch verpflichtend sind. Sie wollen keine umfassende Lehre darstellen, sondern sind »Korrektur- und Verteidigungsformeln«. Vgl.: Otto Hermann Pesch, Albrecht Peters: Einführung in die Lehre von Gnade und Rechtfertigung, Darmstadt 1981, 172f.

[3] Pottmeyer legt in seiner Untersuchung Wert darauf, dass die gegenseitige Zuordnung von Vernunft und Glauben aus der Perspektive des Glaubens geschieht. Das Konzil verkünde keine Philosophie, sondern bezeuge einen Glauben. Vgl. Pottmeyer: Der Glaube vor dem Anspruch der Wissenschaft, 83. Zur generellen Frage der Einordnung von Konzilsaussagen vgl.: Hans-Joachim Schulz: Bekenntnis statt Dogma. Kriterien der Verbindlichkeit kirchlicher Lehre, QD 163, Freiburg – Basel – Wien 1996.

[4] Die Enzyklika *Fides et ratio* von Johannes Paul II. hat innerhalb wie außerhalb der Theologie breite Aufmerksamkeit gefunden. Die Süddeutsche Zeitung hat sie im November 1998 in ihrer Feuilletonbeilage in die Liste der empfehlenswerten Sachbücher aufgenommen. Für die innertheologische Rezeption vgl. die Literaturhinweise bei Max Seckler: Vernunft und Glaube, Philosophie und Theologie. Der innovative Beitrag der Enzyklika »Fides et Ratio« vom 14. September 1998 zur Theologischen Erkenntnislehre. In: Theologische Quartalschrift 184 (2004), 77–91 (= Seckler: Vernunft und Glaube), 90f.

[5] Seckler: Vernunft und Glaube, 78. Vgl. dazu auch Peter Hünermann: Hinweise zum

Adressaten, sind jeweils andere. Sie sprechen von woanders her zu jemand anderem.

Und dennoch berühren sich diese Texte: Auch wenn Derrida beständig davor warnt, glauben wir ja alle, über dieselbe Sache zu reden, ein gewisses Vorverständnis davon zu teilen, was mit Glauben, Wissen, Vernunft, Offenbarung und Religion gemeint sein könnte. Und wir glauben, dass wir uns darüber vernünftig austauschen können, dass all diese Texte und Diskurse einer vernünftigen Analyse zugänglich sind.[6] Das von Klaus Müller angemahnte »Forum vernunftgeleiteter Glaubensverantwortung«[7] findet in jenem Vorverständnis immer schon statt. Es käme freilich darauf an, es nicht *als* Bedingung der Möglichkeit zu denken, sondern es nochmals zu hinterfragen und zu versuchen, *die* Bedingungen seiner Möglichkeit zu denken, die noch »vor« der Vernunft und dem Glauben stünden. Eine Philosophie, die sich als kritische verstünde und die mit Levinas noch hinter die Freiheit zurückzugehen hätte,[8] hätte nicht nur die Zäune um die Reservate des reinen Glaubens abzubauen, sondern ebenso die Zäune um die Reservate der reinen Vernunft.[9] Auf die Gefahr solcher Zäune um die Vernunft hat das kirchliche Lehramt in jenen beiden Texten, die für mich in diesem Teil eine Rolle spielen, hingewiesen. Ebenso hat es, nicht nur formal, indem es seine Texte einer (Welt-)Öffentlichkeit als potenziellem Adressaten vorlegte, sondern auch inhaltlich den Reservaten des reinen Glaubens in Gestalt des Fideismus eine Absage erteilt.[10]

---

    theologischen Gebrauch des »Denzinger«. In: Heinrich Denzinger, Peter Hünermann (Hg.): Kompendium der Glaubensbekenntnisse und kirchlichen Lehrentscheidungen, Freiburg im Breisgau ^{39}2001, 9–13. Hünermann benennt dort fünf Kriterien für Autorität und Verbindlichkeit: 1) Autorschaft; 2) Adressatenkreis; 3) Sache; 4) Quellen; 5) Form: »Eine Instruktion ist anders zu bewerten als ein Dekret, eine Enzyklika oder die Konstitution eines ökumenischen Konzils.« (11). Eine Übersicht über die Verlautbarungsformen des Lehramts findet sich bei: Wolfgang Beinert: Theologische Erkenntnislehre. In: Ders. (Hg.): Glaubenszugänge. Lehrbuch der katholischen Dogmatik. Band 1, Paderborn – München – Wien – Zürich 1995, 45–197 (= Beinert: Theologische Erkenntnislehre), 132.

[6] Vgl.: Karl Rahner: Was ist eine dogmatische Aussage? In: Ders.: Schriften zur Theologie. Band V, Einsiedeln – Zürich – Köln 1962, 54–81. Bei aller vorläufigen Thesenhaftigkeit hat Rahner in diesem Aufsatz darauf hingewiesen, dass eine dogmatische Aussage »den Anspruch macht, auch in jenem formalen Sinn wahr zu sein, der uns aus der profanen Alltagssprache und -erkenntnis bekannt ist.« (56) Dennoch ist sie auch eine Glaubensaussage (61) und eine ekklesiale Aussage (65), die »auf die unendliche Fülle des vom Glauben Gemeinten offengehalten werden [muss.]« (68) Daher ist sie »eine Aussage ins Mysterium hinein.« (72) In diesem Zusammenhang weist Rahner auch auf das Schattendasein der Analogielehre in der katholischen Theologie hin. Und auch wenn die dogmatische Aussage von der ursprünglichen Glaubensaussage unterschieden werden muss, so ist auch diese schon in einem gewissen Maß von theologischer Reflexion geprägt. (75f.)

[7] Müller: Subjekt-Profile, 179.
[8] Vgl.: Lévinas: Totalität und Unendlichkeit, 117.
[9] Vgl.: Verweyen: Gottes letztes Wort, 9.
[10] Vgl. auch: »Wir befinden uns nicht vor einem unsagbaren Geheimnis. Stille Wasser ... sind die schlimmsten.« (Lévinas: Fragen und Antworten, 131.)

Walter Kern und Franz-Josef Niemann formulieren zu Recht: »Das Wissen ist ein inneres, konstitutives Moment des Glaubens.«[11] Aber von welchem Wissen reden wir? Was heißt hier Wissen? Was meinen wir mit Vernunft? Es kommt wohl nicht von ungefähr, dass Hans Waldenfels in seinem Kommentar zur Enzyklika *Fides et ratio* explizit die Übersetzung des Begriffs *ratio* problematisiert, der sich zwischen Vernunft, Verstand und Denken halte, zwischen Erkenntnis*fähigkeit*, Erkenntnis*gründen* und dem *Prozess* der Erkenntnis und des Denkens.[12] Waldenfels verweist auf die komplizierte Begriffsentwicklung und verschiedene Übersetzungen im Bereich des menschlichen Erkenntnisvermögens durch die Geschichte der Philosophie hindurch. Im mittelalterlichen Denken gebe es eine Abstufung »in *sensus, imaginatio, ratio, intellectus* und *intelligentia*. Zu den verschiedenen Momenten gehört die Unterscheidung von analytischer und synthetischer, abstrakter und intuitiver, aktiv nachvollziehender sowie gestaltender und passiv empfangend-vernehmender Erkenntnis.«[13] Die Vermutung liegt nahe, dass wir es hier nicht nur mit Übersetzungsproblemen zu tun haben, sondern dass das, was wir Vernunft nennen, selbst ein äußerst schwieriges Phänomen mit einem nicht minder schwierigen Begriff ist, was auch schon Kant eine gewisse Bescheidenheit abringt: »Der größte und vielleicht einzige Nutzen aller Philosophie der reinen Vernunft ist also wohl nur negativ; da sie nämlich nicht als Organon, zur Erweiterung, sondern als Disziplin, zur Grenzbestimmung dient, und anstatt Wahrheit zu entdecken, nur das stille Verdienst hat, Irrtümer zu verhüten«.[14]

Daher scheint es kaum verwunderlich, dass die Begriffe des Glaubens und der Vernunft in den lehramtlichen Texten unterbestimmt bleiben, bilden sie doch nach Derrida die Pole jener Ellipse, die man Religion nennt, ohne dass sich ihr Verhältnis abschließend bestimmen ließe. Vielmehr gewinnen sie erst auseinander ihr Zueinander, das nie endgültig zu bestimmen ist. Das mag auch daran liegen, dass die Transzendenz und die grundsätzliche Unbegreif-

---

[11] Walter Kern, Franz-Josef Niemann: Theologische Erkenntnislehre (Leitfaden Theologie 4), Düsseldorf 1981, 24.
[12] Vgl.: Hans Waldenfels: »Mit zwei Flügeln«. Kommentar und Anmerkungen zur Enzyklika »Fides et ratio« Papst Johannes Pauls II., Paderborn 2000 (= Waldenfels: »Mit zwei Flügeln«), 29f.
[13] Waldenfels: »Mit zwei Flügeln«, 30. Vgl. die Artikel »Intellectus agens / intellectus possibilis«, »Intellekt«, »Intelligenz«, »Ratio«, »Vernunft« und »Verstand« in: Joachim Ritter, Karlfried Gründer, Gottfried Gabriel (Hg.): Historisches Wörterbuch der Philosophie. Darmstadt 1971ff.; Alberto Burgio: Art. Vernunft/Verstand. In: Hans Jörg Sandkühler (Hg.): Enzyklopädie Philosophie, Hamburg 1999. Zur neuzeitlichen Entwicklung vgl. auch: Hans Michael Baumgartner: Wandlungen des Vernunftbegriffs in der Geschichte des europäischen Denkens. In: Leo Scheffczyk (Hg.): Rationalität. Ihre Entwicklung und ihre Grenzen, Freiburg – München 1989, 167–203.
[14] Kant: Kritik der reinen Vernunft, A795/B823. Daher stellt Kant verschiedene Weisen des Vernunftgebrauchs fest – den hypothetischen, den dogmatischen, den moralisch-praktischen usw. –, ohne sie aus der Vernunft ableiten zu können. (Vgl.: Ulrich Anacker: Vernunft. In: Hermann Krings, Hans Michael Baumgartner, Christoph Wild (Hg.): Handbuch philosophischer Grundbegriffe. Bd.6, München 1974, 1507–1612.)

barkeit Gottes, die sowohl *Dei filius* als auch *Fides et ratio* bezeugen, in Spannung stehen sowohl zu seiner philosophischen Erkennbarkeit in der von der theologischen Tradition und dem Ersten Vaticanum so genannten »natürlichen Gotteserkenntnis« als auch zu seiner Offenbarung und dem Kundtun seiner ewigen Geheimnisse, die nur durch die »übernatürliche Glaubenserkenntnis« annähernd erfasst werden können.[15]

Es geht um die Zuordnung jener schwierigen Begriffe, die bei »den Letztbegründern« so klar umrissen schienen. Von ihnen haben sich Hansjürgen Verweyen und Klaus Müller in Bezug auf *Fides et Ratio* zu Wort gemeldet.[16] Daher will ich ihren Zugängen hier folgen, um in einer Art Wiederaufnahme die Überlegungen des zweiten Teils enger mit diesen Texten zu verweben. Das heißt im Umkehrschluss, dass ich keine organische Gesamtschau der Enzyklika unternehme,[17] sondern nur dem beschriebenen Verhältnis von Glauben und Vernunft in seinen verschiedenen Schattierungen nachgehe, die auch bisher in dieser Arbeit schon eine Rolle spielten.[18] Müller und Verweyen sehen sich in ihrem Anliegen einer »Letztbegründung« im selbstbewussten Subjekt und der autonomen Vernunft bestärkt und betonen entsprechende Hinweise in der Enzyklika. Auch wenn Verweyen bemängelt, dass viele Aussagen gerade in den Passagen zur Philosophiegeschichte disparat und mit

---

[15] Vgl. zu den Fragen der natürlichen und übernatürlichen Offenbarung auch: H. Fries: Art. Offenbarung. Systematisch. In: LThK² VII, 1109–1114.

[16] Hansjürgen Verweyen: ›Fides et ratio‹: eine notwendige Wegweisung. In: Theologie und Glaube 90 (2000), 489–497 (= Verweyen: ›Fides et ratio‹: eine notwendige Wegweisung); Klaus Müller: Der Papst und die Philosophie. Anmerkungen zur Enzyklika »Fides et ratio«. In: Herder Korrespondenz 53 (1999), 12–17 (= Müller: Der Papst und die Philosophie); ders.: Das kirchliche Lehramt und die Philosophie. Eine brisante Beziehung, die zu denken gibt. In: Theologie und Glaube 90 (2000), 417–432 (= Müller: Das kirchliche Lehramt und die Philosophie).

[17] Eine solche liegt mit Hans Waldenfels' Kommentar bereits vor.

[18] Dass ich mit der (jüngeren) Enzyklika beginne und nicht mit der Konstitution *Dei Filius* hat zum einen ökonomische Gründe, die in den Stellungnahmen von Müller und Verweyen liegen. Zum anderen aber scheint mir auch der relativ unvermittelt Zugriff auf den älteren Text leicht der Gefahr ausgeliefert zu sein, der gängigen Hermeneutik gegenüber den Texten des Ersten Vaticanums zu folgen, die dessen Offenbarungsverständnis gern als »instruktionstheoretisch« gegen ein »kommunikationstheoretisches« des Zweiten Vaticanums abgrenzt, eine Abgrenzung freilich, die sich bei näherem Hinsehen als nicht berechtigt erweisen könnte. Wenn daher meine Arbeit die Kontinuität zwischen Erstem Vaticanum und der Enzyklika stärker betont als andere Analysen, so ist darin vielleicht eine gewisse Einseitigkeit auszumachen, eine Einseitigkeit freilich, die mir ein längst notwendiges Gegengewicht zur gängigen Interpretation des Zweiten Vaticanums als einer »Wende« zu sein scheint. Vgl. zur Benennung der Offenbarungsverständnisse: Max Seckler: Der Begriff der Offenbarung. In: Walter Kern, Hermann Josef Pottmeyer, Max Seckler (Hg.): Handbuch der Fundamentaltheologie 2. Traktat Offenbarung, Tübingen – Basel ²2000 (= Seckler: Der Begriff der Offenbarung), 41–61, 45–47. Vgl. auch: Heinrich Fries: Art. Offenbarung. Systematisch. In: LThK² VII, 1109–1114; sowie ders.: Die Offenbarung. In: Johannes Feiner, Magnus Löhrer (Hg.): Mysterium Salutis. Grundriss heilsgeschichtlicher Dogmatik. Band I, Einsiedeln – Zürich – Köln 1965, 159–238, bes. 162–176. Vgl. auch: Jürgen Werbick: Offenbarung. Historisch-theologisch. In: LThK³ VII, 989–993.

unüberwindbaren Unterschieden nebeneinander stünden und man mit der Frage allein gelassen werde, »welcher Äußerung der größere Richtwert beigemessen werden soll«[19], so gelingt es ihm doch, »[d]as zentrale Anliegen«[20] der Enzyklika zu benennen. Für ihn ist es die Warnung vor Relativismus, einer schwachen Vernunft und der Wunsch nach einer Philosophie »von *wahrhaft metaphysischer* Tragweite[.]«[21]. Daher sieht er sich in seiner Arbeit bestätigt, auch wenn sie – wie er selbstkritisch bemerkt – »den in diesem Lehrschreiben durchklingenden Vorstellungen von einer ›Ersten Philosophie‹ nicht in allem entspricht.«[22] Entscheidende Differenzen benennt er jedoch nicht mehr, wobei eine in seiner Auslegung eines speziellen Abschnitts der Enzyklika sichtbar wird. In der Beschreibung des Glaubensaktes will Verweyen eine Schwerpunktverschiebung gegenüber der bisherigen Lehre ausmachen:

> »Das Erste Vaticanum betrachtete den (vollen Gehorsam des Verstandes und des Willens erfordernden) Glaubensakt ausschließlich von der Autorität Gottes her. Dieser Glaubensakt wird nun, unter Vermeidung des Terminus ›Gehorsam‹, völlig aus der Sicht des Subjekts beschrieben, das seine ganze geistige Kraft aufbietet. Ziel der Aussage ist die Feststellung, dass die volle Aktualisierung menschlicher Freiheit (nicht bloß ihr einfaches Vorhandensein) eine notwendige Voraussetzung für den Akt des Glaubens darstellt.«[23]

Die Interpretation bezieht sich auf Nr. 13 der Enzyklika, die einen Abschnitt einleitet, der mit »*Die Vernunft vor dem Geheimnis*« überschrieben ist, und der neben der »Bruchstückhaftigkeit und Begrenztheit unseres Begreifens«[24] den Geheimnischarakter, die Transzendenz und die absolute Freiheit Gottes betont. Insofern scheint mir Verweyens These nicht zuzutreffen. Vielmehr bestätigt die Enzyklika sowohl *Dei Verbum* als auch *Dei Filius*:

> »Der Gott, der sich zu erkennen gibt, bringt in der Autorität seiner absoluten Transzendenz die Glaubwürdigkeit der von ihm geoffenbarten Inhalte mit. Durch den Glauben gibt *(tribuit)* der Mensch seine *Zustimmung* zu diesem göttlichen Zeugnis. Das heißt, er anerkennt voll und ganz die Wahrheit dessen, was geoffenbart wurde, *(rerum revelatarum)* weil Gott selbst sich zu ihrem Garanten macht. [...] Verstand und Wille setzen bis zum äußersten ihre geistige Natur ein, um dem Subjekt den Vollzug eines Aktes zu erlauben, in dem die persönliche Freiheit im Vollsinn gelebt wird. Im Glauben ist also die Freiheit nicht einfach nur da; sie ist gefordert. Ja, der Glaube ermöglicht es einem jeden, seine Freiheit bestmöglich zum Ausdruck zu bringen.«[25]

---

[19] Verweyen: ›Fides et ratio‹: eine notwendige Wegweisung, 492.
[20] So die Überschrift des zweiten Teils. Vgl.: Verweyen: ›Fides et ratio‹: eine notwendige Wegweisung, 494.
[21] Johannes Paul II.: Enzyklika FIDES ET RATIO von Papst Johannes Paul II. an die Bischöfe der katholischen Kirche über das Verhältnis von Glaube und Vernunft. 14. September 1998. Verlautbarungen des Apostolischen Stuhls 135. Herausgegeben vom Sekretariat der Deutschen Bischofskonferenz, Bonn 1998 (= FIDES ET RATIO). Vgl. Verweyen: ›Fides et ratio‹: eine notwendige Wegweisung, 494f.
[22] Verweyen: ›Fides et ratio‹: eine notwendige Wegweisung, 497.
[23] Verweyen: ›Fides et ratio‹: eine notwendige Wegweisung, 491.
[24] FIDES ET RATIO, 13.

Entgegen Verweyens Interpretation, die Freiheit stelle die Bedingung des Glaubens dar, scheint der Text offensichtlich den Glauben als Bedingung einer wahren Freiheit zu sehen. Die Perspektive ist gerade nicht die des Subjekts. Voraussetzung des Glaubens ist und bleibt die Autorität des sich offenbarenden Gottes. Die Antwort auf diese Autorität ist der Glaube, der hier nicht durchgängig als Akt beschrieben wird. Der Begriff *Akt* steht nur im Zusammenhang mit dem Entscheidungsvorgang des Menschen. Die engen Parallelen zur Konstitution *Dei Filius* lassen auch den Schluss zu, dass der Begriff *Glaube* bewusst offengehalten wird und nicht auf den einzelnen (selbstbewussten) Glaubens*akt* reduziert werden soll.

Dort ist vom Glauben als einer übernatürlichen Tugend die Rede, die von der Gnade Gottes abhängig bleibt.[26] In der Diskussion über diesen Begriff auf dem Konzil setzte sich Bischof Caixal mit seinem Antrag, *virtutem* durch *assensum* zu ersetzen, nicht durch.[27] »Das Konzil bezeichnet den Glauben somit als einen bleibenden Habitus, als eine von Gott gewirkte übernatürliche Ermöglichung des Menschen, die völlige Hingabe an Gott im ›*intellectus et voluntatis obsequium*‹ zu vollziehen.«[28] Und hier setzt ebenfalls *Fides et ratio* den Schwerpunkt, selbst wenn sowohl für die Enzyklika wie auch für *Dei Filius* unbestreitbar ist, dass sich dieser Habitus in einzelnen Akten äußert. Insofern trifft Verweyens Diagnose, die subjektive Dimension des Glaubens sei im Ersten Vaticanum ausgeklammert geblieben, ebenfalls nicht zu. Vielmehr bestimmt Franzelin, der Verfasser eines vorbereitenden Schemas zur Konstitution, den Glaubensakt als *Erkenntnis*akt[29], der bestimmt ist »durch sein *Subjekt*, den gnadenhaft erleuchteten Menschen, durch sein *Formalobjekt*, die Autorität des offenbarenden Gottes, und durch sein *Materialobjekt*,

---

[25] FIDES ET RATIO, 13.
[26] Vgl. DH 3008; CODdt. III, 807.
[27] Vgl.: Pottmeyer: Der Glaube vor dem Anspruch der Wissenschaft, 243f.
[28] Pottmeyer: Der Glaube vor dem Anspruch der Wissenschaft, 244.
[29] Dies ist freilich unter der Stoßrichtung des Konzils zu erklären, das allerdings kein so verengtes Offenbarungsverständnis hat, wie ihm in den üblichen gegenwärtigen vorschnellen Urteilen, die das Zweite Vaticanum als Absetzbewegung vom Ersten lesen wollen, unterstellt wird. Auch die Konstitution *Dei Filius* kennt das personale Verständnis der Offenbarung und des auf sie antwortenden Glaubens, auch wenn es in der Frontstellung, in der sie formuliert und rezipiert wird, nicht betont wird. Vgl.: Pottmeyer: Der Glaube vor dem Anspruch der Wissenschaft, 244. – Helmut Hoping vertritt in seinem Kommentar zu *Dei Verbum* die These einer Erweiterung oder Korrektur des Offenbarungsverständnisses: »Anders als im 1. Vatikanischen Konzil wird die Offenbarung nicht mehr in einer abstrakten Weise als Mitteilung der ›Dekrete des göttlichen Willens‹ verstanden.« (Helmut Hoping: Theologischer Kommentar zur Dogmatischen Konstitution über die göttliche Offenbarung *Dei Verbum*. In: Peter Hünermann, Bernd Jochen Hilberath (Hg.): Herders theologischer Kommentar zum Zweiten Vatikanischen Konzil. Bd. 3. Freiburg – Basel – Wien 2005, 695–831, 740.) Hoping weist in einer Anmerkung auf Heinrich Ott hin, der das Erste Vaticanum aus evangelischer Sicht durchaus positiv bewerte. Hoping rezipiert aber nicht, dass Ott auf den *personalen* und *ereignishaften* Charakter des Offenbarungsbegriffs des Ersten Vaticanums hinweist. Vgl.: Heinrich Ott: Die Lehre des 1. Vatikanischen Konzils. Ein evangelischer Kommentar, Basel 1963, 51.

die von Gott geoffenbarten Wahrheiten.«[30] Ganz abgesehen von den formalen Gründen, dass eine Enzyklika nichts zurücknehmen kann, was ein Konzil feierlich gelehrt hat, steht diese Enzyklika auch inhaltlich in der Tradition der Verhältnisbestimmung von Glauben und Vernunft, wie sie die Kirche auch auf dem Ersten Vaticanum vorgenommen hat. Das wird im Laufe dieses Teils noch näher zu zeigen sein.

Ein weiterer gravierender Unterschied zwischen der Enzyklika und Müllers bzw. Verweyens Position besteht in der Frage der Autonomie der Vernunft bzw. der Philosophie. Müller und Verweyen heben auf die Aufklärung und die Neuzeit ab und fordern eine absolute Vernunftautonomie ein,[31] wo die Enzyklika nur bereit ist, eine relative zuzugestehen.[32] Daher ist verständlich dass für Müller »im Zusammenhang des Autonomiebegriffs noch Etliches (um vorsichtig zu sprechen) ungeklärt ist.«[33] Nach der Enzyklika achtet die Wahrheit der christlichen Offenbarung »zutiefst die Autonomie des Geschöpfes und seine Freiheit«[34], doch zugleich »führt jede Illusion von Autonomie, welche die wesentliche Abhängigkeit übersieht, in der jedes Geschöpf – auch der Mensch – vor Gott steht, zu Konflikten, welche die rationale Suche nach der Harmonie und dem Sinn des menschlichen Daseins zunichte machen.«[35] Heißt das, dass auch eine methodische Autonomie der Vernunft, die unter vorläufiger Einklammerung der Offenbarung, also *remoto Deo*, auf die Suche nach der Wahrheit geht, notwendig in solche Konflikte gerät?

Autonomie gesteht die Enzyklika der Philosophie und der Vernunft (was nicht dasselbe ist, auch wenn die Unterschiede weder von der Enzyklika noch von den Kommentatoren deutlich gemacht oder eingehalten werden), in Bezug auf Glauben und Offenbarung nur in eng umrissenen Grenzen zu.[36] *Fides et ratio* unterscheidet drei Standorte der Philosophie, die der Philosoph jedoch nicht frei wählen kann, sondern die geschichtlich bedingt sind: »Da ist zuerst der Status der *von der Offenbarung des Evangeliums völlig unabhängigen Philosophie*[.]«[37] Dies betrifft zum Einen die Philosophien in der vorchristlichen Zeit, zum Anderen philosophische Überlegungen die in Regionen entstanden, die zu diesem Zeitpunkt vom Evangelium noch nicht erreicht waren. Der zweite Standort wird mit dem Namen »*christliche Philosophie*«[38]

---

[30] Pottmeyer: Der Glaube vor dem Anspruch der Wissenschaft, 243.
[31] Vgl. z.B.: Hansjürgen Verweyen: Botschaft eines Toten? Den Glauben rational verantworten, Regensburg 1997, 104: »Eine radikale Reflexion auf sich selbst verdankt das Subjekt nichts anderem als sich selbst.«
[32] Es geht um eine »rechte« (75), »berechtigte« (75) und »legitime« (79) Autonomie. Die Frage der Autonomie der Philosophie in ihren drei Stadien wird im Folgenden näher zu betrachten sein.
[33] Müller: Der Papst und die Philosphie, 15.
[34] FIDES ET RATIO, 15. Schon die Formulierung »Autonomie des Geschöpfes« verweist auf eine nicht aufzuhebende Spannung.
[35] FIDES ET RATIO, 80.
[36] Verweyen lässt dies unerwähnt, wohingegen Müller auf die Problematik hinweist. Er sieht das Autonomiezugeständnis durchaus ambivalent, nicht zuletzt wegen des Autoritätsvorbehalts des Lehramtes. Vgl.: Müller: Der Papst und die Philosophie, 15f.
[37] FIDES ET RATIO, 75.
[38] FIDES ET RATIO, 76.

belegt, die jedoch vor dem Missverständnis geschützt wird, es handle sich dabei um eine offizielle Philosophie der Kirche. Vielmehr geht es um zwei Aspekte dieser Philosophie: »einen subjektiven, der in der Läuterung der Vernunft durch den Glauben besteht.«[39] Der Glaube befreit die Vernunft von Anmaßung, lehrt sie Demut und ermutigt sie, sich mit metaphysischen Fragen zu beschäftigen. Der objektive Aspekt betrifft die Inhalte. Hier wird der Offenbarung eine gewisse pädagogische Funktion zugeschrieben: Sie »legt klar und deutlich einige Wahrheiten vor, die von der Vernunft, obwohl sie ihr natürlich nicht unzugänglich sind, vielleicht niemals entdeckt worden wären, wenn sie sich selbst überlassen geblieben wäre.«[40] Als Beispiele für solche Wahrheiten nennt der Papst den Begriff »eines freien und schöpferischen persönlichen Gottes«, die »Realität der Sünde«, die »Auffassung von der Person als geistiges Wesen«, die »Bedeutung des geschichtlichen Ereignisses«, die »Möglichkeit einer übernatürlichen Berufung des Menschen« und die »Erbsünde«. Einer solchen Philosophie kommt die Aufgabe zu, diese Wahrheiten »mit ihrer rein rationalen Methode« zu erforschen und sie nicht wie die Theologie »von der Offenbarung her zu verstehen und zu deuten.«[41] Die Grenzziehung zur Theologie erscheint nicht sehr klar.[42] Man ist geneigt zu mutmaßen, dass die Theologie, wenn sie die Dinge *sub revelatione* betrachtet, sie in ihrem Zusammenhang sowie in Bezug auf das Heil des Menschen untersucht und darlegt. Dass sie dabei notwendig vernünftig vorgehen muss, wenn sie auch nicht zur selben klaren Einsicht kommt wie andere Wissenschaften in ihrem Gegenstandsbereich, liegt auf der Hand.[43]

Ein dritter Standort der Philosophie liegt vor, »wenn *die Theologie selbst sich auf die Philosophie beruft.*«[44] Hier warnt die Enzyklika die Theologie davor, sich philosophischen Überlegungen zu verschließen. Der Theologe »liefe [...] Gefahr, ohne sein Wissen Philosophie zu treiben und sich in Denkstrukturen einzuschließen, die dem Glaubensverständnis wenig angemessen sind.«[45] Eine Theologie ohne inhärente Philosophie ist nicht möglich, da sie

---

[39] FIDES ET RATIO, 76. Hier wird der Glaube im Folgenden in Anlehnung an *Dei Filius* als »göttliche Tugend« bezeichnet.
[40] FIDES ET RATIO, 76. Der Nebensatz »obwohl sie ihr natürlich nicht unzugänglich sind« ist hier wohl nicht explizit in Anlehnung an die Lehre der natürlichen und übernatürlichen Erkenntnis gebraucht, da er sich in der lateinischen Version nicht findet: »quas tametsi attingere potest ratio«.
[41] Alle Zitate aus FIDES ET RATIO, 76.
[42] Auch Hans Waldenfels geht in seinem sehr detaillierten Kommentar darauf nicht ein. Vgl. Waldenfels: »Mit zwei Flügeln«, 95.
[43] Vgl.: Dei Filius, 4 (DH 3016; CODdt. III, 808f).
[44] FIDES ET RATIO, 77.
[45] FIDES ET RATIO, 77. Bei aller Gefahr, die Dinge zu schnell zu parallelisieren, will ich hier an einen Satz von Jacques Derrida erinnern: »Ich will nur hervorheben, dass über die Philosophie hinauszugehen nicht heißen kann, ihr den Rücken zuzukehren (was meistens schlechte Philosophie zur Folge hat), sondern, die Philosophen *auf eine bestimmte Art und Weise* zu lesen.« (Jacques Derrida: Die Struktur, das Zeichen und das Spiel im Diskurs der Wissenschaften vom Menschen. In: Ders.: Die Schrift und die Differenz, 422–442, 435.)

»ein Werk der kritischen Vernunft im Lichte des Glaubens ist[.]«[46] Daneben braucht die Theologie aber auch die Philosophie als eigene Disziplin, die zu ihr in ein konstruktives Gegenüber treten kann. In diesem Sinne kommt ihr wie jeder anderen Wissenschaft Autonomie zu.[47] Wenn allerdings die Philosophie in das Gespräch mit der Theologie eintritt – und nach der Enzyklika ergäbe sich andernfalls die Gefahr, dass sie sich die christlichen Glaubensinhalte eigenständig aneigne, was die Autonomie der Theologie beschneiden würde –, so steht sie in diesem Status »wegen der Implikationen, die er im Verständnis der Offenbarung mit sich bringt, zusammen mit der Theologie unmittelbarer unter der Autorität des Lehramtes und seiner Prüfung[.]«[48] Im konkreten Fall: Man darf versuchen, philosophisch einen Begriff eines letztgültigen Sinns – wenn es so etwas gibt und wenn es nur einen gibt – zu ermitteln, aber ob dieser mit der Wahrheit, die die Kirche in Jesus Christus empfangen hat und weitergibt,[49] übereinstimmt, das beurteilt das Lehramt. Ob es dabei freilich ohne Philosophie auskommt, bleibt hier ungeklärt. Die Verhältnisbestimmung von Glaubens- und Lehraussagen, die nie frei von Wissen sind und damit gewissen philosophischen Überlegungen folgen müssen, bleibt ein Desiderat.

Von jeder Philosophie fordert die Enzyklika jedoch eine metaphysische Tragweite, die nicht beim Empirischen stehen bleibt. »Eine Philosophie, die die Möglichkeit eines letzten und umfassenden Sinnes leugnen wollte, wäre nicht nur unangemessen, sondern irrig.«[50] Daraus leitet Müller ab, dass »die Vernunft dazu den *Begriff* eines solchen letzten, genauer letztgültigen Sinnes fassen [muss], um Kriterien dafür zu haben, was denn letzten Sinnanspruch erheben könne (und was nicht).«[51] Nun besteht aber ein Unterschied zwischen dem Nicht-Leugnen eines letzten Sinns, dem begrifflichen Formulieren desselben und der Behauptung, er falle mit einer geschichtlichen Offenbarung zusammen. Kann es nicht auch die Aufgabe der Vernunft respektive der Philosophie sein, die wissenschaftliche Diskussion auf diesen letzten Sinn hin offenzuhalten? Und müsste dieses Offenhalten nicht in einem beständigen Kritisieren angeblich letzter Sinnbegriffe bestehen, die sich bei näherem Hinsehen doch nur als vorletzte erweisen? Wäre – um mit Levinas zu sprechen – nicht jedes Gesagte wieder in ein Sagen zurückzunehmen? Die Unterscheidung des Ersten Vatikanums zwischen dem *depositum fidei* und den Dogmen,[52] also dem Glaubensgut und seiner sprachlichen Gestalt,[53] scheint mir ebenso in diese Richtung zu weisen wie der auch in der Enzyklika immer wiederkehrende Verweis auf die Geheimnishaftigkeit Gottes, die kein Begriff auszuschöpfen vermag.[54]

---

[46] FIDES ET RATIO, 77.
[47] Vgl. FIDES ET RATIO, 77.
[48] FIDES ET RATIO, 77.
[49] In Abschnitt 6 von *Fides et ratio* wird die Kirche als »Verwahrerin der Offenbarung Jesu Christi« bezeichnet.
[50] FIDES ET RATIO, 81.
[51] Müller: Der Papst und die Philosophie, 16.
[52] Vgl.: Pottmeyer: Der Glaube vor dem Anspruch der Wissenschaft, 112.
[53] Diesen Unterschied kennt auch die Enzyklika. Vgl. FIDES ET RATIO, 65.

Andererseits fordert der Papst: »Die Auslegung dieses Wortes [Gottes] darf uns nicht nur von einer Interpretation auf die andere verweisen, ohne uns je dahin zu bringen, ihm eine schlichtweg wahre Aussage zu entnehmen[.]«[55] Die Forderung entstammt der Überzeugung, »dass der Mensch imstande ist, zu einer einheitlichen und organischen Wissensschau zu gelangen.«[56] Diese Überzeugung verträgt sich allerdings nur schwer mit der grundsätzlichen und nicht nur vorläufigen »Bruchstückhaftigkeit und Begrenztheit unseres Begreifens«[57] Die Fronten scheinen daher keineswegs geklärt.[58] Das liegt unter anderem wohl daran, dass mit mehrdeutigen Begriffen von *Glauben, Vernunft, Verstand, Wissen, Wahrheit, Weisheit, Philosophie* operiert wird.

Immer wieder weist die Enzyklika auf den Einklang und die gegenseitige Verwiesenheit von Vernunft und Glauben hin: »der Glaube verlangt, dass sein Gegenstand mit Hilfe der Vernunft verstanden wird; die Vernunft gibt auf dem Höhepunkt ihrer Suche das, was der Glaube vorlegt, als notwendig zu.«[59] Beide haben »ihren je eigenen Raum zu ihrer Verwirklichung.«[60] Und der Text sieht richtig, dass schon der erste Niederschlag der Offenbarung im Zeugnis der Heiligen Schrift die Form einer zeitgebundenen Philosophie annimmt: »Mit Hilfe der Sprache der Philosophie seiner Zeit erreicht Paulus den Höhepunkt seiner Lehre und des Paradoxons, das er ausdrücken will.«[61] Gleichzeitig bleibt aber dieses Paradoxon – »Gott hat in der Welt das, was nichts ist, erwählt, um das, was etwas ist, zu vernichten.« (1 Kor 1,28) – Herausforderung und beständiger Prüfstein jeder Philosophie:

> »Die Philosophie, die schon von sich aus imstande ist, die unablässige Selbsttranszendierung des Menschen auf die Wahrheit hin zu erkennen, kann sich mit Hilfe des Glaubens öffnen, um in der ›Torheit‹ des Kreuzes die echte Kritik an denen aufzugreifen, die sich der Täuschung hingeben, die Wahrheit zu besitzen, während sie sie in den Untiefen ihres Systems gefangenhalten.[62]

Auch wenn sich erneut die Frage stellt, von wem diese Kritik vorgebracht und ausgelegt wird, und auch wenn Klaus Müller Recht hat, dass in der Enzyklika und allen einschlägigen lehramtlichen Texten eine gewisse Nai-

---

[54] Vgl. zur Frage des *depositum fidei*: Beinert: Theologische Erkenntnislehre, 125f. Beinert behandelt den Unterschied zwischen dem *depositum* und der sprachlichen Aussageweise vor dem Hintergrund des Zweiten Vaticanums. Meines Erachtens kennt jedoch auch schon Dei Filius – wenn auch nicht unbedingt die Schultheologie dieser Zeit – diesen Unterschied.
[55] FIDES ET RATIO, 84.
[56] FIDES ET RATIO, 85.
[57] FIDES ET RATIO, 13. Vgl. Waldenfels: »Mit zwei Flügeln«, 25.
[58] Dies gilt auch und gerade für die von Verweyen, Müller und Pröpper gerne in Bausch und Bogen verworfene Postmoderne, zu der die Enzyklika ein durchaus differenziertes Bild findet. Dennoch warnt sie vor allem vor einigen »Denkrichtungen«, die in der Zerstörung jeder Gewissheit zu Nihilismus führen. Vgl.: FIDES ET RATIO, 91.
[59] FIDES ET RATIO, 42.
[60] FIDES ET RATIO, 17.
[61] FIDES ET RATIO, 28.
[62] FIDES ET RATIO, 23.

vität waltet, »das Magisterium bedürfe selbst nicht jener (gewiss mühseligen, weil kritischen) hermeneutischen Vermittlungs- und Verständigungsarbeit bezüglich der eigenen Grundlagen und Annahmen, die es so trefflich seitens der Philosophien fordert«[63], so tritt das Lehramt hier zunächst als eine eigene Bezeugungsinstanz des Wortes Gottes auf, die – wenn auch zu ihrer Verständigung auf die Vernunft verwiesen – ihre Autorität nicht aus der Vernunft hat. Sie bildet insofern ein Korrektiv zur wissenschaftlichen Theologie und Philosophie,[64] deren Autorität im Diskurs der Wissenschaften und auch im kircheninternen Diskurs in der Kraft des vernünftigen Arguments liegt.[65]

Zwar spricht der Text hier in Bezug auf Paulus von der »Philosophie seiner Zeit«, doch scheint er sich noch nicht völlig von einem überzeitlichen Standpunkt *einer* wahren Philosophie verabschiedet zu haben. Gleichwohl erhält ihre Erarbeitung einen fast eschatologischen Charakter, da sie als Aufgabe für dieses gerade angebrochene Jahrtausend gesehen wird.[66] Die Zeitgebundenheit philosophischer, dogmatischer oder auch biblischer Aussagen wird zwar immer wieder als Schwierigkeit erkannt und benannt, doch scheint es sich in den Augen des Papstes nur um ein vorläufiges Problem zu handeln:

»Die Geschichte des Denkens zeigt allerdings, dass bestimmte Grundbegriffe durch die Entwicklung und die Vielfalt der Kulturen hindurch ihren universalen Erkenntniswert und somit die Wahrheit der Sätze, die sie ausdrücken, bewahren. Andern-

---

[63] Müller: Das kirchliche Lehramt und die Philosophie, 431f.
[64] Vgl.: FIDES ET RATIO, 49–56.
[65] Wo immer die Theologie als Wissenschaft bestimmt wird, wird auf den vernünftigen Charakter und die Stringenz der Argumente abgehoben, die sie mit anderen Wissenschaften im Gespräch hält. Kern und Niemann zitieren vier Minimalforderungen, die Heinrich Scholz um 1930 für Wissenschaftlichkeit aufgestellt hat: Widerspruchsfreiheit (der Axiome selbst), Ableitungsrichtigkeit (von den Axiomen her), Genauigkeit und intersubjektive Verständlichkeit. (Vgl.: Kern, Niemann: Theologische Erkenntnislehre, 31.) Nach Seckler muss auch die Theologie als Glaubenswissenschaft »in ihren Methoden *rational, diskursiv und argumentativ* vorgehen, um als Wissenschaft gelten zu können.« (Seckler: Theologie als Glaubenswissenschaft, 142) Vgl. zu dem spannungsreichen Zueinander der Bezeugungsinstanzen des kirchlichen Glaubens: Beinert: Theologische Erkenntnislehre, 93–187. Beinert benennt fünf Bezeugungsinstanzen: Schrift, Tradition, Lehramt, Theologie und Glaubenssinn, obwohl *Dei Verbum* nur die ersten drei kennt. Joseph Ratzinger hält dazu in seinem Kommentar fest: »Dabei wird man es als eine glückliche Entscheidung des Konzils empfinden, dass es bei der Betonung des Anteils der ›Laien‹ an der Reinerhaltung des Wortes sich nicht auf die Theorie vom Glaubenssinn eingelassen hat[.] [...] Die Funktion der Gesamtkirche dürfte, wie die Geschichte lehrt, eher in dem ›perseverat‹ liegen, das unser Text in den Mittelpunkt stellt: in der Kraft der Beharrung, die die falsche und glaubenswidrige Neuerung als solche erkennt und überführt und ihr gegenüber die Treue zum Ursprünglichen durchhält.« (Joseph Ratzinger: Dogmatische Konstitution über die Göttliche Offenbarung. Einleitung und Kommentar zum Prooemium, I. und II. Kapitel. In: LthK² EII, Freiburg – Basel – Wien 1967, 504–528 (= Ratzinger: Dogmatische Konstitution über die Göttliche Offenbarung), 527.) – Beinert stellt auf S. 166 seiner Erkenntnislehre sehr schematisch, aber doch sehr hilfreich, Lehramt und Theologie einander gegenüber. Er verweist zudem mit dem Zweiten Vaticanum auf die Unterordnung von Lehramt und wissenschaftlicher Theologie unter die Schrift.
[66] Vgl.: FIDES ET RATIO, 79.

falls könnten die Philosophie und die Naturwissenschaften sich nicht untereinander austauschen, noch könnten sie von Kulturen übernommen werden, die verschieden von jenen sind, in denen sie erdacht und erarbeitet wurden. Das hermeneutische Problem besteht also, ist aber lösbar.«[67]

Das Argument der Enzyklika für die These des universalen Erkenntniswertes bestimmter Grundbegriffe bringt das in Anschlag, was Derrida die Idealität des Zeichens nennt. Gäbe es nicht eine gewisse Ablösbarkeit des Zeichens von seinem Kontext, so wäre jede Übersetzung unmöglich. Doch eben jene Ablösbarkeit bedingt nicht nur die Möglichkeit der Übersetzung, sondern auch die Unmöglichkeit der exakten Übersetzung, die sich niemals einem Missverständnis aussetzt. Die Tatsache, dass Begriffe grundsätzlich aus mehreren (Kon-)Texten stammen können und sich in mehrere (Kon-)Texte einfügen können, macht sie prinzipiell mehrdeutig, wenn auch nicht beliebig. Wie sonst könnte der Papst hier von der »Wahrheit der Sätze« sprechen und an anderer Stelle darauf hinweisen, dass wir der Wahrheit »in Jesus von Nazaret begegnen«[68]. Auch wenn »die Wahrheit nur *eine* ist«[69], so tragen doch »ihre Äußerungen den Stempel der Geschichte[.]«[70] Daher kann »keine historische Form der Philosophie legitim beanspruchen [...], die Gesamtwahrheit zu umfassen[.]«[71] Gilt das auch für die Philosophie des Paulus und für jede andere Philosophie, der sich die katholische Kirche bedient, um das *depositum fidei* in Dogmen auszulegen?

Jede Aussage beansprucht selbstverständlich, Aussage der Wahrheit zu sein, dieser Anspruch bedeutet jedoch nicht, dass sich *die Wahrheit* darin erschöpfen würde.[72] Insofern erscheint die These von einem *Begriff* oder

---

[67] FIDES ET RATIO, 96.
[68] FIDES ET RATIO, 15.
[69] FIDES ET RATIO, 51.
[70] FIDES ET RATIO, 51.
[71] FIDES ET RATIO, 51.
[72] Hier wäre näher auf die These vom immer tieferen Verständnis der geoffenbarten Wahrheit durch die Zeit hindurch einzugehen. Man müsste fragen, ob diese These nicht noch einer Fortschrittsideologie huldigt, die letztlich darauf aus ist, dass sich die Heilsgeschichte von sich aus in einem evolutiven Prozess vollendet. Die kritischen Anfragen, ob es nicht im Laufe der Geschichte auch ein weniger tiefes Verständnis der Heilsgeheimnisse Gottes gab, vielleicht heute gibt und wieder geben kann, liest man selten. »Das Wachsen des Glaubensverständnisses stellt zweifellos ein unentbehrliches Element dar, wenn man Dogmenentfaltung erläutern will. Aber wenn daraus ein umfassendes Grundmodell wird, erweisen sich die Schwierigkeiten. Ein organologischer Überlieferungsbegriff, nach dem das Glaubensverständnis als ein wachstumsmäßig sich entfaltender Organismus zu begreifen ist, kann zwar einzelne Dimensionen erhellen, aber er versagt vor vielen Faktoren, die zu einer Gesamtdeutung gehören: dem Faktum der Häresie, ihrem Beitrag zur Entfaltung der Überlieferung, den lange Zeit verdeckten oder auch in Vergessenheit geratenen und erst später zum Zug kommenden Einsichten, Verschattungen und Deprivationen der Wahrheit.« (Karl Lehmann: Dogmengeschichte als Topologie des Glaubens. Programmskizze für einen Neuansatz. In: Werner Löser, Karl Lehmann, Matthias Lutz-Bachmann (Hg.): Dogmengeschichte und katholische Theologie, Würzburg 1985, 512– 528 (= Lehmann: Dogmengeschichte als Topologie des Glaubens), 514f.) Lehmann schlägt daher für die Dogmengeschichte die Methodik einer Topologie im Anschluss an Melchior Cano vor.

einem Begriff letztgültigen Sinnes hinterfragbar: Diese Begriffe – im zweiten Teil dieser Arbeit zeigten sich ja drei verschiedene – tragen »den Stempel der Geschichte«. Sie bieten eine Zentralperspektive und Orientierung im hermeneutischen Diskurs, aber bleiben dennoch in ihrem Sinngehalt auf Auslegung und Kontexte verwiesen, die sie erhellen und erklären. Anderenfalls müssten sie eine Autorität beanspruchen, die nach der Enzyklika und den beiden Vatikanischen Konzilien nur Gott zukommt. Er allein – aus sich selbst heraus, aus seiner Transzendenz, aus seiner absoluten Freiheit – hat die Autorität, die den Glauben als einzig mögliche Antwort hervorbringt. Der Begriff eines letztgültigen Sinnes freilich fordert keinen Glauben, sondern er verlangt Verständnis. Daher mag mit aller Vorsicht gesprochen zumindest der Verdacht aufkommen, dass sich die »Letztbegründer« mit ihren Überlegungen in gefährlicher Nähe zu jenem Rationalismus befinden, der im Ersten Vatikanum mit dem Anathema belegt wurde und den auch *Fides et ratio* mit Bezug auf jenen Kanon aus *Dei Filius* verurteilt:

> »In einigen zeitgenössischen Theologien bahnt sich zum Beispiel neuerdings ein gewisser *Rationalismus* seinen Weg, vor allem wenn angeblich philosophisch begründete Aussagen als normativ für die theologische Forschung übernommen werden.«[73]

Einen Atemzug später verurteilt die Enzyklika auch den Fideismus[74] und bewegt sich damit auch in diesen Frontstellungen in den Bahnen des Ersten Vaticanums, das als Ursache aller Irrtümer den Rationalismus begreift, d.h. »das formale Prinzip der Autonomie der Vernunft[.]«[75] Daher darf man wohl die Argumentation gegen eine schwache Vernunft nicht begreifen als »[s]pektakulärsten Ausdruck«, der dem »Kerngedanken der Vernunft-Autonomie Respekt [zollt]«[76] Vielmehr ist jenes Argument in seiner Komplexität wahrzunehmen:

> »Es ist illusorisch zu meinen, angesichts einer schwachen Vernunft besitze der Glaube größere Überzeugungskraft; im Gegenteil, er gerät in die ernsthafte Gefahr, auf Mythos bzw. Aberglauben verkürzt zu werden.[77] In demselben Maß wird sich eine Vernunft, die keinen reifen Glauben vor sich hat, niemals veranlasst sehen, den Blick auf die Neuheit und die Radikalität des Seins zu richten. Nicht unangebracht mag deshalb mein entschlossener und eindringlicher Aufruf erscheinen, dass Glaube und Philosophie die tiefe Einheit wiedererlangen sollen, die sie dazu

---

[73] FIDES ET RATIO, 55. Vgl.: Dei Filius, 3 und can. 3,2. Diesen Passus zitiert Müller sogar, ohne jedoch näher darauf einzugehen. Vgl.: Müller: Der Papst und die Philosophie, 14.
[74] So hat Klaus Müller Recht, dass die »mehr oder weniger subtil vorgetragenen Fideismen von rechts *und* links [...] sich auf das derzeitige Lehramt nicht berufen [können].« (Müller: Der Papst und die Philosophie, 16f.) Ob allerdings alle, die er meint, unter Fideismus abzulegen sind oder gar sich selbst dort verorten würden, steht auf einem anderen Blatt.
[75] Pottmeyer: Der Glaube vor dem Anspruch der Wissenschaft, 215.
[76] Müller: Der Papst und die Philosophie, 14.
[77] An dieser Stelle bricht Müller das Zitat ab. (Vgl.: Müller: Der Papst und die Philosophie, 14.) Dabei ist hier erst die Hälfte der Wahrheit gesagt.

befähigt, unter gegenseitiger Achtung der Autonomie des anderen ihrem eigenen Wesen treu zu sein.«[78]

Dem Papst kommt es nicht darauf an, die Autonomie der Vernunft oder der Philosophie zu betonen, sondern die Einheit von Vernunft und Glauben auf der Suche nach der einen Wahrheit, die dem Menschen in verschiedenen Formen begegnet, im Alltagsleben, als (im Plural!) »Wahrheiten philosophischen Charakters« und schließlich (im Plural!) in »religiösen Wahrheiten, die in gewissem Maße auch in der Philosophie verwurzelt sind.«[79] Hier unterscheidet der Papst zwischen »mitunter kurzlebigen Wahrheiten der Berufsphilosophen« und der philosophischen Lebenseinstellung des einzelnen Menschen. Denn jeder sei »auf eine gewisse Art ein Philosoph[.]«[80] Auf der Suche nach dieser Lebenseinstellung, die eine Suche nach Wahrheit ist, begegnet der Mensch der in Jesus Christus geoffenbarten Wahrheit und muss sie in ein Verhältnis zu seiner Suche bringen.[81] Hier bricht sich erneut jenes elliptische Verhältnis Bahn, das auf der einen Seite die Verantwortung des Menschen und die Rolle der Vernunft betont, auf der anderen Seite aber auf der Autorität Gottes und dem Gehorsam des Glaubens besteht. Jeder Gedankengang der Enzyklika führt letztlich in diese Aporie, die zwar als grundsätzlich auflösbar beschrieben wird, jedoch selbst nicht aufgelöst wird. Vielmehr findet man sich stets aufs Neue in einem Geflecht wechselseitiger Abhängigkeiten wieder, die ausdrücklich oder unausdrücklich vorschnelle Festlegungen verhindern. Es ließe sich mit minutiöser Kleinarbeit sicherlich noch unterscheiden, wo die Enzyklika die *fides qua* meint, wenn sie vom Glauben spricht, und wo die *fides quae*, dennoch hebt sie beide nochmals vom Vernunftwissen ab, obgleich die *fides quae* doch im eigentlichen Sinn schon ein Glaubens*wissen* ist, das mit dem *intellectus fidei* verstanden wird und damit einer Vernunft zugänglich ist. »Wenn der Glaube nicht gedacht wird, ist er nichts.«[82] Dass dieser Satz auch in der Form gilt, dass das Wissen geglaubt werden muss, ist fast schon zwingend, wenn man von einer gegenseitigen Verwiesenheit sprechen will, auch wenn es vielleicht nicht ganz so schnell einsichtig ist. *Fides et ratio* verweist in diesem Zusammenhang auf die vielen Wahrheiten, die man nur oder zumindest zunächst einmal glaubt: »Wer wäre denn imstande, die unzähligen wissenschaftlichen Ergebnisse, auf die sich das moderne Leben stützt, kritisch zu prüfen?«[83] Bei Jacques Derrida finden sich fast bis in die Formulierung ähnliche Überlegungen: »Wer kann seinen Kindern wissenschaftlich erklären, wie ein Telefon funktioniert [...], ein Fern-

---

[78] FIDES ET RATIO, 48.
[79] FIDES ET RATIO, 30.
[80] FIDES ET RATIO, 30.
[81] Vgl.: FIDES ET RATIO, 30.
[82] Vgl.: Augustinus: De praedestinatione sanctorum 2,5, PL 44, 963. Vgl.: FIDES ET RATIO, 79. Auch Kern und Niemann verweisen in diesem Zusammenhang auf dieses Augustinus-Zitat, aber auch noch auf 2 Tit 1,12: »Ich weiß, wem ich geglaubt habe.« (Vgl.: Kern, Niemann: Theologische Erkenntnislehre, 23f.)
[83] FIDES ET RATIO, 31.

seher, [...] ein Computer, [...] eine CD-ROM [...]?«[84] Bei dem dem Wissen inhärenten Glaubensakt handelt es sich sowohl für die Enzyklika als auch für Derrida nicht um Denkfaulheit oder Zeitmangel, sondern Wissen ist prinzipiell auf einen (performativen) Akt des Glaubens angewiesen. Insofern sind Glaube und Wissen bleibend aufeinander verwiesen. Der Mensch wird bestimmt als der, der »nach der Wahrheit sucht« und »*der vom Glauben lebt.*«[85]

2. Dei Filius: Grenzen der natürlichen Gotteserkenntnis

Nachdem *Fides et ratio* selbst immer wieder auf die dogmatische Konstitution *Dei Filius* verweist und auch vom Gedankengang der Zuordnung von Denken und Glauben dieser Konstitution folgt, will ich in diesem Kapitel dem Verhältnis von Glauben und Vernunft vor dem Hintergrund desjenigen Dokuments nachgehen, das von Pottmeyer als »wissenschaftstheoretische Bestimmung der Theologie«[1] bezeichnet wird. Die Konsitution steht im Kontext der Auseinandersetzung mit dem Rationalismus und dem Fideismus, was eine Verhältnisbestimmung von Glaube und Vernunft aus theologischer Perspektive notwendig machte.[2] Sie lehnt sich dabei an die scholastischen Begriffe von Natur und Übernatur an[3] und verbindet somit die Frage nach der Ungeschuldetheit der Gnade und der Offenbarung mit der Frage ihrer Erkennbarkeit. Es sind diese Pole, die mich im Folgenden besonders interessieren. Es wird sich zeigen, dass das Konzil mit dem Zu- und Ineinander dieser Begriffe eindeutige Festlegungen verhindert und damit die Diskussion in der Schwebe hält.

So stellt bereits die Einleitung[4] das Dokument in jenen weiteren Kontext, der mit den Fragen der Vernunft und des Glaubens immer mitbedacht werden muss. Sie beginnt mit der Feststellung, dass Gottes Sohn versprochen habe, alle Zeit bei seiner Kirche zu sein, und dass er daher auch nie aufgehört habe, bei ihr zu sein, »*adsistere docenti, operanti benedicere, periclitanti opem ferre*«[5]. Daher stellt sich das Konzil bewusst in die Lehrtradition der Kirche, besonders in die des Konzils von Trient. Nach dem Lob des Tridentinums geht die Einleitung auf die konkreten geschichtlichen Umstände ein, auf die die Konstitution bezogen ist. Es geht um das Aufkommen des Rationalismus,

---

[84] Derrida: Foi et savoir, 45.
[85] FIDES ET RATIO, 31.
[1] Pottmeyer: Der Glaube vor dem Anspruch der Wissenschaft, 382. Vgl. zur Stellung des Ersten Vaticanums auch: Hermann J. Pottmeyer: Die Konstitution »Dei Filius« des 1. Vatikanischen Konzils zwischen Abwehr und Rezeption der Moderne. In: Günter Riße, Hans Waldenfels (Hg.): Wege der Theologie – an der Schwelle zum dritten Jahrtausend. Festschrift für Hans Waldenfels zur Vollendung des 65. Lebensjahres, Paderborn 1996, 73–86.
[2] Vgl.: Pottmeyer: Der Glaube vor dem Anspruch der Wissenschaft, 59–81.
[3] Vgl.: Pottmeyer: Der Glaube vor dem Anspruch der Wissenschaft, 82–86.
[4] Im Denzinger-Hünermann wird nur der letzte Absatz wiedergegeben.
[5] CODdt. III, 804, 4f.

der sich dem Christentum entgegenstellt, um »Christus, unseren alleinigen Herrn und Erlöser, aus dem Bewusstsein der Menschen, aus dem Leben und den Sitten der Völker zu verbannen und, wie man sich ausdrückt, die Herrschaft der reinen Vernunft und der Natur zu errichten.«[6] In der Folge seien viele vom richtigen Weg abgekommen und hätten selbst die Vernunft verabschiedet, so dass sie sich im Abgrund des Pantheismus, Materialismus und Atheismus befänden. Angesichts dieser Tatsachen könne die Kirche nicht ruhig bleiben. Denn sie könne nicht innehalten, »die Wahrheit Gottes, die alles heilt, zu bezeugen und zu verkünden«[7]. Aus diesem Grund weiß sich die Kirche berufen, »die katholische Wahrheit zu lehren und zu schützen und falsche Lehren zu verwerfen.«[8]

Das Verwerfen steht in der Einleitung ganz am Ende, es dient dem Lehren, so wie jenes dem Zeugnis und dem Lobpreis von Gottes Wahrheit dient. Es ist eine Ausdrucksform des Glaubenszeugnisses. Als authentisches Lehren vom Stuhle Petri bezieht es zu zeitgenössischen Irrlehren Position. Das heißt, hier soll nicht der Inhalt des Glaubens umfassend oder auch nur annähernd beschrieben werden. Das war nie die Absicht des Ersten Vatikanischen Konzils, noch irgend eines anderen Konzils zuvor. Stets ging es um bestimmte Problemlagen. Konzilien stellen die bedrohte Einheit der Kirche wieder her, und sie tun dies vorwiegend durch Ausschluss von Positionen, die mit ihrer Lehre zu weit vom Glauben der Kirche entfernt sind.[9] »Im großen und ganzen ohne rasche Entscheidungszwänge, ohne politischen und Zeitdruck diskutieren zu können, war ein Privileg des 2. Vatikanums, das in dieser Weise kein früheres Konzil gekannt hatte.«[10]

---

[6] CODdt. III, 804, 33–36.
[7] CODdt. III, 805, 15f. Schon hier sei angemerkt, dass der Wahrheitsbegriff nicht kognitiv verengt ist, sondern unter einem gnadentheologischen Aspekt gesehen wird.
[8] CODdt. III, 805, 19f.
[9] Schatz weist darauf hin, dass weitläufig eine stark idealisierte Form von Konzilien vorherrscht, die sich am Bild des Zweiten Vatikanums orientiert. Wahrhaft ökumenisch könne man jedoch wahrscheinlich erst das Erste Vatikanum nennen. Zuvor habe man es mit mehr oder weniger großen Regionalsynoden zu tun, die durchaus in gesamtkirchlicher Autorität entschieden und gesprochen haben, jedoch de facto nachträglich auf eine Rezeption in der Kirche angewiesen waren. (Vgl.: Schatz: Allgemeine Konzilien, 13–20.) – Dass das kirchliche Lehramt de facto auf den Konsens der Kirche angewiesen ist, darauf weist Pottmeyer hin: »Auch das *Lehramt* unterliegt dem Konsens-Prinzip. Für seine Verkündigung und seine Entscheidungen ist es auf den diachronen und synchronen Konsens der Kirche verwiesen, den es bezeugen und, wenn notwendig, zur Geltung bringen soll.« (Hermann Josef Pottmeyer: Normen, Kriterien und Strukturen der Überlieferung. In: Walter Kern, Hermann Josef Pottmeyer, Max Seckler (Hg.): Handbuch der Fundamentaltheologie IV. Traktat Theologische Erkenntnislehre. Schlussteil. Reflexion auf Fundamentaltheologie, Tübingen – Basel ²2001, 85–108, 100.) Und ein Blick in die Geschichte zeigt, dass im Konfliktfall ein Konzil – als Verkörperung des Konsenses – über dem Papst steht, der als Häretiker abgesetzt werden kann. Freilich geht es in solchen Fällen um Konflikte innerhalb des Lehramts. Vgl.: Schatz: Allgemeine Konzilien, 126–130. Vgl. zu dieser Frage auch die Studie von Josef Wohlmuth: Verständigung in der Kirche. Untersucht an der Sprache des Konzils von Basel, Mainz 1983, 139–256.
[10] Klaus Schatz: Allgemeine Konzilien – Brennpunkte der Kirchengeschichte, Paderborn 1997 (= Schatz: Allgemeine Konzilien), 15.

Das erste Kapitel, das mit »Gott, der Schöpfer aller Dinge«[11] überschrieben ist, beginnt nicht mit einer Lehrverkündigung, sondern mit einem Bekenntnis zu Gott dem Schöpfer, so dass sich die Struktur der Einleitung hier spiegelt. Daran schließt sich ein Relativsatz an, der erneut einen Verkündigungsauftrag enthält: »qui ... praedicandus est«. Und zwar ist Gott als vollkommen und vollkommen transzendent zu verkündigen. Nichts ist ihm gleich, und er bedarf nichts zu seiner Vollkommenheit. Hier wird der Idee eines sich in der Schöpfung vervollkommnenden Gottes eine Absage erteilt,[12] wie auch in den vier Kanones deutlich wird. Vor allem Kanon 3 scheint mir in Bezug auf Pröppers These, die Offenbarung sei eine Selbstmitteilung einer Freiheit (Gottes) an eine andere (die des Menschen),[13] bedenkenswert: »Wer sagt, die Substanz oder Wesenheit Gottes und aller Dinge sei ein und dieselbe, der sei mit dem Anathema belegt.«[14] Dieses Anathema ist in den Begriffen der (neu-)scholastischen Substanzontologie formuliert, es müsste jedoch analog auch gegen den univoken Gebrauch des Freiheitsbegriffs auf Gott und den Menschen Anwendung finden.[15] So ließe sich höchstens von der Offenbarung Gottes im Sohn als einer Selbstmitteilung menschlicher Freiheiten füreinander sprechen. Wer aber die Trinität als ein Kommerzium von Freiheiten versteht,[16] der setzt zumindest implizit die Freiheit auf der Ebene des Wesensbegriffes an,[17] da das einzige, was die Personen teilen, das Wesen der Gottheit ist.[18] Wer darüber hinaus den Menschen als Freiheit begreift und damit der

---

[11] DH 3001; CODdt. III, 805f.
[12] Hier stehen nach Pottmeyer besonders die Namen Spinoza, Fichte, Schelling, Hegel, Cousin und Lamennais in der Zielrichtung des Konzils. Die theologischen Auffassungen, die hier verurteilt werden, verbinden sich mit den Namen Hermes und Günther. Vgl.: Pottmeyer: Der Glaube vor dem Anspruch der Wissenschaft, 146.
[13] Vgl. z.B.: Thomas Pröpper: Freiheit als philosophisches Prinzip der Dogmatik. Systematische Reflexionen im Anschluss an Walter Kaspers Konzeption der Dogmatik. In: Eberhard Schockenhoff, Peter Walter (Hg.): Dogma und Glaube. Bausteine für eine theologische Erkenntnislehre. Festschrift für Bischof Walter Kasper, Mainz 1993, 165–192, 184. Vgl. auch: Thomas Pröpper: Erlösungsglaube und Freiheitsgeschichte, München ²1988, 59. Dort bestimmt Pröpper Offenbarung als Freiheitsgeschehen.
[14] DH 3023; CODdt. III, 810.
[15] Vgl. dazu auch Kapitel VI.2, Seite 355.
[16] So z.B. Magnus Striet: Konkreter Monotheismus als trinitarische Fortbestimmung des Gottes Israels. In: Ders.: Monotheismus Israels und christlicher Trinitätsglaube, Freiburg – Basel – Wien 2004, 155–198 (= Striet: Konkreter Monotheismus als trinitarische Fortbestimmung des Gottes Israels), 187.
[17] So Striet wörtlich: »Wenn somit die trinitarischen Verhältnisse als ein Kommerzium von Freiheiten erschlossen werden, welches als dieses Kommerzium die eine vollkommene Freiheit ist [...]« (Strieth: Konkreter Monotheismus als trinitarische Fortbestimmung des Gottes Israels, 187) – Striet setzt zwar einen graduellen Unterschied zwischen Gott als vollkommener Freiheit und einem Kommerzium endlicher Freiheiten. Doch hält er an der Einheit des Begriffs von Gott und Mensch fest: »[...] da eine *jede Freiheit, auch eine göttliche,* transzendentallogisch betrachtet, zu ihrem Seinkönnen der Gehaltlichkeit bedarf.« (Ebd., Hervorhebung von mir, CL.)
[18] Nach Rahner zählt der Person-Begriff ja bereits »das zusammen, was gerade nicht zusammengezählt werden kann, weil das allein wirklich Gemeinsame von Vater, Sohn, Geist gerade die eine einzige Gottheit ist und ein wirklich übergeordneter Gesichtspunkt

Offenbarung Gottes den Anschein eines Gesprächs unter gleichberechtigten Partnern verleiht, der spricht eigentlich nur noch analog und nicht mehr univok.

Die erste direkte Lehraussage im folgenden Abschnitt ist eine Konsequenz aus dem Bekenntnis zur Transzendenz Gottes. Schöpfung und Offenbarung sind für Gott zu seiner Vollkommenheit nicht notwendig. Gott hat aus seiner der Welt transzendenten und absoluten Freiheit heraus die Welt aus dem Nichts geschaffen,[19] nicht um sich zu vervollkommnen, sondern um seine Vollkommenheit zu offenbaren.[20]

Das zweite Kapitel beschäftigt sich mit dem Charakter der ungeschuldeten Offenbarung. Es setzt mit einem formellen Lehren ein, »dass Gott, der Ursprung und das Ziel aller Dinge, mit dem natürlichen Licht der Vernunft aus den geschaffen Dingen gewiss erkannt werden kann[.]«[21] Über das Wie freilich schweigt sich das Konzil aus. Es verlangt also gewissermaßen hier die von Derrida beschriebene doppelte Einschreibung des Wissens:

> »[D]er Theologe muss nicht eine doppelte Sprache, sondern die doppelte Einschreibung seines Wissens praktizieren. Dionysios spricht hier eine doppelte Überlieferung, einen doppelten Modus der Übermittlung *(ditten paradosin)* an: einerseits unsagbar, geheim, untersagt, vorbehalten, unzugänglich *(aporreton)* oder mystisch *(mystiken)*, ›symbolisch und initiatisch‹, zum anderen philosophisch, beweisführend *(apodeiktiken)*, darstellbar. Die kritische Frage wird – das liegt auf der Hand – folgende sein: wie beziehen sich diese beiden Modi aufeinander?«[22]

---

nicht existiert.« Vgl.: Der dreifaltige Gott als transzendenter Urgrund der Heilsgeschichte. In: Mysterium Salutis II, Einsiedeln u.a. ³1978, 317–401 (= Rahner: Der dreifaltige Gott als transzendenter Urgrund der Heilsgeschichte), 385.

[19] Mit einem Zitat des Vierten Lateranense spricht *Dei Filius* von der geistigen und der körperlichen Schöpfung, der Engel und der Welt, sowie des Menschen, der aus beiden Schöpfungen besteht.

[20] Das »de nihilo« aus *Dei Filius* nimmt inhaltlich das Theologumenon der *creatio ex nihilo* just in dem Sinne auf, den Levinas betont. Es geht um eine radikale Trennung von Schöpfer und Geschöpf, die die absolute Souveränität Gottes betont. Für Levinas ergibt sich daraus gleichermaßen die Freiheit des Geschöpfs, das außerhalb jeder Ordnung es selbst sein darf. Man müsste in diesem Zusammenhang dem Unterschied zwischen (ontologischer) Freiheit und (»ethischer«) Berufung des Geschöpfs bei Levinas genauer nachgehen und untersuchen, wie die vom Ersten Vatikanum behauptete radikale Abhängigkeit des Menschen zu verstehen ist. Thesenhaft sei hier formuliert, dass sie wohl eher in der »übernatürlichen« Berufung des Menschen zu sehen ist und dem ihr entsprechenden Glaubensakt. Zum Begriff der Schöpfung bei Levinas vgl.: Josef Wohlmuth: Schöpfung bei Emmanuel Levinas. In: Ders.: Im Geheimnis einander nahe, Paderborn – München – Wien – Zürich 1996, 63–79. Die dogmengeschichtlichen Zusammenhänge, die zur Aufnahme des »de nihilo condidit« führten, finden sich aufgearbeitet bei Franz Schupp: Schöpfung und Sünde. Von der Verheißung einer wahren und gerechten Welt, vom Versagen des Menschen und vom Widerstand gegen die Zerstörung, Düsseldorf 1990, 338–373. Vgl. auch: Alexandre Ganoczy: Art. Creatio ex nihilo. In: Wolfgang Beinert (Hg.): Lexikon der katholischen Dogmatik, Freiburg – Basel – Wien ²1998, 78–80.

[21] DH 3004; CODdt. III, 806.

[22] Jacques Derrida: Wie nicht sprechen. Verneinungen, Wien 1989, 45 (= Derrida: Wie nicht sprechen).

Zum einen ist im theologischen Diskurs die absolute Souveränität Gottes zu wahren, zum anderen erklärt das Konzil die Erkennbarkeit Gottes in Anlehnung an Röm 1,20:[23] »[D]as Unsichtbare an ihm wird nämlich seit der Erschaffung der Welt durch das, was gemacht ist, mit der Vernunft geschaut.«[24] Es gibt einen gewissen Zusammenhang zwischen Gott und Schöpfung, so dass ersterer aus letzterer erkannt werden kann. Paulus präzisiert im Römerbrief auch den Gegenstandsbereich dieser Erkenntnis: Gottes »ewige Macht und Gottheit« (Röm 1,20).[25] Darüber hinaus jedoch, erklärt das Konzil, habe es Gottes »Weisheit und Güte gefallen, auf einem anderen, und zwar übernatürlichen Wege sich selbst und die ewigen Ratschlüsse seines Willens dem Menschengeschlecht zu offenbaren[.]«[26] Hier nimmt es nicht nur eine Zuordnung der Erkenntnismodi von Vernunft und Glauben zu der scholastischen Terminologie von Natur und Übernatur vor,[27] sondern differenziert auch innerhalb der übernatürlichen Offenbarung nochmals zwischen der Offenbarung von Gott selbst und seinen Ratschlüssen. Man mag hier eine Unterscheidung sehen zwischen einer Offenbarung der *gratia increata*, die Gott selbst ist, und einer Offenbarung eines bestimmten Wissens. Beide sind freilich nicht voneinander zu trennen.

Indem das Konzil das Verhältnis von Glauben und Vernunft in den allgemeineren Zusammenhang der Lehre »*de ordine ontologico*« stellt, also der Frage der natürlichen und übernatürlichen Ordnung, folgt es Franzelins Auffassung.[28] Diese Lehre hatte bereits einmal den Konflikt zwischen Glauben und Wissenschaft gelöst. Als sich im 13. Jahrhundert im Zuge der Aristote-

---

[23] Schon hier bricht das Spannungsverhältnis von Natur und Übernatur vor dem Hintergrund der Erkenntnislehre einerseits und der Gnadenlehre andererseits auf.

[24] Die Einheitsübersetzung lautet: »Seit Erschaffung der Welt wird seine unsichtbare Wirklichkeit an den Werken der Schöpfung mit der Vernunft wahrgenommen, seine ewige Macht und Gottheit.« Michael Theobald weist darauf hin, dass es Paulus an dieser Stelle nicht nur um eine reine Erkennbarkeit Gottes geht: »Den hier im Hintergrund stehenden aristotelisch-stoischen Lehrsatz, gemäß dem man mit der Vernunft den einen Gott aus seinen Werken schlussfolgernd erkennen könne, hat Paulus als hellenistischer Jude seines philosophisch-technischen Sinns entkleidet: Einmal geht es ihm nicht um die intellektuelle Erkenntnis bloß der *Existenz* Gottes, die für ihn selbstverständlich ist, sondern um die Wahrnehmung seines *Anspruchs* auf den Menschen.« Vgl.: Michael Theobald: Glaube und Vernunft. Zur Argumentation des Paulus im Römerbrief. In: Ders. Studien zum Römerbrief, Tübingen 2001, 417–431, 425.

[25] Dass er wie selbstverständlich davon spricht, dass Gott dies den Menschen »offenbart« (Röm 1,19) hat, weist auf eine Verschränkung von Schöpfung und Offenbarung hin, die auch die Schöpfung schon als Offenbarung (und als Gnadenakt) begreift. Ein Auseinandertreten von Schöpfungs- und Offenbarungsordnung dürfte es zumindest nach der paulinischen Begrifflichkeit nicht geben.

[26] DH 3004; CODdt. III, 806.

[27] Vgl.: Pottmeyer: Der Glaube vor dem Anspruch der Wissenschaft, 82–86.

[28] Allerdings war der Begriff des Übernatürlichen keineswegs geklärt. Es herrschten in der Theologie stark divergierende Auffassungen. (Vgl.: Pottmeyer: Der Glaube vor dem Anspruch der Wissenschaft, 83f. Vgl. auch: Josef Rupert Geiselmann: Die Katholische Tübinger Schule. Ihre theologische Eigenart, Freiburg 1964, 426–533) Franzelin gehörte der Römischen Schule an. (Zur Römischen Schule vgl.: Walter Kasper: Die Lehre von der Tradition in der Römischen Schule, Freiburg 1962, hier bes.: 14f.)

les-Rezeption an den Fakultäten mit dem Averroismus[29] eine Sicht der Welt zu etablieren begann, die nicht alle Dinge in Bezug auf ihr letztes Ziel und Ende betrachtete wie die sogenannten Augustinisten[30] und die auf Grund der Lehre von der Ewigkeit der Materie eine geschlossene rationalistische Konzeption der Welt erlaubte, begannen Theologie und Philosophie auseinanderzubrechen. Es kam »in der Lehre von der doppelten Wahrheit zu einem Auseinanderfallen von Glauben und Wissen.«[31] Albertus Magnus und Thomas von Aquin lösten dieses Problem mit einem christlich geprägten Aristotelismus. Der aristotelische Begriff der Natur wird mit dem biblischen Gedanken der Kreatürlichkeit verbunden, so dass er von innen heraus aufgebrochen wird. Thomas weist dafür nach, dass die Natur durch ihre eigenen Möglichkeiten aus sich heraus nicht restlos erklärbar und auch nicht vollendbar ist. Das Einzelding findet zwar innerhalb der natürlichen Ordnung des Universums seinen Sinn, das Ganze aber erscheint nur im Hinblick auf Gott als eine sinnvolle Einheit.[32] Durch die Einbindung in den Sinnzusammenhang von Schöpfung und Erlösung gewinnt der Naturbegriff eine Offenheit über sich selbst hinaus, die zur Entwicklung der theologischen Kategorie der *potentia oboedientialis* führt.[33]

Vor allem Karl Rahner hat diese Kategorie für das nach-neuscholastische Denken fruchtbar gemacht. Für ihn ist die Natur *potentia oboedientialis* »für die der Kreatur ungeschuldete, übernatürliche Gnade als Selbstmitteilung Gottes.«[34] Sie wird nicht mehr nur negativ als das verstanden, was der Gnade nicht im Weg steht, sondern positiv als Hinordnung auf die übernatürliche Erfüllung. Damit greift Rahner zurück auf Thomas von Aquin, nach dem der Mensch durch das *desiderium naturale* auf die *visio beatifico* ausgerichtet ist. Dieses *desiderium* ist sowohl *supra naturam* als auch *secundum naturam*.[35] Schon in der Formulierung des Aquinaten deutet sich an, dass der Rah-

---

[29] Vgl.: L. Hödl: Art. Aristotelismus. In: Heinrich Fries (Hg.): Handbuch theologischer Grundbegriffe, Bd. I, München 1969, 91–101.
[30] Vgl.: F. Hoffmann: Art. Augustinismus. In: Handbuch theologische Grundbegriffe I, 145–151.
[31] Pottmeyer: Der Glaube vor dem Anspruch der Wissenschaft, 87.
[32] Vgl. Dazu Erich Przywara: Analogia entis. Metaphysik I, München 1932 (= Przywara: Analogia entis), 124–149. Dabei ist festzuhalten, dass Thomas hier immer in analoger Form redet, die sich auch bis zum Ende nicht in univoker Begrifflichkeit auflöst. »Gibt sich bei Thomas die besondere Analogie in der *perfectio universi*, dann gibt sich eben darum auch in der *perfectio universi* schärfer die Analogie.« (Ebd., 141.) – Siehe dazu auch weiter unten Kapitel VI.2, Seite 355.
[33] Vgl.: Pottmeyer: Der Glaube vor dem Anspruch der Wissenschaft, 90.
[34] Karl Rahner: Potentia oboedientialis. In: Sacramentum Mundi. Dritter Band, Freiburg 1970, 1245–1249 (= Rahner: Potentia oboedientialis), 1245.
[35] Vgl.: Thomas von Aquin: Summa theologiae III, 9,2 ad 3. Zitiert nach: S. Thomae Aquinatis Summa theologiae. Cum textu ex recensione leonina. Tertia pars et supplementum, Turin 1962. Vgl.: S. Otto: Art. Natur. Theologisch. In: Heinrich Fries (Hg.): Handbuch theologischer Grundbegriffe, Bd. II, München 1969, 217–221 (= Otto: Natur), 219f. Erst im 16. Jahrhundert führt die These Michael du Bays, die tatsächliche Ausrichtung der Natur auf die übernatürliche Erfüllung sei eine juridisch zwingende Finalität, zur Hilfskonstruktion der *natura pura*, um die Gratuität der Gnade zu sichern.

ner'sche Ansatz einer Transzendentalphilosophie geschichtlich wie inhaltlich von theologischen Bedingungen lebt: Wer von der Bedingung der Möglichkeit des Hörens von Offenbarung spricht, der sieht die Dinge schon immer unter dem Blickwinkel einer Weltordnung, die die Begriffe Schöpfung und Erlösung kennt und an sie glaubt.

> »P[otentia] o[boedientialis] ist somit der begriffliche Hinweis darauf, dass eine wahre Wesenserfüllung (Akt der *Potenz*) diesem Wesen ungeschuldet sein, d.h. von ihm her nicht errechnet und eingeklagt, sondern nur ›gehorsam‹ angenommen werden kann [...]. Die Legitimität eines solchen Begriffes lässt sich natürlich nur von der geoffenbarten Tatsache her erkennen, dass Gott selbst durch Selbstmitteilung die Vollendung der geistigen Kreatur sein kann[.]«[36]

Schwierigkeiten in der genauen Verhältnisbestimmung von Natur und Übernatur ergeben sich deshalb, weil subkutan zwei Fragen gleichzeitig verhandelt werden: Die Frage der Ungeschuldetheit der Gnade und die Möglichkeit einer autonomen Philosophie.[37] Erstens soll mit der Präzisierung des Verhältnisses von Natur und Übernatur die Berechtigung einer Philosophie bewahrt werden, die unabhängig von der positiven Theologie die Möglichkeit des Wahrnehmens einer geschichtlichen Offenbarung überhaupt ermittelt, die also eine natürliche Theologie betreibt. Sie muss der Natur einen gewissen suchenden Zugang zum Geheimnis Gottes zugestehen, eben jenes *desiderium naturale* oder die *potentia oboedientialis*. Daher hat man es immer schon mit dem konkreten Menschen zu tun und nicht mit dem Restbegriff der *natura pura*. Max Secklers These, die Konzeption von *Hörer des Wortes* beruhe auf der natura-pura-Idee, ist in meinen Augen fragwürdig.[38] Wenn Rahner in *Hörer des Wortes* unter der Überschrift »Die Offenheit des Seins und des Menschen« das menschliche Erkenntnisvermögen bestimmt, so handelt er nicht von der *natura pura* sondern vom »Geist in Welt«. Dennoch scheint mir – bei aller Vorsicht, ob sich diese Unterscheidung bei Rahner und im Allgemeinen immer sauber durchhalten lässt – Secklers Grundthese plausibel, bei *Hörer des Wortes* und *Grundkurs des Glaubens* handele es sich um zwei

---

[36] Rahner: Potentia oboedientialis, 1246. Rahner klärt hier nicht, ob er die philosophisch-erkenntnistheoretische oder (gnaden-)theologische Legitimität meint. Das mag damit zu tun haben, dass beide über den Naturbegriff ineinander geschoben sind.

[37] Das spiegelt sich übrigens bis hinein in die Diskussion zwischen Thomas Freyer und Klaus Müller, in der die eine auf der Ungeschuldetheit der Gnade und der Bedürftigkeit des Menschen besteht, wogegen der andere auf der Möglichkeit eines erkennbaren letzten Begriffs besteht. Vgl. Kapitel II.4, Seite 136.

[38] Vgl.: Max Seckler: Intrinsezistische Fundamentaltheologie. Der Paradigmenwechsel vom »Hörer des Wortes« zum »Begriff des Christentums« im Werk Karl Rahners. In: Theologische Quartalsschrift 185 (2005), 237–254 (= Seckler: Intrinsezistische Fundamentaltheologie), 248. Thomas Knieps-Port le Roi charakterisiert »Rahners Arbeit am Erkenntnisbegriff in *Hörer des Wortes* in begründungstheoretischer Hinsicht nicht als *Geltungs*reflexion, sondern als Reflexion auf die Genese des Glaubens[.]« (Thomas Knieps-Port le Roi: Zum nach-neuzeitlichen Ort der Theologie. Überlegungen zum Verhältnis von Glaube und Vernunft nach Karl Rahners »Hörer des Wortes«. In: Siebenrock (Hg.): Karl Rahner in der Diskussion, 203–224 (= Knieps-Port le Roi: Zum nach-neuzeitlichen Ort der Theologie), 216.)

verschiedene Arten von Fundamentaltheologie. Die erste sei extrinsezistisch, die zweite intrinsezistisch.[39] Mit Rahner hält er fest, dass die erste Art von Fundamentaltheologie sich im Sinne der klassischen Apologetik mit den *praeambula fidei* beschäftigt, also gewissermaßen mit der Außenseite der Theologie, während die von Rahner so genannte »formale und fundamentale Theologie« ein Geschäft der Dogmatik ist und die philosophische Reflexion der *fides quae* betreibt.[40] Das steht aber nicht im Widerspruch dazu, dass die Apologetik aus der dogmatischen Perspektive, immer schon vom begnadeten Menschen ausgehen muss, auch wenn sie aus ihrer eigenen Perspektive heraus von der Gnade nichts wissen kann, da sie dafür die theologische Verhältnisbestimmung von Natur und Übernatur in Anschlag bringen müsste. Genau aus diesem Grund kann sie aber auch keine natürliche Theologie *remoto Christo* betreiben, wobei Christus hier als Platzhalter für jede Offenbarung steht. Ein bewusstes Absehen von der Offenbarung setzt diese noch voraus. Nach Derrida ist nicht sicher, ob eine Offenbarkeit ohne Offenbarung zu denken ist. Es könnte daher sein, dass diese Frage von Grund auf falsch gestellt ist und dass man daher in den *praeambula fidei* – als Philosoph – über die Möglichkeit nachdenken müsste, die diese Unterscheidung von Philosophie und Theologie, von Vernunft und Glaube, von Natur und Übernatur eröffnet.[41] Es wäre in einem gewissen Sinne nach einem Ultra- oder Quasi-Transzendentalen zu fragen, was die Bedingung der Möglichkeit für die Unterscheidung von Möglichkeit und Wirklichkeit ist.

Zweitens soll das erkenntnistheoretisch fragwürdig gewordene Verhältnis von Natur und Übernatur die Ungeschuldetheit der Gnade wahren. Der Natur muss daher jede innere Ausrichtung auf die Übernatur – und sei es nur im Modus des Suchens – abgesprochen werden. Das treibt die Reflexion zum »übernatürlichen Existenzial«. Der Mensch wird als schon immer begnadet gedacht und die *natura pura* als Rest eingeführt, »der bleibt, wenn das ungeschuldete Existenzial als fehlend gedacht wird.«[42] Nach Rahner muss der Begriff der *potentia oboedientialis* jedoch nicht nur so gefasst werden, dass der Akt dieser Potenz nicht »*eingeklagt*« werden kann, sondern er darf auch nicht »*errechnet*« werden können.[43] Es ist nicht klar, wie »errechnet« zu verstehen ist. Geht es nur darum, dass sich aus der Möglichkeit keine fakti-

---

[39] Vgl.: Seckler: Intrinsezistische Fundamentaltheologie, 251f.
[40] Vgl.: Seckler: Intrinsezistische Fundamentaltheologie, 244. Vgl.: Karl Rahner: Aufriß einer Dogmatik. In: Ders. Schriften zur Theologie. Bd. 1, Einsiedeln – Zürich – Köln ⁶1962, 9–47, 29–34.
[41] Vgl.: Jacques Derrida, Jean-Luc Marion: On the Gift: A Discussion between Jacques Derrida and Jean-Luc Marion. Moderated by Richard Kearney. In: John D. Caputo and Michael J. Scanlon, Bloomington – Indianapolis 1999, 54–78, 73.
[42] Otto: Natur, 221. Otto weist auf die Kritik von Hans-Urs von Balthasar gegen Rahner hin, nach der diese *natura pura* keinen Sinn mehr habe. Dem schließt sich Verweyen an. Vgl.: Hansjürgen Verweyen: Wie wird ein Existential übernatürlich? Zu einem Grundproblem der Anthropologie K. Rahners, in: Trierer Theologische Zeitschrift 95 (1986), 115–131 (= Verweyen: Wie wird ein Existential übernatürlich), 127.
[43] Vgl.: Rahner: Potentia oboedientialis, 1246.

sche Wirklichkeit, also keine *existentia* ableiten lässt, dass aber die Möglichkeit in ihrer *essentia* bestimmbar bleibt. Oder geht es schon um die Frage, ob die Möglichkeit überhaupt *als* Möglichkeit, d.h. in ihrer *essentia* bestimmbar ist? Wenn man mit Rahner davon ausgeht, dass die *potentia oboedientialis* nicht nur eine einzelne Potenz des Menschen ist, sondern mit seinem geistig-personalen Wesen identisch ist,[44] und wenn man Heidegger darin folgt, dass es dem Dasein in seinem Sein um sein Sein selbst geht, dass also im Dasein Existenz und Essenz nicht voneinander zu trennen sind,[45] dass vielmehr seine Essenz in seiner Existenz besteht, so wird die Möglichkeit in diesem Fall gerade *als* Möglichkeit fraglich.[46]

Wenn man gnadentheologisch auf der Unverrechenbarkeit der menschlichen Erkenntnis mit der Gnade Gottes besteht, so wird die Möglichkeit zur Erkenntnis nur noch als Unmöglichkeit fassbar. Besteht man jedoch erkenntnistheoretisch auf der natürlichen Erkennbarkeit Gottes, so wird die Ungeschuldetheit der Gnade nur noch als Unmöglichkeit denkbar. In diesem Spannungverhältnis bewegt sich die Bestimmung von Natur und Übernatur.[47] Daher ist die Entwicklung Karl Rahners von der ersten Auflage von *Hörer des Wortes* zum *Grundkurs des Glaubens* keine Fehlentwicklung, wie Verweyen unterstellt, sondern eine innere Notwendigkeit: »›Natürlich-philosophische‹ Theologie ist zuerst und zuletzt nicht ein Geschäft *neben* einer Offenbarungstheologie, so dass beide in schlechthinniger Unabhängigkeit voneinander betrieben werden könnten, sondern ein inneres Moment an der Offenbarungstheologie selbst[.]«[48] Und man müsste ergänzen: Offenbarungstheologie ist ein inneres Moment an der natürlich-philosophischen Theologie.

---

[44] Vgl.: Rahner: Potentia oboedientialis, 1246.
[45] Vgl. auch: Martin Heidegger: Prolegomena zur Geschichte des Zeitbegriffs. GA 20, Frankfurt 1979, §12, 152. Dort stellt Heidegger das Husserl'sche Verfahren der *epoché* in Frage: »Wenn es aber ein Seiendes gäbe, *dessen Was es gerade ist, zu sein und nichts als zu sein,* dann wäre diese ideative Betrachtung einem solchen Seienden gegenüber das fundamentalste Missverständnis.« – Die von Knieps-Port le Roi angeführte Identifizierung von Erkennen und Sein bei Rahner, die die Subjekt-Objekt-Spaltung unterlaufe, deutet m.E. auf einen ähnlichen Sachverhalt hin. Vgl.: Knieps-Port le Roi: Zum nachneuzeitlichen Ort der Theologie, 217.
[46] Vgl. dazu auch meine Überlegungen in Kapitel III.2, Seite 180.
[47] Sobald man die Frage der Errechenbarkeit einführt, kann man die Ungeschuldetheit der Gnade auch nicht nach Verweyen'schem Muster wahren. Verweyen verweist auf Anselms *Cur deus homo?*, wo Anselm argumentiere, man schulde Gott noch größeren Dank dafür, dass er sich freiwillig der Notwendigkeit der Vollendung des Menschen unterwerfe und sie nicht widerwillig ertrage, als wir ihm schuldeten, wenn die Vollendung nicht notwendig wäre. (Vgl.: Verweyen: Wie wird ein Existential übernatürlich, 126f.) Unabhängig davon, ob Verweyens Interpretation zutrifft und ob das Ergebnis die Ungeschuldetheit der Gnade betrifft – Anselms Gesprächspartner Boso fragte nur danach, weshalb wir dankbar sein sollten –, stellt bereits die reine Erkennbarkeit und Errechenbarkeit die freie Souveränität Gottes in Frage.
[48] Karl Rahner: Theologie und Anthropologie. In: Ders.: Schriften zur Theologie VIII, Einsiedeln – Zürich – Köln 1967, 43–65, 51. Vgl. auch: Karl Rahner: Philosophie und Theologie. In: Ders.: Schriften zur Theologie VI, Einsiedeln – Zürich – Köln 1965, 91–103; Ders.: Über das Verhältnis von Natur und Gnade, in: Schriften zur Theologie I, Einsiedeln – Zürich – Köln ⁶1962, 323–345. Vgl. zur Entwicklung des Begriffs des übernatürlichen Existenzials bei Rahner: Paul Rulands: Zur Genese des Theologume-

Den Standpunkt der *natura pura* gibt es nur als formale Konsequenz von theologischen Prämissen im Denken. Stellt sich der nach Erkenntnis strebende Philosoph oder Theologe auf diesen Standpunkt, so befindet er sich immer schon auf einem abgeleiteten. In der Neuscholastik entwickelte sich jedoch die gegenseitige Verwiesenheit immer mehr zu einer Trennung und zu dem sogenannten »Stockwerksdenken«[49] Daher wird auch in den Diskussionen auf dem Konzil die Freiheit der übernatürlichen Offenbarung gegenüber der Schöpfung betont, weil man mittlerweile die Schöpfung sehr eng mit dem Begriff der *natura pura* verband.

> »Dass diese Tendenz sich nicht eigentlich in der der Konstitution niedergeschlagen hat trotz der stark parallelisierenden Betrachtung von Glauben und Wissen und der Frontstellung zum Traditionalismus in der Frage der natürlichen Gotteserkenntnis, ist vor allem der wachsamen Kritik der dem augustinischen Erbe verpflichteten Konzilsväter zu danken.«[50]

Was nun die übernatürliche Offenbarung betrifft, so handelt es sich genau genommen um eine doppelte: Zum einen offenbart Gott sich selbst, zum anderen seine ewigen Ratschlüsse. Zwar legt das Konzil im Folgenden das Gewicht auf die ewigen Ratschlüsse und nicht auf Gott selbst, doch lassen sich diese nicht ohne ihre Finalisierung auf das Heil des Menschen verstehen. In der Formulierung »*voluntatis suae decreta*«, die sehr häufig als Beleg für das instruktionstheoretische Offenbarungsmodell[51] gilt, lässt sich das biblische Motiv der »Souveränität, Realität und Universalität des offenbarenden Heilshandelns Gottes«[52] nachverfolgen. So ist die weitverbreitete These, das Zweite Vatikanum habe das Offenbarungsverständnis des Ersten bedeutend weitergeführt,[53] in ihrer Massivität nicht haltbar und muss nach Pottmeyer

---

nons vom »übernatürlichen Existential«. Ein Versuch zur exemplarischen Erhellung der Bedeutung der Neuscholastik für die Theologie Karl Rahners. In: Roman A. Siebenrock (Hg.): Karl Rahner in der Diskussion. Erstes und zweites Innsbrucker Karl-Rahner-Symposion: Themen – Referate – Ergebnisse, Innsbruck – Wien 2001 (= Siebenrock (Hg.): Karl Rahner in der Diskussion), 225–246, bes. 233–245. Der Kritik von Verweyen (Vgl.: Verweyen: Wie wird ein Existential übernatürlich) widerspricht: Knieps-Port le Roi: Zum nach-neuzeitlichen Ort der Theologie, 214.

[49] Das macht sich deutlich in den auf dem Konzil vertretenen theologischen Ansichten bemerkbar. Die genaueren Umstände kann ich hier nicht näher behandeln. Vgl. dazu: Pottmeyer: Der Glaube vor dem Anspruch der Wissenschaft, 90–100. Ein eindrückliches Beispiel für die Neuscholastik ist: Josef Pohle: Natur und Übernatur. Eine Apologetik für wissenschaftlich Gebildete, Kempten 1913. Schon Pohle wehrt sich allerdings gegen genau dieses Stockwerksdenken: »Die Gnade baut sich ja nicht wie ein ›höheres Stockwerk‹ auf, mit der Natur gleichsam durch eine Wendeltreppe verbunden; sondern beide Faktoren verbinden sich in gegenseitiger Verschränkung zu einer geschlossenen psychischen Einheit, welche den Eindruck des Naturgemäßen, nicht der Vergewaltigung macht.« (21). Man müsste genauer klären, inwieweit er dennoch dem sogenannten Stockwerksdenken unterliegt. Die Frage, die sich anschließt, wäre, ob es überhaupt einen Ausweg daraus gibt.

[50] Pottmeyer: Der Glaube vor dem Anspruch der Wissenschaft, 95.

[51] Vgl.: Seckler: Der Begriff der Offenbarung, 45–47.

[52] Pottmeyer: Der Glaube vor dem Anspruch der Wissenschaft, 217.

[53] So z.B.: Hoping: Theologischer Kommentar zur Dogmatischen Konstitution über die göttliche Offenbarung *Dei Verbum*, 740.

differenziert werden: »Das einseitige Offenbarungsverständnis vieler theologischer Handbücher kann [...] nicht dem 1. Vatikanischen Konzil angelastet werden.«[54]

Inwiefern der Begriff der Offenbarung überhaupt »einseitig« genannt werden kann, steht auf einem anderen Blatt. Sicherlich hat das von Seckler skizzierte »instruktionstheoretische Modell« einen enger umrissenen Offenbarungsbegriff als das heute favorisierte »kommunikationstheoretisch-partizipativ[e]«[55]; dieser kommunikationstheoretische Selbstmitteilungsbegriff gerät jedoch zunehmend in die Gefahr einer begrifflichen Aushöhlung, so dass unter »Offenbarung« alles und nichts mehr verstanden werden kann und man von ihr nur noch ganzheitlich erfasst wird.[56] So richtig und wichtig die Betonung der ganzheitlichen Dimension – gerade vor dem biblischen Hintergrund – ist, darf man darüber doch nicht vergessen, was Thomas von Aquin, das Erste Vatikanum und *Fides et ratio* immer wieder einschärfen: Die Offenbarung Gottes hat einen kognitiven Gehalt, der nicht an der Vernunft vorbeigeht und ihr auch nicht widerspricht. Andernfalls müsste Gott als Schöpfer der Vernunft sich selbst widersprechen.[57] Auch das Zweite Vaticanum hebt bei aller Betonung des ganzheitlichen Charakters »keineswegs die intellektuelle Komponente des Glaubens [auf].«[58]

---

[54] Pottmeyer: Der Glaube vor dem Anspruch der Wissenschaft, 218.
[55] Seckler: Der Begriff der Offenbarung, 49.
[56] Vielleicht lernt man Rahners Wertschätzung der Neuscholastik vor dem Hintergrund solcher Theologien besser verstehen: »Während meiner Philosophie- und Theologiestudien habe ich jene Neuscholastik genossen, die bei uns Jesuiten in der ersten Hälfte des 20. Jahrhunderts gelehrt wurde. [...] Ehrlich gesagt, wenn ich sie vergleiche mit so manchem, was heute an unseren Fakultäten betrieben wird, dann würde ich sie sogar bevorzugen.« (Paul Imhof, Hubert Biallowons (Hg.): Glaube in winterlicher Zeit. Gespräche mit Karl Rahner aus den letzten Lebensjahren, Düsseldorf 1986, 50f.
[57] Vgl.: Thomas von Aquin: Expositio super Boetium De trinitate, q. II a. 3. Zitiert nach: Thomas von Aquin: Opuscula theologica. Band 2. De re spirituali. Cura et studio Raymundi M. Spiazzi. Accedit Expositio super Boetium De trinitate et De Hebdomadibus, Turin 1954.
[58] Ratzinger: Dogmatische Konstitution über die göttliche Offenbarung, 513. Es geht allerdings laut Ratzinger einen anderen Weg: »1870 hatte man mit der natürlichen Gotteserkenntnis begonnen und war von ihr her zur ›übernatürlichen‹ Offenbarung aufgestiegen.« (515) Das Zweite Vaticanum beginne von der christologischen Mitte her, »um dann als eine Dimension des Ganzen die unaufhebbare Verantwortung der menschlichen Vernunft herauszustellen.« (515) So werde sichtbar, dass das menschliche Gottesverhältnis nicht in zwei Teile zerfalle: »es gibt keine in sich ruhende natürliche Religion, sondern jede Religion ist ›positiv‹, aber gerade in ihrer Positivität schließt sie die Verantwortung des Denkens nicht aus, sondern ein.« (515) – Die These, man habe 1870 mit der natürlichen Gotteserkenntnis begonnen, trifft jedoch nur innerhalb des zweiten Kapitels zu. Betrachtet man den Aufbau der Konstitutionen im Ganzen, so ändert sich das Bild. *Dei Filius* selbst beginnt in der Einleitung mit einer Art *Anamnese* des Beistands Christi für seine Kirche und einer *Diagnose* der Zeit, in und zu der das Konzil spricht. Darauf folgt im ersten Kapitel ein *Bekenntnis* zu Gott, dem Schöpfer, der seine Vollkommenheit offenbart. Erst dann spricht *Dei Filius* im zweiten Kapitel zuerst von dem natürlichen Weg der Gotteserkenntnis, der aber *biblisch* mit Röm 1,20 begründet wird. Dagegen setzt das Zweite Vaticanum nach dem relativ kurzen Vorwort mit dem Kapitel *De ipsa revelatione* ein, das dann christologisch beginnt. Vergleicht man einfach nur das

Die übernatürliche Offenbarung der Ratschlüsse Gottes hat nach *Dei Filius* zweierlei Konsequenzen: Sie verdeutlicht der Vernunft Dinge, die ihr »an sich nicht unzugänglich«[59] sind.

»Jedoch ist die Offenbarung nicht aus diesem Grund unbedingt notwendig zu nennen, sondern weil Gott aufgrund seiner unendlichen Güte den Menschen auf ein übernatürliches Ziel hinordnete, nämlich an den Gütern teilzuhaben, die das Erkenntnisvermögen des menschlichen Geistes völlig übersteigen; denn ›kein Auge hat gesehen, kein Ohr hat gehört, noch ist in das Herz eines Menschen gedrungen, was Gott denen bereitet hat, die ihn lieben‹ (1 Kor 2,9).«[60]

Pottmeyer weist darauf hin, dass sich Franzelin der »Einseitigkeit« des verwendeten Offenbarungsbegriffs bewusst gewesen sei.[61] Allerdings werde die Offenbarung hier speziell als Hilfsmittel zur Erkenntnis betrachtet und nicht in ihrem umfassenden Charakter thematisiert. So wolle das Konzil den Inhalt der Offenbarung unterscheiden »nach Wahrheiten, die der Vernunft an sich zugänglich sind, also natürlichen Wahrheiten, und solchen, die das Vermögen der Vernunft grundsätzlich übersteigen, also übernatürlichen Wahrheiten.«[62] Schaut man allerdings auf den genauen Wortlaut, so besteht die Notwendigkeit der Offenbarung nicht in der Mitteilung von Wahrheiten, sondern in der Teilhabe des Menschen an den Gütern Gottes. Die Hinordnung auf sein Heil kann der Mensch sich nicht selbst geben und auch nicht aus seiner Natur einfordern oder ableiten, sie ist übernatürlich und gnadenhaft, obgleich sie vom konkreten Menschen nicht abgetrennt werden kann. Sie geschieht nicht als Konsequenz aus der – als *natura pura* eingeführten – Schöpfung, sondern wie schon diese aber jetzt erneut »*ex infinita bonitate [Dei]*«. Daraus folgt auch, dass die Inhalte, die mit diesem Heil verbunden sind, nicht aus der Erkenntnis der geschaffenen Dinge abgeleitet werden können. Das Konzil formuliert hier bewusst vom Heil des Menschen her. Es ist »*causa proxima*« der Offenbarung. Die enthüllten kognitiven Inhalte sind »*causa remota*«.[63] Allerdings kann auf die kognitiven Inhalte nicht verzichtet werden. Sie bestimmen näher, was *Heil* konkret heißt.[64]

---

jeweilig erste grammatische Subjekt von *Dei Filius* und *Dei Verbum*, so fällt auf, dass im Ersten Vaticanum *Dei filius et [...] Redemptor, Dominus Noster Jesus Christus* die Stelle des Subjekts einnimmt, wohingegen das Zweite Vaticanum sich selbst mit *Sacrosancta Synodus* zum Subjekt macht. Sie wird freilich als »*Dei verbum religiose audiens*« beschrieben. – Stakemeier hält die Kontinuität zum Ersten Vatikanum in Bezug auf die Rolle der Vernunft fest. (Vgl.: Eduard Stakemeier: Die Konzilskonstitution über die göttliche Offenbarung. Werden, Inhalt und theologische Bedeutung. Lateinischer und deutscher Text mit Kommentar, Paderborn ²1967 (= Stakemeier: Die Konzilskonstitution über die göttliche Offenbarung), 194f.) Mit dem Ersten Vaticanum halte Dei Verbum an der moralischen Notwendigkeit der Offenbarung fest. Unter dem Einfluss der Offenbarung jedoch könne der Mensch »ohne moralisch übergroße Schwierigkeiten einen mit Vernunfterkenntnis begründeten klaren Gottesbeweis führen, der sich nicht auf die Aussagen der Offenbarung beruft.« (195)

[59] DH 3005; CODdt. III, 806.
[60] DH 3005; vgl. CODdt. III, 806.
[61] Vgl.: Pottmeyer: Der Glaube vor dem Anspruch der Wissenschaft, 221–224.
[62] Pottmeyer: Der Glaube vor dem Anspruch der Wissenschaft, 222.
[63] Vgl.: Pottmeyer: Der Glaube vor dem Anspruch der Wissenschaft, 227f.

Wenn die Antwort auf die Offenbarung der Glaube ist, so steht auch er unter einem doppelten Aspekt: Er ist Gehorsam gegenüber dem offenbarenden Gott,[65] und er ist ein Für-wahr-halten des Geoffenbarten. Obwohl es den Konzilsvätern um eine Verhältnisbestimmung von Glauben und Vernunft geht, beginnt auch dieses Kapitel zunächst mit einer umfassenderen Bestimmung des Glaubens als ganzheitlicher Bestimmung des Menschen,[66] die zunächst »Anfang des menschlichen Heiles« ist und dann auch als »übernatürliche Tugend«[67] eine »Hilfe der Gnade Gottes [zu] glauben, dass das von ihm Geoffenbarte wahr ist, nicht ⟨etwa⟩ wegen der vom natürlichen Licht der Vernunft durchschauten inneren Wahrheit der Dinge, sondern wegen der Autorität des offenbarenden Gottes selbst[.]«[68]

Das Konzil legt Wert darauf, dass die Zustimmung zum Glauben, also gewissermaßen der Glaube an den Glauben, nicht einfach unter Ausschaltung des Verstandes geschieht. Er ist vom Geschehen des Heiligen Geistes unterfangen:

> »Deshalb ist der Glaube selbst in sich [...] ein Geschenk Gottes, und sein Akt ist ein das Heil betreffende Werk, durch das der Mensch Gott selbst freien Gehorsam leistet, indem er seiner Gnade, der er widerstehen könnte, zustimmt und mit ihr wirkt.«[69]

---

[64] Es scheint also eher mit Problemen behaftet zu sein, wenn man wie Pröpper den Charakter der Offenbarung auf die Selbstmitteilung Gottes beschränkt, die in sich schon (und nur) Liebe und Freiheit ist. Nach der Überzeugung des Konzils teilt Gott nicht nur sich selbst mit, sondern eben auch die notwendigen Inhalte, um ihn *als* ihn selbst zu erkennen. Liebe und Freiheit wären also nur *neben* anderen »Inhalten« nähere Bestimmungen der »Selbst«-Offenbarung Gottes.

[65] Hier würden viele heute unter dem Blickwinkel von Communio und Freiheit wohl eher von einem »Dem-liebend-werbenden-Gott-sich-nicht-verweigern-können« sprechen. Dagegen weist Ratzinger in seinem Kommentar zu *Dei Verbum* zu Recht darauf hin, »dass es auch nicht ohne Belang ist, wenn der Versuch, den ganzheitlichen Charakter des Glaubens herauszustellen, sich primär der Idee des Gehorsams bedient und erst in zweiter Linie den Gedanken des Vertrauens aufgreift. Damit ist deutlich gemacht, dass die Selbstpreisgabe des Glaubens nicht richtungslos verläuft, sondern die Bindung an das Wort einschließt; dass diese Selbstpreisgabe gerade das Zur-Verfügung-Stehen für die konkrete Weise der Begegnung und des Anspruchs Gottes bedeutet, wie sie geschichtlich durch die Verkündigung der Kirche an mich hingetragen wird.« (Ratzinger: Dogmatische Konstitution über die göttliche Offenbarung, 514.)

[66] Die Formel »Gehorsam des Verstandes und des Willens« (Dei Filius, 3) verweist auf die klassische Lehre, nach der der menschliche Geist aus zwei Bewegungen besteht. Mit ihr ist daher eine Hingabe des ganzen Menschen gefordert. Vgl.: Pottmeyer: Der Glaube vor dem Anspruch der Wissenschaft, 245.

[67] Vgl. DH 3008; CODdt. III, 807.

[68] DH 3008; vgl. CODdt. III, 807.

[69] DH 3010; vgl. CODdt. III, 807. Ich habe hier den Nebensatz »auch wenn er nicht durch die Liebe wirkt« ausgelassen, weil dieser Aspekt, der sich gegen eine Unterscheidung des Theologen Hermes wendet, hier zu weit führen würde. Vgl. Pottmeyer: Der Glaube vor dem Anspruch der Wissenschaft, 295–299.

Im angefügten Kanon wird diese Lehre präzisiert, indem die Freiheit des Glaubensgehorsams als eine Zustimmung charakterisiert wird, die nicht »durch Beweise der menschlichen Vernunft notwendig hervorgebracht«[70] wird. Das freilich ist nicht einfach die negative Wendung der positiven Lehraussage, da diese darauf abhebt, dass der Mensch Gottes Gnade »widerstehen könnte«. Die Spannung zum ersten Kanon ist eindeutig: »Wer sagt, die menschliche Vernunft sei so unabhängig, dass ihr der Glaube von Gott nicht befohlen werden könne: der sei mit dem Anathema belegt.«[71] Die scheinbar unauflöslichen Spannungen zielen auf das hin, was man vielleicht die Kernaussage nennen könnte: 1. Die menschliche Vernunft kann nicht aus sich heraus notwendig die *fides qua* hervorbringen (und daher auch aus sich heraus gewisse Inhalte der *fides quae* nicht einsehen); 2. Gott kann der Vernunft den Glauben befehlen (und zwar zunächst die *fides quae*, da die Vernunft für das Konzil ein Erkenntnisorgan ist, aber mittelbar auch die *fides qua*[72]); 3. Der Mensch kann sich der Gnade Gottes verweigern. Daraus folgt nun allerdings, wenn man hier die Gesetze der Logik noch anwenden will, dass er mit dieser Verweigerung nicht nur gegen die Autorität Gottes handelt, sondern auch gegen die Vernunft (und ihre Autorität). Eine Weigerung gegen den Glauben kann sich aus den theologischen Gründen, die das Konzil darstellt, nie auf die Vernunft berufen. Oder positiv formuliert: Glaube und Vernunft stimmen in der Erkenntnis Gottes und im Gehorsam ihm gegenüber überein.[73]

Nach der Klärung dieser Voraussetzungen wendet sich das Konzil dem Verhältnis von Glauben und Vernunft zu, die eine »zweifache Ordnung der Erkenntnis«[74] darstellen. Sowohl ihr Prinzip ist unterschiedlich, wobei das Konzil nicht darlegt, worin dieser Unterschied besteht, als auch ihr Gegenstand, »weil uns außer dem, wozu die natürliche Vernunft gelangen kann, in Gott verborgene Geheimnisse zu glauben vorgelegt werden, die, wenn sie nicht von Gott geoffenbart wären, nicht bekannt werden könnten.«[75] Es ließen sich hier Überlegungen anschließen, die aus dem Gegenstand auf das Prinzip der Erkenntnis zurückschließen. Man könnte dann als Vernunftprinzip ein tätiges Forschen des menschlichen Verstandes in allen Wissenschaftsbereichen verstehen, das Glaubensprinzip wiederum würde dem eher passiven Akt des vertrauensvollen (oder gläubigen) Hörens bzw. Annehmens entsprechen.

---

[70] DH 3035; vgl. CODdt. III, 810.
[71] DH 3031; vgl. CODdt. III, 810.
[72] Das ergibt sich aus dem Text der Konstitution, auf die sich der Kanon 1 bezieht. Sie spricht vom Gehorsam des Verstandes und des Willens.
[73] Die folgenden Abschnitte lasse ich bei Seite. Sie handeln von der Rolle der Kirche in der Überlieferung und Bewahrung der Glaubensinhalte.
[74] DH 3015; vgl. CODdt. III, 808.
[75] DH 3015; vgl. CODdt. III, 808. Das Konzil kennt demnach folgende Stufen, mit denen der Mensch zur Wahrheit aufsteigt: Zunächst mit der natürlichen Vernunft, dann mit der durch die Offenbarung angeleiteten Vernunft und schließlich mit dem Glauben. Insofern stellt die Enzyklika *Fides et ratio* vielleicht in der Tat eine andere Akzentsetzung dar, da sie Glaube und Vernunft mit zwei Flügeln assoziiert, denen man unwillkürlich eine gewisse Gleichrangigkeit beimisst.

Freilich sind beide *de iure*, wenn man diese Unterscheidung noch trennscharf treffen kann, immer schon aufeinander verwiesen, da kein Forschen ohne ein Empfangen von Sinnesdaten auskommt und da kein Annehmen ohne einen verarbeitenden Verstand funktioniert: Alles, was wir wahrnehmen, gliedern wir, wir nehmen es *als* etwas wahr.[76] Selbst wenn in der Annahme der Offenbarung sich die Intentionalität umkehren sollte, was eine *Denkmöglichkeit*[77] für die theologische Formel sein könnte, dass sie allein auf die Autorität des offenbarenden Gottes hin geschieht und der Verstand des Menschen nicht wertend beteiligt ist, sondern sich dem Befehl fügen muss, so muss dieses »Ereignis«[78] in der Reflexion *als* Offenbarung qualifiziert werden. Mehr noch ist die Rolle der Vernunft bei den von *Dei Filius* angesprochenen geoffenbarten Geheimnissen gefordert.[79] Sie sind grundsätzlich, wenn auch nicht abschließend, einer satzhaften Formulierung zugänglich, was sie automatisch der Wertung der Vernunft unterzieht. Da sie jedoch ihre Beglaubigung nicht aus der Vernunft erhalten, sondern von der Offenbarung her, stellen sie für die Vernunft ein kritisches Korrektiv dar: »[D]er Glaube aber befreit und schützt die Vernunft vor Irrtümern und stattet sie mit vielfacher Erkenntnis aus.«[80]

Im Anschluss an diesen Satz formuliert das Konzil seine Wertschätzung der Künste und der Wissenschaften und anerkennt deren »gerechtfertigte Freiheit«[81], wobei es darauf besteht, dass die Kirche darauf zu achten habe, dass die Wissenschaften nicht der göttlichen Lehre widerstreiten oder sich in Fragen des Glaubens einmischen und diese aus ihrer eigenen Kompetenz heraus beantworten wollen.[82]

> »Die Lehre des Glaubens, die Gott geoffenbart hat, wurde nämlich nicht wie eine philosophische Erfindung den menschlichen Geistern zur Vervollkommnung vorgelegt, sondern als göttliche Hinterlassenschaft (*divinum depositum*) der Braut Christi anvertraut, damit sie treu gehütet und unfehlbar erklärt werde. Daher ist auch immerdar derjenige Sinn der heiligen Glaubenssätze beizubehalten, den die heilige Mutter Kirche einmal erklärt hat, und niemals von diesem Sinn unter dem Anschein und Namen einer höheren Einsicht abzuweichen.«[83]

---

[76] Vgl. meine Ausführungen weiter oben, z.B.: Seite 78 und 180.
[77] Es erscheint gewagt, ausgerechnet die Verbindung von Denken und Möglichkeit für jenen Moment in Anschlag zu bringen, an dem das Denken sich in einer radikalen Passivität vor aller Unterscheidung zwischen Aktivität und Passivität befindet (Levinas'sche Formulierung) und an dem man von einer Möglichkeit nur noch *als* Unmöglichkeit sprechen könnte (Derrida'sche Wortwahl).
[78] Zum »Ereignis«-Begriff vgl. z.B.: Derrida: Eine gewisse unmögliche Möglichkeit, vom Ereignis zu sprechen, Berlin 2003. Vgl. auch Kapitel III.3, Seite 211 meiner Arbeit.
[79] Auf das Verständnis des Begriffs des Geheimnisses gehe ich weiter unten im Zusammenhang mit dem *nexus mysteriorum* genauer ein.
[80] DH 3019; vgl. CODdt. III, 809.
[81] DH 3019; vgl. CODdt. III, 809. Vgl. dazu: Pottmeyer: Der Glaube vor dem Anspruch der Wissenschaft, 394–431.
[82] DH 3019; vgl. CODdt. III, 809.
[83] DH 3019; vgl. CODdt. III, 809. Man lese hierzu parallel einmal Kants Auffassung: »Es gibt also keine Norm des Kirchenglaubens, als die Schrift, und keinen andern Ausleger

Dei Filius zitiert im Anschluss Vinzenz von Lérins, der ein Wachsen der Erkenntnis zugesteht, aber nur »in derselben Lehre, demselben Sinn und derselben Auffassung.«[84] Dahinter steht die Sorge, eine autonome Philosophie könnte sich der satzhaft festgestellten Inhalte bemächtigen und sie anders deuten, als dies von der Kirche beabsichtigt wurde. Franzelin sieht das Gefährliche darin, »dass der Schein aufrechterhalten werde, dass nichts Neues gelehrt werde[.]«[85] Außerdem irre eine solche Auffassung darin, »dass sie vertrete, das bisherige Glaubensverständnis sei unvollkommen und hätte auch in der Kirche wegen des Fehlens der wahren Philosophie nicht vervollkommnet werden können. Erst jetzt stehe der wissenschaftlich ausgebildeten Vernunft endlich der Zugang zu einem wahren und eigentlichen Verständnis aller geoffenbarten Wahrheiten offen.«[86] Klaus Müller geht es zwar nicht um die geoffenbarten Wahrheiten im strengen Sinn, wie sie das Erste Vatikanum versteht, sondern um Gott als »weiselosen [...] Ur-Grund«, dennoch behauptet er, »erst unter den Bedingungen der Moderne habe Gott überhaupt erst solchermaßen erscheinen können«[87], und begibt sich damit just in die Stoßrichtung der Argumentation des Konzils.

Wenn man hier behutsam vorgeht, lässt sich eine gewisse Unterscheidung zwischen dem Sinn und der Formulierung der Sätze vornehmen, zwischen dem *depositum fidei* und seiner sprachlichen Gestalt.[88] Sie wird aber nicht weiter ausgeführt und für eine Dogmenhermeneutik fruchtbar gemacht. So bedauert Pottmeyer, »dass das Konzil die aus dem Fortschritt des Glaubensverständnisses sich ergebende Frage der Geschichtlichkeit der Dogmen, die ja zur Zeit des Konzils durchaus schon gestellt ist, nicht angeht.«[89] Es mag sich jedoch rückblickend als weise Zurückhaltung herausstellen. Wer die Geschichtlichkeit der Dogmen vor dem Hintergrund einer sich ungeschichtlich gebärenden Vernunft bedenkt, muss letztere als Richterin über erstere anerkennen.[90] Solange die Vernunft in Gestalt einzelner Philosophen aber auf den

---

desselben, als reine Vernunftreligion und Schriftgelehrsamkeit, [...] von welchen der erstere allein authentisch, und für alle Welt gültig, der zweite aber nur doktrinal ist, um den Kirchenglauben für ein gewisses Volk zu einer gewissen Zeit in ein bestimmtes sich beständig erhaltendes System zu verwandeln.« (Immanuel Kant: Die Religion innerhalb der Grenzen der bloßen Vernunft. Herausgegeben von Rudolf Malter, Stuttgart 1996 (= Kant: Die Religion innerhalb der Grenzen der bloßen Vernunft), 149 [165–166]. Diese Ausgabe folgt der zweiten Auflage von 1794, die Seitenzahlen in Klammern verweisen darauf.)

[84] DH 3019; vgl. CODdt. III, 809.
[85] Pottmeyer: Der Glaube vor dem Anspruch der Wissenschaft, 433.
[86] Pottmeyer: Der Glaube vor dem Anspruch der Wissenschaft, 433.
[87] Klaus Müller: Wenn ich »ich« sage. Studien zur fundamentaltheologischen Relevanz selbstbewußter Subjektivität, Frankfurt u.a. 1994, 572.
[88] Franzelin war sich der polemischen Einseitigkeit dogmatischer Aussagen durchaus bewusst und machte dies dem Konzil auch deutlich. Vgl.: Pottmeyer: Der Glaube vor dem Anspruch der Wissenschaft, 450.
[89] Pottmeyer: Der Glaube vor dem Anspruch der Wissenschaft, 455.
[90] Pottmeyer weist selbst darauf hin, dass der vom Konzil anvisierte Günther »unter Abwertung alles Früheren seine eigene Philosophie absolut setzt und damit einen endgültigen, alles Frühere ablösenden und nicht mehr zu überbietenden Fortschritt des Glau-

Standpunkt der absoluten Wahrheit beharrt, muss sich ihr die Kirche mit der ihr eigenen Autorität entgegensetzen, wenn die Ungeschuldetheit der Offenbarung, die sich auch in Aussagesätzen niederschlägt, gewahrt bleiben soll. Das Konzil verurteilt nicht die Vernunft, es verurteilt den Glauben an die Vernunft, da Glaube und Gehorsam nur dem sich offenbarenden Gott gebühren. Alles andere muss *sub revelatione* als Götzendienst und Häresie gelten. Oder umgekehrt: Wenn man heute von einer Geschichtlichkeit der Dogmen spricht, so muss man auch von einer Geschichtlichkeit der Vernunft sprechen, was nicht nur die mit der im zweiten Teil meiner Arbeit angerissenen Zeitfrage verbundenen Aporien wieder ins Blickfeld rückt. Die Geschichtlichkeit lässt sich ja erst aufgrund der von Derrida *Iterabilität* genannten Möglichkeit verstehen. Eine Veränderung bestimmter Begriffe im Verlauf der Geschichte – im Übrigen auch des Begriffs der Vernunft – setzt die grundsätzliche Möglichkeit einer Sinnverschiebung voraus. Idealität und Iterabilität lassen sich nicht voneinander trennen. Wenn daher sowohl die äußere Gestalt der Dogmen als auch die sie wahrnehmende Vernunft aufgrund der ihr inhärenten Struktur der Verspätung und Selbst-Verschiebung durch die Geschichte hindurch in ihrer Verständlichkeit aus sich selbst heraus nicht mehr gesichert sind, stellt sich die Wahrheitsfrage in ihrer vollen Schärfe. Was das Erste Vaticanum auf die Formel bringt, allein der offenbarende Gott verbürge die Wahrheit, bewegt sich in dieser Fluchtlinie. Wer steht für die Autorität des offenbarenden Gottes ein, wenn sie selbst nur eine von Menschen (durch ihre Vernunft hindurch) vermittelte ist? Wer beglaubigt den Satz, dass diese Wahrheiten ihre Beglaubigung durch Gott erfahren? Der Grund der Autorität entzieht sich, er ist im theoretischen Diskurs nicht zu sichern, so dass Derrida ihn mystisch nennt.[91] Immer stärker drängt sich die Frage auf: Wer zeugt für den Zeugen?[92]

Diese Überlegungen führen nicht zu einem generellen Erkenntnispessimismus. Es geht nicht darum, jeder Erkenntnis die Berechtigung oder die

---

bensverständnisses in seiner Theologie proklamiert.« (Vgl.: Pottmeyer: Der Glaube vor dem Anspruch der Wissenschaft, 456.) Ebenfalls in der Stoßrichtung lag Georg Hermes, für dessen Theologie inzwischen Thomas Fliethmann gezeigt hat, dass der größte Teil der ihr entgegengebrachten Kritik ihr nicht gerecht wird. Vgl.: Thomas Fliethmann: Vernünftig glauben. Die Theorie der Theologie bei Georg Hermes, Würzburg 1997, 45–67.

[91] Vgl. z.B.: Jacques Derrida: Gesetzeskraft. Der »mystische Grund von Autorität«. Frankfurt am Main ³1998. Das Sich-Entziehen des Grundes gilt strukturell von jedem Diskurs, wie Derrida in dieser Monographie am Beispiel des Politischen zeigt. Kein Diskurs ist in der Lage, sich selbst zu gründen. Der Gründungsakt ist immer schon ein Gewaltakt, der den Diskurs erst einsetzt. Insofern sind selbst herrschaftsfreie Diskurse von ihrem Grund her mit einem Akt der Gewalt infiziert.

[92] Celan beantwortet diese Frage in dem Gedicht *Aschenglorie* mit »Niemand zeugt für den Zeugen.« (In: Paul Celan: Atemwende. Vorstufen – Textgenese – Endfassung. Bearbeitet von Heino Schmull und Christiane Wittkop, Frankfurt am Main 2000, 119.) In seinem Gedicht *(Ich kenne dich* stellt er die Frage offener: »Wo flammt ein Wort, das für uns beide zeugte?« (Ebd., 45.) Die Frage nach Gott und dem absoluten Zeugen wird uns später noch beschäftigen.

»Wahrheit« abzusprechen. Es käme aber darauf an, die Schwierigkeiten der Begriffsbildung mitzureflektieren und somit den Diskurs offenzuhalten, da er keine letztgültige, sondern immer nur eine gewisse Erkenntnis erhält. Das gilt gerade für die vom Ersten Vaticanum in den Bereich der übernatürlichen Erkenntnis verwiesenen Dinge:

> »Zwar erlangt die vom Glauben erleuchtete Vernunft, wenn sie fleißig, fromm und nüchtern forscht, sowohl aufgrund der *Analogie* mit dem, was sie auf natürliche Weise erkennt, als auch aufgrund des *Zusammenhanges der Geheimnisse selbst untereinander und mit dem letzten Zweck* (fine) *des Menschen* mit Gottes Hilfe eine gewisse Erkenntnis der Geheimnisse, und zwar eine sehr fruchtbare; niemals wird sie jedoch befähigt, sie genauso zu durchschauen wie die Wahrheiten, die ihren eigentlichen ⟨Erkenntnis⟩gegenstand ausmachen. Denn die göttlichen Geheimnisse übersteigen ihrer eigenen Natur nach so den geschaffenen Verstand, dass sie, auch wenn sie durch die Offenbarung mitgeteilt und im Glauben angenommen wurden, dennoch mit dem Schleier des Glaubens selbst bedeckt und gleichsam von einem gewissen Dunkel umhüllt bleiben, solange wir in diesem sterblichen Leben ›ferne vom Herrn pilgern: im Glauben nämlich wandeln wir und nicht im Schauen‹ (2 Kor 5,6f).«[93]

Das Konzil ordnet die beiden Größen von natürlicher und übernatürlicher Erkenntnis einander analog zu. Damit folgt es der Theologie des Aquinaten, der die »Entsprechung« von natürlicher und übernatürlicher Ordnung durch die Analogie in der Schwebe zu halten versuchte, um Gnade *und* Erkenntnis aufrecht erhalten zu können.[94] Inwiefern die hier vorgeschlagene Analogie im Rahmen der theologischen Erkenntnislehre ihren Ort finden kann, wird im nächsten Teil in der Auseinandersetzung mit Magnus Striet sowie Karl Rahner zu klären sein.[95] Damit hängt eng die Frage der Geheimnishaftigkeit Gottes zusammen: Handelt es sich um ein *Offenbares Geheimnis* – so der Titel von Striets Habilitationsschrift – oder um eine *Geheime Offenbarung*?

Schon hier möchte ich allerdings anfragen, ob Pottmeyers Interpretation zutrifft, dass diese »seit der Patristik angewandte Methode« darauf zielt, »durch den Aufweis von *gleichen* Verhältnissen in den *wesensverschiedenen* Ordnungen der Natur und Übernatur eine gewisse Einsicht in die Glaubensgeheimnisse zu ermöglichen.«[96] Wenn dem so wäre, handelte es sich in der

---

[93] DH 3016; vgl. CODdt. III, 808. Hervorhebungen von mir, CL.
[94] Pottmeyer verweist auf: Thomas von Aquin: Expositio super Boetium De trinitate, q. II a. 3. Zitiert nach: Thomas von Aquin: Opuscula theologica. Band 2. De re spirituali. Cura et studio Raymundi M. Spiazzi. Accedit Expositio super Boetium De trinitate et De Hebdomadibus, Turin 1954: »Sicut autem sacra doctrina fundatur supra lumen fidei, ita philosophia fundatur supra lumen naturale rationis; unde impossibile est quod ea, quae sunt philosophiae, sint contraria his quae sunt fidei, sed deficiunt ab eis. Continent tamen aliquas eorum similitudines et quaedam ad ea praeambula, sicut natura praeambula est ad gratiam.«
[95] Dort ist auch der Ort zu einer näheren Bestimmung der Analogie bei Thomas von Aquin.
[96] Pottmeyer: Der Glaube vor dem Anspruch der Wissenschaft, 386. Hervorhebungen von mir, CL.

Tat um die von Pottmeyer angeführte Proportionalitätsanalogie. Die Verhältnisse sind jedoch nicht so einfach, da die Analogie, wie Derrida gezeigt hat, grundsätzlich in beide Richtungen funktionieren müsste.[97] Dies ist aber hier vom Grundsatz her ausgeschlossen. Wir erkennen nicht aus den übernatürlichen Dingen die natürlichen. Genau deshalb muss das Konzil feststellen, dass wir nur eine *gewisse* Erkenntnis der Geheimnisse haben. Die absolute Transzendenz Gottes verhindert die vollständige Analogie. Wir haben es in gewissem Sinne mit einer halbierten Analogie zu tun. Das heißt aber auch, dass wir nur analog davon reden können, es handele sich um die »gleichen Verhältnisse«. Die halbierte Analogie verdoppelt sich.

Wir *erkennen* nicht das *mysterium* selbst, sondern wir erhalten eine *gewisse Einsicht* in die *mysteria* und ihren Zusammenhang, der im Heilswillen Gottes begründet ist. Nach Franzelin gliedern sich die Wahrheiten der Offenbarung in solche, die von der Vernunft zwar in ihrem Dass *(quod sint)* bewiesen werden können, nicht aber in ihrem Wie *(quomodo sint)* – Gott, das Naturgesetz, die Religion im allgemeinen –, und in solche, die sowohl in ihrem Wie wie auch in ihrem Dass nur durch die Offenbarung vermittelt werden können.[98] Diese gliedern sich aber erneut in zwei Arten: Wahrheiten, die nach der Offenbarung auch nach ihren eigenen Begriffen erkannt werden können,[99] und Wahrheiten, »die auch nach ihrer Offenbarung in Bezug auf ihr Was (*»quid sint«*) nur analog erkennbar seien und deren Existenz (*»an sint«*), innere Notwendigkeit oder notwendige Konvenienz aus inneren und rational einsichtigen Gründen nicht bewiesen werden könnten, obwohl auf der anderen Seite auch keine Widersprüchlichkeit mit der Vernunft und ihren Prinzipien nachgewiesen werden könne.«[100] Dazu gehören die Inkarnation und die Trinität. Dies sind die in der Schultheologie sogenannten *mysteria stricte dicta*. Von ihnen können wir uns alleine mit der Vernunft keinen Begriff machen, d.h. aus der Analyse der *potentia oboedientialis* können für diesen Bereich keine Erkenntnisse gewonnen werden. Auch Verweyen zeigt dadurch, dass er den Gedanken der Inkarnation und des innertrinitarischen Bildes als Voraussetzung seiner Überlegungen braucht, dass ein rein philosophisch zu konzipierender Sinnbegriff nicht ermittelt werden kann. Nichts anderes halten Franzelin (und das Konzil) fest. Inkarnation und Trinität als *mysteria stricte dicta* werden uns in der Offenbarung »in der Weise unseres Erkennens ›sub analogiis‹«[101] bekannt gemacht.[102] Nur mittels »*via negationis*

---

[97] Vgl. Kapitel III.4, Seite 247.
[98] Bei den »Letztbegründern« ist dieses Verhältnis umgekehrt: Die Frage nach dem Dass ist suspendiert, das Wie kann und muss gezeigt werden.
[99] Eine solche Wahrheit ist interessanterweise die Lehre vom Primat des Papstes.
[100] Pottmeyer: Der Glaube vor dem Anspruch der Wissenschaft, 350.
[101] Pottmeyer: Der Glaube vor dem Anspruch der Wissenschaft, 351.
[102] Dies ließe sich auch mit dem moderneren Theologumenon »Gotteswort in Menschenwort« ausdrücken oder mit einem jüdischen Diktum: »Die Tora spricht die Sprache der Menschen.« Dieser Satz des Rabbi Jischmael wird von Emmanuel Levinas zitiert. Vgl.: Emmanuel Levinas: Jenseits des Buchstabens. Band 1: Talmud-Lesungen. Aus dem Französischen von Frank Miething, Frankfurt 1996, 7. Zur Frage der Offenbarungsge-

et eminentiae«[103] können wir nach Franzelin – und das ist auch die gängige Überzeugung der neuscholastischen Handbücher[104] – »einigermaßen entsprechende Begriffe ausbilden.«[105] All diese feinsinnigen oder auch »spitzfindigen«[106] Unterscheidungen müssen in heutigen Ohren merkwürdig fremd anmuten. Sie sind jedoch getragen von dem Bemühen, gerade in der Theologie die Unableitbarkeit des Heilswillens Gottes und seine absolute Transzendenz zu wahren. Der Begriff des *mysterium fidei* rührt aus der Erfahrung der Unverfügbarkeit von Gottes geschichtlichem Heilshandeln her, auch wenn die Konstitution den Schwerpunkt auf die Seite der Begrenztheit der menschlichen Vernunft legt, was nach Karl Rahner dem griechischen Erkenntnisideal zuzuschreiben ist: »Das Geheimnis wird so als das Widersprüchliche zum eigenen eigentlichen Wesen des Menschen als *ratio* empfunden, gleichgültig, ob man sich mit dieser Grenze abfindet oder sie schließlich doch zu überwinden hofft.«[107]

Die zweite Erkenntnismöglichkeit der Geheimnisse, die allerdings nicht losgelöst von der Analogie betrachtet werden darf, nennt das Konzil den *nexus mysteriorum* und die Hinordnung des Menschen auf sein Heil. Die Geheimnisse, die freilich als Glaubenssätze verstanden werden, hängen miteinander zusammen, so dass sie sich auch auseinander verstehen lassen. Hier kommt nach Pottmeyer das Anliegen der Tübinger Schule zum Tragen.[108] Sie will die einzelnen Lehrbegriffe auf eine tragende Idee zurückführen und von daher zeigen, dass sie notwendig ein organisches Ganzes bilden. Sie sind keine willkürlichen und ihrem Zusammenhang undurchschaubaren Sätze. So formuliert auch Scheeben:

> »Wir müssen einsehen, wie die Glieder dieses Ganzen im Plane Gottes füreinander bestimmt, aufeinander angelegt sind, wie alle geheimnisvollen Werke Gottes mit dem Mysterium der Gottheit als ihre Wurzel zusammenhängen, wie sie zu seiner Mitteilung an die Kreatur und zu seiner eigenen Verherrlichung aneinandergereiht sind.«[109]

---

stalt in menschlicher Vermittlung besonders unter dem Aspekt der Sprachgestalt vgl.: Josef Wohlmuth: Die Tora spricht die Sprache der Menschen. Theologische Aufsätze und Meditationen zur Beziehung von Judentum und Christentum, Paderborn – München – Wien – Zürich 2002.

[103] Pottmeyer: Der Glaube vor dem Anspruch der Wissenschaft, 351.

[104] Vgl. z.B.: Joseph Pohle: Lehrbuch der Dogmatik in sieben Büchern. Für akademische Vorlesungen und zum Selbstunterricht. Erster Band, Paderborn ³1907, 36–39. Er bemerkt dort, »dass die irdische Gotteserkenntnis tatsächlich auf d r e i h ö c h s t u n v o l l k o m m e n e W e i s e n zustande kommt: durch B e j a h u n g [...], V e r n e i n u n g [...] und S t e i g e r u n g [.]« (36)

[105] Pottmeyer: Der Glaube vor dem Anspruch der Wissenschaft, 351.

[106] Vgl.: Karl Rahner: Über den Begriff des Geheimnisses in der katholischen Theologie. In: Ders.: Schriften zur Theologie. Band IV, Einsiedeln – Zürich – Köln ³1962, 51–99 (= Rahner: Über den Begriff des Geheimnisses in der katholischen Theologie), 80.

[107] Karl Rahner: Art. Geheimnis II. Theologisch. In: Handbuch theologischer Grundbegriffe I, 447–452, 447f.

[108] Vgl. auch: Joseph Rupert Geiselmann: Die katholische Tübinger Schule, Freiburg 1964, 32.

[109] Matthias Joseph Scheeben: Die Mysterien des Christentums. In: Ders.: Gesammelte

Auch wenn das Mysterium der Gottheit als Urgrund aller Geheimnisse durchaus für das Konzil eine Rolle spielt, stehen hier jene Glaubenswahrheiten im Mittelpunkt, in denen es sprachliche Gestalt gewinnt. Sie bilden die Grundlage für die Theologie als Wissenschaft und bleiben letztlich von einer extrinsezistischen Sicht der Vernunft bestimmt. Gerade in dieser Bestimmung der Vernunft jedoch erweist es sich als Grundlage für die Auseinandersetzung mit einer den Anspruch auf Autonomie stellenden Philosophie geeignet. Eben weil es dieselbe Vernunftidee teilt, ist es in der Lage, sie aus dem Glauben heraus zu kritisieren. Daher muss sich jede autonome Vernunft innerhalb der Theologie an diesen Wegweisungen messen lassen. Sie kann sich nicht auf ein angeblich gewandeltes Offenbarungsverständnis und damit implizit auf eine geringere Geltung der Konstitution *Dei Filius* vor dem Hintergrund von *Dei Verbum* zurückziehen. Wer die Geschichtlichkeit des Offenbarungsgeschehens betont, muss auch die Geschichtlichkeit der Vernunft akzeptieren. Letzte Begriffe fallen dann aus. Hält man aber die Möglichkeit eines letztgültigen Begriffs in einer überzeitlichen Vernunft fest, dann greifen die von *Dei Filius* markierten Grenzlinien, die die absolute Unableitbarkeit der göttlichen Gnade einschärfen.

Schriften Bd. II, Freiburg ³1958, 640. – Unmittelbar im Anschluss spricht Scheeben von einer »harmonischen Einheit« von Einzelnem und Ganzen.

V. Perspektiven biblischer Gottrede

1. Der Vorüberzug des barmherzigen und gerechten Gottes am Sinai

Alle Autoren, die ich unter dem Begriff der »Letztbegründung« subsummiere, gehen von der Tatsache aus, dass Gott *sich* in Jesus Christus letztgültig *geoffenbart* hat. Wenn man die Frage untersucht, was Offenbarung in diesem Zusammenhang bedeutet, so wird man schnell – gerade im Verhältnis von Glauben und Wissen – auf den kognitiven Gehalt der Offenbarung verwiesen. Auch wenn Offenbarung als ganzheitliche Selbstmitteilung Gottes verstanden wird, ist sie für die Letztbegründer doch primär eine Mitteilung an die Vernunft, wie sich exemplarisch an Magnus Striets theologischer Prämisse zeigt, nach der »Gott selbst sich in der Geschichte als der offenbart hat, der er ist, und dass er selbst die Möglichkeit seines Ankommenkönnens in der menschlichen Vernunft eröffnet hat und verbürgt.«[1] Wenn ich im Folgenden den Begriff der *Selbst*offenbarung oder *Selbst*mitteilung ausgehend von biblischen Texten hinterfrage, so ziehe ich nicht die Überzeugung des christlichen Glaubens in Zweifel, die spätestens seit Chalkedon einen Grundkonsens der Kirche darstellt,[2] dass wir es mit Gott selbst zu tun haben. Wohl aber möchte ich jene Teile der Striet'schen Prämisse hinterfragen, nach der die Selbstoffenbarung restlos in der Vernunft aufgeht[3] und zudem die Wesensoffenbarung eines freiheitstheoretisch bestimmbaren und bestimmten Selbsts ist.[4] Thomas Freyer hat darauf hingewiesen, dass der Begriff der Selbstoffenbarung mit der Öffnung der Kirche gegenüber dem Judentum einer »Reformulierung seines Profils und seiner Hermeneutik«[5] bedürfe. Er habe sich am Zeugnis der Heiligen Schrift messen zu lassen und zwar so, dass dabei sowohl dem doppelten Ausgang der Bibel Israels als auch der doppelten Leseweise des christlichen Alten Testaments Rechnung getragen werde,[6] was nach seiner

---

[1] Striet: Offenbares Geheimnis, 210. Vgl. dazu auch Kapitel VI.1, Seite 357.
[2] Zum Horos des Konzils von Chalkedon vgl.: Alois Grillmeier: Die theologische und sprachliche Vorbereitung der christologischen Formel von Chalkedon. In: Ders.: Das Konzil von Chalkedon. Geschichte und Gegenwart. Band I. Der Glaube von Chalkedon, Würzburg 1951, 5–202; Karl Rahner: Chalkedon – Ende oder Anfang? In: Alois Grillmeier: Das Konzil von Chalkedon. Geschichte und Gegenwart. Band III. Chalkedon heute, Würzburg 1954, 3–49; Gregor Maria Hoff: Wer ist Christus? Das Symbolon von Chalkedon als Grammatik des Glaubens? In: Salzburger theologische Zeitschrift 8 (2004) 17–29.
[3] Vgl.: Striet: Offenbares Geheimnis, 24.
[4] Vgl. Striet: Offenbares Geheimnis, 229. Auf die näheren Zusammenhänge bei Striet gehe ich im Teil VI meiner Arbeit ein.
[5] Vgl.: Thomas Freyer: Selbstoffenbarung Gottes. Anmerkungen zu einer theologischen Schlüsselkategorie aus christlich-jüdischer Sicht. In: Catholica 60 (2006), 1–22 (= Freyer: Selbstoffenbarung Gottes), 2.
[6] Vgl.: Walter Groß: Der doppelte Ausgang der Bibel Israels und die doppelte Leseweise des christlichen Alten Testaments. In: Ders. (Hg.): Das Judentum – eine bleibende Herausforderung christlicher Identität?, Mainz 2001, 9–25 (= Groß: Der doppelte Ausgang).

Diagnose in den von ihm untersuchten zeitgenössischen Entwürfen von Barth, Pannenberg, Rahner und Pröpper zu wenig der Fall ist.[7] Anhand weniger Texte – es sind immer zu wenige – will ich dies hier tun.[8]

In einem anderen Beitrag spricht Thomas Freyer von der »Nähe« als einer »Schlüssel-›kategorie‹« und beruft sich dafür auf den Begriff der Nähe als Widerfahrnis des Anderen bei Emmanuel Levinas.[9] Die Nähe – wie sie von Levinas und im Anschluss daran von Freyer verstanden wird – ist keine Mitteilung, schon gar keine des Selbsts, das ja, wenn es wirklich das sein soll, was mich unverwechselbar macht, nicht im strengen Sinne (mit-)teilbar sein kann. Daher spricht Derrida zu Recht im Anschluss an Husserl von einer *analogen* Appräsentation des *alter ego*.[10] Der Andere muss zwar als *Selbst* erscheinen, wenn man ihn nicht als Ding unter andere Dinge einordnen will, aber er kann es nur auf analoge Weise. Selbst im eigentlichen Sinn bin nur ich selbst. Daher erscheint der andere im Horizont der Phänomenalität im eigentlichen Sinne nur als Abwesender. Er ist, wie Levinas im Anschluss an Sartre festhält, ein »Loch in der Welt.«[11] Dennoch ist er nahe. Die Nähe des Anderen, der sich nicht restlos selbst mitteilt, ist für Freyer eine Bedingung der theologischen Hermeneutik: »Theologisches Verstehen muss im Aushalten des Fremden, Anderen, geschehen, oder es findet überhaupt nicht statt.«[12]

In diesem Teil geht es mir nicht um die *Entwicklung* einer Dogmatik aus dem biblischen Zeugnis. Das scheitert nicht nur an der mangelnden bibeltheologischen oder gar exegetischen Kompetenz des Systematikers, sondern auch und zuerst an der vielschichtigen Wirklichkeit des biblischen Zeugnis-

---

[7] Vgl.: Freyer: Selbstoffenbarung Gottes, 18.
[8] Schon 1941 beklagte Paul Althaus »[die] Inflation des Begriffs der Offenbarung in der gegenwärtigen Theologie.« (Vgl. den gleichnamigen Beitrag in: Zeitschrift für systematische Theologie 18 (1941), 134–149.) Althaus stellt darin fest, »dass ›die Offenbarung‹ als Ausdruck für das Ganze des Evangeliums erscheint.« (134) Das sei unbiblisch, da der Begriff der Offenbarung im NT nur formellen Charakter habe. (Vgl. 137) Zwar wehrt er sich aus systematischen Gründen vor allem gegen die Intellektualisierung des Evangeliums, die mit der Unterordnung unter den Offenbarungsbegriff einhergehe, doch auch ein umfassenderer Begriff helfe nicht weiter. Wenn er das gesamte Heilshandeln Gottes beschreiben solle, »überwuchert er seine natürlichen theologischen Grenzen.« (149) – Die Inflation hat nicht nachgelassen, (Vgl. für einen ersten Überblick: Peter Eicher: Offenbarung. Prinzip neuzeitlicher Theologie, München 1977.) umso wichtiger ist es, der heutigen theologischen Rede von *der* Offenbarung Gottes *als* Selbstmitteilung auf den biblischen Grund zu gehen. Den Hinweis auf den Beitrag von Althaus verdanke ich Johannes Hoff. Er setzt sich mit dem Offenbarungsbegriff z.B. auseinander in: Johannes Hoff: Fundamentaltheologische Implikationen der Apokalyptik. Annäherung an den Begriff der Offenbarung ausgehend von Derridas dekonstruktiver Lektüre der Apokalypse des Johannes. In: Theologie der Gegenwart 45 (2002), 42–51, 107–120.
[9] Vgl. z.B.: Thomas Freyer: »Nähe« – eine trinitätstheologische Schlüssel-»kategorie«? Zu einer Metapher von Emmanuel Levinas. In: Theologie der Gegenwart 40 (1997), 271–288.
[10] Vgl. Kapitel III.1, Seite 167.
[11] Vgl.: Lévinas: La trace de l'autre, 276; dt. 227.
[12] Thomas Freyer, Alterität und Transzendenz. Theologische Anmerkungen zur Hermeneutik. In: Berliner Theologische Zeitung 13 (1996), 84–110, 106.

ses, das sich sowohl *einer* Dogmatik als auch einer *Dogmatik* widersetzt. Daher steht die Lektüre einzelner biblischer Texte bewusst nach Theologen, Philosophen und Lehramt. Auch wenn die Schrift nach Melchior Cano ein *locus proprius* der theologischen Erkenntnis ist und der Dogmatiker nach Rahner immer auch Bibeltheologe sein müsste, so ist sie mir als Systematiker doch fern und fremd. Sie spricht eine andere Sprache. Diese andere Sprache in den eigenen Überlegungen nicht zu unterdrücken und einzuordnen, sie aber dennoch so zu übersetzen, dass sie für die eigenen Überlegungen von Belang sein kann, bleibt eine Herausforderung. Vielleicht deutlicher als anderswo spricht an diesem Ort meiner Arbeit der fremde Text. Er spricht als Grenze und Bewährung der vorangegangen Überlegungen, die sich an ihm als *norma normans non normata* messen lassen müssen.

In einer gewissen Willkür fällt der Blick auf eine Stelle, die einen sogenannten Offenbarungsvorgang Gottes beschreibt (Ex 33–34), und auf ihre Rezeption innerhalb der Bibel. Aus der Art und Weise, wie die Theologen der Schrift selbst mit Vorgaben umgehen, sie deuten, in andere Kontexte tragen und sie für die Frage des Verhältnisses Gottes zu den Menschen immer neu fruchtbar machen, ohne ihre Herkunft zu leugnen, kann vielleicht auch der heutige Theologe Einsichten für seinen Umgang mit der Schrift gewinnen.[13] Dabei stellt für mich derjenige Text die entscheidende Größe dar, den man gewöhnlich als »Endtext« bezeichnet. Der Versuch, Widersprüche auf der Textebene auf unterschiedliche Verfasser und Autorintentionen zurückzuführen, unterliegt bei aller Berechtigung und Notwendigkeit zwei systematischen Grundschwierigkeiten: Zum einen – und das ist nicht neu – bleiben die Widersprüche bestehen, da auch jeder Redaktor sich mit ihnen auseinandersetzen muss und sie als solche verantworten muss. Zum anderen lässt der methodische Zugriff, der Widersprüche meint auflösen zu müssen, nicht mehr die Frage zu, ob Gotteswort im Menschenwort vielleicht nur durch solche Antinomien und Aporien auf der Textebene – nicht nur zwischen einzelnen Texten, bei denen immer die schwierigen Fragen der Abgrenzung bleiben, sondern auch innerhalb eines Textes selbst – auf »authentische« Weise Gotteswort bleiben kann.

Zu Recht muss die systematische Theologie sich immer wieder von der Exegese erinnern lassen, dass wir es in der Bibel mit Theologien im Plural zu tun haben und dass ihre begrifflichen Fomulierungen »sowohl ein Bedeutungsdefizit haben als auch die Unverwechselbarkeit des biblischen Gotteszeugnisses nicht darstellen können.«[14] Eine systematische Theologie, die

---

[13] Ich bin Prof. Dr. Walter Groß dankbar für Hinweise zur sogenannten »Gnadenrede« in Ex 34,6f. und ihrer Wirkungsgeschichte innerhalb des Alten Testaments. Er deutete mir Ähnlichkeiten an zwischen dem biblischen Umgang mit theologischen Aussagen gerade in Bezug auf Ex 34,6f. und meinen Versuchen, eine Dogmatik perspektivisch topologisch tastend zu formulieren.

[14] Erich Zenger: »Gott hat keiner jemals geschaut« (Joh 1,18). Die christliche Gottesrede im Angesicht des Judentums. In: Erwin Dirscherl, Susanne Sandherr, Martin Thomé, Bernhard Wunder (Hg.): Einander zugewandt. Die Rezeption des christlich-jüdischen Dialogs in der Dogmatik, Paderborn – München – Wien – Zürich 2005 (= Dirscherl u.a. (Hg.): Einander zugewandt), 77–89 (= Zenger: »Gott hat keiner jemals geschaut«), 89.

nicht alles auf den letzten Begriff herunterbrechen will, wird daher die Frage stellen, ob Widersprüche und Antinomien in ein und demselben Text nicht durch die Annahme mehrerer Autoren in der Gefahr stehen, entschärft zu werden.[15] Einsatzpunkt für den Systematiker ist zwar die Tatsache, dass die Kirche die gesamte Schrift in ihrer Einheit von Altem und Neuem Testament als Wort Gottes bezeugt.[16] Daher ist die Berufung auf eine ursprünglichere Schicht gegen spätere Nachtragungen – oder auch umgekehrt auf eine spätere »Aufklärung« früher, noch mythologischer Gedanken – ebenso wenig möglich, wie eine gegenseitige Ausspielung von Neuem und Altem Testament.[17] Doch die einheitliche Betrachtung der Schrift und die Rede vom sogenannten »Endtext« neigen zu übersehen, dass wir es hier nicht mit einem gesicherten Text zu tun haben. Die Kirche hat zwar in Trient den Kanon definiert,[18] doch gibt es keine vom Lehramt vorgelegte »authentische« Ausgabe der Bibel.

---

[15] In Bezug auf Ex 33–34 kommt das exegetische Problem hinzu, dass gerade für diese Stelle das Problem der Quellenscheidung nicht lösbar zu sein scheint: »Wenn irgendwo, ist die Quellenanalyse in diesem Bereich gescheitert.« (Frank Crüsemann: Die Tora. Theologie und Sozialgeschichte des alttestamentlichen Gesetzes, München 1992, 41. Vgl. auch: Erich Zenger: Wie und wozu die Tora zum Sinai kam. Literarische und theologische Beobachtungen zu Exodus 19–34. In: Marc Vervenne: Studies in the book of Exodus. Redaction – Reception – Interpretation, Leuven 1996, 265–288 (= Zenger: Wie und wozu die Tora zum Sinai kam.), 271.)

[16] Thomas Söding weist darauf hin, dass schon die Väter Probleme hatten, »die Vielstimmigkeit und teilweise Widersprüchlichkeit der biblischen Schriften nicht nur als ein Problem zu sehen, dass es – auf welchen Wegen auch immer – zu lösen gilt, sondern als eine notwendige Bedingung der Wahrheit und der Normativität der ›Schrift‹.« (Thomas Söding: Einheit der Heiligen Schrift? Zur Theologie des biblischen Kanons. QD 211, Freiburg – Basel – Wien 2005, 22.)

[17] Vgl. zur Frage der Hermeneutik gerade des Alten Testaments z.B.: Christoph Dohmen, Günter Stemberger: Hermeneutik der Jüdischen Bibel und des Alten Testaments, Stuttgart – Berlin – Köln 1996 (= Dohmen, Stemberger: Hermeneutik der Jüdischen Bibel und des Alten Testaments). Die Jüdische Bibel wird erst durch eine zweite Lesart zum Alten Testament. Diese zweite Lesart ist durch die offenbare Anwesenheit des Alten Testaments im Neuen bestimmt und lässt sich daher analog als verborgene Anwesenheit des Neuen im Alten kennzeichnen. (Vgl. S. 190f.) Dies ist nach Dohmen/Stemberger auch der Sinn des augustinischen Satzes: »Das Neue Testament ist im Alten verborgen und das Alte im Neuen offenbar:« Es gehe Augustinus hier nicht um eine Hierarchisierung, sondern um die Einheit der christlichen Bibel in ihren beiden Teilen. – Walter Groß übt m.E. zu Recht Kritik an der von Dohmen vorgeschlagenen Priorität der zwei Lesearten: »Dass Christen stets *zuerst* die Bibel Israels für sich und erst in einem jeweils zweiten Durchgang das Alte Testament vom Neuen her lesen sollten, erscheint mir nicht plausibel. Es widerspricht auch unserem heidenchristlichen Entdeckungszusammenhang. [...] denn wir sind nicht Israel.« (Groß: Der doppelte Ausgang, 24.) Vgl. dazu auch: Päpstliche Bibelkommission: Das jüdische Volk und seine Heilige Schrift in der christlichen Bibel. Verlautbarungen des Apostolischen Stuhls 152, herausgegeben vom Sekretariat der Deutschen Bischofskonferenz, Bonn 2001 (= Das jüdische Volk und seine Heilige Schrift); Päpstliche Bibelkommission: Die Interpretation der Bibel in der Kirche. Verlautbarungen des Apostolischen Stuhls 115, herausgegeben vom Sekretariat der Deutschen Bischofskonferenz, 2., korrigierte Auflage, Bonn 1996.

[18] DH 1502f.; vgl. COD III, 663, 29–664, 12.

»Statt der missverständlichen Erklärung des Trienter Konzils, dass die Vulgata als ›authentisch gelten soll‹ (pro authentica habeatur), bekräftigt DV 22, die Kirche halte neben der Septuaginta, die sie als ihre eigene Schrift angenommen habe, auch die orientalischen und lateinischen Übersetzungen (alias versiones orientales et versiones latinas) in ihren Ehren, vor allem die Vulgata. Die Vulgata, die Bibelübersetzung der alten Kirche des Westens, ist selbst schon ein Stück kirchlicher Schriftauslegung, gehört also zur Überlieferungsgeschichte der Schrift. [...] Wenn das Konzil auf den besonderen Wert der Septuaginta und der Vulgata hinweist, wird nicht die Bedeutung des Urtextes geschmälert.«[19]

Die Schrift ist an ihren Rändern offen, was nicht heißt, dass sich in der Schrift keine Schwerpunkte ausmachen ließen. Es heißt jedoch, dass jeder Satz – jedes Jota, wenn man so will – seinen »authentischen« Wert behält, mit dem notfalls der Rest gegen den Strich gebürstet werden kann und muss.[20] Dass der auszulegende biblische Text »immer schon als ein (auch) durch Auslegung gewordener Text zu sehen ist,«[21] ist hierfür wohl die Bedingung. Vielleicht ließe sich formulieren, dass die Maßgabe für Gottes Wort gerade die Tatsache ist, dass es ein auslegendes und auszulegendes Wort ist, worauf auch Franz Rosenzweig hinweist: »Offenbarung hat unmittelbar nur sich selbst zum Inhalt. Mit ›Er stieg herab‹ (vgl. Ex 19,20) ist sie eigentlich schon fertig, schon mit ›Er redete‹ (vgl. Ex 20,1) fängt die Interpretation an.«[22]

Der erste Bibelvers, auf den die Enzyklika *Fides et ratio* verweist, ist Ex 33,18: »Und dann sagte er: ›Lass mich doch deine Herrlichkeit sehen.‹«[23] Der Vers gilt der Enzyklika als ein Beleg für das Streben des Menschen, »die Wahrheit zu erkennen und letztlich ihn selbst zu erkennen«, das Gott »dem Menschen ins Herz gesenkt«[24] habe. Ein weiteres Mal nimmt die Enzyklika Bezug auf diese Exodus-Geschichte, wenn sie die Konstitution *Dei Verbum* zitiert, die davon spricht, dass Gott die Menschen in der Offenbarung »wie Freunde« anredet: »Und JHWH wird zu Mose von Angesicht zu Angesicht sprechen, so wie einer mit seinem Nächsten spricht[.]« (Ex 33,11)[25] Dieser Satz beschreibt das Verhältnis JHWHs zu Mose, der außerhalb des Lagers der

---

[19] Hoping: Theologischer Kommentar zur Dogmatischen Konstitution über die göttliche Offenbarung *Dei Verbum*, 795f.
[20] Mt 5,18 muss man als Systematiker vielleicht als spezielle Kritik am eigenen Vorgehen verstehen.
[21] Dohmen, Stemberger: Hermeneutik der Jüdischen Bibel und des Alten Testaments, 25.
[22] Franz Rosenzweig: Briefe und Tagebücher. 2. Band 1918–1929, Haag 1979, 1040.
[23] Bei der Übersetzung der Bibelverse ins Deutsche folge ich Christoph Dohmen: Exodus 19–40. Herders Theologischer Kommentar zum Alten Testament, Freiburg – Basel – Wien 2004, 318–320. Andere Übersetzungen mache ich eigens kenntlich. – Der erste Vers aus dem Neuen Testament, auf den *Fides et ratio* verweist, ist Joh 14,8. Vgl. dazu das letzte Kapitel dieses Teils, Seite 327.
[24] FIDES ET RATIO, Einleitung.
[25] Vgl.: FIDES ET RATIO, 10. DV 2. Auf diesen Vers könnten sich auch Pröpper und Striet mit ihrer Deutung der »Offenbarung« als Selbstmitteilung von Freiheiten füreinander berufen. Vgl.: z.B.: Pröpper: Freiheit als philosophisches Prinzip theologischer Hermeneutik, 8.

Israeliten das »Zelt der Begegnung« aufgeschlagen hatte, um einen Begegnungsort zu schaffen. Nach der Sünde des Goldenen Kalbs kann jener nicht mehr in der Mitte Israels weilen, ohne durch seine Anwesenheit das Volk zu vernichten.[26] Wenn nun Mose in das Zelt der Begegnung geht, dann wird JHWH mit ihm »von Angesicht zu Angesicht sprechen, so wie einer mit seinem Nächsten spricht[.]«

Plaut weist auf die Parallelen in Num 12,6 und Dtn 34,10 hin.[27] Mose wird dort als derjenige ausgezeichnet, mit dem Gott nicht nur in Träumen und Visionen geredet hat, sondern von Angesicht zu Angesicht. Das macht ihn einzig unter den Propheten in Israel. Benno Jacob kommentiert hierzu:

> »Dass die menschlich-freundschaftliche Art der Unterhaltung Gottes mit Mose gerade bei dieser Gelegenheit beschrieben wird, hat einen zweifachen Grund. Einerseits will die Tora sagen, wie wenig der allmächtige Gott sich bei diesem Besuche als der Herr zeigen wollte, andererseits sollte Mose daraus den Mut zu seinen freimütigen und andringenden Bitten schöpfen. Er ist ja bei sich zu Hause! So soll die *richtige Atmosphäre* für die folgende Unterredung und ihren segensvollen Ausgang geschaffen werden.«[28]

Der Hinweis auf die Tatsache, dass sich Gott zu Mose in dessen Zelt begibt, erscheint mir wichtig, gerade weil die Rede vom Angesicht Gottes als Hintergrund auf höfische Audienzvorstellungen verweisen könnte.[29] Das Begeg-

---

[26] Vgl.: Ex 33,3.
[27] Vgl.: Die Tora. In Jüdischer Auslegung. Band II Schemot. Exodus. Herausgegeben von Wolfgang Gunther Plaut, Gütersloh 2000 (= Die Tora. In Jüdischer Auslegung), 343.
[28] Benno Jacob: Das Buch Exodus, Stuttgart 1997 (= Jacob: Das Buch Exodus), 952.
[29] Vgl. Friedhelm Hartenstein: Das »Angesicht Gottes« in Exodus 32–34. In: Matthias Köckert, Erhard Blum (Hg.): Gottes Volk am Sinai. Untersuchungen zu Ex 32–34 und Dtn 9–10, Gütersloh 2001, 157–183 (= Hartenstein: Das »Angesicht Gottes« in Exodus 32–34), 160–162. Hartenstein weist auch Reindls Überlegungen zurück, es handele sich hier um bloße »Redeweisen« in Analogie zum menschlichen Bereich, um Anthropomorphismen. (Vgl.: Joseph Reindl: Das Angesicht Gottes im Sprachgebrauch des Alten Testaments (EThSt 25), Leipzig 1970, 200–203.) Das sei nicht völlig falsch, jedoch müsse man hier wohl eher von einem »Soziomorphismus« sprechen: »Denn die *p^enē JHWH* verweisen an fast allen Belegstellen auf einen *königlichen* Gott und die mit ihm verbundenen *Handlungsrollen* (thronender Herrscher und Richter, kämpfender Retter und Krieger).« (161) Inwieweit Hartensteins Einschätzung zutrifft, kann ich nicht beurteilen. Matthias Franz bezieht in gewisser Weise eine Gegenposition: »Die Jerusalemer Kultvorstellung betont den thronenden König Jhwh (vgl. Jes 6 u.a.). Der Gott, der dem Mose erscheint, ist ein dynamischer und umherziehender Gott. Die Propheten des Nordreichs haben in ihren Gottesbegegnungen mit einem ähnlichen Gott Erfahrungen gemacht. Dies gilt in besonderer Weise für Samuel (1 Sam 3), Elia (1 Kön 19) und Amos (7–9).« (Matthias Franz: Der barmherzige und gnädige Gott. Die Gnadenrede vom Sinai (Exodus 34,6–7) und ihre Parallelen im Alten Testament und seiner Umwelt, Stuttgart 2003 (= Franz: Der barmherzige und gnädige Gott), 176.) Freilich muss man, auch wenn mich dieser Einwand überzeugt, im Auge behalten, dass sich die Geschichte von Ex 32–34 im Rahmen der Vorschriften für den Tempelbau ereignet. Diese Atmosphäre wirkt auch hier in der Rede vom Angesicht Gottes nach. Insofern sind die kultischen Vorstellungen nicht abzuweisen, aber mir scheint Franz Recht zu haben, »dass auch eine prophetische Überzeugung in dieser Erzählung sehr wichtig ist – und wohl wichtiger als die kultische.« (Ebd., 167)

nungszelt ist nicht der Tempel, nicht der ureigenste Ort Gottes, sondern Moses Zelt. Gott ist der Besucher.[30] Es handelt sich nicht um eine Audienz bei Hofe, sondern um einen »Hausbesuch«.[31] Die Initiative geht von Gott aus. Er ermöglicht Mose das nun folgende Gespräch,[32] in dem jener Satz fällt, den die Enzyklika als das Streben des Menschen nach Wahrheit identifiziert. Der Mensch kommt also nicht von sich aus auf den Gedanken, er wolle die Herrlichkeit Gottes sehen, sondern Gott ist der Urheber, so dass auch noch das, was die Enzyklika als metaphysisches Streben deutet, von Gott »dem Menschen ins Herz gesenkt«[33] ist.

Das Buch Exodus scheint an dieser Stelle aber anderes in den Blickpunkt zu rücken als den theoretischen Erkenntnisprozess oder das Wahrheitsstreben eines einzelnen Menschen: Die Bewährung der Wahrheit Gottes in der kritischen Situation der Untreue des Volkes steht auf dem Spiel. Gott hatte in Ex 33,3 angekündigt, seinen Boten vor Israel herzusenden, »weil ich nicht in deiner Mitte hinaufziehen kann, [...] damit ich dich auf dem Weg nicht vernichten muss.« Mose setzt drei Mal an, um Gott zu überzeugen, diese Ankündigung zu revidieren. Der Gottesbund soll erneuert werden, daher äußert Mose jede seiner Bitten stellvertretend für das Volk, während Gott seine Zusagen stets in der Du-Form macht und dabei alleine Mose als Adressaten im Blick zu haben scheint.[34] Mose bittet Gott darum, ihn seine Wege[35] er-

---

[30] Die Szene spielt am Sinai, nicht am Zion, dem Thron der Könige und dem Thron Gottes. Gerade die Bindung der Tora an den utopischen Ort des Sinai in der Wüste und nicht an den Zion ist nach Zenger ein Hinweis, dass sie auch noch über dem Königtum steht. Die Könige Israels sind keine Gesetzgeber, sondern der Tora unterworfen. Das ist nur möglich, weil die Gabe der Tora nicht am Hof des Königs, d.h. am Zion, geschah. Vgl.: Zenger: Wie und wozu die Tora zum Sinai kam, 288.

[31] Hartenstein ist genau aus diesem Grund genötigt, das in Ex 33,12–34,4 stattfindende Gespräch zwischen Gott und Mose wieder auf den Berg zu verlegen. Die Zelt-Szene wird zur späteren Einfügung. Vgl.: Hartenstein: Das »Angesicht Gottes« in Exodus 32–34, 172, Anm. 75. Dagegen ist für Dohmen »dieses Stück in V 7–11 nicht ›überflüssig‹, vielmehr bildet es eine wichtige Verklammerung zum zweiten Hauptstück der Sinaitheophanie (Ex 25–31) und beleuchtet von hierher das zentrale Thema der gesamten Fürbitte des Mose.« (Dohmen: Exodus, 19–40, 322.)

[32] Ruth Scoralick weist im Anschluss an Benno Jacob darauf hin, dass schon in der Eingangsszene von Ex 32,10 (»lass mich, dass mein Zorn über sie entbrenne«) eine Provokation der Fürbitte durch Gott besteht. (Vgl.: Ruth Scoralick: »JHWH, JHWH, ein gnädiger und barmherziger Gott ...« (Ex 34,6). Die Gottesprädikationen aus Ex 34,6f. in ihrem Kontext in Kapitel 32–34. In: Matthias Köckert, Erhard Blum (Hg.): Gottes Volk am Sinai. Untersuchungen zu Ex 32–34 und Dtn 9–10, Gütersloh 2001, 141–156 (= Scoralick: »JHWH, JHWH, ein gnädiger und barmherziger Gott ...«), 152.) Benno Jacob deutet: ›Lass mich‹ als »Lass mich *nicht* los! Bitte! [...] Hier öffnet er selbst dem Mose die Pforte des Gebetes.« (Jacob: Das Buch Exodus, 931.)

[33] FIDES ET RATIO, Einleitung.

[34] Vgl.: Jacob: Das Buch Exodus, 954. – Das profiliert Moses Stellung als Mittler der Offenbarung. Vgl.: Christoph Dohmen: »Nicht sieht mich der Mensch und lebt« (Ex 33,20). Aspekte der Gottesschau im Alten Testament. In: Jahrbuch für biblische Theologie 13 (1998), 31 – 51 (= Dohmen: »Nicht sieht mich der Mensch und lebt«), 26f.

[35] Dohmen übersetzt im Singular »Weg« und weist darauf hin, dass der Konsonantentext hier den Singular »Weg« biete, jedoch die Masoreten den Plural vorschlagen, worin er

kennen zu lassen (33,13); er will wissen, woran man erkennen soll, dass Gott mit Israel gehe, so dass es ausgezeichnet ist unter den Völkern (33,16), und er begehrt, Gottes Herrlichkeit zu sehen (33,18). Das von der Enzyklika in den Kontext der Wahrheitsfrage, wie sie sich in der Theologie als Wissenschaft stellt, gerückte Geschehen erscheint hier in einer geschichtlich-existenziellen Dimension: Mose erinnert Gott an seine Gnadenzusagen und an Israels Abhängigkeit von der Begleitung durch Gott. »Mose fragt nach dem Sichtbarwerden der Gnadenzusage für ihn und Gottes Volk und gibt selbst sogleich die Antwort, dass dies nur im Mitgehen Gottes mit seinem Volk und der darin gewährten Auszeichnung und Sonderstellung möglich ist.«[36]

Doch geht es in der Dramatik der Geschichte nicht nur um die Existenzfrage Israels. Seitdem Gott sich an dieses Volk gebunden hat, ist in der Existenz Israels immer auch sein eigener Name betroffen. Daher sieht Benno Jacob den entscheidenden Wendepunkt der Geschichte in der Frage des Unterschieds zwischen Israel und den Völkern: »Damit ist er [Gott] in seinem Wesen aufgerufen, bei seiner Macht und Glorie, die sich geschichtlich vor der ganzen Menschheit manifestieren müssen, und zwar an seinem Volke als dem gegebenen Objekte.«[37] Es geht nicht nur um Barmherzigkeit gegenüber dem Volk, es geht um die Treue Gottes zu sich selbst. In der Frage seiner Herrlichkeit ist die Frage der אמת יהוה angesprochen, auf die später im Rahmen der Überlegungen zur Gnadenrede noch zurückzukommen sein wird. Darauf zielt Ex 33,18. Es »kann damit *nicht eine metaphysische Erkenntnis* des Wesens Gottes gemeint sein, auch nicht eine *mystische Schau und Versenkung.*«[38]

Dennoch ist gerade diese Stelle offen für solche Fragestellungen, wie nicht nur der Verweis der Enzyklika, sondern zum Beispiel auch Maimonides' *Führer der Unschlüssigen*[39] zeigen. Wenn man ernst nimmt, dass es sich um einen auslegenden und auszulegenden Text handelt, und wenn weiterhin nach rabbinischer Überzeugung die Tora ein vollkommener Text in einer vollkommenen Sprache ist,[40] dann muss diese Bedeutung von Gott schon bei der Abfassung der Tora vorgesehen gewesen sein. Solche Vervielfältigung des Sinns ist kein Mangel, sondern vielmehr ist die Auslegungsfähigkeit ein Zeichen der Qualität der Tora, je neu das Verhältnis Gottes zu den Menschen bestimmen zu können. Die Frage nach dem »ursprünglichen Sinn« verfehlt

---

eine Anleihe aus Ps 103,7 erkennt, wo zu den Wegen die heilsgeschichtlichen Taten Gottes parallel gesetzt werden. Ein anderes Verständnis von Weg hat RHB, 405: »nicht ›deine Pläne‹, sondern ›deine Art und Weise‹. Mose will den Charakter JHWHs kennen lernen, um sich danach im Verkehr mit ihm richten zu können.« Vgl.: Dohmen: Exodus, 19–40, 320.

[36] Dohmen: Exodus 19–40, 346.
[37] Jacob: Das Buch Exodus, 958.
[38] Jacob: Das Buch Exodus, 958.
[39] Mose Ben Maimon: Führer der Unschlüssigen. Band I. Erstes Buch, Hamburg 1972 (= Maimonides: Führer der Unschlüssigen), Kap. 54, 177–185.
[40] Vgl.: Günther Stemberger: Vollkommener Text in vollkommener Sprache. In: Jahrbuch für Biblische Theologie 12 (1997), 53–65.

den Text; der von Mose niedergeschriebene Sinn ist bereits ein ausgelegter.[41] Wenn man Rosenzweig folgen will, so ist schon Gottes eigene Rede die erste Auslegung.[42]

Gilt die Schrift als *locus proprius*, so muss sich eine Auslegung immer wieder auf sie beziehen lassen und sich von ihr auch beleuchten lassen. Im konkreten Fall heißt das, dass die Enzyklika, von der wir ausgegangen waren, mit ihrem Bezug auf Exodus 33,18 sich in den Kontext dieser Geschichte stellt. Die Wahrheitssuche des Menschen lässt sich von der Situation am Sinai nicht mehr trennen und wird von dort her mitbestimmt. Dadurch dass sich Gott – der Garant für das, was man Wahrheit nennt – nach biblischem Zeugnis geschichtlich gezeigt und gebunden hat, wird jede Wahrheitsfrage in diesem Kontext zur Frage der Treue Gottes zu sich selbst, ohne dass Treue vorschnell als logische Übereinstimmung gelesen werden darf.

Nach Maimonides äußert Mose zwei Bitten: Zunächst will er Gott durch dessen Eigenschaften erkennen, darauf deute die Bitte hin, er möge ihn seine Wege[43] wissen lassen. Ineins damit bittet er um Vergebung für das Volk. Sie wird ihm gewährt. »Als er aber nachher um die Erkenntnis des Wesens Gottes bat mit den Worten: ›Lass mich doch deine Herrlichkeit schauen!‹ (Exod. 33,18), wurde ihm sein erster Wunsch erfüllt, der in den Worten enthalten

---

[41] Das Zweite Vaticanum beschreibt den Vorgang der Inspiration der biblischen Schriftsteller durch den Heiligen Geist mit dem Wort *suggerente*. Damit wollte es nach Stakemeier die Wortwahl *dictante* umgehen. Vgl.: Stakemeier: Die Konzilskonstitution über die göttliche Offenbarung, 199.

[42] Im Mittelalter gelangte daher die jüdische Bibelauslegung zu der Überzeugung, dass jeder Vers siebzig Bedeutungen habe. Freilich ist damit nicht der Willkür Tür und Tor geöffnet, sondern die Auslegung bleibt rückgebunden an die Tradition und die Einbindung des Auslegers in die Synagoge, weshalb auch der Bezug zur Leseordnung wesentlich ist. Eine authentische Auslegung der Tora kann es nur innerhalb der konkret verfassten jüdischen Gemeinschaft geben. (Vgl.: Günther Stemberger: Vollkommener Text in vollkommener Sprache. In: Jahrbuch für Biblische Theologie 12 (1997), 53–65, 59–64.) Formal trifft sich dies mit der auch vom Ersten Vaticanum betonten Überzeugung, dass sich eine wahre Auslegung der Heiligen Schriften nur innerhalb der Kirche finden lassen wird. In Bezug auf den christlich-jüdischen Dialog scheint mir Stembergers anschließende Bemerkung bedenkenswert: »Von jüdischer Seite hört man gelegentlich, dass man vielleicht einmal christliches Bibelverständnis als eines der siebzig Gesichter der Tora wird sehen können; doch auch die christliche Seite ist gefordert, jüdische Auslegungstraditionen (auch religiös) ernst zu nehmen.« (Ebd., 64) – Das kann nicht bedeuten, dass Christen die Schrift lesen wie Juden. Hier ist mit Walter Groß daran zu erinnern, dass die Kirche nicht Israel ist. Ein solcher hermeneutischer Zugang ist dem (Heiden-)Christentum verstellt, aber »Christen können und müssen zugeben, dass die jüdische Lesung der Bibel eine mögliche Leseweise darstellt, die sich organisch aus der jüdischen Heiligen Schrift der Zeit des zweiten Tempels ergibt, in Analogie zur christlichen Leseweise, die sich parallel entwickelte. Jede dieser beiden Leseweisen bleibt der jeweiligen Glaubenssicht treu, deren Frucht und Ausdruck sie ist. So ist die eine nicht auf die andere rückführbar. Auf dem konkreten Feld der Exegese können die Christen gleichwohl viel von der jüdischen Exegese lernen[.]« (Das jüdische Volk und seine Heilige Schrift in der christlichen Bibel, II.A.7.) Vgl. auch: Die Interpretation der Bibel in der Kirche, I.C.2.

[43] Maimonides liest hier wie die Masoreten Plural.

war: ›Tue mir deine Wege kund!‹ Es wurde ihm nämlich geantwortet: ›Ich werde all mein Gutes an dir vorübergehen lassen‹ (ib. 19); jedoch auf seine zweite Bitte wurde ihm die Antwort: ›Du kannst mein Angesicht nicht sehen‹ (ib. 20).«[44] Nach Maimonides sind die geschaffenen Dinge das Gute, das Gott Mose zeigt. Er beruft sich auf Gen 1,31, wo die Schöpfung als sehr gut qualifiziert wird. So verknüpft Maimonides die sogenannte natürliche Gotteserkenntnis, auf die das Erste Vaticanum hinweist und die auch für eine philosophische Letztbegründung unabdingbar bleibt, mit dem redenden Gott. Gerade der redende Gott verweist auf diesen Weg der Erkenntnis. Ein anderer scheint unzugänglich.

Die Unerkennbarkeit des göttlichen Wesens ist auch für Jacob unbestreitbar. Jedoch unterstellt er Mose nicht, dieser habe nach dem Wesen Gottes gefragt. »Mose hat in dieser Stunde andere Sorgen.«[45] Wenn hier von der Herrlichkeit Gottes die Rede sei, so gehe es nicht um sein Wesen. »Die כבד Gottes ist die glanzvolle, Anerkennung heischende Manifestation seiner Macht, Würde und Majestät, wie sie sich in der Natur, und seines heiligen Waltens, seines Gesetzes und Gerichtes, wie sie sich in Geschichte und Gewissen kundtun. Diese Herrlichkeit *kann und soll* der Mensch sehen.«[46] Mose verlangt keine Offenbarung von neuer Qualität, vielmehr zielt er »auf etwas den Offenbarungen in Ägypten und am Sinai Analoges[.]«[47] Mose ist sich bewusst, dass die Offenbarung Gottes nicht einmalig geschieht und dann in irgendeiner Art und Weise gehabt werden kann. Die Zuwendung Gottes ist unverfügbar und geschieht allein aus dessen Souveränität heraus. Das Sehenlassen der כָּבוֹד besteht nicht in einer Selbstmitteilung der Art, dass Gott sich selbst, sein Angesicht sehen ließe. Gottes Antwort sieht anders aus:

> »33[19]Darauf sagte er: ›Ich werde meine ganze Güte an deinem Angesicht vorüberziehen lassen und werde mich dir im Namen JHWH offenbaren, aber Gnade erweise ich, wem ich Gnade erweisen will, und barmherzig erweise ich mich, wem ich mich barmherzig erweisen will.‹ [20]Und er sagte: ›Du kannst mein Angesicht nicht sehen, denn nicht sieht mich der Mensch und lebt.‹«

Die Formel »Gnade erweise ich, wem ich Gnade erweisen will, und barmherzig erweise ich mich, wem ich mich barmherzig erweisen will« steht in Bezug zu Ex 3,14 und betont erneut die Souveränität Gottes. Jeder Rechtsanspruch des Menschen wird abgewiesen. Der Charakter der Gnade liegt gerade in ihrer Unverfügbarkeit,[48] in ihrem Vorübergang. Während der Be-

---

[44] Maimonides: Führer der Unschlüssigen, Kap. 54, 179.
[45] Jacob: Das Buch Exodus, 958.
[46] Jacob: Das Buch Exodus, 958.
[47] Jacob: Das Buch Exodus, 959.
[48] Vgl. zu Ex 3,14: Hubert Irsigler: Von der Namensfrage zum Gottesverständnis. Exodus 3,13–15 im Kontext der Glaubensgeschichte Israels. In: Biblische Notizen 96 (1999), 56–96. Für Irsigler ist Ex 3,14 »Theologie in extremster Kurzform, wie sie einem gelernten Theologen bis heute kaum je gelingt. Der Nachteil dieser Kürze: es bleibt der Eindruck des Enigmatischen, Oszillierenden, des schillernd Offenen[.]« (73) – Ist dies ein *Nachteil*? Oder ist dies – gedeutet im Vorüberzug als einem Nicht-habhaft-werden-

griff der Selbstmitteilung, wie auch der (Selbst-)Offenbarung, zu einer Engführung des Geschehens im kommunikationstheoretischen Bereich einlädt, ist für die Bibel die angekündigte »Offenbarung« ein *Vorüberziehenlassen* (עבר) des ganzen Guten Gottes (כָּל־טוּבִי). Das verleiht ihr einen zeitlichen Charakter. Es geht nicht um eine die Zeit stilllegende Schau Gottes in einem Jenseits von Zeit und Raum, auch nicht um ein Gespräch unter Freunden, sondern Gott zieht in dieser Welt und dieser Zeit an Mose vorüber. »Die unbestimmte Offenheit ist letztlich Folge der Semantik des Begriffs ›Vorüberzug‹ (עבר), der als *terminus technicus* der Gottesbegegnung eine Dynamik enthält, die sich jeder statischen Fixierung widersetzt.«[49] Der Herr redet mit Mose wie mit einem Nächsten, worauf die Enzyklika zu Recht verweist, aber darin bereitet er seinen Vorüberzug nur vor:

> »33[22]Und es wird geschehen beim Vorüberzug meiner Herrlichkeit: ich werde dich in die Felskluft stellen, und ich werde meine Hand über dich decken bis zu meinem Vorüberzug. [23]Dann werde ich meine Hand forttun, und du wirst ›mein Nachher‹ sehen, aber mein Angesicht kann man nicht sehen.«[50]

Mose sieht Gott hinterher.[51] Gottes Wesen wird nicht unmittelbar in einer theologischen Formel oder im Anblick seines Gesichts sichtbar. Insofern kann man hier nicht von einer *Wesens*offenbarung sprechen. Jacob nennt das פָּנִים »das Fenster der Seele.«[52] In ihm spreche sich das Maßgebende, Charakteristische und Persönliche aus. Das liegt nahe bei Levinas'schen Überlegungen,[53] nach denen das Gesicht zunächst nicht ein zu sehendes Phänomen ist, sondern spricht. »Was man in der Appräsentation für das Geheimnis des anderen Menschen hält, ist gerade die Rückseite eines Bedeutens, das anders ist als Wissen[.]«[54] Das Gesicht ist für Levinas kein Phänomen, da es nicht

---

können – nicht gerade die Pointe, wie Irsigler selbst schreibt: »In jedem Fall ist Ex 3,14b-c die theologisch prinzipielle Aussage vom freien, unverfügbaren Selbsterweis Gottes. Dieser Selbsterweis aber ist ein zukunftsoffenes, auf die Zukunft hin angelegtes wirksames Sein. Es kann nicht mit einem bestimmten geschichtlichen Selbsterweis als ein für allemal abgeschlossen gelten!« (78)

[49] Dohmen: Exodus 19–40, 351.
[50] Die Einheitsübersetzung gibt das Hebräische אֲחֹרָי mit »Rücken« wieder, was jedoch nach Dohmen nicht ausreichend den Zeitcharakter wahrt: »So entsteht durch den Begriff des Vorüberzugs ein hochsensibles Sprachspiel, das vom Begriff des ›Angesichts‹ (פָּנִים) als Ausdruck des Wesens Gottes zur semantischen Opposition hinüberleitet, die dann aber nicht den ›Rücken‹ (so zahlreiche Übersetzungen) bezeichnet, sondern das *Spätere*, im Sinne dessen, was ›im Nachhinein‹ zu erkennen ist. (Dohmen: Exodus 19–40, 352.) Auch Benno Jacob verweist darauf, dass hier nicht Rücken gemeint ist, sondern Rück- oder Hinterseite. Vgl.: Jacob: Das Buch Exodus, 962.
[51] Er sieht nicht sein Gesicht, was diese Szene von der Idee des Anblicks von Götterbildern im Tempel abhebt. Vgl.: Dohmen: »Nicht sieht mich der Mensch und lebt«, 45.
[52] Jacob: Das Buch Exodus, 962.
[53] Die Gefahr, die Diskurse zu vermischen oder die biblischen Texte nun doch nach philosophischen Kriterien für die eigenen Zwecke nutzbar zu machen, ist selten größer als bei solchen Vergleichen und Analogien. Dennoch muss verglichen werden, es muss übersetzt werden, die biblische Sprache ist keine, die an sich unübersetzbar wäre, auch wenn jedes Übersetzen schon ein Verraten ist.
[54] Emmanuel Lévinas: Bemerkungen über den Sinn. In: Ders.: Wenn Gott ins Denken

zum intentionalen Korrelat meiner Erkenntnis wird, sondern zu mir spricht. In diesem Sprechen zerbricht es meine in der Gegenwart versammelte und ruhig gestellte Zeit und ruft aus einer Vergangenheit, die ich nicht vergegenwärtigen kann. Die Bedingung der Möglichkeit dieses Sagens bekomme ich nicht in den erkenntnistheoretischen Griff. Daher appräsentiert sich der andere nur analogisch. Diese Analogie steht jedoch stets in der Gefahr, missverstanden zu werden. Sie ist nahe am Rätsel, das nach Aristoteles eine Verkettung von analogen Aussageweisen ist, worauf Derrida hinweist.[55] Die Göttlichkeit Gottes zeigt sich gerade in seiner Verwechselbarkeit, darin, dass er in seinen Erscheinungen nicht aufgeht: »Und wenn es ein Gewitter gewesen wäre! Und wenn die Bücher von Träumern herrührten! [...] [D]iese Weise, sich zu zeigen ohne sich zu zeigen, nennen wir [...] Rätsel.«[56]

Was man begrifflich fassen kann, ist die Rückseite, das Nachher. Wenn die Theologie sich einen Begriff von Gott macht, dann geschieht dies im Nachhinein, nachdem sie seine Rückseite gesehen hat und auf diese Art und Weise gerade nicht als (transzendentale) Bedingung der Möglichkeit a priori. Eine solche Vorstellung ist dem biblischen Text fremd. »Demgemäß bedeutet: Du wirst אחרי sehen: Wenn meine Erscheinung vorüber ist, dann wirst du ihr wenigstens nachblicken und nachdenken und daraus auf mein panim, mein Wesen, mittelbar schließen dürfen.«[57]

Levinas bietet aus seinen Überlegungen zur Begegnung mit dem anderen Menschen in seinem Gesicht für den Kontext von Exodus 33 den Begriff der Spur an.[58] »Die höchste Anwesenheit des Gesichts ist untrennbar von jener höchsten und unumkehrbaren Abwesenheit, die die eigentliche Erhabenheit der Heimsuchung begründet.«[59] Da es von sich aus spricht, stört es »die Immanenz, ohne sich in den Horizonten der Welt festzusetzen.«[60] Insofern ist der vermeintliche »Anthropomorphismus« des Gesichts Gottes eine Redeweise, die in sich nicht unphilosophisch, sondern durchaus anschlussfähig an philosophische Überlegungen ist.[61] Sie verbindet die Begegnung mit dem ganz Anderen mit der Begegnung mit jedem Anderen, ohne sie darin aufzulösen.

»In der Spur ist die Beziehung zwischen dem Bedeuteten *(signifié)* und der Bedeutung *(signification)* nicht eine Korrelation, sondern die eigentliche *Unrichtig-*

---

einfällt. Diskurse über die Betroffenheit von Transzendenz, Freiburg – München ³1999, 195–228, 211.
[55] Vgl. Kapitel III.4, Seite 245.
[56] Lévinas: Énigme et phénomène, 290f.
[57] Jacob: Das Buch Exodus, 962.
[58] Vgl.: Emmanuel Levinas: Die Spur des Anderen. In: Ders.: Die Spur des Anderen. Untersuchungen zur Phänomenologie und Sozialphilosophie, Freiburg – München 1983, 209–235 (= Levinas: Die Spur des Anderen), 235.
[59] Levinas: Die Spur des Anderen, 230. Übersetzung leicht verändert: Gesicht statt Antlitz.
[60] Levinas: Die Spur des Anderen, 227. Vgl. dazu meine Überlegungen in Kapitel III.1, Seite 155.
[61] Zur »metaphorische[n] Transzendierung« der anthropomorphen Begriffe schon in der Textstelle selbst vgl.: Franz: Der barmherzige und gnädige Gott, 172–173.

keit. Die vermeintlich mittelbare und indirekte Beziehung zwischen Zeichen *(signe)* und Bezeichnetem *(signifié)* bestimmt sich noch als Richtigkeit; denn sie ist Enthüllung, die die Transzendenz neutralisiert. Das Bedeuten *(signifiance)* der Spur versetzt uns in eine seitliche Beziehung; sie kann nicht in Richtigkeit umgewandelt werden (was in der Ordnung der Entbergung und des Seins unvorstellbar ist) und antwortet auf eine unumkehrbare Vergangenheit.«[62]

Wenn man das, was man die Offenbarung Gottes nennt, als ein Reden unter Freunden verstehen will, so ist sie – analog zum Sprechen des Anderen – nicht das Sichtbarwerden in Form eines Zeichens oder eines Abbilds; der sich offenbarende Gott ist der vorübergehende Gott, genauer: der Gott, der vorübergegangen war und sein wird. Sein Passiert-haben deutet auf eine Vergangenheit hin, die nie gegenwärtig gewesen war.[63] Es ist keine Präsenz, im Sinne eines Jetzt-und-hier. Jedes Jetzt ist in sich geteilt und verweist auf eine nicht einholbare Verspätung.[64] Der Name Gottes ist die theologische Chiffre für diese Verspätung.

Wenn man daher »Offenbarung« mit unserer Textstelle als vorüberziehendes Sprechen des Angesichts Gottes verstehen will, dann gleicht sie in analoger Weise jenem ursprünglichen Zeugnisakt, der in Begriffen des Seins und der Ontologie nicht mehr aufgeht. Er kann nur in einem Nachhinein, im Gesagten wahrgenommen werden, so dass es – wenn man in irgendeiner Weise dem nahe kommen will, der gesprochen hat – darauf ankäme, das Gesagte so gegen sich selbst zu verschieben, bis es annähernd transparent wird auf dieses ursprüngliche Sagen hin.[65] Unser Text vollzieht eine solche Bewegung, was in den an Ex 3,14 erinnernden Formeln unübersehbar ist, jedoch auch schon im Gespräch zwischen Mose und Gott zuvor anklingt. Die Tatsache, dass kein Mensch Gott sehen kann, lässt sich nicht allein auf die Unvereinbarkeit von Heiligkeit und Sünde zurückführen, »sondern [verweist] auf die von Gott gewährte Offenbarungsweise [...], die einer von Menschen gesuchten unmittelbaren Gottesschau widerspricht.«[66] Was die Bibel mit Gottes Treue zu sich, seinem Namen und seinen Zusagen in der Vergangenheit umschreibt, woran Mose ihn erinnert, um für die Zukunft seines Volkes zu bitten, ist kein Verhältnis, das sich in die Relation Zeichen/Bezeichnetes auf-

---

[62] Levinas: Die Spur des Anderen, 228f. Ich habe in Klammern die französischen Begriffe angeben, die nicht zwischen Bedeuten und Bezeichnen unterscheiden, sondern alle auf den Stamm *signe* zurückzuführen sind. Es geht Levinas hier um eine Neubestimmung des klassischen Ur-Bild/Abbild- oder Zeichen/Bezeichnetes-Modells durch eine Beschreibung des »Prozesses« des Bezeichnens, wie er in der Spur geschieht. Dafür steht das französische Wort *signifiance*. – Nach Derrida deutet die Tatsache, dass die Relation Zeichen-Bezeichnetes nicht aufgeht, auf eine Abwesenheit des Zentrums hin. Vgl.: Derrida: Die Struktur, das Zeichen und das Spiel im Diskurs der Wissenschaften vom Menschen, 437.

[63] Vgl. dazu Kapitel III.2, Seite 184.

[64] Vgl.: Kapitel III.2, Seite 189.

[65] Auch wenn hier vor allem Levinas'sche Begrifflichkeit im Spiel ist, ließe sich eine ähnliche Argumentation von Derrida her aufbauen. Seine Überlegungen zum mystischen Grund der Autorität sind hierfür nur ein Beispiel.

[66] Dohmen: »Nicht sieht mich der Mensch und lebt«, 48.

lösen ließe.⁶⁷ Es ist für den biblischen Text noch einmal getragen von der Souveränität Gottes, die sich in der Herrlichkeit seines Namens darin offenbart, dass er Gnade erweist, wem immer er Gnade erweisen will.⁶⁸ Es bleibt rückgebunden an die je neu zu erweisende *Bekundung* der Treue.

> »⁵Und JHWH stieg hinab in einer Wolke, und dann stellte er sich mit ihm dorthin und dann offenbarte er sich ihm im Namen JHWH. ⁶Dann zog JHWH vorüber vor ihm, und er rief aus: ›JHWH (ist) JHWH. Ein barmherziger und gnädiger Gott, langsam zum Zorn und von großer Huld und Treue, ⁷der tausenden (Generationen) die Huld bewahrt, der Schuld, Frevel und Sünde wegnimmt – aber er spricht nicht einfach frei –, der die Schuld der Väter heimsucht bei den Söhnen und Enkeln, bei der dritten und vierten (Generation).‹« (Ex 34,5–7)⁶⁹

Im Vorüberziehen beginnt die Namensoffenbarung mit einem doppelten Ausruf des Gottesnamens.⁷⁰ Will man Ex 33,20 mit Maimonides und anderen als

---

⁶⁷ Diese Überlegungen dürften auch für eine Sakramententheologie und ihren Zeichen-Begriff von entscheidendem Belang sein. Das Zeichen des Sakraments muss mindestens in der dreifachen Dimension des Aquinaten als *signum demonstrativum, rememorationis und prognosticum* begriffen werden. Darüberhinaus muss jedoch seine Verankerung in der gefeierten Liturgie bedacht werden, die grundsätzlich einen eschatologischen Vermerk in sich trägt. Vgl. dazu: Josef Wohlmuth: Jesu Weg – unser Weg. Kleine mystagogische Christologie, Würzburg 1992, 77–85.

⁶⁸ An diese Formel schließen die paulinischen Überlegungen in Röm 9–11 an. Vgl. dazu das 3. Kapitel in diesem Teil, Seite 316.

⁶⁹ Was Dohmen und die Einheitsübersetzung mit »langmütig« wiedergeben, habe ich mit »langsam zum Zorn« übersetzt, so dass das Hebräische אף – Zorn hier im deutschen Text nicht unterdrückt wird. Vgl. dazu auch: Franz: Der barmherzige und gnädige Gott, 121–124. – Dohmen übersetzt פקד, was ich mit »heimsuchen« wiedergegeben habe, mit »prüfen«. Wird dadurch aber nicht eine durchaus ambivalente Formel vorschnell aufgelöst? Dohmen versteht darunter ein Prüfen, ob die Schuld der Väter auch bei den Kindern noch vorhanden ist. (Vgl.: Dohmen, Exodus 19–40, 355. Vgl. auch: Adrian Schenker: Versöhnung und Widerstand. Bibeltheologische Untersuchung zum Strafen Gottes und der Menschen, besonders im Lichte von Exodus 21–22, Stuttgart 1990, 87.) Mir erscheint jedoch die durch das Vorkommen der Belege von פקד im prophetischen Kontext gestützte Überlegung von Matthias Franz plausibler, nach der פקד hier strafend heimsuchen heißt. פקד meint vor allem im prophetischen Kontext einen zeitlich begrenzten Vorgang, was in Wendungen wie »Tag der Heimsuchung« deutlich wird. Prüfen wäre hingegen ein jahrzehntelanger Prozess. Insofern muss sich das Heimsuchen auch auf die bereits lebenden vier Generationen beziehen. Vgl. dazu: Franz: Der barmherzige und gnädige Gott, 141–143. Eventuell handelt es sich um die Rede von Mose (so z.B. Vulgata und Luther), da die Subjekte im Text mehrmals unausgesprochen wechseln. Dazu Jacob: »Wer stellt sich bei Wem auf? Wer ruft den Namen J-h-w-h? Nach 33,19 sollte kein Zweifel sein, dass das Subjekt des Satzes ויקרא בשם יי ER ist. Gott hat ja vorher selbst gesagt: *Ich* werde den Namen J-h-w-h rufen!« (Jacob: Das Buch Exodus, 966.) Vgl. auch: Ruth Scoralick: Gottes Güte und Gottes Zorn. Die Gottesprädikationen in Exodus 34,6f und die intertextuellen Beziehungen zum Zwölfprophetenbuch, Freiburg u.a. 2002 (= Scoralick: Gottes Güte und Gottes Zorn), 73–83.

⁷⁰ In der Literatur gibt es eine Diskussion, ob es sich hier um eine Dublette handelt oder ob eventuell durch das erste JHWH das Subjekt des Satzes benannt wird, so dass das zweite als Subjekt zum folgenden Satz hinzugezogen werden könnte. Mir scheinen Dohmens Überlegungen plausibel, nach denen hier auf Ex 3,14 und 33,19 angespielt wird. Somit ist die doppelte Nennung des Gottesnamens als Nominalsatz zu verstehen (Vgl.: Doh-

Beleg für den *deus absconditus* lesen, der in seinem Wesen unzugänglich bleibt, so liest sich diese Stelle als Selbst*auslegung* eben jenes *deus absconditus* als eines im Vorübergehen sprechenden Gottes. »Auf seiten christlicher Auslegung ist das Echo auf die Stelle eher verhalten.«[71] Für die jüdische Tradition hingegen spielt diese Stelle eine entscheidende Rolle für die Rede von den auch in der Liturgie bedeutsamen dreizehn Eigenschaften Gottes.[72] Dass es hier um eine Auslegung Gottes geht, macht die Zahl der dreizehn Eigenschaften hinreichend deutlich. Sie wahrt Gottes Transzendenz zu seinen Eigenschaften, die ihn in den Ausprägungen seiner Barmherzigkeit und seiner Gerechtigkeit beschreiben, wobei im rabbinischen Kontext der Gottesname JHWH mit dem Attribut der Barmherzigkeit verbunden wurde, Elohim dagegen mit der Gerechtigkeit.[73] Fast alle Ausleger sind sich einig, dass hier das Übermaß von Gottes Barmherzigkeit gegenüber seiner Gerechtigkeit betont wird. Im Text komme dies durch das offenkundige Missverhältnis der tausend zu den vier Generationen zum Ausdruck.[74] Franz kann zeigen, dass das Adjektiv »barmherzig« in der Hebräischen Bibel nur von Gott ausgesagt wird. Menschen können Akte der Barmherzigkeit üben, barmherzig ist nur einer.[75]

Dennoch findet hier keine theologische Festlegung auf einen Begriff statt. Wenn zum Beispiel in der Pröpper-Schule der Satz »Gott ist die Liebe« (1 Joh 4,16) zum Dreh- und Angelpunkt der Theologie wird, dann bleiben sie hinter der Bibel zurück.[76] »In seiner abgewogenen Verhältnisbestimmung von

---

men: Exodus 19–40, 354.), der aber dennoch eine gewisse Emphase enthält. (Vgl. auch: Scoralick: »JHWH, JHWH, ein gnädiger und barmherziger Gott...«, 152–154.)

[71] Scoralick: »JHWH, JHWH, ein gnädiger und barmherziger Gott...«, 142.

[72] Die genaue Zählung der dreizehn Middot ist umstritten, ebenso ob »JHWH JHWH« als zwei eigene Middot gelesen werden sollen und ob »El« ebenfalls ein eigenes Attribut ist.. Vgl. z.B.: Die Tora. In Jüdischer Auslegung, 347–349; Dohmen: Exodus 19–40, 358f. – Maimonides deutet die Eigenschaften als Wirkungen Gottes. Vgl.: Maimonides: Führer der Unschlüssigen, Kap. 54, 181.

[73] Vgl.: Gerhard Bodendorfer: Die Spannung von Gerechtigkeit und Barmherzigkeit in der rabbinischen Auslegung mit Schwerpunkt auf der Psalmeninterpretation. In: Ruth Scoralick (Hg.): Das Drama der Barmherzigkeit Gottes. Studien zur biblischen Gottesrede und ihrer Wirkungsgeschichte in Judentum und Christentum, Stuttgart 2000, 157–192 (= Bodendorfer: Die Spannung von Gerechtigkeit und Barmherzigkeit mit Schwerpunkt auf der Psalmeninterpretation).

[74] Dohmen deutet: »Dabei ist die *Barmherzigkeit* Gottes menschlich nicht zu erfassen, denn kein Mensch kann tausend Generationen überschauen – andererseits beschränkt sich die *Strafgerechtigkeit* Gottes auf ein menschliches Maß, nämlich die drei bis vier Generationen, die maximal unter einem Dach zusammenleben können.« (Dohmen: Exodus 19–40, 355.)

[75] Vgl.: Franz: Der barmherzige und gnädige Gott, 118.

[76] Die Enzyklika DEUS CARITAS EST von Papst Benedikt XVI. weist hingegen – wenn auch nur sehr zaghaft und zurückhaltend – auf die dunklen Seiten hin: »Glaube, Hoffnung und Liebe gehören zusammen. Die Hoffnung artikuliert sich praktisch in der Tugend der Geduld, die im Guten auch in der scheinbaren Erfolglosigkeit nicht nachläßt, und in der Tugend der Demut, die Gottes Geheimnis annimmt und ihm auch im Dunklen traut. Der Glaube zeigt uns den Gott, der seinen Sohn für uns hingegeben hat, und gibt uns so die überwältigende Gewißheit, daß es wahr ist: Gott ist Liebe! Auf diese Weise

Zorn und Erbarmen ist Ex 34,6f ein Meisterstück von Theologen. Sie haben sich die prophetische Gotteserkenntnis zunutze gemacht und in die Form der Psalmensprache gebracht [...]. Ex 34,6f ist daher *Theologie gewordene Prophetie*.«[77] Hier hat die »Gnadenrede« nach Franz und Scoralick ihren Ursprung, sie ist »im Erzählkontext eine Neuentdeckung. In Jona 4,2 ist sie Teil des Katechismus.«[78] Erst in nachexilischer Zeit wird aus der Gnaden*rede*, zu der auch der Zorn Gottes gehört, die Gnaden*formel*: »Barmherzig und gnädig ist JHWH, langsam zum Zorn und groß an Güte und Treue« (Ps 103,8).[79]

Im Deuteronomium und der deuteronomistischen Traditionsbildung fällt die Rede vom barmherzigen Wesen Gottes aus, obwohl den dtn-dtr Autoren Ex 34,6f bekannt gewesen sein dürfte. Dtn 9,7–10 übergeht sie in der Nacherzählung von Ex 32–34.[80] Nicht Gottes bedingungslose Barmherzigkeit, sondern »die Fürbitte des Mose hat Israel gerettet.«[81] So kann das Dtn »selbst unter der recht erbarmungslosen Alternative von Segen und Fluch (vgl. Dtn 28) von Verschonung und Rettung [...] reden.«[82] Das Dtn denkt unter der Bedingung des Bundes über die Frage der Sünde nach. Die Autoren leben nicht in der Erfahrung eines barmherzigen Gottes. Dennoch versuchen sie auch in der Krise seine Anwesenheit bei seinem Volk zu denken. Gottes Zorn, der in Dtn 9 noch die Vernichtung des Volkes vorsah, wandelt sich, so dass das Exil nun dessen äußerste Form darstellt: »Die Deuteronomisten wussten sich unter dem Zorn Gottes. Sie haben mit dem Zorn ihres Gottes gerungen. Sie haben entdeckt, dass dieser Gott, wenn er auch noch so hart ist, am Ende doch nicht ganz von seiner Liebe zu Israel lassen kann.«[83]

Wenn Israel ungehorsam ist, hört nach der deuteronomischen Theologie der Bund nicht auf zu bestehen, wohl aber treten die negativen Konsequenzen zu Tage. JHWHs Segen ist die Folge für Israels Gehorsam, sein Fluch die für Ungehorsam. Solange Mose lebte, hatte das Volk einen Fürsprecher. Ohne ihn trifft Gottes Zorn ungehindert die, die seine Gebote brechen, wie in Josua bis 2 Könige breit berichtet wird. Die Königshäuser des Nordreichs werden

---

verwandelt er unsere Ungeduld und unsere Zweifel in Hoffnungsgewißheit, daß Gott die Welt in Händen hält und daß er trotz allen Dunkels siegt, wie es in ihren erschütternden Bildern zuletzt strahlend die *Geheime Offenbarung* zeigt.« (Benedikt XVI.: DEUS CARITAS EST. Enzyklika an die Bischöfe, an die Priester und Diakone, an die gottgeweihten Personen und an alle Christgläubigen über die christliche Liebe. Verlautbarungen des Apostolischen Stuhls, Nr. 171. Herausgegeben vom Sekretariat der Deutschen Bischofskonferenz, Bonn 2006, Nr. 39) – In der *Geheimen Offenbarung* sind es Gottes Engel selbst, die seinen Zorn auf die Welt ausleeren.

[77] Franz: Der barmherzige und gnädige Gott, 153.
[78] Franz: Der barmherzige und gnädige Gott, 153.
[79] Vgl.: Franz: Der barmherzige und gnädige Gott, 193.
[80] Vgl.: Franz: Der barmherzige und gnädige Gott, 194f.
[81] Franz: Der barmherzige und gnädige Gott, 208.
[82] Franz: Der barmherzige und gnädige Gott, 208.
[83] Norbert Lohfink: Der Zorn Gottes und das Exil. Beobachtungen am deuteronomistischen Geschichtswerk. In: Reinhard Kratz, Hermann Spieckermann (Hg.): Liebe und Gebot. Studien zum Deuteronomium, Göttingen 2000, 137–155 (= Lohfink: Der Zorn Gottes und das Exil), 155.

ausgelöscht.⁸⁴ Dabei setzt das Deuteronomium sich von Ex 34,6f ab, indem es mit שׁמד ein anderes Wort für Zorn wählt. Die Wendung »langsam zum Zorn«, die von Ex 34,6f her allzu sehr mit der Gnade und Barmherzigkeit Gottes konnotiert ist, wird nicht in Erinnerung gerufen. Ex 32–34 sieht im gnädigen und barmherzigen Gott die Lösung der Krise, wogegen Dtn 9f »nach der Horeberzählung den majestätischen Gott predigt, den großen, gefürchteten und unparteiischen Richter.«⁸⁵

> »Denn er ist der Gott der Götter und der Herr der Herren, der große, gewaltige und gefürchtete Gott, der unparteiisch richtet und kein Geschenk nimmt, er schafft Recht dem Waisen und der Witwe und hat den Fremdling lieb, dass er ihm Speise und Kleidung gibt.« (Dtn 10,17f)⁸⁶

Doch auch im Deuteronomium gibt es die Rede von der Barmherzigkeit Gottes. In der Begründung der Möglichkeit der Umkehr formuliert 4,31: »Denn der barmherzige Gott ist Jhwh, dein Gott. Er wird dich nicht fallen lassen oder vernichten oder den Bund deiner Väter vergessen, den er ihnen geschworen hat.«⁸⁷ Es scheint nicht unwahrscheinlich, dass hier auf das Wissen von Ex 34,6f zurückgegriffen wurde. Dennoch bleibt das Deuteronomium eine mahnende Erinnerung, dass die sogenannte »Gnadenrede« eine Rede über Güte *und* Strafe ist. »Wer in Ex 34,6ff nur die Gnade findet, macht diese Gnade zu billig.«⁸⁸ So wird man bei allen Bittgebeten, in denen die Gnadenformel verwendet wird und der Aspekt der Gerechtigkeit Gottes wegfällt,⁸⁹ das Deuteronomium mithören müssen. Der Beter darf um Barmherzigkeit bitten, weil Gott barmherzig ist, und er muss darum bitten, weil Gott gerecht ist.⁹⁰ Wenn man Rahner folgt, dass eine positive Bestimmung des Geheimnisses nur »durch Offenbarung gewusst werden kann«⁹¹, dann darf der Dog-

---

⁸⁴ Vgl.: Franz: Der barmherzige und gnädige Gott, 209f. Vgl. auch: Lohfink: Der Zorn Gottes und das Exil, 146.
⁸⁵ Franz: Der barmherzige und gnädige Gott, 214.
⁸⁶ Übersetzung nach Franz: Der barmherzige und gnädige Gott, 213.
⁸⁷ Übersetzung nach Franz: Der barmherzige und gnädige Gott, 219.
⁸⁸ Franz: Der barmherzige und gnädige Gott, 221.
⁸⁹ Eingehende Analysen finden sich hierzu bei Franz: Der barmherzige und gnädige Gott, 227–256.
⁹⁰ Dass er überhaupt beten kann, ist nochmals in der Zuwendung Gottes begründet: »*Der Herr zog an ihm vorüber, indem er rief.* R. Johanan sprach: Wäre es nicht ein geschriebener Schriftvers, so dürfte man es gar nicht sagen; dies lehrt nämlich, dass der Heilige, gebenedeiet sei er, sich wie ein Vorbeter [in den Gebetsmantel] hüllte und dem Mošeh die Gebetsordnung zeigte, indem er zu ihm sprach: So oft die Kinder Jisraél sündigen werden, so sollen sie vor mir nach dieser Ordnung verfahren, und ich werde ihnen vergeben. *O Herr, o Herr*; ich bin [gnädig] bevor der Mensch gesündigt hat und bin es nachdem er gesündigt und Buße getan hat. *Ein barmherziger und gnädiger Gott*; R. Jehuda sprach: Es ist ein geschlossenes Bündnis, dass die [Erwähnung dieser] dreizehn Eigenschaften [Gottes] nicht erfolglos bleiben, denn es heißt: *Siehe ich schließe ein Bündnis.*« (bRoš-hašanah 17b. Zitiert nach Lazarus Goldschmidt: Der Babylonische Talmud. Mit Einschluß der vollständigen Mišnah. Band III, Haag 1933).
⁹¹ Rahner: Über den Begriff des Geheimnisses in der katholischen Theologie, 92. – In dieser Fluchtlinie liegen auch die Überlegungen von Pseudodionysios Areopagita, der

matiker nicht nur einen Teil der Offenbarung zur Kenntnis nehmen. Nicht von ungefähr spricht Rahner von Liebe *und* Wahrheit, die nicht aufeinander rückführbar sind und daher in gewisser Weise Brennpunkte einer Ellipse bilden. Damit ist er bei aller Spekulation näher am biblischen Zeugnis als Pröpper oder Striet, die nur von der Liebe sprechen und die andere Dimension darauf zurückführen.[92] Das wird sich nochmals deutlich im nächsten Teil meiner Arbeit in der Lektüre ausgewählter Stellen von Striets Studie *Offenbares Geheimnis* herausstellen. Die Engführung des biblischen Zeugnisses auf eine bestimmte Lesart der johanneischen Christologie treibt die Dogmatik in fast häretische Sprachformen.[93]

2. Bleibende Ambivalenzen:
Inner- und nachbiblische Rezeptionen der Gnadenrede

Innerbiblische Rezeptionen

Schon innerbiblisch wurde die sogenannten Gnadenrede, die das Verhältnis von Gottes Gnade zu seiner Gerechtigkeit bedenkt, zur »Gnadenformel«. Das wirkte wohl bereits zurück auf den Begriff der *Gnaden*rede, neigt er doch dazu, den zweiten Teil, der von Gottes strafendem Eingreifen spricht, auszublenden. Dass sich die Bibel, die ersten Ausleger und auch die moderne Exegese für die Prävalenz der Gnade aussprechen, ist eine Seite. Die Dogmatik tut jedoch gut daran, die innerbiblischen und nachbiblischen Auslegungs- und Tradierungsprozesse ernstzunehmen und zu bedenken, die erst die heute dominante Rede vom gnädigen und barmherzigen Gott ermöglichen. Wer nur das »Endergebnis« wahrnimmt, verkennt das »Drama der Barmherzigkeit Gottes«.[1] Gegen diese Tendenz wurde bereits zu biblischen Zeiten Einspruch erhoben wurde,[2] wie Jesus Sirachs Warnung zeigt:

> »Du sollst nicht sagen: ›Ich habe gesündigt, doch was ist mir geschehen? Denn der Herr ist geduldig.‹ Werde nicht furchtlos angesichts der Vergebung, dass du Sünde zu Sünde hinzufügst. Und du sollst nicht sagen: ›Seine Barmherzigkeit ist groß, er wird die Menge meiner Sünden vergeben.‹ Denn Güte und Zorn liegen bei ihm, und auf den Sündern ruht sein Grimm. Zögere nicht, dich zum Herrn zu kehren,

---

eine positive Rede von Gott nur in dessen Offenbarungsworten gelten lässt. Vgl.: Pseudodionysios Areopagita: Die göttlichen Namen, 588c. Zum genaueren Kontext vgl. Teil VI meiner Arbeit.

[92] Krings bestimmt das Freiheitsgeschehen als Wahrheitsgeschehen. (Vgl.: Krings: Transzendentale Logik, 312; ders.: Wissen und Freiheit. In: Ders.: Gesammelte Aufsätze, 133–160, 138.) Wenn Pröpper nun die Selbstmitteilung von Freiheiten füreinander als Liebe bezeichnet, (Vgl. z.B.: Pröpper: Freiheit als philosophisches Prinzip theologischer Hermeneutik, 8.) so wird dadurch, da ja der einzige adäquate Terminus des Freiheitsgeschehens eine andere Freiheit ist, Wahrheit und Liebe identifiziert.

[93] Vgl. dazu Kapitel VI.1, Seite 339.

[1] Vgl. den gleichnamigen von Ruth Scoralick herausgegebenen Sammelband.

[2] Franz hat dies für die Gebetssprache deutlich gezeigt. Vgl.: Franz: Der gnädige und barmherzige Gott, 227–256.

und lass nicht Tag um Tag verstreichen. Denn plötzlich wird der Zorn des Herrn kommen, und am Tag des Gerichts wirst du untergehen.« (Sir 5,4–7)[3]

Die Verhältnisbestimmung von Barmherzigkeit und Gerechtigkeit ist nach Ruth Scoralicks Studie *Gottes Güte und Gottes Zorn* ein Konzeptionsmerkmal des Zwölfprophetenbuches.[4] »Die Gottesprädikationen aus Ex 34,6f mit ihrem Kontext in Ex 32–34 haben sich als Schlüsseltext zum Verständnis der Einheit des Zwölfprophetenbuches und der Schriftenfolge in seiner MT-Endgestalt erwiesen.«[5] Hier werden die Spannungen reflektiert und kommentiert, so dass sie sogar als »quasi-midrashic«[6] bezeichnet werden können.[7] In der Gesamtperspektive spielen auch Elemente wie der Tag JHWHs, die Dialektik von Macht und Vergebung sowie die Frage der universalen Perspektive eine Rolle, die ebenfalls ihre Anknüpfungspunkte in Ex 32–34 haben.[8] Insgesamt könnte man mit einer Formel des Zweiten Vaticanums fast davon sprechen, dass das Zwölfprophetenbuch die Zeichen der Zeit im Lichte des Evangeliums deutet.[9]

Hosea steht vor einer ähnlichen Situation wie Mose: Das Volk fällt von JHWH ab. Daher nimmt die Prophetie der Kindernamen und ihrer Deutungen eben jene Gotteszusage wieder zurück, die in Ex 32–34 nach dem ersten Bundesbruch erneuert wurde. Hoseas Unheilsdrohungen begegnen auch in anderen Schriften des Zwölfprophetenbuchs, wobei die Frage, wie die prophetischen Unheilsankündigungen mit der Hoffnung auf den Tag JHWHs zusammengehen, den literarischen Aufbau des gesamten Buchs prägt:

»Im Horizont der kanonisch-intertextuellen Lektüre zeigte sich, dass die Gottesprädikationen aus Ex 34,6f mit ihrer polaren Metaphorik als Verstehenshintergrund und Interpretationshilfe der prophetischen Theologie dienen, die das Zwölfprophetenbuch als Ganzes entfaltet. Dabei ist die mit diesen Mitteln entfaltete Theologie weit entfernt von einfachen Gegensatzkonstruktionen, Schuldzuweisungen oder Schwarz-Weiß-Malereien.«[10]

---

[3] Übersetzung nach Franz: Der gnädige und barmherzige Gott, 258.
[4] Ich kann hier nur auf wenige sporadisch herausgegriffene Stellen eingehen, die sich eng an die Vorgaben von Ex 34,6f halten. Der Versuch bleibt notwendiger Weise bruchstückhaft.
[5] Scoralick: Gottes Güte und Gottes Zorn, 204. Die folgenden Überlegungen halten sich eng an die Ergebnisse der Studie von Scoralick.
[6] Cornelis van Leeuwn: Scribal Wisdom and Theodicy in the Book of the Twelve. In: Leo G. Perdue (Hg.): In Search of Wisdom: Essays in Memory of John G. Gammie, Louisville 1993, 32.
[7] Scoralick selbst benutzt den Begriff des Midrasch nur für das Buch Jona über das von Joel her gelesene Kapitel Hos 11. Vgl.: Scoralick: Gottes Güte und Gottes Zorn, 183.
[8] Vgl.: Scoralick: Gottes Güte und Gottes Zorn, 204. – Bei der Frage der Universalität der Gottesattribute und ihrer Reichweite über Israel hinaus ist die theologische Rede vom »Rest Israels« bedeutsam, die Paulus im Römerbrief aufgreift. Vgl. dazu auch weiter unten, Seite 322.
[9] Vgl.: DH 4304. Zur Bezeichnung der gesamten Schrift als Evangelium Gottes vgl.: Georg Braulik: Gesetz als Evangelium. In: Ders.: Studien zur Theologie des Deuteronomiums, Stuttgart 1988, 123–160; vgl auch: Dohmen, Stemberger: Hermeneutik der Jüdischen Bibel und des Alten Testaments, 181–182.
[10] Scoralick: Gottes Güte und Gottes Zorn, 205.

Im Zentrum steht die Umkehrbotschaft und damit die textpragmatische Funktion der Gottesprädikationen. Die Umkehr wird ermöglicht und getragen von einem innergöttlichen Ringen, »bei dem Barmherzigkeit und Liebe das letzte Wort haben«[11]. Jedoch wird immer wieder Wert darauf gelegt, dass die Reue Gottes nicht als sicher verbucht werden kann: Umkehr tut Not. Letztlich darf und kann aber die menschliche Umkehr nicht die Bedingung für die göttliche Umkehr sein. Die Perspektive auf universales Heil wird daher trotz der immer neuen Verfehlungen Israels und der Völker offengehalten. Hosea wirkt als erstes Buch der zwölf perspektivbildend. Trotz des unermesslichen Zorns Gottes – »Ich vernichte dich, Israel.« (Hos 13) – ruft der Prophet zur Umkehr auf. Getragen ist dieser Ruf von der Zusage Gottes: »Ich will ihre Untreue heilen und sie aus lauter Großmut wieder lieben. Denn mein Zorn hat sich von Israel abgewandt.« (Hos 14,5)

Das Joelbuch kleidet diese innergöttliche Wendung in eine gegenüber Ex 34,6f abgewandelte Gnadenformel: »Zerreißt eure Herzen, nicht eure Kleider, und kehrt um zum Herrn, eurem Gott! Denn er ist gnädig und barmherzig, langmütig und reich an Güte, und er lässt sich das Unheil leid sein.« (Joel 2,13) Auch wenn Joel nicht die Strafankündigung von Ex 34,7 zitiert, weiß er doch um sie und Gottes bleibende Unverfügbarkeit. Deshalb warnt er vor einem Automatismus: »Wer weiß, ob er umkehrt und es ihn reut[.]« In der Wiederholung des hoseanischen Umkehrrufs formuliert Joel eine lange Gottesrede, in der er mit der Wendung aus Ex 34,5 (וַיִּקְרָא בְשֵׁם יְהוָה) die Barmherzigkeit Gottes unterstreicht: »Wer den Namen des Herrn ruft, wird gerettet.« (Joel 3,5) Wer den Namen Gottes so ruft, wie dieser ihn selbst gerufen hat, der wird gerettet werden.[12]

Während Hosea und Joel die Bezüge auf Ex 34,5–7 als Zeichen für die Vergebungsbereitschaft Gottes lesen und das Volk auf Grund dieser Zusage an Mose zur Umkehr bewegen wollen, spielen diese Verse im Jona-Buch eine gänzlich andere Rolle. Jona, der als Prophet JHWHs Ninive die Umkehr zu Gott predigen soll,[13] ist enttäuscht über JHWHs Nachsicht mit Ninive: »Ich habe (doch) gewusst, dass du ein gnädiger und barmherziger Gott bist, langmütig und reich an Güte, und du lässt dich das Unheil leid sein.« (Jona 4,2) Wozu das Gericht predigen, wenn Gott am Ende doch wieder nachgibt?[14]

Die bereits im Joelbuch universal auslegbare Formel wird hier defintiv auf die Völker ausgedehnt: Wenn Ninive sich bekehrt und den Namen des Herrn ausruft, dann gilt ihm die Zuwendung Gottes, auch wenn es Jona bzw. Israel nicht gefällt. So weist hier das Jonabuch einen Einspruch gegen die Barm-

---

[11] Scoralick: Gottes Güte und Gottes Zorn, 206.

[12] Vgl. zur Rezeption der Gnadenformel im Joelbuch auch: Marie-Theres Wacker: Gottes Groll, Gottes Güte und Gottes Gerechtigkeit nach dem Joel-Buch. In: Ruth Scoralick (Hg.): Das Drama der Barmherzigkeit Gottes. Studien zur biblischen Gottesrede und ihrer Wirkungsgeschichte in Judentum und Christentum, Stuttgart 2000, 107–124.

[13] In dieser Funktion steht der Prophet für Israel, das den Völkern die Umkehr zu Gott predigen soll.

[14] Daher flieht Jona, was wohl für die Weigerung Israels steht, für die Barmherzigkeit und Gerechtigkeit JHWHs zum Heil der Völker Zeugnis abzulegen.

herzigkeit Gottes im Namen seiner Gerechtigkeit zurück. Die letztlich doch eintretende Vernichtung Ninives im Nahum-Buch zeigt aber, dass auch das umgekehrte gilt: Gegen die Gerechtigkeit JHWHs gibt es keine Einspruchsmöglichkeit im Namen seiner Barmherzigkeit.

Im Micha-Buch, der Mitte des Zwölfprophetenbuches, wird die Pespektive endgültig auf die gesamte Völkerwelt ausgeweitet. Es beginnt mit: »Hört, alle ihr Völker«. So wie Israel in Ex 34,10 die Werke JHWHs sieht, so sehen die Völker in Mi 7,16 seine Wundertaten.[15] Gott kann daher in seinem Zorn auch Rache nehmen an den Völkern, die nicht gehorchen. (Mi 5,14). Barmherzigkeit und Gerechtigkeit sind nicht an seinen Bund mit Israel gebunden, sondern betreffen als Eigenschaften des einen Gottes die ganze Welt. Der Zion als Ort Gottes gewinnt daher auch für die Völker eine entscheidende Stellung. In der Mitte des Micha-Buches wandelt sich der zerstörte Zion urplötzlich in den Hoffungsort Zion als Ort der Völkerwallfahrt. Der »Rest Israels« wird zum Katalysator unter den Völkern (Mi 5,6f.) und zur eschatologischen Hoffnung Israels (Mi 4,7; 7,18f.).[16] »Die Rolle Israels unter den Völkern wird weiter expliziert: die Völker können, wenn sie umkehren, am Zion dem wahren Gott und seiner Tora begegnen.«[17] So wird die Barmherzigkeit im Micha-Buch als Bereitschaft zur Vergebung gedeutet, die am Ende der Tage die Dinge zum Guten wendet. Daher wird das Wortmaterial aus Ex 34,6f. am Ende des Micha-Buches zwar aufgenommen, jedoch so umgeprägt, dass nur noch von der Vergebung Gottes die Rede ist. »Der Zorn JHWHs mit seinen Wirkungen ist nicht zu leugnen. Die umfassendere Wirklichkeit ist jedoch חסד und Vergebung.«[18] Dabei bleibt zu beachten, dass die Vergebung JHWHs in Mi 7,9 auf ein Schuldbekenntnis Israels in der Ich-Form trifft, das gegenüber Ex 32–34 neu ist: »Den Zorn JHWHs trage ich, denn ich habe gegen ihn gesündigt«. Wer hingegen nicht umkehrt, an dem wird Gott Vergeltung üben. Auch daran lässt Micha keinen Zweifel. (Mi 5,14)

War der strafende Anteil der Gnadenrede am Ende von Micha untergegangen, so ruft ihn Nahum in einer Art Gegenbewegung wieder in Erinnerung: »JHWH ist langmütig und von sehr großer Kraft, aber er lässt nicht unge-

---

[15] Erneut drängt sich der Römerbrief auf: Beide, Heiden und Juden, können Gott erkennen, und darum gilt sein Zorn beiden ebenso wie seine Herrlichkeit. (Vgl. Röm 2,8–11)
[16] Vgl.: Jörg Jeremias: Der »Rest Israels«: das Basisthema des Michabuches. In: Arndt Meinhold: Der Freund des Menschen. Festschrift für Georg Christian Macholz zur Vollendung des 70. Lebensjahr, Neukirchen – Vluyn 2003, 57–68 (= Jeremias: Der »Rest Israels«). Vgl. zu einer Betrachtung des Motivs des Rests darüber hinaus, vor allem in Bezug auf Jesaja: Rolf Rendtorff: Israels »Rest«. Unabgeschlossene Überlegungen zu einem schwierigen Thema der alttestamentlichen Theologie. In: Ders.: Der Text in seiner Endgestalt. Schritte auf dem Weg zu einer Theologie des Alten Testaments, Neukirchen – Vluyn 2001, 272–289 (= Rendtorff: Israels »Rest«). Dort finden sich auch weitere Literaturhinweise. Die Frage des »Rests« wird uns im folgenden Kapitel zum Römerbrief und der Rettung des Restes noch beschäftigen. Schon hier sei gesagt, dass »Rest« keine numerische Größe meint, sondern als ein messianischer Begriff gilt. Gott *macht* sein Volk zum Rest. (Mi 4,7)
[17] Scoralick: Gottes Güte und Gottes Zorn, 192.
[18] Scoralick: Gottes Güte und Gottes Zorn, 191.

straft.« (Nah 1,3) Zwar setzt nach Scoralick diese Wendung Micha voraus und kann nur von dort her gelesen werden. Nahum stehe daher im größeren Kontext der Barmherzigkeit Gottes.[19] Doch auch umgekehrt lässt sich Nahum als kritisches Korrektiv zu Micha lesen. »Die primäre Botschaft des Nahum-Buchs ist, dass Gott straft. Wohl finden die Frommen in ihm Schutz (1,7f). In der Hauptsache handelt das Buch jedoch vom furchtbaren Gericht an den Unterdrückern. [...] In Nah 1,3 fehlen *alle* Aussagen der Güte und der Gnade. ›Reich an Güte‹ wird durch ›groß an Kraft‹ ersetzt. Übrig bleibt bei Nahum die Geduld und die Bereitschaft zur Strafe. Von der Güte kann in diesem Zusammenhang keine Rede sein.«[20]

Habakuks Aufruf »In der Erschütterung gedenke des Erbarmens.« (Hab 3,2b) kann sowohl eine Aufforderung an Gott sein, seine Barmherzigkeit nicht zu vergessen, als auch an den Leser, trotz aller zu erwartender Erschütterung, nicht den Grundzug der Gnade zu vergessen. Das Zorngericht, das Habakuk ankündigt, ist ein Gericht über die Völker, um Israel zu retten. (Hab 3,13) Bei Zefanja wandelt sich das Bild: Hier ergeht das Gericht zunächst über Juda und Jerusalem, um sich anschließend auf die Völker zu erstrecken. Gott wird in die Mitte seines Volkes treten, um die Unterdrücker zu vernichten, die sich sowohl innerhalb wie außerhalb des Volkes befinden, und den Hinkenden und Verstreuten aufzuhelfen. (Zef 3, 19) Die Hinkenden sind wie bei Micha (Mi 4,7) der Rest, der kein Unrecht mehr tun wird. (Zef 3,13) Gottes endzeitliches Handeln führt hier eine neue Unterscheidung ein, die nicht mehr zwischen Israel und den Völkern teilt, sondern quer dazu zwischen Unterdrückern und Unterdrückten.

Sacharja formuliert vor diesem Hintergrund ausdrücklich: »Kehrt um zu mir [...], und ich kehre um zu euch.« (Sach 1,3) Für den Fall der Umkehr wendet sich Gott voll Erbarmen Jerusalem zu (1,16) und wohnt in der Mitte Israels. – Die Konsequenzen Zefanias dürfen hierbei nicht vergessen werden. – Viele Völker werden sich ihm anschließen und sein Volk sein. (2,15) Daher gilt die Heilsperspektive zwar grundsätzlich allen, aber nicht bedingungslos. Das Volk muss auf die Stimme des Herrn hören (6,15), doch das Zwölfprophetenbuch schließt nicht mit der Vision Sacharjas – »Dann wird der Herr König sein über die ganze Erde. An jenem Tag wird der Herr der einzige sein und sein Name der einzige.« (Sach 14,9) –, sondern mit dem Buch Maleachi, was die grundsätzlichen Fragen nochmals in das konkrete Verhältnis der Menschen zueinander stellt. Somit wird Mal 3,23f mit seinem Ausblick zur Versöhnung der Generationen nach Scoralick »zu einem metatextlichen Kommentar über die Funktion des Zwölfprophetenbuches.«[21] Es wird als Mahnrede zur Versöhnung gedeutet. Doch kann man aus diesem scheinbar metatextlichen Kommentar keine generelle Leseanweisung herausziehen. Dazu sind die zwölf Propheten zu vielschichtig. Ihr Ringen mit der Barm-

---

[19] Vgl.: Scoralick: Gottes Güte und Gottes Zorn, 196.
[20] Franz: Der barmherzige und gnädige Gott, 261.
[21] Scoralick: Gottes Güte und Gottes Zorn, 202.

herzigkeit Gottes und seinem drohenden Gericht verweist auf die Komplexität des biblischen Denkens, das sich nicht auf *den* Begriff bringen lässt. Der biblische Gottesbegriff, wie er hier profiliert wird, eignet sich nicht zu einer Versöhnung von zwei sich widerstreitenden Deutungsdimensionen selbstbewussten Lebens.[22] Er versetzt vielmehr ein Denken, das auf Identitätssicherung aus ist, in eine Unruhe, die sich selbst nicht mehr gewiss ist. Mit den Begriffen aus Ex 34,6f wird die Beziehung des Menschen zu einem Gott beschrieben, der nicht »Grund im Bewusstsein« ist, sondern ständige Beunruhigung.

Weniger aus diesem doch sehr elliptischen Überblick als aus der Beschäftigung mit dem Text selbst kann der Dogmatiker vielleicht einen Umgang mit einer zentralen Perspektive der Hebräischen Bibel lernen. Die Frage nach den Eigenschaften Gottes lässt sich nicht auf einen Begriff bringen, auch nicht auf den der Freiheit Gottes. Gegen seine Freiheit stehen seine Treue (zu seinem Volk und zu sich) und die Ehre seines Namens. Die Begriffe stehen zueinander in einem Spannungsverhältnis, das nach Auslegung verlangt, nach einem Tragen in andere Kontexte, ohne dabei die Spannung aufzulösen. Die Redaktoren des Zwölfprophetenbuchs haben die Spannungen nicht nur stehen lassen. Stichwortaufnahmen, Übertragung von Bildern oder ähnliche literarische Hilfsmittel intonieren »das Thema« in mehreren Stimmen. Während eine Stimme die Notwendigkeit der Umkehr predigt und den drohenden Zorn Gottes ankündigt, macht eine andere Stimme Mut zur Umkehr, da Gott in seiner Barmherzigkeit vergeben kann. Die Stimme des Auslegers wird nur noch eine weitere sein, die die Stimmen des Textes nicht überflüssig macht, sondern in ihr Konzert einstimmt.[23] Der vermeintliche Ausgangspunkt und die neuen Texte müssen sich voneinander her auslegen lassen. Erst im mühsamen Nachbuchstabieren geben sie vielleicht etwas von der Frage preis, wie es um die elliptische Zuordnung von Barmherzigkeit und Gerechtigkeit, von Liebe und Wahrheit, von Reue Gottes ohne jede Bedingung und Reue nach der Umkehr des Menschen bestellt ist. In fast aphoristischer Weise drückt Josef Herz diese Zuordnung in einer weiteren Stimme aus:

> »Man beachte, dass ›chessed‹ (liebevolle Güte) der ›emess‹ (Treue, Wahrhaftigkeit, Wahrheit) vorangeht, und zwar sowohl hier als auch allgemein in der Heiligen Schrift. Das mag bedeuten: ›Sprich die Wahrheit jederzeit aus, aber trage Sorge dafür, dass du sie in Liebe aussprichst.‹«[24]

---

[22] Vgl. dazu Kapitel II.3, Seite 131.
[23] Das wirft auf die von Magnus Striet (vgl. Teil VI.1) unterstellte Bibelferne der sogenannten »Negativen Theologie« nochmals ein anderes Licht. Vgl. zur Frage der Vielstimmigkeit der sogenannten »Negativen Theologie«: Jacques Derrida: Sauf le nom, Paris 1993, 15f.
[24] Zitiert nach: Die Tora. In jüdischer Auslegung, 351.

Nachbiblische Rezeptionen

Die jüdische Rezeption der Hebräischen Bibel ist auch für die Kirche von Belang. Darauf hat aus dogmatischer Perspektive unter anderem Peter Hünermann hingewiesen. Eine Kirche, die das Judentum nicht mehr – wie das für Paulus noch selbstverständlich war – in ihren Reihen hat, sondern die nur noch aus Heidenchristen besteht und der ihre Herkunft, das Judentum – sofern es nur eines gibt –, nur noch als ein selbstständiges Gegenüber begegnet, bleibt für ein Verständnis ihrer selbst und ihres Auftrags konstitutiv auf dieses Judentum verwiesen.[25] »In ihrer Beziehung auf die Juden [...] hat die Kirche aus Juden und Heiden so einen wahrhaften ›locus alienus‹, einen fremden und für sie befremdlichen Topos. Dieser Topos aber ist wesentlich ein geschichtliches Subjekt, auf das die Kirche folglich, will sie sich überhaupt auf es beziehen, zu hören hat.«[26]

Bei allen Schwierigkeiten, die dem katholischen Dogmatiker erwachsen, wenn er versucht, sich dem fremden und befremdlichen Topos des Judentums und seiner Schriftauslegung zu nähern, bleibt das aus meiner Sicht vor dem Hintergrund der Hünermann'schen Überlegungen dennoch unabdingbar. Gerhard Bodendorfer stellt fest, »dass sich rabbinische Literatur einer Systematisierung weitgehend entzieht«, dass aber dennoch »auch rabbinische Texte eine Art kanonischen Korpus bieten, der für das Selbstverständnis des Judentums identitätsbestimmend war.«[27] Die Frage nach den Eigenschaften der Barmherzigkeit und Gerechtigkeit Gottes ist in diesem Korpus nicht nebensächlich. Die Tatsache, dass die beiden Namen Gottes Elohim und JHWH mit den beiden Attributen identifiziert werden, spricht für die Annahme, dass es hier um eine zentrale Frage geht. Die Zuordnung der Gerechtigkeit zu Elohim, der Barmherzigkeit aber zu JHWH, dem Namen, in dem sich Gott selbst offenbarte, weisen »die übergroße Bedeutung des Begriffs der Barmherzigkeit für das Gottesbild auf.«[28] Wenn in der rabbinischen Deutung Barmher-

---

[25] Vgl.: Peter Hünermann: Die methodologische Herausforderung der Dogmatik durch die Wiederentdeckung der theologischen Relevanz des Judentums. In: Peter Hünermann, Thomas Söding (Hg.): Methodische Erneuerung der Theologie. Konsequenzen der wiederentdeckten jüdisch-christlichen Gemeinsamkeiten. QD 200, Freiburg 2003, 142–163 (= Hünermann: Die methodologische Herausforderung der Dogmatik durch die Wiederentdeckung der theologischen Relevanz des Judentums), 155–160.

[26] Hünermann: Die methodologische Herausforderung der Dogmatik durch die Wiederentdeckung der theologischen Relevanz des Judentums, 159. – Auf die bleibende Fremdheit, die in keinen symmetrische Austausch aufzuheben ist, weist zu Recht Thomas Freyer hin. Vgl.: Thomas Freyer: Vom christlich-jüdischen Gespräch zum Dialog? Theologische Notizen zur Semantik eines Leitbegriffs. In: Theologische Quartalsschrift 180 (2000), 127–146. Freyer warnt zudem vor der Gefahr, das jüdische Gegenüber nur als abstrakte vergangene oder gegenwärtige Größe zu verstehen und darüber den konkret, leibhaft begegnenden Anderen zu vergessen. Vgl.: Freyer: Christologie im Horizont des christlich-jüdischen Gesprächs, 16, Anm. 7.

[27] Bodendorfer: Die Spannung von Gerechtigkeit und Barmherzigkeit in der rabbinischen Auslegung mit Schwerpunkt auf der Psalmeninterpretation, 157.

[28] Bodendorfer: Die Spannung von Gerechtigkeit und Barmherzigkeit in der rabbinischen Auslegung mit Schwerpunkt auf der Psalmeninterpretation, 161. Der Gottesname

zigkeit und Gerechtigkeit nebeneinander stehen, setzt sich vor allem die Barmherzigkeit durch.[29] Nur angesichts der Frevler behält die Gerechtigkeit das letzte Wort. Nach Ansicht der Rabbinen braucht der Mensch die göttliche Barmherzigkeit zum Überleben, wobei sie nicht vergessen, dass die Schöpfung Gericht und Strafe als notwendige Bestandteile kennt.[30]

»›An dem Tage, an dem Jahwe Elohim die Erde machte‹ (Gen 2,4). Ein Gleichnis von einem König, der leere Gläser hatte. Er sprach: wenn ich heißes Wasser hineingebe, werden sie zerspringen; mit kaltem Wasser werden sie zerbersten. Ebenso sagte der Heilige, gepriesen sei er: Wenn ich die Welt mit dem Maß des Erbarmens erschaffe, dann wird es zu viele Sünder geben; wenn ich sie mit dem Maß des Gerichts erschaffe, dann wird die Welt nicht bestehen können. Deshalb will ich sie mit dem Maß des Erbarmens und dem Maß der Gerechtigkeit erschaffen und die Welt wird bestehen.«[31]

Auch bei der Erschaffung des ersten Menschen sieht sich Gott nach BerR 8.4 dem Zwiespalt zwischen Gerechtigkeit und Barmherzigkeit ausgesetzt, da er aus dem Menschen sowohl Frevler wie auch Gerechte hervorgehen sieht. Im Gespräch mit seinen Dienstengeln wollen diese wissen, wie der Mensch sein würde.

»Gerechte werden aus ihm hervorgehen, antwortete er, wie geschrieben steht: ›Denn der Herr kennt den Weg der Gerechten‹ (Ps 1,6) [...] Er offenbarte ihnen, dass die Gerechten von ihm erstehen werden, aber er offenbarte ihnen nicht, dass die Frevler von ihm erstehen werden, denn hätte er ihnen offenbart, dass die Frevler von ihm erstehen würden, hätte das Attribut der Gerechtigkeit ihm nicht erlaubt, ihn zu erschaffen.«[32]

Die Engel würden mit der Vernunft gegen die Erschaffung des Menschen argumentieren, da dessen Frevel nur zu seiner Vernichtung führen müsste. Insofern ist die gesamte Existenz des Menschen von der Gnade Gottes unterfangen. Der Bestand der menschlichen Wirklichkeit lässt sich vor der Gerechtigkeit Gottes nicht verantworten. Sie ist bleibend auf seine Barmherzigkeit verwiesen, gerade weil Gott gerecht ist. Die Ungeschuldetheit der Gnade gewinnt erst vor diesem Hintergrund ihren wahrhaft radikalen Charakter.[33]

JHWH wurde vor dem Untergang des Tempels nur vom Hohepriester während der Zeremonie des Versöhnungstages ausgesprochen, der nach der Überzeugung des Talmuds die Sünden gegen Gott aufhebt. Vgl.: Emmanuel Lévinas: Dem Anderen gegenüber. In: Ders.: Vier Talmud-Lesungen, Frankfurt am Main 1993, 23–55, 25. Levinas interpretiert dort Joma 85a–85b.

[29] Vgl.: Bodendorfer: Die Spannung von Gerechtigkeit und Barmherzigkeit in der rabbinischen Auslegung mit Schwerpunkt auf der Psalmeninterpretation, 160.
[30] Vgl.: Bodendorfer: Die Spannung von Gerechtigkeit und Barmherzigkeit in der rabbinischen Auslegung mit Schwerpunkt auf der Psalmeninterpretation, 161.
[31] BerR 12,15. Zitiert nach: Beate Ego: »Maß gegen Maß«. Reziprozität als Deutungskategorie im rabbinischen Judentum. In: Ruth Scoralick (Hg.): Das Drama der Barmherzigkeit Gottes. Studien zur biblischen Gottesrede und ihrer Wirkungsgeschichte in Judentum und Christentum, Stuttgart 2000, 193–217 (= Ego: »Maß gegen Maß«), 212.
[32] Zitiert nach: Bodendorfer: Die Spannung von Gerechtigkeit und Barmherzigkeit in der rabbinischen Auslegung mit Schwerpunkt auf der Psalmeninterpretation, 167.
[33] »[S]onst wäre Gnade nicht mehr Gnade.« (Röm 11,6) Sie ist kein Freibrief, sondern

Die Rabbinen verstehen die Barmherzigkeit Gottes als Vorgabe an den Menschen, und sie vergessen bei aller Rede von der Barmherzigkeit nicht die Rede vom Gericht. »Gott ist der Maßstab, an dem sich das Verhalten des Menschen misst. Und er legt die Latte der sozialen Verantwortung hoch.«[34] Dabei gilt als das größere Maß jedoch nicht das Maß der Gerechtigkeit, sondern das Maß der Güte.[35] Dieser Unterschied bleibt in der Regel jedoch relativ, d.h. die göttliche Güte überwiegt in Zweifelsfällen oder gleicht Nachteile des Menschen bei einer gerechten Betrachtung bis zu einer gewissen Größe aus. »Wenn die Verurteilten Gottes Gericht allerdings als ungerecht empfinden und dagegen protestieren, legt er seine Gerichtsakten offen und zeigt öffentlich ihre Schuld auf[.]«[36]

Eine besonders eindrucksvolle Stelle, die den Kampf Gottes mit sich um seine Barmherzigkeit beschreibt, ist bBerkhot 7a. Dort betet Gott selbst: »Es möge mein Wille sein, dass meine Barmherzigkeit meinen Zorn bezwingt, dass meine Barmherzigkeit sich über meine Attribute (der Gerechtigkeit) schiebt, dass ich mit meinen Kindern nach dem Attribut der Barmherzigkeit verfahre und dass ich ihretwegen das Recht nicht voll ausschöpfe.«[37] Dieses Gebet hat Gott nach dem Talmud von R. Jischmael b. Elischa gelernt. Bodendorfer folgert:

> »Der Mensch hat Gott das Beten gelehrt. Der Gott der Bibel, der Gott der jüdischen Tradition ist ein Gott, der in einen Dialog mit dem Menschen eingetreten ist, der keineswegs einseitig verläuft. Ein solcher Gott ist uns wirklich nahe, und er eröffnet uns die Möglichkeit, ihn ohne Scheu an seine Barmherzigkeit zu erinnern.«[38]

Umgekehrt: Wenn Gott selbst um seine Barmherzigkeit beten muss, wie viel mehr hat dann der Mensch dies nötig? – Erneut stellt sich die Frage nach den Bedingungen? Kehrt Gott sich erst dem Menschen zu, oder muss der Mensch zunächst umkehren? Maleachi formuliert deutlich: »Kehrt um zu mir, dann kehre ich um zu euch, spricht der Herr der Heere.« (Mal 3,7) Doch so eindeutig verhält es sich weder in der Bibel noch in der rabbinischen Auslegung. KlgR 5.21 behandelt die Frage, wer sich wem zuerst zuwenden müsse:

---

wird dem Menschen zum Auftrag. Der uns aus dem Lukas-Evangelium bekannte Satz »Seid barmherzig, wie auch euer Vater barmherzig ist. Und richtet nicht, so werdet ihr auch nicht gerichtet.« (Lk 6,36f) steht somit in zweierlei Hinsicht in der jüdischen Tradition.

[34] Bodendorfer: Die Spannung von Gerechtigkeit und Barmherzigkeit in der rabbinischen Auslegung mit Schwerpunkt auf der Psalmeninterpretation, 173. Vgl. auch Ego: »Maß gegen Maß«, 213.

[35] Vgl.: bSynhedrin 100a. Zitiert nach: Lazarus Goldschmidt: Der Babylonische Talmud. Mit Einschluß der vollständigen Misnah. Band VII, Haag 1933.

[36] Bodendorfer: Die Spannung von Gerechtigkeit und Barmherzigkeit in der rabbinischen Auslegung mit Schwerpunkt auf der Psalmeninterpretation, 182. Bodendorfer verweist auf: MidrPss 1.

[37] Vgl: Bodendorfer: Die Spannung von Gerechtigkeit und Barmherzigkeit in der rabbinischen Auslegung mit Schwerpunkt auf der Psalmeninterpretation, 191f.

[38] Bodendorfer: Die Spannung von Gerechtigkeit und Barmherzigkeit in der rabbinischen Auslegung mit Schwerpunkt auf der Psalmeninterpretation, 192.

»›Kehre uns, Herr, dir zu, dann können wir uns zu dir bekehren‹ (Klgl 5,21). Die Gemeinde Israels sagte vor dem Heiligen, gepriesen sei er: Herr der Welt, es liegt an dir, so ›kehre uns Herr, dir zu‹. Er erwiderte ihnen: es liegt an euch, wie es heißt: ›Kehrt um zu mir, dann kehre ich mich euch zu, spricht der Herr der Heere‹ (Mal 3,7). (Die Gemeinde) sagte vor ihm: Herr der Welt, es liegt an dir, wie es heißt: ›Gott, unser Retter, richte uns wieder auf‹ (Ps 85,5), und deshalb heißt es: ›Kehre uns, Herr, dir zu, dann können wir uns zu dir bekehren‹ (Klgl 5,21).«

Bodendorfer fühlt sich an ein Tennisspiel erinnert, bei dem »Israel mit seinem Psalmenzitat den Matchball zu haben [scheint].«[39] Doch die Lage ist komplizierter. Die Diskussion zwischen Gott und seinem Volk hat eine Parallele im Talmud, die von Emmanuel Levinas einer eingehenden Lektüre unterzogen wird. Rabbi Elieser und Rabbi Jehoschua streiten mit Bibelversen über die Frage der Bedingung für die Erlösung.[40] Es geht nach Levinas um eine grundlegende Alternative, »entweder die Moral, d.h. die Anstrengung der Menschen, als Herren ihrer Absichten und ihrer Taten, wird die Welt retten, oder aber es bedarf dazu eines objektiven Ereignisses, das über die Moral und den guten Willen der Individuen hinausgeht.«[41]

In immer neuen Anläufen betont Rabbi Elieser die Umkehr vor der Erlösung, woraufhin Rabbi Jehoschua immer wieder die bedingungslose Erlösung postuliert. Das geht so weit, dass R. Jehoschua in einer Entgegnung mit Jer 3,14 den Beginn des Zitates auslässt, der die Söhne Israels zur Umkehr aufruft, und R. Elieser Jes 30,15 in einer Weise auslegt, die nach Levinas zweifelhaft, aber nicht unmöglich ist.[42] Der Austausch von Bibelversen, die in die eine oder andere Richtung deuten oder gedeutet werden, findet sein Ende, nachdem R. Jehoschua Dan 12,7 zitiert hat. Rabbi Elieser schweigt daraufhin. »Das verwundert auf den ersten Blick. Gehen ihm die Verse aus? Diese Schlacht unter Gebildeten hätte endlos weitergehen können. Lassen sich nicht noch andere finden, die mit ›Kehrt um‹ anfangen, sowie andere, in denen verkündet wird: ›Ich werde euch trotz allem retten...‹ Aber Rabbi Elieser schweigt.«[43] Um diesen Text auslegen zu können, muss man nach Levinas nicht nach den starken Argumenten suchen, die sich oberflächlich auf zwei zu reduzieren scheinen, sondern man muss sich auf die Verse und ihren anscheinend nachrangigen Inhalt einlassen.[44] Es geht darum, sich von ihnen

---

[39] Bodendorfer: Die Spannung von Gerechtigkeit und Barmherzigkeit in der rabbinischen Auslegung mit Schwerpunkt auf der Psalmeninterpretation, 177.
[40] Vgl.: Emmanuel Lévinas: Textes messianiques. In: Ders.: Difficile liberté. Essais sur le judaïsme. Troisième édition revue et corrigée, Paris 1997, 95–149 (= Lévinas: Textes messianiques.). Deutsch: Emmanuel Lévinas: Messianische Texte. In: Ders.: Schwierige Freiheit. Versuche über das Judentum, Frankfurt 1992, 58–108 (= Lévinas: Messianische Texte). – Levinas bezieht sich auf Sanhedrin 97b–98a, wobei ich mich hier nur auf seine Auslegung der Diskussion zwischen Rabbi Elieser und Rabbi Jehoschua konzentriere.
[41] Lévinas: Messianische Texte, 74.
[42] Vgl.: Lévinas: Messianische Texte, 96.
[43] Lévinas: Messianische Texte, 76.
[44] Vgl.: Lévinas: Messianische Texte, 77.

in andere Texte und andere Kontexte hineintragen zu lassen. Das Spiel auf dem Spielfeld mit seinen Strategien und Eigenarten lässt sich nicht vom »Matchball« her verstehen. Wer nur weiß, wer gewonnen hat, hat vom Spiel selbst nichts begriffen.

Im ersten Argument spielt für Levinas das Wort »heilen« die entscheidende Rolle. Die Abtrünnigkeit der Menschen ist ein Übel, das geheilt werden muss. Für Rabbi Elieser kann aber die Heilung eines verdorbenden *(corrompu)* Seienden nicht von außen aufgezwungen werden. Ein Seiendes, das sich über sich selbst verschlossen hat und daher verdorben ist, ist von außen nicht mehr ansprechbar. »Eben *weil das Übel nicht bloß eine Verirrung ist, sondern eine tiefe Krankheit des Seienden, ist der Kranke der hauptsächliche und der erste Arbeiter seiner Heilung.*«[45] Er muss genügend Verstand besitzen, um zum Arzt zu gehen. Dahinter steht nach Levinas die ewige Forderung eines Denkens, das in der Sünde den Bruch mit der universellen Ordnung und eine egoistische Verschließung des freien Seienden in sich selbst sieht.[46]

Dagegen setzt Rabbi Jehoschua eine andere Forderung des Denkens, die nach Levinas nicht weniger ewig ist. Die Sünde, die trennt und vereinzelt, hat einen Grund, der in einem Irrtum besteht, »der Irrtum aber ist offen für die von außen kommende Handlung der Bildung.«[47] Mit dem Begriff der Bildung umschreibt Levinas das Verhältnis des Anderen zu mir als ein Verhältnis von Lehrer und Schüler, in dem sich tatsächlich etwas Neues ereignen kann. Der Andere ist kein Skandal für die Vernunft, der sie an ihrer Einheitsbewegung hindert – wie u.a. bei Verweyen –, sondern die erste vernünftige Bildung.[48] Für Rabbi Jehoschua beruht die moralische Verkehrtheit auf dem Irrtum der Idolatrie. Das »umsonst wurdet ihr verkauft« aus Jes 52,3 bedeute »wegen des Götzendienstes«.[49] Levinas erinnert an die Unterscheidung zwischen der Sünde gegen Gott, der Idolatrie, und der Sünde gegen den Mitmenschen, die aus einem radikal Bösen hervorgehe. Damit nimmt er Bezug auf eine andere Talmud-Stelle, nach der die Sünde gegen Gott durch das Ritual des Versöh-

---

[45] Lévinas: Messianische Texte, 77; frz. 118. Übersetzung korrigiert, CL.
[46] Hier haben wir es mit dem *homo incurvatus in seipso* zu tun. Vgl.: Wolfhart Pannenberg: Anthropologie in theologischer Perspektive, Göttingen 1983, 259. – Bereits Kant deutet die Umkehrung der sittlichen Ordnung der Triebfedern in der Maxime des eigenen Willens als einen Akt, der dem freien Subjekt zuzurechnen sei. Der natürliche Hang zum Bösen kann dem Menschen zugerechnet werden, auch wenn er nicht in der Bosheit besteht, das Böse um des Bösen willen tun zu wollen, sondern in einer »Verkehrtheit des Herzens«, das durchaus auch mit einem guten Willen zusammen bestehen kann. (Vgl. Kant: Die Religion innerhalb der Grenzen der bloßen Vernunft, 44f.) Die Möglichkeit zur Umkehr findet sich in dem Menschen »als frei handelndem Wesen[.]« (Kant: Die Religion innerhalb der Grenzen der bloßen Vernunft, 45.)
[47] Lévinas: Textes messianiques, 118. Eigene Übersetzung, vgl. dt.: 77.
[48] Vgl.: Emmanuel Levinas: Totalität und Unendlichkeit, 294; frz.: 222.
[49] Vgl.: Lévinas: Messianische Texte, 78; frz. 118. Levinas nimmt Bezug auf Jeremia, es muss jedoch Jesaja heißen. – Goldschmidt erklärt in einer Anmerkung den Gedankengang: Die Götzen seien nichts wert, daher könne »umsonst« für den Götzendienst stehen.

nungstags verziehen werde, wohingegen die Sünde gegen den anderen Menschen erst dann verziehen werden könne, wenn der Andere besänftigt sei.[50] Mit dem Götzendienst könne Gott umgehen, das sei nur fehlende Bildung. Sie ist daher auch einem Akt von außen zugänglich, ohne die guten Werke abzuwarten.

Mit dem nächsten Zitat bekräftigt Rabbi Elieser das Gesetz der Moralität, nach dem zwischen freien Personen eine absolute Gegenseitigkeit herrscht: »Kehrt zu mir um, und ich will zu euch umkehren.« Hier zeigt sich nach Levinas eine »Gleichheit zwischen Freiheiten. Was ich gegenüber Gott bin, das ist Gott mir gegenüber. Im Namen einer solchen Freiheit muss das Heil des Menschen seinen Ursprung im Menschen haben.«[51]

»Die Antwort von Rabbi Jehoschua? Die souveräne Freiheit, die hier angeführt wird, ist keineswegs gewiss.«[52] Levinas fragt, ob sie nicht vielmehr auf einem vorgängigen Sich-Einlassen auf das Sein besteht, in Bezug worauf man sich als frei erklärt. Hier spiegeln sich Levinas' frühe Überlegungen zum doppelten Charakter der Selbstbezüglichkeit des Seienden. Zum Einen gewinnt es durch dieses Selbstverhältnis einen Abstand zu sich selbst, eine gewisse Freiheit. Zum Anderen ist es gezwungen, immer wieder auf sich zurückzukommen, angekettet an seine Existenz.[53] Sind Gott und der Mensch daher nicht schon immer in einer Art Ehe verbunden, zu der der Mensch nicht frei zugestimmt hat?

> »Ist Gott ein Partner, den man annimmt oder zurückweist? Hat man ihn nicht schon angenommen, selbst wenn man ihn zurückweist? Setzt die Freiheit im allgemeinen nicht einen vorgängigen Einsatz vor der Verweigerung selbst dieses Einsatzes voraus?«[54]

Man hört hier beinahe Derridas Argumentation eines ursprünglichen »Ja«, eines unbedingten Engagements, das selbst noch in der Verweigerung einer Antwort hörbar sei. In Levinas' Worten: Das Geschöpf ist zwar frei zum Atheismus, weil es seinen Schöpfer nicht kennt, aber in seiner Geschöpflichkeit radikal abhängig und daher nicht frei von Gott. Auch der Atheismus ist noch eine Position zu Gott.[55]

---

[50] Vgl.: Joma 85a–85b. Levinas legt diese Stelle aus in: Emmanuel Levinas: Dem Anderen gegenüber. In: Ders.: Vier Talmud-Lesungen, Frankfurt am Main 1993, 23–55.

[51] Lévinas: Messianische Texte, 78; frz. 119. Unwillkürlich wird man an die Pröpper'sche Formulierung der Selbstmitteilung von Freiheiten füreinander erinnert. Gott und der Mensch stehen auf einer Stufe, sie beide sind freie Subjekte in streng univoker Weise, worauf Striet dezidiert hinweist. (Vgl.: Striet: Offenbares Geheimnis, 209. Vgl. auch Kapitel VI.1, Seite 340.) Wenn man unter diesen Voraussetzungen mit Levinas zu der Schlussfolgerung kommt, dass in einem solchen Fall das Heil seinen Ursprung im Menschen hat, dann wird man Thomas Freyer zustimmen, dass unter einer solchen Bedingung »letztlich weder von der Freiheit Gottes noch von der Bedürftigkeit des Menschen die Rede sein [kann].« (Thomas Freyer: Die Freiheit Gottes und die Bedürftigkeit des Menschen. Eine These zur Gnadentheologie. In: Studia Moralia 32 (1994), 367–397, 380.)

[52] Lévinas: Messianische Texte, 79; frz. 119.

[53] Vgl. Kapitel III.1, Seite 148.

[54] Lévinas: Messianische Texte, 79; frz. 120.

Rabbi Eliesers nächstes Argument »In Frieden und Ruhe soll euch geholfen werden« erinnert nach Levinas an eine ewige Bedingung des Messianismus, die in der Möglichkeit besteht, sich von den empirischen Dingen zu lösen. Während das Heidentum von einem Aufgehen und Baden im Element gekennzeichnet sei, bestehe der Glaube an den Einen Gott im Verhältnis zu einer Transzendenz, die die Welt entzaubert.[56] Ohne die Freiheit und das Bewusstsein ist keine Umkehr möglich. Nur durch das Distanz-Nehmen zu mir selbst, bin ich zu einer Kritik meiner selbst in der Lage.[57] Rabbi Jehoschua antwortet mit einem Einwand, der an Levinas' Phänomenologie des Leidens erinnert: Was ist mit den Sklaven, den Zu-kurz-Gekommenen, dem Abschaum der Leute? »[H]aben sie ihr Selbstbewusstsein nicht schon veräußert, haben sie den Frieden und die Zeit, Bedingungen dafür, wieder zu sich zu kommen?«[58] Dass es sich hier um eine ganz konkrete, wenngleich auch äußerste Form des Menschseins handelt, davon legt der »Muselmann« in Auschwitz Zeugnis ab.[59] Dieses »schweigende Zeugnis« freilich ist kein intentionaler Akt mehr. Wenn Selbstbewusstsein veräußerbar ist, wenn der »Muselmann« ein Mensch ohne Selbstbewusstsein ist, worauf viele Berichte und Zeugnisse hindeuten, lässt sich dann Klaus Müllers These, sein Ansatz impliziere »kraft seiner Negativität Ressourcen, um auf die Herausforderung einer Theologie ›nach Auschwitz‹ angemessen einzugehen«[60] noch aufrecht erhalten? Kann eine Philosophie mit dem Selbstbewusstsein als letztem Grund des Menschlichen der Tatsache standhalten, dass es in den deutschen Vernichtungslagern Menschen ohne Selbstbewusstsein gab?[61]

---

[55] Zurecht fühlt man sich an das klassische Retorsionsargument erinnert. Vgl. Kapitel II.1, Seite 54. Es tritt jedoch hier in einer deutlich bescheideneren Weise auf. Aus ihm sind keine positiven inhaltlichen Folgerungen zu ziehen. Der Zeugnis-Akt des unbedingten Ja geht nicht in einer inhaltlichen Rede auf.
[56] Vgl. auch: Derrida: Glaube und Wissen, Nr. 49.
[57] Darauf weist Klaus Müller zu Recht hin. Vgl.: Müller. Wenn ich »ich« sage, 567.
[58] Lévinas: Textes messianiques, 121. Eigene Übersetzung, vgl. dt.: 80.
[59] Vgl. z.B. die eindrückliche Zusammenstellung bei: Giorgio Agamben: Was von Auschwitz bleibt. Das Archiv und der Zeuge, Frankfurt am Main 2003, 36–75; 144–150. Vgl. auch: Zdzisław Ryn, Stanisław Kłodziński: »An der Grenze zwischen Leben und Tod. Eine Studie über die Erscheinung des ›Muselmanns‹ im Konzentrationslager«. In: Die Auschwitz-Hefte. Bd. 1. Texte der polnischen Zeitschrift »Przegląd Lekarski« über historische, psychische und medizinische Aspekte des Lebens und Sterbens in Auschwitz, Weinheim und Basel 1987, 89–154.
[60] Müller: Wenn ich »ich« sage, 573.
[61] Vielleicht macht der »Muselmann« jede Systematik unmöglich. Jean Améry schließt ihn vielleicht aus diesem Grund in seinen »Bewältigungsversuche[n] eines Überwältigten« von seinen Überlegungen aus mit folgenden Worten: »Der sogenannte ›Muselmann‹, wie die Lagersprache den sich aufgebenden und von den Kameraden aufgegebenen Häftling nannte, hatte keinen Bewusstseinsraum mehr, in dem Gut oder Böse, Edel oder Gemein, Geistig oder Ungeistig sich gegenüberstehen konnten. Er war ein wankender Leichnam, ein Bündel physischer Funktionen in den letzten Zuckungen. Er muss, so schwer es uns fallen möge, aus unseren Erwägungen ausgeschlossen werden.« (Jean Améry: Jenseits von Schuld und Sühne. Bewältigungsversuche eines Überwältigten, München 1966, 21.)

Allein ein Eingriff von außen, den Rabbi Jehoschua postuliert, könnte – wenn überhaupt – dem Menschen seine Freiheit zurückgeben.[62] Rabbi Elieser antwortet mit einem weiteren Bibelzitat und verleiht der Debatte eine noch größere Dramatik, was Levinas an dem Wort »Wenn« festmacht: *Wenn* ihr *umkehrt, werde ich euch nicht vernichten.*[63] War bisher auf der Ebene der Bibelzitate nur ein zeitlicher Zusammenhang gegeben, so wird hier zum ersten Mal in einem konditionalen Verhältnis die Umkehr des Menschen zur Bedingung der Versöhnung mit Gott. »Die Forderung nach absoluter Moral ist eine Forderung nach absoluter Freiheit. Und infolgedessen eine Möglichkeit zur Unmoral.«[64] Wenn die Menschen nicht zu Gott umkehren, was in ihrer freien Möglichkeit liegt, wird der Messias niemals kommen und die Welt nicht erlöst werden. Um moralisch handeln zu können, muss der Mensch frei sein, diese Freiheit jedoch eröffnet die Möglichkeit einer unmoralischen Welt. Die Bedingung der Möglichkeit wird zur Bedingung der Unmöglichkeit.

> »Und deshalb besteht das letzte Argument des Rabbi Jehoschua darin, die Erlösung der Welt zu einem festgelegten Zeitpunkt brutal zu behaupten, ob die Menschen diese Erlösung nun verdienen oder nicht. Und eben darum schwieg Rabbi Elieser diesmal. Er schwieg, weil die Forderungen der Moral diesmal zu dem Punkt führen, wo sie im Namen der absoluten Freiheit des Menschen Gott leugnen, das heißt die absolute Gewissheit der Niederlage des Bösen. Es gibt keine Moral ohne Gott; ohne Gott ist die Moral nicht gegen die Unmoral gefeit.«[65]

Damit aber würde die These der Atheisten, nach der in der Welt die Willkür und das Böse regieren, Recht behalten.[66] Wenn Gott das Prinzip des Siegs des Guten ist, dann muss man an der Erlösung unbedingt festhalten: »Wenn Sie daran nicht glauben, wenn Sie nicht glauben, dass der Messias *auf jeden Fall*

---

[62] Ist dieses Ereignis mit Jesus Christus bereits abgegolten? Auch wenn Jesu Handeln als ein solcher Eingriff von außen verstanden werden kann, der dem Menschen den Weg zu Gott öffnet und insofern einen messianischen Charakter hat, ist die Verschlossenheit des Menschen in sich und über sich nicht auch weiterhin eine reale menschliche Möglichkeit, die der Erlösung bedarf?

[63] »Wenn du umkehren willst, Israel – Spruch des Herrn –, darfst du zu mir zurückkehren« (Jer 4,1).

[64] Lévinas: Messianische Texte, 80; frz.: 121.

[65] Lévinas: Messianische Texte, 80; frz.: 121f.

[66] In seiner Lektüre der Bindung Isaaks deutet Derrida Abrahams Dilemma genau in dieser Weise: Wenn Abraham Gott gehorcht, steht er in den Augen der Welt als Mörder da, verweigert er sich, tut er dies im Namen der Moral, die doch erst durch Gott gewährleistet wird: »In einem Wort, das Ethische muss im Namen der Pflicht geopfert werden. Es ist eine Pflicht, die ethische Pflicht nicht aus Pflicht zu achten.« (Jacques Derrida: Den Tod geben. In: Anselm Haverkamp (Hg.): Gewalt und Gerechtigkeit. Derrida – Benjamin, Frankfurt am Main 1994, 331–445 (= Derrida: Den Tod geben), 393.) – Der sich aufdrängenden Lektüre von Derridas Aufsatz kann ich an dieser Stelle nicht nachgehen, auch wenn es unabdingbar wäre, um die Aporie der Verantwortung weiter auszuloten: »Das Paradoxon, der Skandal und die Aporie sind selbst nichts anderes als das Opfer: ein das begriffliche Denken seiner Grenze, seinem Tod und seiner Endlichkeit Aussetzen.« (Ebd., 395).

kommen wird, dann glauben Sie nicht mehr an Gott.«[67] Dann glaubt man vielleicht an die Vernunft und an die Freiheit, aber man glaubt nicht mehr an Gott. So wird verständlich, weshalb das Erste Vaticanum den Glauben an die Vernunft verurteilen *muss*.[68] Die Vernunft darf nicht dazu führen, Gott seiner Gottheit zu entkleiden.[69] Daher hat Rabbi Elieser geschwiegen, auch wenn seine These nicht aufgegeben wird, sondern die Debatten bis heute bestimmt.[70] Seine Argumente sind nicht überflüssig, erst im Durchgang durch sie wird das Verhältnis Gottes zum Menschen zwischen seiner Barmherzigkeit und seiner Gerechtigkeit durchbuchstabiert. Eine topische Dogmatik müsste die Auseinandersetzung mit den verschiedenen Argumenten führen, ohne sie einer Lösung oder Synthese zuführen zu wollen. Aber kann sie das? Bedeutet nicht bereits die Wiederholung, das Zitat eines Arguments, seine Veränderung und Aneignung?[71] Löst nicht bereits Levinas' (philosophische) Deutung des talmudischen Textes, vor allem seine Deutung von Rabbi Eliesers Schweigen, die Zurückhaltung des Interpreten letztlich schon zu Gunsten einer Parteinahme auf, deren sich der Text selbst enthält? Gilt für Rabbi Eliesers Schweigen auch das lateinische Sprichwort *qui tacet consentire videtur*? Oder setzt Rabbi Eliesers Schweigen Rabbi Jehoschuas Behauptung noch einem letzten Skeptizismus aus?

3. Der Rest Israels und das Geheimnis Gottes im Römerbrief

Das Zwölfprophetenbuch führte durch den Begriff des Rests eine neue Unterscheidung ein. Bei Micha wird der Rest Israels zum Ausgangspunkt der Hoffnung für die Völker. Gottes endzeitliches Handeln steht quer zur Unterscheidung zwischen Israel und den Völkern. Daran knüpft die paulinische Theologie im Römerbrief an. Nicht mehr das Gesetz, also die Zugehörigkeit zu Israel ist das Merkmal der endzeitlichen Rettung, sondern der Glaube an Gott. Das ist das Evangelium des Paulus. Glaube und Gnade gehören dabei wesentlich zusammen, »der Glaube an Jesus Christus [ist] strikt als von *Gott* eröffnete Möglichkeit zu denken[.]«[1] »Denn wir sind der Überzeugung, dass der Mensch gerecht wird durch Glauben, unabhängig von Werken des Gesetzes.« (Röm 3,28)[2] Im Glauben gibt es keinen Unterschied mehr zwischen

---

[67] Lévinas: Messianische Texte, 80.
[68] Vgl. Kapitel IV.2, Seite 277.
[69] Auf welcher Ebene wird hier argumentiert? Ist diese mit »darf nicht« gekennzeichnete Unmöglichkeit eine logische, eine ontologische, eine »ethische«?
[70] Vgl. Lévinas: Messianische Texte, 81.
[71] Vgl. dazu Kapitel III.4, Seite 229.
[1] Theobald: Der Römerbrief.Darmstadt 2000 (= Teobald: Römerbrief), 204.
[2] Nach Theobald lässt sich der Glaube nicht gegen die guten Werke ausspielen, nach Gal 5,6 sei er erst durch die Liebe wirksam. (Vgl.: Theobald: Römerbrief, 206.) Das heißt, »dass das Bekenntnis zur Rechtfertigung allein durch den Glauben keinesfalls zu einer Aushöhlung des von der Tora geforderten Ethos führt, vielmehr der Glaube auch eine entsprechende Lebensgestalt aus sich heraus freisetzt[.]« (Theobald: Römerbrief, 206.

Juden und Griechen.³

Dort weist Theobald auch Bultmanns Auslegung des Glaubens als Gegenteil von jedem Werk zurück.) Die guten Werke sind aber nicht mit den »Werken des Gesetzes« verwechseln. Der rechtfertigungstheologische Grundsatz, dass der Mensch allein aus Glauben und nicht aus Werken des Gesetzes gerettet werde (Röm 3,28), hat nach Theobald einen vorpaulinischen Ursprung in der Gemeinde von Antiochia, auf die Paulus in Gal 2,16a Bezug nimmt. Er steht im Rahmen der ekklesiologischen Frage, ob Heiden erst den jüdischen Lebensstil annehmen müssten, um gerettet zu werden. Das verneint Paulus: Allein die Gnade Gottes rettet, die Volkszugehörigkeit und der Lebensstil, der sich im Toragehorsam ausdrückt, sind irrelevant. (Vgl.: Theobald: Römerbrief, 197.) Für den Römerbrief kennzeichnet Theobald drei Richtungen der exegetischen Deutungen der »ἔργα νόμου«: 1. Sie stehen für die Leistungen des Menschen überhaupt, die ihm zur Rettung dienen sollen. Gesetzlichkeit wäre sowohl bei Juden wie bei Griechen der sündhafte Versuch, sich das Heil verdienen zu wollen. Der Gegenbegriff hier ist die reine Gnade. 2. Sie stehen explizit für die Mose-Tora und die Rechtfertigung durch das Tun der Gebote. Die Tora ist aber nur zur Rechtfertigung von Gerechten da, nicht von Sündern. Da alle Sünder sind, wie Paulus im Römerbrief eindrücklich darlegt, kann die Tora kein Heilsweg sein. Es bedarf der Initiative Gottes in Christus, der neuerlichen Zuwendung seiner Gnade für alle. 3. Sie stehen für den jüdischen Lebenswandel, sind »identity markers« jüdischer Existenz, so dass die Abweisung der Rechtfertigung aus Werken sich gegen den jüdischen Partikularismus wendet. (Vgl.: S. 190–193) Als exegetischen Konsens hält Theobald fest, dass sich die ἔργα νόμου nicht auf spezielle Gebote eingrenzen lassen, sondern den Toragehorsam insgesamt im Blick haben, womit gleichzeitig die jüdische Identität betroffen sei. Zudem meine ἐξ ἔργων νόμου nicht »›gemessen am Maßstab der von der Tora verlangten Werke‹, sondern ›aufgrund (tatsächlich vorliegender) Werke des Gesetzes‹.« (Theobald: Römerbrief, 197.) Es geht also nicht um eine Polemik gegen die Tora oder gegen den Gehorsam ihr gegenüber. Es geht – und in diesem Gefälle liegt auch die Warnung an die Heiden, sich nicht zu rühmen (Röm 11,18) – um ein Anrechnen des eigenen Verdienstes vor Gott. Das ist nicht möglich. In den Worten des Talmud: »Es gibt kein Geschöpf, das nicht Gott gegenüber schuldig ist. Er aber ist gnädig und barmherzig und vergibt alle früheren (Verfehlungen)[.]« (ExR 31.1 Zitiert nach: Bodendorfer: Die Spannung von Gerechtigkeit und Barmherzigkeit in der rabbinischen Auslegung mit Schwerpunkt auf der Psalmeninterpretation, 172.) Paulus' Grundthese, dass Gott sich in Jesus Christus der Welt barmherzig zugewandt hat, wird untermauert durch die Illustration, dass sowohl Juden wie Heiden nicht aus eigener Kraft gerettet werden können. (Vgl.: Michael Theobald: Glaube und Vernunft. Zur Argumentation des Paulus im Römerbrief. In: Ders.: Studien zum Römerbrief, Tübingen 2001 (= Theobald: Studien zum Römerbrief), 417–431.) Theobald zeigt, dass nach Paulus Heiden und Juden aus ihrer Lebenswirklichkeit heraus ihre Verlorenheit verstehen können, die Juden aus der Tora, die Heiden aus ihrem »Gewissen«. Paulus unterstellt dem Judentum seiner Zeit keine »falsche« Hoffnung, sondern er verkündet ihnen Jesus Christus als Ziel ihrer Hoffnung, als τέλος des Gesetzes. (Röm 10,4) Er vergleicht in 10,5 die Gerechtigkeit aus dem Gesetz mit der Gerechtigkeit aus Glauben. Dabei zitiert er Lev 18,5: »Der Mensch, der sie [Gottes Satzungen und Vorschriften] tut, wird in ihnen leben.« (Der Satz stammt aus dem Heiligkeitsgesetz, wo ähnliche Dinge verurteilt werden, die Paulus in Röm 1,22–32 in seiner Zeitdiagnostik aufzählt. Die Menschen haben Gott durch Götzen ersetzt – Verstoß gegen das erste Gebot –, und deshalb liefert sie Gott der Unreinheit, den entehrenden Leidenschaften und einem verworfenen Denken aus. (Vgl. zu den Lasterkatalogen u.a.: Michael Theobald: Röm 1,26f.: Eine paulinische Weisung zur Homosexualität? Plädoyer für einen vernünftigen Umgang mit der Schrift. In: Theobald. Studien zum Römerbrief, 511–518.) – Paulus trifft sich hier in seiner Diagnose der Sündhaftigkeit mit der These Rabbi Jehoschuas: Die Sünde, die trennt und vereinzelt, hat einen Grund, der in einem Irrtum besteht, nämlich dem des Götzendienstes, »der Irrtum aber ist offen für die von außen kommende Handlung der Bildung.« (Lévinas: Messianische Texte, 77; frz.: 118.) Daher

Im Zugang zum Glauben gibt es allerdings bei Paulus einen Unterschied, auf den Origenes hinweist.[4] Origenes hebt ab auf Röm 3,30: »Denn es ist der eine Gott, der gerecht macht die Beschnittenen aus (ἐκ) Glauben und die Unbeschnittenen durch (διά) den Glauben.«[5] Origenes ist davon überzeugt, dass in den verschiedenen Präpositionen auch verschiedene Bedeutungen liegen.[6] »Er vergleicht die beiden Ursachen, die durch die Präpositionen bezeichnet werden. Das ἐκ steht als Ursache höher als das διά. Die Präpositionen ἐκ, διά und ἐν kennzeichnen das göttliche Wirken an der Schöpfung; ἐκ kommt dem Vater zu als dem Urgrund, διά dem Sohn als dem Gestalter und Lenker und ἐν dem Heiligen Geist als Prinzip der Vollkommenheit.«[7] Daher ist ἐκ die Bezeichnung der Erstursache, während διά die Zweitursache benennt:

»Auch an der hier behandelten Stelle kann eine solche Unterscheidung beobachtet werden. Es heißt, dass die Beschnittenen, die gleichsam an erster Stelle und dem Rang nach als die ersten gerechtfertigt werden, aus dem Glauben und nicht durch den Glauben gerechtfertigt werden sollen; die Unbeschnittenen aber, die an zweiter Stelle zur Rechtfertigung berufen werden, sollen, wie es heißt durch den Glauben und nicht aus dem Glauben gerechtfertigt werden.«[8]

---

kann und muss Gott durch einen Eingriff von außen retten. Aus sich heraus korrigiert der Mensch diesen Fehler nicht. Auch das ist paulinisch.) Das ist unbestritten, da das Gesetz heilig ist. (Röm 7,12) Doch ebenso unbestritten ist für Paulus, dass dies kein Mensch *kann*. Mit einer Zitatkombination aus Kohelet 7,20 und Ps 14,3, die durch weitere Schriftzitate angereichert wird, hält er fest: »Es gibt keinen Gerechten, nicht einen.« Daher ist die Gerechtigkeit aus Glauben der einzige Weg, wie der Mensch gerettet werden kann. Das heißt jedoch nicht, dass der Glaube das Gesetz aufhebt, »sondern wir richten das Gesetz auf.« (Röm 3,31) – Die exegetische Literatur zu Fragen des Gesetzes und der Glaubensgerechtigkeit ist längst unüberschaubar geworden. Für einen ersten Überblick vgl.: Theobald: Der Römerbrief, 186–223. Meine eher aphoristische Reihung von Zitaten verdankt sich der dortigen exegetischen Fundierung. Vgl. auch die entsprechenden Aufsätze in Theobald: Studien zum Römerbrief, 164–276.

[3] Vgl. dazu auch: »Wer an ihn glaubt, wird nicht zugrunde gehen.« (Röm 10,11; Jes 28,16 LXX) »Denn wer den Namen des Herrn anruft, wird gerettet werden.« (Röm 10,13; Joel 3,5) – Der letzte Vers weist mittelbar zurück auf Ex 34,5, auf die Eröffnung der Gottesrede, in der sich Gott als barmherziger und gerechter Gott offenbart, woraus rabbinische Autoren die Sühnekraft des Ausrufens des Gottesnamens und die Zitation der 13 Eigenschaften als Gebet herleiteten. Wer an den barmherzigen Gott glaubt und dies im Gebet bekennt, wird gerettet. Vgl. Kapitel V.2, Seite 301.

[4] Vgl.: Origenes: Commentarii in Epistulam ad Romanos. Lateinisch, deutsch. Übersetzt und eingeleitet von Theresia Heither. Fontes Christiani 2/2, Freiburg 1990–1999 (= Origenes: Römerbrief), Buch III Nr. 10; 956. Vgl. auch: Theresia Heither: Translatio Religionis. Die Paulusdeutung des Origenes in seinem Kommentar zum Römerbrief, Köln – Wien 1990 (= Heither: Translatio Religionis), 99–104. – Ich zitiere im Folgenden mit der Angabe des Buchs und des Kapitels sowie mit der Seitenzahl von Migne, Patrologia Graeca Bd.14, die in der von Heither besorgten Übersetzung in den *Fontes Christiani* im lateinischen Text angegeben ist. Zu einer textkritischen Edition vgl.: Caroline P. Hammond Bammel: Der Römerbriefkommentar des Origenes. Kritische Ausgabe der Übersetzung Rufins. Vetus Latina 16; 33; 34, Freiburg 1990–1998. Auch Hammond Bammel bietet die Migne-Seitenzahlen als Marginalien.

[5] In der Einheitsübersetzung ist der Unterschied zwischen »aus« und »durch« eingeebnet.

[6] Dazu verweist er auf 1 Kor 11,12 und Röm 11,36.

[7] Heither: Translatio Religionis, 100.

Abraham und die Väter sind als erste gerechtfertigt worden. Erst nach ihnen kommt der Glaube zu den Heiden, die jedoch nach Origenes dem Glauben nicht so nahe stehen wie die Juden, deren ganze Existenz er bestimmt, da sie *aus* dem Glauben sind. Dass der Glaube kein Ersatz für gute Werke ist, macht Origenes in seinen Überlegungen zur Zweitursache der Rettung für die Juden und der Erstursache der Rettung für die Heiden deutlich: »Er antwortet, dass die Juden aus dem Glauben (= Erstursache) und durch gute Werke (= Zweitursache) gerechtfertigt bzw. zur Vollendung geführt werden, wohingegen die Heiden ihren Ursprung aus guten Werken haben und durch den Glauben zur Vollkommenheit gelangen.«[9] So entsteht die Kirche »aus den gerechtfertigten Juden und durch die gerechtfertigten Heiden.«[10] Die *perfectio* besteht für Origenes in *lex, prophetae et fides*.[11] Es wäre zu fragen, was das für die heutige (heidenchristliche) Kirche bedeutet, der das Leben aus der Tora zu einem befremdlichen Topos geworden ist. Was fehlt der Kirche am Glauben, da sie nicht aus ihm, sondern nur mehr durch ihn lebt?

Paulus treiben jedoch andere Fragen um. Das Problem, das sich für ihn im Römerbrief stellt, ist der Unglauben großer Teile Israels. Wie schon im Buch Exodus geht es hier nicht nur um die Zukunft des auserwählten Volkes, sondern in eins damit um die Ehre Gottes und seines Namens. Ist Gottes Wort hinfällig geworden? Kann man seinem Wort nicht mehr trauen? – Paulus' vorläufige Antwort in Röm 9,6–13 besteht im Hinweis auf die Heilsgeschichte, nach der die Gnade Gottes nicht einklagbar ist und auch nicht gerecht verteilt erscheint.

»9[14]Was sollen wir nun hierzu sagen? Ist denn Gott ungerecht? Das sei ferne! [15]Denn er spricht zu Mose: ›Wem ich gnädig bin, dem bin ich gnädig; und wessen ich mich erbarme, dessen erbarme ich mich.‹ [...] [18]So erbarmt er sich nun, wessen er will, und er verstockt (σκληρύνει), wen er will. [...] 11[25]Ich will euch, liebe Brüder, dieses Geheimnis nicht verhehlen, damit ihr euch nicht selbst für klug haltet: Verstockung (πώρωσις) ist einem Teil Israels widerfahren, so lange bis die Fülle der Heiden zum Heil gelangt ist; [26]und so wird ganz Israel gerettet werden, wie geschrieben steht: ›Es wird kommen aus Zion der Erlöser, der abwenden wird alle Gottlosigkeit von Jakob. [27]Und dies ist mein Bund mit ihnen, wenn ich ihre Sünden wegnehmen werde.‹«

Mit einem Rückgriff auf Ex 34,6f versucht Paulus, die Frage des Geheimnisses Gottes von Gerechtigkeit und Erbarmen vor dem Hintergrund des »Unglaubens« Israels zu deuten. Die Lehre von den Eigenschaften Gottes muss an der konkreten Situation der sich dem Evangelium versagenden Mehrheit des erwählten Volkes bewährt werden.[12]

---

[8] Origenes: Römerbrief, III, 10; 956.
[9] Heither: Translatio Religionis, 103.
[10] Heither: Translatio Religionis, 104.
[11] Vgl.: Origenes: Römerbrief, III, 7; 945. Zur Wertschätzung des Gesetzes durch Origenes vgl.: Heither: Translatio Religionis, 152–168.
[12] »Unglaube« ist hier für Paulus der fehlende Glaube an Christus, da Glauben heißt »das Evangelium Jesus Christi als die rettende Botschaft Gottes annehmen[.]« (Theobald: Römerbrief, 203.)

In Röm 9,32 gibt er als Erklärung für das Nicht-Erreichen[13] der Gerechtigkeit auf dem Weg des Gesetzes die Antwort »ὅτι οὐκ ἐκ πίστεως ἀλλ' ὡς ἐξ ἔργων – weil nicht aus Glauben sondern als ob aus Werken«. Damit bezieht er sich wohl nicht auf die Frage der Motivation, sondern auf den Weg zur Gerechtigkeit selbst. Die bloße Zugehörigkeit zu einem Volk, selbst wenn es sich durch das von Gott gegebene Gesetz definiert, reicht nicht aus, wenn nicht die Gnade Gottes dem Menschen entgegenkommt, die im Glauben ihre Antwort findet. Daher ist der Großteil Israels nach Paulus noch nicht im Heil, weil ihm gegenwärtig die gnadenhafte Zuwendung Gottes in Jesus Christus fehlt.

Paulus steht in einer Tradition, die schon das Zwölfprophetenbuch in seiner Deutung von Ex 34,6f kannte. Wenn überhaupt etwas retten kann, dann die Gnade Gottes. Und wenn sie rettet, dann wird sie nicht zwischen Israel und den Völkern unterscheiden. Barmherzigkeit und Gerechtigkeit sind im Michabuch nicht an Gottes Bund mit Israel gebunden, sondern betreffen als Eigenschaften des einzigen Gottes die ganze Welt.[14] Paulus stimmt hier mit der These Rabbi Jehoschuas überein, dass nur eine Zuwendung Gottes, die als Antwort den Glauben bewirkt, die Rettung bringen kann. Dabei weiß Paulus, dass das Heil noch nicht vollkommen ist. Neben der Schöpfung, die seufzt und in Geburtswehen liegt (Röm 8,22), ist auch die Verstockung Israels ein Zeichen, dass am Heilshandeln Gottes noch etwas aussteht. Wir haben es hier nicht mit einer einfachen Rechnung zu tun, wieviel Heil wir *schon* haben und wieviel *noch nicht*. Mit einem Wort von Johann Baptist Metz ließe sich von der »apokalyptischen Prägung« von Paulus' Theologie sprechen.[15] Im Gegensatz zu einer heils- bzw. universalgeschichtlichen, ontologischen oder bewusstseinsimmanenten Versöhnungslogik weiß Paulus noch nicht alles. Nicht umsonst schließt er die Verkündigung des Geheimnisses von der Errettung von ganz Israel mit einem Lobpreis:

> »11³³O welch eine Tiefe des Reichtums, beides, der Weisheit und der Erkenntnis Gottes! Wie unbegreiflich sind seine Gerichte und unerforschlich seine Wege! ³⁴ Denn ›wer hat die Vernunft des Herrn erkannt, oder wer ist sein Ratgeber gewesen?‹«

Selbstverständlich geht es nicht ohne philosophische Begriffe, das wissen auch Paulus und andere biblische Autoren. Sie genießen jedoch keine Autorität vor der Schrift, sondern nur aus und mit ihr. Daher sucht Paulus nach einer biblischen Deutung für den »Unglauben« der Mehrheit Israels. Wenn er an der Geschichte Gottes mit seinem Volk inklusive der Verheißungen festhalten will, so kann man Israel nicht aufgeben, ohne die Treue Gottes grund-

---

[13] Die Einheitsübersetzung spricht vom »Verfehlen«, was unterstellt, der Weg führe in die Irre. Paulus hingegen deutet mit »Nicht-Erreichen« eher an, dass Israel unterwegs stehen geblieben ist, dass es aus eigener Kraft, d.h. ohne Gottes Hilfe, nicht ans Ende kommt.
[14] Vgl.: Kapitel V.2, Seite 305.
[15] Vgl.: Johann Baptist Metz: Glaube in Geschichte und Gesellschaft. Studien zu einer praktischen Fundamentaltheologie, Mainz ⁴1992, 86f.

sätzlich in Frage zu stellen. Paulus hält im Römerbrief an beidem fest: Das Heil ist uns in Jesus Christus offenbart worden, und ganz Israel wird gerettet werden.[16]

Die Verhältnisbestimmung der Eigenschaften Gottes aus Ex 34,6f, nach denen Gott οἰκτίρμων und ἐλεήμων sowie δικαιοσύνην διατηρῶν ist, spielt auch in Röm 9–11 eine zentrale Rolle. Mit diesen griechischen Begriffen nimmt die LXX die hebräischen Begriffe רַחוּם und חַנּוּן sowie נֹצֵר חֶסֶד auf. Durch die Übersetzung des hebräischen נֹצֵר חֶסֶד in die griechische Wendung »καὶ δικαιοσύνην διατηρῶν καὶ ποιῶν ἔλεος« gewinnt das hebräische Wort חֶסֶד im griechischen δικαιοσύνη eine neue Konnotation. Statt für das Attribut der Huld und Barmherzigkeit steht es nun für Gotttes Eigenschaft der Gerechtigkeit.[17] Daher kann Paulus fragen: »Was sollen wir nun hierzu sagen? Ist denn Gott ungerecht?« (Röm 9,14) Und er weist diese Vermutung mit einem Zitat aus eben jenem Kontext ab: »Das sei ferne! Denn

---

[16] Theobald weist auf die Problematik hin, dass Paulus an anderer Stelle (1 Thess 2,14–16) handfest gegen die Juden polemisiert. Man müsse Paulus unterstellen, dass er die dort geäußerten Klischees mit Bedacht rezipiert und die Verhältnisbestimmung von Kirche und Israel im Modell der »Enterbung« denkt. Auf Seiten Israels entsteht so ein theologisches Vakuum. Der Gedanke der Stellvertretung der judenchristlichen Gemeinden in der Kirche aus Heiden und Juden hätte dazu führen können, dass Israel als bleibend repräsentiert gedacht wird – was Paulus so nicht tut –; in einer rein heidenchristlichen Kirche musste die These der Beerbung aber zur Israelvergessenheit führen. Gegenüber Röm 9,22ff. spricht Theobald von einem »theologischen Lernprozess des Paulus«. Gegen Israels Nein zum Evangelium wird nicht mehr polemisiert, sondern Paulus versucht, es als Gottes Willen zu respektieren. (Vgl.: Michael Theobald: Kirche und Israel nach Röm 9–11. In: Theobald: Studien zum Römerbrief, 324–349 (= Theobald: Kirche und Israel), 329–331.) – Im Sinne der Redlichkeit ist zu prüfen, ob dieser Argumentation strukturell dasselbe entgegenzubringen ist, was ich gegenüber Magnus Striets Deutung der Johannes-Verse im Rahmen seiner Betrachtung »der« negativen Theologie vorbringen werde: Man darf nicht von einer Bibelstelle her eine andere finalisieren. Ich meine jedoch, dass es sich hier bei näherem Hinsehen anders verhält: Anders als das Johannesevangelium sind die paulinischen Briefe nie mit dem Anspruch gelesen worden, ein in sich komponiertes Ganzes zu sein. In ihrer Deutung ist ihrem Charakter einer »Theologie in Briefform« Rechnung zu tragen. Da sie kontextuell, argumentativ und der Auslegung verpflichtet ist, ist sie auch ungeeignet, ein abschließendes Wort zu sagen. (Vgl.: Hans Weder: Neutestamentliche Hermeneutik, Zürich 1986, 318–322; Theobald: Römerbrief, 127f.).

[17] Bodendorfer weist darauf hin, dass unter dem rabbinischen Attribut der Gerechtigkeit (מדת הדין) »nicht das Gleiche gemeint sein muss wie unter der Gerechtigkeit (Gottes) als מִשְׁפָּט oder צֶדֶק, wie sich etwa entscheidend auch in den Psalmen zum Ausdruck bringt.« (Bodendorfer: Die Spannung von Gerechtigkeit und Barmherzigkeit in der rabbinischen Auslegung mit Schwerpunkten auf der Psalmeninterpretation, 164.) – Inwieweit hier tatsächlich eine Beeinflussung durch die Überlegungen zur Gerechtigkeit und Barmherzigkeit Gottes stattgefunden hat, kann ich nicht beurteilen. Mir scheint aber die Erläuterung des hebräischen »Huld bewahrend«, bei dem der Anfangsbuchstabe N des hebräischen Wortes für Bewahren in den masoretischen Handschriften vielleicht deshalb größer geschrieben ist, damit man נֹצֵר nicht mit עֹצֵר (Huld zurückhaltend) verwechselt (Vgl.: Die Tora. In jüdischer Auslegung, 351.), durch die griechische Kombination von »Gerechtigkeit beachtend und Erbarmen erweisend« bereits auf eine Deutung dieser Verse auf die Eigenschaften Gottes hinzuweisen.

er spricht zu Mose: ›Wem ich gnädig bin, dem bin ich gnädig; und wessen ich mich erbarme, dessen erbarme ich mich.‹« (Röm 9,14b–15; vgl. Ex 33,19) Gerade weil in der Gottesrede an Mose Gottes Gerechtigkeit und Gottes Erbarmen parallel nebeneinander stehen, kann seine Barmherzigkeit nach Paulus nicht seine Gerechtigkeit aufheben. Vielmehr muss man sein gnadenhaftes Erwählungshandeln als gerecht begreifen, weil der Mensch von sich aus nicht gerecht werden kann. »Oh Mensch, wer bist du, dass du mit Gott rechten willst?« (Röm 9,20)

Das ist eine erste Annäherung an die Frage, weshalb Israel, obwohl es die Sohnschaft, die Herrlichkeit, die Bundesordnungen, das Gesetz, den Gottesdienst und die Verheißungen hat (Röm 9,4), jetzt nicht vom Gnadenhandeln Gottes in Jesus Christus betroffen wird. Mit dem Verweis auf die göttliche Souveränität und auf Beispiele aus der Erwählungsgeschichte zeigt Paulus, dass es nicht auf die leibliche Abstammung (Isaak, aber nicht Ismael) und auch nicht auf Verdienste ankommt (Jakob vor Esau noch im Mutterleib). Er rekurriert auf jüdisches Glaubensgut, das auch die Propheten immer wieder in Erinnerung gebracht haben. Nur deshalb kann er die Schriftstellen Hos 2,1 und Jes 10,22 zu seiner Argumentation heranziehen. Mit Jesaja spricht er vom »Rest«, der gerettet werden wird, und deutet dies in seiner Zeit auf die wenigen Juden, die an Jesus als den Christus glauben.[18] Rest ist kein numerischer Begriff, sondern prophetisch und messianisch geprägt,[19] worauf auch Giorgio Agamben in seinem Römerbriefkommentar hinweist:

> »Eine aufmerksamere Lektüre des prophetischen Textes zeigt, dass der Rest wohl eher die Form oder die Gestalt ist, die Israel im Zusammenhang mit der Erwählung oder dem messianischen Ereignis annimmt. Er ist weder das Ganze, noch ein Teil des Ganzen, sondern er bezeichnet die Unmöglichkeit für das Ganze und den Teil gleichzeitig mit sich und miteinander übereinzustimmen.«[20]

---

[18] Dieser Rest ist analog zu 1 Kön 19,18 ein von Gott übrig gelassener Rest, der aus Gnade erwählt ist. (Röm 11,5) Doch die Rede vom Rest ist nicht ganz so einfach, wie es scheint – weder innerhalb des Römerbriefs noch in diachroner Perspektive. Röm 11,4 zitiert 1 Kön 19,18, wo Gott davon spricht, dass er siebentausend übrig gelassen habe (κατέλιπον). In der LXX bei 1 Kön 19,18 steht eigentlich κατάλειψις. Röm 11,5 nimmt mit seiner Rede, die einige nach der Wahl der Gnade übrig geblieben sind (λεῖμμα κατ' ἐκλογὴν χάριτος γέγονεν), aber nicht das Wort καταλείπω auf, sondern verweist mit λεῖμμα zurück auf Röm 9,27, wo Jes 10,22 zitiert wird: »der Rest (τὸ ὑπόλειμμα) wird gerettet werden.« Beiden Begriffen liegt dasselbe hebräische Wort שְׁאָר zu Grunde. Dieselbe Wurzel mit der Vokalisierung שְׁאֵר bedeutet »Fleisch, Leib, Blutsverwandter«.

[19] Vgl. dazu auch: Jeremias: Der »Rest Israels«, 60; Rendtorff: Israels »Rest«, 277–280.

[20] Giorgio Agamben: Le temps qui reste. Un commentaire de l'Épître aux Romains, Paris 2004 (= Agamben: Le temps qui reste), 97; ital.: 56f. (Die Seitenzahlen des italienischen Originals füge ich hinzu.) Vgl. jetzt auch: Giorgio Agamben: Die Zeit, die bleibt. Ein Kommentar zum Römerbrief, Frankfurt 2006. Vgl. auch Agamben: Was von Auschwitz bleibt (Quel che resta di Auschwitz), 142f. – Agambens Hinweis, dass der messianische Charakter des Römerbriefs – und damit seine Nähe zum messianischen Judentum – in Vergessenheit geraten sei, was unter anderem daran liege, dass konsequent das griechische χριστός unübersetzt geblieben sei, aber auch ein Ergebnis der »bewundernswerten Arbeit des Teils der christlichen Theologie [ist], den man heute Christologie

Für Agamben ist der Rest nicht das Objekt des Heils, sondern sein Instrument, er funktioniert wie eine »soteriologische Maschine«[21]. Als solche hat er seine Funktion nur in der messianischen Zeit. Wenn Gott alles in allem sein wird, dann hat der Rest keinerlei Privileg mehr. »Doch in der jetzigen Zeit, die die einzig reale Zeit ist, gibt es nur den Rest. Dieser gehört nicht speziell zur Eschatologie der Vernichtung noch zu der der Rettung: er ist eher, um Walter Benjamins Worte aufzunehmen, das Unerlösbare, dessen Wahrnehmung allein es uns erlaubt, uns nach Erlösung auszustrecken.«[22] Der Rest entsteht durch die »messianische Teilung«[23]. In der messianischen Zeit, wofür die Wendung ἐν τῷ νῦν καιρῷ (Röm 11,5) steht, erfährt die in Juden und Heiden geteilte Welt eine neuerliche Teilung, die quer zur ersten verläuft und die Paulus mit verschiedenen Oppositionen beschreibt, von denen Agamben die Unterscheidung Fleisch/Geist herausgreift. Danach gibt es Juden dem Fleisch nach und Juden dem Geist nach, und es gibt Nicht-Juden dem Fleisch nach und Nicht-Juden dem Geist nach. So wird die Teilung zwischen Juden und Nicht-Juden unklar, »da es von jetzt an Juden gibt, die nicht Juden sind, und Nicht-Juden, die nicht Nicht-Juden sind.«[24] Daraus folgt für Agamben nicht – und er erinnert in diesem Zusammenhang an Cusanus –, dass die Nicht-Nicht-Juden nun als Juden zu bezeichnen wären. Sie sind der »Rest«, den man unmöglich als jüdisch oder nicht-jüdisch definieren kann. Wenn man das Christentum als »Universalisierung« des jüdischen Gottes begreift, so muss man nach Agamben das Verhältnis von Universalem und Einzelnem vom Rest her neu denken. Der Universalismus des Paulus ist keiner, der dasselbe produziert und der vereinheitlicht:

> »Für Paulus geht es nicht darum, die Unterschiede zu ›tolerieren‹ oder zu überbrücken, um jenseits von ihnen das Selbe und das Universelle zu finden. Das Universelle ist für ihn kein transzendentes Prinzip, in Bezug auf das man die Unterschiede betrachten muss [...], sondern eine Operation, die selbst die Teilungen des Gesetzes teilt und sie unwirksam macht, ohne deswegen jemals einen letzten Grund zu erreichen.«[25]

An einen solchermaßen »bestimmten« Messianismus knüpft Derrida mit seinen Überlegungen in *Glaube und Wissen* an.[26] Der Messianismus ist die Struktur einer Öffnung, die Verhinderung des Sich-Zusammenschließens der Totalität. Als solcher eröffnet er die Geschichte und begrenzt sie zugleich.

---

nennt« (vgl. S. 33–37), wäre eine genauere Untersuchung wert. Dabei wäre auch zu fragen, inwieweit die von Agamben vorgenommene »Rückübersetzung« von Christus zu Messias, die ja genau genommen auch ein Wort aus einer fremden Sprache stehen lässt, nicht erneut den Blick auf das verstellt, wovon der Text spricht.

[21] Agamben: Le temps qui reste, 100; ital.: 58.
[22] Agamben: Le temps qui reste, 100; ital.: 58.
[23] Agamben: Le temps qui reste, 90; ital.: 52.
[24] Agamben: Le temps qui reste, 90; ital.: 53.
[25] Agamben: Le temps qui reste, 93; ital.: 54f.
[26] Vgl. Kapitel I.4, Seite 40.

Das biblische Zeugnis verkompliziert die Dinge in Bezug auf die Frage des Rests jedoch noch weiter. Bei Micha, auf den Paulus zwar nicht direkt verweist, wo aber die Motive des Rests und der Völkerwallfahrt zum Zion vor dem Hintergrund des Verhältnisses von Barmherzigkeit und Gerechtigkeit angesprochen werden, lässt sich mit Jörg Jeremias zwischen dem Rest als Voraussetzung des göttlichen Eingreifens (Mi 2,12) und dem Rest als Ziel des göttlichen Handelns unterscheiden: »In 4,6 ist der ›Rest‹ eine heilvoll qualifizierte Größe, die von Gott erst geschaffen werden muss[.]«[27] Beide Male steht im Hebräischen שְׁאֵרִית, wobei die LXX zwischen καταλοίπους (2,12) und ὑπόλειμμα (4,7) unterscheidet. Erst Mi 5,6f sprechen vom ὑπόλειμμα in seiner soteriologischen Funktion »inmitten vieler Nationen«.[28]

Wenn Paulus nun in Röm 11,7 schreibt »Was Israel erstrebt hat, das Ganze hat es nicht erlangt, aber die Erwählten haben es erlangt, der Rest wurde verstockt.« (Röm 11,7)[29], so muss man die Erwählten (ἐκλογὴ) wohl mit λεῖμμα κατ' ἐκλογὴν χάριτος aus Röm 11,5 zusammenlesen. Der von Gott verstockte Rest wird mit dem Begriff λοιποὶ belegt. Es gibt also nicht nur einen Rest bei Paulus,[30] den Agamben in den Nicht-Nicht-Juden sieht, sondern auch dem verstockten Teil Israels kommt die theologische Qualifizierung »Rest« zu, wenn auch in Analogie zum Sprachgebrauch des Michabuches in der Art, dass er die Voraussetzung für Gottes Handeln in der Zukunft ist, wenn man Jörg Jeremias Deutung folgt.[31] Mi 7,18f verheißt diesem Rest

---

[27] Jeremias: Der »Rest Israels«, 60.
[28] Interessanterweise kennt Micha zwei Funktionen des Restes: Er ist wie Tau, und er ist wie ein Junglöwe, was die gegensätzlichen Möglichkeiten von Gottes Handeln verdeutlicht. Vgl.: Jeremias: Der »Rest Israels«, 62. Er verweist auf Spr 19,12 (»Wie das Knurren des Junglöwen ist der Grimm des Königs, aber wie Tau auf Pflanzen ist seine Gunst.«), aber auch auf Hos 5,14 u. 14,6. Vgl. dazu auch: Jörg Jeremias: Tau und Löwe (Mi 5,6f.). In: Frank Crüsemann, Hans-Walter Wolff (Hg.): Was ist der Mensch ...? Beiträge zur Anthropologie des Alten Testaments, München 1992, 221–227.
[29] Sowohl die Einheitsübersetzung wie auch die Lutherbibel von 1984 übersetzen hier ungenau.
[30] Vgl.: Theobald: Der Römerbrief, 270: »Dabei ist der »Rest«-Gedanke an den beiden Stellen, an denen er vorkommt, genau in den beiden korrespondierenden Funktionen von Paulus eingesetzt worden, in denen er auch in der prophetischen Literatur des Alten Testaments und darüber hinaus begegnet: in 9,27–29 eher im *negativen* Sinn des Gerichts, durch welches das Volk hindurch muss und ›dessen verheerende Wirkung der kümmerliche Restbestand augenfällig macht‹, und in 11,2b–6 im *positiven* Sinn der gebliebenen Hoffnung, insofern mit dem ›Rest‹ der ›Grundstock für das Israel der Endzeit gelegt‹ ist[.]« – Die Einschätzung von Theobald teile ich nicht völlig. Jesajas Rede vom »Rest Israels« bezieht sich in Jes 10,22 deutlich auf das an ihm geschehende Heilshandeln Gottes, der im Gericht den Unterdrücker Assur vernichten wird, um den Rest Israels zu retten. Dagegen bezieht sich der von Paulus in Röm 9,29 zitierte Vers Jes 1,9 auf die dem Gericht Entkommenen.
[31] In dieser Beziehung scheint mir Michael Theobalds Skizze, die die Verzahnung von Israel und Kirche verdeutlichen soll, nicht präzise genug. Er fasst Israel als Volk von Juden (Röm 11,7: »die übrigen«) und Judenchristen (Röm 11,5: »Rest«, Röm 11,7: »Erwählung«) auf, die Kirche als Gemeinschaft von Judenchristen und Heidenchristen (Röm 11,7: »Erwählung«). So wird zwar deutlich, dass der Rest nur Rest sein kann in Bezug auf das ganze Israel und dieses bleibend vorausgesetzt, aber es entgeht einem die

Gottes Erbarmen: »Wer ist Gott wie du, der die Schuld wegnimmt und an Verbrechen vorübergeht zugunsten des Rests (καταλοίποις) seines Eigentums? Der nicht für immer an seinem Zorn festhält, weil er Gefallen an Güte hat. Er wird sich unser wieder erbarmen[.]« (Mi 7,18f) Mit diesen theologischen Vorgaben im Hintergrund erscheint die in Röm 11,25–27 folgende Prophetie des Geheimnisses schon fast unausweichlich. Die Antwort auf die Frage »Hat Gott sein Volk verstoßen?« (Röm 11,1) ist für Paulus noch nicht mit der Erwählung eines Rests aus Gnade erledigt. Es gibt noch jenen anderen Rest, der verstockt wurde. Auch er gilt Paulus als Israel. Daher muss sich die Verheißung auch auf ihn erstrecken, wie Origenes mit einem eindrucksvollen Schriftzitat belegt, das über Paulus' eigene Schriftverweise noch hinaus geht: »Auch wenn der Himmel oben noch höher und die Erde unten noch niedriger wird, ich werde das Geschlecht Israels nicht verstoßen wegen all dessen, was sie getan haben.« (Jer 38,35 LXX; vgl. Jer 31,37)[32]

Paulus nennt die endzeitliche Rettung von ganz Israel ein μυστήριον: »Verhärtung ist teilweise über Israel gekommen, bis dass die Vollzahl der Heiden eingeht, und so (καὶ οὕτως) wird ganz Israel gerettet werden.«[33] Nach Keller erwächst Paulus die Gewissheit über den Inhalt dieses Geheimnisses aus der gläubigen Schriftmeditation, was sich in den zahlreichen Schriftzitaten andeute. Da Paulus jedoch etwas als gewiss verkünden will, was in seiner Gegenwart empirisch nicht zu belegen ist, greift er auf die in der Apokalyptik praktizierte Form der Verkündung eines Mysteriums zurück, das eine Ansage über das Ende des Unheils über Israel darstellt.[34] Dieses Mysterium hat zwar den Charakter eines Wissens, es ist aber zugleich Verheißung der heilsamen Nähe Gottes, auch wenn die gegenwärtige Wirklichkeit – hier die Verstockung Israels – offenkundig gegen seine Plausibilität spricht. Es ist, wenn man so will, die Ankündigung des göttlichen Heilswillens in elliptischer Gestalt. Die Ellipse verhindert, dass sich hier etwas in sich zusammenschließt, was noch offen ist.[35] Gegen die sich selbst überlassene

---

meines Erachtens nicht unwichtige Pointe, dass auch »die übrigen« mit dem theologischen Würdebegriff »Rest« belegt werden.

[32] Origenes: Römerbrief, VIII, 12; 1196.

[33] Übersetzung nach Theobald: Römerbrief, 279. In der Exegese gibt es eine Diskussion darüber, wie das griechische καὶ οὕτως verstanden werden muss. Eine detaillierte Aufarbeitung bietet: Winfrid Keller: Gottes Treue – Israels Heil. Röm 11,25–27. Die These vom »Sonderweg« in der Diskussion, Stuttgart 1998 (= Keller: Gottes Treue – Israels Heil), 218–221.

[34] Zu den genaueren Parallelen des paulinischen Mysteriums zu den Mysteriums-Sprüchen der apokalyptischen Literatur der damaligen Zeit vgl.: Keller: Gottes Treue – Israels Heil, 98–113.

[35] Schon Origenes weist darauf hin, dass sich die Verkündigung dieses Geheimnisses innerhalb einer Mahnrede an die Heiden befindet, sich nicht wegen ihres Glaubens zu rühmen: »Denn die Gefallenen zu beleidigen und sich gegenüber den Zweigen, die herausgebrochen worden sind, zu brüsten, das geschieht nicht aufgrund der Weisheit Gottes, sondern aufgrund der menschlichen Weisheit, die zu tadeln ist, da sie das Mysterium Gottes nicht kennt.« (Origenes: Römerbrief, VIII, 12; 1195.) Wer sich als gnadenhaft in den edlen Ölbaum eingepropfter Zweig ein Urteil über die von Gott heraus-

menschliche Vernunft, die meint, die Dinge überblicken zu können, in der das Judentum zu einem »mit Irrtümern durchsetzten Vorspiel[...] des Eigentlichen«[36] wird, setzt Paulus hier offensiv das Geheimnis Gottes, »damit ihr nicht bei euch selbst klug seid.« (Röm 11,25)[37] Das alleinige Vermögen der Vernunft führt in eine Aporie, die er hier durch eine theonom formulierte, heilsgeschichtliche Prophetie glaubt einsichtig machen zu können.[38] Nach dem Schriftzitat (Röm 11,26f) und der theologischen Auslegung (Röm 11,28–32)[39] sichert er dieses Geheimnis nicht nur argumentationstheoretisch in einer an negative Theologien erinnernden apophatischen Formel ab: »Wie unergründlich sind seine Entscheidungen, wie unerforschlich seine Wege!« (Röm 11,33) Auch der sich anschließende Übergang von apophatischer Aussage zum Lobpreis ist für die sogenannten »negativen Theologien« typisch. »Denn wer hat die Vernunft (νοῦς) des Herrn erkannt? Oder wer ist sein Ratgeber gewesen? Oder wer hat ihm zuvor gegeben, und ihm wird zurückgegeben werden? Denn aus ihm und durch ihn und in ihm sind alle Dinge. Ihm sei Ehre in Ewigkeit. Amen.« (Röm 11,35f)

Diskurse negativer Theologien bleiben nicht in der Apophase stehen, sondern gehen über in ein hymnisches Preisen Gottes und in ein Gebet, »also eine Rede [...], die als solche nicht prädikativ, theoretisch (*theologisch*) oder konstativ ist.«[40] Selbst wenn man im heutigen wissenschaftlichen Diskurs das

---

gebrochenen Zweige anmaßt, der steht kurz davor wieder ausgehauen zu werden. In dieser Fluchtlinie steht auch Michael Theobalds These, in dem Maße, in dem die Kirche das Judentum in sich selbst sowie außerhalb ignoriert und abgelehnt habe, sei »die ›Verstockung‹ von Israel auf die Kirche selbst übergegangen!« (Theobald: Kirche und Israel nach Röm 9–11, 347.)

[36] Müller: Wieviel Vernunft braucht der Glaube?, 96, FN 46.

[37] Übersetzung nach Michael Theobald: Der »strittige Punkt« (Rhet. a. Her. I,26) im Diskurs des Römerbriefs. Die propositio 1,16f und das Mysterium der Errettung ganz Israels. In: Theobald: Studien zum Römerbrief, 278–323 (= Theobald: Der »strittige Punkt«), 321.

[38] Bultmann spricht davon, dass »das heilsgeschichtliche μυστήριον Rm 11,25ff. der spekulierenden Phantasie entspringt.« (Rudolf Bultmann: Theologie des Neuen Testaments, Tübingen ⁹1984, 484. Das weist Keller überzeugend zurück. (Vgl.: Keller: Gottes Treue – Israels Heil, 127–157.) Es ist nicht die Phantasie des Paulus, die hier mit ihm durchgeht, sondern konkrete Schriftreflexion führt ihn zu dieser Einsicht. Die Tatsache, dass Gottes Wort nicht hinfällig ist (Röm 9,6a), ist ein Grunddatum paulinischer Gottesverkündigung.

[39] »Was Paulus in 11,25–27 in Gestalt eines dreigliedrigen (2+1) *Offenbarungsspruchs* (11,25c.d.26a) mit Schriftbeweis (V.26b–27) und vorangestellter Einführung (V.25a.b) als autoritativ-verbindlichen Bescheid kundtut, das versucht er in V.28–31 begrifflich-theologisch einzuholen.« (Theobald: Der »strittige Punkt«, 302.)

[40] Derrida: Wie nicht sprechen, 76, frz.: 179. Aus diesem Grund unterscheidet Derrida auch seine Arbeit von »negativer Theologie«, weil sie als Philosophie nicht im Lobpreis Gottes enden kann, der häufig mit dem Gebet verknüpft ist. Inwieweit seine Adressaten an den Anderen, die sich in vielen Texten finden, diese in eine strukturelle Nähe zu negativen Theologien rücken, so dass sie sich von der Textoberfläche her nicht mehr unterscheiden lassen – schon gar nicht, wenn gilt, dass *tout autre est tout autre* (Vgl. zur Problematik dieser Formel: Derrida: Den Tod geben, 408–440. Vgl. auch Kapitel VI.5, Seite 323.) –, ist dabei allerdings noch nicht bedacht.

Gebet nicht mehr als integralen Bestandteil der Theologie gelten lassen kann und will, so bleibt die hier von Paulus praktizierte Struktur eine, die sich an philosophischen Überlegungen messen lassen kann. Die anfängliche Überlegung – das Mysterium – wird durch Schrift und theologische Vernunft in einen Kontext eingebettet, der einer kritischen Revision unterzogen wird. Dass dabei in Röm 11,35 (»Wer hat ihm zuvor gegeben, und ihm wird zurückgegeben werden?«) die Fragen von Gabe und Tausch in Erinnerung gerufen werden, wäre ein Anlass, über die Frage der reinen Gnade im Kontext der Diskussion zur Gabe nachzudenken.[41]

Dass es sich in dem von mir ausgesuchten Text nicht um beiläufige Fragen der paulinischen Theologie handelt, die sich der Systematiker in seinem speziellen Interesse am Begriff des Geheimnisses steinbruchartig herausgepickt haben könnte, darauf weist Winfrid Keller in seiner exegetischen Untersuchung zu Röm 11,25–27 hin:

> »Am Geschick Israels entscheidet sich das Recht seiner [d.h. Paulus'] Gottesverkündigung. Ja, die Israelfrage ist für Paulus eine Theodizeefrage. Das Erscheinungsbild Israels stellt Gott selbst in Frage, denn Israel wird durch die ihm gegebenen Verheißungen Gottes konstituiert. Wenn die Verheißung Gottes sich an Israel nicht als zuverlässig erweist, dann ist zu fragen, ob es einen Grund gibt, dem Evangelium Glauben zu schenken, ob es eine ›Kraft Gottes ist, die jeden rettet, der glaubt‹ (Röm 1,16), ob im Evangelium die Gerechtigkeit Gottes offenbart wird (Röm 1,17).«[42]

Wenn das gegenwärtige Judentum – in seinen verschiedenen Gestalten – der Kirche als Israel gilt, dann ist es ein bleibender *locus theologicus*. Gottes Geheimnis gibt es nicht ohne die Zuwendung zu Israel. Paulus' Argumentation, dass sich in Jesus, dem Christus, Gottes Gerechtigkeit und Barmherzigkeit dem Menschen nicht nur zeigt, sondern an ihm wirksam wird, greift zurück auf die jüdische Tradition, in der Gott als Gerechter und Barmherziger wirksam und heilsam an seinem Volk gehandelt hat. Die Schriftzitate weisen darauf hin.

4. Nachträgliche Erkenntnis im Johannesevangelium

Eine sehr bezeichnende Weiterführung und Neuprägung hat der Kontext von Ex 33–34 im Prolog des Johannesevangeliums gefunden, genauer in Joh 1,14–18, das als Bekenntnis der Gemeinde gilt.[1] In der Enzyklika *Fides et ratio* wird der Prolog nirgends direkt zitiert. Im ersten Kapitel mit der Über-

---

[41] Erste Überlegungen dazu – wenn auch nicht im Ausgang von Paulus bei: Josef Wohlmuth: »Geben ist seliger als nehmen.« (Apg 20,35) Vorüberlegungen zu einer Theologie der Gabe. In: Dirscherl u.a. (Hg.): Einander zugewandt, 137–159. – Zur Gabenproblematik vgl. Kapitel III.3, Seite 203.
[42] Keller: Gottes Treue – Israels Heil, 129. Darauf weist auch Theobald hin. Vgl.: Theobald: Der »strittige Punkt«, 321.
[1] Zur Struktur des Prologs vgl.: Michael Theobald: Die Fleischwerdung des Logos. Stu-

schrift *Die Offenbarung der Weisheit Gottes* und dem Untertitel *Jesus als Offenbarer des Vaters* wird in Nr. 11 auf ihn verwiesen, um die Einbettung der Offenbarung in Zeit und Geschichte zu dokumentieren: »Er hat seinen Sohn, das ewige Wort, das Licht aller Menschen, gesandt, damit er unter den Menschen wohne und ihnen vom Innern Gottes Kunde bringe (vgl. *Joh 1, 1–18*). [...] Wer ihn sieht, sieht auch den Vater (vgl. Joh 14,9).«[2] Und in Nr. 9 zieht sie den Johannesprolog zur Bestimmung des Verhältnisses von Vernunft und Glaube heran: »Die Philosophie und die Wissenschaften bewegen sich im Bereich der natürlichen Vernunft, während der vom Geist erleuchtete und geleitete Glaube in der Heilsbotschaft die »Fülle von Gnade und Wahrheit« (vgl. *Joh 1,14*) erkennt, die Gott in der Geschichte endgültig durch seinen Sohn Jesus Christus offenbart hat (vgl. *1 Joh 5,9*; *Joh 5,31–32*).«[3]

Lässt man einmal die dem Offenbarungsbegriff eigene Problematik bei Seite, so lässt sich hier zwar von einem gewissen Zugang zum Geheimnis Gottes im Glauben reden, gleichzeitig unterscheidet der Papst jedoch deutlich zwischen einem vom Geist geleiteten Glauben und dem Bereich der natürlichen Vernunft, dem der Sinnbegriff der autonomen Vernunft zuzurechnen wäre. Zumindest von der Sprachregelung der Enzyklika her ist daher die affirmative Verwendung des Johannesevangeliums für den Leitbegriff der Freiheit als eines Begriffs der autonomen Vernunft nicht gedeckt. Wie aber sieht es im Johannes-Evangelium selbst aus? Ist dieses offen für die Striet'sche Lesart der »christologischen Aufhebung« von Joh 1,18?[4]

Mir scheint gerade für 1,18 – aber auch für den Rest des Evangeliums – von Bedeutung, dass es sich ohne die hebräische Bibel nicht verstehen lässt. Martin Hengel weist darauf hin, dass Johannes wohl »bei seinen damaligen Hörern und Lesern mehr alttestamentliche Assoziationen erweckt [hat], als wir dem Text zutrauen.«[5] Dies gilt aber wohl nicht nur inhaltlich, sondern

---

dien zum Verhältnis des Johannesprologs zum Corpus des Evangeliums und zu 1 Joh, Münster 1988, 205–211 (= Theobald: Die Fleischwerdung des Logos); Klaus Wengst: Das Johannesevangelium I, 1. Teilband: Kapitel 1–10, Stuttgart 2004 (= Wengst: Das Johannesevangelium), 45–47; vgl. auch: Michael Theobald: Im Anfang war das Wort. Textlinguistische Studie zum Johannesprolog, Stuttgart 1983 (= Theobald: Im Anfang war das Wort). Zum Verhältnis von Joh 1,14–18 zu Ex 34 vgl. Anthony Hanson: John I. 14–18 and Exodus XXXIV. In: New Testament Studies 23 (1977), 90–101 (= Hanson: John I. 14–18 and Exodus XXXIV). Auch Theobald und Wengst sehen in Joh 1,14–18 Bezugnahmen auf Ex 33–34. Vgl.: Wengst: Das Johannesevangelium I, 68–83; Theobald: Die Fleischwerdung des Logos, 255.

[2] FIDES ET RATIO, 11. Die Enzyklika zitiert hier Dei Verbum, 4. Auf Joh 14,9 wird im Verlauf dieses Kapitels zurückzukommen sein. Es sei schon hier darauf hingewiesen, dass bei Johannes im Perfekt formuliert wird. Korrekter wäre also die Aufnahme: »Wer ihn gesehen hat, hat den Vater gesehen.«

[3] FIDES ET RATIO, 9.

[4] Vgl. dazu Kapitel VI.1, Seite 347.

[5] Martin Hengel: Die Schriftauslegung des 4. Evangeliums auf dem Hintergrund der urchristlichen Exegese. In: Jahrbuch für Biblische Theologie 4 (1989) (= Hengel: Die Schriftauslegung des 4. Evangeliums auf dem Hintergrund der urchristlichen Exegese), 283. Auch nach Udo Schnelle »bildet des Alte Testament ein Fundament der joh. Evangelienschreibung.« (Udo Schnelle: Das Evangelium nach Johannes, Leipzig ²2000, 15.)

auch für das Vorgehen des Evangelisten. Im Unterschied zu Paulus liest Johannes jedoch die Schrift rein christologisch: »Es ist erstaunlich, mit welchem rigorosen Selbstvertrauen Johannes das ganze Alte Testament einschließlich der Tora Moses für die christologische Selbstverkündigung Jesu in Anspruch nimmt.«[6] Die Schrift *»erhält ihre Autorität, wenn sie Jesu Autorität als Gottes Sohn und Gesandter zu erkennen gibt.«*[7] In einer Situation jedoch, in der Jesus nicht mehr im Fleisch erfahrbar ist, bleibt die Schrift – neben der Liturgie und dem Geist in der Gemeinde – die einzige materiale Größe, die auf ihn verweist.

Wenn aber die *ganze* Schrift auf Jesus hindeutet, so bedeutet dies, dass die Person Jesu und ihr Handeln von der Schrift im Ganzen – und nicht nur von ausgewählten Teilen – ausgelegt werden müssen. Wenn es stimmt, dass die Begegnungen Gottes mit dem Volk Israel in der Person Abrahams, Moses oder Jesajas gemäß der johanneischen Theologie immer schon Begegnungen mit dem Logos waren,[8] dann wird der Logos in der Person Jesu Christi nur dann ausgelegt, wenn diese Auslegung sich der Auslegung des Logos in der Begegnung mit Mose und anderen nähert.[9] Damit verweist das Johannes-Evangelium über sich hinaus auf die Schrift, die als Ganze an das Reden Gottes in seinem Wort rückgebunden bleibt.[10] Es wehrt sich gegen seine

---

Zur Rolle der Schrift bei Johannes vgl. auch: Michael Labahn: Jesus und die Autorität der Schrift im Johannesevangelium. In: Michael Labahn, Klaus Scholtissek, Angelika Strotmann (Hg.): Israel und seine Heilstraditionen im Johannesevangelium. Festgabe für Johannes Beutler SJ zum 70. Geburtstag, Paderborn – München – Wien – Zürich 2004 (= Labahn u.a. (Hg.): Israel und seine Heilstraditionen im Johannesevangelium), 185–206 (= Labahn: Jesus und die Autorität der Schrift im Johannesevangelium). Dort auch weitere Literatur.

[6] Hengel: Die Schriftauslegung des 4. Evangeliums auf dem Hintergrund der urchristlichen Exegese, 268. Vgl. zur christologischen Deutung der Tora bei Johannes auch: Andreas Obermann: Die christologische Erfüllung der Schrift im Johannesevangelium. Eine Untersuchung zur johanneischen Hermeneutik anhand der Schriftzitate, Tübingen 1996.

[7] Labahn: Jesus und die Autorität der Schrift im Johannesevangelium, 206.

[8] Vgl.: Hanson: John I. 14–18 and Exodus XXXIV, 96.

[9] Vgl. auch Bertold Klappert: »Mose hat von mir geschrieben«. Leitlinien einer Christologie im Kontext des Judentums. Joh 5,39–47. In: Erhard Blum, Christian Macholz, Ekkehard W. Stegemann: Die Hebräische Bibel und ihre zweifache Nachgeschichte. FS Rolf Rendtorff, Neukirchen – Vluyn 1990, 619–640, 628.

[10] Karl Barth weist darauf hin, dass im Johannesevangelium nie Jesus für den Vater Zeugnis ablegt, sondern immer der Vater für den Sohn oder Jesus über sich selbst. »*Jesus, der unbekannte Sohn Gottes, wird bekannt durch den bekannten Vater.*« (Karl Barth: Erklärung des Johannes-Evangeliums. Kapitel 1 – 8. Vorlesung, Münster Wintersemester 1925/1926, wiederholt in Bonn Sommersemester 1933. Hrsg. von Walther Fürst, Zürich 1976, 365f.) Das setzt die Bekanntheit des Vaters voraus. Man kann also bei Johannes nicht von einer Offenbarung eines bis dato unbekannten Gottes sprechen, wie z.B. Ulrich Wilckens: Das Evangelium nach Johannes. Göttingen 1998, 142: »Gottes Erkenntnis erschließt sich nur durch Jesus, der ihn offenbart.« Beide Thesen haben ihre Berechtigung, wenn vom Logos gesprochen wird. Wenn dieser auch außerhalb von Jesus spricht – ohne jedoch Fleisch zu werden – kann man nicht von einem unbekannten Gott reden. Wengst weist darauf hin, dass im Zusammenhang mit dieser These immer der Begriff der Offenbarung auftauche, der »im Text nicht begegnet.« (Wengst: Das

eigene Verabsolutierung, indem es als Schrift von sich weg weist auf den, von dem es redet.[11] Da es aber in einer Situation von ihm redet, in der er nicht mehr im Fleisch erfahrbar ist, sondern nur noch in der Lektüre der Schrift,[12] reiht es sich in den Kanon der anderen Schriften ein und gewinnt sein Verständnis im Zusammenhang mit ihnen. Daher erscheint das Weiterverfolgen von Motiven aus Ex 33–34 im Johannesprolog nicht nur möglich, sondern von Johannes her auch geboten. Wir befinden uns an einem weiteren Ort, der sich weder gegen andere Orte ausspielen noch auf sie reduzieren lässt noch sich von ihnen trennen lässt.

> »[14]Und der Logos ist Fleisch geworden
> und hat gezeltet unter uns,
> und wir haben seine Herrlichkeit geschaut,
> eine Herrlichkeit wie die des Einzigerzeugten vom Vater,
> voll Gnade und Wahrheit.
> [15]Johannes legt Zeugnis für ihn ab und ruft:
> Dieser war es, von dem ich gesagt habe:
> ›Der nach mir Kommende
> mir voraus ist er,
> denn eher als ich war er.‹
> [16]Und aus seiner Fülle haben wir alle empfangen,
> und zwar Gnade über Gnade;
> [17]denn das Gesetz ward durch Mose gegeben,
> die Gnade und die Wahrheit kamen durch Jesus Christus.
> [18]Gott hat niemand je geschaut;
> der Einzigerzeugte, gott(gleich),
> der zum Herzen des Vaters geneigt ist,
> er hat ausgelegt.« (Joh 1,14–18)[13]

Johannesevangelium I, 330.) »Bultmann gebraucht in seinem ganzen Kommentar die Offenbarungsterminologie geradezu inflationär, was in einem krassen Missverhältnis zu ihrem geringen Vorkommen im Johannesevangelium steht.« (Ebd., 330, Anm. 170.) So scheint die Zuspitzung des Geschehens auf die Frage der Offenbarung zu einer Abqualifizierung der alttestamentlichen Gottesbegegnungen zu führen.

[11] Damit relativiert es gleichzeitig auch die Tora. Für sie bleibt nach Michael Theobald jenseits der Christus-Offenbarung »nur ein *Vakuum an göttlicher Wirklichkeit* übrig.« (Michael Theobald: Schriftzitate in Joh 6. In: Christopher M. Tuckett (Hg.): The Scriptures in the Gospels. Leuven 1997, 327–366, 365.) Theobald schließt sich Nikolaus Walter an, der festhält: »[N]icht jede Form von Schriftverwendung im Neuen Testament ist allein schon dadurch, dass es sie gibt, ja dass sie gelegentlich mit Nachdruck betrieben wird, theologisch zureichend legitimiert«. (Nikolaus Walter: Zur theologischen Problematik des christologischen ›Schriftbeweises‹ im Neuen Testament. In: New Testament Studies 41 (1995), 338–357, 344.)

[12] Hans-Ulrich Weidemann macht auf die Leser-Orientierung des Johannesevangeliums im Zusammenhang mit der Bitte des Philippus in 14,8 aufmerksam: »Wo aber hat man den johanneischen Jesus ›gesehen‹, wo ereignet sich also die ›Theophanie‹? Des Rätsels Lösung liegt im Johannesevangelium selbst, der Satz 14,9e gilt also von dem *Leser* bzw. Hörer des Buches, der den irdischen Jesus – und damit den Vater – bei seiner Lektüre ›gesehen‹ hat.« (Hans-Ulrich Weidemann: Der Tod Jesu im Johannesevangelium. Die erste Abschiedsrede als Schlüsseltext für den Passions- und Osterbericht, Berlin – New York 2004, 159.)

[13] Übersetzung nach Theobald: Die Fleischwerdung des Logos, 185–187. In Vers 18 bin

Diese fünf Verse nehmen aus Ex 33–34 einige Motive auf und deuten mit ihnen das erneute Engagement Gottes in der Geschichte.[14] Sie bleiben auf den Ort des Sinai verwiesen und beziehen von dort her einen Teil ihrer Autorität. »Johannes re-formuliert die Tora als Geschichte Jesu. [...] Er berichtet als Zeuge von einer neuen Sinai-Offenbarung, die im Leben Jesu, des Mensch gewordenen Wortes Gottes ergangen ist. Sein Evangelium stellt er daher der Tora, die die Sinai-Offenbarung als theologisches Zentrum enthält, als ré-écriture an die Seite.«[15]

Mit Vers 14 beginnt der dritte Abschnitt des Prologs, das Bekenntnis der glaubenden Gemeinde. Sie bekennt, dass der präexistente Logos, der das schöpferische Wort Gottes »am Anfang« ist, Fleisch geworden ist. Johannes spricht nicht davon, dass Gott Mensch geworden ist, sondern davon, dass der Logos Fleisch wurde.[16] Fleisch (σάρξ) ist nach Schnackenburg nicht einfach eine Umschreibung für Mensch, »sondern im joh. Denken Ausdruck für das Irdisch-Gebundene (3,6), Hinfällig-Vergängliche (6,63), gleichsam das Typische rein menschlicher Seinsweise im Unterschied zu allem Himmlisch-Göttlichen, Göttlich-Geistigen.«[17] Daher legitimiert die »Aussage, dass ›das

---

ich von Theobalds Übersetzung abgewichen. Theobald übersetzt die Apposition θεὸς ohne Artikel mit »(der) Gott (ist)«. Ich habe sie in Anlehnung an Wengst mit »gott(gleich)« wiedergegeben, um die Differenz zwischen der johanneischen Verwendung von ὁ θεός und θεὸς, auf die Theobald zu Recht hinweist (vgl.: S. 223f.) auch im deutschen Text kenntlich zu machen. – Dem Johannesevangelium ist es jedoch durchaus möglich, auch Jesus als ὁ θεός zu bezeichnen. Vgl. Joh 20,28. – Inwieweit das erst in der Situation nach Ostern möglich ist, wäre zu klären. – Hans-Ulrich Weidemann verdanke ich den Hinweis auf Joh 20,28. Er machte mich auch darauf aufmerksam, dass in Joh 1,1 der Artikel aus grammatikalischen Gründen nicht steht. θεὸς ist dort Prädikatsnomen. – Eine zu starke inhaltliche Deutung ist hier also eher zurückhaltend zu bewerten.

[14] Zenger geht sogar so weit zu sagen, dass sich das hier Gemeinte »nur vor dem Hintergrund der ersttestamentlichen Erzählungen Ex 33–34 verstehen« lasse. Vgl.: Zenger: »Gott hat keiner jemals geschaut«, 84.

[15] Ansgar Wucherpfennig: Markus 1,1–3, Johannes 1,1–18 und Herakleons Johannes-Kommentar im Licht christlicher Kanon-Entwicklung. In: Labahn u.a. (Hg.): Israel und seine Heilstraditionen im Johannesevangelium, 227–244 (= Wucherpfennig: Markus 1,1–3, Johannes 1,1–18 und Herakleons Johannes-Kommentar), 239. Wucherpfennig weist zudem darauf hin, dass das Johannesevangelium als Ergänzung von Markus verfasst worden sein könnte. (S. 240) Vgl. dazu: Richard Bauckham: John for Readers of Mark. In: Ders.: The Gospel for All Christians, Edinburgh 1998, 147–171.

[16] Theobald weist darauf hin, dass Johannes hier nicht das Adjektiv θειος benutzt. »V 1c [und daher auch V 18b, CL.] setzt zwar (wie auch 1a.b) den Selbststand des Logos voraus, möchte aber über ihn hinaus die *radikale Rückbindung* des Logos an den einzigen und wahren Gott herausstellen.« (Theobald: Die Fleischwerdung des Logos, 223.)

[17] Schnackenburg: Das Johannesevangelium I, 243. Darauf verweist auch: Schnelle: Das Evangelium nach Johannes, 40. Er sieht hier eine antidoketische Spitze. Dagegen Theobald: Die Fleischwerdung des Logos, 248. Für ihn wird hier nur das »dass« der personalen Identität des Logos mit Jesus Christus ausgesagt, nicht das »wie«. Die Tatsache, dass hier von Fleisch- und nicht von Menschwerdung die Rede ist, sei der christologischen Bekenntnistradition geschuldet. (Vgl. S. 248, Anm. 193) Dennoch erscheint mir der Unterschied in einer heutigen Lektüre – gerade vor dem Hintergrund der in Teil II nachgezeichneten Positionen – wichtig. – Auch für Wengst bezeichnet »Fleisch« in der

Wort Fleisch ward‹, [...] nicht die christlich beliebt gewordene Redeweise von der ›Menschwerdung Gottes‹, sodass man allgemein theologisch-anthropologisch von Jesus als dem menschlichen Antlitz Gottes reden könnte.«[18] Der Logos Gottes wird ein konkreter *jüdischer Mann*,[19] d.h. Gott teilt sich nicht allgemein als Mensch mit, sondern als ein ganz konkreter. Dennoch geht er darin nicht auf.[20]

Der Logos hat unter uns gezeltet, und wir haben seine Herrlichkeit gesehen voll Gnade und Wahrheit.[21] Nach Wengst nimmt Johannes hier »jüdische Sprachmöglichkeiten wahr. Die Formulierung vom ›Wohnen unter uns‹, die Konzeption von der Gegenwart Gottes in einem geschichtlichen Ereignis, die enge, fast an Identifizierung reichende Beziehung zwischen Gott und seinem Wort und die doch dabei gewahrte Differenz – das alles setzt die jüdische Vorstellung von der *sch'chináh* voraus, dem Einwohnen Gottes, seiner Gegenwart bei seinem Volk und in der Welt.«[22] Inwieweit man hier von einer Voraussetzung sprechen kann, möchte ich dahingestellt sein lassen. Jedenfalls zeigt Wengsts Lektüre von rabbinischen Texten, dass die Idee, dass Gott aus Liebe hinabsteigt und unter den Menschen wohnt, kein christliches »Proprium« ist.[23] Vielmehr wird das, was »die hebräische Bibel und die jüdische Tradition von ganz Israel aussagen, [...] von Johannes in einer ungeheuren Konzentration auf den einen Menschen Jesus bezogen.«[24]

---

    biblischen Tradition »den Menschen in seiner Hinfälligkeit und Vergänglichkeit.« (Wengst: Das Johannesevangelium I, 68.) Er verweist auf Jes 40,6f. Und Zenger verdeutlicht: »›Fleisch‹ meint in biblischer Sprache den *einzelnen* Menschen in seiner Hinfälligkeit, Verletzbarkeit und Vergänglichkeit.« (Zenger: »Gott hat keiner jemals geschaut«, 83.)

[18] Wengst: Das Johannesevangelium I, 68. Aus systematischer Sicht hat Karl Rahner dezidiert auf eine Seite dieses Unterschieds hingewiesen. Er hält fest, dass nur der Logos Mensch wird, dass es unbewiesen und falsch sei, davon zu reden, Gott sei Mensch geworden, als hätte eine jede Person Mensch werden können. Vgl. z.B.: Rahner: Der dreifaltige Gott als transzendenter Urgrund der Heilsgeschichte, 320.

[19] Vgl. auch schon Karl Barth: Kirchliche Dogmatik IV 1, Zürich 1953, 181. Barth weist darauf hin, dass der Logos *jüdisches* Fleisch wurde.

[20] Auch der johanneische Jesus kann noch zu Gott beten.

[21] Ob mit dem Zelten direkt auf das Offenbarungszelt in Ex 33–34 angespielt wird oder ob hier zunächst das Zelten der Sophia im Hintergrund steht, ist unter den Exegeten umstritten. Schnelle (S. 41) und Schnackenburg (S. 244) votieren für Sir 24,4.8 als nähere Parallele, doch Schnackenburg weist auch auf das heilige Zelt am Sinai hin. – Nach Marböck ist Sir 24 insgesamt eine »Summa« alttestamentlicher Traditionen. Vgl.: Johannes Marböck: Gottes Weisheit unter uns. Zur Theologie des Buches Sirach, Freiburg u.a. 1995, 85.

[22] Wengst: Das Johannesevangelium I, 69. Dagegen Schnackenburg: »Die spätjüdische, erst nach der Tempelzerstörung nachweisbare Bezeichnung Schekhina ist nur eine Ersatzform für den Gottesnamen, die z.B. die gnädige Gegenwart Gottes bei den zum Gebet oder zum Gesetzesstudium versammelten Frommen ansagt, eine innerjüdische Denk- und Sprechweise, von der Joh 1,14 kaum beeinflusst ist.« (Schnackenburg: Das Johannesevangelium I, 245.) Da jedoch auch Schnackenburg von einer Verfassung des Evangeliums nach der Zerstörung des Tempels ausgeht (ebd., S. 147), muss man die Parallele zur Schekhina nicht unbedingt ausschließen.

[23] Vgl.: Wengst: Das Johannesevangelium I, 70.

[24] Wengst: Das Johannesevangelium I, 72.

Spätestens die Erwähnung der δόξα und der »Gnadenformel« lenken den Blick auf die Szene am Sinai.²⁵ Mose bittet dort Gott, ihn seine Herrlichkeit sehen zu lassen, was – wie wir gesehen hatten – von Gott mit dem Vorüberzug, dem Ausrufen seines Namens in der sogenannten Gnadenrede und dem Sehen seines »Nachhers« beantwortet wird. Daher lässt sich hier keine Gegenposition zum Sinaigeschehen aufbauen. Wie Mose die Herrlichkeit Gottes sah, so haben »wir«²⁶ sie gesehen. Die Herrlichkeit des Logos ist von der Herrlichkeit Gottes nicht zu unterscheiden. Das macht die folgende Apposition »eine Herrlichkeit wie die des Einzigerzeugten vom Vater« deutlich.²⁷ Diese Herrlichkeit ist es, die sich in Ex 34,6f in der Gnadenrede entfaltete und die auch hier mit der Wendung »voll Gnade und Wahrheit« aufgenommen wird. Insofern ist mir nicht klar, warum der Prolog in V 17 »›Gesetz‹ und ›Gnade und Wahrheit‹, die im jüdisch-biblischen Kontext zusammengehören, auseinanderreißt«²⁸, wie Theobald interpretiert. Er sieht Ex 34,6f durch den Prolog allein auf den Heilsaspekt reduziert und diesen auf Jesus Christus transponiert. »Ist *er* der Ort, an dem ›Gnade und Wahrheit‹ Jahwes *Wirklichkeit* geworden sind, dann bleibt für das Gesetz nur ein Vakuum an göttlicher Wirklichkeit[.]«²⁹

Für Schnackenburg ist hier keine deutliche Polemik erkennbar. Mose sei für den Evangelisten ähnlich wie Johannes der Täufer ein Zeuge für Jesus Christus, zudem habe das Evangelium keinen Kampf gegen das »Gesetz« als Heilsweg zu führen, so dass es unbefangen vom »Gebote-Halten« sprechen könne. Statt einer paulinischen Antithetik solle der Vers »vielmehr die **Überbietung** der bisherigen Gesetzesordnung durch die Gnadenwirklichkeit Jesu Christi herausstellen.«³⁰ Es gehe hier um das Hervorheben des eschatologischen Heilsereignisses, aber hinter beiden »Gesetz« und »Gnade und Wahrheit« stehe der Wille Gottes.³¹ Wenn Schnackenburg hier auch keine Antithese sieht, so ist für ihn doch ganz klar, dass für Johannes »die göttliche

---

[25] Schnackenburg weist darauf hin, dass die Doppelwendung χάρις καὶ ἀλήθεια ungriechisch sei und auf die im AT verbreitete Wendung חֶסֶד וֶאֱמֶת zurückgehe, wobei die LXX חֶסֶד meist mit ἔλεος wiedergebe, auch wenn in späteren Schriften χάρις vordringe. (Vgl.: Schnackenburg: Das Johannesevangelium I, 248.) Da aber ohnehin unklar ist, welcher Text Johannes vorlag, muss die Tatsache, dass in Ex 34,6 χάρις keine Verwendung findet, nicht gegen eine Anspielung darauf sprechen, noch weniger dagegen, dass seine Leser diesen Anklang hörten.

[26] Ob zwischen dem »wir« in V 14 und dem »wir alle« in V 16 ein Unterschied besteht, so dass das »wir« die apostolischen Zeugen, »wir alle« die glaubende Gemeinde bezeichnet, ist nicht klar. Theobald hält an diesem Unterschied fest. Vgl.: Theobald: Die Fleischwerdung des Logos, 247. So auch Schnackenburg: Das Johannesevangelium I, 246. Wenn man allerdings mit Weidemann annimmt, das »Sehen« im Johannesevangelium ein Sehen durch Lektüre des Evangeliums bedeutet, dann kann sich das »wir« in V 14 auch schon auf die glaubende Gemeinde beziehen.

[27] Vgl. Theobald: Die Fleischwerdung des Logos, 250–254.

[28] Theobald: Die Fleischwerdung des Logos, 257.

[29] Theobald: Die Fleischwerdung des Logos, 257f.

[30] Schnackenburg: Das Johannesevangelium I, 253.

[31] Vgl. Schnackenburg: Das Johannesevangelium I, 253.

Gnadenwirklichkeit erst mit dem inkarnierten Logos auf die Erde kam[.]«[32] Freilich stellt sich die Frage, ob nicht auch eine Überbietung schon eine gewisse Polemik in sich trägt.[33]

Andere Interpretationen sehen hier eher ein »heilvolles Nacheinander«[34] von Gesetz und Jesus Christus.[35] So hat zum Beispiel Karl Barth deutlich formuliert:

> »Es scheint mir vor allem wichtig, festzustellen, dass irgend eine Disqualifizierung sei es des Mose, sei es des Gesetzes in diesem Sätzchen mit keiner Silbe stattfindet[.] Es besteht kein Anlass, in dem unschuldigen ἐδόθη ich weiß nicht was für eine Minderwertigkeit gegenüber dem ἐγένετο des zweiten Satzteils zu wittern[.] Was liegt denn so Abschätziges darin, dass das Gesetz ›gegeben‹ wurde? Als ob nicht im Neuen Testament an so und so vielen Stellen auch vom Geben der Gnade die Rede wäre!«[36]

Daher folgert Wengst, das Bekenntnis aus V 16 »Gnade über Gnade« werde durch den synthetischen Parallelismus doppelt begründet. Gnade durch die Gabe der Tora von Gott durch den Mittler Mose und dann Gnade durch das Werden von »Gnade und Wahrheit« von Gott durch den Logos als Mittler.[37] Wie auch immer es hier um die Deutung des Johannes bestellt ist, eine noch

---

[32] Schnackenburg: Das Johannesevangelium I, 252.
[33] Deutlich scheint mir auf jeden Fall zu sein, dass Mose Jesus nachgeordnet wird. Als Zeugen für Jesus stehen Mose und Johannes der Täufer auf einer Stufe.
[34] Hartwig Thyen: Das Johannesevangelium, Tübingen 2005, 203.
[35] Vgl. z.B. auch: Zenger: »Gott hat keiner jemals geschaut«, 86; Wengst: Das Johannesevangelium I, 79f.
[36] Barth: Johannes-Evangelium, 151. Jörg Jeremias weist darauf hin, dass in der rabbinischen Literatur »die *Erlösung aus Ägypten das Vorbild für die messianische Erlösung sei.*« (Jörg Jeremias: Mose. In: ThWNT V, 852–878, 877.) Daher plädiert auch er hier für einen synthetischen Parallelismus.
[37] Vgl.: Wengst: Das Johannesevangelium I, 79. Daher liest Wengst »wir alle« auch inklusiv, d.h. »die einbeziehend, die die Tora empfangen haben[.]« (80) – Das scheint mir vor dem Hintergrund des restlichen Evangeliums dann doch zu weit zu gehen. Selbst wenn Johannes hier von der Tora als Gnade sprechen kann, so hat sich das für ihn wohl mit der Inkarnation des Logos von Grund auf geändert. Anders scheinen mir die Reden des johanneischen Jesus gegen die Juden nicht denkbar. – Diese Deutung findet sich interessanter Weise auch schon bei Meister Eckhart: »Gnade um Gnade. Dem Wortlaut nach will er sagen, dass statt der Gnade des alten Gesetzes, das durch Moses gegeben wurde, die Gnade des neuen Gesetzes durch Christus gegeben worden ist. Die Gnade des alten Gesetzes war die Erkenntnis Gottes, sie war aber dunkel und unter Bildern (verhüllt). Von ihr wird gesagt: ›was hat der Jude voraus?‹ (Röm. 3,1). Es folgt: ›viel in jeder Hinsicht; erstens nämlich sind ihnen die Offenbarungen Gottes anvertraut worden‹ (V. 2). Der Psalmist sagt: ›er verkündet sein Wort Jakob, seine Gerechtsame und Urteile Israel‹. Es folgt: ›dergleichen hat er keinem anderen Volk getan‹ (Ps 147,19). Darum fügte (Johannes) zu den Worten: Gnade um Gnade sofort hinzu: ›denn das Gesetz wurde durch Moses gegeben, die Gnade und Wahrheit ward durch Jesus Christus‹ (1,17).« (Meister Eckhart: Expositio Sancti Evangelii Secundum Iohannem. Auslegung des heiligen Evangeliums nach Johannes. Herausgegeben und übersetzt von Karl Christ, Bruno Decker, Josef Koch, Heribert Fischer, Loris Sturlese, Albert Zimmermann, Stuttgart 1994, Nr. 178, S. 147.) – Das ist freilich nur eine von vielen Auslegungen, die Eckhart vorschlägt und die er nicht gegeneinander ausspielt.

heute gültige Deutung des Judentums ist sie nicht. Die Zeiten haben sich geändert.

Wichtig erscheint mir Theobalds Hinweis, dass in der Rezeption der Gnadenrede hier nur der Heilsaspekt übernommen wird und der zweite Teil, der auf das gerechte und strafende Handeln Gottes hinweist, wegfällt.[38] Johannes reiht sich damit in andere innerbiblische Rezeptionen ein. Es stellt sich jedoch die Frage, ob der »unterdrückte« Teil Gottes nicht in der Übersetzung der Gnadenformel in »Gnade und Wahrheit« wiederkehrt, so dass die Ellipse gegen sich selbst verschoben wird und erneut die Pole nicht zur Deckung zu bringen sind. Daher sollte man auch nicht vorschnell das griechische ἀλήθεια mit Treue übersetzen und parallel zum hebräischen חֶסֶד lesen. Wenn man mit Derrida davon ausgeht, dass jede Übersetzung, jedes Zitat in einem anderen Kontext, die Bedeutung verschiebt, so wird man dem Begriff der ἀλήθεια bei Johannes nachgehen und fragen müssen, inwiefern er sich gegenüber dem Begriff der Treue verschiebt.

Ich will mich dabei auf zwei weitere Stellen des Johannesevangeliums konzentrieren, an denen mir wesentliche Punkte markiert scheinen.[39] Generell wird man wohl mit Schnackenburg festhalten können, dass der Wahrheitsbegriff flexibel angewendet wird.[40] In Joh 3,21 wird der Zusammenhang der Wahrheitsfrage mit der Gerechtigkeit und dem Gericht deutlich: »Wer aber die Wahrheit tut, kommt zum Licht, damit offenbar wird, dass seine Taten in Gott vollbracht sind.« Die Wendung »die Wahrheit tun« hat einen frühjüdischen Hintergrund und ist in den Qumranschriften mehrfach nachgewiesen. »›Wahrheit‹ ist dabei der Inbegriff dessen, was zu Gott gehört (vgl. zu 1 Joh 1,8), schärfster Gegensatz zu ›Lüge‹, Falschheit, Bosheit, die vom Teufel stammt (8,44; 1 Joh 2,21 [...]).«[41] In 1 QS 4,17 findet sich dieser Gegensatz sehr prägnant formuliert: »Der Wahrheit ein Greuel ist unrechtes Handeln, und ein Greuel sind dem Unrecht alle Wege der Wahrheit.«[42] Von hier aus wird auch deutlich, weshalb für Johannes mit dem Kommen der Wahrheit in

---

[38] Hanson macht darauf aufmerksam, dass in Ex 33,12–34,8 Gott immer nur unter seinem Namen JHWH erscheint und schließt daraus, »that, according to the author of the Fourth Gospel, יהוה was the Logos, and that consequently God, when he revealed himself to Israel of old, revealed himself as essentially the god of mercy. This is surely true of the revelation on Sinai narrated in Exod. xxxiv.« (Hanson: John I. 14–18 and Exodus XXXIV, 100.) Ein Beleg dafür ist ihm der Verweis aus Joh 12,41 auf Jes 6. Wie immer es um diesen m.E. etwas weit hergeholten Beleg bestellt ist, so trifft es nicht zu, dass in Ex 33,12–34,8 nur vom gnädigen Gott die Rede wäre. Inhaltlich spricht Ex 34,7 dagegen, und wenn die rabbinische Deutung des Gottesnamens JHWH als Attribut der Barmherzigkeit hier bemüht wird, so muss man Ex 34,6f auch als Kundgabe des Attributs der Gerechtigkeit verstehen.

[39] Eine umfassende Darstellung, auf die sich auch meine Überlegungen zum Teil stützen, findet sich bei Schnackenburg: Das Johannesevangelium II, 265–281. Er gibt dort auch einen kurzen Abriss über die Forschungsgeschichte und die religionsgeschichtlichen Parallelen.

[40] Vgl.: Schnackenburg: Das Johannesevangelium II, 280.

[41] Schnackenburg: Das Johannesevangelium I, 431.

[42] Zitiert nach: Schnackenburg: Das Johannesevangelium I, 432.

Gestalt des inkarnierten Logos das Gericht anbricht, das bei ihm zwar keine prominente Rolle spielt, aber dennoch nicht ausfällt. Es ist auch nicht das Gericht der rettenden Liebe Gottes, denn wer in der Liebe Gottes bleibt, bleibt in der Wahrheit und entgeht dem Gericht. Insofern verfallen nur die Ungläubigen dem Gericht, das sich bereits jetzt zeigt: »Wer an ihn glaubt, wird nicht gerichtet; wer nicht glaubt, ist schon gerichtet[.]« (Joh 3,18)

Schnackenburg weist auf die Paradoxie hin, »dass man aus Gott oder aus der Wahrheit sein muss, um zu Jesus zu kommen und sein Wort in sich aufzunehmen (vgl. 3,21; 8,47; 18,37), und andererseits erst durch das Bleiben in seinem Wort die Wahrheit erkennt (8,32) und in der Wahrheit geheiligt wird (17,17)[.]«[43] Dies hänge mit der Verwebung von menschlicher Schuld und göttlichem Handeln zusammen. Der Evangelist deute die Weigerung des pharisäischen Judentums, Jesus als den Logos anzuerkennen, mit dem in der urchristlichen Tradition vorgegebenen Verstockungsgedanken aus dem Alten Testament. In der Aufnahme von Jes 12,40 betone Johannes gegenüber dem hebräischen Text (wo der Prophet den Auftrag zur Verstockung bekommt) und der LXX (Passivformulierung) das *aktive* Verstockungshandeln Gottes.[44] Dennoch gibt es auch bei Johannes keine Einspruchsmöglichkeit gegen das göttliche Gericht. Auf Jesu Wort »Zum Gericht bin ich in diese Welt gekommen, damit (ἵνα) die Nicht-Sehenden sehen und die Sehenden blind werden.« (Joh 9,39)[45] lässt Johannes einige Pharisäer fragen, ob denn auch sie blind seien.

Wenn man die sprachliche Unterscheidung von Joh 9,39 ernst nimmt, so bezieht sich die Frage nach dem Blind-sein auf die Situation nach dem Gericht. Die Frage ist also, ob sie durch göttlichen Ratschluss blind geworden seien. Das lehnt der johanneische Jesus ab: »Wenn ihr blind wärt, hättet ihr keine Sünde. Jetzt aber sagt ihr: ›Wir sehen.‹ Eure Sünde bleibt.« (Joh 9,41) Wenn die Blindheit an Gottes Plan läge, so wären die Blinden ohne Sünde. Das wird indirekt auch durch den Beginn der Heilungsgeschichte bestätigt, wo Jesus auf die Frage der Jünger, wer denn gesündigt habe, so dass der Mann blind geboren sei, antwortet, dass die Blindheit nicht Folge irgendeiner Sünde sei, sondern der Mann sei blind, »damit (ἵνα) in ihm die Werke Gottes offenbar werden.« (Joh 9,3) – Man könnte hier fragen, ob sich angesichts dieser jesuanischen Rede nicht eine ähnliche »Logik« wie bei der paulinischen Rede vom Rest zeigt.[46] Von nun an gibt es einige sehende Nicht-Sehende und einige blinde Sehende. Die Unterscheidung zwischen Sehen und Nicht-Sehen lässt sich nicht mehr klar sehen. Die Situation bleibt ambivalent, nicht zuletzt weil auch Johannes hinter den in 1,18 geäußerten Glaubenssatz: »Gott hat niemand je geschaut« nicht zurück kann.

---

[43] Schnackenburg: Das Johannesevangelium II, 271.
[44] Vgl.: Schnackenburg: Das Johannesvangelium II, 342.
[45] Die Einheitsübersetzung ist hier sprachlich ungenau, indem sie οἱ μὴ βλέποντες mit »die Blinden« übersetzt.
[46] Vgl. Kapitel V.3, Seite 323.

Das gilt gleichermaßen angesichts der Verse Joh 14,6–9. Wenn der johanneische Jesus in 14,6 spricht »Ich bin der Weg, die Wahrheit und das Leben«, so heißt das, dass die Wahrheit streng christozentrisch gedacht wird. »Die Wahrheit ist keine dem Menschen frei verfügbare Größe, kein fertiger Besitz, den man sich aneignen und verwalten kann.«[47] Joh 1,18 stellt »die negative Kehrseite dieses Christozentrismus [von Joh 14,6–11, CL] ausdrücklich fest.«[48] Das bedeutet: Nicht weil man den Sohn gesehen hat, gilt 1,18 nicht mehr, sondern gerade deshalb gilt es. Man könnte es mit Hanson begrifflich auflösen und sagen: Gott kann man nicht sehen, sondern nur den Sohn,[49] doch das löst nicht die Spannungen im Johannesevangelium. Theobald weist darauf hin, dass es vier Vergleichstexte zu Joh 1,18 gebe, von denen zwei die Möglichkeit einer Gottesschau negieren und zwei ausdrücken, »dass eine solche ausschließlich im Hinsehen auf Jesus paradox möglich ist.«[50]

Zudem darf man meines Erachtens die Zeitdimension in 14,7 und 14,9 nicht vernachlässigen. Beide Male formuliert Jesus den Bedingungssatz im Perfekt: »Wenn ihr mich erkannt *habt*,...« und »Wer mich gesehen *hat*,...«[51] Der johanneische Jesus bietet keinen präsentischen, erkennenden Zugang zu Gott an – die Frage, ob die Jünger tatsächlich erkannt haben, ist mir hier gar nicht so wichtig[52] –, sondern eröffnet eine Möglichkeit der nachträglichen Reflexion auf das Geschehene.[53]

Wie für das Buch Exodus gehen für Johannes Offenbarung und Abweisung der Möglichkeit der Gottesschau Hand in Hand. Theobald weist darauf hin, dass Philippus' Bitte in Joh 14,8 analog zu Moses Bitte in Ex 33,18 konzipiert sein könnte, auch wenn kein wörtlicher Rückbezug auszumachen

---

[47] Schnackenburg: Das Johannesevangelium II, 280. Das heißt die Wahrheit ist auch kein »*Proprium*«.
[48] Theobald: Die Fleischwerdung des Logos, 259.
[49] Das ist letztlich auch Hansons Begründung seiner These, in Ex 33–34 habe Mose den Logos gesehen. Vgl.: Hanson: John I. 14–18 and Exodus XXXIV, 96.
[50] Theobald: Die Fleischwerdung des Logos, 362. Die Texte sind: 5,37; 6,46; 12,45; 14,9.
[51] Theobald verweist hier allerdings auf die präsentische Bedeutung, die die Perfektformen erlangen. Vgl. Theobald: Die Fleischwerdung des Logos, 370f. Dennoch glaube ich, dass der perfektive Aspekt nicht völlig verloren geht, da ein »Sehen« Jesu für den Leser des Johannes-Evangeliums nur noch im Lesen der Schrift möglich ist.
[52] Wenn ich richtig sehe, kommt es dem Johannes-Evangelium darauf an, dass sich die Bedeutung der Worte und Zeichen Jesu erst nach Ostern erschließt. Erst nach dem Weggang Jesu und der Sendung des Parakleten setzt das Verständnis ein. Zu 14,7f hält Hoegen-Rohls fest »Vom nachösterlichen Standpunkt gilt, dass im irdischen Jesus bereits der Vater zu sehen war. Daher betont die auf vor- und nachösterliche Zeit schillernd bezogene temporale Angabe ἀπ' ἄρτι in Vers 7c, dass die Erkenntnis des Vaters in der Begegnung mit dem vorösterlichen Jesus gründet. [...] Dass aber genau diese Einsicht vorösterlich für die Jünger nicht gegeben ist, zeigt die Bitte des Philippus in Vers 8[.]« (Christina Hoegen-Rohls: Der nachösterliche Johannes. Die Abschiedsreden als hermeneutischer Schlüssel zum vierten Evangelium, Tübingen 1996, 100.) »In der Perspektive des Rückblicks liegt daher das Potenzial, die nachösterliche Glaubenseinsicht in Form eines Evangeliums zur theologischen Aussage zu gestalten.« (Ebd., 30).
[53] Man denke auch an die lukanische Emmausgeschichte, wo die Jünger den Auferstandenen im Moment des Erkennens nicht mehr sehen. Vgl.: Lk 24,31.

sei.⁵⁴ Auch die Antwort scheint mir in beiden Fällen ähnlich gestaltet zu sein. Philippus und Mose werden mit ihrer konkreten Bitte abgewiesen. Sie wird ihnen in anderer Form, in einem Nachblicken der Offenbarung erfüllt. Wenn man also von einer »Phänomenalität« der Offenbarung sprechen will, so wird man im Johannesevangelium wie auch in Ex 33–34 auf das phänomenologische »als« und die erkenntnistheoretische Verspätung zurückgeworfen. Erst im Nachhinein eröffnet sich die Bedeutung des Geschehens. Es eröffnet sich immer schon als ausgelegtes, weshalb Johannes nach »Gott hat niemand je geschaut« fortfahren kann: »Er hat ausgelegt.«⁵⁵

---

⁵⁴ Theobald: die Fleischwerdung des Logos, 370f.
⁵⁵ Theobald übersetzt durchgängig mit »er offenbarte, tat kund« und verweist dabei auf eine Studie von de la Potterie, der »Joh 1,18 vom sapientialen-apokalyptischen Hintergrund her versteht (offenbaren, aufdecken).« (Theobald: Die Fleischwerdung des Logos, 260.) Vgl.: Ignace de la Potterie: La vérité dans Saint Jean. Tome I. Le Christ et la vérité. L'Esprit et la vérité, Rom 1977, 213–228. Potterie verweist auf Ijob 28,27 (LXX), doch ist ja keineswegs klar, ob Johannes die LXX als Referenz hatte. Wenn man die Formel χάρις καὶ ἀλήθεια und diese Verse vor dem Hintergrund von Ex 33–34 liest, muss man wohl eher davon ausgehen, dass Johannes nicht die LXX-Begrifflichkeit aufnimmt. Dann aber erscheint der Verweis auf Ijob (LXX) zweifelhaft, vor allem weil hier ἐξηγήσατο für das hebräische ספר steht, was »zählen, erzählen« bedeutet und vom Kontext her eher auf »zählen« schließen lässt. – In seinem Hiob-Kommentar geht Strauß nicht auf die Möglichkeit der Übersetzung mit »offenbaren« ein: »Ebenso kann ספר grundsätzlich Gott und Menschen zu Subjekt haben. Ob es von der generellen Bedeutung ›erzählen‹ (pi. und pu.) dann zu einer resultativen Bedeutung ›nacherzählen, (ganz) ermessen‹ kommt, hängt eben ganz – wie hier beim Gegenstand Weisheit – von Gott als Subjekt ab[.]« (Hans Strauß: Hiob. 2. Teilband. 19,1–42,17, Neukirchen – Vluyn 2000, 131.) Daneben verweist de la Potterie auf die Nähe zu Mt 11,27 und Lk 10,22, wo der Begriff ἀποκαλύπτειν vorkommt. Mir scheint jedoch gerade dieser Verweis zu zeigen, dass die Tatsache, dass die Sprachmöglichkeit ἀποκαλύπτειν hier keine Verwendung findet, sich auch in der Übersetzung niederschlagen müsste. – Schnackenburg plädiert für »kundgeben«: »Die Vokabel hat je nach dem geistigen Mutterboden ihre charakteristische Verwendung: im heidnischen Hellenismus für Enthüllungen weissagender Gottheiten, bei Fl. Josephus als ›das technische Wort für die Auslegung des Gesetzes, wie das Rabbinat sie übte‹ (A. Schlatter z. St.). Hier in Joh 1,18, wo es ohne Objekt steht, aber deutlich auf das ›Gott-Schauen‹ (V 18a) Bezug nimmt, muss es ein Kundgeben in Gott verborgener Dinge, ein Künden von der himmlischen Herrlichkeit meinen.« (Schnackenburg: Das Johannesevangelium I, 254.) Dagegen spricht nicht nur, dass Schnackenburg an anderer Stelle interpretiert, dass Offenbarung nicht im Sinne eines Enthüllens von Geheimnissen verstanden werden könne, (Vgl.: Schnackenburg: Das Johannesevangelium II, 280.), sondern auch dass der Begriff ἐξηγέσθαι im Johannesevangelium sonst nicht mehr vorkommt (Er findet sich im NT nur im lukanischen Doppelwerk, dort durchgängig mit der Bedeutung »erzählen«) und dass Johannes das Griechische φανεροῦν als Begriff für Offenbaren benutzt. Vgl. z.B.: 1,31; 2,11 (dort offenbart Jesus seine Herrlichkeit); 3,21; 9,3 (die Werke Gottes werden offenbar am Blinden); 17,6 (Jesus betet: Ich habe deinen Namen offenbart); 21,1.14 (der Auferstandene offenbart sich den Jüngern). Eine antithetische Deutung von ἐξηγήσατο zu 1,18 ist m.E. nicht zwingend. Daher erscheinen mir auch exegetische Überlegungen überzogen, in Joh 1,18 eine Spitze gegen die von Mose in Ex 33,18 verlangte Gottesschau zu sehen. (So z.B.: Schnackenburg: Das Johannesevangelium I, 253. – Er formuliert es dort als Möglichkeit. Deutlicher ist: Christian Dietzfelbinger: Das Evangelium nach Johannes. Band 1, Zürich 2001, 33. Er meint, Johannes bestreite hier konkret die Mose und Elija nach biblischem Zeugnis gewährte Gottesschau. Das hält Wengst für eine »absurde Annahme.« (Wengst: Das Johannesevangelium I, 81.))

VI. Statt einer Zusammenfassung: Grenzen und Bedingungen theologischer Rede in verdichteter Form

1. Magnus Striet: Univoke Aufhebung des Geheimnisses im Freiheitsbegriff

Nach allem, was sich in der Arbeit bisher herausstellte, kann es an dieser Stelle nicht darum gehen, Ergebnisse vorzulegen oder gar den Grundriss einer Dogmatik zu entwerfen. Von Beginn an ging es mir um Grenzen, die der theologische Diskurs an den Orten der Philosophie, des Lehramts und der Schrift erfährt. Immer standen dabei andere Texte im Brennpunkt meiner Überlegungen. Daher entscheide ich mich statt für eine rückblickende Zusammenfassung auch in diesem letzten Teil für die Lektüre von Texten, die die Fragen meiner Arbeit nochmals neu beleuchten und einer Prüfung unterziehen, auch wenn die Lektüre noch elliptischer wird, sich stärker auf einzelne Apekte konzentriert und versucht, die verwickelte Gemengelage zu bündeln. Aus systematischer Perspektive könnte man wohl erwarten, die Versuche von Thomas Pröpper, Hansjürgen Verweyen und Klaus Müller mit den Überlegungen von Levinas und Derrida in einen direkten Bezug gesetzt zu sehen. Doch die Lage ist zu kompliziert, als dass man in einer Art »Synthese« Gegenpositionen – sofern es sich um solche handeln sollte – aufeinander beziehen könnte oder gar »theologische Applikationen«[1] aus einem philosophischen Ansatz – sofern es sich um einen solchen handeln sollte – formulieren könnte. Auch bieten sich weder lehramtliche Stellungnahmen und Grenzziehungen noch der biblische Text als Grundlage an, um eine Dogmatik gleichsam daraus zu extrapolieren.

Im Zusammenhang der Letztbegründer habe ich immer wieder auf die Problematik einer vorschnellen begrifflichen Festlegung hingewiesen. Levinas und Derrida hinterfragen diese Eindeutigkeit, das Erste Vaticanum schlägt die Analogie vor, und auch die biblische Rede vermeidet monolineare Aussagen. Demgegenüber versucht der Pröpper-Schüler und Verweyen-Nachfolger Magnus Striet in seiner Habilitationsschrift *Offenbares Geheimnis*[2] nachzuweisen, dass analoge Redeweisen philosophisch unzureichend, biblisch unangemessen und zudem in der gegenwärtigen Situation bedrohlich für den christlichen Glauben seien. Daher beginne ich diesen letzten, eher resümierenden Teil mit einer Lektüre der Striet'schen Habilitationsschrift. Drei andere Texte bilden den dreistimmigen Schluss meiner Arbeit: Derridas Überlegungen zu »Negativer Theologie« in *Wie nicht sprechen?*[3], Levinas'

---

[1] Klaus Müller: Wenn ich »ich« sage, 565–599.
[2] Vgl.: Magnus Striet: Offenbares Geheimnis. Zur Kritik der negativen Theologie, Regensburg 2003 (= Striet: Offenbares Geheimnis), 225.
[3] Sie werden von Striet als »vielleicht radikalste Steigerung« (Striet: Offenbares Geheimnis, 18f., Anm. 29.) »negativer Theologie« bezeichnet, was den Charakter des Derrida'schen Vortrags gründlich verkennt. Striet merkt zwar an, dass Derrida bestreite,

Gedanken zu *Skeptizismus und Vernunft* und Rahners Text *Über den Begriff des Geheimnisses in der katholischen Theologie*. Damit folge ich – soweit der Form einer wissenschaftlichen Qualifizierungsarbeit möglich – Derridas Diktum »il y faut plusieurs voix...«[4]

In einer Veröffentlichung jüngeren Datums will Striet einen »unabdingbaren Begriff letztgültigen Sinns vorschlagen – einen Sinnbegriff freilich, der eine strikte Differenz zwischen Gott und Mensch einfordert[.]«[5] Trotz der geforderten »strikten Differenz« spricht er sich für einen philosophisch ausweisbaren, von Gott und Mensch univok prädizierbaren Freiheitsbegriff aus,[6] auf dessen Aporien ich im Verlauf der Arbeit an mehreren Stellen eingegangen bin.[7] Daher will ich mich in diesem Kapitel auf die Frage der *Univozität* dieses Begriffs konzentrieren.[8]

---

negative Theologie zu betreiben. Er fährt fort, der Platz, der mit dem Namen Gottes bezeichnet gewesen sei, »soll leer bleiben beziehungsweise: soll durch das Verfahren der Dekonstruktion wieder entleert werden.« – Diese Einschätzung trifft jedoch nicht zu. Die Tatsache, dass der Ort leer bleiben muss, ist eine der sogenannten negativen Theologie eingeschriebene Notwendigkeit, es ist keine Erfindung Derridas.

[4] Derrida: Sauf le nom, 15.

[5] Magnus Striet: Antimonistische Einsprüche im Namen des freien Gottes Jesu und des freien Menschen. In: Klaus Müller, Magnus Striet (Hg.): Dogma und Denkform. Strittiges in der Grundlegung von Offenbarungsbegriff und Gottesgedanke, Regensburg 2005, 111–127 (= Striet: Antimonistische Einsprüche im Namen des freien Gottes Jesu und des freien Menschen), 118.

[6] Vgl.: Striet: Antimonistische Einsprüche im Namen des freien Gottes Jesu und des freien Menschen, 126f.

[7] Vgl. z.B. Kapitel II.1, Seite 63.

[8] Vgl.: Striet: Antimonistische Einsprüche im Namen des freien Gottes Jesu und des freien Menschen, 117. Striet spricht dort unmittelbar nur von der »vermutete[n] univoken Prädizierbarkeit« des Begriffs des Selbst, das er jedoch im Anschluss an Kierkegaard als Freiheit bestimmt: »Das Selbst ist Freiheit« (116; vgl.: Sören Kierkegaard: Die Krankheit zum Tode. GW Abt. 24/25, Gütersloh ⁴1992, 25.) – Ich kann hier nicht auf die Frage der Freiheit bei Kierkegaard eingehen. Jedoch scheint mir Kierkegaard für das Striet'sche Unternehmen nicht belastbar zu sein, schreibt er doch auch: »Die Angst ist die Möglichkeit der Freiheit[.]« (Sören Kierkegaard: Der Begriff der Angst. GW Abt. 11/12, Gütersloh ⁴1995, 161.) Oder auch: »Die Innerlichkeit, die Gewissheit ist Ernst.« (157) Auch wenn diese Zitate – wie bei Striet auch – aus dem Zusammenhang gerissen sind, mögen sie darauf hindeuten, dass die Dinge bei Kierkegaard nicht im Freiheitsbegriff münden. Daher erscheint mir auch zweifelhaft, ob der Pröpper'sche Freiheitsbegriff dem Begriff »des Selbst als Freiheit bei Kierkegaard entspricht[.]« (Striet: Antimonistische Einsprüche im Namen des freien Gottes Jesu und des freien Menschen, 115.) – Es mag sein, dass diese unterschiedlichen Interpretationen des Kierkegaard'schen Unternehmens auf zwei verschiedenen Kierkegaards beruhen. Mir liegt der gedruckte und damit mir äußerliche Kierkegaard vor, so dass ich dem ausgesetzt bin, was Derrida die Iterabilität des Textes nennen würde. Striet hingegen kennt Kierkegaard von innen: »Nach inzwischen ausgiebiger Kierkegaard-Lektüre weiß ich, dass man Kierkegaard eigentlich nicht lesen muss, weil man ihn bereits kennt, ihn in sich selbst auffindet[.]« (118) – Demgegenüber bin ich der Überzeugung, dass man die Texte immer wieder lesen muss, weil sie nie in dem, was ich bin, aufgehen. Sie bleiben widerständig, weil sie vom Anderen zeugen. Vielleicht wird in dieser beiläufigen, leicht ironischen Auseinandersetzung auf andere Weise deutlich, was ich auf vielen Seiten versucht habe zu beschreiben.

Wie wir gesehen haben, stellt das Erste Vaticanum fest, dass »die vom Glauben erleuchtete Vernunft, wenn sie fleißig, fromm und nüchtern forscht [...] aufgrund der Analogie mit dem, was sie auf natürliche Weise erkennt, eine gewisse Erkenntnis der Geheimnisse [erlangt] und zwar eine sehr fruchtbare; niemals wird sie jedoch befähigt, sie genauso zu durchschauen wie die Wahrheiten, die ihren eigentlichen ›Erkenntnis‹gegenstand ausmachen.«[9] Das Konzil greift auf die Lehre des Aquinaten zurück,[10] der in der *Summa theologiae* schreibt:

> »Unde nullum nomen univoce de Deo et creaturis praedicatur. Sed nec etiam pure aequivoce, ut aliqui dixerunt. [...] Dicendum est igitur quod huiusmodi nomina dicuntur de Deo et creaturis secundum analogiam, idest proportionem.«[11]

Auch Karl Rahner weist kurz vor seinem Tod 1984 nochmals eindringlich darauf hin, »dass alle theologischen Aussagen, wenn auch noch einmal in verschiedenster Weise und verschiedenem Grad, analoge Aussagen sind.«[12] Dabei bezieht er sich unter anderem auf das vierte Laterankonzil und seine berühmte Formel: »*quia inter creatorem et creaturam non potest tanta similitudo notari, quin inter eos maior sit dissimilitudo notanda.* – Denn zwischen Schöpfer und Geschöpf kann keine noch so große Ähnlichkeit festgestellt werden, ohne dass zwischen ihnen nicht eine noch größere Unähnlichkeit festgestellt werden müsste.«[13] Rahner bedauert, diese »Selbstverständlichkeit für jede katholische Theologie« werde »immer wieder bei den einzelnen theologischen Aussagen vergessen[.]«[14] Er geht sogar so weit, die Analogie zur Wesensbestimmung der Theologie und des Theologen zu machen:

> »Ich möchte hier [...] die Erfahrung bezeugen, dass der Theologe erst dort wirklich einer ist, wo er nicht beruhigt meint, klar und durchsichtig zu reden, sondern die analoge Schwebe zwischen Ja und Nein über dem Abgrund der Unbegreiflichkeit Gottes erschreckt und selig zugleich erfährt und bezeugt.«[15]

---

[9] DH 3016.
[10] Sie war in der Neuscholastik vor allem durch die Cajetan-Rezeption vermittelt und auch verzeichnet. Vgl.: Herwi Rikhof: Das Geheimnis Gottes. Jüngels Thomas-Rezeption näher betrachtet, In: Zeitschrift für dialektische Theologie, 6. Jg. (1990/91), 61–78 (= Rikhof: Das Geheimnis Gottes), 77f. Rikhof zeigt in diesem Beitrag, dass dieses Verständnis bis in Jüngels Interpretation hineinwirkt, was diesen dazu führt, Thomas' Gedanken zu verwerfen. Er zeigt darüber hinaus, dass es Thomas entgegen Jüngels These nicht um die Frage geht, *ob* man über Gott sprechen kann – das ist unbestritten, nicht zuletzt, weil die Bibel über ihn spricht –, sondern *wie* man sprechen kann. Darauf werde ich noch zurückkommen.
[11] Thomas von Aquin: Summa theologiae I, 13, 5.
[12] Karl Rahner: Erfahrungen eines katholischen Theologen. In: Karl Lehmann (Hg.): Vor dem Geheimnis Gottes den Menschen verstehen. Karl Rahner zum 80. Geburtstag, München – Zürich 1984, 105–119 (= Rahner: Erfahrungen eines katholischen Theologen), 105.
[13] CODdt. II, 232, 30f. Vgl.: DH 806. Eben dieses Zitat ist auch aufgenommen bei Rahner: Erfahrungen eines katholischen Theologen, 106. Der Denzinger-Hünermann übersetzt »... Unähnlichkeit festzustellen wäre« und bleibt damit vage. Das lateinische Gerundivum mit esse hat aber den Charakter eines Müssens.
[14] Rahner: Erfahrungen eines katholischen Theologen, 105.

Wenn man mit diesen Autoritäten im Rücken für eine analoge Gott-Rede plädierte, so hätte man vor zwanzig Jahren – wenn man Rahner glauben darf[16] – wohl noch uneingeschränkte Zustimmung geerntet. Was also ist geschehen, dass sich zu Beginn des 21. Jahrhunderts die Erkenntnis einzustellen scheint, dass Konzilien und große Theologen sich in dieser Beziehung geirrt haben müssen? Was ist geschehen, dass nach Magnus Striet der Begriff des Selbst »univok im Hinblick auf eine jede mögliche Freiheit [d.h. auch auf die Freiheit Gottes, CL] gebildet werden muss, wenn er denn diese in ihrem Wesen als Freiheit bestimmen will«[17]? Warum meint Striet – gerade mit Bezug auf das Erste Vaticanum – formulieren zu müssen: »In seinem immanent-trinitarischen Wesen erweist sich Gott auf der Basis der Univozität als *mysterium stricte dictum* (DH 3041)«[18]?

Unter der Überschrift »Zeitdiagnostische Prolegomena« stellt Striet am Anfang seiner Studie[19] die These auf, dass sich »unterschwellig ein tiefer Skeptizismus, ja eine Resignation breit zu machen«[20] scheint. Dazu passe, »dass die großen, mit der Idee der Humanität verbundenen Hoffnungen abzusterben drohen, passt, dass der Begriff Gott in immer unbestimmterer Weise gebraucht wird; [...] ja, dass der Begriff Gott zu einer bedeutungslosen Vokabel wird.«[21] Vor dieser Gefahr könne nur ein univok und eindeutig bestimmter Gottesbegriff schützen. Striet diagnostiziert in der Gegenwart aber auch »gegenläufige kultur- und wissenschaftskritische Töne«[22], die auf »anästhetisierbare[] Momente«[23] zurückzuführen seien.

---

[15] Rahner: Erfahrungen eines katholischen Theologen, 108. Auf den Zeugnischarakter kommen wir später noch zurück.

[16] Vgl.: Rahner: Erfahrungen eines katholischen Theologen, 107: »Ich meine, ich hoffe, dass kein Theologe das eben Gesagte ernsthaft bestreiten wird.«

[17] Striet: Offenbares Geheimnis, 225. Hervorhebung von mir, CL.

[18] Striet: Offenbares Geheimnis, 225. Der Verweis auf den Denzinger-Hünermann bezieht sich auf den ersten der Canones zum vierten Kapitel von *Dei Filius*. Er lautet: »Si quis dixerit, in revelatione divina nulla vera et proprie dicta mysteria contineri, sed universa fidei dogmata posse per rationem rite excultam e naturalibus principiis intelligi et demonstrari: anathema sit. – Wenn jemand sagte, in der göttlichen Offenbarung seien keine wahren Geheimnisse im eigentlichen Sinn enthalten, sondern die gesamten Dogmen des Glaubens könnten durch eine ausreichend gebildete Vernunft aus natürlichen Prinzipien verstanden und bewiesen werden: der sei ausgeschlossen.« (Eigene Übersetzung in Anlehung an CODdt. III, 811, 7–9. – Es ist nicht ganz klar, ob Striet sich mit seinem ganzen Satz oder nur mit der Wendung *mysterum stricte dictum* auf *Dei Filius* bezieht. Denn tatsächlich ließe sich aus dem ersten Teil des Satzes des Kanon so etwas wie eine Forderung nach Univozität ableiten, wenn man *proprie dicta* als *univoce dicta* deuten will. Da aber der zweite Teil des Satzes eine Ableitbarkeit aus den natürlichen Prinzipien der Vernunft ausschließt, verweigert er gerade den Gebrauch der univoken Rede von natürlichen und übernatürlichen Sachverhalten, von menschlicher und göttlicher Freiheit. Daher hält der erläuternde Text des vierten Kapitels fest, es gebe hier einen analogen Zusammenhang. – Grundsätzlich wird man bei derlei Überlegungen zu berücksichtigen haben, dass sich aus der Tatsache, dass eine bestimmte Lehre verworfen wird, noch nicht ergibt, dass ihr Gegenteil gelehrt wird.

[19] Vgl.: Striet: Offenbares Geheimnis, 12–19.

[20] Striet: Offenbares Geheimnis, 13.

[21] Striet: Offenbares Geheimnis, 13f.

[22] Striet: Offenbares Geheimnis, 14.

»[E]s sind Momente, in denen die Fragen nach dem Sinn des Daseins überhaupt als Fragen des Menschen nach sich selbst unausweichlich werden, so dass in letzter Konsequenz der Mensch sich selbst fraglich wird und in der Frage nach sich selbst sich seine Grenzen aufzeigt. Deshalb spricht vieles für die eingangs geäußerte These, dass [...] es Fragen gibt, die [...] notwendig die Frage nach Gott aufwerfen. Die Gottesfrage wird aber nur solange aufgeworfen werden, wie das Phänomen des seiner selbst bewussten Lebens sich nicht im Strudel des Skeptizismus verliert.«[24]

Das selbstbewusste Leben *darf* sich *nicht* im »Strudel des Skeptizismus« verlieren, will es die Gottesfrage noch stellen können. Gleichzeitig *muss* es sich jedoch in Frage stellen, um überhaupt auf die Gottesfrage zu stoßen. Somit ist Striets fragende Vernunft ähnlich gegen den absoluten Zweifel gesichert wie Descartes' *Cogito*.[25] Auch Striets fragender Mensch bekommt ein Sicherheitsnetz gegen den Skeptizismus eingezogen,[26] da Striet davon überzeugt ist, »dass der Glaube nur dann diese humane Relevanz zu entfalten vermag, wenn er in begrifflich bestimmter Weise von Gott redet und diese seine inhaltliche Bestimmtheit in der Geschichte seiner praktischen Überlieferung zu bewahren vermag.«[27] Damit ist der Grundriss seiner Studie bestimmt. Vor dem von Striet diagnostizierten aktuell drängenden Hintergrund werde die begriffliche Rede von Gott fragwürdig, was in der theologischen Tradition der »Negativen Theologie« bedrohliche Anknüpfungspunkte finde. Diesen Anknüpfungspunkten will er die Plausibilität entziehen.[28]

Striets Begriff der »Negativen Theologie«[29] ist dabei mehr als halbiert. Für ihn ist sie »negative Gottrede, die sich nur Aussagen darüber zutraut, was und wie Gott nicht ist, und nicht mehr darüber, was und wie Gott an sich selbst ist[.]«[30] Er vernachlässigt die von Hochstaffl dargestellten drei Wege der »Negativen Theologie«, die *via affirmationis*, die *via negationis* und die *via eminentiae*.[31] Auch hier gilt, dass der Durchgang nicht von seinem »Ergebnis« zu trennen ist. Die Wege gibt es nur gemeinsam, nicht getrennt. Schon gar nicht ist die *via negationis* das zentrale Unternehmen.

---

[23] Striet: Offenbares Geheimnis, 14.
[24] Striet: Offenbares Geheimnis, 15.
[25] Wie Derrida zeigt, stellt das cartesische *Cogito* nie das *lumen naturale* in Frage, in dem allein etwas *clare et distincte* erscheinen kann. Vgl. Kapitel III.1, Seite 157.
[26] Es geht nicht um eine radikale Infragestellung des selbstbewussten Ichs, das Vorgehen erinnert eher an den von Levinas kritisierten Mythos des Odysseus, dem die abendländische Vernunft gleiche, da sie stets nur von sich ausgehe, um wieder zu sich selbst zurückzukommen. Vgl.: Lévinas: Totalität und Unendlichkeit, 29; frz.: 12f.
[27] Striet: Offenbares Geheimnis, 18.
[28] Vgl. Striet: Offenbares Geheimnis, 39f.
[29] ...sofern es nur eine gibt. – Schon hier sei mit Derrida dieser Vorbehalt angemeldet.
[30] Striet: Offenbares Geheimnis, 18.
[31] Vgl.: Josef Hochstaffl: Art. Apophatische Theologie. In LThK[3] I, 848; ders.: Art. Negative Theologie. In: LThK[3] VII, 723–725, 723; vgl. auch: Hochstaffl: Negative Theologie. Ein Versuch zur Vermittlung eines patristischen Begriffs, München 1976 (= Hochstaffl: Negative Theologie). Hochstaffls Betrachtungen der »Negativen Theologie« bleiben zu statisch und gehen von ausbalancierten Verhältnissen aus. Das wird dem Text bei Dionysios in der Form nicht gerecht. Vgl. zu dieser Kritik auch Valentin: Atheismus in der Spur Gottes, 215f.

Bereits bei Pseudodionysios Areopagita kann man lernen, dass die negative Theologie nicht in ihrem Endresultat besteht. Negative Theologie, wenn es sie denn im Singular geben sollte, erschöpft sich nicht darin, »keinerlei Aussagen über Gott mehr zu[zu]lassen«[32]. Sie ist nicht eine Negation um der Negation willen. Bei Dionysios ist sie theologische Prinzipienlehre mit mystagogischem Charakter, die die Gottrede in ihren positiven, negativen und hymnischen Momenten reflektiert.[33] Als Erkenntnislehre *post revelationem* bietet sie eine inhärente Kritik aller theologischen Aussagen und macht auf diese Weise ernst mit dem sogenannten eschatologischen Vorbehalt. Unter ihn fällt nicht nur das »Ob«, sondern auch das »Wie«.[34] Sie trägt so dem Geheimnischarakter desjenigen Gottes Rechnung, der zwar nach biblischem Zeugnis vielfach gesprochen hat, den aber dennoch kein Auge je gesehen hat. Wenn man Dionysios folgen will, muss man aber entgegen Striets Behauptung nicht alles verneinen:

> »[I]m Hinblick auf die überwesentliche und geheime Gottheit muss man jedes Wort, ja sogar jedes Wagnis des Denkens vermeiden, außer diesem, was uns die Heiligen Schriften göttlich offenbaren. Denn es ist die Gottheit, die in diesen heiligen Texten aus sich heraus dieses kundgetan hat, was ihrer Gutheit entsprach.[35]

---

[32] Striet: Offenbares Geheimnis, 23.

[33] Vgl. dazu den von Striet rezipierten Text von Hochstaffl: Negative Theologie, 122–140. Vgl. weiterhin zur Theologie des Dionysios z.B: Werner Beierwaltes: Dionysios Areopagites – ein christlicher Proklos? In: Ders.: Platonismus im Christentum, Frankfurt am Main ²2001, 44–84; Kurt Ruh: Die mystische Gotteslehre des Dionysius Areopagita, München 1987; Paul Rorem: Pseudo-Dionysius. A Commentary on the Texts and an Introduction to Their Influence, New York – Oxford 1993. Ruh weist darauf hin, dass die dionysische Theologie »im Dienst religiöser ›Praxis‹« (17) steht. »Zu Beginn der CH und Mth steht je eine Anrufung (ἐπικαλεῖν), und die Mitteilung der göttlichen Wahrheit ist immer wieder ein ›Feiern‹, ›Preisen‹ (ὑμνεῖν, ἀνυμνεῖν), sogar eine θεορία ἱερά, ›heilige Beschauung‹, anstelle wissenschaftlichen Erklärens und Erörterns.« (17) – Ruh ebnet diesen Unterschied jedoch wieder ein: Dionysius habe »die wichtigsten Aussagen der positiven Theologie *vorgetragen* – Dionysius sagt ›gefeiert‹ –, d.h. *gezeigt*, in welchem Sinne die göttliche Natur ›gut‹, ›einig‹, ›dreifältig‹ [sic!] sei[.]« (19, Hervorhebungen von mir, CL.) Heißt es wirklich »gezeigt«, wenn Dionysios davon spricht, er habe »gefeiert«? – Vgl. zur Dimension des Lobpreises und einem »dritten Weg« in der mystischen Theologie des Dionysius: Jean-Luc Marion: L'idole et la distance, Paris 1977, 219–243; ders.: Au nom ou comment le taire. In: Ders.: De surcroît, Paris 2001, 155–195.

[34] Auf die Unterscheidung zwischen Existenz und Essenz werden wir später im Rahmen der Überlegungen zur Univozität des Seins noch zurückkommen.

[35] Pseudodionysios Areopagita: Die göttlichen Namen, 588c. Die Übersetzung zitiere ich hier nach Derrida: Wie nicht sprechen, 89. – Striet erwähnt diese Textstelle. Sie steht aber für ihn konträr zur apophatischen Denkform. (Vgl.: Striet: Offenbares Geheimnis, 65.) »Nimmt man die faktische Interpretationsgeschichte der dionysischen Theologie als hermeneutisches Kriterium, dann ist es eindeutig die *via negativa*, die dieses Denken dominiert.« (66) – Dagegen: »Aus Gründen der historischen Gerechtigkeit darf freilich die Theologie des Areopagiten nicht nur von ihrer Wirkungsgeschichte her beurteilt, sondern muss auch aus ihrer Zeit heraus betrachtet werden.« (49) – Zudem kennt die faktische Interpretationsgeschichte das dionysische Denken als *legitime* Weise der Rede von Gott.

Auch wenn Dionysios' Begründung in heutigen Ohren merkwürdig fremd erscheinen muss, da sie die göttliche Autorität für die Relevanz der Schrift unvermittelt in Anschlag bringt, und man im Bewusstsein der historischen Genese der Texte heute nicht mehr derart unvermittelt wird argumentieren können, so hat doch seine Empfehlung, sich bei positiven Äußerungen über Gott an die Worte der Schrift zu halten, wenig von ihrer Relevanz verloren.[36] Wenn die Schrift nach dem Zeugnis der Kirche der authentische Niederschlag dessen ist, was man »Offenbarung« Gottes nennt, dann kann nach Dionysios jeder ihr fremde Begriff keine Deutungshoheit über dieses Geschehen beanspruchen. Gerade die Begriffe, die nicht von Gott stammen, die also allein der menschlichen Vernunft entspringen, müssen einer Sprachkritik unterzogen werden.[37] Es ist verständlich, dass diese »Position« dem Versuch, »die Offenbarung« in freiheitstheoretischen Begriffen der europäischen Aufklärung zu reformulieren, diametral entgegengesetzt ist.[38] Einen Sinnbegriff von außen an die göttliche Offenbarung heranzutragen und sie über die Einheitsleisten der Freiheit oder des Selbtbewusstseins zu schlagen, führt zu einer Umdeutung biblischer Begriffe, die letztlich dazu führen muss, Teilen der Bibel vollends den Charakter der *inerrantia* abzusprechen.[39]

Nun ist aber gerade Striet in seiner Aufnahme des Pröpper'schen Ansatzes – mehr noch als Verweyen oder Müller – auf das Dokument verwiesen, in dem das Geoffenbarte schriftlich enthalten ist,[40] verwiesen, da seine Theologie ein genuin offenbarungstheologisches Fundament hat.[41] Und so weist

---

[36] Auch Thomas von Aquin lehnt eine Umdeutung der biblischen Aussagen über Gott, wie z.B. Maimonides sie vorschlägt, strikt ab, was uns im Rahmen der Analogieproblematik noch beschäftigen wird. Vgl. Rikhof: Das Geheimnis Gottes, 71.

[37] Das nimmt die Sprachgestalt des Wortes Gottes nicht aus. Es ist ja bereits Interpretation dessen, was man Offenbarung nennt. Vgl. zu diesen Fragen Kapitel V.1, Seite 289.

[38] Erstaunlicher Weise kommt Klaus Müller gerade zur gegenläufigen Diagnose. Er vermutet, die Unterbelichtung der »Negativen Theologie« liege an einer Verdrängung des Subjektgedankens. Nach Striet aber fordert genau jener Gedanke den bestimmten Gottesbegriff als Anker im Sturm des Skeptizismus.

[39] Es geht mir hier nicht um eine eng geführte *inerrantia*, wie sie das Schema *De Fontibus Revelationis* in der Vorbereitung des Zweiten Vaticanums vorschlag, dem es vor allem um die Historizität der Evangelien geht. (Vgl. dazu: Josef Ratzinger: Dogmatische Konstitution über die göttliche Offenbarung. Einleitung und Kommentar zum Prooemium, I. und II. Kapitel. In: LThK² EII, Freiburg 1967, 498–528, 500.) Das Zweite Vaticanum hat vor dem Hintergrund der naturwissenschaftlichen Forschung schon wesentliche Korrekturen vorgenommen, indem es im Anschluss an die Enzyklika *Divino afflante spiritu* die Frage von der *inerrantia* zur *veritas* verlagerte und diese auf das Heil des Menschen bezog: »Da also alles, was die inspirierten Verfasser oder Hagiographen aussagen, als vom Heiligen Geist ausgesagt zu gelten hat, ist von den Büchern der Heiligen Schrift zu bekennen, dass sie sicher *(firmiter)*, getreu *(fideliter)* und ohne Irrtum *(sine errore)* die Wahrheit lehren, die Gott um unseres Heiles willen *(nostrae salutatis causa)* in heiligen Schriften aufgezeichnet haben wollte.« (DH 4216.) Zur Frage der *inerrantia* vgl. auch: Karl Rahner: Heilige Schrift und Theologie. In: Ders.: Schriften zur Theologie VI, Einsiedeln – Zürich – Köln 1965, 111–120, 111f; ders.: Heilige Schrift und Tradition. In: Schriften zur Theologie VI, 121–138.

[40] Vgl. DH 4215.

[41] Vgl.: Striet: Offenbares Geheimnis, 24: »Ist nicht alles an Gottes Gottsein offenbar, wenn Gott als er selbst offenbar ist, weil er selbst sich endgültig offenbar gemacht hat?«

Striet auch die »Negative Theologie« als unbiblisch zurück.[42] Es sei höchst fraglich, ob sie »überhaupt dem alttestamentlichem Denken entspricht[.]«[43]

---

[42] In seinem ersten Kapitel geht er auf die kirchliche Lehrtradition nur in einer Fußnote ein, in der zwar das Vierte Lateranense und das Erste Vaticanum genannt werden, aber nur eine Beschäftigung mit dem Vierten Lateranense in Aussicht gestellt wird. Das Erste Vaticanum hingegen wird nicht weiter behandelt. Ohne die Konstitution direkt zu nennen, bezieht er sich auf *Dei Filius*: »Auszuschließen ist, dass dieses Geschehen von Offenbarung instruktionstheoretisch zu verstehen ist.« (Striet: Offenbares Geheimnis, 226.) Und die Anmerkung 48 zu diesem Satz: »In der kirchlichen Lehrüberlieferung definitiv verabschiedet wurde dieses instruktionstheoretische Denken mit dem Zweiten Vatikanischen Konzil. Vgl. vor allem *Dei Verbum*.« (ebd.) – Das freilich lässt sich, wie wir im Durchgang durch den Text von *Dei Filius* mit den wenigen Querverweisen zu *Dei Verbum* gesehen haben, so nicht halten. – Das Vierte Lateranense thematisiert Striet im Rahmen seiner Überlegungen zur Analogie bei Thomas von Aquin. (Vgl.: Striet: Offenbares Geheimnis, 95f.) Er zitiert Hochstaffls Deutung, das Konzil habe sich Maximus Confessor angeschlossen, es sei ihm darum gegangen, dass im Hinblick auf Gottes Transzendenz alles Vergleichen überhaupt versage. (Vgl.: Josef Hochstaffl: Negative Theologie, 151–155.) Striet »muss« zurückfragen, was es bedeute, »dass im Hinblick auf Gottes Transzendenz alles Vergleichen aufhört[.] Etwa, dass jede bestimmte Rede von Gott ihren Gegenstand verfehlt, weil von ihm keine bestimmten Aussagen zu machen sind? Kann dies aber die Intention des Konzils gewesen sein, dem es doch [...] auch darum zu tun sein musste, christologisch begründet das Dasein Gottes in der Welt als Liebe festzuhalten?« (95f., Hervorhebung von mir, CL.) Im genauen Kontext gehe es dem Konzil primär um den Primat der Gnade, was es fraglich erscheinen lasse, dass das Konzil die Unmöglichkeit feststellen wollte, »in bestimmter Weise von Gott zu reden.« (96) Ebenso sei nichts über die Denkform der Analogie entschieden. – Diese Behauptungen bedürften einer eingehenderen Betrachtung, als ich sie hier in der Fußnote leisten kann. Dennoch einige Dinge in der gebotenen Knappheit: Aus einer vermuteten Intention heraus zu argumentieren, die sich nicht im Text findet, sondern die das Konzil haben *musste*, erscheint mir eine fragwürdige Hermeneutik zu sein. Was Striet als »Primärintention« des Konzils festhält, ist auf der Textebene nur ein Beispiel für den Unterschied von Gott und Mensch. Der Kontext ist vielmehr Joachim von Fiores Behauptung, Petrus Lombardus habe eine vierte Person in Gott hineingetragen. (DH 803–808). Vgl. auch: Alberto Melloni: Die sieben »Papstkonzilien« des Mittelalters. In: Giuseppe Alberigo (Hg.): Geschichte der Konzilien. Vom Nicaenum bis zum Vaticanum II, Düsseldorf 1993, 197–231, 215.) Joachim wollte – nach der Darstellung des Konzils, seine Schrift ist verschollen – die »eine« Wirklichkeit Gottes wie die Einheit der Gläubigen im »einen« Leib Christi verstanden wissen, so dass sich nicht eine vierte Person ergebe. Letztlich schlägt er also eine Analogie aus dem menschlichen Bereich vor. Das lehnt das Konzil ab. Es besteht darauf – und ist hier Striet näher, als dieser vielleicht vermutet –, dass es sich der Natur nach um »eine« höchste Wirklichkeit handelt, und zwar – und jetzt zieht das Konzil die Grenze – »eine unbegreifliche und unaussprechliche«. (DH 804) Wenn man hingegen von der Einheit der Gläubigen spreche oder von Jesu Aufforderung, vollkommen zu sein, so spreche man von Einheit oder einer Vollkommenheit der Gnade nach. So komme beiden – Gott und Mensch – jedem auf seine Weise dasselbe zu: Gott aus seiner Natur, dem Menschen durch die Gnade Gottes. »Denn zwischen Schöpfer und Geschöpf kann keine so große Ähnlichkeit festgestellt werden, ohne dass zwischen ihnen nicht eine noch größere Unähnlichkeit festgestellt werden müsste.« (DH 806; eigene Übersetzung, CL.) Man darf also keine Analogien aus dem menschlichen Bereich unkritisch auf Gott übertragen, gleichzeitig erweisen sich aber die konkreten Begriffe aus Gottes Natur heraus im Aussprechen als unaussprechlich. Insofern darf Petrus Lombardus' Lehre der *einen* Wirklichkeit auch nicht wie im menschlichen Bereich verstanden werden, da dies in der Tat zu einer Quaternität führte.

[43] Striet: Offenbares Geheimnis, 20f. Ganz grundsätzlich halte ich es nicht für möglich,

Striet hebt vor allem auf das Bilderverbot ab und sieht sie darin nicht begründbar. Das Bilderverbot stelle die Souveränität Gottes heraus, nicht seine Unbegreifbarkeit oder Unsagbarkeit. »Jahwes Geheimnis ist sein unverfügbares Daseinwollen für Israel. [...] [D]er ›Ich bin, der ich da sein werde‹ ist in seiner Treue unverfügbar.«[44] Meine Lektüre von Ex 33–34 sowie sich anschließender innerbiblischer und rabbinischer Diskussionen hat gezeigt, dass Gott auch in seinem gerechten Strafhandeln und in seiner Unverrechenbarkeit unverfügbar ist, ja sogar in seiner temporären Abwesenheit, und dass dies eine genuine Erfahrung des Volkes Israel darstellt. Striet betont zwar Ex 33,11, ignoriert jedoch das bleibende Korrektiv dazu, das als Gottesrede formulierte Ex 33,20.[45]

Formuliert Striet in Bezug auf das AT noch ansatzweise zurückhaltend, so wird er in Bezug auf das NT deutlich: »Und erst recht stünde eine negative Theologie, die keinerlei Aussagen über Gott mehr zulassen will, nicht mehr auf dem Boden des Neuen Testaments.«[46] Nach der Lektüre zum Römerbrief und zu Johannes ist das in dieser apodiktischen Form nicht haltbar. Zum Einen besteht das NT nicht nicht nur aus johanneischem Schrifttum,[47] und zum Anderen hebt Joh 8,19 Joh 1,18 (»Keiner hat Gott je gesehen.«) christologisch nicht auf.[48] Das ist im Kapitel zu Johannes hinreichend deutlich

---

von »*dem* alttestamentlichen Denken« zu sprechen. Auf die Vielstimmigkeit der alttestamentlichen Texte bin ich an ausgewählten Texten in den Kapiteln V.1 und V.2 ausführlich eingegangen. Hinzu kommt, dass ein Buch wie Kohelet der negativen Theologie zumindest eine legitime Stellung einräumt.

[44] Striet: Offenbares Geheimnis, 22. Außer zum Bilderverbot finden sich bei Striet keine Verweise auf Studien von Alttestamentlern. An dieser Stelle verweist er auf von Balthasar, zum Buch Hosea empfiehlt er »die schöne Interpretation bei H. Verweyen« (S. 22, Anm. 40), zu Ex 20,2 verweist er auf Schaeffler. Mir scheint, die von Thomas Marschler in seiner Rezension mit deutlichen Worten als »ärgerliche Mängel« in formaler Hinsicht bezeichnete Nachlässigkeit vor allem bei lateinischen Zitaten und Wendungen setzt sich zumindest hier im biblischen Teil auch inhaltlich fort. »Dass ein Leser es als schlichte Unhöflichkeit empfinden könnte, solche Texte präsentiert zu bekommen, scheint im Zeitalter der McDonaldisierung der Buchproduktion weder Autor noch Verlag zu kümmern.« (Thomas Marschler: Rez. M. Striet, Offenbares Geheimnis. Zur Kritik der negativen Theologie = ratio fidei 14 (Regensburg 2003). In: Theologie und Glaube 94 (2004) 110–113, 112.) Zurückhaltender formuliert: Jörg Splett: Rez. M. Striet, Offenbares Geheimnis. Zur Kritik der negativen Theologie = ratio fidei 14 (Regensburg 2003). In: Theologie und Philosophie 79 (2004), 608–610, 610.
[45] Vgl. Kapitel V.1, Seite 285.
[46] Striet: Offenbares Geheimnis, 23.
[47] Striet zitiert auf den eineinhalb Seiten, auf denen er zeigen will, dass die »Negative Theologie« nicht dem NT entspricht, fast ausschließlich aus dem Johannesevangelium. Die wenigen Stellen aus den paulinischen Briefen haben eher den Charakter von Stichwortgebern. Auch die Grundartikulation seiner Theologie »Gott ist die Liebe« entstammt der johanneischen Tradition.
[48] Vgl.: Striet: Offenbares Geheimnis, 23f. Obwohl Theobald Joh 8,19 in keinen Zusammenhang mit Joh 1,18 bringt, begreift Striet konkret diese Stelle als christologische Aufhebung von 1,18. Im Verlauf seiner Argumentation führt er jedoch auch 14,9 und 14,10 an. Dabei erscheint mir bedenklich, dass Striet für seine Auslegung des Verhältnisses von Joh 1,18 und Joh 14,9 zwar auf Michael Theobalds Studie *Die Fleischwerdung des Logos* (näherhin 362–371) verweist, jedoch dessen Deutung, dass eine Got-

geworden. Wenn sich die Bibel in ihrem »Gesamt« erschließt, dann deuten

tesschau in Jesus nur »paradox möglich ist« (362), nicht rezipiert. – Hinzu kommt, dass der Vers Joh 8,19 sich kaum zur »trinitarische[n] Fortbestimmung« (Vgl.: Magnus Striet: Konkreter Monotheismus als trinitarische Fortbestimmung des Gottes Israels. In: Ders. (Hg.): Monotheismus Israels und christlicher Trinitätsglaube. QD 210, Freiburg – Basel – Wien 2004, 155–198.) desjenigen Gottes eignet, »der sich selbst in unverbrüchlicher Treue Israel verheißen hat[.]« (Striet: Offenbares Geheimnis, 23.) Sie steht nämlich just in einem Kontext, der diese Treue bezweifeln lässt: »8[19] Da fragten sie ihn: Wo ist dein Vater? Jesus antwortete: Ihr kennt weder mich noch meinen Vater: würdet mich kennen, dann würdet ihr auch meinen Vater kennen. [...] [44] Ihr habt den Teufel zum Vater[.]« Was Johannes hier »den Juden« durch Jesus – das fleischgewordene Wort Gottes, das gott(gleich) ist – sagen lässt, verträgt sich nicht mit Striets These, sein trinitarisch fortbestimmter Gott sei der Gott Israels, der weiterhin in Treue zu Israel in Gestalt des heutigen Judentums stehe. Will man von der unverbrüchlichen Treue Gottes zu Israel reden, dann scheint mir Paulus als Referenz geeigneter. Freilich eignet sich Paulus weniger gut dazu, von der *christologischen Aufhebung* des jüdischen (und entgegen Striets Ansicht auch christlichen – wenn es denn stimmt, dass die hebräische Bibel auch die Bibel der christlichen Kirche ist) Glaubensgrundsatzes aus Joh 1,18 zu sprechen. Ist Joh 8,19 der Ausgangspunkt, so liegt es nahe, auch die Konsequenz zu ziehen, die der johanneische Jesus dort unbefangen ausspricht: »Ihr habt den Teufel zum Vater[.]« Schon Schnackenburg verweist in seinem Kommentar zu dieser Stelle auf die innere Verbindung: »Der Vorwurf, dass die Juden Gott, der Jesus gesandt hat, nicht ›kennen‹, tauchte schon vorher auf (7,28) und steigert sich am Ende von Kap. 8 zur schneidenden Polemik, dass sie Gott ›nicht erkannt haben‹ (V 55). Das ist ein Angriff auf das Judentum, dem sein stolzester Besitz, die Gotteserkenntnis, abgesprochen wird, weil es Gottes eschatologischen Gesandten, seinen Sohn, verworfen hat.« (Rudolf Schnackenburg: Das Johannesevangelium. II, 247f.) – Die Frage der Juden im Johannesevangelium wird in der exegetischen Literatur breit diskutiert. Einen ersten Überblick bietet: Jörg Frey: Das Bild ›der Juden‹ im Johannesevangelium und die Geschichte der johanneischen Gemeinde. In: Labahn u.a. (Hg.): Israel und seine Heilstraditionen im Johannesevangelium, 33–53 (= Frey: Das Bild ›der Juden‹ im Johannesevangelium). Nach Frey muss der Begriff »Juden« im Johannesevangelium als *dramaturgisches Element* verstanden werden. (Ebd., 38) Er hält die von Wengst angebotene Lösung des Problems für zu einfach. Wengst will die judenfeindliche Polemik aus der Situation der Johannes-Gemeinde erklären, die sich in innerjüdischen Konflikten einem Synagogenbann ausgesetzt sah. »Aus einer bedrängten Minderheitenposition heraus formulierte Sätze werden so zu skrupellos gebrauchten Hilfsmitteln einer mächtigen Mehrheit gegen die jüdische Minderheit.« (Wengst: Das Johannesevangelium I, 31.) Neben Freys inhaltlich wohl berechtigter Kritik könnte sich angesichts von Wengsts Argumentation die Frage stellen, ob sich hier nicht das alte antisemitische Klischee, die Juden seien selbst schuld am Antisemitismus, wieder Bahn bricht. Wengst hat dies auf keinen Fall vor Augen, er argumentiert von der messianischen Grundposition des Johannesevangeliums aus, die die frühen Christen zu einer der »integrationsunwilligen und integrationsunfähigen Gruppen« (29) machte, die in dem sich nach der Zerstörung des Tempels herausbildenden Judentum keinen Platz mehr hatte und auch für sich keinen mehr sah. Gleichgültig, wie man die historischen Fragen um die Entstehung des Johannes-Evangeliums beurteilt, so wird man mit ihnen nicht die antijüdischen Spitzen entschuldigen können, erst recht nicht den Antijudaismus der Kirche durch die letzten zweitausend Jahre. Tatsächlich scheint mir in der christologischen Zentrierung der Schrift bei Johannes bereits ein gewisser Antijudaismus angelegt zu sein. Wenn für die Tora bei Johannes nach Michael Theobald »nur ein *Vakuum an göttlicher Wirklichkeit* übrig[bleibt]« (Michael Theobald: Schriftzitate in Joh 6. In: Christopher M. Tuckett (Hg.): The Scriptures in the Gospels. Leuven 1997, 327–366, 365), so kann das nicht ohne Konsequenzen für ein Tora-treues Judentum bleiben. Wenn die Kirche heute dem Judentum eine authentische Gotteserkenntnis und einen ungekündigten Bund zuspricht, dann wäre aus sys-

sich die Texte gegenseitig. Wir können nicht behaupten, wir hätten in Joh 8,19 den Schlüssel, den eigentlichen Sinn des Johannes-Evangeliums, und in Joh 1,18 das aufzuschließende Schloss. Nein, beides: Die Tatsache, dass man den Vater kennen würde, wenn man den Sohn kennen würde, und die Tatsache, dass niemand Gott je gesehen hat, bestimmen das Zeugnis des Johannes. Sie lassen sich nicht vorschnell finalisieren.

Wenn Paulus im Römerbrief vom Mysterium spricht und von der Unbegreiflichkeit Gottes, so bildet er damit den biblischen Antrieb für Reflexionen, die sich in der »Negativen Theologie« eindrucksvoll Bahn brechen. Man kann sogar zum hymnischen Weg des Pseudo-Dionysios, der sich ja als Pseud-Epigraph ganz bewusst in die paulinische Tradition stellt, im Römerbrief Parallelen finden. Zum Abschluss seiner Reflexionen über das von Gott verstockte Israel und nach seiner Erklärung, die Rettung Israels sei ein Mysterium, endet Paulus mit einem Gebet:

»11³³O welch eine Tiefe des Reichtums, beides, der Weisheit und der Erkenntnis Gottes! Wie unbegreiflich sind seine Gerichte und unerforschlich seine Wege! ³⁴ Denn ›wer hat die Vernunft des Herrn erkannt, oder wer ist sein Ratgeber gewesen?‹«[49]

Freilich kann ein dogmatisches Denken, dass die *Selbst*offenbarung Gottes subjektphilosophisch und freiheitstheoretisch als *Wesens*offenbarung versteht und sie mit Liebe identifiziert,[50] nicht an einer erkenntnistheoretischen Geheimnishaftigkeit gelegen sein.[51] Ist Magnus Striet daher nicht regelrecht ge-

---

tematischer Sicht zu fragen, inwieweit man dann noch unbefangen eine johanneische Christologie rezipieren kann. – Unberücksichtigt bleibt hier die Frage, ob es nur *eine* johanneische Christologie gibt. Franz Mussner weist darauf hin, dass auch Johannes die Juden nicht abgeschrieben hat. Jesus stirbt bei Johannes für sein Volk. Vgl.: Franz Mussner: Traktat über die Juden, München 1979, 281–293, 292f. – Zur Frage des Gesprächs zwischen den christlichen Kirchen und kirchlichen Gemeinschaften und jüdischen Gesprächspartnern vgl.: Rolf Rendtorff, Hans-Hermann Henrix (Hg.): Die Kirchen und das Judentum. Dokumente von 1945 – 1985, Paderborn – München 1988; Hans-Hermann Henrix, Wolfgang Kraus (Hg.): Die Kirchen und das Judentum. Dokumente von 1986 – 2000, Paderborn – Gütersloh 2001. (Hinzuweisen bleibt auch hier, dass es die Christen nicht mit einer abstrakten Einheitsgröße »Judentum« zu tun haben.) Darin findet sich auch die viel beachtete Stellungnahme *Dabru Emet* vom 11.9.2000 (974–976). Vgl. dazu: Rainer Kampling, Michael Weinrich (Hg.): Dabru emet – redet Wahrheit. Eine jüdische Herausforderung zum Dialog mit den Christen, Gütersloh 2003.

[49] Auf die Rolle des Gebets in der »Negativen Theologie« werde ich ebenfalls zurückkommen.

[50] Vgl.: Striet: Offenbares Geheimnis, 222–231.

[51] Reikerstorfer weist auf die Problematik der vollständigen begrifflichen Durchdringung des Geheimnisses Gottes aus der Perspektive der neuen politischen Theologie hin: »Gefragt muss werden, ob die theologische Rede von der ›Selbstmitteilung‹ Gottes von ihrer begrifflichen Intention her nicht dieses gefährdete Potenzial in Gott selbst hinein überholen möchte, damit aber das Offenbarungsereignis in seiner Zeitlichkeit begriffslogisch entspannt. [...] Der behutsam formulierte Verdacht läuft also auf die Frage hinaus, ob der ›offenbarungstheologische‹ Zirkel im Begriff einer ihre freie Annahme ermöglichenden Selbstmitteilung Gottes nicht gerade die *Zeitlichkeit* der Offenbarung verdeckt[.]« (Johann Reikerstorfer: Die »intelligible« Gottesspur. Trinitätstheologische

zwungen, die biblische Botschaft zu verkürzen? Kann er in seinen Überlegungen zu den Eigenschaften Gottes gar nicht Bezug auf Ex 34,6f. nehmen?[52] Wenn aber dogmatische Überlegungen auf die Bibel verwiesen sind, um das Wie der Offenbarung Gottes zu bestimmen, dürfen sie sich dann nur ausgewählten Einzelaspekten dieser Bibel stellen? Ich stimme Striet zu, »dass dem Leben Jesu nur als *Ereigniszusammenhang* die Bedeutung der Selbstoffenbarung Gottes zukommt, keines dieser Elemente aber isoliert werden darf.«[53] Der *Ereigniszusammenhang* – was immer hier Ereignis bedeutet, wie auch immer sich zwischen Ereignissen, deren Charakter ja gerade darin liegt, nicht aus einem vorgegebenen Horizont ableitbar zu sein,[54] ein Zusammenhang feststellen lässt – ist jedoch größer als die Leitbegriffe von Subjekt, Liebe und Freiheit. So richtig es ist, dass man einzelne Dinge nicht isolieren darf, so wichtig ist, es jede Einzelheit zur Kenntnis zu nehmen und auf ihr kritisches Potenzial gegenüber der eigenen Auslegung zu überprüfen. So werden die Gerichtsreden Jesu in den »erstphilosophischen« Überlegungen von Striet, Pröpper, Verweyen und Müller ausgeblendet, da sie sich in ihrer Widerständigkeit nicht vereinnahmen lassen.

Wenn der Menschensohn kommt, »wird sich die Sonne verfinstern, und der Mond wird nicht mehr scheinen.« (Mk 13,24) Das spielt an auf Joel 2,10, wo man im Anschluss liest: »Ja, groß ist der Tag des Herrn und voll Schrecken. Wer kann ihn ertragen?« (Joel 2,11). In diesen Zusammenhängen stößt die Chiffre vom allmächtigen Warten-Können Gottes auf ihre Grenzen.[55] Deuten die Umkehrrufe der Propheten nicht eher auf eine befristete Zeit hin statt auf ein unendliches Warten? Auch ist bei der eigenen Umkehr die Verzeihung Gottes nicht sicher, obgleich sie die Umkehr erst ermöglicht: »Zerreißt eure Herzen, nicht eure Kleider, und kehrt um zum Herrn, eurem Gott! Denn er ist gnädig und barmherzig, langmütig und reich an Güte, und er lässt sich das Unheil leid sein. Wer weiß, ob er umkehrt und es ihn reut und er Segen zurücklässt[.]« (Joel 2,13f.) Eine dogmatische Rede, die von der Barmherzigkeit Gottes spricht, darf hinter dem biblischen Text und seinem »Wer weiß, ob« nicht zurückbleiben. Der eschatologische Vorbehalt und die mit ihm eng verbundene Theodizeefrage bleiben bestehen.[56] Sie sind weder

---

Analogik und monotheistisches Gottesgedächtnis. In: Jürgen Manemann (Hg.): Monotheismus. Jahrbuch Politische Theologie, Bd. 4, Münster 2002, 107–119, 115.)

[52] Vgl.: Striet: Offenbares Geheimnis, 240–260.
[53] Striet: Offenbares Geheimnis, 213. Hervorhebung von mir, CL. Allerdings würde ich ergänzen, dass das biblische Zeugnis neben dem Leben Jesu noch andere sogenannte Selbstoffenbarungen Gottes kennt (wenn Selbstoffenbarung heißt, dass wir es mit Gott selbst zu tun haben und nicht mit einer Chimäre), die dem Christen freilich nur durch die Offenbarung in Jesus Christus zugänglich sind, die jedoch von sich her einen Bedeutungskontext haben, der sich nicht in ihrer Verweisungsfunktion auf Jesus von Nazareth erschöpft.
[54] Vgl. zur Frage des Ereignisses Kapitel III.3, Seite 211.
[55] Vgl. z.B.: Verweyen: Gottes letztes Wort, 205.
[56] Johann Baptist Metz nennt diese Umdeutung der Allmacht in eine wartende Liebe, der das Leid nichts anhaben kann, schlicht »semantischen Betrug«. Vgl.: Johann Baptist Metz: Theodizee-empfindliche Gottesrede. In: Ders.: »Landschaft aus Schreien«. Zur Dramatik der Theodizeefrage. Mainz 1995, 81–102, 93.

gelöst,⁵⁷ noch lassen sie sich auf den letzten vier Seiten anhängen⁵⁸ oder in Briefform der eigenen Theologie beigeben.⁵⁹ Sie durchzittern das biblische Zeugnis von innen her.⁶⁰

Die Theodizee bildet daher auch für Striet eine der »Stellproben«⁶¹, in denen sich sein Plädoyer für die univoke Rede von Gott als Freiheit bewähren soll. Er hat den Eindruck, die »Faszination für die negative Theologie«⁶² sei in der gegenwärtigen Theologie vor allem durch das Thema der Theodizee motiviert: »Die radikale Betonung der Unbegreiflichkeit Gottes scheint noch am ehesten der abgründigen Problematik des Leidens und des Bösen in der Schöpfung standhalten zu können.«⁶³ Striet verweist hier u.a. auf Johann Baptist Metz und Paul Petzel. Doch beiden geht es nicht um ein »Standhalten«, sondern eher um den Aufweis, dass die Theologie in letzter Instanz vor dem Leiden nicht standhalten kann.⁶⁴ Striet bezeichnet die »Strategie einer ›reductio in mysterium‹«⁶⁵ als »fatal [...] für die Möglichkeit des Glau-

---

⁵⁷ Vgl.: Verweyen: Glaubensverantwortung, 300. Vgl. auch Kapitel II.1, Seite 84.
⁵⁸ Vgl.: Striet: Offenbares Geheimnis, 260–264.
⁵⁹ Vgl.: Thomas Pröpper: Fragende und Gefragte zugleich. Notizen zur Theodizee. In: Pröpper: Evangelium, 266–277, 267.
⁶⁰ Vgl. auch: Thomas Freyer: Christologie im Horizont des christlich-jüdischen Gesprächs. In: Theologische Quartalschrift 185 (2005), 15–37 (= Freyer: Christologie im Horizont des christlich-jüdischen Gesprächs), 26.
⁶¹ Striet: Offenbares Geheimnis, 27.
⁶² Striet: Offenbares Geheimnis, 27.
⁶³ Striet: Offenbares Geheimnis, 27.
⁶⁴ Petzel weist darauf hin, dass die »Negative Theologie« in ihrer klassischen Formulierung heute nicht mehr zureiche. Ihre Redeweise »erscheint aus heutiger Sicht [...] eigentümlich getröstet, ja verheißungsgesättigt.« (Paul Petzel: Was uns an Gott fehlt, wenn uns die Juden fehlen. Eine erkenntnistheologische Studie, Mainz 1994, 227.) Nach Petzel ist zwar nicht alles Schöne zerstört, aber seine Semantik ist seit Auschwitz »tief ›verstört‹«. (229) »Die Theologie *führt* nicht mehr über die Wege der Affirmation in solche der Negation, sondern sie erfährt selbst Negation; sie negiert nicht, sondern wird negiert, sofern ihr Gang zu bestimmten loci iudaici blockiert ist.« (ebd.) Daher fragt Petzel, ob nicht nach dem Durchgang durch ihren zeitgebunden Kontext, zu dem Postmoderne und Säkularisierung gehörten, die Theologie eine »theologische Zeitdeutung« vornehmen müsse, da sie vielleicht in der »offenbarungstheologische[n] Zeichendeutung« Kategorien habe, die durch andere theoretische Instrumente nicht ersetzbar seien. Das dürfe freilich nicht »theoretisch kurzschlüssig und apologetisch instrumentalisiert zur Anwendung kommen,« sondern müsse »die Zeit- und Zeichendeutung radikalisieren.« (230f.) – Insofern ist Petzel Striets Plädoyer für eine offenbarungstheologische Rede durchaus nahe, er verweigert freilich – vor dem Hintergrund der abgründigen Geschehen, die sich mit dem Namen »Auschwitz« verbinden – den Anspruch auf eine umfassende Deutung.
⁶⁵ Striet: Offenbares Geheimnis, 28. Statt des erwarteten Verweises auf Rahner rekurriert Striet auf: Armin Kreiner: Gott im Leid. Zur Stichhaltigkeit der Theodizee-Argumente. QD 168, Freiburg – Basel – Wien ³2005. Kreiner fasst unter »*reductio in mysterium*« alle Positionen, die die vorläufige theoretische Unlösbarkeit des Theodizeeproblems behaupten, aber am theistischen Bekenntnis festhalten, so z.B. die Ansätze Rahners und von Balthasars. (Vgl. S. 49–78) Gerade bei Rahner ist aber der Begriff der »*reductio in mysterium*« keiner, der allein im Zusammenhang mit der Leiderfahrung profiliert würde. Vielmehr steht er im Kontext von erkenntnistheoretischen Überlegungen des alle Wirklichkeit umfassenden Geheimnisses Gottes. Vgl. dazu das Kapitel 3 in diesem Teil, Seite 366.

bens[.]«[66] Das liege an der neuzeitlichen Zuspitzung der Theodizee-Frage zu einem »sittlichen Atheismus«[67], angesichts dessen die Rede von der Unbegreiflichkeit Gottes nicht weiterführe: »Denn zumindest Moralität muss Gott als dessen Minimalbestimmung doch wohl prädiziert werden können, um den Glauben an ihn angesichts der harten Rückfragen, die dem Arsenal der Theodizeefrage entstammen, moralisch legitimieren zu können.«[68]

So ergibt sich für Striet das Argument für eine bestimmte und univoke Rede von Gott nicht nur aus seinen Bibelstellen, sondern auch aus der von ihm diagnostizierten praktischen Notwendigkeit, anders der Frage nach dem Leid vor Gott nicht mehr beikommen zu können. In gewisser Weise geht es ihm in der Fluchtlinie von Verweyen um eine präsentische Lösung der Theodizee, hier im Gewand der Apokatastasis.[69] Freilich müsse die Apokatastasis so gedacht werden, dass sie die Unterschiede zwischen Tätern und Opfern nicht aufhebe:

»Denn wenn aus ethischen Gründen die ewige Harmonie nicht um den Preis verwirklicht werden darf, dass dem Unterschied zwischen Opfern und Tätern, den Ermordeten von Auschwitz und ihren Henkern, keine Bedeutung mehr zukommt, dann wird in der Idee Gottes eine Freiheit postuliert, die die Freiheit des Menschen uneingeschränkt achtet, und doch durch die Macht ihrer Liebe die Täter dazu in Freiheit ermächtigt, um Verzeihung zu bitten, und es den Opfern trotz des erlittenen Leids ermöglicht, die Vergebung zu gewähren.«[70]

---

[66] Striet: Offenbares Geheimnis, 28.
[67] Vgl.: Striet: Offenbares Geheimnis, 30. Striet verweist hier äußerst knapp auf Ernst Blochs Hiob-Interpretation. Die Schärfe und der Tiefgang von Blochs Kritik bleiben außen vor.
[68] Striet: Offenbares Geheimnis, 30.
[69] Vgl.: Striet: Offenbares Geheimnis, 29, Anm. 65. Vgl. Magnus Striet: Versuch über die Auflehnung. Philosophisch-theologische Überlegungen zur Theodizeefrage. In: Harald Wagner u.a. (Hg.): Mit Gott streiten. Neue Zugänge zum Theodizee-Problem. QD 169, Freiburg i. Brsg. 1998, 48–89 (= Striet: Versuch über die Auflehnung). – Dass diese Lehre von einem ökumenischen Konzil verurteilt wurde, scheint Striet nicht zu stören. Es wende sich nicht gegen die Apokatastasislehre als solche, sondern gegen eine Lehre, »die keinen Platz mehr lässt für die Freiheit Gottes und für eine letzte Entscheidung des Menschen vor Gott.« (76) Daher spricht Striet auch dezidiert von der »Hoffnung der Apokatastasis« (77). Allerdings ist dies eine sehr bestimmte Hoffnung: »Dass Gott aber eine Antwort geben wird, darf deshalb erhofft werden, weil er *alle* Menschen gewinnen will. Dies beinhaltet das Versprechen der Unbedingtheit seiner Liebe. Und Menschen dürfen und können schon jetzt darauf setzen, weil Gott sich als einer geoffenbart hat, der dem menschlichen Leiden nicht apathisch gegenüber steht, sondern sich von diesem *hat bestimmen lassen*: Gott hat sich selbst in *endgültiger* Weise in der Geschichte Jesu als derjenige ausgelegt und erwiesen, der bedingungslos liebt und das freie Ja des Menschen zu ihm will.« (78, Hervorhebungen bis auf »alle« von mir, CL.) – Handelt es sich noch um eine *Hoffnung* oder bereits um eine *Lehre*, wenn man davon spricht, dass die Frage in der Vergangenheit bereits entschieden ist (»hat bestimmen lassen«) und dass diese Entscheidung »endgültig« ist?
[70] Striet: Versuch über die Auflehnung, 75. Vgl.: Striet: Offenbares Geheimnis, 29, Anm. 65.

Ich will versuchen, den Striet'schen Gedankengang in seinen verschiedenen Facetten näher zu beleuchten. Er will den bleibenden Unterschied zwischen Opfern und Tätern »aus ethischen Gründen« festhalten.[71] Gleichzeitig will er aber nicht von der Unbegreiflichkeit Gottes reden, die angesichts dieses Unterschieds zur Versöhnung in der Lage ist, da das hieße »den Glaubenwollenden am Ende [...] der Schizophrenie [zu] überlassen[.]«[72] Daher müsse Gott (univok) als Freiheit und Liebe bestimmt werden. Dann sei denkbar, ohne dass ich schizophren werden müsse, dass es Gott möglich sei, die Täter dazu zu bringen, um Verzeihung zu bitten, aber dass es ihm nicht möglich sei, sie von der Ermordung ihrer Opfer abzuhalten. Oder freilich, es wäre ihm möglich, sie davon abzuhalten, aber seine »Macht der Liebe«, »die die Freiheit des Menschen uneingeschränkt achtet«, würde sich in diesem Moment für das Achten der »Freiheit« des Täters entscheiden und die »Freiheit« des Opfers, die nur noch in seiner nackten Existenz besteht, aufgeben. Das lässt sich freilich »aus ethischen Gründen« nicht denken. Also müsste sich Gottes »Macht der Liebe« für die Opfer entscheiden, wenn deren Freiheit geachtet werden soll, dagegen aber spricht die Lage der Dinge. – Es scheint, als ließe sich das Spiel, wie Gott angesichts des Leids allmächtig und gut sein kann, hier mit veränderter Begrifflichkeit wiederholen. Gelöst scheint mir das Problem nicht. Wenn man den Grundduktus der Striet'schen Argumentation bedenkt, ist es wohl eher auf Kosten der Opfer verdrängt.[73]

Schon hier erscheint der von Striet anvisierte Begriff angesichts der von ihm skizzierten Kontexte nicht konsistent zu sein. Das liegt meines Erachtens an einem nicht hinterfragten Verständnis von Freiheit. Daher will ich in einem weiteren Schritt Striets Rezeption der Analogieproblematik und sein Eintreten für die univoke Rede von Gott als Freiheit untersuchen. Striets Gott muss »präzise bestimmt«[74] werden, damit er »in seiner Geheimnishaftigkeit

---

[71] Mein Verdacht ist freilich, dass dieser Unterschied vor der Liebe Gottes relativiert wird. Zudem bildet sich in Striets apokatastatischer Deutung dieses Unterschieds erneut die Siegerrelation ab: Striets Gott stellt sich nicht auf die Seite der Opfer und setzt sie in ihr Recht ein, sondern *ermächtigt* die Täter, jetzt freilich nicht mehr dazu, die Opfer zu erschlagen, sondern dazu, sie um Verzeihung zu bitten. In eins mit der Ermächtigung der Täter *ermöglicht* es Striets Gott den Opfern zu vergeben, erneut nachzugeben und nicht auf ihrem Recht zu bestehen. Nachdem sie einmal ihr Leben geben mussten, geben sie erneut. Wie sollten sie auch einem von Gott ermächtigten Täter etwas verweigern?

[72] Striet: Offenbares Geheimnis, 29, Anm. 65.

[73] Dagegen fragt Striet: »[L]autete nicht die Alternative, wenn sich diese Bewährung nicht mehr leisten ließe, in äquivoke Begrifflichkeit abzugleiten, mit der Folge, dass es den Menschen vor einem nicht mehr verstehbaren Gott nur noch ängstigen könnte?« (Striet: Offenbares Geheimnis, 29, Anm. 65.) – Unabhängig von der Tatsache, ob man Striets konzipierten Gott verstehen kann und ob das, was man da versteht, noch der Gott ist, von dem unsere Tradition spricht, muss man aus praktischen Erwägungen fragen, ob man sich vor einem solchen Gott nicht noch viel mehr ängstigen müsste. Auf einen Gott, der den Opfern nicht mehr zu bieten hat als sich entschuldigende Täter, werden viele verzichten können. Der Begriff der Liebe wird hier derartig ausgehöhlt, dass aus einem machtvollen, für seine Liebe Israel kämpfenden und Ägypter erschlagenden Gott ein Verständnis vorgebender neutraler Psychotherapeut und Mediator wird, mit dem Täter und Opfer über ihre Differenzen sprechen können.

[74] Striet: Offenbares Geheimnis, 43.

als bleibendes Geheimnis erkannt und offenbar werden [kann] als der, auf den der Mensch wesenhaft zu seiner eigenen Vollendung hingeordnet ist.«[75] Dabei will er sowohl die Denkbarkeit Gottes als auch die absolute Gratuität seines Heilshandelns aufrecht erhalten. Dass diese Dichotomie gerade nicht adäquat auflösbar ist und dass es sich eher um Pole einer Ellipse handelt, in deren Spannungsfeld die Fragen nach Vernunft und Glaube, Natur und Gnade, Schöpfung und Erlösung zu verorten wären, habe ich in der Lektüre von *Dei Filius* gezeigt. Daher legt das Konzil ein *analoges* Verständnis nahe und rekurriert auf die *mysteria stricte dicta* als die der Vernunft entzogenen Geheimnisse.[76]

Für Striet besteht das Geheimnis darin, Gott nicht nur als Vernunft-Idee zu denken, sondern als von der Welt getrennten realen Schöpfer. Die Vernunft erfasse zwar »notwendig diesen Begriff Gottes als *ens necessarium*«[77], aber scheitere, wenn die Notwendigkeit der Existenz aus dem Begriff gezeigt werden solle. Geheimnisvoll ist daher nur das reine Dass: »dass ein Wesen von Ewigkeit zu Ewigkeit [...] in trinitarischer Ursprünglichkeit, zeitlich und als absolute Liebe existiert und als diese Liebe gegensatzfrei eine nicht-ewige existierende Welt schafft, der er aus seiner ewigen Zukunft heraus Zeit gewährt: *creatio ex nihilo*.«[78] Geheimnisvoll ist nur die Existenz, nicht die Essenz. Letztere kann in der Vernunft zumindest *post revelationem* nachvollzogen werden. Im Unterschied zu Verweyen hat Striet nicht den Anspruch, einen Begriff letztgültigen Sinnes *allein* aus der Vernunft zu ermitteln, sondern rekurriert von vornherein auf die durch die Offenbarung auch materialiter informierte Vernunft, die freilich erst einen Begriff für das Geschehen, das sie *als* Offenbarung kennzeichnet, erfinden muss.[79]

---

[75] Striet: Offenbares Geheimnis, 43.
[76] Vgl. Kapitel IV.2, Seite 280.
[77] Striet: Offenbares Geheimnis, 44.
[78] Striet: Offenbares Geheimnis, 45f.
[79] Striet meint, da er Gott als Freiheit bestimmt, die Gratuität seiner Menschwerdung und Treue wahren zu können. (Vgl.: Striet: Offenbares Geheimnis, 45, Anm. 108.) Das gelingt aber bei näherer Betrachtung nur für die vergangene Heilsgeschichte, d.h. in der erkenntnistheoretischen Verspätung. Wenn Gott als absolute Freiheit und Souveränität gedacht wird, dann folgt aus der Schöpfung nicht die Notwendigkeit zur Menschwerdung. Aber wenn Gott wirklich als absolute Souveränität gedacht wird, dann kann aus der Menschwerdung auch nichts für die eschatologische Zukunft abgeleitet werden. Wer Gott als Freiheit bestimmt, muss die Zukunft als Geheimnis bestimmen, wenn er diese Freiheit nicht aufheben will. Striet würde sagen, Gott habe sich selbst gebunden, aber wer sich selbst bindet, gibt einen Teil seiner Souveränität und Freiheit auf. Ungeklärt bleibt allerdings, wie der seiner Souveränität entkleidete Gott noch für die Rettung der Welt einstehen kann.

2. Univozität – Kritik der analogen Rede

Striet untersucht die Analogie bei drei Denkern, die er der Tradition der »Negativen Theologie« zuordnet: Pseudodionysios Areopagita, Thomas von Aquin und Bonaventura. Seine Kritik an Pseudodionysios besteht im Kern darin, dass mit dessen Ansatz »die Spitzenaussagen christlicher Offenbarungstheologie nicht mehr eingeholt werden können.«[1] Dabei beruft sich Striet auf die von ihm ins Feld geführten Immanenzaussagen des Johannesevangeliums.[2] Auch begreife Pseudodionysios Schöpfung als emanativen Hervorgang aus Gott und nicht als *creatio ex nihilo*, von der sich nach Striet nur dann sprechen lasse, »wenn Gott in seinem Handeln sich nicht nur in Freiheit dazu bestimmte, eine Schöpfung zu wollen, sondern der Schaffensakt als gegensatzfrei zu denken ist.«[3] Damit entfalle die Möglichkeit der partizipativen Teilhabe am Göttlichen, so dass der Schöpfungsgedanke selbst die Analogie zwischen Schöpfer und Geschöpf verhindere. Mit dem Gedanken der *creatio ex nihilo* werde auch die *via eminentiae* hinfällig, da keine Partizipation mehr gedacht werde und daher auch die Differenz von Schöpfer und Geschöpf aufgehoben sei.

Der univoke Begriff des Seins ist Striets Einsatzpunkt zu einer tiefgreifenden Kritik der Analogie. Historisch verortet er diese Kritik bei Duns Scotus, für den ein univoker Begriff letztlich auf dem Satz vom Widerspruch beruht. Univok ist ein Begriff dann, wenn er solchermaßen einer ist, dass seine Einheit zu einem Widerspruch führt, dadurch dass er selbst von demselben bejaht und verneint wird.[4] So ist es der Begriff selbst, der genau dann als univok zu bezeichnen ist, wenn er keine äquivoke oder analoge Aussageweise zulässt. Solche Begriffe sind letztlich nur die Transzendentalien, insofern sie von allen Dingen aussagbar sind, und einander ausschließende Bestimmungen wie endlich/unendlich, kontingent/notwendig, da ein Seiendes nicht beides zugleich sein kann.[5] Für Duns Scotus steht und fällt die Erkenntnismöglichkeit im Ganzen mit der Möglichkeit univoker Begriffe. Striet stimmt ihm darin zu:

»Der m.E. völlig zutreffende scotische Verdacht lautet, dass dann, wenn es in erkenntnistheoretischer Hinsicht keine Univozität gäbe beziehungsweise die durch die Univozität des Seinsbegriffs transzendental ermöglichte Affirmation nicht das logisch Primäre wäre und es zugleich aber eben auch kein mögliches logisches

---

[1] Striet: Offenbares Geheimnis, 69.
[2] Dass die Schrift nicht auf Johannes finalisiert werden darf und dieser nicht auf die Immanenzaussagen, darauf habe ich hingewiesen. Zudem scheint mir – gerade im Hinblick auf die literarische Gattung des Evangeliums – nicht vergessen werden zu dürfen, dass wir es dort mit *Literatur* zu tun haben, die gerade nicht univok agiert.
[3] Striet: Offenbares Geheimnis, 73.
[4] Vgl.: Duns Scotus: Ordinatio I d.3 p.1 q. 1–2 n.26. Zitiert nach Johannes Duns Scotus: Opera omnia. Doctoris subtilis et mariani B. Ioannis Duns Scoti opera omnia. Studio et cura commissionis Scotisticae ad fidem codicum edita. Hrsg. von P. Carolo Balic. Bd. III, Vatikanstadt 1954.
[5] Die Begriffe Freiheit oder Liebe gehören allerdings nicht dazu.

Drittes geben kann, das diese Funktion zu erfüllen imstande ist, also auch die Analogie nicht, Äquivozität drohen würde.«[6]

Auf der Basis des univok von Gott und Mensch aussagbaren Seins lassen sich Unterscheidungen vornehmen, die die unendliche Differenz aussagen können. Das wird möglich, weil der Seinsbegriff zugleich leer und unbestimmt wird.[7] Wie aber will Striet mit der Vorgabe eines solchen leeren Begriffs verhindern, dass die Gottesrede bedeutungslos wird? Allerdings ist fraglich, ob der Seinsbegriff tatsächlich leer wird. Mit ihm wird doch der Anspruch erhoben, dass das erkennende Subjekt nicht nur die Welt, sondern auch Gott so erkennt, dass es beiden erst einmal die Erkenntnis der Existenz zusprechen kann.[8] Da Sein ein von der kontingenten Vernunft gebildeter Begriff ist, der nach Duns Scotus Gott und Geschöpf gleichermaßen zukommt,[9] steht jene Vernunft über dem Begrifff. Sie kann daher nicht von ihm abhängig sein. Hält man dagegen an der Leere des Seinsbegriffs fest, so verschiebt sich das Problem nur. Auch Thomas hatte zugestanden, dass negative Aussagen über Gott in univoker Weise möglich sind.[10] Die entscheidende Frage lautet: Wie muss die Rede von Gott verstanden werden, die inhaltlich etwas sagen will?

Bevor Striet die Analogiekritik von Duns Scotus für seinen Ansatz heranzieht, geht er auf die Problematik des Nominalismus von Wilhelm von Ockham ein, nach dem die Allgemeinbegriffe nur im menschlichen Geist seien, womit echte Wesenserkenntnis unmöglich werde.[11] Striet geht auf die inter-

---

[6] Striet: Offenbares Geheimnis, 133.
[7] Vgl. Striet: Offenbares Geheimnis, 150.
[8] Mit Levinas ließe sich darüber hinaus fragen, ob sich nicht in dem Moment, in dem der Satz »Alles ist ...« geäußert wird, eine irreduzible Differenz öffnet, die sich nicht mehr mit dem Begriff »Sein« schließen lässt.
[9] Vgl.: Duns Scotus: Lect. I d.8 p.1 q.3 n.129. Zitiert nach: Johannes Duns Scotus: Opera omnia. Doctoris subtilis et mariani B. Ioannis Duns Scoti opera omnia. Studio et cura commissionis Scotisticae ad fidem codicum edita. Hrsg. von P. Carolo Balic. Bd. XVII, Vatikanstadt 1966. Vgl.: Striet: Offenbares Geheimnis, 137f. Mit Thomas wäre hier zu fragen, ob nicht dadurch, dass Begriffe verendlicht werden, eben gerade keine univoke Rede von Gott möglich ist. Sie ist ja nur univok unter der Voraussetzung, dass sie von dem unvollkommenen Geschöpf verursacht wird. Damit ist sie aber selbst unvollkommen, da – auch für Duns Scotus – Vollkommenes nicht aus Unvollkommenem stammen kann, und damit von Grund auf von Gott nicht im eigentlichen Sinne prädizierbar wie von anderem Unvollkommenen.
[10] Vgl. dazu: Rikhof: Das Geheimnis Gottes, 73f.
[11] Vgl.: Striet: Offenbares Geheimnis, 206. – Daher könne die Differenz zwischen Gott und Mensch »durch die univoke Prädikation des Seinsbegriffs auch nicht verwischt werden« (Striet: Offenbares Geheimnis, 207.), da die Allgemeinheit nur noch auf begrifflicher Ebene bestehe. Striet bedenkt hier nicht die Tatsache, dass auch die »Differenz zwischen Gott und Mensch« nur noch als Begriff fassbar ist und daher in der Folge auch nur noch auf begrifflicher Ebene gewahrt werden kann und muss. Das Vierte Lateranense sprach davon, dass die bleibende Unähnlichkeit *festzustellen* sei. Es trifft daher eine Sprachregelung, der man nicht entgeht, indem man sich auf die begriffliche Ebene zurückzieht und behauptet, man halte die absolute Differenz in Realität aufrecht. Sobald mir im Anschluss an einen konsequenten Nominalismus ausschließlich die von der menschlichen Vernunft gebildeten Begriffe zur Verfügung stehen, gibt es auch »Realität« und »Differenz« und »Gott« nur noch als Begriffe. Differenzen lassen sich

nen Differenzierungsmöglichkeiten und -notwendigkeiten nicht ein, da der Nominalismus als ganzer nicht für eine theologische Erkenntnislehre brauchbar sei. Auch er tendiere »zu einer Gestalt negativer Theologie«[12], da sich zwischen Vernunft und Sprache auf der einen Seite und der Wirklichkeit auf der anderen Seite eine Kluft auftue. Jede Wesensbestimmung werde so unmöglich.

»Zu überbrücken ist diese Kluft nur durch eine theologische Prämisse: dass Gott selbst sich in der Geschichte als der offenbart hat, der er ist, und dass er selbst die Möglichkeit seines Ankommenkönnens in der menschlichen Vernunft eröffnet hat und verbürgt. [...] Aus philosophischer Perspektive jedoch ist die Konsequenz zwingend, dass dann, wenn möglich sein soll, dass Gott in der menschlichen Vernunft als er selbst zur Erkenntnis kommt, er in einer *ex nihilo* geschaffenen Welt selbst die Möglichkeit seiner Erkenntnis grundgelegt haben muss, so dass gemäß dem klassischen theologischen Axiom *gratia supponit naturam* geschlossen werden darf, dass Gott selbst sich in seinem Offenbarwerdenwollen die menschliche Vernunft als Medium seines Ankommens voraussetzt.«[13]

Das, was Striet als zwingende philosophische Konsequenz darstellt, ist nichts anderes als die Selbstverständlichkeit, dass in einer geschaffenen Welt, die vom Schöpfer absolut verschieden ist, auch die Vernunft geschaffen ist und

---

daher nur noch in Bezug auf Begriffe feststellen, so dass eine univoke Verwendungsweise eines Begriffes daher die einzigen Differenzen einebnet, die noch bestimmbar sind, jene innerhalb der Sprache. Konkret: Wenn »Gott« eine »Freiheit« ist und der »Mensch« eine »Freiheit« ist, dann teilen die Begriffe »Gott« und »Mensch« das gemeinsame Merkmal »Freiheit«, es wird daher zwischen ihnen eine Ähnlichkeit ausgesagt, die nicht von der Aussage einer größeren Unähnlichkeit durchbrochen wird. – Man kann zwar, wie Striet das tut, mit Kant den Wesensbegriff »als einen Begriff der bestimmenden Vernunft« (Striet: Offenbares Geheimnis, 208.) fassen, der »bei einem hypothetisch vorausgesetzten durch Offenbarung einsichtig gewordenen *Dass* der Wirklichkeit Gottes diese Wirklichkeit einer weiteren Bestimmung zugänglich« (Striet: Offenbares Geheimnis, 208.) macht. Doch ist auch schon dieses »Dass« ein Begriff der Vernunft. In dieser Beziehung gilt mit Derrida, dass alles Text ist. Oder mit Levinas'schen Worten: Es geht alles in das Gesagte ein. Das reine Sagen ist erkenntnistheoretisch nicht zugänglich, auch wenn es im Gesagten Spuren hinterlassen hat. Spuren stören nur, sie lassen keine Rückschlüsse auf eine wie auch immer geartete Intentionalität zu. Wenn man also in einem ersten Schritt von dieser unterstellten Wirklichkeit hinter der allgemeinen Begrifflichkeit Zeugnis ablegen wollte, dann müsste man nach Strategien oder Praktiken suchen, die die Risse in der Allgemeinheit der Begriffe andeuten können. Das gilt umso mehr, wenn man von einer Wirklichkeit Zeugnis geben will, die sich nicht nur von den Begriffen unterscheidet, sondern noch einmal von der Wirklichkeit, die der Begriff »Wirklichkeit« eigentlich bezeichnet. – Auch der letzte Satz besteht nur aus Begriffen. Er verrät letztlich die Strategie, die er versucht einzufordern. Mit immer neuen Definitionen kommt man nicht weiter. Vielleicht hat Levinas doch Recht, wenn er sagt: »Diejenigen, die ihr Leben lang Methodologie getrieben haben, haben viele Bücher geschrieben, die interessantere Bücher ersetzen, die sie hätten schreiben können.« (Emmanuel Lévinas: Fragen und Antworten. In: Ders.: Wenn Gott ins Denken einfällt. Diskurse über die Betroffenheit von Transzendenz, Freiburg – München ³1999, 96–131, 113.)

[12] Striet: Offenbares Geheimnis, 210.
[13] Striet: Offenbares Geheimnis, 210.

dass sie – wenn wir Gott erkennen – naturgemäß derart geschaffen sein muss, dass dies möglich ist. Daraus folgt aber nicht, dass diese Erkenntnis ein gnadenhafter Akt sein muss, der als Offenbarung in der Vernunft ankommt. Das ist eine theologische Aussage, die aus Striets theologischer »Prämisse« herrührt.

Freilich ist diese Prämisse keine einfache. Hier wird nämlich nicht nur vorausgesetzt, dass Gott dem Menschen etwas über sich mitgeteilt haben muss, wenn wir über ihn sprechen wollen, was ausreichen würde, um die »Kluft« zu schließen. Sondern es werden *en passant* zahlreiche Co-Prämissen mit eingeführt. Gott hat *sich selbst* offenbart, er hat sich *in der Geschichte* offenbart und er *verbürgt* die *vernunftgemäße*, d.h. für Striet *univoke* Erkenntnis. Striets Ausschluss des analogen Verständnisses und der analogen Rede durch die letzte Teil-Prämisse immunisiert seine Theologie gegen jede Kritik. Die Analogie wäre in der Lage, die Begriffe zu hinterfragen, eine Differenz zwischen Schöpfer und Begriff aufzumachen, die von Striet nicht zugelassen wird. Für ihn *ist* Gott ein Selbst wie der Mensch ein Selbst *ist*, Gott *ist* Freiheit und Liebe:[14] Das neuzeitliche Freiheitsprinzip bietet dabei »die Denkform, [...] in die [die theologische Vernunft] eingewiesen wird durch das Geschehen des Selbstoffenbarwerdens Gottes als Liebe[.]«[15] Die theologische Prämisse geht also noch weiter. Sie fordert auch eine bestimmte Art von Philosophie.[16] So wird das gegenseitige kritische Potenzial von Philosophie und Theologie aufgehoben. Gott offenbart nicht nur sich selbst, sondern er offenbart in eins damit noch das rechte Verständnis von Vernunft, so dass die Rede von der Autonomie der Philosophie keinen Sinn mehr hat. Gleichzeitig wird durch die Orientierung am neuzeitlichen Vernunftverständnis das kritische Potenzial jener biblischen Texte entschärft, die dieser Vernunft, die jetzt mit der Autorität der göttlichen Offenbarung auf die Stufe der Bibel selbst gehoben ist, widersprechen.

Striet immunisiert sich durch seine theologische Prämisse gegen jede erkenntnistheoretische und erkenntniskritische Fragestellung, die nach der Möglichkeit oder Unmöglichkeit der Phänomenalität der Offenbarung fragt. Wie lässt sich theologisch behaupten, Gott komme als er selbst in der Vernunft an, wenn noch nicht einmal die dem Menschen ähnliche Wirklichkeit als sie selbst ankommt, sondern sich grundsätzlich erst im Nachhinein als Phänomen konstituiert? Mit was für einer Vernunft haben wir es zu tun, deren Gotterkennen mit dem natürlichen Erkennen nichts mehr gemein hat? Wie lässt sich jene »Möglichkeit seiner Erkenntnis«, die Gott selbst grundgelegt haben soll, verstehen? Wie lässt sich das Verhältnis von Offenbarkeit und Offenbarung bestimmen bzw. wie kommt es dazu, dass auch Striet noch zwischen der Möglichkeit des Ankommens und dem Ankommen unterschei-

---

[14] Gerade, was den Begriff der Liebe angeht, hat Niklas Luhmann eindrucksvoll gezeigt, dass er im Verlaufe der Geschichte seit dem Mittelalter nicht univok gebraucht wurde. Vgl.: Niklas Luhmann: Liebe als Passion. Zur Codierung von Intimität, Frankfurt 2003.
[15] Striet: Offenbares Geheimnis, 212.
[16] Das hatte *Fides et ratio* ausdrücklich abgelehnt. Vgl. Kapitel IV.1, Seite 260.

det? – Solche Fragen müssten bedacht werden, wenn man theologische Prämissen aufstellt, die sich doch von dem gängigen Verständnis des menschlichen Erkenntnisprozesses nicht fundamental unterscheiden dürften, wenn man noch *univok* von Erkenntnis reden will.

Woher legitimiert sich Striets theologische Prämisse? Wenn ich ihn richtig verstehe, stützt er sich auf das Johannesvangelium, allerdings in einer sehr spezifischen Deutung.[17] Von dort versteht er die *Selbst*offenbarung Gottes subjektphilosophisch und freiheitstheoretisch als *Wesens*offenbarung und identifiziert sie mit Liebe.[18] Das allerdings verkürzt die biblische Botschaft. Eine Dogmatik, die sich ganz bewusst von der »negativen Theologie« absetzt und als ihr Grunddatum die Selbstoffenbarung Gottes in Jesus Christus ausmacht, bleibt zur näheren Bestimmung des Wie dieser Selbstoffenbarung auf deren ersten schriftlichen Niederschlag verwiesen. Es ist ihr aus methodisch immanenten Gründen verwehrt, *Selbst*offenbarung ohne Schriftbezug als Offenbarung eines subjektphilosophisch und freiheitstheoretisch bestimmten Selbst zu lesen.[19] Wenn sie nicht die Vernunft als dritten *locus proprius* neben

---

[17] Klaus Müller weist zurecht darauf hin, dass Jesus gerade bei Johannes und Markus auch als der Fremde erscheine, der nicht zugänglich sei. Vgl.: Klaus Müller: Thomas von Aquins Theorie und Praxis der Analogie. Der Streit um das rechte Vorurteil und die Analyse einer aufschlussreichen Diskrepanz in der »Summa theologiae«, Frankfurt – Bern – New York 1983 (= Müller: Thomas von Aquins Theorie und Praxis der Analogie), 43. Müller stellt dort vor allem die Jüngel'sche Kritik der philosophischen Analogie in Frage. Diese Kritik trifft m.E. auch Striet.

[18] Vgl.: Striet: Offenbares Geheimnis, 222–231.

[19] Mir geht es nicht um die Bezweiflung des theologischen Grunddatums, dass wir es mit Gott *selbst* zu tun haben. Auch will ich nicht das tridentinische »tangente Deo cor hominis« (DH 1525) in Frage stellen. Gott kommt tatsächlich im Menschen an, allerdings noch vor einer selbstständigen Initiative des Menschen: »[W]enn also Gott durch die Erleuchtung des Heiligen Geistes das Herz des Menschen berührt, tut der Mensch selbst, wenn er diese Einhauchung aufnimmt, weder überhaupt nichts – er könnte sie ja auch verschmähen –, noch kann er sich andererseits ohne die Gnade Gottes durch seinen freien Willen auf die Gerechtigkeit vor ihm zubewegen [Kan. 3]. Wenn daher in der heiligen Schrift gesagt wird: ›Kehrt um zu mir, und ich werde zu euch umkehren‹ [Sach 1,3], werden wir an unsere Freiheit erinnert; wenn wir antworten: ›Kehre uns um, Herr, zu dir, und wir werden umkehren‹ [Klgl 5,21], bekennen wir, daß uns die Gnade Gottes zuvorkommt.« (DH 1525) – Das Konzil benennt hier in Kurzform einen Aspekt der Diskussion, die Rabbie Elieser und Rabbi Jehoschua führen und auf die ich in Kapitel V.2 (Seite 311) eingegangen bin. Aus dieser unhintergehbaren Ambivalenz heraus hinterfrage ich die »idealistische« Engführung des Offenbarungsbegriffs. (Auf diese Gefahr wiesen Peter Althaus und Erik Peterson schon in der ersten Hälfte des 20. Jahrhunderts hin. Vgl.: Paul Althaus: Die Inflation des Begriffs der Offenbarung in der gegenwärtigen Theologie. In: Zeitschrift für systematische Theologie 18 (1941), 134–149; zu Peterson vgl.: Hans-Ulrich Weidemann: Zur Einführung: Hauptanliegen Petersons. In: Erik Peterson: Der erste Brief an die Korinther. Herausgegeben von Hans-Ulrich Weidemann, Würzburg 2006, LI.) – Mit wem haben wir es zu tun, wenn wir mit Gott zu tun haben? Wenn Gott sich selbst mitteilt und dies nach christlichem Zeugnis in der Fleischwerdung des Logos geschieht, muss aus erkenntnistheoretischer Sicht nach der Möglichkeit der Erkenntnis des anderen (Menschen) gefragt werden, der nicht als er *selbst* erscheinen kann, sondern immer nur *als* ein Selbst *wie* ich, was Derrida – und auch schon Husserl – gezeigt hat. Seine Anderheit bleibt Geheimnis: »Autrui est secret parce qu'il est autre.«

Schrift und Tradition einführen will oder diesen sogar vorordnen will, anstatt sie auf der Position eines *locus alienus* zu belassen, so bleibt die Dogmatik auf die Bibel verwiesen, um das Wie der Offenbarung Gottes zu bestimmen. Zwar findet sich in der Bibel explizit keine Theorie der Analogie oder der »Negativen Theologie«, doch kann man den biblischen Text in seiner Vielschichtigkeit, seinen disparaten und sich teilweise sogar widersprechenden Aussagen, die nicht aufgehoben werden, mit einiger Berechtigung als eine Form analoger Sprachpraxis verstehen.[20]

Eine solche analoge Sprachpraxis lässt sich auch bei dem von Striet kritisierten Thomas von Aquin finden. Striet gesteht zwar zu, dass sich bei Thomas kein einheitliches Bild der Analogie finde.[21] Das hindert ihn jedoch nicht daran, alle analogen Redeformen des Aquinaten auf die Attributionsanalogie zurückzuführen und die methodische Entscheidung zu treffen, »dass sich die weitere systematische Diskussion der Analogieproblematik auf die der Attributionsanalogie konzentrieren kann.«[22] Sie gründe auf der Annahme einer Kausalbeziehung zwischen Gott und der geschaffenen Wirklichkeit, wobei Thomas das Abhängigkeitsverhältnis nicht nur äußerlich begreife, sondern »als ein Verhältnis von innerer Ähnlichkeit zwischen Ursache und Wirkung.«[23] Striet meint nachweisen zu können, dass Thomas auch dort, wo er die Proportionalitätsanalogie vorschlägt, auf die zu Grunde liegende ontologische Struktur der Attribution verwiesen ist.[24] Allerdings bricht Thomas in seiner Sprachpraxis dieses Verhältnis, indem er in *De veritate* durch die Verwendung einer Proportionalitätsanalogie verhindert, dass aus dem Sein des Menschen auf das Sein Gottes rückgeschlossen werden kann. Wäre dies möglich, so wäre Gott nicht mehr als transzendent zu denken, sondern er stünde unter dem Begriff des gemeinsamen Seins.[25]

(Jacques Derrida: Autrui est secret parce'qu il est autre. In: Le Monde de l'éducation 284 (2001), 14–21.) Vgl. zu diesen Zusammenhängen Kapitel III.1, Seite 153.

[20] Ein solcher theologischer Zugang bedeutet freilich nicht, der Verzweiflung das Wort zu reden. Er unterscheidet vielmehr so streng wie nur irgend möglich zwischen Wissen, Glaube, Hoffnung und Liebe, wohlwissend, dass sie sich in elliptischer Form gegenseitig bestimmen, ohne sich aufeinander reduzieren zu lassen. In dieser Vorgehensweise ist er dem biblischen und auch dem rabbinischen Denken näher als den gegenwärtigen Dogmatiken mit ihrem systembildenden Anspruch.

[21] Vgl.: Striet: Offenbares Geheimnis, 94.

[22] Striet: Offenbares Geheimnis, 100. Vgl. zur Unterscheidung von Attributions- und Proportionalitätsanalogie Kapitel III.4, Seite 241 meiner Arbeit.

[23] Striet: Offenbares Geheimnis, 97. Striet sieht dahinter den neuplatonischen Partizipationsgedanken, der sich nach seiner Analyse mit dem christlichen Glaubenssatz der *creatio ex nihilo* nicht vertrage.

[24] Eberhard Jüngel zeigt dies sehr detailliert an Kant. Vgl.: Eberhard Jüngel: Gott als Geheimnis der Welt, Tübingen ⁵1986 (= Jüngel: Gott als Geheimnis der Welt), 357–383. Das nähert sich Derridas Überlegungen, der die Frage der Metapher, deren Höchstform nach Aristoteles die Proportionalitätsanalogie ist, an die Frage der *analogia entis* oder *analogia nominis* knüpft. Es braucht eine begrifflich bestimmbare Gemeinsamkeit, damit zwei Verhältnisse miteinander verglichen werden können. Insofern gibt es die Metapher nur innerhalb der Metaphysik. Sie bildet dadurch aber zugleich deren innere Grenze. Vgl. dazu Kapitel III.4, Seite 239.

[25] Vgl. Thomas von Aquin: De Veritate, q.2 a.11. – Wertvolle Hinweise und Erläuterungen zur Bedeutung der Analogie in Thomas' Sprachpraxis verdanke ich Thomas Fliethmann.

Daher weist Klaus Müller zurecht darauf hin, »die metaphysische Interpretation der ›participatio‹ nicht zu monopolisieren.«[26] Er zeigt, dass die von Thomas in der Summa theologiae I q13 a6 ins Feld geführte Unterscheidung von Metapher und Analogie nicht nur eine Kategorie verwechselt,[27] sondern auch die theoretische Rückstufung der Metapher gegenüber der Analogie durch die Sprachpraxis des Aquinaten relativiert wird. Thomas bediene sich »gerade in zentralen Kontexten signifikanter Metaphern [...], weil sich das, was er dort eigentlich diskursiv sagen will, nicht anders sagen lässt.«[28] Hier zeigt sich die Metapher als innere Grenze der begrifflichen Rede.[29] Univoke Rede gerät jedoch nicht nur inhaltlich an ihre Grenzen, sondern birgt zudem die Gefahr, das Denken vorzeitig stillzulegen:

> »Gerade weil die Analogie dem Intellekt durch das von ihr geleistete **Zusammensehen** der Dinge etwas zu denken gibt, verpflichtet sie das Denken kraft ihrer eigenen Dynamik auf eine prinzipielle Offenständigkeit. Damit übt die Analogie gleichzeitig einen für jedes Unternehmen einer Theologie oder Metaphysik unabdingbaren Dienst aus: sie wirkt aus sich selbst und in gleichsam unauffälliger Kopräsenz als Sprengsatz gegen die jeder Dogmatik[30] konstitutiv inhärenten Festschreibungstendenzen – nicht in der Destruktion jeder Dogmatik überhaupt, sondern als Barriere gegen das – immer drohende – Umkippen von Dogmatik in Ideologie.«[31]

Daher ist die Analogie bei Thomas nicht einfachhin ein Begriff oder eine Methode, sondern als Prädikation – worauf Striet zu Recht verwiesen hatte – eine *Praxis* des Sprechens.[32] So hat Thomas selbst auch keine kohärente Theorie der Analogie vorgelegt, sondern rekurriert an verschiedenen Stellen auf die analoge Rede.[33] Es ist fraglich, ob es bei ihm ein theoretisches Fundament einer wie auch immer verstandenen ontologischen Partizipation gibt oder ob die als kausales Abhängigkeitsverhältnis begriffene Schöpfung nicht

---

[26] Müller: Thomas von Aquins Theorie und Praxis der Analogie, 265. Auch Paul Ricœur fragt, ob Partizipation nicht eine Metapher sei. Freilich rechnet er nicht damit, dass Thomas selbst es als Metapher oder Analogie verstanden haben könnte. Vgl. Paul Ricœur: La métaphore vive, Paris 1975, 347.
[27] Vgl.: Müller: Thomas von Aquins Theorie und Praxis der Analogie, 264.
[28] Müller: Thomas von Aquins Theorie und Praxis der Analogie, 265.
[29] Vgl. dazu auch meine Überlegungen zu Derrida in Kapitel III.4, Seite 239.
[30] Hier weist Müller in einer Fußnote darauf hin, dass er »Dogmatik« nicht im streng theologischen Sinn meint. Vgl.: Müller: Thomas von Aquins Theorie und Praxis der Analogie, 343, Anm. 13.
[31] Müller: Thomas von Aquins Theorie und Praxis der Analogie, 259.
[32] Vgl. auch Müller: Thomas von Aquins Theorie und Praxis der Analogie, 259.
[33] Klaus Müller benennt acht Fälle, in denen Thomas den Versuch einer theoretischen Klärung seiner Sprachpraxis unternimmt. Eine kurze Zusammenfassung findet sich in: Müller: Thomas von Aquins Theorie und Praxis der Analogie, 263–265. Allen Theorien ist nach Müller gemeinsam, dass sie nicht funktionieren, »gemessen an dem, wozu sie konstruiert werden und was zu leisten sie insinuieren.« (263) Insofern bin ich mir nicht sicher, ob Müller mit seiner – allerdings vorsichtig vorgetragenen – These Recht hat, dass die nachfolgenden Konzeptionen die vorausliegenden eliminieren sollen, (261) oder ob sich Thomas der Begrenztheit der Theorien als einer Art kreatürlichen Sprechens durchaus bewusst war.

bereits eine Analogie ist:³⁴ Gott verhält sich zur Schöpfung *wie* Ursache zu Wirkung.

Nach Rikhof stellt sich die Frage für Thomas anders:³⁵ Thomas geht davon aus, dass wir immer schon von Gott reden, und frage, *wie* wir dies können. Dabei stelle für ihn die negative Redeweise kein Problem dar, weil wir damit letztlich auch nichts über Gott aussagen. Er weigere sich aber, alle Aussagen über Gott entweder als negative Aussagen oder als Aussagen über seine Wirkung verstehen zu wollen. Im allgemeinen Sprachgebrauch sei es ein Unterschied, ob man sage »Er ist der Lebendige« oder »Er ist die Ursache alles Lebens«. Dieser dürfe auch in Bezug auf Gott nicht nivelliert werden, wenn wir davon ausgehen wollen, dass wir mit unserer kreatürlichen Sprache über Gott reden können. Gleichzeitig könne aber »Er ist der Lebendige« in Bezug auf Gott auch nicht dasselbe meinen wie in Bezug auf einen Menschen, da zwischen Schöpfer und Geschöpf ein radikaler, denkerisch nicht zu überbrückender Unterschied bestehe. Thomas suche also Möglichkeiten unserer kreatürlichen Sprache, die an sich erst einmal nicht geeignet scheine. Weder univoke noch äquivoke Rede könnten dies leisten:

> »Thomas argumentiert in seiner Kritik, das[s] beide Extreme das Problem lösen, indem sie es leugnen; denn im ersten Fall wird das Problem gelöst, indem der Unterschied zwischen Schöpfer und Kreatur bestritten wird, im zweiten Fall, indem bestritten wird, dass vernünftig gesprochen wird. In beiden Fällen wird das Heil des Menschen bedroht:[...] Um willen des Heils *muss* es also eine dritte Möglichkeit geben.«³⁶

Diese dritte Möglichkeit hält die Dinge in der Schwebe. So lässt sich mit Klaus Müller »als innerste, leitende **Funktion** von Analogie die Ausübung von Kritik«³⁷ verstehen. Die theoretische Unterbestimmtheit der Analogie³⁸ verweist darauf, dass sie nicht gänzlich begrifflich einzuholen ist. Überall, wo von Erkennen die Rede ist, findet bereits eine Übertragung statt, die die Philosophie in ihrem Innersten bedroht. Es ist der Bezug zu ihrem Anderen, das sie nicht in den Griff bekommt, so dass sich auch der Begriff der Analogie, wenn er mit Müller als »Identität-in-Differenz«³⁹ bestimmt wird, gegen sich selbst verschiebt. Ihm ist nicht mit einer statischen Beschreibung beizukommen, so dass Derrida auch von *différance* oder *itération* spricht. Freilich haben auch diese Begriffe nur ein kurzes, quasi-transzendentales Privi-

---

³⁴ Vgl. auch Ricœur: La métaphore vive, 352. Zurecht weist Gottlieb Söhngen darauf hin, dass auch die *analogia entis* schon eine *analogia nominum* ist und auch von Aristoteles und Thomas wohl als solche verstanden wurde. Vgl.: Gottlieb Söhngen: Die Weisheit der Theologie durch den Weg der Wissenschaft. In: Johannes Feiner, Magnus Löhrer (Hg.): Mysterium Salutis. Grundriss heilsgeschichtlicher Dogmatik. Band I, Einsiedeln – Zürich – Köln, 905–980, 930–933.
³⁵ Vgl. zum Folgenden: Rikhof: Das Geheimnis Gottes, 72–76.
³⁶ Rikhof: Das Geheimnis Gottes, 73f.
³⁷ Müller: Thomas von Aquins Theorie und Praxis der Analogie, 272.
³⁸ Vgl. Müller: Thomas von Aquins Theorie und Praxis der Analogie, 261–272.
³⁹ Müller: Thomas von Aquins Theorie und Praxis der Analogie, 272.

leg. In der analogen Rede – gerade in der analogen Rede von Gott – geschieht daher so etwas wie die *invention de l'autre*, da ich angesichts der Unbekanntheit des zu vergleichenden Verhältnisses auf der Seite Gottes das andere erfinde bzw. es mir einfällt.[40]

Auch Erich Przywara[41] betont das kritische Potenzial der analogen Rede bei Thomas. Die *perfectio universi*, d.h. die Schönheit der Ordnung und Abgestimmtheit der natürlichen Dinge ist eine Analogie zur Vollkommenheit Gottes, »die fast mit dem Wesen Gottes zusammenfällt, da beide als All-Einheit erscheinen[.]«[42] Doch gerade diese *perfectio* wird in Bezug auf die Verhältnisbestimmung der Schöpfung zu Gott zur Unvollkommenheit. »Gott als ›Gott‹ verhält sich zu den geschaffenen Dingen nicht wie Allgemeinheit zu Ausbesonderung *(sicut commune ad propria)*, nicht wie Eins zu Vielheit *(ut unitas ad numeros)*, nicht wie Mittelpunkt zu ausgehenden Strahlen *(vel centrum ad lineas)*, sondern wie Vollkommenheit zu Unvollkommenheit *(sicut perfectus actus ad imperfectos – S Th 1 q 14 a 6 corp)*[.]«[43] Durch dieses Ineinanderschieben von Gegensätzen und Verhältnissen wird die Bestimmung in der Schwebe gehalten. Wir haben es nicht mit einer reinen Proportionalitätsanalogie a:b wie c:d zu tun, sondern mit einer Analogie, die über sich hinausgreift: a:b wie b:c. Dadurch ist sichergestellt, dass der direkte Vergleich ausfällt, er gewissermaßen nur analog möglich wird: »Gibt sich bei Thomas die besondere Analogie in der *perfectio universi*, dann gibt sich eben darum auch in der *perfectio universi* schärfer die Analogie.«[44] Przywara spricht hier anschließend von einem »Rhythmus«, was mir noch zu stark auf eine prästabilierte Harmonie hinzudeuten scheint. Insgesamt steht bei ihm die Analogie noch in der Gefahr, tendenziell zu ausbalanziert und zu harmonisch gedacht zu werden. Sie ist »weder Identität noch Widerspruch, sondern abgestimmtes Verhältnis[.]«[45] Ungeachtet der Problematik der eher austarierten Betrachtung zeigt Przywara, dass der Satz vom Widerspruch auf der Analogie aufbaut und nicht umgekehrt die Analogie auf einer vom Satz vom Widerspruch her verstandenen Univozität, wie Striet dies annimmt.

---

[40] Vgl. dazu Kapitel III.3, Seite 208.
[41] Der kurze Blick, den ich hier in Erich Przywaras Texte werfe, kann auf keinen Fall das Werk dieses Theologen ausmessen. Er ist einem Hinweis von Karl Rahner geschuldet, der in seinem letzten Vortrag den Namen Przywara nannte, um die Selbstverständlichkeit der analogen Rede zu betonen. Vgl.: Rahner: Erfahrungen eines katholischen Theologen, 105.
[42] Erich Przywara: Analogia Entis. Metaphysik. 1. Prinzip, München 1932 (= Przywara: Analogia Entis), 129.
[43] Przywara: Analogia Entis, 128f.
[44] Przywara: Analogia Entis, 141.
[45] Przywara: Analogia Entis, 85. Zur Frage der Analogie bei Przywara vgl.: Stefan Nieborak: ›Homo analogia‹. Zur philosophisch-theologischen Bedeutung der ›analogia entis‹ im Rahmen der existentiellen Frage bei Erich Przywara S. J. (1889–1972), Frankfurt am Main u.a. 1994. Kritisch zu Przywara: Johannes Plenge: Anodische und kathodische Analogia entis. Ein Brief. In: Sigfried Behn (Hg.): Der beständige Aufbruch. Festschrift für Erich Przywara, Nürnberg 1959, 48–56.

Der Widerspruchssatz bei Aristoteles ist nach Przywara das »Minimum einer dynamischen Synthese[.] Er ist also kein Etwas, ›aus‹ dem man ableiten kann, sondern selber nur der Fußpunkt einer stets neu bewegten Auseinandersetzung.«[46] Przywara unterscheidet drei Blickwinkel auf den Widerspruchssatz. Aus dem Blickwinkel einer reinen Logik lege es sich nahe, den Satz vom Widerspruch nur als Ausdrucksform des Identitätssatzes zu begreifen. Dadurch werde aus einer »negativ reduktiven Formalität«[47], die letztlich nur sage »wenn alles geleugnet ist, so kann man ›dies‹ doch nicht leugnen«[48], ein positive Ausgangspunkt. Der Fehler liegt nach Przywara darin, diesem Ausgangspunkt Absolutheit zuzumessen, wie dies u.a. bei Descartes und Kant geschehe. So werde das Korrektiv von einem »›*Gehen* auf Wahrheit‹ zum ›*Ort* der Wahrheit sein‹[.]«[49] Die Bewegung des erkennenden Geistes, die bei ihrem materialen Erkennen der Wahrheit der Dinge von diesem Korrektiv geleitet wird, wendet es in einer reflexiven Bewegung auf sich selbst an und meint von nun an, die Wahrheit in sich selbst zu haben. Nach Przywara ist das der Moment, in dem der Geist seine Kreatürlichkeit ablege, die dadurch gekennzeichnet sei, dass er auf Wahrheit aus sei. Von nun an versteht er sich wie der Geist Gottes, der die Wahrheit in sich trage. Daher sei es letztlich konsequent, wenn in einem solchem Verständnis der Seinsbegriff univok auf Gott und Mensch angewendet werde.[50]

Die Dialektik – der zweite Blickwinkel – hingegen versuche, der Nähe des Identitätssatz auszuweichen und ziele auf den »reinen Widerspruch«[51]. Durch die streng antithetische Stellung zur Logik bleibe jedoch die Dialektik noch von der Logik geleitet. Die Versöhnung der Gegensätze im Begriff lasse sich noch auf die Dominanz des Identitätsprinzips ein. »Geschöpf und Gott stehen (ontisch wie noëtisch) zueinander in einem Verhältnis einer Identität, die sich selbst widersprechend sich selbst gegenübertritt.«[52] So werde der Boden Gottes in Anspruch genommen, jetzt nicht wie in der reinen Logik, in der das Göttliche unmittelbar im Endlichen erscheine, sondern »in der titanischen Form eines Erfassens des inneren Rhythmus des göttlichen Lebens[.]«[53] So lösen nach Przywara letztlich beide, Logik und Dialektik, den Widerspruch auf, da sie seine Relate nicht mehr distinkt denken können.

Allein der dritte Blickwinkel der Analogie lasse es zu, den Satz vom Widerspruch als solchen in Geltung zu lassen, ohne ihn zu einem anderen Satz umzuformulieren. Sie bewege sich zwischen den zwei bei Aristoteles mit den Namen Heraklit (Alles ist Bewegung) und Parmenides (Alles ist Ruhe) be-

---

[46] Przywara: Analogia Entis, 73.
[47] Przywara: Analogia Entis, 70.
[48] Przywara: Analogia Entis, 70. Przywara verweist hier auf Augustinus, der schon weit vor Descartes formuliert hat, dass der Zweifler nicht zweifeln könne, dass er zweifle. Vgl.: Augustinus: De Trinitate X 10, 14.
[49] Przywara: Analogia Entis, 72.
[50] Vgl.: Przywara: Analogia Entis, 71f.
[51] Przywara: Analogia Entis, 72.
[52] Przywara: Analogia Entis, 72.
[53] Przywara: Analogia Entis, 73.

nannten Positionen.⁵⁴ Beide für sich seien intellektuell nicht nachvollziehbar, da Parmenides den Wandel zwischen Wahr und Falsch leugne, so dass letztlich Wahr und Falsch ineinander fielen, während Heraklit den absoluten Wandel betone, so dass sich überhaupt kein Wahr oder Falsch mehr ausmachen lasse. In beiden Fällen lasse sich der Satz vom Widerspruch nicht mehr halten, da er auf Identität und Wandel angewiesen sei. Daher »bezeichnet sich in ihm ein bewegter ›Ausgleich im Maß‹. Das aber ist der allgemeinste Sinn der Analogie. [...] In diesem Verstand wird Aristoteles Analogie und Mitte gleichsetzen: τὸ γὰρ ἀνάλογον μέσον (Eth Nik V 7, 1131 B 11).«⁵⁵
Die Analogie ist daher für Przywara »der Sinn des Widerspruchsatzes«⁵⁶. Darin zeige sie sich »als das radikalste Prinzip.«⁵⁷ Sie erscheine im denkenden Subjekt »nicht als ein Formales, aus dem Objekte sich ableitend, sondern als Formales der Bewegung zum Objekt hin.«⁵⁸ Damit ist sie freilich nicht formal in dem Sinne, dass sie sich von einem Materialen abheben ließe, sondern sie ist eine ursprüngliche Öffnung, ein »viens«, das ich zum Anderen spreche, der in der Analogie nicht zum Selben gemacht wird, aber auch nicht absolut fremd bleibt. Sie ist vielleicht – um mit Derrida zu sprechen – die geringste Gewalt, die ich dem Anderen antun kann. Vielleicht ließe sich die Analogie in einer radikalisierten Form, d.h. als Analogie der Analogie, auch als Ellipse bezeichnen, in der sich das Feld um zwei Pole herum abstecken lässt, ohne je begrenzt zu sein und sich auf einen zurückführen zu lassen.⁵⁹ Freilich gibt es die Analogie nur innerhalb der Metaphysik, wie Derrida gezeigt hat. Zugleich ist sie ihr Tod.⁶⁰ Das Sagen wird von einem *Dé-dire* begleitet, auch wenn es zur Konsequenz haben sollte, dass der Name Gottes dem erkenntnistheoretischen Zugriff bis zur Verwechselbarkeit entgleitet.⁶¹

---

⁵⁴ Vgl.: Aristoteles: Metaphysik IV 8; 1012b 22–24.
⁵⁵ Przywara: Analogia Entis, 75f.
⁵⁶ Przywara: Analogia Entis, 76.
⁵⁷ Przywara: Analogia Entis, 150.
⁵⁸ Przywara: Analogia Entis, 153.
⁵⁹ Selbst Striet befindet sich in dieser Ellipse, wenn er für seinen »philosophischen« Diskurs eine »theologische« Prämisse annehmen muss. Er kann keine reine Philosophie treiben, sondern ist auf ein ihr Fremdes verwiesen, auf einen anderen Pol, den man nicht mehr philosophisch nennen kann. Die von ihm mit dem Anspruch der Univozität vorgetragenen Begriffe machen nur Sinn innerhalb des Verhältnisses von Theologie und Philosophie, die sich nicht fremd sind, die aber auch nicht einfachhin zusammenfallen.
⁶⁰ Vgl. dazu Kapitel III.4, Seite 242.
⁶¹ Dass diese Konsequenz nicht unbiblisch ist, habe ich an der Erkenntnis im Nachhhinein in Bezug auf Ex 33–34 und das Johannesevangelium zu zeigen versucht.

3. Karl Rahner: Das Geheimnis der Geheimnisse

Die nun folgenden letzten drei Kapitel skandieren das »Thema« der Arbeit, wenn man so will, in mindestens drei Zeiten. Sie entgrenzen die in der Lektüre des Striet'schen Textes vorgefundene Problemlage nochmals. So liefern sie meinen Text insgesamt der Gefahr aus, keine Ergebnisse zu liefern, die sicher benennbar oder feststellbar wären. Eine Dissertation jedoch müsste Ergebnisse hervorbringen, einen Beitrag zum wissenschaftlichen Diskurs leisten. Mir scheint allerdings ein Unterschied zu bestehen zwischen der Tatsache, dass sich gewisse Erkenntnisse nicht auf zwei abschließenden Seiten zusammenfassen lassen, und der Tatsache, dass sich keinerlei Erkenntnisse einstellen. Wenn ich nach der Lektüre der Texte ihnen in gewisser Weise verpflichtet bin, so darin, dass sie sich der Systematisierung durch »meinen« Text zu einem bestimmten Maße entzogen haben werden,[1] dass sie den erkenntnistheoretischen Zugriff durch die ihnen eigene Materialität gebrochen haben werden.

Eine Lektüre von Rahners Aufsatz *Über den Begriff des Geheimnisses in der katholischen Theologie*[2] legt sich aus zwei Gründen nahe: Rahner hat vielleicht in einer Deutlichkeit wie kein anderer darauf bestanden, »dass alle theologischen Aussagen [...] analoge Aussagen sind.«[3] Und die Rede des Ersten Vaticanums vom *nexus mysteriorum* erfährt durch ihn eine Deutung und Radikalisierung in Bezug auf den Begriff des Geheimnisses. Rahners Text lässt sich so lesen, dass er jenen *nexus mysteriorum* zu beschreiben und in Zusammenhang mit dem Ziel des Menschen zu bringen versucht, wie es das Erste Vaticanum fordert, auch wenn er den »durchschnittlichen Begriff des Geheimnisses«[4] in der Schultheologie einer harschen Kritik unterzieht, die mir zumindest für das Erste Vatikanum nicht uneingeschränkt zu gelten scheint:

> »[D]as Geheimnis wird schon im ersten Ansatz als die Eigentümlichkeit eines Satzes betrachtet; Geheimnisse gibt es im Plural; Geheimnisse sind in dieser Pluralität Sätze, die *vorläufig* noch nicht durchschaubar sind.«[5]

---

[1] Die vielen Fußnoten deuten an, dass es einen Überschuss gibt, der nicht in meinem Text aufgeht.

[2] Karl Rahner: Über den Begriff des Geheimnisses in der katholischen Theologie. In: Ders.: Schriften zur Theologie. Band IV, Einsiedeln – Zürich – Köln ³1962, 51–99 (= Rahner: Über den Begriff des Geheimnisses in der katholischen Theologie). Vgl. zu diesen Zusammenhängen auch den zweiten Gang des Grundkurses: »Der Mensch vor dem absoluten Geheimnis.« (Karl Rahner: Grundkurs des Glaubens. Einführung in den Begriff des Christentums, Freiburg – Basel – Wien ³1976 (= Rahner: Grundkurs des Glaubens), 54–96. Vgl. dazu auch: Thomas Freyer: Gott als »Geheimnis«? Zu einem theologischen Schlüsselbegriff. In: Theologie und Glaube 86 (1996), 325–342 (= Freyer: Gott als »Geheimnis«?), v.a. 330–335.

[3] Rahner: Erfahrungen eines katholischen Theologen, 105. Darauf habe ich eingangs des ersten Kapitels dieses Teils bereits hingewiesen. Vgl. Seite 341.

[4] Rahner: Über den Begriff des Geheimnisses in der katholischen Theologie, 53.

[5] Rahner: Über den Begriff des Geheimnisses in der katholischen Theologie, 53.

Rahner bestreitet nicht, dass auch das im Satz ausgesprochene als Geheimnis begriffen wird, das sei jedoch nicht die übliche Terminologie. Die Sätze seien geheimnisvoll, was in ihrer Zuordnung zur ratio begründet sei: »*Ihr* ist etwas geheimnisvoll.«[6] Dabei dürfe man jedoch fragen, »ob es denn so klar und selbstverständlich sei, was ›ratio‹ eigentlich ist[.]«[7] Rahner spricht hier einen wunden Punkt an, der sich nicht nur durch die lehramtlichen Dokumente *Dei filius* und *Fides et ratio* zieht.[8] Dem Vaticanum unterstellt Rahner einen Vernunftbegriff, der dem Erkenntnisideal des 18. und 19. Jahrhunderts folge, das auch der naturwissenschaftlichen Erkenntnis zu Grunde liege:

> »Das Vaticanum und die Theologie vor und nach ihm sagen nun nicht: Der Begriff dieser so vorausgesetzten ratio ist (für den personalen Mitteilungscharakter der Offenbarung) zu eng, relativ und selbst kritisch zu prüfen, sondern er wird vorausgesetzt und es wird erklärt, es gäbe dennoch Geheimnisse, und diese werden von diesem problematischen Maßstab her notdürftig bestimmt.«[9]

Rahner schlägt daher eine Auffassung der *ratio* »als das Vermögen des Anwesenlassens des Geheimnisses schlechthin«[10] vor. Nichtwissen sei als eine »positive Auszeichnung eines Verhältnisses eines Subjektes zu einem anderen«[11] zu verstehen. Streng genommen dürfte man hier jedoch nicht von *Nicht*wissen sprechen, sondern eher von *Anders-als*-Wissen. Das, was vormals als Grenze des Wissens bestimmt wurde, ist für Rahner sein wahres Wesen: »Geist ist Transzendenz.«[12] Er ist Erkenntnis und Liebe, wobei man beide nicht in einem unvermittelten Dualismus denken dürfe, sondern als »Perichorese« in dem einen »Grundakt«.[13] Das Geheimnis ist daher nicht die negative Begrenzung der Erkenntnis, sondern dasjenige, woraufhin sich die als Selbsttranszendenz verstandene Erkenntnis übersteigt. Der Intellekt könne vor dem recht verstandenen Geheimnis entweder »in sich selbst protestierend [...] verbrennen«[14] oder in der Liebe zu seiner Vollendung kommen.[15]

---

[6] Rahner: Über den Begriff des Geheimnisses in der katholischen Theologie, 53.
[7] Rahner: Über den Begriff des Geheimnisses in der katholischen Theologie, 54.
[8] Vgl. auch die Bemerkungen zu *Fides et ratio* in Kapitel IV.1, Seite 251.
[9] Rahner: Über den Begriff des Geheimnisses in der katholischen Theologie, 56. – Freilich ist Rahner an anderer Stelle höchst skeptisch, was die kirchliche Definitionshoheit über Begriffe der alltäglichen Sprache angeht. Den Personbegriff in der Trinitätslehre betreffend stellt er fest: »Aber die Kirche ist faktisch nicht die souveräne Herrin und Lenkerin der Begriffsgeschichte.« (Rahner: Der dreifaltige Gott als transzendenter Urgrund der Heilsgeschichte, 353.)
[10] Rahner: Über den Begriff des Geheimnisses in der katholischen Theologie, 57.
[11] Rahner: Über den Begriff des Geheimnisses in der katholischen Theologie, 57.
[12] Rahner: Über den Begriff des Geheimnisses in der katholischen Theologie, 58.
[13] Vgl.: Rahner: Über den Begriff des Geheimnisses in der katholischen Theologie, 59.
[14] Rahner: Über den Begriff des Geheimnisses in der katholischen Theologie, 61.
[15] Man dürfte hier die Vollendung nur eschatologisch verstehen. Sie ist ja, wenn man Rahners Durchbuchstabierung der Gnadentheologie ernst nimmt, nichts, was sich die Erkenntnis geben kann oder was sie aus eigener Kraft erreichen könnte. Die Vollendung in der Liebe muss als ungeschuldete Gnade einer Instanz vorbehalten bleiben, die nicht die Theologie ist. Daher müsste auch die These von der Identität der immanenten mit der ökonomischen Trinität, die auch in diesem Aufsatz eine zentrale Rolle spielt, escha-

»Dann aber fragt sich wirklich, ob es den Begriff einer Pluralität von Geheimnissen in der naiven Selbstverständlichkeit geben kann, wie ihn der landläufige Begriff des Geheimnisses voraussetzt, oder ob eine Pluralität der Geheimnisse von dem Begriff eines einzigen Geheimnisses schlechthin, das der einzige Gott in seinem Verhältnis zur kreatürlichen Erkenntnis ist, abgeleitet werden müsse.«[16]

Wie aber will man aus dem Begriff eines einzigen Geheimnisses, das Gott in seinem Verhältnis zur kreatürlichen Erkenntnis *ist*, etwas *ableiten*? (Wie ist dieses *ist* zu verstehen?) – Rahner hält fest, dass das Woraufhin des menschlichen Geistes als *unendlicher Horizont* bestimmt werden muss und sich nicht benennen lässt. Er ist eine *ungegenständliche Erfahrung*.[17] Damit haben wir ihm »keinen Namen gegeben, sondern ihn den Namenlosen genannt.«[18] Welche Sprache spricht Rahner hier? Was führt er hier vor? – Ein Horizont ist nicht unendlich, eine Erfahrung ist nicht ungegenständlich,[19] und »der Namenlose« ist selbstverständlich ein Name. Versucht er hier nicht das einzige Geheimnis, um das es ihm geht, in geheimnisvolle Sätze zu transformieren? Ist dies nicht der Anfang der von ihm geforderten »*reductio in mysterium*«[20]? Oder umgekehrt gefragt: Wie sollte diese *reductio* sonst geschehen, wenn nicht auf der Ebene der Sätze, die in sich nicht mehr aufgehen? An anderer Stelle benennt Rahner dieses Vorgehen als »dialektischen Pluralismus«, den man jedoch auch verschleiern könne, »indem man sekundäre Begriffe bildet, in denen diese Dialektik schon versteckt enthalten ist[.]«[21] Das von Rahner angesetzte unthematische Mitwissen der Transzendenz in jedem transzendierenden Akt muss irgendwie in den Blick kommen, es muss gegenständlich werden in einer nachträglichen Reflexion,[22] die sich notwendig in Sätzen äußert.

---

tologisch radikalisiert werden. Vgl.: Josef Wohlmuth: Trinität – Versuch eines Ansatzes. In: Magnus Striet (Hg.): Monotheismus Israels und christlicher Trinitätsglaube. QD 210, Freiburg – Basel – Wien 2004, 33–69 (= Wohlmuth: Trinität – Versuch eines Ansatzes).

[16] Rahner: Über den Begriff des Geheimnisses in der katholischen Theologie, 66. Die Enzyklika *Fides et ratio* kennt die Ausdrucksweise der Geheimnisse im Plural fast nicht mehr. Sie kommt nur an drei Stellen vor – immer im Zusammenhang mit dem Ersten Vatikanum. (Vgl.: FIDES ET RATIO, 9, 53 u. 55.) Der Singular wird dagegen geradezu inflationär gebraucht.

[17] Vgl. zu den Begriffen von »Horizont« und »Erfahrung« die kritischen Überlegungen von Levinas und Derrida, vor allem die Seiten 37, 151, 210 und 213.

[18] Rahner: Über den Begriff des Geheimnisses in der katholischen Theologie, 70; vgl. ders.: Grundkurs des Glaubens, 71.

[19] Vgl. z.B. das transzendentale Erkenntnismodell bei Hermann Krings: Transzendentale Logik, München 1964, 55f.

[20] Rahner: Über den Begriff des Geheimnisses in der katholischen Theologie, 85.

[21] Karl Rahner: Theologische Erkenntnis- und Methodenlehre. In: Sacramentum Mundi IV, 885–892, 891f. Vgl. dazu auch: Willibald Sandler: Die Kunst des Fragens. Versuch einer systematische Rekonstruktion von Karl Rahners transzendental-phänomenologischer Methode. In: Siebenrock (Hg.): Karl Rahner in der Diskussion, 247–267, bes.: 262–267. Sandler weist darauf hin, dass Rahner die Analogie der Gottesrede wahren will, indem er »gefrorene Aporien« (S. 264) bildet.

[22] Vgl. die Kapitel zu Exodus und Johannes, V.1 (Seite 295) und V.4 (Seite 337).

»Dadurch aber ist dieses Woraufhin der Transzendenz nur im Modus der abweisenden Ferne gegeben. Nie kann man auf es direkt zugehen. Nie auf es unmittelbar zugreifen. Es gibt sich nur, insofern es uns stumm auf ein anderes, auf ein Endliches als Gegenstand des direkten Anblicks hinweist.«[23]

Darum ist es Geheimnis. Aber es ist auch »das *Heilige*«[24], es ist das »*heilige Geheimnis*«[25]. Der Mensch wird als Wesen der Transzendenz auch als Wesen des heiligen Geheimnisses verstanden. »Die Helle seines Bewusstseins gründet auf der Unbegreiflichkeit dieses Geheimnisses[.]«[26] Als letzter Maßstab für die Wirklichkeit könne es selbst nicht nochmals gemessen werden.[27] Es

---

[23] Rahner: Über den Begriff des Geheimnisses in der katholischen Theologie, 73. Unwillkürlich drängen sich hier die Levinas'schen Überlegungen zur Idee des Unendlichen auf, die ins Endliche verweist. Das Unendliche ist Illeität, die nicht direkt in den Blick kommt. Freilich hat diese Verweisung ans Endliche bei Levinas keinen gnoseologischen Sinn mehr. Sie wird zur Unterweisung und Berufung. Vgl. dazu Kapitel III.1, Seite 155. Und auch bei Rahner führt sie ja letztlich die Bewegung der Erkenntnis in die der Liebe über. Vgl. zum Verhältnis von Levinas und Rahner auch: Erwin Dirscherl: Die Bedeutung der Nähe Gottes. Ein Gespräch mit Karl Rahner und Emmanuel Levinas, Würzburg 1996. Zur Tendenz des Rahner'schen Werks, sich doch zum System einer Totalität zusammenzuschließen, vgl.: Thomas Freyer: Zeit – Kontinuität und Unterbrechung. Studien zu Karl Barth, Wolfhart Pannenberg und Karl Rahner (BDS 13), Würzburg 1993. – Eberhard Jüngel kritisiert den Rahner'schen Zugang. Für ihn ist das »Mysterium [...] selber das Subjekt des Sich-ergreifen-Lassens: es *offenbart* sich *als* Geheimnis.« (Eberhard Jüngel: Gott als Geheimnis der Welt, Tübingen ⁵1986, 341.) »Dass Rahner Mysterium als das bestimmen muss, was als Horizont allen Begreifens selber unbegreiflich daseiend sich verschweigt, resultiert aus seinem die Rede von Gott in der Fraglichkeit der Frage begründenden transzendental-theologischen Ansatz allerdings mit eherner Notwendigkeit.« (ebd.) Gegen den Ansatz einer Hermeneutik des Fragens setzt Jüngel den »phänomenologischen Sachverhalt, dass Fragen sich üblicherweise nicht von selbst einstellen.« (337) Er geht davon aus, »dass Fragen *hervorgerufen* werden[.]« (337) Daher nimmt er als Ausgangspunkt seiner Überlegungen zum Geheimnis, das sich *als* Geheimnis offenbart, den hermeneutischen Grundsatz: »nach Gott kann deshalb und nur deshalb gefragt werden, weil von ihm bereits die Rede ist.« (338) Dabei sei natürlich diese Rede nicht einfach dem Menschen mitgegeben, sondern »Gott ist der *von sich aus* Redende. Das Angeredetwerden von Gott kann deshalb nur *Ereignis* sein.« (338) Jüngel sieht in diesem Zusammenhang meines Erachtens nicht, dass Rahner zwischen einem religionsphilosophisch-transzendentalen Begriff des Geheimnisses und dem sich kategorial als Nähe offenbarenden Geheimnis unterscheidet. Rahner ist es daher möglich, von einem legitimen Suchen nach Gott auch außerhalb des Kontextes der christlichen Offenbarung zu reden, was Jüngel mit seinem Ansatz wohl nur schwerlich gelingt. Zudem muss man hier sehen, dass Rahner die Möglichkeit zu fragen durchaus theologisch rückbindet, z.B. im Begriff der transzendentalen *Offenbarung*. Das Fragen des Menschen ist unterfangen durch eine ihm zu Grunde liegende Begegnung mit Gott, die jedoch noch nicht thematisch geworden ist. Somit scheint mir Rahner sowohl die Ungeschuldetheit der Gnade als auch – doch das ist ja im Kern Jüngels Hauptkritikpunkt – die Anschlussfähigkeit der theologischen Rede an den »negativen« philosophischen Diskurs der natürlichen Gotteserkenntnis wahren zu können. Beide verdanken sich der ursprünglichen Zeugnishaftigkeit. Jedoch ist diese Zeugnishaftigkeit nicht material in Anschlag zu bringen.
[24] Rahner: Über den Begriff des Geheimnisses in der katholischen Theologie, 73.
[25] Rahner: Über den Begriff des Geheimnisses in der katholischen Theologie, 73.
[26] Rahner: Über den Begriff des Geheimnisses in der katholischen Theologie, 74.
[27] Vgl.: Rahner: Grundkurs des Glaubens, 72.

gebe keinen Vorgriff über es hinaus.»Das Geheimnis ist so undefinierbar wie alle anderen transzendentalen ›Begriffe‹, die keiner Definition zugänglich sind[.]«[28] Der »Begriff« wird von Rahner in Anführungszeichen gesetzt, da das so »bestimmte« Geheimnis einen Begriff von sich verweigert. Indem es keinem Vorgriff mehr unterliegt, lässt es sich weder *als* Geheimnis begreifen noch *als* etwas anderes.[29]

Wenn Gott nun dennoch »als« Geheimnis »begriffen« wird, dann kann nach Rahner die Gnade nicht in der Aufhebung des Geheimnisses bestehen. Wenn die Schultheologie solches lehre, habe sie einen verkürzten Glaubensbegriff, da sie den Glauben »entgegen dem biblischen Befund bei Paulus«[30] rein auf die diesseitige Pilgerschaft beschränke. Und in der Tat findet sich die Auslegung auch im Ersten Vaticanum, dass wir »von einem gewissen Dunkel umhüllt bleiben, *solange* wir in diesem sterblichen Leben ›ferne vom Herrn pilgern: im Glauben nämlich‹ wandeln wir und nicht im Schauen‹ (2 Kor 5,6f.).«[31] Die Stelle bleibt freilich widersprüchlich, da zuvor die Rede davon ist, dass die göttlichen Geheimnisse jeden *geschaffenen* Verstand übersteigen, was auch den Verstand der Engel einschließt, die freilich Gott schon schauen.[32] Wenn man den Kontext des zweiten Korintherbriefs berücksichtigt, so zeigt sich, dass dieser nicht in Aussicht stellt, dass wir Gott je sehen und damit erkennen könnten, wie wir jetzt irdische Dinge sehen und erkennen. Im Gegenteil: In 2 Kor 4,18 weist Paulus darauf hin, dass wir auf das Unsichtbare blicken. Und deshalb sei es tröstend, dass wir nicht im Schauen wandeln, sondern im Glauben.[33] Die Gnade kann daher nach Rahner nicht als ein (Durch-)Schauen des Geheimnisses verstanden werden, sondern sie ist »die

---

[28] Rahner: Grundkurs des Glaubens, 75.
[29] Vgl. zu diesen Zusammenhängen die Überlegungen zu Tod und Zeit in Kapitel III.2, Seite 177.
[30] Rahner: Über den Begriff des Geheimnisses in der katholischen Theologie, 82.
[31] DH 3016. Hervorhebung von mir, CL.
[32] Darauf lässt der Vorschlag des Bischofs Callot schließen, der *intellectum creatum* durch *intellectum nostrum* ersetzen wollte. Als Begründung brachte er vor, dass hier der Verstand des irdischen Menschen und nicht der der Engel gemeint sei. Dem schloss sich das Konzil an, so dass man wohl begründet vermuten darf, hier werde die (bleibende) Transzendenz gegenüber jedem geschaffenen Verstand gelehrt. Vgl.: Pottmeyer: Der Glaube vor dem Anspruch der Wissenschaft, 391.
[33] 1 Kor 13,12 ist demgegenüber eindeutiger: »Jetzt schauen wir in einen Spiegel und sehen nur rätselhafte Umrisse, dann aber schauen wir von Angesicht zu Angesicht. Jetzt erkenne (γινώσκω) ich unvollkommen, dann aber werde ich durch und durch erkennen (ἐπιγνώσομαι), so wie ich auch durch und durch erkannt worden bin (ἐπεγνώσθην).« In Vers 8 hatte Paulus noch geschrieben, dass die Erkenntnis (γνῶσις) vergeht, insofern darf man hier nicht vorschnell auf eine verbesserte Erkenntnis schließen. Darauf deutet neben der Tatsache, dass Paulus das jenseitige Erkennen als einen interpersonalen Prozess beschreibt, der – wenn auch geringe – Unterschied in der Wortwahl hin. Man mag an das hebräische יָדַע denken, auch wenn dieses in Gen 4,1 LXX mit dem einfachen γινώσκω übersetzt ist. Vgl. dazu auch: Jacob Kremer: Der Erste Brief an die Korinther, Regensburg 1997, 190. Er verweist auf 1 Kor 8,3, wo der Zusammenhang von Liebe und Erkenntnis deutlich werde. Vgl. auch: August Strobel: Der erste Brief an die Korinther, Zürich 1989, 210.

Gnade der *Nähe* des *bleibenden* Geheimnisses[.]«[34] Insofern haben wir es nach Rahner nicht mit Platonismus zu tun, wenn Pseudodionysios Areopagita das Dunkel die höchste Stufe der Erkenntnis nennt und Gregor von Nyssa das Eintreten in das Allerheiligste mit dem Umhülltwerden von göttlicher Dunkelheit beschreibt.[35] Die Überlegungen von Emmanuel Levinas zur Sprache als Nähe erfahren hier eine theologische Deutung. Das Gebet im Rahmen der mystischen oder negativen Theologie des Areopagiten ist keine Erkenntnis – auch wenn es ihr natürlich zugänglich ist – es ist Ansprache Gottes, Antwort auf den, der vor uns gesprochen hat. Der Mensch als Adressat der Offenbarung, als Hörer des Wortes, befindet sich in einer anderen Situation als der Theologe, der über die »Worte« (im Plural) der Offenbarung nachdenkt. Der Begriff der Selbstmitteilung bedeutet keine erkenntnistheoretische Unmittelbarkeit.[36] Die Nähe Gottes ist immer nur vermittelt *denkbar*.[37] Damit ist noch nichts über ihre Bezeugbarkeit gesagt. Da sich das Zeugnis nicht vom Bezeugenden trennen lässt, lässt es sich nicht in einem theoretischen Diskurs auflösen. Es steht unter einem anderen Wahrheitsanspruch als sein Inhalt.

Im letzten Teil seines Aufsatzes geht es Rahner darum, den Zusammenhang der sogenannten *mysteria stricte dicta* aus der Selbstmitteilung Gottes zu erhellen. Dazu stellt er die provokante Frage, wie viele dieser *mysteria stricte dicta* es genau gebe. Es könne ja nicht sein, »dass Gott gewissermaßen aus einer Schatztruhe von Wahrheiten [...] immer neue solche Mysterien hervorholen könnte[.]«[38] Die Abgrenzung falle schwer, da das Ganze der christlichen Botschaft einen Geheimnischarakter habe. Rahner geht es letztlich um Sätze, die mit der Selbstmitteilung Gottes zu tun haben und die nicht mehr auseinander oder aus anderen abgeleitet werden können,[39] die also gewissermaßen diejenige irreduzible Pluralität ausmachen, die sich um den *nexus mysteriorum* ausbildet. So bleiben letztlich nur drei Glaubenssätze, die als *mysteria stricte dicta* in Frage kommen: »die Trinität, die Inkarnation und die Vergöttlichung des Menschen in der Gnade und Glorie.«[40] Rahner unterteilt sie in die Trinität auf der einen Seite, da es bei ihr um ein Geheimnis in Gott selbst gehe und die beiden anderen, die Gottes Verhältnis zum Nichtgöttlichen betreffen. »Sie sind mysteria stricte dicta, weil nur durch Offenbarung

---

[34] Rahner: Über den Begriff des Geheimnisses in der katholischen Theologie, 77.
[35] Vgl.: Rahner: Über den Begriff des Geheimnisses in der katholischen Theologie, 80.
[36] Wie wir gesehen haben, lassen auch die johanneischen Immanenzaussagen, auf die sich Striet beruft, keine erkenntnistheoretische Unmittelbarkeit annehmen. Vgl. auch Kapitel V.4, Seite 327.
[37] »[K]ein Mensch kann mich sehen und am Leben bleiben.« (Ex 33, 20). »Wer mich gesehen hat, hat den Vater gesehen. Wie kannst du sagen: Zeig uns den Vater?« (Joh 14,9). Auf diese Zusammenhänge bin ich in den vorangehenden Kapiteln immer wieder eingegangen.
[38] Rahner: Über den Begriff des Geheimnisses in der katholischen Theologie, 87.
[39] Als ableitbare Mysterien bezeichnet er z.B. die eucharistische Transsubstantiation, die ohne die hypostatische Union, d.h. die Inkarnation, nicht denkbar sei und daher zu jener zurückführe. Vgl.: Rahner: Über den Begriff des Geheimnisses in der katholischen Theologie, 88.
[40] Rahner: Über den Begriff des Geheimnisses in der katholischen Theologie, 89.

(diese gemeint als Heilsereignis und Wortmitteilung in einer unauflöslichen Einheit) gewusst werden kann, dass es so etwas gibt und geben kann.«[41] Letztlich sind sie nach Rahner »eine geheimnisvolle Radikalisierung jenes Geheimnisses, das wir religionsphilosophisch, aber auch theologisch als das eigentliche Urgeheimnis entwickelt haben[.]«[42] Allerdings habe sich durch die Offenbarung der Modus der abweisenden Ferne in eine radikale Nähe umgekehrt. In dieser Nähe haben Inkarnation und Vergöttlichung des Menschen ihre Einheit, da sie Gottes *eine* Selbstmitteilung in zwei formal voneinander abhebbaren Aspekten sind. Es ist die Übergabe der eigenen Wirklichkeit Gottes in der hypostatischen Union.[43] Und da es sich im strengen Sinne um *Selbst*mitteilung handelt, kann man nach Rahner sagen, »dass die ›immanente‹ Dreifaltigkeit die ›heils-ökonomische‹ wird und darum auch umgekehrt die von uns erfahrene ökonomische Dreifaltigkeit Gottes schon die immanente *ist*.«[44] Diese Geheimnisse haben daher einen inneren Zusammenhang, der in der »Mitteilung der absoluten Nähe des Urgeheimnisses«[45] besteht:

> »Die Geheimnisse des Christentums im Plural lassen sich so als Konkretheit des einen Geheimnisses verstehen, wenn nur die Voraussetzung gemacht wird, die allerdings nur durch Offenbarung gewusst werden kann, dass dieses heilige Geheimnis auch als das Geheimnis in absoluter Nähe gegeben ist und sein kann.«[46]

So gelangt Rahner nach ausführlichen und wichtigen Analysen letztlich erneut vor das Problem, mit dem sich das Erste Vatikanum auseinanderzusetzen hatte. Alles, was er darlegt, lässt sich nur unter einer »Voraussetzung« verstehen. Und diese Voraussetzung kann ausschließlich durch die Offenbarung »gewusst« werden. Aber sie muss *gewusst* werden. Wenn Rahner die Formulierung offen stehen soll, »dass dieses heilige Geheimnis auch *als* Geheimnis in absoluter Nähe gegeben ist und sein kann«[47], muss das Geheimnis eben *als* Geheimnis gewusst werden. Wenn jedoch der »Begriff« des Geheimnisses diese als-Struktur aus sich ausschließt, mit welchem Wissen ha-

---

[41] Rahner: Über den Begriff des Geheimnisses in der katholischen Theologie, 92.
[42] Rahner: Über den Begriff des Geheimnisses in der katholischen Theologie, 92.
[43] Vgl.: Rahner: Über den Begriff des Geheimnisses in der katholischen Theologie, 94.
[44] Rahner: Über den Begriff des Geheimnisses in der katholischen Theologie, 95. – Hier ist nicht der Ort, um auf das berühmte und viel diskutierte Rahner'sche Axiom inklusive des »und umgekehrt« einzugehen, das er in seinem Aufsatz in *Mysterium Salutis* ausführlich darlegt. Vgl.: Rahner: Der dreifaltige Gott als transzendenter Urgrund der Heilsgeschichte. Eine kritische Relektüre bietet der bereits zitierte Aufsatz von Josef Wohlmuth: Trinität – Versuch eines Ansatzes. Dort findet sich auch ein kurzer Überblick über die Rezeption des Rahner'schen Axioms sowie weiterführende Literaturangaben.
[45] Rahner: Über den Begriff des Geheimnisses in der katholischen Theologie, 99.
[46] Rahner: Über den Begriff des Geheimnisses in der katholischen Theologie, 98. Für Rahner ist hier also eindeutig, dass die Wirklichkeit und die Möglichkeit der absoluten Nähe des Geheimnisses für die Erkenntnis der Offenbarung bedürfen. Ohne sie ist auch kein *Begriff* einer solchen Nähe möglich.
[47] Rahner: Über den Begriff des Geheimnisses in der katholischen Theologie, 98. Hervorhebung von mir, CL.

ben wir es dann zu tun? Dass es sich hier nicht um ein Wissen handeln kann, das alltäglichem empirischem Wissen vergleichbar ist – etwa mit einem Beispiel Rahners, »dass es in Australien einen Fluss XY gibt«[48] – scheint eindeutig. Dass es sich auch nicht um ein Wissen *a priori* handeln darf, scheint ebenfalls klar, da es nach Karl Rahner (aber auch nach den lehramtlichen Vorgaben von *Dei Filius* und *Fides et ratio*) auf die Erfahrung der tatsächlich ergangenen Offenbarung verwiesen ist.[49] Dennoch muss es mit beidem in einem Zusammenhang stehen, das es sich immer noch um *Wissen* handelt. In welchen Sätzen spricht es sich aus? Zwingt die Rede von Gott, wie Derrida anhand des platonischen Diskurses über die *chora* nachweist, »zu tropischen Umwegen, die nicht mehr Figuren der Rhetorik sind«[50]?

Thomas Freyer schlägt in Anschluss und Abgrenzung zu Rahner vor, die menschliche Subjektivität im Anschluss an Levinas zu verstehen,[51] da »Rahners gnadentheologische Zentrierung, die im Stichwort ›Geheimnis‹ anklingt, in einem spannungsvollen und keineswegs unproblematischen Verhältnis zu seinem anthropologischen Ansatz und dessen philosophischen Vorgaben steht.«[52] Schlägt sich dort nicht dieselbe Spannung nieder, in der auch die Konstitution *Dei filius* steht? – Der Mensch ist für Rahner »immer schon« »bei sich« und gleichzeitig kategorial in seinem Selbstvollzug auf den anderen verwiesen. Die »Letztbegründer« betonen den ersten Pol dieser Ellipse, da nur in der sich selbst bewussten und autonomen Vernunft ein philosophisch zureichender Grund für die universal gültige Rede von Gott gefunden werden könne. Freyer sieht auch bei Rahner die Gefahr, dass der zweite Pol auf jenen ersten Pol zurückgeführt wird. Daher stellen sich ihm zwei Fragen:

> »*Erstens:* Kann philosophischerseits im Paradigma des menschlichen Selbstvollzugs die Transzendenz Gottes und, damit untrennbar verbunden, die dem menschlichen ›ich‹ widerfahrende Transzendenz des Nächsten in ihrer jeweiligen Einzigkeit und Alterität gewahrt werden? Und *zweitens:* Wenn nach Rahner der Mensch in seinem Selbstvollzug, seinem Außer-sich- und beim-andern-seiner-selbst-Sein auf sich selbst zurückkommt, inwiefern ist dann der Andere hinsichtlich seiner ›Exteriorität‹ mehr als nur ein ›Gegenüber‹, an dem und mit dessen Hilfe die *je eigene* Identität erstrebt wird?«[53]

Die zweite Frage muss vor dem Hintergrund einer Philosophie, die als Geltungsinstanz ausschließlich das einsame Bewusstsein gelten lässt, als ethisch-praktische Frage zweitrangig erscheinen. Ihr wird man immer ent-

---

[48] Rahner: Über den Begriff des Geheimnisses in der katholischen Theologie, 63.
[49] Im Grundkurs spricht Rahner davon, dass die »transzendentale Erkenntnis oder Erfahrung [...] aposteriorisch genannt werden [muss.]« (Rahner: Grundkurs des Glaubens, 61.)
[50] Derrida: Wie nicht sprechen, 68.
[51] Vgl. Freyer: Gott als »Geheimnis«?, 338f.
[52] Freyer: Gott als »Geheimnis«?, 335. Vgl. dazu auch: Josef Wohlmuth: Gott – das letzte Wort vor dem Verstummen. Gotteserfahrung bei K. Rahner und E. Levinas. In: Ders.: Im Geheimnis einander nahe, 99–114, 113f.
[53] Freyer: Gott als »Geheimnis«?, 337.

gegenhalten: Wie kann ich autonom *begründen*, dass der andere mehr als nur ein Hilfsmittel ist? Freilich – und das übersieht sie in ihrer Sorge nach Gewissheit – stuft sie den anderen schon durch die reine Frage zu einem bloßen Hilfsmittel ihres Begründungsdiskurses herab. Der andere kommt nicht »als anderer« in den Blick, sondern z.B. bei Verweyen nur als Bild des absoluten Seins, von dem ich mir ein Bild mache, um selbst zum Bild zu werden.[54] Wenn man mit Levinas davon spricht, dass die Ethik die erste Philosophie sei,[55] dann sagt das vor allem auch, dass der ontologische Diskurs nicht jenseits der Moral steht. Er ist eine Form der Praxis, die nicht per se unschuldig ist.

Die Motivation der ersten Frage wird – wie wir gesehen haben – z.B. von Striet schon im Ansatz nicht geteilt, da zumindest die erkenntnistheoretische Transzendenz Gottes für ihn »christologisch aufgehoben« ist.[56] Daher muss sie philosophischerseits auch nicht gewahrt werden. Es wäre zu prüfen, ob es philosophisch überhaupt eine Möglichkeit gibt, die Transzendenz des Nächsten zu wahren. Formal gesprochen: Was wäre die Bedingung der Möglichkeit für die Transzendenz des anderen? – Wie aber sähe einer solcher Diskurs aus, der die Transzendenz in der Immanenz wahren will? Und wenn es die Eigenart des philosophischen Diskurses sein sollte, die Transzendenz nicht völlig wahren zu können, wie ließe sich so sprechen, dass zumindest die Problematik bewusst bleibt?

4. Skeptizismus und Vernunft: Levinas' Reduktion im Gesagten

Kann die Transzendenz des anderen nur vom anderen gewahrt werden, der sich dem Diskurs fortwährend entzieht, der sich als derjenige *zeigt*, der vorübergegangen sein wird? Solche Fragen könnten den Skeptizismus heraufbeschwören, der allerdings unterschiedlichen Deutungen zugänglich ist. Während Magnus Striet davon überzeugt ist, dass die Gottesfrage nur solange aufgeworfen wird, »wie das Phänomen des seiner selbst bewussten Lebens sich nicht im Strudel des Skeptizismus verliert«[1], sieht Levinas im Skeptizismus den Einbruch der Transzendenz in die Immanenz des Gesagten.[2] In gewisser Weise kommt ihm die Rolle der (phänomenologischen) Reduktion zu,

---

[54] Vgl. Verweyen: Gottes letztes Wort, 170. Vgl. dazu Kapitel II.2, Seite 89.
[55] Vgl. zum problembehafteten und oft missverstandenen Begriff des »Ethischen« Seite 220 meiner Arbeit.
[56] Vgl. Striet: Offenbares Geheimnis, 23f. Siehe auch das erste Kapitel dieses Teils, Seite 347.
[1] Striet: Offenbares Geheimnis, 15. Es ist nicht ganz ausgemacht, was genau Striet hier unter dem Begriff des Skeptizismus versteht. Er verweist auf »spätmoderne Icherfahrungen« in den Texten von Hans Magnus Enzensberger. Insofern dürfte er schon auf einen gewissen reflektierten Skeptizismus zielen, wenn er vielleicht auch nicht die antike Skepsis oder David Hume im Blick hat.
[2] Der letzte Abschnitt des letzten Kapitels des Hauptteils von *Jenseits des Seins* ist mit »Skeptizismus und Vernunft« überschrieben.

da er das Gesagte immer wieder auf ein ihm zuvor liegendes Sagen zurückführt.[3] Er geht nicht in der Verneinung des Gesagten auf, die Sprache ist nicht nur der Apophansis fähig, sondern deutet von sich her auf eine Dimension, die vor dem Gesagten liegt, auf eine ursprüngliche Öffnung des Diskurses auf den anderen hin.

Das sich selbst bewusste Leben hat für Levinas die Tendenz, sich in der solipsistischen Vernunft einzuschließen. Die Aufgabe der Vernunft bestehe darin, »die *Kohärenz* zwischen dem Einen und dem Anderen, *trotz ihrer Verschiedenheit, in der Einheit des Themas* sicherzustellen.«[4] Mit dieser Beschreibung der auf Einheit zielenden Vernunft stimmt er mit Kant überein, auf den sich – entweder ausdrücklich oder in Gestalt der Aufklärung – auch Pröpper, Verweyen, Müller und Striet berufen.[5] Für Kant ist die Vernunft das Vermögen, »den Stoff der Anschauung zu bearbeiten und unter die höchste Einheit des Denkens zu bringen.«[6] Levinas fragt jedoch, ob die Vernunft unhintergehbar sei[7]:

> »Die Vernunft, in der die *verschiedenen* Begriffe gegenwärtig, das heißt gleichzeitig in einem System, sind, ist auch die Tatsache, dass sie dem Bewusstsein gegenwärtig sind, insofern das Bewusstsein Vergegenwärtigung, Anfang und Freiheit ist. Das Problem liegt nur darin, dass man sich fragen muss, ob der Anfang am Anfang ist; ob dem Anfang als Akt des Bewusstseins nicht schon etwas vorausgeht, was sich nicht synchronisieren lässt, das heißt was nicht gegenwärtig sein kann – das Unvordenkliche; ob nicht eine Anarchie älter ist als der Anfang und die Freiheit.[8]

Die Philosophie bekommt in dieser Deutung die Aufgabe der Kritik der Kritik. Es geht darum, noch hinter die Freiheit zurückzugehen.[9] Der Schöpfungsgedanke ist für Levinas der Ausdruck dieser Frage, ob es etwas zur Freiheit des Bewusstseins vorgängiges gebe. Er ist sogar derjenige Gedanke, der die Möglichkeit von freien Seienden erst denkbar macht. Erst durch den Gedanken einer Schöpfung aus dem Nichts erhält das abhängig Seiende nach Levinas »seine eigentliche Unabhängigkeit, seine Stellung außerhalb des Systems, d.h. dort, wo seine Freiheit möglich ist.«[10] Das erinnert zwar an die auch von Striet übernommene Pröpper'sche Freiheitshermeneutik, setzt sich jedoch bei genauerem Hinsehen davon deutlich ab. Pröpper denkt im An-

---

[3] Vgl.: Lévinas: Jenseits des Seins, 108.
[4] Lévinas: Jenseits des Seins, 358f.
[5] Vgl. z.B. den jüngst erschienenen Band: Georg Essen, Magnus Striet (Hg.): Kant und die Theologie, Darmstadt 2005. Darin ist auch ein Beitrag von Klaus Müller erschienen.
[6] Kant: Kritik der reinen Vernunft, A298/B355.
[7] Mit dieser Frage beschäftigt er sich auch schon in seinem frühen Aufsatz *Ist die Ontologie fundamental?* Vgl.: Emmanuel Lévinas: L'ontologie est-elle fondamentale? In: Ders.: Entre nous, 12–22; Dt.: Emmanuel Lévinas: Ist die Ontologie fundamental? In: Ders.: Zwischen uns. Versuche über das Denken an den anderen, München – Wien 1995, 11–23.
[8] Lévinas: Jenseits des Seins, 359f. Übersetzung leicht nach dem frz. Original korrigiert.
[9] Vgl. Kapitel III.1, Seite 145.
[10] Lévinas: Totalität und Unendlichkeit, 149.

schluss an Krings Freiheit als transzendentalen Ursprungsbegriff, der nach Krings freilich ein System zu seiner Verwirklichung nach sich zieht.[11] Der Begriff der *creatio ex nihilo* wird von Striet zunächst in Anschlag gebracht, um die Freiheit Gottes im Schöpfungsakt zu wahren, aber auch um den »Schaffensakt als gegensatzfrei zu denken[.]«[12] Levinas hingegen hebt auf die kreatürliche Seite ab, für die die Schöpfung aus dem Nichts bedeute, nicht Teil einer Totalität, sondern trotz ihrer Abhängigkeit frei zu sein. Daher bedeutet Schöpfung für ihn absolute Diachronie.[13]

> »Das Wesentliche der geschaffenen Existenz liegt in ihrer Trennung vom Unendlichen. Diese Trennung ist nicht bloß Verneinung. Indem sie sich als Psychismus vollzieht, öffnet sie sich gerade der Idee des Unendlichen. Das Denken und die Freiheit entstehen für uns aus der Trennung und aus der Rücksicht auf den Anderen – diese These ist das Gegenteil des Spinozismus.«[14]

Levinas macht hier auf eine Dimension des Einbruchs der Idee des Unendlichen im Bewusstsein aufmerksam, die sich nicht als Idee oder Begriff zeigt. Sie ist kein intentionaler Gehalt, sondern geschieht als *infinition*,[15] als eine Bewegung, die das Bewusstsein über sich hinausführt, weil es seinen eigenen Anfang nicht in sich trägt. Für Striet hingegen ist es der Schöpfungsglaube selbst, »der die Analogie zwischen geschöpflicher Wirklichkeit und Schöpfer verhindert.«[16] Dennoch erreicht er nach eigenem Bekunden einen Gottesbegriff der endlichen Vernunft, den er mit Pröpper und Krings als »Idee der vollkommenen Freiheit«[17] bestimmt. Diese ist für ihn als formal und material unbedingte Freiheit zu denken, während menschliche Freiheit nur formal unbedingt sei.[18] Ein solcher Gedanke kollidiert aber meines Erachtens mit dem Schöpfungsgedanken: Wenn keine Analogien zulässig sind, dann sind erst recht keine univoken Begrifflichkeiten zulässig. Solche wären einzig und alleine unter der von Striet aufgestellten theologischen Prämisse, Gott habe sein Ankommen in der menschlichen Vernunft verbürgt,[19] möglich. Für die

---

[11] Vgl. Kapitel II.1, Seite 63.
[12] Striet: Offenbares Geheimnis, 73. Auch nach Ganoczy ist die Rede von der *creatio ex nihilo* »eher eine Aussage über den Schöpfer als über das Woraus bzw. Woher der Schöpfung. Sie verweist auf die absolute Unabhängigkeit und die alleinige Welt-Urheberschaft des einen Gottes der christlichen Offenbarung[.]« (Vgl.: Alexandre Ganoczy: Art. Creatio ex nihilo. In: Wolfgang Beinert (Hg.): Lexikon der katholischen Dogmatik, Freiburg – Basel – Wien ⁵1997, 78–80, 78.) Zur theologiegeschichtlichen Entwicklung vgl.: Franz Schupp: Schöpfung und Sünde. Von der Verheißung einer wahren und gerechten Welt, vom Versagen der Menschen und vom Widerstand gegen die Zerstörung. Unter Mitarbeit von M. Günther, Düsseldorf 1990, 338–373.
[13] Vgl.: Josef Wohlmuth: Schöpfung und Sprache – Ein inszenierter Dialog zwischen Walter Benjamin, Augustinus und Emmanuel Levinas. In: Ders.: Im Geheimnis einander nahe, 79–97, 95.
[14] Lévinas: Totalität und Unendlichkeit, 149.
[15] Vgl. Kapitel III.1, Seite 156.
[16] Striet: Offenbares Geheimnis, 73.
[17] Striet: Offenbares Geheimnis, 184.
[18] Auf die Aporien dieses Denkens bin ich in Kapitel II.1 ausführlich eingegangen. Vgl. auch Seite 59.
[19] Vgl. Kapitel VI.1, Seite 357.

genuin philosophische Idee von Gott hingegen sind sie – vor dem Hintergrund des als *creatio ex nihilo* zu denkenden Verhältnisses von Gott und Welt – nicht zugänglich. Wenn man von *creatio ex nihilo* spricht, muss man mit Levinas von einer Trennung sprechen. Wegen dieser Trennung kann das Unendliche grundsätzlich nicht thematisch werden, weil es keinen gemeinsamen Horizont mit der *ex nihilo* geschaffenen Welt hat. Gleichzeitig kann sich diese Welt jedoch nicht aus sich selbst heraus begründen, beim Versuch scheitert sie: Das Bewusstsein bekommt seinen Anfang nicht in die Hand. Entgegen Pröppers und Striets Diagnose lässt sich auch keine formale Unbedingtheit ausmachen, wie ich im dritten Teil dieser Arbeit ausführlich dargelegt habe. Der Tod und die Zeit hindern das Bewusstsein, sich selbst auf Dauer zu stellen.[20]

Die Trennung hat nach Levinas Spuren hinterlassen, zumindest Spuren einer Unabschließbarkeit, die die Kohärenz des Systems stören. Das System lässt sich nicht auf diese Spuren zurückführen, insofern sind sie nicht Idee des Unendlichen im klassischen Sinne eines die Welt gründenden Seienden.[21] Für das Bewusstsein und die Vernunft aber kann laut *Jenseits des Seins* alles ein Thema werden – sei es auch *als* Abwesendes. Daher braucht es eine andere Strategie, eine andere Unterscheidung als die aus der Immanenz gewonnene zwischen Bedingendem und Bedingten, um von einem »jenseits des Bewusstseins oder der Welt« zu reden.[22] Levinas unterscheidet Sagen und Gesagtes.

Den Skeptizismus deutet er in dieser Unterscheidung als »Weigerung, die im Sagen implizit enthaltene Affirmation und die *Negation*, die diese Affirmation im Gesagten ausdrückt, zu synchronisieren.«[23] Was bedeutet das? – In dem Moment, in dem Levinas von einem vor-ursprünglichen Sagen spricht, thematisiert er dieses und ordnet es in das Gesagte ein. Daher besteht eine strukturelle *Un*möglichkeit, das Sagen im Gesagten auszudrücken. Es zeigt sich in der *Abwesenheit* des Anderen, in der *negativen* Rede: es handele sich *nicht* um die Bedingung, *nicht* um dieses *noch* um jenes, sondern um etwas,

---

[20] Vgl.: Kapitel III.2, Seite 177.
[21] Wenn die Idee der Schöpfung aus dem Nichts verhindert, dass sich das System in sich zusammenschließt, so wird man dem Verhältnis von Gott und Welt nicht mit dem Begriffssystem von Freiheit in den Varianten bedingt/unbedingt sowie formal/material auf die Spur kommen. Wenn man die Idee der Trennung ernst nimmt, so lässt sie sich nicht durch die mathematisch anmutende Gleichung aufheben, die den einzigen Unterschied zwischen Gott und Mensch in der Tatsache der materialen Bedingtheit des Menschen sieht.
[22] Hier muss man in Erinnerung rufen, dass die Welt für die Husserl'sche Phänomenologie nur im Bewusstsein erscheint. Nur von dieser Welt sprechen wir. Insofern ist die Transzendenz zunächst einmal die reale Welt und der in ihr begegnende Andere. Wenn man also die geschichtliche Offenbarung Gottes in Jesus Christus zum Ausgangspunkt der Theologie machen will, so muss man zunächst Rechenschaft darüber geben, wie sich das Verhältnis des erkennenden Subjekts zur Welt überhaupt verhält. Die von Striet ins Feld geführte »theologische Prämisse« birgt daher – wie oben bereits gezeigt – handfeste erkenntnistheoretische Prämissen.
[23] Lévinas: Jenseits des Seins, 363. Übersetzung nach dem frz. Original korrigiert.

das *nicht* im Gesagten aufgehe. Die von Levinas im Sagen ausgemachte affirmative Dimension des Diskurses erscheint in diesem nur negativ, wie sich auch der Andere in der analogischen Appräsentation in seiner erkenntnistheoretischen Abwesenheit zeigt.[24] In gewisser Weise geht es hier um die negative Seite der sogenannten »Negativen Theologien«, worauf ich im Kontext der Derrida'schen Überlegungen von *Wie nicht sprechen?* zurückkommen werde. Der Skeptizismus ist jedoch für Levinas nicht nur ein Verweis auf die Negativität »Negativer Theologien«, sondern auf eine weitergehende Diskrepanz, die eine Identifizierung der negativen Rede mit dem, wovon die Rede ist, ablehnt:

> »Der Skeptizismus bestreitet also die These, nach der die *Beziehung, die* in der Synchronie *Bedingung an Bedingtes knüpft,* sich *zwischen Sagen und Gesagtem* wiederholt. Als hätte der Skeptizismus ein Gespür für die *Differenz* zwischen *meiner* – rückhaltlosen – *Ausgesetztheit (exposition)* gegenüber dem Anderen, die das Sagen ist, und der Darstellung *(exposition)* oder der Aussage des Gesagten, in ihrer Ausgewogenheit und ihrer Gerechtigkeit.«[25]

Insofern wird im Skeptizismus jene Stimme laut, die von der Unabgeschlossenheit des Systems und damit von der *creatio ex nihilo* Zeugnis gibt. Sie stellt keine philosophische Position in einem System dar, sondern widersetzt sich jeder Systematisierung. Sie ist zwar widerlegbar, aber sie kehrt wieder.[26] Die Rede des Skeptizismus zeugt nach Levinas von einer Anderheit, die im System nicht aufgeht und die nur um den Preis der (politischen) Gewalt zum Schweigen gebracht werden kann. Insofern macht sie auf »den Bruch der synchronisierbaren, das heißt erinnerbaren Zeit«[27] aufmerksam. Da der Skeptiker den Philosophen dazu zwingt, das Gesagte noch einmal zu sagen, öffnet sein Einwand die Struktur des Gesagten. Die Möglichkeit und die Notwendigkeit der Wiederholung verändern dabei das Selbe. Indem es wiederkehrt, streicht es seinen eigenen Anspruch durch, abgeschlossen zu sein. Das im Skeptizismus Gesagte kann durch die immer gleichen Argumente widerlegt werden, doch noch in der Widerlegung geben sie seinem Sagen Recht. Sie geben ihm Recht in dem Sinne, dass sie ihm antworten. »Die darin liegende Rückkehr der Diachronie, die sich der Gegenwart verweigert, macht die unbezwingbare Stärke des Skeptizismus aus.«[28]

---

[24] Gerade deshalb kann er sich nach Levinas in der »Nähe« befinden, in einer Nähe, die bedrückt, die eine Obsession ist, von der ich mich nicht erkenntnistheoretisch distanzieren kann. Oder mit Derrida gesprochen: Die Rede vom Tod *als* Tod könnte ihn notwendigerweise verfehlen. Vgl. dazu Kapitel III.2, Seite 180.

[25] Lévinas: Jenseits des Seins, 364. Übersetzung leicht korrigiert. Die deutsche Übersetzung gibt keinen Hinweis darauf, dass Levinas beide »Sachverhalte« bis zur Verwechslung auf der Wortebene aneinanderrückt.

[26] Vgl. Lévinas: Jenseits des Seins, 364.

[27] Lévinas: Jenseits des Seins, 365. Während die deutsche Übersetzung davon spricht, dass die Rede des Skeptizismus an den Bruch der »erinnerbaren Zeit« »erinnert«, unterscheidet Levinas zwischen »*le temps remémorable*« und »*rappelle*«.

[28] Lévinas: Jenseits des Seins, 365f.

Levinas beschreibt das Verhältnis zwischen Skeptizismus und Vernunft aber nicht nur, sondern er bildet die Bewegung zwischen Skeptizismus und Vernunft nach. Er hat sich unbequem zwischen beiden Seiten eingerichtet, um das eine Mal die Widerlegbarkeit des Skeptizismus mit der Vernunft zu zeigen und das andere Mal skeptisch auf dessen Wiederkehr zu bestehen und sie damit heraufzubeschwören. Diese Bewegung übersetzt und verrät sich in seinem Text,[29] dennoch bleibt sie sichtbar. Er führt in ihr in gewisser Weise auf, was sich in seinem Gesagten niederschlägt: »Der Skeptizismus ist das *Widerlegbare*, aber auch das, was wiederkehrt.«[30] Philosophie und Skeptizismus lassen sich nicht trennen, auch wenn die Philosophie dem Skeptizismus auf der Ebene des Gesagten Selbstwidersprüchlichkeit nachweisen kann. Dem Skeptizismus jedoch einen Eigenwert zuzuerkennen steht quer zur Philosophiegeschichte. Dessen ist sich Levinas bewusst:

> »Die abendländische Philosophie und der Staat widerlegen ihn, obschon sie aus der Nähe hervorgegangen sind; sie widerlegen ihn in einem Diskurs, der im *Gesagten* aufgeht und im *Sein*, in der Ontologie: die Geschichte der abendländischen Philosophie ist eine einzige Widerlegung des Skeptizismus gewesen genauso wie auch eine Widerlegung der Transzendenz. Der *gesagte* Logos hat das letzte Wort, das allen Sinn beherrscht, das Schlusswort, ja selbst die Möglichkeit des Letztendlichen oder Letztgültigen und des Ergebnisses.«[31]

In dem Moment, in dem Levinas von der Unterbrechung des Diskurses erzählt, setzt er ihn fort und verrät sein Sagen.[32] Sobald der Skeptiker *als* Ansprechpartner für die Philosophie erkannt wird, wird er vereinnahmt und im Gesagten eingeschlossen. Selbst außergewöhnliche Worte wie »Einer« oder »Gott« werden zu philosophischen Begriffen, die das System gründen statt es zu sprengen. »Noch ihre Explosionen lassen sich erzählen.«[33] Sie gehen ein in die Tradition. Doch in eben jenem Eingehen erneuern sie sich. Sie werden zitierbar und setzen sich so dem Missverständnis aus: Bedeutungen verändern sich. Durch ihre Mehrdeutigkeit deutet die Sprache auf den Riss im Gesagten hin: die Unmöglichkeit der Gleichzeitigkeit. »Ist sie insofern nicht Abweichung oder Verdrehung *(distorsion)* des Seins, das in ihr thematisiert wird, Verdrehung *(retorse)* der Identität?«[34] Wird so die Sprache zur Retorsion desjenigen, der einen absoluten Sinn behauptet? – Der Durchgang durch Texte von Jacques Derrida scheint darauf hinzudeuten.[35] »Die Sprache ist schon Skeptizismus.«[36] Diese Eigenschaft zeigt sich für Levinas am deutlichsten in der poetischen oder prophetischen Rede, auch wenn sie

---

[29] Das Französische unterscheidet in dem Wort »*traduire*« nicht zwischen »verraten« und »übersetzen«.
[30] Lévinas: Jenseits des Seins, 364.
[31] Lévinas: Jenseits des Seins, 366.
[32] Vgl.: Lévinas: Jenseits des Seins, 366.
[33] Lévinas: Jenseits des Seins, 367.
[34] Lévinas: Jenseits des Seins, 367. Übersetzung korrigiert.
[35] Vgl. dazu den dritten Teil meiner Arbeit.
[36] Lévinas: Jenseits des Seins, 368.

nicht darauf beschränkt bleibt.[37] Zwar lasse sich auch die Prophetie in den philosophischen Diskurs einholen, das Schweigen, der Wahn, die Unterbrechungen ließen sich thematisieren, »doch die Zwischenphasen der Unterbrechung werden damit nicht wiedereingeholt.«[38]

»Die Reflexion des Diskurses über sich selbst schließt ihn nicht in sich selbst ein. Die Totalität, die jede Eschatologie und jede Unterbrechung umfasst, hätte sich schließen können, wenn sie Schweigen wäre, wenn der schweigende Diskurs möglich wäre, das Geschriebene ein für alle Mal geschrieben bleiben – auf jede Tradition, von der es getragen und ausgelegt wird, verzichten könnte, ohne seine Bedeutung zu verlieren.«[39]

Vor diesem Hintergrund verbietet sich jede »negative« Theologie, die nur Schweigen wäre. Schweigen wäre – auch für Derrida – die schlimmste Gewalt. Levinas bezweifelt zudem, dass der schweigende Diskurs möglich wäre. Die stille Rede mit sich selbst, die Derrida in *Die Stimme und das Phänomen* untersucht, ist schon immer infiziert von einer »Nähe«, wie Levinas sich ausdrückt. Sie wendet sich schon immer an jemanden, der immer schon jemand anders ist als der, der spricht. Daher bleibt das Gesagte in seinen Brüchen und Anknüpfungspunkten, d.h. in den Überkreuzungen der Diskurse, auf das Sagen und damit auf den Anderen, der zur Sprache kommt, hin transparent. Es käme darauf an, die Diskurse nicht zu harmonisieren, sie nebeneinander stehen und gelten zu lassen in ihrer Bezogenheit aufeinander und darüber hinaus. Die Tatsache, dass die Bibel mit vielen Stimmen spricht, ist von hier aus kein Zeichen ihrer Schwäche, das behoben werden müsste, indem man *eine* biblische The*ologie* formulierte. Sie ist eine Auszeichnung. Selbstverständlich geht es nicht ohne Strukturen, auch die Wiederkehr des Skeptizismus bedeutet kein Ende der Strukturen, aber sie zeigt nach Levinas, »dass *sie* nicht das letztgültige Sinngerüst bilden, dass zur Übereinstimmung mit ihnen schon die Repression nötig sein kann.«[40] Darin bestehe der »politische[] Charakter jedes logischen Rationalismus [...], das Bündnis der Logik mit der Politik.«[41] Anders ausgedrückt: Derjenige, der die Einheit und Ordnung der Diskurse herstellen kann, hat die Macht in einem Gemeinwesen. Oder noch einmal anders: Das Unterdrückte und Ausgeschlossene, das Andere kann die Diskurse immer nur stören. Vor diesen Hintergründen ist die Dekonstruktion (solcher Strukturen) die Gerechtigkeit.

---

[37] Levinas fragt, ob sich die Kohärenz nicht dem Staat verdanke, der den subversiven Diskurs ausschließe. Der Gesprächspartner, der sich nicht dem herrschenden Diskurs der Logik beuge, werde mit Gefängnis oder Psychiatrie bedroht. Der Staat verleihe daher der Logik und dem Recht die notwendige Stärke zur Durchsetzung, er sichere der Universalität Geltung zu. Vgl.: Lévinas: Jenseits des Seins, 368f.
[38] Lévinas: Jenseits des Seins, 369.
[39] Lévinas: Jenseits des Seins, 370.
[40] Lévinas: Jenseits des Seins, 370.
[41] Lévinas: Jenseits des Seins, 370.

5. Wie nicht sprechen

Wie nicht sprechen – So lautet der Titel eines Vortrages, den Jacques Derrida 1986 in Jerusalem hielt und in dem er »über die ›Spur‹ zu sprechen wünschte in ihrem Bezug zu dem, was man, mitunter missbräuchlich, die ›negative Theologie‹ nennt.«[1] Schon dieser Wunsch deutet darauf hin, dass es Derrida nicht einfachhin um das Verschweigen oder Verstummen geht. Ohne andere Deutungsmöglichkeiten auschließen zu können oder zu wollen, will ich hier *Wie nicht sprechen* mit der Betonung auf das *Wie* lesen. Wie kann man nicht sprechen? Bzw.: Wie darf man nicht sprechen? – Die infinitivische Formulierung hält offen, ob es um eine logische Unmöglichkeit oder ein ethisches Gebot geht, auch wenn Derrida davon spricht, dass er wusste, dass er »*es würde* tun *müssen.*«[2] Es geht ihm um eine Vorgängigkeit des Müssens, ein Müssen vor dem ersten Wort, das noch diesseits der Alternative Freiheit oder Notwendigkeit steht. Ein solches quasi-transzendentales Müssen hat seine Spur im Diskurs hinterlassen.

Doch bevor ich auf dieses Müssen eingehe, das bereits zu Beginn meiner Arbeit gestanden hatte,[3] ist es zunächst geboten, Striets These nachzugehen, nach der Derridas Text die »vielleicht radikalste Steigerung«[4] »negativer Theologie« darstellt. Ist dem so? – Ja und nein. Derrida steigert nicht die Negationen der »Negativen Theologie« in dem Sinne, dass sich noch weniger aussagen ließe. Er überbietet quasi auf einer *via eminentiae* anderer Art die sogenannte »Negative Theologie«, die sich auf den ersten Blick auf Negationen beschränkt. – Derrida selbst bekennt in *Wie nicht sprechen*, er habe eine Einordnung seines Denkens in die »Negative Theologie« stets »kurz, elliptisch und dilatorisch«[5] abgelehnt, wobei sich diese verneinende Antwort in zwei Phasen dargeboten habe: »1. Nein, das, was ich schreibe, gehört nicht der ›negativen Theologie‹ an.«[6] Der Grund dafür sei nicht nur, dass diese die unzerstörbare Einheit des Wortes privilegiere, sondern auch dass sie »jenseits gar noch des Seins, irgendeine Überwesentlichkeit, ein Sein jenseits des Seins zurückzubehalten scheint.«[7] Dagegen sei das, »was die ›*différance*‹, die ›Spur‹ und so weiter ›sagen-will‹ – was von nun an *nichts sagen will* –, dies wäre ›vor‹ dem Begriff, dem Namen, dem Wort, ›etwas‹[.]«[8] Geht es also um eine Ortsfrage? Läge der Unterschied zwischen der sogenannten »Negativen Theologie« und dem Derrida'schen Unternehmen darin, dass die »Negative Theologie« über das Sein hinaus will,[9] während Derrida noch vor dem Sein

---

[1] Derrida: Wie nicht sprechen, 9. Vgl. zu Derridas Bezug zur »negativen Theologie«: Joachim Valentin: Atheismus in der Spur Gottes; Harold Coward, Toby Foshay (Hg.): Derrida and Negative Theology, Albany 1992.
[2] Derrida: Wie nicht sprechen, 9.
[3] Vgl. Kapitel I.1, Seite 11.
[4] Vgl. Striet: Offenbares Geheimnis, 18f., Anm. 29.
[5] Derrida: Wie nennt sprechen, 16.
[6] Derrida: Wie nicht sprechen, 16.
[7] Derrida: Wie nicht sprechen, 17.
[8] Derrida: Wie nicht sprechen, 19.
[9] Das gilt wohl vor allem in Bezug auf Dionysios Areopagita. Betrachtet man die plato-

verharrt? Müsste man – wenn dem so wäre – Derrida als Gründungsdiskurs lesen?

Als solcher teilt er jedoch die Schwierigkeit der sogenannten »Negativen Theologie«. Gleichgültig, ob ich über das Sein hinaus will oder vor dem Sein bleiben will, jeder meiner Begriffe schreibt sich wieder in die onto-theologische Logik und Grammatik ein, weshalb es vielleicht so schwer fällt, beide Diskurse zu unterscheiden. Diese Bewegung scheint ununterdrückbar, und gerade Derrida hat darauf gegen Levinas in *Gewalt und Metaphysik* zu Recht hingewiesen. So erinnert er auch hier in der Art einer zweiten Stimme gegen sich selbst daran,[10] nicht jedoch ohne Hinweis auf eine Frage, die über diese Bewegung der Einschreibung hinausgeht und die auf das Levinas'sche »Sagen« oder die »Spur« zielt – ohne dass es sich hier um ein Telos handeln würde: »Aber diese Frage bleibt doch – ich gestehe das zu – im Herzen eines Denkens der *différance* oder Schrift über die Schrift bestehen.«[11] Ein zweites Unbehagen innerhalb dieser ersten Phase bezieht sich auf die »Verheißung einer Gegenwärtigkeit«[12], auf das Herbeirufen einer Offenbarung in der mystischen Vereinigung.

Gegen dieses Schweigen meldet Derrida Bedenken an. Seine Texte seien »der geläufigen Interpretation«[13] der letzten Sätze von Wittgensteins Tractatus fremd. Ihm komme es nicht auf das Schweigen an, sondern auf das Müssen, das sich im letzten Satz ausspricht: »7. Wovon man nicht sprechen kann, darüber muss man schweigen.«[14] Woher und wovon spricht dieses »Müssen«? Derrida formuliert zu Beginn des Vortrags, er habe gewusst, dass er davon sprechen *müsse*. Auch das (Ver-)Schweigen sei noch eine Modalität des Sprechens, das auf ein vorgängiges Geheiß antworte:

> »Dieser Ruf des anderen, der stets bereits dem Sprechen vorangegangen, dem er also niemals ein erstes Mal gegenwärtig gewesen ist, er kündigt sich im voraus an als ein *Rückruf (rappel)*. Eine solche Referenz auf den anderen wird stets Statt gefunden haben. Vor jeder Proposition und sogar vor jeder Rede schlechthin, Versprechen, Gebet, Lobpreisung, Feier. Noch die negativste Rede – jenseits noch der Nihilismen und der negativen Dialektiken – wahrt davon die Spur.«[15]

Wenn man aber sprechen muss – dass man nicht Schweigen darf, daran erinnert auch Levinas beständig[16] –, so muss man fragen, wie zu sprechen ist.[17] Kurz: »wie im Sagen, im Sprechen, diesen oder jenen diskursiven, lo-

---

nische *chora* und das Heidegger'sche Nichts, die für Derrida ebenfalls Orte einer Form von sogenannter »Negativer Theologie« sind, so verschwimmen diese Grenzen.
[10] Vgl.: Derrida: Wie nicht sprechen, 19.
[11] Derrida: Wie nicht sprechen, 19f.
[12] Derrida: Wie nicht sprechen, 20.
[13] Derrida: Wie nicht sprechen, 23.
[14] Ludwig Wittgenstein: Tractatus logico-philosophicus. Logisch-philosophische Abhandlung, Frankfurt am Main 1963, Nr. 7. Vgl.: Derrida: Wie nicht sprechen, 23.
[15] Derrida: Wie nicht sprechen, 53. Übersetzung leicht korrigiert, CL. – Das hier im Deutschen mit »Rückruf« wiedergegebene französische »rappel« teilt mit dem englischen »recall« die Bedeutung »Erinnerung« oder auch »Mahnung, Signal, Aufruf«.
[16] Vgl. z.B.: Kapitel III.1, Seite 145 dieser Arbeit.
[17] Derrida erzählt die Situation eines Telefongesprächs, indem er um einen Titel für seinen

gischen, rhetorischen Modus vermeiden?«[18] »Aber auch [...]: wie sprechen, und es tun, *wie es sein muss/wie es sich gehört, wie man muss/wie es richtig ist (comme il se doit, comme il faut)*, um die Verantwortung für ein Versprechen zu übernehmen?«[19] Jeder Text ist ein Versprechen, nicht nur etwas zu sagen, sondern sich an den anderen zu wenden, ihm etwas zu sagen, und sei es nur, dass man schweigen muss. Dieses Versprechen der Sprache, sich an jemanden zu richten, sich an jemand richten zu können und sei es nur das *alter ego* des äußerst leisen Dialogs der Seele mit sich selbst, geht dem Text voraus. Es geht der Sprache voraus, so dass sich nicht abstrakt vom Versprechen reden lässt, weil ich im Moment des Sprechens selbst immer schon versprochen habe. Es gibt »keine meta-sprachliche Distanz«[20].

> »Das Versprechen, von dem ich sprechen werde, wird stets dieser Inanspruchnahme einer Gegenwärtigkeit entgangen sein. Es ist älter als ich oder als wir. Es macht im Gegenteil jegliche gegenwärtige Rede über die Gegenwärtigkeit möglich.«[21]

Und es ist jenes Versprechen, für das jemand Verantwortung übernehmen muss. Daher schließt die Tatsache, dass das Versprechen – das weder aktiv noch passiv ist, weil es diesen Unterscheidungen vorausgeht – älter ist als jede Autonomie, älter als das Bewusstsein, die Verantwortung nicht aus, sondern gerade ein.[22] Indem der Philosoph oder auch der Theologe seine Diskurse in eine bestimmte Zeit hineinspricht, sie an einem gewissen Ort spricht, ist er für sie verantwortlich. Selbst »ewige Wahrheiten« tragen daher einen Zeitindex. *Wie nicht sprechen* trägt auch die Fragen nach *Wann* und *Wo* in sich. Diese Verantwortung kann der Text jedoch nicht wahrnehmen. Sie reicht über ihn hinaus, auch wenn sie sich in ihn einschreibt.

Daher zögert Derrida ständig, daher zögert die »Negative Theologie« und daher ist auch dieser Arbeit eine gewisse Scheu und ein gewisses Zögern nicht fremd. Wer kann die Verantwortung für die ungeschützte Rede von Gott übernehmen? Wie von einem Geheimnis so reden, dass es nicht in seiner Geheimnishaftigkeit aufgelöst wird: wie nicht sprechen von einem *mysterium stricte dictum*.[23]

Vortrag gebeten wurde und innerhalb kurzer Zeit improvisieren musste, wobei er die französische Form »*Comment ne pas dire ...?*« (Derrida: Wie nicht sprechen, 29.) benutzt habe, um noch einen Aufschub zu bekommen. Es erscheint mir wichtig, dass Derrida trotz des Titels seines Aufsatzes *Comment ne pas parler* das französische *dire* an dieser Stelle nicht tilgt, bei dem es unmöglich ist, nicht an Levinas zu denken, an dessen Unterscheidung zwischen *dire* und *dit*, an seine Mahnung, seinen *rappel*, jedes *dire* müsse von einem *dédire* begleitet werden, einem Ent-Sagen, einem Zurücknehmen des Gesagten. Vgl. z.B.: Lévinas: Totalité et infini, 16; dt.: 34.

[18] Derrida: Wie nicht sprechen, 30.
[19] Derrida: Wie nicht sprechen, 31.
[20] Derrida: Wie nicht sprechen, 28.
[21] Derrida: Wie nicht sprechen, 28.
[22] Vgl.: Derrida: Wie nicht sprechen, 56.
[23] Wie nicht – das scheint immer einfacher zu sagen als wie. Insofern sitzt mein Diskurs quasi parasitär auf all den Texten auf, von denen er sagt, dass man so oder so nicht sprechen dürfe. Noch mehr profitiert er von den Texten, von denen er sagt, dass man so

Derrida versucht »eine kurze Abschweifung über das Geheimnis selbst«[24]. In einem Abschnitt von Dionysios Areopagita findet er ein Jenseits definiert, »welches über die Opposition zwischen Bejahung und Verneinung hinausgeht.«[25] Gott ist »*plus d'être*«, mehr als Sein und nicht mehr Sein. Diese »Erkenntnis« teilt Dionysios seinem Schüler Timotheus nur mit, indem er ihm zugleich einschärft, beim Erzählen dieser »Erkenntnis« niemanden zuhören zu lassen, der nicht eingeweiht ist.[26] Es käme bei allem Recht, von der »transzendenten Ursache« alles auszusagen, was man auch von den Geschöpfen aussage, »in Wahrheit eher« darauf an, »an ihr alle diese Attribute zu verneinen, weil sie jedes Wesen transzendiert, ohne gleichwohl zu glauben, dass die Verneinungen den Bejahungen widersprechen, sondern vielmehr, dass an sich sie aller Privation *(tas steresis)* vollständig transzendent bleibt, da sie *sich jenseits situiert* von aller Setzung/Position, ob verneinend oder bejahend *(hyper pasan kai aphairesin kai thesin).*«[27] Derrida hebt darauf ab, dass sie sich »situiert« und fragt, was das für ein Ort sei.[28]

Der Ort, an dem sich die »transzendente Ursache« situiert, muss nach Derrida den (geheimen) Bezug zwischen einer himmlischen Topologie und einer Topologie der mystischen Gemeinschaft regeln, in der die Adresse an den Schüler Timotheus möglich wird. Dieser Ort ist nach Dionysios nicht Gott. Der Zugang zu diesem Ort gewährt Mose, obgleich er sich reinigen und vom Volk absondern muss, nach Dionysios noch nicht die mystische Schau.

---

oder so vielleicht sprechen könnte. In der Überlegung *Wie nicht sprechen* kehrt in gewisser Weise der Autoritätsbeweis zurück. Pröpper, Müller, Verweyen und Striet beantworten die Frage *Wie nicht sprechen* recht eindeutig mit »Nicht mehr so, dass die Vernunftautonomie nicht gewahrt bleibt.« – Was aber wäre *die* Vernunft? Was wäre *das* Gesetz, das sie sich selbst geben müsste? Und was hieße *geben* in einem solchen Fall, der doch kein einfacher Fall sei dürfte? Diese Fragen stehen noch vor der Frage, wie ein Geheimnis mit der Vernunft durchdrungen werden soll.

[24] Derrida: Wie nicht sprechen, 32. Josef Wohlmuth weist zurecht darauf hin, dass diese »kurze Abschweifung« einen nicht geringen Umfang des gesamten Textes ausmacht. Ich lasse an dieser Stelle Derridas kurze Einlassungen zur Abgrenzung zwischen Mensch und Tier beiseite, die angesichts der Tatsache, dass man sich nicht sicher sein kann, etwas zu verschweigen, nicht mehr sicher zu sein scheint. Ebenso verzichte ich auf ein Nachzeichnen der von Derrida pointiert vorgetragenen Vorurteile über ihn und seine angebliche Geheimlehre eines esoterischen Zirkels. Vgl. dazu u.a.: Wohlmuth: »Wie nicht sprechen«, 134f.

[25] Derrida: Wie nicht sprechen, 38.

[26] Die Mystische Theologie ist Timotheus von Lystra gewidmet, den auch zwei neutestamentliche Briefe zu ihrem Adressaten haben. Durch diese Widmung wird die Identifikation des Autors mit dem Paulusbegleiter Dionysios noch verstärkt.

[27] Derrida: Wie nicht sprechen, 40. Vgl.: Corpus Dionysiacum, 1000 ab.

[28] Ein Aspekt bei Dionysios scheint mir in gewisser Weise geeignet, Plurivozitäten zu beschreiben: »ohne gleichwohl zu glauben, dass die Verneinungen den Bejahungen widersprechen« (Derrida: Wie nicht sprechen, 40. Vgl. Corpus Dionysiacum, 1000 ab.) – Man muss nicht, man darf nicht glauben, dass in Bezug auf das, was Dionysios hier »transzendente Ursache« nennt, die Verneinungen den Bejahungen widersprechen. Um so weniger darf man oder muss man glauben, dass die sich vervielfältigenden Namen der Bibel sich widersprechen, so dass der theologische oder philosophische Diskurs sie auf einen Begriff bringen müsste oder könnte.

Dazu muss er noch »hinaus über die intelligiblen Gipfel seiner heiligsten Orte *(tôn agiôtatôn autou topôn)*.«[29] Derrida beleuchtet drei Motive des Abschnittes, den er unter dem Stichwort »Topolitologie des Geheimnisses« zitiert: 1. Der Rückzug mit den Priestern auf den Berg gehorcht einer Anordnung, die sich nicht von dem unterscheide, was er Versprechen nennt. »Sie ist selbst Verheißung.«[30] »2. In dieser Topolitologie des Geheimnisses sind die Figuren oder *Orte/Topoi* der Rhetorik auch politische Kniffe.«[31] Es gibt keine initiierende, mystische Hierarchie ohne Macht. Immer gibt es strukturell einige, die anderen einen Zugang gewähren: Priester, Bischöfe, eine heilige Kaste, Professoren, Theologen. Wenn es um den Zugang zu einem Geheimnis geht, gibt es immer einige, die zwar nicht das Geheimnis kennen, das per se unerkennbar ist, die aber den Weg zu kennen glauben. An dieser Struktur liegt es, dass sich die Rhetorik der Theologie dem Verdacht der Fiktion aussetzt, sobald an an der ursprünglichen Verheißung gezweifelt wird.[32]

> »Wenn die Verheißung/das Versprechen zugleich eine Anordnung ist, dann wird der rhetorische Schleier zu einem politischen Schutzschild, zur festen Grenze einer gesellschaftlichen Teilung, zu einem *schibboleth*. Man erfindet ihn, um den Zugang zu einem Wissen zu schützen, das *in sich selbst* unzugänglich, unüberlieferbar, ununterrichtbar bleibt.«[33]

Ohne hier den Begriff der Erfindung bzw. der *invention* erneut problematisieren zu wollen, scheint die theologische Rede strukturell unter Fiktionsverdacht zu stehen. Sie bleibt verwechselbar. Gegen diesen Fiktionsverdacht ist auf der Textebene nicht viel auszurichten. Wenn aber die theologische Rede auf der Textebene von anderen nicht eindeutig abgrenzbar ist, kommt es auf das Versprechen des Redenden an. Er darf in seinem Reden von dem Geheimnis dieses Geheimnis nicht auflösen. Wie also nicht sprechen? Nach Derrida muss der Theologe »die doppelte Einschreibung seines Wissens praktizieren.«[34] Er muss sowohl das Geheimnis wahren als auch philosophisch und beweisführend argumentieren: »Das ›Unausdrückbare‹ *(arreton)*

---

[29] Derrida: Wie nicht sprechen, 42. Vgl. Corpus Dionysiacum, 1000 c. Der Ort ist auch nicht einer, er teilt sich. – Dionysios beschreibt jedoch nicht, wie der Übergang vom Gipfel, wohin Mose auch noch die Priester begleiten können, »in die wahrhaft mystische *D*unkelheit der Nichterkenntnis« (Ebd.) sich vollzieht. Er sagt nur, *dass* Mose das positive Wissen zum Schweigen bringe.
[30] Derrida: Wie nicht sprechen, 43.
[31] Derrida: Wie nicht sprechen, 43. Übersetzung korrigiert. Der Neologismus der »Topolitologie« zieht die Fragen einer Politologie, einer Lehre vom Politischen, und einer Topologie, einer Lehre von den Orten der Rhetorik, in einem Wort zusammen. Jede Rhetorik scheint auf gewisse Weise bereits Politik zu machen. (Vgl. auch Levinas' Hinweis, dass sowohl die abendländische Philosophie wie auch der Staat den Skeptizismus widerlegen: Lévinas: Jenseits des Seins, 366.) Der Diskurs ist immer schon eine bestimmte Art der Praxis, die unschuldig gewesen sein wird, sondern bereits eine »minimale Gewalt« ausgeübt haben wird. Vgl. Kapitel III.1, Seite 170.
[32] Das gilt in gleichem Maße für die »Verheißung« einer universellen Rationalität und einer autonomen Vernunft.
[33] Derrida: Wie nicht sprechen, 44.
[34] Derrida: Wie nicht sprechen, 45.

verschlingt *(entrelace)* sich oder ›(durch)kreuzt‹ sich *(sympeplektai)* mit dem ›Ausdrückbaren‹ *(tô retô).*«[35]

Bei »den Letztbegründern« gibt es das »Unausdrückbare« nicht mehr, es findet nicht mehr statt. Aber man darf auch nicht zur anderen Seite hin ausweichen. Wenn die Theologie mit dem Begriff des Geheimnisses Ernst macht, wenn es so etwas gibt, wenn sich so etwas gibt, wenngleich auch nicht in Form eines erkenntnistheoretischen *als* es selbst, dann muss sich die Theologie in diesem Zwiespalt unbequem einrichten lassen.

> »Muss sie nicht notwendig in diesem Ort gehalten werden – der kein unteilbarer Punkt sein kann –, an dem die beiden Modi sich kreuzen derart, dass die Kreuzung selbst – oder die *symplokè* – eigentlich zu keinem dieser beiden Modi gehört und zweifelsohne sogar noch deren Verteilung vorangeht? Welches ist – in der Kreuzung von Geheimnis und Nicht-Geheimnis – das Geheimnis? Am Ort der Kreuzung dieser zwei Sprachen, von denen jede das Schweigen der anderen *trägt*, soll ein Geheimnis sich verbreiten lassen und soll sich nicht verbreiten lassen.«[36]

Auf die Gefahr hin, die Diskurse mehr als nötig zu vermischen, geht es, wenn man Rahner folgen will, nicht um ein (Durch-)Schauen des Geheimnisses, sondern um »die Gnade der *Nähe* des *bleibenden* Geheimnisses[.]«[37] Welchem Diskurs gehört ein solcher Satz an? Ist er philosophisch? Theologisch? Glaubenswissenschaftlich? Zeugnishaft?[38] – Versucht Rahner mit einem solchen Satz der Derrida'schen Frage »*Wie ein Geheimnis nicht verbreiten?*« zu entkommen?

Das Geheimnis teilt sich nach Derrida in sich selbst. Es gibt das Geheimnis des Ent-sagens, um es mit einem Levinas'schen Begriff zu belegen, und es gibt das *Ent-Sagen* des Geheimnisses. Diese Art zu reden gehört ursprünglich zu dem, was man Geheimnis nennt, dazu. Das Geheimnis als solches kann nur mitgeteilt werden, indem man es verschweigt. Aber es muss mitgeteilt werden. »Und in dem *als solches* des Geheimnisses, welches sich verneint/verleugnet/in Abrede stellt, weil es, um zu sein, was es ist, sich sich selbst offenbart, lässt diese absprechende Ver-neinung *(dé-négation)* der Dialektik keine Chance.«[39] Selbst wenn das Geheimnis nur einem einzigen bekannt wäre, so wäre es ihm nicht *als* Geheimnis bekannt, insofern geht mit seiner Teilung bereits seine Mitteilbarkeit einher. Vielleicht liegt es daran, dass Derrida nur in einer »Abschweifung« vom Geheimnis als solchem spricht. Es wird ihm kein Thema im eigentliche Sinne, sondern nur im Vorübergehen. Vielleicht kann man vom Geheimnis immer nur im Vorübergehen sprechen. Es wäre dann in der Nähe, aber nicht (be-)greifbar.

Wenn ich hier mit »Vorübergang« und »Nähe« Vokabeln ins Spiel bringe, die im Verlauf dieser Arbeit auch eine theologische Deutung erfahren haben,

---

[35] Derrida: Wie nicht sprechen, 46.
[36] Derrida: Wie nicht sprechen, 46.
[37] Rahner: Über den Begriff des Geheimnisses in der katholischen Theologie, 77.
[38] Zur Unterscheidung verschiedener Dimensionen von Theologie und Philosophie vgl.: Kapitel I.1, Seite 12.
[39] Derrida: Wie nicht sprechen, 47.

so bleibt zu beachten, dass Derrida Vorbehalte gegen einen binnentheologischen Diskurs geltend macht:

> »Wenn das Theologische sich zwangsläufig darin einschleicht, heißt das nicht, dass das Geheimnis selbst theo-logisch ist. Doch gibt es das je, das Geheimnis *selbst*, eigentlich gesprochen? Der Name *G*ottes (ich sage nicht *G*ott, doch wie vermeiden, hier *G*ott zu sagen, sobald ich den Namen *G*ottes sage?) lässt sich nicht anders *sagen* als in der Modalität dieser geheimen absprechenden Verneinung: vor allem will ich das nicht sagen.«[40]

Die Deutungsmöglichkeiten in diesen wenigen Sätzen vervielfältigen sich: Das Geheimnis selbst ist nicht theo-logisch, wobei Derrida hier auf jede Kursivierung verzichtet. Es ließe sich als nicht *theo*-logisch oder als nicht theo-*logisch* deuten, wobei keine der beiden Deutungen für sich den Vorrang beanspruchen könnte. Der *Trennungs*strich scheint jedoch anzudeuten, dass es sich nicht um Modalitäten des rein Logischen oder Ontologischen handeln kann, wenn es sich um Gott *als* Geheimnis handelt. Oder umgekehrt: Im Geheimnis hält der *Binde*strich Gott und das Logische zusammen. Ebenso fehlt jede Andeutung, worauf sich die Negation im letzten Satz des Zitats bezieht: Will Derrida *das* nicht sagen? Aber was genau wäre dann *das*? Oder will er das nicht *sagen*?

Das rückt in die Nähe jenes theologischen Diskurses, in dem Rahner sagte, er habe ihm »keinen Namen gegeben, sondern ihn den Namenlosen genannt.«[41] Ich hatte gefragt, ob Rahner hier nicht das Geheimnis in geheimnisvolle Sätze transformiere,[42] und es scheint mir, als ob Derrida just jenen Weg als einen der beiden Wege vorschlägt. Der andere Weg der philosophischen Beweisführung ließe sich bei Rahner vielleicht in seinen transzendentalen Angängen finden. Freilich kreuzen sich diese Wege unablässig. Es gibt nicht einen prä-stabilen Weg der Beweisführung bis hin zu einer Grenze, an der sich das Verstummen ankündigt und der zweite Weg der geheimnisvollen verneinenden Rede einsetzt. Der eine ist nie vor dem anderen sicher: Der Beweis nicht vor dem Geheimnis und das Geheimnis nicht vor dem Verrat. Daher die doppelte Einschreibung des Wissens.

Dabei haben der Theologe und der Priester keinen Zugang zur Schau Gottes. Der Weg von den intelligiblen Gipfeln bis zur *parousia* Gottes ist bei Dionysios Mose vorbehalten. Die Priester bleiben zurück. Derrida weist darauf hin, dass Gott nicht einfachhin mit seinem Ort identifiziert werden dürfe. – Das ist das dritte Motiv dieses Abschnitts. – Gott situiere sich »über den intelligiblen Gipfeln seiner heiligsten Stätten«[43]. Der Ort Gottes ist daher nicht nur nicht sichtbar oder nicht sinnlich erfahrbar, er ist auch jenseits des Verständlichen:

---

[40] Derrida: Wie nicht sprechen, 48. Übersetzung nach dem französischen Text korrigiert.
[41] Rahner: Über den Begriff des Geheimnisses in der katholischen Theologie, 70.
[42] Vgl. Kapitel VI.3, Seite 368.
[43] Mystische Theologie 1001 a; 179; dt. 164. – Vgl. Derrida: Wie nicht sprechen, 49.

> »Was ist der Ort, was ist das, was Statt findet *(a lieu)* oder sich, von nun an, unter diesem Wort, zu denken gibt? Wir werden diesem Faden folgen müssen, um uns zu fragen, was ein Ereignis sein kann, was Statt findet oder *takes place* in dieser Atopik Gottes. Ich sage *Atopik*, womit ich kaum spiele: *atopos* ist das Sinnlose, das Absurde, das Extravagante, das Verrückte. Dionysios spricht häufig von der Verrücktheit Gottes.«[44]

Wenn Gott nicht mit seinem Ort identifiziert werden kann, so muss auch eine »andere Topik«, wie ich sie versucht habe, ihn notwendig verfehlen. Sie hätte vielleicht Zugang zu den Orten, an denen Gott bezeugt wird. Freilich sind es Orte, an denen er vorübergegangen ist. Die Prämisse, Gott habe sein Ankommen in der Vernunft verbürgt und daher habe sie Zugang zu ihm selbst, ist nach den Grenzziehungen von Teil III bis V nicht zu rechtfertigen.

Dionysios bezieht sich auf die paulinische Wendung aus dem Ersten Korintherbrief, dass die Weisheit der Welt Torheit sei vor Gott. (Vgl.: 1 Kor 1,20) Schon hier kreuzen sich Gott und Weisheit auf eine nicht mehr dialektisch in den Griff zu bekommende Art und Weise, wenn man gleichzeitig das biblische Lob der Weisheit im Ohr hat. Die Tatsache, dass wir es mit einem Geheimnis zu tun haben, führt uns in die Nähe des Wahnsinns, gegen den die Vernunft sich nie vollständig zu sichern weiß. Es ist kein Wahnsinn, der als eingezäuntes Gegenüber der Vernunft auftreten würde, sondern es handelt sich um das Andere der Vernunft oder des Seins, das im vernünftigen Diskurs keinen Ort findet. Sobald sich die Frage stellt »Wie nicht (davon) sprechen?«, stellt sie sich nicht mehr. Sie findet Statt und schafft sich somit quasi *ex nihilo* und im Nachhinein einen Ort, an dem sie sich stellt. Um diesen Ort geht es Derrida.[45] Er gibt der Dialektik und der Ontologie erst Raum, insofern muss er einem dritten Geschlecht angehören wie die platonische *khora*[46] oder der Name Gottes im Diskurs des Dionysios.

Wenn Dionysios von Gott reden will, so redet er von dem, der seine Rede ermöglicht, der ihr Raum gibt und den sie daher nicht umgreifen kann. Er muss vom Geheimnis reden, das einen irreduziblen Bezug zum Anderen in sich trägt. Wie aber vom anderen reden, ohne ihn im Gesagten zum Selben zu machen? – Die Öffnung des Diskurses durch die Anrede des Anderen bricht das Gesagte auf. Der Name Gottes nennt »die Spur dieses einzigartigen Ereignisses, welches das Sprechen möglich gemacht haben wird[.]«[47] Er sichert als Angesprochener, wenn man so will, den Zusammenhang des Diskurses oder auch der Diskurse.[48] Der *nexus* liegt daher notwendig außerhalb der

---

[44] Derrida: Wie nicht sprechen, 48. Übersetzung nach dem französischen Text korrigiert.
[45] Vgl.: Derrida: Wie nicht sprechen, 52.
[46] Vgl. dazu: Derrida: Wie nicht sprechen, 64–71.
[47] Derrida: Wie nicht sprechen, 54. – Dieselbe strukturelle Schwierigkeit stellt sich auch einem Denken, das sich vor oder unabhängig von der Sprache und der Kommunikationsgemeinschaft wähnt: Wie dasjenige denken, was das Denken erst ermöglicht? Vgl.: Verweyen: Gottes letztes Wort, 140. Vgl. auch Kapitel II.2, Seite 73.
[48] Derrida rekurriert hier auf den Begriff des *Werkes* als das, was in jeder Interpretation, jeder Lektüre als ein Ereignis vorausgesetzt wird. Vgl.: Derrida: Wie nicht sprechen, 54f.

einzelnen Perspektiven. Er ist es, der ihnen erst ihre Perspektivität verleiht und der sich daher notwendig abwesend geben muss. Und daher kann man von ihm immer nur analog sprechen,[49] wobei sich die Analogie mehr als verdoppelt: Wir beziehen uns auf etwas außerhalb der Sprache, wobei nicht nur der Begriff, mit dem wir uns beziehen, aus dem Innenbereich der Sprache genommen ist, sondern auch der Akt des Beziehens ein solcher ist, der vom sprachlichen Bezug herrührt. »Die Sprache hat begonnen ohne uns, in uns, vor uns. Das nennt die Theologie *G*ott, und es ist nötig, es wird nötig gewesen sein zu sprechen.«[50] Und zudem behauptet die Theologie, dieser Bezugspunkt sei nochmals anders als der Bezugspunkt anderer außersprachlicher Dinge, was die Frage aufwirft, ob sich auch der Akt des Beziehens verändert.[51] Wenn man den Akt des Beziehens mit dem Begriff des Gebets belegen will, so leuchtet ein, weshalb Dionysios fordert, mit den Gebeten zu beginnen.[52]

> »Das Gebet ist hier keine Präambel, kein nebensächlicher Modus des Zugangs. Es bildet ein wesentliches Moment, es richtet die diskursive Askese ein, den Durchgang durch die Wüste des Diskurses, die augenscheinliche referenzielle Leerheit, die den schlechten Wahn und das Geschwätz nur vermeiden wird, indem sie damit beginnt, sich an den anderen zu wenden, an dich. Aber an dich als ›überwesentliche und mehr als göttliche *T*rinität‹.«[53]

Derrida unterscheidet bei Dionysos zwei Aspekte des Gebets: 1. Die reine Adresse an den anderen, die um nichts bittet als gehört zu werden. »Dieser erste Zug kennzeichnet also eine Rede (einen Sprechakt, selbst wenn das Gebet schweigend erfolgt), die als solche nicht prädikativ, theoretisch (*theologisch*) oder konstativ ist.«[54] In diesem Sinne spricht Levinas vom Gebet als

---

[49] Es ließe sich hier mit Striet der Einwand machen, dass sich der Diskurs, in dem Derrida von *différance* oder Spur spricht, im Bereich dessen bewege, was man üblicherweise der natürlichen Theologie zurechne. Unter der »theologischen Prämisse«, dass Gott sein Ankommen in der Vernunft verbürgt habe, lasse er sich in einer Offenbarungstheologie jedoch als Teil der Welt ausmachen und als solcher benennen. (Vgl. Kapitel VI.1, Seite 357.) Nun ist er jedoch – nach biblischem Zeugnis – als der angekommen, der sich erst im Nachhinein (annähernd) erschließt. Er ist als einer angekommen, von dem nicht nur gesprochen wird, sondern der spricht. Daher geht er je wie jeder andere auch im Diskurs nicht auf, sondern wird allerhöchstens – um mit Husserl zu sprechen – analogisch appräsentiert.
[50] Derrida: Wie nicht sprechen, 55. Übersetzung korrigiert.
[51] Vielleicht verläuft die Grenze zwischen Ethik im Levinas'schen Sinne und Religion in jenem Akt des Beziehens, dort wo *tout autre est tout autre*, wo jeder andere ganz anders ist, wo jeder andere jeder andere ist, wo der ganz andere jeder andere ist. Daher ist diese Grenze nie gesichert.
[52] Vgl.: Dionysios: Mystische Theologie, 680d. Vgl.: Derrida: Wie nicht sprechen, 78.
[53] Derrida: Wie nicht sprechen, 75.
[54] Derrida: Wie nicht sprechen, 76. Das bedeutet nicht, dass sie im Austin'schen Sinne performativ wäre, auch wenn sie »eine performative Dimension« (76) hat. Das eigentliche Gebet tut nichts, in dem Sinne, in dem ein Sprechakt etwas tut. Die Haltung des Betens ist nach Bernhard Casper »nichtintentionale Intentionalität«. »Das Gebet ereignet sich als *Aufmerksamkeit*.« (Bernhard Casper: Das Ereignis des Betens. Grundlinien einer Hermeneutik des religiösen Geschehens, Freiburg – München 1998, 59.)

Wesen des Diskurses.[55] 2. Die Lobpreisung. Auch diese sei weder wahr noch falsch, jedoch bewahre sie »zur Attribution einen irreduziblen Bezug.«[56] Diesen Unterschied nicht zu machen, hieße nach Derrida »jeder Anrufung, die keine christliche wäre, die wesentliche Qualität, Gebet zu sein, verweigern.«[57]
Und dennoch reicht das reine Gebet nicht aus. Man muss beten. »Weshalb? Um an die Vereinigung mit Gott heranzureichen *(atteindre à)*, zweifelsohne; doch um von dieser *Vereinigung* zu sprechen, muss man noch von den *Orten*, von der Höhe, von der Distanz und von der Nähe sprechen.«[58] Es geht darum, den Weg der Annäherung an diese Überwesentlichkeit zu beschreiben. Daher zitiert Dionysios sein Gebet. Es wird Mystagogie, weshalb er in der Form der Apostrophe verbleibt, die jetzt unmittelbar, ohne sich von Gott abzuwenden, sich Timotheus zuwendet:

»Das Gebet, das Zitat des Gebetes und die Apostrophe, von einem dich zum anderen, weben so den *selben* Text, so heterogen sie auch erscheinen. Es gibt Text, weil es diese Iteration gibt.[59] Aber wo findet dieser Text folglich Statt? Hat er eine Statt/einen Ort, gegenwärtig? Und warum kann man dort das Gebet, das Zitat des Gebetes und die Adresse an den Leser nicht trennen?«[60]

Derrida sieht die »Identität«[61] dieses Ortes von der Verheißung, dem Versprechen Gottes aus eingerichtet. »Das Kommen dieser Zukunft hat eine Herkunft – das Ereignis dieser Verheißung.«[62] Das unterscheide den christlichen apophatischen Diskurs vom platonischen um die *khora*. Er werde in Bewegung gesetzt vom Ereignis einer Offenbarung, die zugleich eine Verheißung und ein Versprechen darstelle. »Der Ort ist ein Ereignis.«[63]

---

[55] Vgl.: Levinas: L'ontologie, est-elle fondamentale, 20; dt.: 19.
[56] Derrida: Wie nicht sprechen, 77. An dieser Stelle erscheint ein Verweis auf die Diskussion zwischen Jean-Luc Marion und Jacques Derrida unvermeidbar. Marion hält an einer eigenständigen Bedeutung des Lobpreises fest, jenseits von Affirmation und Negation: Vgl.: On the Gift. A Discussion between Jacques Derrida and Jean-Luc Marion. In: John D. Caputo, Michael J. Scanlon (Hg.): God, the Gift, and Postmodernism, Bloomington 1999, 54–78. Jean-Luc Marion: In the name: How to Avoid Speaking of »Negative Theology«. In: John D. Caputo, Michael J. Scanlon (Hg.): God, the Gift, and Postmodernism, Bloomington 1999, 20–53. Jetzt auch: Jean-Luc Marion: Au nom ou comment le taire. In: Ders.: De surcroît, Paris 2001, 155–195.
[57] Derrida: Wie nicht sprechen, 77.
[58] Derrida: Wie nicht sprechen, 78. Übersetzung korrigiert. Derrida spricht im Französischen von »*Pour atteindre à l'union avec Dieu*«. Freilich kann »atteindre à« auch »erreichen« bedeuten, jedoch scheint mir »erreichen« im Deutschen zu wenig den Charakter des »auf...hin« zu haben.
[59] An dieser Stelle fügt Derrida eine lange Fußnote an, in der er die Tatsache problematisiert, dass Dionysios »uns erklärt, warum es ›Wahnsinn‹ wäre, ›dieselben Wahrheiten zweimal zu wiederholen‹.« (127)
[60] Derrida: Wie nicht sprechen, 87. Übersetzung korrigiert.
[61] Derrida: Wie nicht sprechen, 87. Man müsste hier die Frage der Identität viel stärker problematisieren, als Derrida es selbst tut. Inwieweit ist dieses Zitat eines Zitats ein identischer Text an einem identischen Ort, wenn beide sich erst durch Iteration konstituieren, die sie bereits *als* identische an einen anderen Ort trägt? Vgl. dazu Kapitel III.4, Seite 229.
[62] Derrida: Wie nicht sprechen, 87.
[63] Derrida: Wie nicht sprechen, 88.

An dieser Stelle »löst« Derrida das Versprechen seines Vortrags »ein«, wonach er gewusst habe, dass er in *Jerusalem* würde sprechen müssen. Was bedeutet, sich in Jerusalem aufzuhalten? Dionysios gibt ihm eine Antwort, indem er die Schrift zitiert: »Entfernt Euch nicht von Jerusalem, sondern wartet die Verheißung des Vaters ab, die Ihr aus meinem Munde vernommen habt und derzufolge Ihr durch den heiligen Geist getauft werdet.«[64] Jerusalem bleibt daher der Ort des Wartens auf die Verheißung. An ihm wartet man, zögert man, schiebt man auf. Insofern kann Derrida sagen: »Ein Ereignis schreibt uns auf diese Weise die gute und richtige Apophasis vor: wie nicht sprechen.«[65] Das heißt, für Dionysios bleibt die »geheime Gottheit«[66] »nicht völlig unkommunizierbar, sie kann *sich* selbst kundtun, aber sie bleibt aufgrund ihrer Überwesentlichkeit getrennt.«[67] Er rekurriert auf die Autorität der Heiligen Schrift, in der die Gottheit selbst spricht. Daher darf man so von Gott reden, wie er selbst von sich redet.[68] Es geht also darum, lesen zu lernen, »*Gottes Rhetorik ohne Rhetorik zu entziffern – und endlich zu schweigen.*«[69] Das Schweigen ist nicht unmittelbar zu haben und es nicht allein zu haben. Es wird initiiert und begleitet von einem Reden, von einem Sprechen über ein »wie nicht sprechen«, das zugleich ein »wie gut sprechen« ist.

In einem kurzen Einschub liest Derrida Meister Eckharts Predigt *Quasi stella matutina*. Ihm geht es vor allem um Eckharts Kunst der Aporien einer Politik der Lehre, um die institutionelle Politik der Interpretation.[70] Das heißt, es geht um die Bedingungen theologischer Rede, die sich auch durch diese Arbeit gezogen haben: Wie Theologie lehren? Wie Theologie treiben? Oder wie nicht? Welche Interpretation setzt sich durch? Welche Schule wird wirkmächtig?[71] Eckhart scheint diese Frage nicht zu interessieren. »*Quasi stella matutina* [...] stellt vierundzwanzig Meister – vereint, um von *Gott* zu sprechen – zur Schau[.]«[72]

> »Die Negativität ohne Negativität dieser Aussagen über eine Transzendenz, die nichts anderes und ganz anders/alles andere/jeder andere *(tout autre)* ist als das, was sie transzendiert, dort könnten wir ein Prinzip der verlangsamenden Übersetzung *(démultiplication)* der Stimmen und der Diskurse erkennen, der Übereignung *(désappropriation)* und der Wiederaneignung der Aussagen, wobei die fernsten die nähsten scheinen und umgekehrt. Ein Prädikat kann stets ein anderes Prädikat

---

[64] Derrida: Wie nicht sprechen, 88; vgl.: Corpus Dionysiacum, 512 c; vgl.: Apg 1,4f. – Wo im Französischen von *promesse* die Rede ist, was der deutsche Text mit »Verheißung« wiedergibt, steht im Griechischen ἐπαγγελίαν.
[65] Derrida: Wie nicht sprechen, 88.
[66] Derrida: Wie nicht sprechen, 89; Corpus Dionysiacum, 588c.
[67] Derrida: Wie nicht sprechen, 89.
[68] Vgl.: Corpus Dionysiacum, 588c.
[69] Derrida: Wie nicht sprechen, 89.
[70] Vgl. Derrida: Wie nicht sprechen, 80.
[71] Es geht nicht um die Wahrheit oder die reine Lehre. Es geht immer auch um eine Strategie der Veröffentlichung, der Reproduktion der eigenen Thesen auf möglichst vielen Konferenzen, in möglichst vielen *Journals* und Sammelbänden. Die christliche Theologie ist davon nicht frei.
[72] Derrida: Wie nicht sprechen, 81.

verdecken, ja sogar die Nacktheit einer Abwesenheit von Prädikaten, so wie der – mitunter unerlässliche – Schleier einer Bekleidung zugleich verheimlichen und genau das sichtbar machen kann, was er verheimlicht – und es so im selben Zug anziehend macht. Eben dadurch kann die Stimme einer Aussage eine andere verdecken, die sie nun zu zitieren scheint, ohne sie zu zitieren, indem sie sich selbst als eine andere Form, ja sogar als ein Zitat der anderen darstellt.«[73]

So lässt sich nicht mehr entscheiden, welche Stimme zu hören ist. Auch wenn der Diskurs bei Eckhart auf »Licht und Wahrheit« ausgerichtet scheint, auch wenn Eckhart eine bestimmte Vorstellung hat, so unterdrückt er doch die andere nicht. Auch zitiert er sie nur als Gegenposition. Er differenziert, ohne zu dialektisieren.[74] In seiner Predigt spricht er über die Frage, ob Wille oder Vernunft edler seien. Er selbst habe in der Schule gesagt, die Vernunft sei edler, beide gehörten jedoch in dasselbe Licht. Für die Gegenposition zitiert er zunächst einen Meister, der sagt, »der Wille sei edler als die Vernunft, denn der Wille nehme die Dinge, wie sie in sich selbst sind; Vernunft aber nehme die Dinge, wie sie in ihr sind.«[75] Nun stehen beider Meinung nebeneinander. Und Eckhart bekräftigt sogar noch die Meinung des anderen: »Das ist wahr.«[76] Dennoch hält er an seiner These fest.[77] Und er lässt die Meinung des anderen stehen. Die These des anderen behält ihr Gewicht und spricht immer noch mit.[78]

---

[73] Derrida: Wie nicht sprechen, 80. Übersetzung korrigiert. *Démultiplication* heißt nicht »Entvielfältigung«, was auch dem Kontext widersprechen würde, indem es ja gerade um eine Vervielfältigung von Stimmen geht. *Démultiplication* bezeichnet den Vorgang der Untersetzung im Getriebe, d.h. durch Übersetzung zwischen zwei Zahnrädern wird die Drehzahl verringert. Mir scheint daher in diesem Fall die Wiedergabe durch zwei deutsche Wörter »verlangsamende Übersetzung« gerechtfertigt. *Désappropriation* hat nichts von dem von Gondek vorgeschlagenen deutschen Kunstwort »Enteignung«. *Désappropriation* bezeichnet zunächst die freiwillige Aufgabe des Eigentums und wird im religiösen Kontext für Hingabe und Selbsthingabe verwendet. Daher habe ich hier mit »Übereignung« übersetzt.
[74] Vgl.: Derrida: Wie nicht sprechen, 82.
[75] Meister Eckhart: Die deutschen Werke. Hrsg. u. übers. von Josef Quint. Band I, Stuttgart 1958 (= Eckhart: Die deutschen Werke I), 464. Vgl.: Derrida: Wie nicht sprechen, 83.
[76] Eckhart: Die deutschen Werke I, 464. Vgl.: Derrida: Wie nicht sprechen, 83. – Eckhart illustriert es mit dem Beispiel, dass ein Auge in sich edler sei als ein an die Wand gemaltes Auge. Ihm ist also sehr wohl klar, dass die Vernunft nur ein Bild der Dinge hat, dass sie nicht die Dinge *selbst* ergreift, während der Wille nicht nach dem Bild der Dinge strebt, sondern nach ihnen selbst.
[77] Sein Argument: »Der Wille nimmt Gott unter dem Kleide *(unter dem kleide)* der Gutheit. Die Vernunft nimmt Gott bloß, wie er entkleidet ist von Gutheit und von Sein.« (Eckhart: Die deutschen Werke I, 464. Vgl.: Derrida: Wie nicht sprechen, 83.) Eckhart bekräftigt nochmals, dass ich Gott nicht wollen würde, wenn er nicht gut wäre.
[78] Gott ist in der Vernunft ebenso nach dem Wesen der Vernunft wie nach sich selbst. Eckhart bezeichnet in derselben Predigt das Sein als Vorhof Gottes, die Vernunft aber als Gottes Tempel, »in dem er als heilig erglänzt«. – Auch hier muss man im Blick behalten, dass der Tempel zwar der Ort Gottes ist, aber Gott nicht mit seinem Ort identisch ist. Man muss mit Dionysios noch über die intelligiblen Gipfel hinaus.

Mir geht es vor allem um die Haltung, die Eckhart und auch Derrida in ihren Texten zeigen. Wie in talmudischen Diskussionen, wie in der Bibel bleiben die Stimmen stehen. Sie bilden einen wesentlichen Bestandteil der Diskussion, der nicht darin besteht, dass sie widerlegt wären. Sie werden auch durch keine Dialektik versöhnt. Eine solche Debatte ließe sich höchstens topisch gliedern. Dahinter steht eine Haltung, die davon ausgeht, dass der andere – hier der andere Text – immer mehr zu sagen hat, als gesagt werden kann, als von mir gesagt werden kann. Vielleicht ist dies die Haltung des Gebets, die Haltung einer desinteressierten Aufmerksamkeit. Das Geheimnis des anderen wird vielleicht nur so zur Sprache kommen.

Literaturverzeichnis

Abensour, Miguel; Chalier, Catherine (Hg.): Emmanuel Lévinas, Paris 1991.
Adorno, Theodor W.: Minima Moralia. Reflexionen aus dem beschädigten Leben. Gesammelte Schriften. Herausgegeben von Rolf Tiedemann unter Mitwirkung von Gretel Adorno, Susan Buck-Morss und Klaus Schultz. Band 4, Frankfurt am Main, 2003.
Agamben, Giorgio: Die Zeit die bleibt. Ein Kommentar zum Römerbrief, Frankfurt 2006.
Agamben, Giorgio: Le temps qui reste. Un commentaire de l'*Épître aux Romains*, Paris 2004.
Agamben, Giorgio: Was von Auschwitz bleibt. Das Archiv und der Zeuge, Frankfurt am Main 2003.
Alberigo, Giuseppe; Wohlmuth, Josef (Hg.): Conciliorum oecumenicorum decreta. Dekrete der ökumenischen Konzilien, Paderborn – München – Wien – Zürich 1998–2002.
Alfino, Mark: Another Look at the Derrida-Searle Debate. In: Philosophy and Rhetoric 24 (1991), 143–152.
Althaus, Paul: Die Inflation des Begriffs der Offenbarung in der gegenwärtigen Theologie. In: Zeitschrift für systematische Theologie 18 (1941), 134–149.
Altwegg, Jürg; Schmidt, Aurel: Französische Denker der Gegenwart. Zwanzig Porträts, München 1987.
Améry, Jean: Jenseits von Schuld und Sühne. Bewältigungsversuche eines Überwältigten, München 1966.
Anacker, Ulrich: Art. Vernunft. In: Hermann Krings, Hans Michael Baumgartner, Christoph Wild (Hg.): Handbuch philosophischer Grundbegriffe. Bd.6, München 1974, 1507–1612.
Anscombe, Elisabeth: Die erste Person. In: Peter Bieri (Hg.): Analytische Philosophie des Geistes, Bodenheim ³1993, 222–242.
Anselm von Canterbury: Monologion. In: Ders.: S. Anselmi Cantuariensis archiepiscopi opera omnia. Ad fidem codicum rec. Franciscus Salesius Schmitt. Band 1, Stuttgart-Bad Cannstadt 1968.
Anselm von Canterbury: Monologion. Lat.-dt. Ausg. von Franciscus Salesius Schmitt. Stuttgart-Bad Cannstatt 1964.
Apel, Karl-Otto: Warum transzendentale Sprachpragmatik? Bemerkungen zu H. Krings »Empirie und Apriori. Zum Verhältnis von Transzendentalphilosophie und Sprachpragmatik«. In: Hans-Michael Baumgartner u.a. (Hg.): Prinzip Freiheit. Eine Auseinandersetzung um Chancen und Grenzen transzendentalphilosophischen Denkens. Zum 65. Geburtstag von Hermann Krings, Freiburg – München 1979, 13–43.
Arens, Edmund: Fundamentale Theologie im Anspruch kommunikativer Rationalität. In: Peter Neuner (Hg.): Glaubenswissenschaft? Theologie im Spannungsfeld von Glauben, Rationalität und Öffentlichkeit. QD 195, Freiburg 2002, 57–75.

Arens, Edmund: Lässt sich Glaube letztbegründen? In: Larcher u.a. (Hg.): Hoffnung, die Gründe nennt, 112–126.
Aristoteles: Kategorien / Hermeneutik. Griech.-Dt., Hamburg 2001.
Aristoteles: Metaphysik. Bücher I(A)-IV(E), Hamburg ³1989.
Aristoteles: Metaphysik. Bücher VII(Z)-XIV(N), Hamburg ³1991.
Aristoteles: Physik. Bücher I(A)-IV(Δ), Hamburg 1987.
Asmuth, Christoph: Die Lehre vom Bild in der Wissenstheorie Johann Gottlieb Fichtes. In: Ders. (Hg.): Sein – Reflexion – Freiheit. Aspekte der Philosophie Johann Gottlieb Fichtes, Amsterdam – Philadelphia 1997, 269–299.
Aubenque, Pierre: Le problème de l'être chez Aristote, Paris 1962.
Aurelius Augustinus: De Trinitate. Zitiert nach: Sancti Aurelii Augustini De Trinitate libri 15. Cura et studio W. J. Mountain (Corpus Christianorum, Series Latina 50 u. 50a), 1968.
Aurelius Augustinus: Bekenntnisse. Lateinisch und Deutsch. Eingeleitet, übersetzt und erläutert von Joseph Bernhart. Mit einem Vorwort von Ernst Ludwig Grasmück, Frankfurt am Main 1987.
Austin, John L.: Zur Theorie der Sprechakte. (How to do things with Words), Stuttgart ²2002.
Baier, Walter u.a. (Hg.): Weisheit Gottes – Weisheit der Welt. Festschrift für Joseph Kardinal Ratzinger zum 60. Geburtstag. Band I, St. Ottilien 1987.
Barth, Karl: Erklärung des Johannes-Evangeliums. Kapitel 1 – 8. Vorlesung Münster Wintersemester 1925/1926, wiederholt in Bonn, Sommersemester 1933. Hrsg. von Walther Fürst, Zürich 1976.
Barth, Karl: Kirchliche Dogmatik II 1, Zürich ⁵1974.
Barth, Karl: Kirchliche Dogmatik IV 1, Zürich 1953.
Bauckham, Richard: John for Readers of Mark. In: Ders.: The Gospel for All Christians, Edinburgh 1998, 147–171.
Baudelaire, Charles: La fausse monnaie. In: Ders.: Œuvres complètes. Tome 1. Herausgegeben von Claude Pichois, Paris 1975.
Baumgartner, Hans Michael: Wandlungen des Vernunftbegriffs in der Geschichte des europäischen Denkens. In: Leo Scheffczyk (Hg.): Rationalität. Ihre Entwicklung und ihre Grenzen, Freiburg – München 1989, 167–203.
Baumgartner, Hans-Michael u.a. (Hg.): Prinzip Freiheit. Eine Auseinandersetzung um Chancen und Grenzen transzendentalphilosophischen Denkens. Zum 65. Geburtstag von Hermann Krings, Freiburg – München 1979.
Beierwaltes, Werner: Dionysios Areopagites – ein christlicher Proklos? In: Ders.: Platonismus im Christentum, Frankfurt am Main ²2001, 44–84.
Beinert, Wolfgang (Hg.): Glaubenszugänge. Lehrbuch der Katholischen Dogmatik, Paderborn – München – Wien – Zürich 1995.
Beinert, Wolfgang: Theologische Erkenntnislehre. In: Ders. (Hg.): Glaubenszugänge. Lehrbuch der katholischen Dogmatik. Band 1, Paderborn – München – Wien – Zürich 1995, 45–197.
Ben Maimon, Mose: Führer der Unschlüssigen. Band I. Erstes Buch, Hamburg 1972.
Ben-Chorin, Schalom: Die Antwort des Jona. Zum Gestaltwandel Israels: ein geschichtstheologischer Versuch, Hamburg 1956.

Benedikt XVI.: DEUS CARITAS EST. Enzyklika an die Bischöfe, an die Priester und Diakone, an die gottgeweihten Personen und an alle Christgläubigen über die christliche Liebe. Verlautbarungen des Apostolischen Stuhls, Nr. 171. Herausgegeben vom Sekretariat der Deutschen Bischofskonferenz, Bonn 2006, Nr. 39.

Benjamin, Walter: Über den Begriff der Geschichte. In: Ders.: Gesammelte Schriften. I/2. Herausgegeben von Rolf Tiedemann und Hermann Schweppenhäuser, Frankfurt am Main ³1990, 691–704.

Bergson, Henri: Die beiden Quellen der Moral und der Religion, Frankfurt am Main 1992.

Bernt, Alois; Burdach, Konrad (Hg.): Der Ackermann aus Böhmen. Einleitung, kritischer Text, vollständiger Lesartenapparat, Glossar, Kommentar (Vom Mittelalter zur Reformation. Forschungen zur Geschichte der deutschen Bildung 3.1), Berlin 1917.

Bertinetto, Alessandro: »Sehen ist Reflex des Lebens«. Bild, Leben und Sehen als Grundbegriffe der transzendentalen Logik Fichtes. In: Erich Fuchs, Marco Ivaldo, Giovanni Moretto (Hg.): Der transzendentalphilosophische Zugang zur Wirklichkeit. Beiträge aus der aktuellen Fichte-Forschung. Stuttgart-Bad Cannstatt 2001, 269–306.

Betzler, Monika: Ich-Bilder und Bilderwelt. Überlegungen zu einer Kritik des darstellenden Verstehens in Auseinandersetzung mit Fichte, Dilthey und zeitgenössischen Subjekttheorien, München 1994.

Blanchot, Maurice: Le pas au-delà, Paris 1973.

Blumenberg, Hans: Arbeit am Mythos, Frankfurt am Main 1979.

Blumenberg, Hans: Selbsterhaltung und Beharrung. Zur Konstitution der neuzeitlichen Rationalität. In: Ebeling: Subjektivität und Selbsterhaltung, 144–207.

Bodendorfer, Gerhard: Die Spannung von Gerechtigkeit und Barmherzigkeit in der rabbinischen Auslegung mit Schwerpunkt auf der Psalmeninterpretation. In: Ruth Scoralick (Hg.): Das Drama der Barmherzigkeit Gottes. Studien zur biblischen Gottesrede und ihrer Wirkungsgeschichte in Judentum und Christentum, Stuttgart 2000, 157–192.

Bovo, Elena: Le temps, cette altérité intime. La critique de la temporalité husserlienne par Lévinas. In: Cahier d'Etudes Lévinasiennes 1 (2002), 7–20.

Brachtendorf, Johannes: Endlichkeit und Subjektivität. Zur Bedeutung des Subjekts im Denken Augustins. In: Krieger (Hg.): Fluchtpunkt Subjekt, 37–53.

Bradley, Arthur: God *sans* being: Derrida, Marion and ›a paradoxical writing of the word *without*‹. In: Literature and Theology 14 (2000), 299–312.

Braulik, Georg: Gesetz als Evangelium. In: Ders.: Studien zur Theologie des Deuteronomiums, Stuttgart 1988, 123–160.

Brune, Jens Peter: Bildung nach Sokrates. Das Paradigma des Sokratischen Gesprächs. In: Karl-Otto Apel (Hg.): Prinzip Mitverantwortung. Grundlage für Ethik und Pädagogik. Würzburg 2001.

Buchholz, René: Körper – Natur – Geschichte. Materialistische Impulse für eine nachidealistische Theologie, Darmstadt 2001.

Bultmann, Rudolf: Theologie des Neuen Testaments, Tübingen ⁹1984.
Burgio, Alberto: Art. Vernunft/Verstand. In: Hans Jörg Sandkühler (Hg.): Enzyklopädie Philosophie, Hamburg 1999.
Busch, Kathrin: Geschicktes Geben. Aporien der Gabe bei Jacques Derrida, München 2004.
Caputo, John D.; Scanlon, Michael J. (Hg.): God, the Gift, and Postmodernism, Bloomington – Indianapolis 1999.
Casper, Bernhard: Das Ereignis des Betens. Grundlinien einer Hermeneutik des religiösen Geschehens, Freiburg – München 1998.
Casper, Bernhard: Illéité. Zu einem Schlüssel»begriff« im Werk von Emmanuel Levinas. In: Philosophisches Jahrbuch 91 (1984), 273–288.
Castañeda, Hector-Neri: Sprache und Erfahrung. Texte zu einer neuen Ontologie. Eingeleitet und übersetzt von Helmut Pape, Frankfurt am Main 1982.
Castañeda, Hector-Neri: The Self and the I-Guises, Empirical and Transcendental. in: Konrad Cramer (Hg.): Theorie der Subjektivität. FS Dieter Henrich, Frankfurt am Main 1987, 105–140.
Celan, Paul: Atemwende. Vorstufen – Textgenese – Endfassung. Bearbeitet von Heino Schmull und Christiane Wittkop, Frankfurt am Main 2000.
Celan, Paul: Werke. Besorgt von Beda Allemann. Abt. 1,7. Herausgegeben von Rolf Bücher, Frankfurt am Main 1990.
Cogliandro, Giovanni: Die Dynamik der Fünffachheit in der *Wissenschaftslehre nova methodo*. In: Erich Fuchs, Marco Ivaldo, Giovanni Moretto (Hg.): Der transzendentalphilosophische Zugang zur Wirklichkeit. Beiträge aus der aktuellen Fichte-Forschung. Stuttgart-Bad Cannstatt 2001, 167–197.
Colette, Jacques: La liberté. In: Lévinas: Positivité et transcendance, 237–258.
Courtine, Jean-François: Réduction phénoménologique-transcendantale et différence ontico-ontologique. In: Ders.: Heidegger et la phénoménologie, Paris 2000, 207–247.
Coward, Harold; Foshay, Toby (Hg.): Derrida and Negative Theology, Albany 1992.
Crüsemann, Frank: Die Tora. Theologie und Sozialgeschichte des alttestamentlichen Gesetzes, München 1992, 41.
Davidson, Donald: Communication and Convention. In: Ders.: Inquiries Into Truth and Interpretation, Oxford 1984, 265–280.
de la Potterie, Ignace: La vérité dans Saint Jean. Tome I. Le Christ et la vérité. L'Esprit et la vérité, Rom 1977.
de Maintenon, Françoise d'Aubigné: Lettres. Publié par Marcel Langlois, Tome II, Paris 1935.
Delhom, Pascal: Der Dritte. Lévinas' Philosophie zwischen Verantwortung und Gerechtigkeit, München 2000.
Delius, Harald: Self-Awareness. A Semantical Inquiry, München 1981.
Denzinger, Heinrich; Hünermann, Peter (Hg.): Kompendium der Glaubensbekenntnisse und kirchlichen Lehrentscheidungen, Freiburg im Breisgau ³⁹2001.
Derrida, Jacques; Bennington, Geoffrey: Jacques Derrida. Ein Portrait von Geoffrey Bennington und Jacques Derrida, Frankfurt am Main 1994.

Derrida, Jacques; Marion, Jean-Luc: On the Gift: A Discussion between Jacques Derrida and Jean-Luc Marion, Moderated by Richard Kearney. In: John D. Caputo, Michael J. Scanlon (Hg.): God, the Gift, and Postmodernism, Bloomington – Indianapolis 1999, 54–78.
Derrida, Jacques: »Genesis und Struktur« und die Phänomenologie. In: Ders.: Die Schrift und die Differenz, 236–258.
Derrida, Jacques: »Unsere Redlichkeit«. Jeder in seinem Land, aber beide in Europa: Die Geschichte einer Freundschaft mit Hindernissen – Jürgen Habermas zum 75. Geburtstag. In: Frankfurter Rundschau, 18.6.2004.
Derrida, Jacques: Adieu à Emmanuel Lévinas, Paris 1997.
Derrida, Jacques: Aporien. Sterben – Auf die »Grenzen der Wahrheit« gefasst sein, München 1988.
Derrida, Jacques: Apories. Mourir – s'attendre aux «limites de la vérité», Paris 1996.
Derrida, Jacques: Außer dem Namen. In: Ders.: Über den Namen, Wien 1999, 63–121.
Derrida, Jacques: Autrui est secret parce'qu il est autre. In: Le Monde de l'éducation 284 (2001), 14–21.
Derrida, Jacques: Chôra, Wien 1990.
Derrida, Jacques: Cogito und die Geschichte des Wahnsinns. In: Ders.: Die Schrift und die Differenz, 53–101.
Derrida, Jacques: Comme si c'était possible, »within such limits«. In: Revue Internationale de Philosophie 205 (1998), 497–529.
Derrida, Jacques: Comment ne pas parler. Dénégations. In: Ders.: Psyché. Inventions de l'autre II, Paris 2003, 145–200.
Derrida, Jacques: Das Supplement der Kopula. Die Philosophie vor der Linguistik. In: Ders.: Randgänge der Philosophie, Wien ²1999, 195–227.
Derrida, Jacques: De la grammatologie, Paris 1967.
Derrida, Jacques: Den Tod geben. In: Anselm Haverkamp (Hg.): Gewalt und Gerechtigkeit. Derrida – Benjamin, Frankfurt am Main 1994, 331–445.
Derrida, Jacques: Der Entzug der Metapher. In: Anselm Haverkamp (Hg.): Die paradoxe Metapher, Frankfurt 1998, 197–234.
Derrida, Jacques: Der ununterbrochene Dialog: zwischen zwei Unendlichkeiten, das Gedicht. In: Ders., Hans-Georg Gadamer: Der ununterbrochene Dialog. Herausgegeben und mit einem Nachwort versehen von Martin Gessmann, Frankfurt am Main 2004, 7–50.
Derrida, Jacques: Des tours de Babel. In: Ders.: Psyché. Inventions de l'autre. Nouvelle édition augmentée. Tome I, Paris 1998, 203–233.
Derrida, Jacques: Die Schrift und die Differenz, Frankfurt 1972.
Derrida, Jacques: Die Stimme und das Phänomen. Einführung in das Problem des Zeichens in der Phänomenologie Husserls. Aus dem Französischen von Hans-Dieter Gondek, Frankfurt 2003.
Derrida, Jacques: Die Struktur, das Zeichen und das Spiel im Diskurs der Wissenschaften vom Menschen. In: Derrida: Die Schrift und die Differenz, 422–442.
Derrida, Jacques: Die weiße Mythologie. In. Ders.: Randgänge der Philosophie, 229–290.

Derrida, Jacques: Donner le temps. 1. La fausse monnaie, Paris 1991.
Derrida, Jacques: Eben in diesem Moment in diesem Werk findest du mich. In: Michael Mayer, Markus Hentschel (Hg.): Parabel. Lévinas. Zur Möglichkeit einer prophetischen Philosophie, Gießen 1990, 42–83.
Derrida, Jacques: Eine gewisse unmögliche Möglichkeit, vom Ereignis zu sprechen, Berlin 2003.
Derrida, Jacques: En ce moment même dans cet ouvrage me voici. In: Ders.: Psyché. Inventions de l'autre. Nouvelle édition augmentée. Tome I, Paris 1998, 159–202.
Derrida, Jacques: Falschgeld. Zeit Geben I, München 1993.
Derrida, Jacques: Fines hominis. In: Ders.: Randgänge der Philosophie, 133–157.
Derrida, Jacques: Foi et Savoir. In: Ders.: Foi et Savoir. Suivi de Le Siècle et le Pardon (entretien avec Michel Wieviorka), Paris 2001, 9–100.
Derrida, Jacques: Gesetzeskraft. Der »mystische Grund von Autorität«. Frankfurt am Main ^{3}1998.
Derrida, Jacques: Gewalt und Metaphysik. Essay über das Denken Emmanuel Levinas'. In: Ders.: Die Schrift und die Differenz, Frankfurt 1972, 121–235.
Derrida, Jacques: Glaube und Wissen. Die beiden Quellen der »Religion« an den Grenzen der bloßen Vernunft. In: Ders., Gianni Vattimo (Hg.): Die Religion, Frankfurt 2001, 9–106.
Derrida, Jacques: Grammatologie, Frankfurt am Main ^{6}1996.
Derrida, Jacques: Hors livre. In: Ders.: La Dissémination, Paris 1972, 7–76.
Derrida, Jacques: Husserls Weg in die Geschichte am Leitfaden der Geometrie. Ein Kommentar zur Beilage III der »Krisis«, München 1987.
Derrida, Jacques: Ich misstraue der Utopie, ich will das Un-Mögliche. Interview mit Jacques Derrida. In: DIE ZEIT Nr. 11 vom 05.03.1998, 47.
Derrida, Jacques: Ich misstraue der Utopie, ich will das Un-Mögliche. Interview mit Jacques Derrida. In: Die Zeit Nr.11 (5.3.1998), 47.
Derrida, Jacques: L'écriture et la différence, Paris 1967.
Derrida, Jacques: La mythologie blanche. In: Ders.: Marges de la philosophie, Paris 1972, 247–324.
Derrida, Jacques: La voix et le phénomène, Paris ^{3}2003.
Derrida, Jacques: Le monolinguisme de l'autre ou la prothèse d'origine, Paris 1996.
Derrida, Jacques: Le retrait de la métaphore. In: Ders.: Psyché, 63–93.
Derrida, Jacques: Le supplément de copule. La philosophie devant la linguistique. In: Ders.: Marges de la philosophie, Paris 1972, 209–246.
Derrida, Jacques: Les fins de l'homme. In: Ders.: Marges, 129–164.
Derrida, Jacques: Limited Inc. Présentation et traductions par Elisabeth Weber, Paris 1990.
Derrida, Jacques: Limited Inc., Wien 2001.
Derrida, Jacques: Marges de la philosophie, Paris 1972.
Derrida, Jacques: Marx' Gespenster. Der Staat der Schuld, die Trauerarbeit und die neue Internationale. Frankfurt am Main ^{2}1996.
Derrida, Jacques: Ousia et grammè. Note sur une note de Sein und Zeit. In: Ders.: Marges de la philosophie, 31–78.

Derrida, Jacques: Ousia und gramme. Notiz über eine Fußnote in *Sein und Zeit*. In: Ders.: Randgänge der Philosophie, 57–92.
Derrida, Jacques: Parages, Paris 2003.
Derrida, Jacques: Politiques de l'amitié, Paris 1994.
Derrida, Jacques: Préjugés. Devant la loi. In: Jacques Derrida u.a. (Hg.): La faculté de juger, Paris 1985, 87–139.
Derrida, Jacques: Psyché. Invention de l'autre. In: Ders.: Psyché. Inventions de l'autre. Nouvelle édition augmentée. Tome 1, Paris 1998, 11–61.
Derrida, Jacques: Psyché. Inventions de l'autre. Tome I. Nouvelle édition augmentée, Paris 1998.
Derrida, Jacques: Psyché. Inventions de l'autre II, Paris 2003.
Derrida, Jacques: Randgänge der Philosophie, Wien ²1999.
Derrida, Jacques: Sauf le nom, Paris 1993.
Derrida, Jacques: Schibboleth, Paris 1986.
Derrida, Jacques: Signatur Ereignis Kontext. In: Ders.: Randgänge der Philosophie, 325–351.
Derrida, Jacques: signature événement contexte. In: Ders.: Marges de la philosophie, 365–393.
Derrida, Jacques: Spectres de Marx. L'État de la dette, le travail du deuil et la nouvelle Internationale, Paris 1993.
Derrida, Jacques: Survivre. In: Ders.: Parages, Paris 2003, 109–203.
Derrida, Jacques: Violence et métaphysique. Essai sur la pensée d'Emmanuel Levinas. In: Ders.: L'écriture et la différence, Paris 1967, 117–228.
Derrida, Jacques: Von einem neuerdings erhobenen apokalyptischen Ton in der Philosophie. In: Ders.: Apokalypse, Wien ²2000, 11–79.
Derrida, Jacques: Wie nicht sprechen. Verneinungen, Wien 1989.
Descartes, René: Briefe. 1629–1650, Köln – Krefeld 1949.
Descartes, René: Meditationes de Prima Philosophia. Meditationen über die Erste Philosophie. Lateinisch/Deutsch. Übersetzt und herausgegeben von Gerhart Schmidt, Stuttgart 1986.
Descartes, René: Œuvres et lettres. Textes présentés par André Bridoux, Paris 1953, 911–915.
Dickmann, Ulrich: Subjektivität als Verantwortung. Die Ambivalenz des Humanum bei Emmanuel Levinas und ihre Bedeutung für die theologische Anthropologie, Tübingen – Basel 1999.
Dietzfelbinger, Christian: Das Evangelium nach Johannes. Band 1, Zürich 2001.
Dirscherl, Erwin; Sandherr, Susanne; Thomé Martin; Wunder, Bernhard (Hg.): Einander zugewandt. Die Rezeption des christlich-jüdischen Dialogs in der Dogmatik, Paderborn – München – Wien – Zürich 2005.
Dirscherl, Erwin: Die Bedeutung der Nähe Gottes. Ein Gespräch mit Karl Rahner und Emmanuel Levinas, Würzburg 1996.
Dohmen, Christoph; Stemberger, Günter: Hermeneutik der Jüdischen Bibel und des Alten Testaments, Stuttgart – Berlin – Köln 1996.
Dohmen, Christoph: Exodus 19–40. Herders Theologischer Kommentar zum Alten Testament, Freiburg – Basel – Wien 2004.

Dohmen, Christoph: »Nicht sieht mich der Mensch und lebt« (Ex 33,20). Aspekte der Gottesschau im Alten Testament. In: Jahrbuch für biblische Theologie 13 (1998), 31–51.
Drechsler, Julius: Fichtes Lehre vom Bild, Stuttgart 1955.
Duden. Rechtschreibung der deutschen Sprache. 21., völlig neu bearbeitete und erweiterte Auflage. Herausgegeben von der Dudenredaktion. Auf der Grundlage der neuen amtlichen Rechtschreibregeln. Duden Band 1, Mannheim – Leipzig – Wien – Zürich 1996.
Duns Scotus, Johannes: Opera omnia. Doctoris subtilis et mariani B. Ioannis Duns Scoti opera omnia. Studio et cura commissionis Scotisticae ad fidem codicum edita. Hrsg. von P. Carolo Balic. Bd. III, Vatikanstadt 1954.
Duns Scotus, Johannes: Opera omnia. Doctoris subtilis et mariani B. Ioannis Duns Scoti opera omnia. Studio et cura commissionis Scotisticae ad fidem codicum edita. Hrsg. von P. Carolo Balic. Bd. XVII, Vatikanstadt 1966.
Dupuis, Michel: Le cogito ébloui ou la noèse sans noème. Levinas et Descartes. In: Revue philosophique de Louvain 94 (1996), 294–310.
Ebeling, Hans: Grundsätze der Selbstbestimmung und Grenzen der Selbsterhaltung. In: Ebeling: Subjektivität und Selbsterhaltung, 375–394.
Ebeling, Hans (Hg.): Theorie-Diskussion. Subjektivität und Selbsterhaltung. Beiträge zur Diagnose der Moderne, Frankfurt am Main 1976, 97–143.
Eckhart, Meister: Expositio Sancti Evangelii Secundum Iohannem. Auslegung des heiligen Evangeliums nach Johannes. Herausgegeben und übersetzt von Karl Christ, Bruno Decker, Josef Koch, Heribert Fischer, Loris Sturlese, Albert Zimmermann, Stuttgart 1994.
Eckhart, Meister: Die deutschen Werke. Hrsg. u. übers. von Josef Quint. Band I, Stuttgart 1958.
Eckholt, Margit: Eine theologische Wende? Entwicklungen in der französischen Philosophie. In: Herder Korrespondenz 50 (1996), 261–266.
Ego, Beate: »Maß gegen Maß«. Reziprozität als Deutungskategorie im rabbinischen Judentum. In: Ruth Scoralick (Hg.): Das Drama der Barmherzigkeit Gottes. Studien zur biblischen Gottesrede und ihrer Wirkungsgeschichte in Judentum und Christentum, Stuttgart 2000, 193–217.
Eicher, Peter: Offenbarung. Prinzip neuzeitlicher Theologie, München 1977.
Erlemann, Kurt: Naherwartung und Parusieverzögerung im Neuen Testament. Ein Beitrag zur Frage religiöser Zeiterfahrung, Tübingen – Basel 1995.
Essen, Georg; Striet, Magnus (Hg.): Kant und die Theologie, Darmstadt 2005.
Euklid: Die Elemente. Herausgegeben von Clemens Thaer, Frankfurt ^{4}2003.
Falk, Hans-Peter: Neuere analytische Literatur zur Theorie des Selbstbewußtseins. In: Philosophische Rundschau 32 (1985), 117–134.
Feige, Ingeborg: Geschichtlichkeit. Zu Bernhard Weltes Phänomenologie des Geschichtlichen auf der Grundlage unveröffentlichter Vorlesungen, Freiburg – Basel – Wien 1989.
Féron, Etienne: De l'idée de transcendance à la question du langage. L'itinéraire philosophique d'Emmanuel Levinas, Grenoble 1992.

Féron, Etienne: Ethique, langage et ontologie chez Emmanuel Levinas. In: Revue de Métaphysique et de Morale 82 (1977), 64–87.
Féron, Etienne: L'horizon du langage et le temps du discours. A propos de *Totalité et Infini* de E. Levinas. In: Cahiers du centre d'études phénoménologiques 1 (1981), 67–92.
Fichte, Johann Gottlieb: Darstellung der Wissenschaftslehre aus den Jahren 1801/1802. In: Ders.: Gesamtausgabe der Bayerischen Akademie der Wissenschaften. Hrsg. von Reinhard Lauth. Band 2. Nachgelassene Schriften 6. Stuttgart – Bad Cannstadt 1983.
Fichte, Johann Gottlieb: Ueber das Verhältniß der Logik zur Philosophie oder Transcendentalen Logik. Hrsg. v. R. Lauth und P.K. Schneider, Hamburg 1982.
Fliethmann, Thomas: Vernünftig glauben. Die Theorie der Theologie bei Georg Hermes, Würzburg 1997, 45–67.
France, Anatole: Le Jardin d'Epicure. In: Ders.: Œuvres Complètes. Nouvelle Édition établie par Jacques Suffel, Paris – Genf o.J., 309–438.
Frank, Manfred: Das Sagbare und das Unsagbare: Studien zur deutsch-französischen Hermeneutik und Texttheorie. Erweiterte Neuausgabe, Frankfurt am Main 1990.
Frank, Manfred: Die Entropie der Sprache. Überlegungen zur Debatte Searle-Derrida. In: Ders.: Das Sagbare und das Unsagbare: Studien zur deutsch-französischen Hermeneutik und Texttheorie. Erweiterte Neuausgabe, Frankfurt am Main 1990, 491–560.
Frank, Manfred: Die Unhintergehbarkeit von Individualität. Reflexionen über Subjekt, Person und Individuum aus Anlass ihrer ›postmodernen‹ Toterklärung, Frankfurt am Main 1986.
Frank, Manfred: Hat Selbstbewusstsein einen Gegenstand? In: Ders.: Selbstbewusstsein und Selbsterkenntnis. Essays zur analytischen Philosophie der Subjektivität, Stuttgart 1991.
Franz, Matthias: Der barmherzige und gnädige Gott. Die Gnadenrede vom Sinai (Exodus 34,6-7) und ihre Parallelen im Alten Testament und seiner Umwelt, Stuttgart 2003.
Frey, Jörg: Das Bild ›der Juden‹ im Johannesevangelium und die Geschichte der johanneischen Gemeinde. In: Labahn u.a. (Hg.): Israel und seine Heilstraditionen im Johannesevangelium, 33–53.
Freyer, Thomas; Schenk, Richard (Hg.): Emmanuel Levinas – Fragen an die Moderne, Wien 1996.
Freyer, Thomas: Alterität und Transzendenz. Theologische Anmerkungen zur Hermeneutik. In: Berliner Theologische Zeitschrift 13 (1996), 84–110.
Freyer, Thomas: »Israel« als Locus theologicus? Plädoyer für eine erkenntnistheologische Öffnung und Radikalisierung christlicher Theologie. In: Theologische Quartalsschrift 179 (1999), 73–74.
Freyer, Thomas: »Nähe« – eine trinitätstheologische Schlüssel-»kategorie«? Zu einer Metapher von Emmanuel Levinas. In: Theologie der Gegenwart 40 (1997), 271–288.
Freyer, Thomas: Christologie im Horizont des christlich-jüdischen Gesprächs. In: Theologische Quartalsschrift 185 (2005), 15–37.

Freyer, Thomas: Das »Ich als Ich, das alles Leid der Welt auf sich nimmt«. Theologische Notizen zur gegenwärtigen philosophischen Debatte um menschliche Subjektivität. In: Günter Riße, Heino Sonnemans, Burkhard Theß (Hg.): Wege der Theologie an der Schwelle zum dritten Jahrtausend. Festschrift für Hans Waldenfels zur Vollendung des 65. Lebensjahres, Paderborn 1996, 111–124.

Freyer, Thomas: Die Freiheit Gottes und die Bedürftigkeit des Menschen. Eine These zur Gnadentheologie. In: Studia Moralia 32 (1994), 367–397.

Freyer, Thomas: Emmanuel Levinas und die Moderne. In: Ders., Richard Schenk (Hg.): Emmanuel Levinas – Fragen an die Moderne, Wien 1996, 13–23.

Freyer, Thomas: Gott als »Geheimnis«? Zu einem theologischen Schlüsselbegriff. In: Theologie und Glaube 86 (1996), 325–342.

Freyer, Thomas: Menschliche Subjektivität im Referenzrahmen »›erstphilosophischer‹ Reflexion«? In: Theologie der Gegenwart 41 (1998), 48–55.

Freyer, Thomas: Menschliche Subjektivität und die Anderheit des anderen. Theologische Anmerkungen zu einer aktuellen philosophischen Debatte. In: Theologie der Gegenwart 40 (1997), 2–19.

Freyer, Thomas: Sakrament – Transitus – Zeit – Transzendenz. Überlegungen im Vorfeld einer liturgisch-ästhetischen Erschließung und Grundlegung der Sakramente, Würzburg 1995.

Freyer, Thomas: Selbstoffenbarung Gottes. Anmerkungen zu einer theologischen Schlüsselkategorie aus christlich-jüdischer Sicht. In: Catholica 60 (2006), 1–22.

Freyer, Thomas: Vom christlich-jüdischen Gespräch zum Dialog? Theologische Notizen zur Semantik eines Leitbegriffs. In: Theologische Quartalsschrift 180 (2000), 127–146.

Freyer, Thomas: Zeit – Kontinuität und Unterbrechung. Studien zu Karl Barth, Wolfhart Pannenberg und Karl Rahner. BDS 13, Würzburg 1993.

Fries, Heinrich: Art. Offenbarung. Systematisch. In: LThK² VII, 1109–1114.

Fries, Heinrich: Die Offenbarung. In: Johannes Feiner, Magnus Löhrer (Hg.): Mysterium Salutis. Grundriss heilsgeschichtlicher Dogmatik. Band I, Einsiedeln – Zürich – Köln 1965, 159–238.

Fuchs, Ottmar: Unerhörte Klage über den Tod hinaus! Überlegungen zur Eschatologie der Klage. In: Ottmar Fuchs, Bernd Janowski (Hg.): Klage. Jahrbuch für Biblische Theologie, Bd. 16, Neukirchen-Vluyn 2001, 347–379.

Funk, Rudolf: Sprache und Transzendenz im Denken von Emmanuel Lévinas. Zur Frage einer neuen philosophischen Rede von Gott, Freiburg – München 1989, 57–61.

Ganoczy, Alexandre: Art. Creatio ex nihilo. In: Wolfgang Beinert (Hg.): Lexikon der katholischen Dogmatik, Freiburg – Basel – Wien ²1998, 78–80.

Gasché, Rodolphe: Metapher und Quasi-Metaphorizität. In: Anselm Haverkamp (Hg.): Die paradoxe Metapher, Frankfurt 1998, 235–267.

Gasché, Rodolphe: The Tain of the Mirror. Derrida and the Philosophy of Reflection, Cambridge – London, 1986, 293–318.

Geiselmann, Josef Rupert: Die Katholische Tübinger Schule. Ihre theologische Eigenart, Freiburg 1964.

Gilbert, Paul: Substance et présence. Derrida et Marion, critiques de Husserl. In: Gregorianum 75 (1994), 95–133.

Goldschmidt, Lazarus: Der Babylonische Talmud. Mit Einschluß der vollständigen Misnah, Haag 1933.

Greisch, Jean: Heidegger et Lévinas. Interprètes de la Facticité. In: Levinas: Positivité et transcendance, 181–207.

Grillmeier, Alois: Die theologische und sprachliche Vorbereitung der christologischen Formel von Chalkedon. In: Ders.: Das Konzil von Chalkedon. Geschichte und Gegenwart. Band I. Der Glaube von Chalkedon, Würzburg 1951, 5–202.

Groß, Walter; Kuschel, Karl-Josef: »Ich schaffe Finsternis und Unheil!« Ist Gott verantwortlich für das Übel?, Mainz 1992.

Groß, Walter: Der doppelte Ausgang der Bibel Israels und die doppelte Leseweise des christlichen AltenTestaments. In: Ders. (Hg.): Das Judentum – eine bleibende Herausforderung christlicher Identität?, Mainz 2001, 9–25.

Gruber, Lambert: Transzendentalphilosophie und Theologie bei Johann Gottlieb Fichte und Karl Rahner, Frankfurt am Main – Bern – Las Vegas 1978.

Guibal, Francis: ... et combien de dieux nouveaux. Approches contemporaines. II. Emmanuel Levinas, Paris 1980.

Habermas, Jürgen: Nachmetaphysisches Denken. Philosophische Aufsätze, Frankfurt am Main ²1997.

Hahn, Ferdinand: Theologie des Neuen Testaments. Band I. Die Vielfalt des Neuen Testaments. Theologiegeschichte des Urchristentums, Tübingen 2002.

Hammond Bammel, Caroline P.: Der Römerbriefkommentar des Origenes. Kritische Ausgabe der Übersetzung Rufins. Vetus Latina 16; 33; 34, Freiburg 1990–1998.

Hanson, Anthony: John I. 14–18 and Exodus XXXIV. In: New Testament Studies (1977) 23, 90–101.

Hartenstein, Friedhelm: Das »Angesicht Gottes« in Exodus 32–34. In: Matthias Köckert, Erhard Blum (Hg.): Gottes Volk am Sinai. Untersuchungen zu Ex 32–34 und Dtn 9–10, Gütersloh 2001, 157–183.

Haußig, Hans-Michael: Der Religionsbegriff in den Religionen. Studien zum Selbst- und Religionsverständnis in Hinduismus, Buddhismus, Judentum und Islam, Bodenheim b. Mainz – Berlin 1999.

Hegel, Georg Wilhelm Friedrich: Vermischte Schriften aus der Berliner Zeit. Sämtliche Werke. Band 20. Dritte Auflage der Jubiläumsausgabe, Stuttgart 1958.

Hegel, Georg Wilhelm Friedrich: Wer denkt abstrakt?. In: Ders.: Werkausgabe. Herausgegeben von Eva Moldenhauer und Karl Markus Michel, Band II, Frankfurt 1970.

Heidegger, Martin: Brief über den Humanismus. In: Ders.: Wegmarken, Frankfurt am Main ³1967, 313–364..

Heidegger, Martin: Das Wesen der Sprache. In: Ders.: Unterwegs zur Sprache. GA 12, Frankfurt am Main 1985, 147–204.

Heidegger, Martin: Der Satz vom Grund, Stuttgart ⁸1997.

Heidegger, Martin: Die Grundbegriffe der Metaphysik. Welt – Endlichkeit – Einsamkeit. GA 29/30, Frankfurt am Main ³2004.

Heidegger, Martin: Die Grundprobleme der Phänomenologie. GA 24, Frankfurt am Main ²1989.
Heidegger, Martin: Einführung in die phänomenologische Forschung. GA 17, Frankfurt am Main 1994.
Heidegger, Martin: Prolegomena zur Geschichte des Zeitbegriffs. GA 20, Frankfurt am Main 1979.
Heidegger, Martin: Sein und Zeit, Tübingen ¹⁸2001.
Heither, Theresia: Translatio Religionis. Die Paulusdeutung des Origenes in seinem Kommentar zum Römerbrief, Köln – Wien 1990.
Hengel, Martin: Die Schriftauslegung des 4. Evangeliums auf dem Hintergrund der urchristlichen Exegese. Jahrbuch für Biblische Theologie 4 (1989).
Henrich, Dieter (Hg.): Ist systematische Philosophie möglich? Stuttgarter Hegel-Kongress 1975, Bonn 1977.
Henrich, Dieter: »Identität« – Begriffe, Probleme, Grenzen. In: Odo Marquard, Karlheinz Stierle: Identität, München 1979, 199–186.
Henrich, Dieter: Bewusstes Leben und Metaphysik. In: Henrich: Bewusstes Leben, 194–216.
Henrich, Dieter: Bewusstes Leben, Stuttgart 1999.
Henrich, Dieter: Das Selbstbewusstsein und seine Selbstdeutungen. Über Wurzeln der Religionen im bewussten Leben. In: Ders.: Fluchtlinien, 99–124.
Henrich, Dieter: Die Grundstruktur der modernen Philosophie. Mit einer Nachschrift: Über Selbstbewusstsein und Selbsterhaltung. In: Hans Ebeling (Hg.): Theorie-Diskussion. Subjektivität und Selbsterhaltung. Beiträge zur Diagnose der Moderne, Frankfurt am Main 1976, 97–143.
Henrich, Dieter: Die Trinität Gottes und der Begriff der Person. In: Odo Marquard, Karlheinz Stierle (Hg.): Identität, München 1979, 612–620.
Henrich, Dieter: Fichtes ›Ich‹. In: Ders.: Selbstverhältnisse. Gedanken und Auslegungen zu den Grundlagen der klassischen deutschen Philosophie, Stuttgart 2001, 57–82.
Henrich, Dieter: Fichtes ursprüngliche Einsicht. In: Dieter Henrich, Hans Wagner (Hg.): Subjektivität und Metaphysik. Festschrift für Wolfgang Cramer, Frankfurt am Main 1966, 188–232.
Henrich, Dieter: Fluchtlinien. Philosophische Essays, Frankfurt am Main 1982.
Henrich, Dieter: Gedanken zur Dankbarkeit. In: Henrich: Bewusstes Leben, 152–193.
Henrich, Dieter: Grund und Gang spekulativen Denkens. In: Ders.: Bewusstes Leben, Stuttgart 1999, 85–138.
Henrich, Dieter: Grund und Gang spekulativen Denkens. In: Dieter Henrich, Rolf-Peter Horstmann (Hg.): Metaphysik nach Kant? Stuttgarter Hegel-Kongress 1987, Stuttgart 1988, 83–120.
Henrich, Dieter: Kant und Hegel. Versuch der Vereinigung ihrer Grundgedanken. In: Ders.: Selbstverhältnisse. Durchgesehene und bibliographisch ergänzte Ausgabe, Stuttgart 2001, 173–208.
Henrich, Dieter: Lebensdeutungen der Zukunft. In: Ders.: Fluchtlinien. Philosophische Essays, Frankfurt am Main 1982, 11–42.

Henrich, Dieter: Selbstbewusstsein und spekulatives Denken. In: Ders.: Fluchtlinien. Philosophische Essays, Frankfurt am Main 1982, 125–181.
Henrich, Dieter: Selbstbewusstsein. Kritische Einleitung in eine Theorie. In: Rüdiger Bubner, Konrad Cramer, Reiner Wiehl: Hermeneutik und Dialektik. Aufsätze I. Methode und Wissenschaft, Lebenswelt und Geschichte. FS Hans-Georg Gadamer, Tübingen 1970, 257–284.
Henrich, Dieter: Selbsterhaltung und Geschichtlichkeit. In: Ebeling: Subjektivität und Selbsterhaltung, 303–313.
Henrich, Dieter: Selbstverhältnisse. Durchgesehene und bibliographisch ergänzte Ausgabe, Stuttgart 2001.
Henrich, Dieter: Versuch über Fiktion und Wahrheit. In: Henrich: Bewusstes Leben, 139–151.
Henrix, Hans-Hermann; Kraus, Wolfgang (Hg.): Die Kirchen und das Judentum. Dokumente von 1986 – 2000, Paderborn – Gütersloh 2001.
Henry, Michel: Quatre principes de la phénoménologie. In: Revue de Métaphysique et de Morale 96 (1991), 3–26.
Hentschel, Markus; Mayer, Michael (Hg.): Parabel. Lévinas. Zur Möglichkeit einer prophetischen Philosophie, Gießen 1990.
Hochstaffl, Josef: Art. Apophatische Theologie. In LThK³ I, 848.
Hochstaffl, Josef: Art. Negative Theologie. In: LThK³ VII, 723–725.
Hochstaffl, Josef: Negative Theologie. Ein Versuch zur Vermittlung eines patristischen Begriffs, München 1976.
Hödl, L.: Art. Aristotelismus. In: Heinrich Fries (Hg.): Handbuch theologischer Grundbegriffe, Bd. I, München 1969, 91–101.
Hoegen-Rohls, Christina: Der nachösterliche Johannes. Die Abschiedsreden als hermeneutischer Schlüssel zum vierten Evangelium, Tübingen 1996.
Hoff, Gregor Maria: Wer ist Christus? Das Symbolon von Chalkedon als Grammatik des Glaubens? In: Salzburger theologische Zeitschrift 8 (2004) 17–29.
Hoff, Johannes: Fundamental-theologische Implikationen der Apokalyptik. Annäherung an den Begriff der Offenbarung ausgehend von Derridas dekonstruktiver Lektüre der Apokalypse des Johannes. In: Theologie der Gegenwart 45 (2002), 42–51, 107–120.
Hoff, Johannes: Fundamentaltheologie zwischen Dekonstruktion und erstphilosophischer Reflexion. Zur Ortsbestimmung theonomer Vernunftautonomie. In: Joachim Valentin, Saskia Wendel (Hg.): Unbedingtes Verstehen?! Fundamentaltheologie zwischen Erstphilosophie und Hermeneutik, Regensburg 2001, 115–129.
Hoff, Johannes: Spiritualität und Sprachverlust. Theologie nach Foucault und Derrida, Paderborn 1999.
Hoffmann, F.: Art. Augustinismus. In: Heinrich Fries (Hg.): Handbuch theologischer Grundbegriffe, Bd. I, München 1969, 145–151.
Höhn, Hans Joachim: ›Vor und mit Gott leben wie ohne Gott‹. Negative Theologie als theologische Hermeneutik der Moderne. In: Günter Riße, Heino Sonnemans, Burkhard Theß (Hg.): Wege der Theologie an der Schwelle zum dritten Jahrtausend. Festschrift für Hans Waldenfels zur Vollendung des 65. Lebensjahres, Paderborn 1996, 97–109.

Hoping, Helmut: Theologischer Kommentar zur Dogmatischen Konstitution über die göttliche Offenbarung *Dei Verbum*. In: Peter Hünermann, Bernd Jochen Hilberath (Hg.): Herders theologischer Kommentar zum Zweiten Vatikanischen Konzil. Bd. 3. Freiburg – Basel – Wien 2005, 695–831.

Horkheimer, Max; Adorno, Theodor W.: Dialektik der Aufklärung. Philosophische Fragmente, Frankfurt am Main 2002.

Horkheimer, Max; Adorno, Theodor W.: Odysseus oder Mythos und Aufklärung. In: Dies.: Dialektik der Aufklärung. Philosophische Fragemente, Frankfurt am Main 2002, 50–87.

Horkheimer, Max: Vernunft und Selbsterhaltung. In: Ebeling: Subjektivität und Selbsterhaltung, 41–75.

Horner, Robyn: Rethinking God as gift. Marion, Derrida, and the limits of phenomenology, New York 2001.

Hubbert, Joachim: Descartes, Anselm, Camus und Verweyen. Ringen um universalverbindliche Fundamentaltheologie. In: Larcher: Hoffnung, 148–163.

Hübner, Kurt: Art. Mythos. I. Philosophisch. In: TRE XXIII, 597–608.

Hübner, Kurt: Die Wahrheit des Mythos, München 1985.

Huizing, Klaas: Das Sein und der Andere, Frankfurt am Main 1988.

Hünermann, Peter; Söding, Thomas (Hg.): Methodische Erneuerung der Theologie. Konsequenzen der wiederentdeckten jüdisch-christlichen Gemeinsamkeiten. QD 200, Freiburg 2003.

Hünermann, Peter: Die methodologische Herausforderung der Dogmatik durch die Wiederentdeckung der theologischen Relevanz des Judentums. In: Peter Hünermann, Thomas Söding (Hg.): Methodische Erenuerung der Theologie. Konsequenzen der wiederentdeckten jüdisch-christlichen Gemeinsamkeiten. QD 200, Freiburg 2003, 142–163.

Hünermann, Peter: Dogmatik – Topische Dialektik des Glaubens. In: Kessler u.a.: Fides quaerens intellectum, 577–592.

Hünermann, Peter: Dogmatische Prinzipienlehre. Glaube – Überlieferung – Theologie als Sprach- und Wahrheitsgeschehen, Münster 2003.

Hünermann, Peter: Hinweise zum theologischen Gebrauch des »Denzinger«. In: Heinrich Denzinger, Peter Hünermann (Hg.): Kompendium der Glaubensbekenntnisse und kirchlichen Lehrentscheidungen, Freiburg im Breisgau ^{39}2001, 9–13.

Husserl, Edmund: Cartesianische Meditationen, Eine Einleitung in die Phänomenologie, Hamburg ^{3}1995.

Husserl, Edmund: Idee der Phänomenologie. Fünf Vorlesungen. Herausgegeben und eingeleitet von Paul Janssen. Text nach Husserliana, Band II, Hamburg 1986.

Husserl, Edmund: Ideen zu einer reinen Phänomenologie und phänomenologischen Philosophie. Allgemeine Einführung in die reine Phänomenologie, Tübingen ^{5}1993.

Husserl, Edmund: Phänomenologische Psychologie. Vorlesungen Sommersemester 1925. Herausgegeben von Walter Biemel. Husserliana IX, Den Haag 1962.

Husserl, Edmund: Philosophie als strenge Wissenschaft, Frankfurt am Main 1965.

Husserl, Edmund: Vorlesungen zur Phänomenologie des inneren Zeitbewusstseins. Herausgegeben von Martin Heidegger, Tübingen ³2000.
Imhof, Paul; Biallowons, Hubert (Hg.): Glaube in winterlicher Zeit. Gespräche mit Karl Rahner aus den letzten Lebensjahren, Düsseldorf 1986.
Irsigler, Hubert: Von der Namensfrage zum Gottesverständnis. Exodus 3,13–15 im Kontext der Glaubensgeschichte Israels. In: Biblische Notizen 96 (1999), 56–96.
Ivaldo, Marco: Die konstitutive Funktion des Sollens in der Wissenschaftslehre. In: Erich Fuchs, Marco Ivaldo, Giovanni Moretto (Hg.): Der transzendentalphilosophische Zugang zur Wirklichkeit. Beiträge aus der aktuellen Fichte-Forschung, Stuttgart-Bad Cannstatt 2001.
Jackson, Howard M. The death of Jesus in Mark and the miracle from the cross. In: New Testament Studies 33 (1987), 16–37.
Jacob, Benno: Das Buch Exodus, Stuttgart 1997.
Janicaud, Dominique: Le tournant théologique de la phénoménologie française, Paris 1991.
Jeremias, Jörg: Der »Rest Israels«: das Basisthema des Michabuches. In: Arndt Meinhold: Der Freund des Menschen. Festschrift für Georg Christian Macholz zur Vollendung des 70. Lebensjahr, Neukirchen – Vluyn 2003, 57–68.
Jeremias, Jörg: Tau und Löwe (Mi 5,6f.). In: Frank Crüsemann, Hans-Walter Wolff (Hg.): Was ist der Mensch ...? Beiträge zur Anthropologie des Alten Testaments, München 1992, 221–227.
Johannes Paul II.: Enzyklika FIDES ET RATIO von Papst Johannes Paul II. an die Bischöfe der katholischen Kirche über das Verhältnis von Glaube und Vernunft. Verlautbarungen des Apostolischen Stuhls 135. Herausgegeben vom Sekretariat der Deutschen Bischofskonferenz, Bonn 1998.
Jorissen, Hans: Wandlungen des philosophischen Kontextes als Hintergrund der frühmittelalterlichen Eucharistiestreitigkeiten. In: Josef Wohlmuth (Hg.): Streit um das Bild. Das Zweite Konzil von Nizäa (787) in ökumenischer Perspektive, Bonn 1989, 97–111.
Jüngel, Eberhard: Gott als Geheimnis der Welt, Tübingen ⁵1986.
Jüngel, Eberhard: Metaphorische Wahrheit. Erwägungen zur theologischen Relevanz der Metapher als Beitrag zur Hermeneutik einer narrativen Theologie. In: Paul Ricœur, Eberhard Jüngel (Hg.): Metapher. Sonderheft Evangelische Theologie, München 1974, 71–122.
Kaczynski, Rainer: Theologischer Kommentar zur Konstitution über die heilige Liturgie *Sacrosanctum Concilium*. In: Peter Hünermann, Bernd Jochen Hilberath (Hg.): Herders theologischer Kommentar zum Zweiten Vatikanischen Konzil. Band 2. Sacrosanctum Concilium. Inter Mirifica. Lumen Gentium, Freiburg im Breisgau 2004, 1–227.
Kailuweit, Rolf: Iterum de scriptura – sprachwissenschaftliche Überlegungen im Anschluss an die Polemik Derrida-Searle. In: Kodikas/Code. Ars Semiotica 21 (1998), 333–340.
Kampling, Rainer; Weinrich, Michael (Hg.): Dabru emet – redet Wahrheit. Eine jüdische Herausforderung zum Dialog mit den Christen, Gütersloh 2003.

Kant, Immanuel: Die Religion innerhalb der Grenzen der bloßen Vernunft. Herausgegeben von Rudolf Malter, Stuttgart 1996.
Kant, Immanuel: Kritik der reinen Vernunft. Nach der ersten und zweiten Originalausgabe herausgegeben von Jens Timmermann. Mit einer Bibliographie von Heiner Klemme, Hamburg 1998.
Kasper, Walter: Die Lehre von der Tradition in der Römischen Schule, Freiburg 1962.
Keller, Winfrid: Gottes Treue – Israels Heil. Röm 11,25–27. Die These vom »Sonderweg« in der Diskussion, Stuttgart 1998.
Kenaan, Hagi: Language, philosophy and the risk of failure: rereading the debate between Searle and Derrida. In: Continental Philosophy Review 35 (2002), 117–133.
Kern, Walter; Niemann, Franz-Josef: Theologische Erkenntnislehre (Leitfaden Theologie 4), Düsseldorf 1981.
Kessler, Hans: Art. Auferstehung Christi. Systematisch-theologisch. In: LThK[3] I, 1185–1190.
Kessler, Hans: Art. Auferstehung. In: Peter Eicher (Hg.): Neues Handbuch theologischer Grundbegriffe Bd. 1, München 1991, 121–138.
Kessler, Hans: Christologie. In: Theodor Schneider (Hg.): Handbuch der Dogmatik I, Düsseldorf 1992, 232–442.
Kessler, Hans: Irdischer Jesus, Kreuzestod und Osterglaube. Zu Rezensionen von A. Schmied und H. Verweyen. In: Theologie der Gegenwart 32 (1989), 219–229.
Kessler, Hans: Osterglaube. Jenseits von Fundamentalismus und Rationalismus. In: Thomas Menges (Hg.): Auferstehung Jesu – eine fragliche Metapher. Dokumentation des 4. Diözesantages der katholischen Religionslehrerinnen und Religionslehrer im Bistum Aachen. Religionspädagogische Arbeitshilfen 66 hg. v. Katechetischen Institut des Bistums Aachen, Aachen 1997, 13–50.
Kessler, Hans: Sucht den Lebenden nicht bei den Toten. Die Auferstehung Jesu in biblischer, fundamentaltheologischer und systematischer Sicht, (Düsseldorf 1985) Neuausgabe mit ausführlicher Erörterung der aktuellen Fragen, Würzburg 1995.
Kessler, Michael; Pannenberg, Wolfhart, Pottmeyer Hermann Josef: Fides quaerens intellectum. Beiträge zur Fundamentaltheologie, Tübingen – Basel 1992.
Kierkegaard, Sören: Der Begriff der Angst. GW Abt. 11/12, Gütersloh [4]1995.
Kierkegaard, Sören: Die Krankheit zum Tode. GW Abt. 24/25, Gütersloh [4]1992.
Klappert, Bertold: »Mose hat von mir geschrieben«. Leitlinien einer Christologie im Kontext des Judentums. Joh 5,39–47. In: Erhard Blum, Christian Macholz, Ekkehard W. Stegemann: Die Hebräische Bibel und ihre zweifache Nachgeschichte. FS Rolf Rendtorff, Neukirchen – Vluyn 1990, 619–640.
Kluxen, Wolfgang: Art. Analogie. In: Historisches Wörterbuch der Philosophie I, 214–227.
Knabenbauer, Joseph: Commentarius in Quatuor S. Evangelia Domini N. Iesu Christi. Evangelium Secundum S. Marcum, Paris 1894.
Knieps-Port le Roi Thomas: Zum nach-neuzeitlichen Ort der Theologie. Überlegungen zum Verhältnis von Glaube und Vernunft nach Karl Rahners »Hörer des Wortes«. In: Siebenrock (Hg.): Karl Rahner in der Diskussion, 203–224.

Körner, Bernhard: Melchior Cano. De locis theologicis. Ein Beitrag zur theologischen Erkenntnislehre, Graz 1994.
Kreiner, Armin: Gott im Leid. Zur Stichhaltigkeit der Theodizee-Argumente. QD 168, Freiburg – Basel – Wien ³2005.
Krewani, Wolfgang Nikolaus: Der Wandel des Seinsbegriffs bei Emmanuel Lévinas. In: Philosophisches Jahrbuch 102 (1995), 279–292.
Krieger, Gerhard; Ollig, Hans-Ludwig (Hg.): Fluchtpunkt Subjekt – Facetten und Chancen des Subjektgedankens, Paderborn – München – Wien – Zürich 2001.
Krings, Hermann: Replik. In: Baumgartner (Hg.): Prinzip Freiheit, 345–411.
Krings, Hermann: System und Freiheit. Gesammelte Aufsätze. Praktische Philosophie 12, Freiburg – München 1980.
Krings, Hermann: Transzendentale Logik, München 1964.
Labahn, Michael; Scholtissek, Klaus; Strotmann, Angelika (Hg.): Israel und seine Heilstraditionen im Johannesevangelium. Festgabe für Johannes Beutler SJ zum 70. Geburtstag, Paderborn – München – Wien – Zürich 2004.
Labahn, Michael: Jesus und die Autorität der Schrift im Johannesevangelium. In: Michael Labahn, Klaus Scholtissek, Angelika Strotmann (Hg.): Israel und seine Heilstraditionen im Johannesevangelium; 185–206.
Lagrange, Marie-Joseph: Évangile selon Saint Marc. Quatrième édition corrigée et augmentée, Paris 1929.
Lannoy, Jean-Luc: »Il y a« et phénoménologie dans la pensée du jeune Lévinas. In: Revue philosophique de Louvain 88 (1990), 369–394.
Larcher, Gerhard; Müller, Klaus; Pröpper, Thomas (Hg.): Hoffnung, die Gründe nennt. Zu Hansjürgen Verweyens Projekt einer erstphilosophischen Glaubensverantwortung, Regensburg 1996.
Laruelle, François (Hg.): Textes pour Emmanuel Lévinas, Paris 1980.
Lavigne, Jean-François: L'idée de l'infini: Descartes dans la pensée d'Emmanuel Lévinas. In: Revue de Métaphysique et de Morale 92 (1987), 54–66.
Lavigne, Jean-François: Lévinas avant Lévinas: L'introducteur et le traducteur de Husserl. In: Emmanuel Lévinas: Positivité et transcendance. Suivi de Lévinas et la phénoménologie. Sous la direction de Jean-Luc Marion, Paris 2000, 49–72.
Lawlor, Leonard: Derrida and Husserl. The Basic Problem of Phenomenology, Bloomington 2002.
Lawlor, Leonard: Imagination and Chance. The Difference Between the Thought of Ricœur and Derrida, Albany 1992.
Lawor, Leonard: A little daylight: A reading of Derrida's »White Mythology«. In: Man and World 24 (1991), 285–300.
Leeuwn, Cornelis van: Scribal Wisdom and Theodicy in the Book of the Twelve. In: Leo G. Perdue (Hg.): In Search of Wisdom: Essays in Memory of John G. Gammie, Louisville 1993.
Lehmann, Karl: Dogmengeschichte als Topologie des Glaubens. Programmskizze für einen Neuansatz. In: Werner Löser, Karl Lehmann, Matthias Lutz-Bachmann (Hg.): Dogmengeschichte und katholische Theologie, Würzburg 1985, 512–528.
Leibniz, Gottfried Wilhelm: Nouveaux essais sur l'entendement humain. Neue Abhandlungen über den menschlichen Verstand, Buch III-IV. Philosophische Schriften III/2, Darmstadt 1961.

Leibniz, Gottfried Wilhelm: Opuscules et fragments inédits, Hildesheim 1966.
Lévinas, Emmanuel: Autrement qu'être ou au-delà de l'essence, Paris 2001.
Lévinas, Emmanuel: Bemerkungen über den Sinn. In: Ders.: Wenn Gott ins Denken einfällt. Diskurse über die Betroffenheit von Transzendenz, Freiburg – München ³1999, 195–228.
Lévinas, Emmanuel: De l'existence à l'existant. Seconde édition augmentée. Septième tirage, Paris 1998.
Lévinas, Emmanuel: De l'Un à l'Autre. Transcendance et temps. In: Ders.: Entre nous. Essais sur le penser-à-l'autre, Paris 1991, 141–164.
Lévinas, Emmanuel: Dem Anderen gegenüber. In: Ders.: Vier Talmud-Lesungen, Frankfurt am Main 1993, 23–55.
Lévinas, Emmanuel: Der Tod und die Zeit. In: Ders.: Gott, der Tod und die Zeit. Wien 1996, 15–129.
Levinas, Emmanuel: Die Spur des Anderen. Untersuchungen zur Phänomenologie und Sozialphilosophie, Freiburg – München 1983.
Levinas, Emmanuel: Die Spur des Anderen. In: Ders.: Die Spur des Anderen. Untersuchungen zur Phänomenologie und Sozialphilosophie, Freiburg – München 1983, 209–235.
Levinas, Emmanuel: Die Zeit und der Andere. Übersetzt und mit einem Nachwort versehen von Ludwig Wenzler, Hamburg ³1995.
Lévinas, Emmanuel: Dieu et l'onto-théo-logie. In: Ders.: Dieu, la mort et le temps. Etablissement du texte, notes et postface de Jacques Rolland, Paris 1993, 137–259.
Lévinas, Emmanuel: Difficile liberté. Essais sur le judaïsme. Troisième édition revue et corrigée, Paris 1997.
Lévinas, Emmanuel: Eine Religion für Erwachsene. In: Ders.: Schwierige Freiheit. Versuch über das Judentum, Frankfurt am Main 1992, 21–37.
Levinas, Emmanuel: En découvrant l'existence avec Husserl et Heidegger. Edition suivie d'Essais nouveaux. Troisième édition corrigée, Paris 2001.
Levinas, Emmanuel: Énigme et phénomène. In: Ders.: En découvrant l'existence avec Husserl et Heidegger, 283–302.
Levinas, Emmanuel: Entre nous. Essais sur le penser-à-l'autre, Paris 1991.
Levinas, Emmanuel: Ethik und Geist. In: Ders.: Schwierige Freiheit, 11–21.
Levinas, Emmanuel: Fragen und Antworten. In: Ders.: Wenn Gott ins Denken einfällt. Diskurse über die Betroffenheit von Transzendenz, Freiburg – München ³1999, 96–131.
Lévinas, Emmanuel: Ganz anders – Jacques Derrida. In: Ders.: Eigennamen. Meditationen über Sprache und Literatur. Textauswahl und Nachwort von Felix Philipp Ingold, München – Wien 1988, 67–76.
Levinas, Emmanuel: Gott und die Onto-Theo-Logie. In: Ders.: Gott, der Tod und die Zeit. Hrsg. von Peter Engelmann, Wien 1996, 131–236.
Levinas, Emmanuel: Gott und die Philosophie. In: Bernhard Casper (Hg.): Gott nennen. Phänomenologische Zugänge, Freiburg – München 1981, 81–123.
Lévinas, Emmanuel: Intentionalität und Empfindung. In: Ders.: Die Spur des anderen, 154–184.

Lévinas, Emmanuel: Ist die Ontologie fundamental? In: Ders.: Zwischen uns. Versuche über das Denken an den anderen, München – Wien 1995, 11–23.
Levinas, Emmanuel: Jacques Derrida. Tout autrement. In: Ders.: Noms propres, Paris 1976, 79–89.
Levinas, Emmanuel: Jenseits des Buchstabens. Band 1: Talmud-Lesungen. Aus dem Französischen von Frank Miething, Frankfurt 1996.
Lévinas, Emmanuel: Jenseits des Seins oder anders als Sein geschieht. Aus dem Französischen übersetzt von Thomas Wiemer, Freiburg – München ²1998.
Levinas, Emmanuel: L'œuvre d'Edmond Husserl. In: Ders.: En découvrant l'existence avec Husserl et Heidegger. Edition suivie d'Essais nouveaux. Troisième édition corrigée, Paris 2001, 11–75.
Lévinas, Emmanuel: L'ontologie est-elle fondamentale? In: Ders.: Entre nous. Essais sur le penser-à-l'autre, Paris 1991, 12–22.
Lévinas, Emmanuel: La mort et le temps, Paris 1997.
Lévinas, Emmanuel: La souffrance inutile. In: Ders.: Entre nous. Essais sur le penser-à-l'autre, Paris 1991, 100–112.
Levinas, Emmanuel: La théorie de l'intuition dans la phénoménologie de Husserl, Paris 1930.
Lévinas, Emmanuel: La trace de l'autre. In: Ders.: En découvrant l'existence avec Husserl et Heidegger, 261–282.
Levinas, Emmanuel: Langage et proximité. In: Ders.: En découvrant l'existence avec Husserl et Heidegger, 301–330.
Lévinas, Emmanuel: Messianische Texte. In: Ders.: Schwierige Freiheit. Versuche über das Judentum, Frankfurt 1992, 58–108.
Lévinas, Emmanuel: Positivité et transcendance. Suivi de Lévinas et la phénoménologie. Sous la direction de Jean-Luc Marion, Paris 2000.
Levinas, Emmanuel: Rätsel und Phänomen. In: Ders.: Die Spur des Anderen, 236–259.
Levinas, Emmanuel: Schwierige Freiheit. Versuch über das Judentum, Frankfurt am Main 1992.
Levinas, Emmanuel: Sprache und Nähe. In: Ders.: Die Spur des Anderen, 261–294.
Lévinas, Emmanuel: Textes messianiques. In: Ders.: Difficile liberté. Essais sur le judaïsme. Troisième édition revue et corrigée, Paris 1997, 95–149.
Lévinas, Emmanuel: Totalität und Unendlichkeit, Freiburg – München 1987.
Lévinas, Emmanuel: Totalität und Unendlichkeit. Versuch über Exteriorität. Übersetzt von Wolfgang Nikolaus Krewani, Freiburg – München 1987.
Lévinas, Emmanuel: Totalité et inifini. Essai sur l'extériorité, Paris 1998.
Levinas, Emmanuel: Tout autrement. In: Ders.: Noms propres, Paris 1976, 81–89.
Levinas, Emmanuel: Vom Bewusstsein zur Wachheit. In: Ders.: Wenn Gott ins Denken einfällt. Diskurse über die Betroffenheit von Transzendenz, Freiburg – München ³1999, 44–78.
Lévinas, Emmanuel: Vom Einen zum Anderen. Transzendenz und Zeit. In: Ders.: Wenn Gott ins Denken einfällt, 229–265.
Levinas, Emmanuel: Vom Sein zum Seienden. Aus dem Französischen übersetzt von Anna Maria Krewani und Wolfgang Nikolaus Krewani, Freiburg – München 1997.

Lévinas, Emmanuel: Wenn Gott ins Denken einfällt. Diskurse über die Betroffenheit von Transzendenz, Freiburg – München ³1999.
Lévinas, Emmanuel: Wie man so sagt. In: Lévinas: Wenn Gott ins Denken einfällt, 266–271.
Lévy, Bernard-Henri: Le bloc-notes de Bernard-Henri Lévy. Tombeau pour Jacques Derrida. In: Le Point 14.10.2004, N°1674, 154.
Lohfink, Norbert: Der Zorn Gottes und das Exil. Beobachtungen am deuteronomistischen Geschichtswerk. In: Reinhard Kratz, Hermann Spieckermann (Hg.): Liebe und Gebot. Studien zum Deuteronomium, Göttingen 2000, 137–155.
Luhmann, Niklas: Liebe als Passion. Zur Codierung von Intimität, Frankfurt am Main 2003.
Lyotard, Jean-François: Logique de Lévinas. In: François Laruelle (Hg.): Textes pour Emmanuel Lévinas, Paris 1980, 127–150.
Malka, Salomon: Emmanuel Lévinas. Eine Biographie, München 2004.
Marböck, Johannes: Gottes Weisheit unter uns. Zur Theologie des Buches Sirach, Freiburg u.a. 1995.
Marcel, Gabriel: Das ontologische Geheimnis. Drei Essais, Stuttgart 1961, 79.
Marion, Jean-Luc: Au nom ou comment le taire. In: Ders.: De surcroît, Paris 2001, 155–195.
Marion, Jean-Luc: De surcroît. Études sur les phénomènes saturés, Paris 2001.
Marion, Jean-Luc: Etant donné, Paris ²1998.
Marion, Jean-Luc: In the name: How to Avoid Speaking of »Negative Theology«. In: John D. Caputo, Michael J. Scanlon (Hg.): God, the Gift, and Postmodernism, Bloomington 1999, 20–53.
Marion, Jean-Luc: L'idole et la distance, Paris 1977.
Marion, Jean-Luc: Réduction et donation, Paris 1989.
Marion, Jean-Luc: Ruf und Gabe als formale Bestimmungen der Subjektivität. Zweites Gespräch mit Jean-Luc Marion in Bonn. In: Ders., Josef Wohlmuth (Hg.): Ruf und Gabe. Zum Verhältnis von Phänomenologie und Theologie, Bonn 2000, 53–69.
Marquardt, Friedrich-Wilhelm: Das christliche Bekenntnis zu Jesus, dem Juden. Eine Christologie, München – Gütersloh, Band 1 1990, Band 2 1991.
Marquardt, Friedrich-Wilhelm: Eia, wärn wir da – eine theologische Utopie, Gütersloh 1997.
Marquardt, Friedrich-Wilhelm: Was dürfen wir hoffen, wenn wir hoffen dürften? Eine Eschatologie, Gütersloh, Band 1 1993, Band 2 1994, Band 3 1996.
Marschler, Thomas: Rez. M. Striet, Offenbares Geheimnis. Zur Kritik der negativen Theologie = ratio fidei 14 (Regensburg 2003). In: Theologie und Glaube 94 (2004) 110–113.
Mauss, Marcel: Die Gabe. Form und Funktion des Austauschs in archaischen Gesellschaften. Frankfurt am Main 1968.
Melloni, Alberto: Die sieben »Papstkonzilien« des Mittelalters. In: Giuseppe Alberigo (Hg.): Geschichte der Konzilien. Vom Nicaenum bis zum Vaticanum II, Düsseldorf 1993, 197–231.

Menke, Karl-Heinz: Stellvertretung. Schlüsselbegriff christlichen Lebens und theologische Grundkategorie, Einsiedeln – Freiburg 1991.
Metz, Johann Baptist: Anamnetische Vernunft. Anmerkungen eines Theologen zur Krise der Geisteswissenschaften. In: Axel Honneth u.a. (Hg.): Zwischenbetrachtungen. Im Prozess der Aufklärung. Jürgen Habermas zum 60. Geburtstag, Frankfurt 1989, 733–737.
Metz, Johann Baptist: Christen und Juden nach Auschwitz. Auch eine Betrachtung über das Ende bürgerlicher Religion. In: Ders.: Jenseits bürgerlicher Religion. Reden über die Zukunft des Christentums, München 1980, 29–50.
Metz, Johann Baptist: Glaube in Geschichte und Gesellschaft. Studien zu einer praktischen Fundamentaltheologie, Mainz ^{4}1992.
Metz, Johann Baptist: Gott und Zeit. Theologie und Metaphysik an den Grenzen der Moderne. In: Markus Knapp, Theo Kobusch (Hg.): Religion – Metaphysik(kritik) – Theologie im Kontext der Moderne / Postmoderne, Berlin – New York 2001, 5–19.
Metz, Johann Baptist: Hoffnung als Naherwartung – oder: Der Kampf um die verlorene Zeit. Unzeitgemäße Thesen zur Apokalyptik. In: Ders.: Glaube in Geschichte und Gesellschaft. Studien zu einer praktischen Fundamentaltheologie, Mainz ^{5}1992, 165–174.
Metz, Johann Baptist: Theodizee-empfindliche Gottesrede. In: Ders.: »Landschaft aus Schreien«. Zur Dramatik der Theodizeefrage. Mainz 1995, 81–102.
Metz, Johann Baptist: Theologie als Theodizee? In: Willi Oelmüller (Hg.): Theodizee – Gott vor Gericht? München 1990, 103–118.
Meyer, Heinrich August Wilhelm: Handbuch über die Evangelien des Markus und Lukas. Siebente Auflage neu bearbeitet von Bernhard Weiss, Göttingen 1885.
Miller, Joseph Hillis: Speech acts in literature, Stanford 2001.
Mittmann, Jörg Peter: Das Prinzip der Selbstgewissheit. Fichte und die Entwicklung der nachkantischen Grundsatzphilosophie, Bodenheim 1993.
Müller, Gerhard Ludwig: Katholische Dogmatik. Für Studium und Praxis der Theologie, Freiburg – Basel – Wien 1995.
Müller, Klaus; Striet, Magnus (Hg.): Dogma und Denkform. Strittiges in der Grundlegung von Offenbarungsbegriff und Gottesgedanke, Regensburg 2005.
Müller, Klaus: Anerkennung und Ich-Apriori. Eine Asymmetrie in Hansjürgen Verweyens erstphilosophischem Ansatz. In: Gerhard Larcher, Klaus Müller, Thomas Pröpper (Hg.): Hoffnung, die Gründe nennt. Zu Hansjürgen Verweyens Projekt einer erstphilosophischen Glaubensverantwortung, Regensburg 1996, 49–62.
Müller, Klaus: Begründungslogische Implikationen der christlichen Gottesrede. In: Peter Neuner (Hg.): Glaubenswissenschaft? Theologie im Spannungsfeld von Glauben, Rationalität und Öffentlichkeit. QD 195, Freiburg 2002, 33–56.
Müller, Klaus: Das etwas andere Subjekt. Der blinde Fleck der Postmoderne. In: Zeitschrift für Katholische Theologie 120 (1998), 137–163.
Müller, Klaus: Das kirchliche Lehramt und die Philosophie. Eine brisante Beziehung, die zu denken gibt. In: Theologie und Glaube 90 (2000), 417–432.

Müller, Klaus: Der Papst und die Philosophie. Anmerkungen zur Enzyklika »Fides et ratio«. In: Herder Korrespondenz 53 (1999), 12–17.
Müller, Klaus: Der Streit um Begründungsfiguren. In: Joachim Valentin, Saskia Wendel (Hg.): Unbedingtes Verstehen?! Fundamentaltheologie zwischen Erstphilosophie und Hermeneutik, Regensburg 2001, 9–22.
Müller, Klaus: Gottes Dasein denken, Regensburg 2001.
Müller, Klaus: Subjekt-Profile. Philosophische Einsprüche in eine theologisch überfällige Debatte. In: Theologie der Gegenwart 40 (1997), 172–180.
Müller, Klaus: Subjektivität und Selbstbewusstsein. Zur Wiederentdeckung einer philosophischen Theorieperspektive. In: Gerhard Krieger, Hans-Ludwig Ollig (Hg.): Fluchtpunkt Subjekt – Facetten und Chancen des Subjektgedankens, Paderborn – München – Wien – Zürich 2001, 135–150.
Müller, Klaus: Subjektivität und Theologie. Eine hartnäckige Rückfrage. In: Theologie und Philosophie 70 (1995), 161–186,173–174.
Müller, Klaus: Thomas von Aquins Theorie und Praxis der Analogie. Der Streit um das rechte Vorurteil und die Analyse einer aufschlußreichen Diskrepanz in der »Summa theologiae«, Frankfurt – Bern – New York 1983.
Müller, Klaus: Wenn ich »ich« sage. Studien zur fundamentaltheologischen Relevanz selbstbewußter Subjektivität. Frankfurt am Main – Berlin – Bern – New York – Paris – Wien 1994.
Müller, Klaus: Wieviel Vernunft braucht der Glaube? Erwägungen zur Begründungsproblematik. In: Ders. (Hg.): Fundamentaltheologie – Fluchtlinien und gegenwärtige Herausforderungen. In konzeptioneller Zusammenarbeit mit Gerhard Larcher, Regensburg 1998, 77–100.
Müller, Markus: Die Hinrichtung des Geistträgers. Zur Deutung des Todes Jesu im lukanischen Doppelwerk. In: Roland Gebauer, Martin Meiser (Hg.): Die bleibende Gegenwart des Evangeliums. FS Otto Merk, Marburg 2003, 45–61.
Musil, Robert: Der Mann ohne Eigenschaften. 2. Buch, Hamburg 1981.
Mussner, Franz: Traktat über die Juden, München 1979.
Nadeau-Lacour, Thérèse: Lévinas, Lecteur de Descartes ou: *L'idée d'infini* comme événement éthique. In: Laval théologique et philosophique 58 (2002), 155–164.
Nagel, Thomas: Das letzte Wort. Aus dem Englischen übersetzt von Joachim Schulte, Stuttgart 1999.
Nagel, Thomas: Der Blick von nirgendwo. Übersetzt von Michael Gebauer, Frankfurt am Main 1992 .
Nagel, Thomas: Die Grenzen der Objektivität. Philosophische Vorlesungen. Übersetzt und herausgegeben von Michael Gebauer, Stuttgart 1991.
Nagel, Thomas: The Last Word, New York – Oxford 1997.
Nagl, Ludwig (Hg.): Essays zu Jacques Derrida and Gianni Vattimo, Religion, Frankfurt 2001.
Neuner, Peter (Hg.): Glaubenswissenschaft? Theologie im Spannungsfeld von Glauben, Rationalität und Öffentlichkeit. QD 195, Freiburg 2002.
Nieborak, Stefan: ›Homo analogia‹. Zur philosophisch-theologischen Bedeutung der ›analogia entis‹ im Rahmen der existentiellen Frage bei Erich Przywara S. J. (1889–1972), Frankfurt am Main u.a. 1994.

Nietzsche, Friedrich: Ueber Wahrheit und Lüge im außermoralischen Sinne. In: Friedrich Nietzsche: Sämtliche Werke. Kritische Gesamtausgabe III,2. Hrsg. von Giorgio Colli und Mazzino Montinari, Berlin – New York 1973, 367–384.

Nitsche, Bernhard: Göttliche Universalität in konkreter Geschichte. Eine transzendentalgeschichtliche Vergewisserung der Christologie in Auseinandersetzung mit Richard Schaeffler und Karl Rahner, Münster 2001.

Nozick, Robert: Philosophical Explanations, Cambridge 1981.

Nozick, Robert: Vom richtigen, guten und glücklichen Leben. Aus dem Amerikanischen von Martin Pfeiffer, München – Wien 1991.

Obermann, Andreas: Die christologische Erfüllung der Schrift im Johannesevangelium. Eine Untersuchung zur johanneischen Hermeneutik anhand der Schriftzitate, Tübingen 1996.

Oelmüller, Willi: Negative Theologie heute. Die Lage des Menschen vor Gott, München 1999.

Ohlig, Karl-Heinz: Gibt es den ›garstig breiten Graben‹? In: Gerhard Larcher, Klaus Müller, Thomas Pröpper (Hg.): Hoffnung, die Gründe nennt. Zu Hansjürgen Verweyens Projekt einer erstphilosophischen Glaubensverantwortung, Regensburg 1996, 205–214.

Ohlig, Karl-Heinz: Gibt es eine »Letztbegründung« des (christlichen) Gottesglaubens? Ein neuer Trend in der deutschen katholischen Fundamentaltheologie. In: Imprimatur 34 (2001), 74–77.

Origenes: Commentarii in Epistulam ad Romanos. Lateinisch, deutsch. Übersetzt und eingeleitet von Theresia Heither. Fontes Christiani 2/2, Freiburg 1990–1999.

Ott, Heinrich: Die Lehre des 1. Vatikanischen Konzils. Ein evangelischer Kommentar, Basel 1963.

Otto, S.: Art. Natur. Theologisch. In: Heinrich Fries (Hg.): Handbuch theologischer Grundbegriffe, Bd. II, München 1969, 217–221.

Pannenberg, Wolfhart: Anthropologie in theologischer Perspektive, Göttingen 1983.

Pannenberg, Wolfhart: Die Rationalität der Theologie. In: Michael Kessler, Wolfhart Pannenberg, Hermann Josef Pottmeyer (Hg.): Fides quarens intellectum. Beiträge zur Fundamentaltheologie, Tübingen – Basel 1992, 533–544.

Pannenberg, Wolfhart: Systematische Theologie. Bd. 1, Göttingen 1988.

Päpstliche Bibelkommission: Das jüdische Volk und seine Heilige Schrift in der christlichen Bibel. Verlautbarungen des Apostolischen Stuhls 152, herausgegeben vom Sekretariat der Deutschen Bischofskonferenz, Bonn 2001.

Päpstliche Bibelkommission: Die Interpretation der Bibel in der Kirche. Verlautbarungen des Apostolischen Stuhls 115, herausgegeben vom Sekretariat der Deutschen Bischofskonferenz, 2., korrigierte Auflage, Bonn 1996.

Pesch, Otto Hermann; Peters, Albrecht: Einführung in die Lehre von Gnade und Rechtfertigung, Darmstadt 1981.

Peters, Tiemo Rainer: Thesen zu einer Christologie nach Auschwitz. In: Jürgen Manemann, Johann Baptist Metz (Hg.): Christologie nach Auschwitz. Stellungnahmen im Anschluss an Thesen von Tiemo Rainer Peters, Münster 1998, 2–5.

Peterson, Erik: Der erste Brief an die Korinther. Herausgegeben von Hans-Ulrich Weidemann, Würzburg 2006.

Petrosino, Silvano: D'un livre à l'autre. Totalité et Infini – Autrement qu'être. In: Les Cahiers de La nuit surveillée, n°3. Emmanuel Lévinas. Textes rassemblés par Jaques Rolland, Paris 1984, 194–210.

Petzel, Paul: Was uns an Gott fehlt, wenn uns die Juden fehlen. Eine erkenntnistheologische Studie, Mainz 1994.

Platon: Timaios. Zitiert nach: Platon: Sämtliche Werke. Griech. / Dt. Griechischer Text nach der letztgültigen Gesamtausgabe der Association Guillaume Budé: Band VIII. Philebos / Timaios / Kritias, Frankfurt am Main ³2001.

Platzbecker, Paul: »Freiheit als Prinzip aller Erscheinung« – Anmerkung zu einem Zentralbegriff der Kontroverse zwischen Hansjürgen Verweyen und Thomas Pröpper. In: Joachim Valentin, Saskia Wendel (Hg.): Unbedingtes Verstehen?! Fundamentaltheologie zwischen Erstphilosophie und Hermeneutik, Regensburg 2001.

Platzbecker, Paul: Radikale Autonomie vor Gott denken. Transzendentalphilosophische Glaubensverantwortung in der Auseinandersetzung zwischen Hansjürgen Verweyen und Thomas Pröpper, Regensburg 2003.

Plaut, Wolfgang Gunther (Hg.): Die Tora. In Jüdischer Auslegung. Band II Schemot. Exodus, Gütersloh 2000.

Plenge, Johannes: Anodische und kathodische Analogia entis. Ein Brief. In: Sigfried Behn (Hg.): Der beständige Aufbruch. Festschrift für Erich Przywara, Nürnberg 1959, 48–56.

Pohle, Josef: Natur und Übernatur. Eine Apologetik für wissenschaftlich Gebildete, Kempten 1913.

Pohle, Joseph: Lehrbuch der Dogmatik in sieben Büchern. Für akademische Vorlesungen und zum Selbstunterricht. Erster Band, Paderborn ³1907.

Pottmeyer, Hermann Josef: Die Konstitution »Dei Filius« des 1. Vatikanischen Konzils zwischen Abwehr und Rezeption der Moderne. In: Günter Riße, Hans Waldenfels (Hg.): Wege der Theologie – an der Schwelle zum dritten Jahrtausend. Festschrift für Hans Waldenfels zur Vollendung des 65. Lebensjahres, Paderborn 1996, 73–86.

Pottmeyer, Hermann Josef: Normen, Kriterien und Strukturen der Überlieferung. In: Walter Kern, Hermann Josef Pottmeyer, Max Seckler (Hg.): Handbuch der Fundamentaltheologie IV. Traktat Theologische Erkenntnislehre. Schlussteil. Reflexion auf Fundamentaltheologie, Tübingen – Basel ²2001, 85–108.

Pottmeyer, HermannJosef: Der Glaube vor dem Anspruch der Wissenschaft. Die Konstitution über den katholischen Glauben »Dei Filius« des Ersten Vatikanischen Konzils und die unveröffentlichten theologischen Voten der vorbereitenden Kommission, Freiburg – Basel – Wien 1968.

Pröpper, Thomas: »Dass nichts uns scheiden kann von Gottes Liebe ...«. Ein Beitrag zum Verständnis der »Endgültigkeit« der Erlösung. In: Ders.: Evangelium und freie Vernunft, 40–56.

Pröpper, Thomas: »Wenn alles gleich gültig ist ...« Subjektwerdung und Gottesgedächtnis. In: Ders.: Evangelium und freie Vernunft: Konturen einer theologischen Hermeneutik, Freiburg – Basel – Wien 2001, 23–39.

Pröpper, Thomas: Art. Allmacht Gottes. In: LThK³ I, 412–417.
Pröpper, Thomas: Erlösungsglaube und Freiheitsgeschichte. Eine Skizze zur Soteriologie, 2., wesentlich erweiterte Auflage, München 1988.
Pröpper, Thomas: Erstphilosophischer Begriff oder Aufweis letztgültigen Sinnes? Anfragen an Hansjürgen Verweyens »Grundriss der Fundamentaltheologie«. In: Theologische Quartalsschrift 174 (1994), 272–287.
Pröpper, Thomas: Evangelium und freie Vernunft. Konturen einer theologischen Hermeneutik, Freiburg im Breisgau – Basel – Wien 2001.
Pröpper, Thomas: Fragende und Gefragte zugleich. Notizen zur Theodizee. In: Ders.: Evangelium und freie Vernunft, 266–277.
Pröpper, Thomas: Freiheit als philosophisches Prinzip der Dogmatik. Systematische Reflexionen im Anschluss an Walter Kaspers Konzeption der Dogmatik. In: Eberhard Schockenhoff, Peter Walter (Hg.): Dogma und Glaube. Bausteine für eine theologische Erkenntnislehre. Festschrift für Bischof Walter Kasper, Mainz 1993, 165–192.
Pröpper, Thomas: Freiheit als philosophisches Prinzip theologischer Hermeneutik. In: Ders.: Evangelium und freie Vernunft, 5–22.
Pröpper, Thomas: Meinungsmarkt und Wahrheitsanspruch. In: Christ in der Gegenwart 45 (1993), 325–326.
Pröpper, Thomas: Sollensevidenz, Sinnvollzug und Offenbarung. Im Gespräch mit Hansjürgen Verweyen. In: Gerhard Larcher, Klaus Müller, Thomas Pröpper (Hg.): Hoffnung, die Gründe nennt. Zu Hansjürgen Verweyens Projekt einer erstphilosophischen Glaubensverantwortung, Regensburg 1996, 27–48.
Pröpper, Thomas: Wegmarken zu einer Christologie nach Auschwitz. In: Ders.: Evangelium und freie Vernunft, 276–287.
Pröpper, Thomas: Zur theoretischen Verantwortung der Rede von Gott. In: Ders.: Evangelium und freie Vernunft, 72–92, 76.
Przywara, Erich: Analogia entis. Metaphysik I, München 1932.
Pseudo-Dionysius Areopagita: Corpus Dionysiacum. Band 1. De divinis nominibus. Hrsg. von Beate Regina Suchla, Berlin – New York 1990.
Pseudo-Dionysius Areopagita: Corpus Dionysiacum. Band 2. De coelesti hierarchia u.a. Hrsg. von Günter Heil und Adolf Martin Ritter. Berlin – New York 1991.
Quine, Willard van Orman: Wort und Gegenstand (Word and Object). Aus dem Englischen übersetzt von Joachim Schulte in Zusammenarbeit mit Dieter Birnbacher, Stuttgart 1980.
Rahner, Karl: Art. Formale und fundamentale Theologie. In: LThK² IV, 205–206.
Rahner, Karl: Art. Geheimnis II. Theologisch. In: Handbuch theologischer Grundbegriffe I, 447–452.
Rahner, Karl: Chalkedon – Ende oder Anfang? In: Alois Grillmeier: Das Konzil von Chalkedon. Geschichte und Gegenwart. Band III. Chalkedon heute, Würzburg 1954, 3–49.
Rahner, Karl: Der dreifaltige Gott als transzendenter Urgrund der Heilsgeschichte. In: Mysterium Salutis II, Einsiedeln u.a. ³1978, 317–401.
Rahner, Karl: Die Praktische Theologie im Ganzen der theologischen Disziplinen. In: Ders.: Schriften zur Theologie. Band 8, Zürich – Einsiedeln – Köln 1967, 133–149.

Rahner, Karl: Erfahrungen eines katholischen Theologen. In: Karl Lehmann (Hg.): Vor dem Geheimnis Gottes den Menschen verstehen. Karl Rahner zum 80. Geburtstag, München – Zürich 1984, 105–119.

Rahner, Karl: Exegese und Dogmatik. In: Ders.: Schriften zur Theologie VI, Zürich – Einsiedeln – Köln 1962, 82–111.

Rahner, Karl: Grundkurs des Glaubens. Einführung in den Begriff des Christentums, Freiburg – Basel – Wien ³1976.

Rahner, Karl: Heilige Schrift und Theologie. In: Ders.: Schriften zur Theologie VI, Einsiedeln – Zürich – Köln 1965, 111–120.

Rahner, Karl: Heilige Schrift und Tradition. In: Schriften zur Theologie VI, Einsiedeln – Zürich – Köln 1965, 121–138.

Rahner, Karl: Philosophie und Theologie. In: Ders.: Schriften zur Theologie VI, Einsiedeln – Zürich – Köln 1965, 91–103.

Rahner, Karl: Potentia oboedientialis. In: Sacramentum Mundi. Dritter Band, Freiburg 1970, 1245–1249.

Rahner, Karl: Theologie und Anthropologie. In: Ders.: Schriften zur Theologie VIII, Einsiedeln – Zürich – Köln 1967, 43–65.

Rahner, Karl: Theologische Erkenntnis- und Methodenlehre. In: Sacramentum Mundi IV, 885–892.

Rahner, Karl: Über das Verhältnis von Natur und Gnade. In: Schriften zur Theologie I, Einsiedeln – Zürich – Köln ⁶1962, 323–345.

Rahner, Karl: Über den Begriff des Geheimnisses in der katholischen Theologie. In: Ders.: Schriften zur Theologie. Band IV, Einsiedeln – Zürich – Köln ³1962, 51–99.

Rahner, Karl: Über den Versuch eines Aufrisses einer Dogmatik. In: Ders.: Schriften zur Theologie. Band 1, Zürich – Einsiedeln – Köln ⁶1962, 9–48.

Rahner, Karl: Überlegungen zur Methode der Theologie. In: Schriften zur Theologie. Band IX, Zürich – Einsiedeln – Köln 1970, 79–126 .

Rahner, Karl: Was ist eine dogmatische Aussage? In: Ders.: Schriften zur Theologie. Band V, Einsiedeln – Zürich – Köln 1962, 54–81.

Ratzinger, Joseph: Der angezweifelte Wahrheitsanspruch. In: Frankfurter Allgemeine Zeitung, 08.01.2000, Nr. 6, S. I.

Ratzinger, Joseph: Dogmatische Konstitution über die Göttliche Offenbarung. Einleitung und Kommentar zum Prooemium, I. und II. Kapitel. In: LThK² EII, Freiburg – Basel – Wien 1967, 498–528.

Rehfus, Wulff D.: Die Vernunft frißt ihre Kinder. Zeitgeist und Zerfall des modernen Weltbilds, Hamburg 1990.

Reikerstorfer, Johann: Die »intelligible« Gottesspur. Trinitätstheologische Analogik und monotheistisches Gottesgedächtnis. In: Jürgen Manemann (Hg.): Monotheismus. Jahrbuch Politische Theologie, Bd. 4, Münster 2002, 107–119.

Reindl, Joseph: Das Angesicht Gottes im Sprachgebrauch des Alten Testaments (EThSt 25), Leipzig 1970, 200–203.

Reiniger, Robert: Metaphysik und Wirklichkeit. Zweite, gänzlich neubearbeitete und erweiterte Auflage. Erster Band. 1. Teil: Das Gefüge der Wirklichkeit. 2. Teil: Wirklichkeit und Wahrheit, Wien 1947.

Reisinger, Peter: Idealismus als Bildtheorie. Untersuchungen zur Grundlegung einer Zeichenphilosophie, Stuttgart 1979.
Rendtorff, Rolf; Henrix, Hans-Hermann (Hg.): Die Kirchen und das Judentum. Dokumente von 1945 – 1985, Paderborn – München 1988.
Rendtorff, Rolf: Israels »Rest«. Unabgeschlossene Überlegungen zu einem schwierigen Thema der alttestamentlichen Theologie. In: Ders.: Der Text in seiner Endgestalt. Schritte auf dem Weg zu einer Theologie des Alten Testaments, Neukirchen – Vluyn 2001, 272–289.
Rendtorff, Rolf: Ist Christologie ein Thema zwischen Christen und Juden? In: Ekkehard W. Stegemann, Marcel Marcus (Hg.): »Das Leben leise wieder lernen«. Jüdisches und christliches Selbstverständnis nach der Schoah. Festschrift für Albert H. Friedlander zum siebzigsten Geburtstag, Stuttgart – Berlin – Köln 1997, 165–177.
Richmond, Sarah: Derrida and Analytical Philosophy: Speech Acts and their Force. In: European Journal of Philosophy 4 (1996), 38–62.
Ricœur, Paul: Autrement. Lecture d'*Autrement qu'être ou au-delà de l'essence* d'Emmanuel Levinas, Paris 1997.
Ricœur, Paul: Die lebendige Metapher, München ²1991.
Ricœur, Paul: La métaphore vive, Paris 1975.
Rikhof, Herwi: Das Geheimnis Gottes. Jüngels Thomas-Rezeption näher betrachtet, In: Zeitschrift für dialektische Theologie, 6. Jg. (1990/91), 61–78.
Riße, Günter; Waldenfels, Hans (Hg.): Wege der Theologie – an der Schwelle zum dritten Jahrtausend. Festschrift für Hans Waldenfels zur Vollendung des 65. Lebensjahres, Paderborn 1996.
Ritter, Joachim; Gründer, Karlfried; Gabriel, Gottfried (Hg.): Historisches Wörterbuch der Philosophie. Darmstadt 1971ff.
Rogozinski, Jacob: Wer bin ich, der ich gewiss bin, dass ich bin? In: Herta Nagl-Docekal, Helmuth Vetter: Tod des Subjekts?, Wien – München 1987, 86–107.
Rolland, Jacques (Hg.): Emmanuel Lévinas. Les Cahiers de La nuit surviellée 3, Paris 1984.
Rorem, Paul: Pseudo-Dionysius. A Commentary on the Texts and an Introduction to Their Influence, New York – Oxford 1993.
Rosenzweig, Franz: Briefe und Tagebücher. 2. Band 1918–1929, Haag 1979.
Rötzer, Florian (Hg.): Französische Philosophen im Gespräch, München 1986, 87.
Ruh, Kurt: Die mystische Gotteslehre des Dionysius Areopagita, München 1987.
Rulands, Paul: Zur Genese des Theologumenons vom »übernatürlichen Existential«. Ein Versuch zur exemplarischen Erhellung der Bedeutung der Neuscholastik für die Theologie Karl Rahners. In: Roman A. Siebenrock (Hg.): Karl Rahner in der Diskussion. Erstes und zweites Innsbrucker Karl-Rahner-Symposion: Themen – Referate – Ergebnisse, Innsbruck – Wien 2001, 225–246.
Ryn, Zdzisław; Kłodziński, Stanisław: »An der Grenze zwischen Leben und Tod. Eine Studie über die Erscheinung des ›Muselmanns‹ im Konzentrationslager«. In: Die Auschwitz-Hefte. Bd. 1. Texte der polnischen Zeitschrift »Przegląd Lekarski« über historische, psychische und medizinische Aspekte des Lebens und Sterbens in Auschwitz, Weinheim und Basel 1987, 89–154.

Sandherr, Susanne: Die heimliche Geburt des Subjekts. Das Subjekt und sein Werden im Denken Emmanuel Lévinas', Stuttgart – Berlin 1998.
Sandler, Willibald: Die Kunst des Fragens. Versuch einer systematische Rekonstruktion von Karl Rahners transzendental-phänomenologischer Methode. In: Siebenrock (Hg.): Karl Rahner in der Diskussion, 247–267.
Sandler, Willibald: Subjektivität und Alterität. Auf der Suche nach Anknüpfungspunkten, ausgehend von einer Kontroverse zwischen Klaus Müller und Thomas Freyer. In: Theologie der Gegenwart 42 (1999), 285–300.
Schatz, Klaus: Allgemeine Konzilien – Brennpunkte der Kirchengeschichte, Paderborn 1997.
Scheeben, Matthias Joseph: Die Mysterien des Christentums. Gesammelte Schriften Bd. II, Freiburg ³1958.
Scheffczyk, Leo (Hg.): Rationalität. Ihre Entwicklung und ihre Grenzen, Freiburg – München 1989.
Schelling, Friedrich Wilhelm Joseph: Aphorismen zur Einleitung in die Naturphilosophie. In: Ders.: Schriften von 1806–1813, Darmstadt 1990.
Schenker, Adrian: Versöhnung und Widerstand. Bibeltheologische Untersuchung zum Strafen Gottes und der Menschen, besonders im Lichte von Exodus 21–22, Stuttgart 1990, 87.
Scherer, Georg: Erste Philosophie und Sinnbegriff. In: Larcher: Hoffnung, 63–75.
Schleiermacher, Friedrich Daniel Ernst: Vorlesungen über die Dialektik. Teilband 2. Kritische Gesamtausgabe II, 10,2, Berlin – New York 2002.
Schnackenburg, Rudolf: Das Johannesevangelium. Band 1, Freiburg u.a. ⁶1986.
Schnackenburg, Rudolf: Das Johannesevangelium. Band 2, Freiburg u.a. ⁴1985.
Schnädelbach, Herbert: Das Gesicht im Sand. Foucault und der anthropologische Schlummer. In: Ders.: Vorträge und Abhandlungen. 2. Zur Rehabilitierung des *animal rationale*, Frankfurt am Main 1992, 277–306.
Schnädelbach, Herbert: Philosophieren nach Heidegger und Adorno. In: Ders.: Vorträge und Abhandlungen. 2. Zur Rehabilitierung des *animal rationale*, Frankfurt am Main 1992, 307–328.
Schneider, Theodor (Hg.): Handbuch der Dogmatik, Band 1, Düsseldorf 1992.
Schnelle, Udo: Das Evangelium nach Johannes, Leipzig ²2000.
Schnelle, Udo: Einleitung in das Neue Testament. 3., neubearbeitete Auflage, Göttingen 1999.
Schöpsdau, Walter: Offenbarung zwischen Sinnforderung und unmöglicher Möglichkeit. Zwei Entwürfe katholischer Fundamentaltheologie. In: Materialien des konfessionskundlichen Instituts Bensheim 52 (2001), 10–13.
Schulz, Hans-Joachim: Bekenntnis statt Dogma. Kriterien der Verbindlichkeit kirchlicher Lehre, QD 163, Freiburg – Basel – Wien 1996.
Schumacher, Bernard: La mort comme la possibilité de l'impossibilité d'être: Une analyse critique de Heidegger. In: Archives de philosophie 62 (1999), 71–94.
Schupp, Franz: Schöpfung und Sünde. Von der Verheißung einer wahren und gerechten Welt, vom Versagen der Menschen und vom Widerstand gegen die Zerstörung. Unter Mitarbeit von M. Günther, Düsseldorf 1990.

Schwind, Georg: Das Andere und das Unbedingte. Anstöße von Maurice Blondel und Emmanuel Levinas für die gegenwärtige theologische Diskussion, Regensburg 2000.

Scoralick, Ruth (Hg.): Das Drama der Barmherzigkeit Gottes. Studien zur biblischen Gottesrede und ihrer Wirkungsgeschichte in Judentum und Christentum, Stuttgart 2000.

Scoralick, Ruth: »JHWH, JHWH, ein gnädiger und barmherziger Gott ...« (Ex 34,6). Die Gottesprädikationen aus Ex 34,6f. in ihrem Kontext in Kapitel 32-34. In: Matthias Köckert, Erhard Blum (Hg.): Gottes Volk am Sinai. Untersuchungen zu Ex 32-34 und Dtn 9-10, Gütersloh 2001, 141-156.

Scoralick, Ruth: Gottes Güte und Gottes Zorn. Die Gottesprädikationen in Exodus 34,6f und ihre intertextuellen Beziehungen zum Zwölfprophetenbuch, Freiburg u.a. 2002.

Searle, John: Die Wiederentdeckung des Geistes. Aus dem Amerikanischen von Harvey P. Gavagai, München 1993.

Searle, John: Reiterating the differences: A Reply to Derrida. In: Glyph 2 (1977), 198-208.

Seckler, Max: Das Verhältnis von Fundamentaltheologie und Dogmatik. In: Eberhard Schockenhoff, Peter Walter (Hg.): Dogma und Glaube. FS Walter Kasper, Mainz 1993, 101-129.

Seckler, Max: Der Begriff der Offenbarung. In: Walter Kern, Hermann Josef Pottmeyer, Max Seckler (Hg.): Handbuch der Fundamentaltheologie 2. Traktat Offenbarung. Zweite, verbesserte und aktualisierte Auflage, Tübingen - Basel 2000, 41-61.

Seckler, Max: Die ekklesiologische Bedeutung des Systems der ›loci theologici‹. Erkenntnistheoretische Katholizität und strukturale Weisheit. In: Walter Baier u.a. (Hg.): Weisheit Gottes - Weisheit der Welt. Festschrift für Joseph Kardinal Ratzinger zum 60. Geburtstag. Band I, St. Ottilien 1987, 37-65.

Seckler, Max: Fundamentaltheologie: Aufgaben und Aufbau, Begriff und Namen. In: Walter Kern, Hermann Josef Pottmeyer, Max Seckler: Handbuch der Fundamentaltheologie. 4. Traktat Theologische Erkenntnislehre mit Schlussteil Reflexion auf die Fundamentaltheologie. Zweite, verbesserte und aktualisierte Auflage, Tübingen - Basel 2000, 331-402.

Seckler, Max: Intrinsezistische Fundamentaltheologie. Der Paradigmenwechsel vom »Hörer des Wortes« zum »Begriff des Christentums« im Werk Karl Rahners. In: Theologische Quartalsschrift 185 (2005), 237-254.

Seckler, Max: Theologie als Glaubenswissenschaft. In: Walter Kern, Hermann Josef Pottmeyer, Max Seckler (Hg.): Handbuch der Fundamentaltheologie 4. Traktat Theologische Erkenntnislehre. Schlussteil. Reflexion auf Fundamentaltheologie, Freiburg 1988, 179-241.

Seckler, Max: Theologie als Glaubenswissenschaft. In: Walter Kern, Hermann Josef Pottmeyer, Max Seckler (Hg.): Handbuch der Fundamentaltheologie 4. Traktat Theologische Erkenntnislehre. Schlussteil. Reflexion auf Fundamentaltheologie. Zweite, verbesserte und aktualisierte Auflage, Tübingen - Basel 2000, 131-184.

Seckler, Max: Vernunft und Glaube, Philosophie und Theologie. Der innovative Beitrag der Enzyklika »Fides et Ratio« vom 14. September 1998 zur Theologischen Erkenntnislehre. In: Theologische Quartalsschrift 184 (2004), 77–91.
Shoemaker, Sydney: Selbstreferenz und Selbstbewusstsein. In: Peter Bieri (Hg.): Analytische Philosophie des Geistes, Bodenheim ³1993, 209–221.
Shoemaker, Sydney: Self-reference and self-awareness. In: Ders.: Identity, Cause, and Mind. Philosophical essays, Cambridge u.a. 1984, 6–18.
Shoemaker, Sydney: The first-person perspective. In: Ders.: The first-person perspective and other essays, Cambridge 1996, 157–175:
Siebenrock, Roman A. (Hg.): Karl Rahner in der Diskussion. Erstes und zweites Inssbrucker Karl-Rahner-Symposion: Themen – Referate – Ergebnisse, Innsbruck – Wien 2001.
Siemek, Marek J.: Die Idee des Transzendentalismus bei Fichte und Kant, Hamburg 1984, 114–190.
Simons, Eberhard: Transzendentalphilosophie und Sprachpragmatik. Zur Methodik der Auseinandersetzung von Hermann Krings und Karl-Otto Apels. In: Baumgartner (Hg.): Prinzip Freiheit, 44–74.
Söding, Thomas: Einheit der Heiligen Schrift? Zur Theologie des biblischen Kanons. QD 211, Freiburg – Basel – Wien 2005.
Söhngen, Gottlieb: Die Weisheit der Theologie durch den Weg der Wissenschaft. In: Johannes Feiner, Magnus Löhrer (Hg.): Mysterium Salutis. Grundriß heilsgeschichtlicher Dogmatik. Band I, Einsiedeln – Zürich – Köln, 905–980.
Splett, Jörg: Gottesbeweise: Das transzendentale Argument ein Sophisma? In: Larcher: Hoffnung, 79–90.
Splett, Jörg: Rez. M. Striet, Offenbares Geheimnis. Zur Kritik der negativen Theologie = ratio fidei 14 (Regensburg 2003). In: Theologie und Philosophie 79 (2004), 608–610.
Stakemeier, Eduard: Die Konzilskonstitution über die göttliche Offenbarung. Werden, Inhalt und theologische Bedeutung. Lateinischer und deutscher Text mit Kommentar, Paderborn ²1967.
Steinvorth, Ulrich: Harald Delius' Analyse des Selbstbewußtseins. In: Allgemeine Zeitschrift für Philosophie 10.3 (1985), 41–61.
Stemberger, Günther; Dohmen, Christoph: Hermeneutik der Jüdischen Bibel und des Alten Testaments, Stuttgart – Berlin – Köln 1996.
Stemberger, Günther: Vollkommener Text in vollkommener Sprache. In: Jahrbuch für Biblische Theologie 12 (1997), 53–65.
Strasser, Stephan: Jenseits von Sein und Zeit. Eine Einführung in Emmanuel Levinas' Philosophie, Den Haag 1978.
Strauß, Hans: Hiob. 2. Teilband. 19,1–42,17, Neukirchen – Vluyn 2000.
Strawson, Peter: Einzelding und logisches Subjekt. Ein Beitrag zur deskriptiven Metaphysik, Stuttgart 1972, 134–135.
Striet, Magnus: Antimonistische Einsprüche im Namen des freien Gottes Jesu und des freien Menschen. In: Klaus Müller, Magnus Striet (Hg.): Dogma und Denkform. Strittiges in der Grundlegung von Offenbarungsbegriff und Gottesgedanke, Regensburg 2005, 111–127.

Striet, Magnus: Konkreter Monotheismus als trinitarische Fortbestimmung des Gottes Israels. In: Ders. (Hg.): Monotheismus Israels und christlicher Trinitätsglaube. QD 210, Freiburg – Basel – Wien 2004, 155–198.

Striet, Magnus: Offenbares Geheimnis. Zur Kritik der negativen Theologie, Regensburg 2003.

Striet, Magnus: Versuch über die Auflehnung. Philosophisch-theologische Überlegungen zur Theodizeefrage. In: Harald Wagner u.a. (Hg.): Mit Gott streiten. Neue Zugänge zum Theodizee-Problem. QD 169, Freiburg i. Brsg. 1998, 48–89.

Tarski, Alfred: The Semantic Conception of Truth and the Foundations of Semantics. In: Philosophy and Phenomenological Research 4 (1943/1944), 341–375.

Taver, Katja V.: Johann Gottlieb Fichtes Wissenschaftslehre von 1810. Versuch einer Exegese. Fichte-Studien-Supplementa Bd.12, Amsterdam – Atlanta 1999.

Theobald, Christoph: Die »Erbsünde« – ein weiterhin umstrittenes Lehrstück. Überlegungen zu einer Debatte. In: Christoph Boureux, Christoph Theobald (Hg.): »Erbsünde«. Concilium. Internationale Zeitschrift für Theologie 40 (2004).

Theobald, Michael: Der »strittige Punkt« (Rhet. a. Her. I,26) im Diskurs des Römerbriefs. Die propositio 1,16f und das Mysterium der Errettung ganz Israels. In: Theobald: Studien zum Römerbrief, 278–323.

Theobald, Michael: Der Römerbrief, Darmstadt 2000.

Theobald, Michael: Die Fleischwerdung des Logos. Studien zum Verhältnis des Johannesprologs zum Corpus des Evangeliums und zu 1 Joh, Münster 1988.

Theobald, Michael: Glaube und Vernunft. Zur Argumentation des Paulus im Römerbrief. In: Ders.: Studien zum Römerbrief, Tübingen 2001, 417–431.

Theobald, Michael: Im Anfang war das Wort. Textlinguistische Studie zum Johannesprolog, Stuttgart 1983.

Theobald, Michael: Kirche und Israel nach Röm 9–11. In: Theobald: Studien zum Römerbrief, 324–349.

Theobald, Michael: Röm 1,26f. Eine paulinische Weisung zur Homosexualität? Plädoyer für einen vernünftigen Umgang mit der Schrift. In: Theobald. Studien zum Römerbrief, 511–518.

Theobald, Michael: Schriftzitate in Joh 6. In: Christopher M. Tuckett (Hg.): The Scriptures in the Gospels. Leuven 1997, 327–366.

Theobald, Michael: Studien zum Römerbrief, Tübingen 2001.

Theunissen, Michael: Negative Theologie der Zeit, Frankfurt am Main 1991.

Tholm, Toni: Erfahrung und Interpretation. Der Streit zwischen Hermeneutik und Dekonstruktion, Heidelberg 1999.

Thomas von Aquin: Catena aurea in quatuor Evangelia. Expositio in Marcum. Zitiert nach: S. Thomae Aquinatis Catena aurea in quatuor evangelia. Cura Angelici Guarienti. Nova ed., Turin 1953.

Thomas von Aquin: De Veritate. Cura et studio Raymundi Spiazzi, Turin 1964.

Thomas von Aquin: Expositio super Boetium De trinitate. Zitiert nach: Thomas von Aquin: Opuscula theologica. Band 2. De re spirituali. Cura et studio Raymundi M. Spiazzi. Accedit Expositio super Boetium De trinitate et De Hebdomadibus, Turin 1954.

Thomas von Aquin: Summa Theologiae. Zitiert nach Sancti Thomae Aquinatis Summa theologiae. Cum textu ex recensione leonina. Turin 1986.
Thyen, Hartwig: Das Johannesevangelium, Tübingen 2005.
Tietjen, Hartmut: Fichte und Husserl. Letztbegründung, Subjektivität und praktische Vernunft im transzendentalen Idealismus, Frankfurt am Main 1980.
Tomberg, Markus: Glaubensgewissheit als Freiheitsgeschehen. Eine Relecture des Traktats ›De analysi fidei‹, Regensburg 2002.
Tück, Jan-Heiner: Das Unverzeihbare verzeihen? Jankélévitch, Derrida und die Hoffnung wider alle Hoffnung. In: Communio 33 (2004), 174–188.
Türk, Hans Joachim: Postmoderne, Mainz – Stuttgart 1990.
Ueding, Gert (Hg.): Historisches Wörterbuch der Rhetorik, Bd. 1, Tübingen 1992.
Valentin, Joachim: Atheismus in der Spur Gottes. Theologie nach Jacques Derrida. Mit einem Vorwort von Hansjürgen Verweyen, Mainz 1997.
Valéry, Paul: Cantiques des colonnes. In: Ders.: Œuvres I. Édition établie et annotée par Jean Hytier, Paris ²1957, 116–118.
Vasel, Stephan: Philosophisch verantwortete Christologie und christlich-jüdischer Dialog. Schritte zu einer doppelt apologetischen Christologie in Auseinandersetzung mit den Entwürfen von H.-J. Kraus, F.-W. Marquardt, P. M. van Buren, P. Tillich, W. Pannenberg und W. Härle, Gütersloh 2001.
Verstege, Antonius B.J.: Het subject-begrip bij Levinas en de opvoedkunde, Leuven 1987.
Verweyen, Hansjürgen (Hg.): Osterglaube ohne Auferstehung? Diskussion mit Gerd Lüdemann. QD 155, Freiburg 1995.
Verweyen, Hansjürgen: ›Fides et ratio‹: eine notwendige Wegweisung. In: Theologie und Glaube 90 (2000), 489–497.
Verweyen, Hansjürgen: Botschaft eines Toten? Den Glauben rational verantworten, Regensburg 1997.
Verweyen, Hansjürgen: Die Ostererscheinungen in fundamentaltheologischer Sicht. In: Zeitschrift für Katholische Theologie 103 (1981), 426–445.
Verweyen, Hansjürgen: Die Sache mit den Ostererscheinungen. In: Ingo Broer, Jürgen Werbick: »Der Herr ist wahrhaft auferstanden.« (Lk 24,34). Biblische und systematische Beiträge zur Entstehung des Osterglaubens. SBS 134, Stuttgart 1988.
Verweyen, Hansjürgen: Erstphilosophie nach dem »linguistic turn«. Ein Grundproblem heutiger Fundamentaltheologie. In: Theologie und Philosophie 75 (2000), 226–235.
Verweyen, Hansjürgen: Glaubensverantwortung heute. Zu den »Anfragen« von Thomas Pröpper. In: Theologische Quartalsschrift 174 (1994), 288–303.
Verweyen, Hansjürgen: Gottes letztes Wort. Grundriß der Fundamentaltheologie. Dritte, vollständig überarbeitete Auflage, Regensburg 2000.
Verweyen, Hansjürgen: Ontologische Voraussetzungen des Glaubensaktes. Zur transzendentalen Frage nach der Möglichkeit von Offenbarung, Düsseldorf 1969.
Verweyen, Hansjürgen: Sinn und Grund des Osterglaubens. In: Thomas Menges: Auferstehung Jesu – eine fragliche Metapher. Dokumentation des 4. Diözesantages der katholischen Religionslehrerinnen und Religionslehrer im Bistum

Aachen. Religionspädagogische Arbeitshilfen 66 hg. v. Katechetischen Institut des Bistums Aachen. Aachen 1997, 51–68.

Verweyen, Hansjürgen: Theologie im Zeichen der schwachen Vernunft, Regensburg 2000, 20–29.

Verweyen, Hansjürgen: Wie wird ein Existential übernatürlich? Zu einem Grundproblem der Anthropologie K. Rahners, in: Trierer Theologische Zeitschrift 95 (1986),115–131.

Verweyen, Hansjürgen: Zur Basis des Osterglaubens. In: Eckhard Lade (Hg.): Christliches ABC heute und morgen. Handbuch für Lebensfragen und Kirchliche Erwachsenenbildung, Homburg 1984.

Vorgrimler, Herbert: Art. Fundamentaltheologie. In: LThK² IV, 452–460, 453.

Vuillemin, Jules: De la logique à la théologie, Paris 1967.

Wacker, Marie-Theres: Gottes Groll, Gottes Güte und Gottes Gerechtigkeit nach dem Joel-Buch. In: Ruth Scoralick (Hg.): Das Drama der Barmherzigkeit Gottes. Studien zur biblischen Gottesrede und ihrer Wirkungsgeschichte in Judentum und Christentum, Stuttgart 2000, 107–124.

Wagner, Falk: Theo-logie. Die Theorie des Absoluten und der christliche Gottesgedanke. In: Hans Rademacher, Peter Reisinger, Jürgen Stolzenberg (Hg.): Rationale Metaphysik. Die Philosophie von Wolfgang Cramer. Bd. 2, Stuttgart 1990, 216–255.

Waldenfels, Bernhard: Sich-sprechen-Hören. Zur Aufzeichnung der phänomenologischen Stimme. In: Ders.: Deutsch-französische Gedankengänge, Frankfurt am Main 1995, 90–104.

Waldenfels, Hans: Kontextuelle Fundamentaltheologie. 3., aktualisierte und durchgesehene Auflage, Paderborn – München – Wien – Zürich 2000.

Waldenfels, Hans: »Mit zwei Flügeln«. Kommentar und Anmerkungen zur Enzyklika »Fides et ratio« Papst Johannes Pauls II., Paderborn 2000.

Waldenfels, Hans: Theologie im Kontext der Weltgeschichte. Überlegungen zum Dialog zwischen Christentum und Weltreligionen. In: Ders.: Begegnung der Religionen. Theologische Versuche I, Bonn 1990.

Walter, Nikolaus: Zur theologischen Problematik des christologischen ›Schriftbeweises‹ im Neuen Testament. In: New Testament Studies 41 (1995), 338–357.

Weber, Elisabeth: Verfolgung und Trauma. Zu Emmanuel Lévinas' *Autrement qu'être ou au-delà de l'essence*, Wien 1990.

Weder, Hans: Neutestamentliche Hermeneutik, Zürich 1986.

Weidemann, Hans-Ulrich: Der Tod Jesu im Johannesevangelium. Die erste Abschiedsrede als Schlüsseltext für den Passions- und Osterbericht, Berlin – New York 2004.

Weidemann, Hans-Ulrich: Zur Einführung: Hauptanliegen Petersons. In: Erik Peterson: Der erste Brief an die Korinther. Herausgegeben von Hans-Ulrich Weidemann, Würzburg 2006.

Welsch, Wolfgang (Hg.): Wege aus der Moderne. Schlüsseltexte der Postmoderne-Diskussion, Weinheim 1988.

Welsch, Wolfgang: Unsere postmoderne Moderne. Weinheim ³1991.

Wendel, Saskia: Antizipation oder Alternative: Der Subjektgedanke und die Mystik. In: Krieger: Fluchtpunkt Subjekt, 55–69.
Wendel, Saskia: Bild des Absoluten werden – Geisel des anderen sein. Zum Freiheitsverständnis bei Fichte und Levinas. In: Larcher: Hoffnung, 164–173.
Wendel, Saskia: Postmoderne Theologie? Zum Verhältnis von christlicher Theologie und postmoderner Philosophie. In: Klaus Müller (Hg.): Fundamentaltheologie – Fluchtlinien und gegenwärtige Herausforderungen. In konzeptioneller Zusammenarbeit mit Gerhard Larcher, Regenburg 1998, 193–214.
Wengst, Klaus: Das Johannesevangelium I, 1. Teilband: Kapitel 1–10, Stuttgart 2004.
Wenzler, Ludwig: Zeit als Nähe des Abwesenden. Diachronie der Ethik und Diachronie der Sinnlichkeit nach Emmanuel Levinas. In: Levinas: Die Zeit und der Andere, 67–92.
Werbick, Jürgen: Art. Offenbarung. Historisch-theologisch. In: LthK[3] VII, 989–993.
Werbick, Jürgen: Erwählung und Verantwortung. Was die Fundamentaltheologie aus dem jüdisch-christlichen Gespräch für ihre Methodenreflexion lernen kann. In: Peter Hünermann, Thomas Söding (Hg.): Methodische Erneuerung der Theologie. Konsequenzen der wiederentdeckten jüdisch-christlichen Gemeinsamkeiten. QD 200, Freiburg 2003, 116–141.
Werbick, Jürgen: Prolegomena. In: Theodor Schneider (Hg.): Handuch der Dogmatik, Band 1, Düsseldorf 1992, 1–48.
Wichmann, Martin: Soll ich wollen, was ich muss? Verweyen meets (needs?) Apel. In: In: Gerhard Larcher, Klaus Müller, Thomas Pröpper (Hg.): Hoffnung, die Gründe nennt. Zu Hansjürgen Verweyens Projekt einer erstphilosophischen Glaubensverantwortung, Regensburg 1996,91–98.
Wiemer, Thomas: Das Unsagbare sagen. Zur Vergleichbarkeit von philosophischem Diskurs und literarischem Schreiben. Nach Emmanuel Lévinas. In: Michael Mayer, Markus Hentschel (Hg.): Lévinas. Zur Möglichkeit einer prophetischen Philosophie. Parabel. Schriftenreihe des Evangelischen Studienwerks Villigst Bd. 12, Gießen 1990.
Wilckens, Ulrich: Das Evangelium nach Johannes. Göttingen 1998.
Wittgenstein, Ludwig: Schriften 5, Frankfurt 1970.
Wittgenstein, Ludwig: Tractatus logico-philosophicus. Logisch-philosophische Abhandlung, Frankfurt am Main 1963.
Wohlmuth, Josef (Hg.): Streit um das Bild. Das 2. Konzil von Nizäa (787) in ökumenischer Perspektive, Bonn 1989.
Wohlmuth, Josef: Die Tora spricht die Sprache der Menschen, Paderborn - München – Wien – Zürich 2002.
Wohlmuth, Josef: Emmanuel Levinas und die christliche Theologie. In: Ders.: Im Geheimnis einander nahe. Theologische Aufsätze zum Verhältnis von Judentum und Christentum, Paderborn – München – Wien – Zürich 1996, 39–62.
Wohlmuth, Josef: Emmanuel Levinas und die Theologie. In: Thomas Freyer, Richard Schenk (Hg.): Emmanuel Levinas – Fragen an die Moderne, Wien 1996, 153–169.
Wohlmuth, Josef: »Geben ist seliger als nehmen.« (Apg 20,35). Vorüberlegungen zu einer Theologie der Gabe. In: Erwin Dirscherl, Susanne Sandherr, Martin Tho-

mé, Bernhard Wunder (Hg.): Einander zugewandt. Die Rezeption des christlich-jüdischen Dialogs in der Dogmatik, Paderborn – München – Wien – Zürich 2005, 137–159.
Wohlmuth, Josef: Gott – das letzte Wort vor dem Verstummen. Gotteserfahrung bei K. Rahner und E. Levinas. In: Ders.: Im Geheimnis einander nahe, 99–114.
Wohlmuth, Josef: Hat der jüdisch-christliche Dialog eine hinreichende theologische Basis? Im Gespräch mit Jean-François Lyotard. In: Günter Riße, Heino Sonnemans, Burkhard Theß (Hg.): Wege der Theologie an der Schwelle zum dritten Jahrtausend. Festschrift für Hans Waldenfels zur Vollendung des 65. Lebensjahres, Paderborn 1996, 513–542.
Wohlmuth, Josef: Im Geheimnis einander nahe. Theologische Aufsätze zum Verhältnis von Judentum und Christentum, Paderborn – München – Wien – Zürich 1996.
Wohlmuth, Josef: Jesu Weg – unser Weg. Kleine mystagogische Christologie, Würzburg 1992.
Wohlmuth, Josef: Jüdischer Messianismus und Christologie. In: Ders.: Die Tora spricht die Sprache der Menschen. Theologische Aufsätze und Meditationen zur Beziehung von Judentum und Christentum, Paderborn – München – Wien – Zürich 2002, 160–185.
Wohlmuth, Josef: Schöpfung bei Emmanuel Levinas. In: Ders.: Im Geheimnis einander nahe, 63–79.
Wohlmuth, Josef: Schöpfung und Sprache – Ein inszenierter Dialog zwischen Walter Benjamin, Augustinus und Emmanuel Levinas. In: Ders.: Im Geheimnis einander nahe, 79–97.
Wohlmuth, Josef: Trinität – Versuch eines Ansatzes. In: Magnus Striet (Hg.): Monotheismus Israels und christlicher Trinitätsglaube. QD 210, Freiburg – Basel – Wien 2004, 33–67.
Wohlmuth, Josef: Verständigung in der Kirche. Untersucht an der Sprache des Konzils von Basel, Mainz 1983.
Wohlmuth, Josef: »Wie nicht sprechen« – Zum Problem der negativen Theologie bei Jacques Derrida. In: Günter Kruck (Hg.): Gottesglaube – Gotteserfahrung – Gotteserkenntnis. Begründungsformen religiöser Erfahrung in der Gegenwart, Mainz 2003, 131–154.
Wohlmuth, Josef: Zum Verhältnis von ökonomischer und immanenter Trinität – eine These. In: Zeitschrift für Katholische Theologie 110 (1988), 139–162. Wiederaufgenommen in: Wohlmuth: Im Geheimnis einander nahe, 115–138.
Wolz-Gottwald, Eckart: Vorlauf in den Tod: Heideggers Philosophie des Todes im Lichte der transformatio mystica. In: Freiburger Zeitschrift für Philosophie und Theologie 46 (1999), 308–322.
Woods, Michael: Reference and Self-Identification. In: Journal of Philosophy 65 (1968), 568–578.
Wucherpfennig, Ansgar: Markus 1,1–3, Johannes 1,1–18 und Herakleons Johannes-Kommentar im Licht christlicher Kanon-Entwicklung. In: Labahn u.a. (Hg.): Israel und seine Heilstraditionen im Johannesevangelium, 227–244.

Zechmeister, Martha: Der jüdische Stachel der Christologie. Bemerkungen zur Endgültigkeit der Offenbarung in Jesus Christus. In: Peter Fonk, Karl Schlemmer, Ludger Schwienhorst-Schönberger (Hg.): Zum Aufbruch ermutigt. Kirche und Theologie in einer sich wandelnden Zeit. Für Franz Xaver Eder, Freiburg – Basel – Wien 2000, 169–177.

Zeilinger, Peter: How to avoid theology. Jacques Derrida an den Grenzen abendländischen Denkens. In: Ludwig Nagl (Hg.): Essays zu Jacques Derrida and Gianni Vattimo, Religion, Frankfurt am Main u.a. 2001, 69–107.

Zenger, Erich u.a.: Einleitung in das Alte Testament, Stuttgart – Berlin – Köln ²1996, 103–105.

Zenger, Erich: »Gott hat keiner jemals geschaut« (Joh 1,18). Die christliche Gottesrede im Angesicht des Judentums. In: Erwin Dirscherl, Susanne Sandherr, Martin Thomé, Bernhard Wunder (Hg.): Einander zugewandt. Die Rezeption des christlich-jüdischen Dialogs in der Dogmatik, Paderborn – München – Wien – Zürich 2005.

Zenger, Erich: Wie und wozu die Tora zum Sinai kam. Literarische und theologische Beobachtungen zu Exodus 19–34. In: Marc Vervenne: Studies in the book of Exodus. Redaction – Reception – Interpretation, Leuven 1996, 265–288.

Zöller, Günter: Leben und Wissen. Der Stand der Wissenschaftslehre beim letzten Fichte. In: Erich Fuchs, Marco Ivaldo, Giovanni Moretto (Hg.): Der transzendentalphilosophische Zugang zur Wirklichkeit. Beiträge aus der aktuellen Fichte-Forschung. Stuttgart-Bad Cannstatt 2001, 307–330.